国家出版基金项目
NATIONAL PUBLICATION FOUNDATION

当代中国心理科学文库

总主编 杨玉芳

"十三五"国家重点出版物出版规划项目

Psychology of Education

教育心理学

吴庆麟 胡谊 主编

华东师范大学出版社

总主编序言

  《当代中国心理科学文库》（下文简称《文库》）的出版，是中国心理学界的一件有重要意义的事情。

  《文库》编撰工作的启动，是由多方面因素促成的。应《中国科学院院刊》之邀，中国心理学会组织国内部分优秀专家，编撰了"心理学学科体系与方法论"专辑（2012）。专辑发表之后，受到学界同仁的高度认可，特别是青年学者和研究生的热烈欢迎。部分作者在欣喜之余，提出应以此为契机，编撰一套反映心理学学科前沿与应用成果的书系。华东师范大学出版社教育心理分社彭呈军社长闻讯，当即表示愿意负责这套书系的出版，建议将书系定名为"当代中国心理科学文库"，邀请我作为《文库》的总主编。

  中国心理学在近几十年获得快速发展。至今我国已经拥有三百多个心理学研究和教学机构，遍布全国各省市。研究内容几乎涵盖了心理学所有传统和新兴分支领域。在某些基础研究领域，已经达到或者接近国际领先水平；心理学应用研究也越来越彰显其在社会生活各个领域中的重要作用。学科建设和人才培养也都取得了很大成就，出版发行了多套应用和基础心理学教材系列。尽管如此，中国心理学在整体上与国际水平还有相当的距离，它的发展依然任重道远。在这样的背景下，组织学界力量，编撰和出版一套心理科学系列丛书，反映中国心理学学科发展的概貌，是可能的，也是必要的。

  要完成这项宏大的工作，中国心理学会的支持和学界各领域优秀学者的参与，是极为重要的前提和条件。为此，成立了《文库》编委会，其职责是在写作质量和关键节点上把关，对编撰过程进行督导。编委会首先确定了编撰工作的指导思想：《文库》应有别于普通教科书系列，着重反映当代心理科学的学科体系、方法论和发展趋势；反映近年来心理学基础研究领域的国际前沿和进展，以及应用研究领域的重要成果；反映和集成中国学者在不同领域所作的贡献。其目标是引领中国心理科学的发展，推动学科建设，促进人才培养；展示心理学在现代科学系统中的重要地位，及其在我国社会建设和经济发展中不可或缺的作用;为心理科学在中国的发展争取更好的社会文化环境和支撑条件。

根据这些考虑,确定书目的遴选原则是,尽可能涵盖当代心理科学的重要分支领域,特别是那些有重要科学价值的理论学派和前沿问题,以及富有成果的应用领域。作者应当是在科研和教学一线工作,在相关领域具有深厚学术造诣,学识广博、治学严谨的科研工作者和教师。以这样的标准选择书目和作者,我们的邀请获得多数学者的积极响应。当然也有个别重要领域,虽有学者已具备比较深厚的研究积累,但由于种种原因,他们未能参与《文库》的编撰工作。可以说这是一种缺憾。

编委会对编撰工作的学术水准提出了明确要求:首先是主题突出、特色鲜明,要求在写作计划确定之前,对已有的相关著作进行查询和阅读,比较其优缺点;在总体结构上体现系统规划和原创性思考。第二是系统性与前沿性,涵盖相关领域主要方面,包括重要理论和实验事实,强调资料的系统性和权威性;在把握核心问题和主要发展脉络的基础上,突出反映最新进展,指出前沿问题和发展趋势。第三是理论与方法学,在阐述理论的同时,介绍主要研究方法和实验范式,使理论与方法紧密结合、相得益彰。

编委会对于撰写风格没有作统一要求。这给了作者们自由选择和充分利用已有资源的空间。有的作者以专著形式,对自己多年的研究成果进行梳理和总结,系统阐述自己的理论创见,在自己的学术道路上立下了一个新的里程碑。有的作者则着重介绍和阐述某一新兴研究领域的重要概念、重要发现和理论体系,同时嵌入自己的一些独到贡献,犹如在读者面前展示了一条新的地平线。还有的作者组织了壮观的撰写队伍,围绕本领域的重要理论和实践问题,以手册(handbook)的形式组织编撰工作。这种全景式介绍,使其最终成为一部"鸿篇大作",成为本领域相关知识的完整信息来源,具有重要参考价值。尽管风格不一,但这些著作在总体上都体现了《文库》编撰的指导思想和要求。

在《文库》的编撰过程中,实行了"编撰工作会议"制度。会议有编委会成员、作者和出版社责任编辑出席,每半年召开一次。由作者报告著作的写作进度,提出在编撰中遇到的问题和困惑等,编委和其他作者会坦诚地给出评论和建议。会议中那些热烈讨论和激烈辩论的生动场面,那种既严谨又活泼的氛围,至今令人难以忘怀。编撰工作会议对保证著作的学术水准和工作进度起到了不可估量的作用。它同时又是一个学术论坛,使每一位与会者获益匪浅。可以说,《文库》的每一部著作,都在不同程度上凝结了集体的智慧和贡献。

《文库》的出版工作得到华东师范大学出版社的领导和编辑的极大支持。王焰社长曾亲临中国科学院心理研究所,表达对书系出版工作的关注。出版社决定将本《文库》作为今后几年的重点图书,争取得到国家级和上海市级的支持;投入优秀编辑团队,将本文库做成中国心理学发展史上的一个里程碑。彭呈军社长是责任编辑。他活跃机敏、富有经验,与作者保持良好的沟通和互动,从编辑技术角度进行指导和把关,帮助作者少走弯路。

在作者、编委和出版社责任编辑的共同努力下,《文库》已初见成果。从今年初开始,有一批作者陆续向出版社提交书稿。《文库》已逐步进入出版程序,相信不久便将会在读者面前"集体亮相"。希望它能得到学界和社会的积极评价,并能经受时间的考验,在中国心理学学科发展进程中产生深刻而久远的影响。

杨玉芳

2015 年 10 月 8 日

目 录

序 ……………………………………………………………………………… 1

第一部分　学习心理

1　引论：学习理论的发展　宋　蓓　吴庆麟 …………………………… 3
 1.1　三大理论范畴 …………………………………………………… 4
 1.2　学习理论对教育实践的建议 ………………………………… 10
 1.3　学习理论之间的关系 ………………………………………… 16
 1.4　结语 ……………………………………………………………… 17

2　记忆术及其训练　潘亚峰　胡　谊 …………………………………… 19
 2.1　引言 ……………………………………………………………… 19
 2.2　记忆术概述 ……………………………………………………… 20
 2.3　研究现状 ………………………………………………………… 28
 2.4　研究结论 ………………………………………………………… 35

3　元认知与学习不良　张振新 …………………………………………… 39
 3.1　元认知基本理论 ………………………………………………… 40
 3.2　学习不良的概念 ………………………………………………… 43
 3.3　学习不良儿童的元认知研究 ………………………………… 44
 3.4　问题与展望 ……………………………………………………… 53

4　教育与脑　李先春 ……………………………………………………… 57
 4.1　脑结构与可塑性 ………………………………………………… 57
 4.2　多感觉学习与脑 ………………………………………………… 60

4.3 多感觉学习异常与阅读障碍 ·············· 64
4.4 第二语言学习与脑 ·············· 68

5 学习动机 朱晓红 ·············· 80
5.1 国外研究现状 ·············· 81
5.2 国内研究现状 ·············· 93
5.3 小结 ·············· 102

6 品德心理与社会化 刘啸莳 李 丹 ·············· 106
6.1 国外研究现状 ·············· 107
6.2 国内研究现状 ·············· 112
6.3 国内外研究的比较与分析 ·············· 116
6.4 对中国教育现状的意义 ·············· 120

7 资优学生心理与教育 戴 耘 ·············· 127
7.1 资优学生的定义 ·············· 128
7.2 "资优儿童"概念的心理学背景和历史沿革 ·············· 130
7.3 国外研究状况 ·············· 134
7.4 针对中国大陆资优儿童和资优教育的研究状况和国际比较视野 ····· 143
7.5 结语：转型中的资优教育——范式更替、研究方法和实践意义 ····· 149

8 学业不良与自我管理 沈烈敏 ·············· 158
8.1 认知自我管理过程 ·············· 159
8.2 学业不良学生的认知自我管理过程 ·············· 161
8.3 学业不良学生认知自我管理过程的干预研究 ·············· 166
8.4 国内相关研究 ·············· 170
8.5 关于学业不良学生认知自我管理过程的研究对我国教育现状的
意义与建议 ·············· 172

第二部分 教学心理

9 引论：教学心理的发展 宋 蓓 吴庆麟 ·············· 179
9.1 教学心理学的缘起 ·············· 180

9.2 理论建树 ·· 183

9.3 实践开发 ·· 186

9.4 结语 ··· 194

10 问题解决与专长 张春莉 李同吉 ························· 197

10.1 问题解决 ·· 197

10.2 专长 ·· 209

11 数学运算 杨翠蓉 张 奇 ······························· 227

11.1 数学运算及策略 ·· 227

11.2 数学应用题表征及策略 ······································ 234

11.3 数学学习困难学生的研究 ···································· 239

12 创造性思维及促进 郝 宁 袁 欢 滕 静 ················ 254

12.1 引言 ·· 255

12.2 创造性思维的测评 ·· 256

12.3 情绪与创造性思维 ·· 258

12.4 动机与创造性思维 ·· 261

12.5 工作记忆与创造性思维 ······································ 266

12.6 躯体运动与创造性思维 ······································ 269

12.7 结语 ·· 272

13 教学方式及变革 韩建涛 庞维国 ······················· 280

13.1 教学方式概述 ·· 281

13.2 教学方式的沿革与整合 ······································ 284

13.3 当前主流的教学方式 ·· 289

13.4 结语 ·· 298

14 技术整合的教学 林立甲 ······························· 302

14.1 多媒体学习 ·· 302

14.2 基于网络的学习 ·· 309

14.3 基于游戏的学习 ·· 311

14.4 结论和未来展望 ·· 313

15 教师心理 连 榕 ·· 316

    15.1 教师心理研究的理论基础和方法 ·································· 317

    15.2 认知心理学视角的教师教学专长发展心理 ················ 319

    15.3 职业心理学视角的教师心理特征与心理健康 ············ 324

    15.4 中国特色的教师心理 ·· 329

    15.5 总结与展望 ·· 332

作者简介 ··· 340

索引 ·· 346

序

　　教育心理学的研究林林总总,阅读其中脉络,视角尤为重要。本书以历史的视角,选取相关主题,作些概览式介绍与评述。

　　关于学习心理,从教育心理学诞生至今,在百余年发展历程中,出现过三类理论:行为主义、理性主义和社会—文化—历史观。这些理论在知识的本质、学习的条件、教学设计等方面各有主张。近年来,认知科学对人的学习及发展的解释积累了较多证据,不仅来自实验室,也来自教育实践。在本书的第一部分我们将介绍记忆术、元认知、脑可塑性、动机等主题;同时,将谈及特殊学生(资优学生、学业不良学生)的认知发展和学习。

　　关于教学心理,自20世纪60年代末提出始,就被认为是一个"桥梁"学科,以期在填平心理学与教学实践之间的"沟堑"上发挥沟通作用。该学科发展至今有两大贡献:一是针对领域知识和能力的科学分析;二是开发出有效的教程或教学辅助手段(机器、网络等)。在本书的第二部分,我们将介绍专长理论、学科分析(如数学)、创造能力、教学方式、基于技术的变革等主题;同时,将谈及专长发展和职业发展思路下的教师心理研究。

　　上述阅读视角,非"绝对"合理,只是希冀发掘更多视角,使读者审视到教育心理学研究的更多方面。各主题的概述可当作是抛砖引玉,热忱欢迎更多的心理学研究者和教学实践者加入到教育心理学的研究队伍中来。

　　本书编写的组织工作,由华东师范大学心理与认知科学学院教育心理学专业的教师承担,包括吴庆麟、沈烈敏、庞维国、胡谊、杨向东、郝宁等。大家经过多次讨论,确定上述主题;同时,力邀国内相关领域的专家学者(见本书后面作者介绍)来撰写。他们或鼓励,或参与,虽然有些老师实在精力有限没有完成稿件,但都给予本书以极大支持,在此,我们一并表示感谢!

编　者

第一部分

学习心理

1 引论：学习理论的发展

宋　蓓　吴庆麟

【内容简介】

在教育心理学的百余年发展历程中,出现了三大学习理论范畴:行为主义、理性主义、社会—文化—历史观。三类理论分别对学习现象加以详细解释;同时,又对课堂或学校学习提出了不同建议。本章将对上述不同理论作观察与分析,从而为研究者阐述"学习"这一现象提供愈来愈清晰的图景。

【内容提纲】

1.1　三大理论范畴 / 4
　　1.1.1　行为主义 / 4
　　1.1.2　理性主义 / 5
　　1.1.3　社会—文化—历史观 / 8
1.2　学习理论对教育实践的建议 / 10
　　1.2.1　行为主义的教育实践改革 / 11
　　1.2.2　理性主义的教育实践改革 / 12
　　1.2.3　社会—文化—历史观的教育实践改革 / 14
1.3　学习理论之间的关系 / 16
1.4　结语 / 17

学习心理学(psychology of learning)旨在阐明人与动物的学习实质、学习产生过程以及影响这一过程的各种要素。它是教育心理学中最为基础与核心的部分,奠定了各个时代背景下的理论体系与框架;在此基础上,它指明了试图影响同一时期教育实践诸方面的改革方向。按西欧及北美研究者的观点,可将在教育心理学百余年发展历程中创建的学习理论划分为三大范畴:行为主义者或经验主义者的观点、理性主义者的观点以及实用主义者与社会历史者的观点,它们分别对知识、学习与迁移、动机这三个重要的理论问题作出了独特但又互补的设想。本章将从学习心理学的三大理论范畴、相应的教育改革实践以及三大理论之间的关系等方面进行思考和阐述。

1.1 三大理论范畴

1.1.1 行为主义

行为主义或称经验主义,产生于20世纪初,是对西方心理学影响最大的流派之一。它强调运用自然科学的实证方法,这是心理学由思辨走向实证、由哲学走向科学的一种反映。该理论可追溯到洛克(J. Locke)和休谟(D. Hume)的哲学理念(Jaja & Badey, 2013; Cooke, 1972)。行为主义者认为,心理活动无法被研究,应重点关注行为,尤其是动物和人在活动中受外在因素影响而获得或改变行为的历程。

根据行为主义的观点,认知就是联想及部分技能有组织的积累,只需用可观察到的刺激与反应形成的联结来描绘其特征。学习则是获得联想及技能的过程,或者说,学习可以通过在有、无强化的情况下使这些联结建立并增强,或是使其削弱或消退来解释(Dede, 2008; Ertmer & Newby, 1993)。当在某一情境中习得的行为可用于另一情境时,迁移便发生了。动机则是使学生易于形成某种新的联想或新的技能的状态,主要涉及诱发学生关注情境中的有关方面,并对之作出适当的反应。最后,通过对环境的"操作"和对行为的"积极强化",任何行为都能被创造、设计、塑造和改变。

行为主义早期代表人物桑代克(E. L. Thorndike)认为,学习是有机体通过尝试—错误(简称试误),形成刺激与反应的联结,从而获得新经验的过程。以猫笼实验为例,桑代克研究了饿猫学习逃出迷笼,进而获得食物的过程。具体来说,饿猫第一次被囚禁于迷笼时,乱撞乱咬。一段时间后,可能由于碰巧做对了打开笼门的动作(按钮、拉绳等)而逃出笼外并获得食物。桑代克把猫一次又一次地关入笼内,并记录每次猫打开笼门所用时间,这样,就得出了猫的学习曲线(逃出迷笼所用时间与实验次数的关系)。饿猫经过多次试误,进而学会了打开笼门的动作,这一过程就被解释为学习的"试误说"。

而行为主义的杰出代表人物斯金纳(B. F. Skinner)认为,"学习"是反应概率的变化,"理论"是对所观察到的事实的解释,"学习理论"所要做的是指出引起反应概率变化的条件。所以,研究学习行为的目的是要形成一种分析各种环境刺激的功能的方法,以决定和预测有机体的学习行为。为此,斯金纳设计了一种特殊的仪器,即一个阴暗的隔音箱——斯金纳箱,箱子里有一个开关:如用白鼠为被试对象,就用一根杠杆或一块木板;若以鸽子为被试对象,就用一个键盘。开关连接着箱外的一个记录系统,用线条方式准确地记录动物"按"或"啄"的次数与时间。在实验时,并不是在动物每一次按杠杆或啄键盘后都给喂食,食物的喂送方式由实验者决定。除此之外,实验者还可以控制灯光、声音、电击、温度与湿度等。斯金纳箱的一个特点是,动物可以反复做出斯金纳所称的"自由操作的反应"(free-operant responding)。所谓"自由",即动物的行为不像在迷笼里那样受到限制;所谓"操作",是因为动物的反应是主动地作用(或操作)于环境。

上述观点也反映在新近发展的联结主义(connectionism,或神经网络)的观点中。这是 20 世纪 80 年代初认知心理学中兴起的一种研究范式。联结主义以神经生理为基础,融合人脑的认知功能和特性,采用数字化特征而不是逻辑规则来转换信息,平行地处理亚符号(subsymbol)。脑神经元由细胞体、树突和轴突三部分组成,其中轴突是信息输出装置;树突是信息接收装置;轴突末端与树突进行信号传递的空隙部位称为突触,是信息加工转换装置。在神经网络中,网络节点模拟脑神经元,多重联结权重(或强度)的加权乘法器模拟"轴突—突触—树突"结构,用来表示两个神经元相互作用的强度,加法器模拟树突的互联功能,阈限值模拟细胞内化学递质产生的开关放电特性,最终实现了对神经系统的模拟(蔡自兴,徐光祐,1996)。因此,联结主义将认知看作是在相当于神经元的这些元素之间建立起某种联结模式,并将学习看作是使这些联结增强或削弱的过程。该理论能够解释复杂的模式识别及规则复杂、无法预先确定化的任务,因此对心理学发展产生了巨大的影响。

1.1.2　理性主义

理性主义最初是以笛卡尔、斯宾诺莎、莱布尼茨等人为代表的哲学流派,盛行于16 世纪末至 18 世纪初。他们认为理性就是合乎自然和合乎人性,它是衡量一切现存事物的唯一标准(柯佑祥,2008)。理性主义的教育思想产生于中世纪的大学教育,并在 13—19 世纪中叶占主导地位。在理性主义的支配下,教育以探索真理、完善人格为宗旨,坚持自己的个性,不为外部力量,如社会政治、经济等所左右。在理性主义者看来,人永远是教育的对象,促进人的个性发展和传播理性知识始终是大学教育的最终目标。他们主张在教育过程中实现人的自我完善,抛弃教育中的实用性与职业性,主张教育是为生活作准备,而不是为职业作准备(施晓光,2001)。

理性主义对知识持认知或理性的观点,强调对不同学科领域的观点与理论的理解,强调人在从事推理、计划、问题解决及理解语言中的一般能力。对理性主义(即认知观)的支持来自三种研究传统:格式塔心理学(Gestalt psychology)、建构主义(constructivism)和信息加工心理学。

格式塔心理学强调知识的结构及顿悟在学习中的重要性。其中,顿悟说是苛勒(W. Kohler)通过针对黑猩猩的大量学习活动的实验而提出的。在实验中,苛勒给黑猩猩设置了许多问题情境,例如,将香蕉挂在笼顶,笼内有两个木箱,黑猩猩站立在任何一个木箱上都够不着香蕉,只有将两个木箱叠放在一起,然后站在上边才能取到香蕉。苛勒发现,在此类情境中,黑猩猩在解决问题时,首先是对所处情境进行充分观察,然后表现出对解决问题情境的领悟(insight),即突然明白并找到解决问题的办法(如上例中把箱子叠加起来)。格式塔学派认为,对问题的知觉方式决定问题的难度,解决问题要经历一个知觉重构的过程,在这个过程中突然"顿悟",从而获得解决方案。这就是顿悟说,它挑战了当时占主导地位的桑代克的"尝试—错误"学习理论。

建构主义的主要代表人物是皮亚杰(J. Piaget),他的理论致力于描述儿童认知发展的特征,尤其是关注儿童在观念性理解方面的发展。首先,皮亚杰认为人在认识周围世界的过程中,形成自己独特的认知结构,这种认识事物的基本模式就是图式。认知同化的过程就是主体把客体纳入自己的图式中,并引起图式的量的积累与变化。其次,皮亚杰认为人类所有的心理反应归根结底都是适应,适应的本质即主体通过动作与客体环境形成平衡,这是内外因相互作用的结果。适应分为两种不同的类型:同化和顺应。个体通过同化和顺应达到机体与环境的平衡,如果失去平衡,就需要改变行为以重建平衡。个体在平衡与不平衡的交替中不断建构和完善认知结构,实现认知发展。同时,皮亚杰把儿童的认知发展分为四个阶段,分别是感知运动阶段(0—2岁)、前运算阶段(2—7岁)、具体运算阶段(7—11岁)和形式运算阶段(11岁—成人)(Huitt & Hummel, 2003)。

信息加工心理学是由乔姆斯基(A. N. Chomsky)、西蒙(H. A. Simon)、纽厄尔(A. Newell)等人力推的一种认知科学,重点描述语言的理解、推理及问题解决过程的特征。信息加工心理学的研究是建立在"物理符号系统假说"及其推论基础上的。与神经网络模型不同,信息加工心理学假定存在一定的加工阶段,加工方式是序列式加工,是串行加工。比如,西蒙就认为人类信息加工系统"是一个单线的、进行系列活动的系统,因为人只能同时想一件事、做一件事。人就是一个单线的系统"(Simon, 1978)。"问题解决"是认知科学进军心理学的一个切入点,主要利用计算机程序对人类启发式搜索的问题解决过程进行模拟研究。所谓问题解决,是指一系列有目的指向性的认知操作活动过程(辛自强,2004)。"河内塔"实验可以说明问题解决的过程。该问题的初始状态是有三根柱子,在第一根柱子上有三个圆盘,而且小的圆盘在大的上面,叠在一起就像一个"塔"。目标状态是把这三个圆盘移到第三根柱子上,大小顺序不能变。规则是每次只能移动最上面的一个圆盘,大的圆盘不能压在小的圆盘上,可以利用中间的柱子作为过渡。要解决"河内塔"问题,就要寻找联系初始状态和目标状态的一系列中间状态,然后一步步达到目标。换言之,就是分析手段和目标之间的关系以解决问题(Simon 等,1987)。

上述理性主义的三种研究传统,虽然侧重点有明显差异,但在一些重要的构想方面有着相同之处,特别是建构主义与信息加工心理学之间。上述三种研究传统均强调有组织的方式在认知活动中的重要性,而且建构主义与信息加工心理学还关注对信息作出表征与推理时的步骤及运作,将学习视作一种观念发展的建构过程,其中时常涉及学生在理解时的观念重组,在问题解决过程中的策略使用以及元认知等一般认知能力的发展。它们对动机的探讨时常强调,许多学习显然可以在无需外部诱因的情况下发生,因此更注重培养学生对观念和概念本身的兴趣。

应当指出,理性主义与之前所述的行为主义之间并非壁垒分明。有人(如 Case,1992)曾将信息加工心理学划归为经验主义范畴,因为这种观念将知识看作是联想的网络及操作步骤的合成,但西方大多数学者还是将这种观点定位于理性主义的范畴,因为它强调在认知结构与操作步骤中对信息的组织。

同样,在早先的《学习论》(*Theories of Learning*,Hilgard & Bower,1966)中,班杜拉(A. Bandura)的社会学习论被视为是一种认知理论的新进展,尽管这一理论也看重行为结果,但鉴于其更为强调"学习是将来自外部环境的信息转化为指导行为的表征过程"(Bandura,1986),因此当今的研究者更偏向于称之为"社会认知理论"。这便是在分类中经常会遇到的一些人为界定的情形。

具体来说,社会认知理论源于行为主义学派的强化学习理论,强调人与人以及人与环境间的交互作用,认为某一个体在某一情境下习得了某一行为,一旦他再遇到类似情境,就倾向于做出同样的行为,即人类个体并非生来就有一个固定的行为模式库,一切行为方式都是后天学习的结果。因此,学习从本质上说是受到积极强化、消极强化、无强化、惩罚的影响,而改变了行为发生概率的结果。班杜拉认为,人类的学习除了学习者对刺激作出反应的直接学习(即刺激——反应的巩固联结)外,还有一种就是间接学习,即观察学习。观察学习就是学习者在社会交往中通过对榜样人物的示范行为进行观察而无需予以直接强化的学习。这种学习又称替代学习。

为了研究此类学习,班杜拉曾于1961年在斯坦福大学进行著名的"充气娃娃"系列模仿行为实验,以证实模仿和观察学习在儿童行为塑造中的作用。在实验中,班杜拉让三组儿童都观看成人榜样踢打一个充气娃娃的录像。第一组观察到的结果是榜样因踢打行为受到惩罚;第二组观察到的是榜样受到奖励;第三组观察到的是榜样既没受到奖励,也没受到惩罚。之后,观察儿童单独和玩具娃娃在一起时的情景。结果发现,看到榜样受惩罚的那组儿童的攻击性行为最少。然后班杜拉又对看了榜样踢打充气娃娃录像的儿童全部给予强化,鼓励他们尽可能地模仿成人的行为。结果三组儿童的攻击性行为没有区别。这个实验证明,许多行为模式是通过观察榜样的行为以及这些行为对这些人所产生的后果而习得的;情绪也可以这种方式学习,即通过观察榜样经历痛苦和愉快的体验时的情绪反应而习得。

在国内,近年来有研究者针对此类观察学习在不同年级学生中的表现进行了实验研究。研究选取小学一、三、五年级学生共 190 名,采用实验法测查表情和动作模仿。在实验过程中,研究者向被试呈现一段时长 2 分 17 秒的视频,内容为 18 个不同成年人依次做出高兴、愤怒、悲伤等表情的动态过程。结果发现,(1)小学儿童对不同类型表情的无意识模仿存在发展性:随着年级增加,儿童对高兴表情的模仿时间增加,对悲伤和愤怒表情的模仿时间保持在较低水平;(2)不同年级儿童对表情的无意识模仿存在分化性:一、三年级儿童对不同表情的模仿时间不存在显著差异,五年级儿童对高兴和愤怒表情的模仿时间显著长于对悲伤表情的模仿时间;(3)小学儿童对动作的无意识模仿存在发展性:一年级儿童中产生动作模仿的比例显著大于三、五年级儿童。因此,研究者认为小学儿童的无意识模仿表现出适应性的整体发展趋势,并且不同模仿行为的关键期有所不同(卢晗,刘霞,叶亦青,隆欢,2013)。

理性主义与经验主义之间的沟通也表现在自我调节学习理论中。所谓自我调节学习,是指学习者在一定程度上,从元认知、动机和行为方面积极主动地参与自己的学习活动的过程(Zimmerman, 1989)。学生自我调节学习策略的使用情况与学业成就有很高的相关,并能很好地预测学业成就的分布(Zimmerman & Martinez-Pons, 1988)。自我调节学习的三个重要成分是:自己制定学习目标、自我效能感和自我调节学习策略。其中,自我效能感是对人的行为过程和结果的认识。为了达到某个学习目标,自我调节学习者能依据自我效能感,选择使用更好的学习方法,灵活运用某些特殊的自我调节学习策略(张林,周国韬,2003)。

1.1.3 社会—文化—历史观

社会—文化—历史观可以追溯到维列鲁学派,它形成于 20 世纪二三十年代,是苏联时期影响最大的一个心理学流派,主要成员包括维果茨基(L. Vygotsky)、列昂节夫(A. N. Leontiev)、鲁宾斯坦(S. L. Rubinstein)和艾利康宁(El'konin)等。他们创造性地把历史主义的原则引进对人类的心理起源与发展的研究中,并提出要从历史、文化的角度出发去建立人的心理发展理论。以婴儿交往心理为例,孩子自出生后的三个月起就出现了与人交往的需要。当妈妈或其他照料者不在其身边时,婴儿就会容易烦躁,经常哭闹;而当妈妈或其他照料者出现时,婴儿就会表现得愉快和活跃,他们整个身体都开始活动起来,即出现"整体活跃反应"。这种愉快活跃的反应证明婴儿已经形成与成人交往的需要。同时,研究者发现这种现象在不同种族的婴儿身上都有所表现(张丹华,1993)。

　　情境的、实用主义与社会历史的观点认为知识分布于人及其环境之中,包括环境中的客体、人工制品、工具及人所参与的群体。此种观点关注个体与他人的互动,个体与物质系统及技术系统的互动。有很多研究传统对这一理论的产生作出了贡献,其中比较确定的有人种论(ethnography)、生态心理学(ecological psychology)和情境论(situation theory)。

　　人种论包括对各种文化现实和社会互动方式的研究,涉及社会语言学、人类学和社会学对交流与对话的分析。社会互动是指人们相互交流的各类正式与非正式的方式(Giddens, 2009)。社会互动有助于促进群体成员之间的行为相似性(Manski, 1993),其可能的原因在于:第一,内生效应,即个体的行为受到他所属群体内其他成员的影响;第二,外生效应,即"情境效应",是指个体从事某种行为的倾向性随所属群体的外生特征而变化;第三,关联效应,同组成员行为一致的原因在于其拥有相似的个人特征或者面临着相似的制度环境。有研究发现,无论是小组讨论还是整个班级范围内的讨论,师生之间或者学生之间的互动讨论都会有助于学生的阅读理解和记忆能力的提升(Sweigart, 1991)。当遇到问题与困难时,整个班级的讨论有助于问题解决,这不仅对母语学习者有帮助,同时对第二语言的理解也有促进作用(Branden, 2000)。除此之外,研究还发现,互动学习同样有助于学生的写作、对话和合作推理能力的提高(Sperling & Woodlief, 1997; Chinn, Anderson, & Waggoner, 2001)。

　　生态心理学则从物质互动这一视角来研究人的行为(Turvey, 1990)。生态心理学主要探讨有机体的知觉、判断、行为等因素在环境适应中的作用(Miller, 2007),强调研究人与环境之间的动态交互过程,尤其倾向于关注生态环境中的具有功能意义的心理现象(易芳,2005)。该定义体现了生态心理学有别于传统主流心理学的两个主要方面:一是研究对象,它认为心理学的研究对象应该是人—环境这个统一的系统,而不是单纯从人的角度来研究人的心理和行为;二是研究方法,"提倡在真实环境中研究"(易芳,俞宏辉,2008)。因此生态心理学为人的个性和社会性发展提出了崭新的视角。交互作用原则是生态心理学的基本原则,即注重人与真实生活环境之间的交互作用。所以,在理论上,生态心理学将人—环境的统一体作为心理学的基本研究对象,并将现实生活世界作为心理学研究的根基,其实践意义主要在于关注心理学研究的生态效度和生态危机的解决。

　　情境论源自一种对心智及语言所持的逻辑观与哲学观,这一传统将意义和行动作为各种关系系统来分析(Barwise & Perry, 1983)。在这一观点看来,认知不仅拥有从事合作活动的群体特征,也拥有参与该群体的各个成员的个体特征。无论是群体拥有的知识,还是个体拥有的知识,都需与活动的规律相协调。无论是群体的学习,还是个体的学习,都涉及与自己发生互动的物质系统和社会系统的限定与给予相协调(伍志鹏,吴庆麟,2010)。例如,教师教学时,要考虑学生的当前知识,要考虑可利用的教学设施、所教的学科内容、自己的知识与技能,这些是教学的"限定与给予"。学生学习时,处于不同的群体,这些群体的价值观、群体中他人给予的学习上的帮助或干扰、个体自己的兴趣与先前知识,都是学生学习的"限定与给予"。

按照情境论的观点来讨论动机时,通常会根据群体的功能与目标来强调个体的参与,其中包括人际间的允诺,及个体的身份随其参与的方式得到提升或降低。所以,在该理论看来,学习的实质是个体参与实践,并与他人、环境等相互作用的过程,是形成参与实践活动的能力、提高社会化水平的过程。学习不仅仅是为了获得一大堆事实性的知识,同时还要学习参与真正的文化实践。学习是包括互动的意图——行动——反思活动这一过程的实践。在学习者参与的过程中,知识的获得是一个由周边参与逐渐到核心的历程,需要理解和把握如何在对话中获取知识,这种学习模式也被莱夫(J. Lave)和温格(E. Wenger)称为"合法的边缘性参与"。学习者通过参与真实或仿真的任务活动,将新的信息与已有的知识经验相联系,从而构建新的知识和意义。而教师从知识权威转变为学习者学习的促进者,成为学习伙伴,促进学习共同体之间的交流,为学习者提供真实的学习情境,搭建学习支架,引导学习者应用习得的知识来解决"现实世界"的问题(林枋,成丽娟,2009)。

源于上述三种传统,社会—文化—历史观对学习有这样的看法:知识不仅是特定社会为自身进行再创造的基石,而且是塑造那些有助于社会再创造和延续之能人的必备。也就是说,学习者的知识在一定程度上,建立在他们自己积极参与认识所处社会文化的传统及变化的习俗基础之上;学习者的参与活动,可以体现在与各类文化制品之间中介互动的发展轨迹之上;学习者的参与活动,还体现在与更成熟、有经验的成人之间中介互动的发展轨迹之上;教育者必须安排各种适合学习者当前能力和兴趣的教学条件,从而促使他们积极参与其中,这些条件包括教师行为,教学材料、活动的选择与运用以及学习与教学发生的社会场景等。

1.2 学习理论对教育实践的建议

同任何领域里的研究者一样,学习理论本身远非是提出者的最终目标,其最终的目标是重塑一种更为成功的教育实践模式。当上述三种不同学习理论的提出者及追随者试图将其用于改革当时的教育时,他们在学习环境、课程开发、学业评定等方面也都提出了各自不同的实践原则。

1.2.1 行为主义的教育实践改革

学习环境

美国著名教育心理学家加涅(R. M. Gagné)在吸收信息加工心理学和建构主义思想的基础上,依据人类习得的性能,创造性地将人类学习概括成五种学习结果,也称为五种习得的性能,包括智慧技能、认知策略、动作技能、言语信息和态度。在此基础上,加涅提出了智慧技能层次论,即把智慧技能分为五个亚类:辨别、具体概念、定义性概念、规则和高级规则。而这五种智慧技能的习得存在着如下的层次关系:高级规则学习以简单规则学习为先决条件,规则学习以定义性概念学习为先决条件,定义性概念学习以具体概念学习为先决条件,具体概念学习以知觉辨别为先决条件。这是加涅的智慧技能层次论的核心思想。

对学习结果的五种分类可以作为教学设计观的基本理念和出发点。因此,行为主义者或经验主义者的学习环境设计观如下:

第一,对学习活动或所学的程序加以妥善组织,使学生知道并能有效地追随课内活动的常规,学习便能最有效地发生。

第二,教学应该有清晰的目标、反馈及强化。教学目标是指教学活动实施的方向和预期达成的结果,是一切教学活动的出发点和最终归宿,它既与教育目的、培养目标相联系,又不同于教育目的和培养目标。教学目标的"具体性"是教学目标设计的最重要的原则之一。只有目标具体,具有可操作性,才能进一步设计达成该目标的教学活动;也只有目标具体,具有可检测性,才能准确评价目标达成与否。

加涅提出了"五成分目标"的陈述方法,即表述一个教学目标应含有五个成分:行为发生的情境,习得的性能的类型,行为的对象,学生采取的具体行动以及与作业有关的工具、限制或有关的特殊条件。就基本信息和常规技能的学习而言,在进行教学时,应对所学的信息与步骤作出详细的交待;在学习材料的组织方面,应保证学生获得每一新成分的前提,并给学生提供正确反应的机会;而对所作出的反应须提供详尽的反馈,告诉他们在哪些方面已经学会,在哪些方面还需继续学习;给学生提供的强化物应当满足学生的需求。

第三,利用技术实施个别化教学。在获得基本信息及常规技能时,可使用包括计算机技术在内的各种技术,以支持个别化的训练与练习。

课程开发

行为主义者开发课程的原则是:遵循从掌握局部技能向掌握复合技能过渡的顺序。为了促进复杂且明确规定的技能的学习,教学的顺序应是从简单的局部技能过渡至由它们构成的更为复杂的技能。以钢琴学习为例,钢琴演奏需要通过操作乐器的熟练技能来表达乐曲的内容和情感,因此,练琴的主要目的是理解、掌握和巩固用于表达音乐艺术的操作技能。而这个操作技能的形成是通过逐步领悟和练习从而掌握某种动作程序的过程来完成的,一般要经历认知、分解、联系定位和自动化这四个主要阶段。即先了解技能的基本要求和重点,对技能本身的特征有所认知;接着将整套动作分解成若干较为简单的局部动作,对其进行逐个掌握;然后把局部动作综合成更大的单位;最后,形成一个完整的自动化的动作系统。

学业评定

行为主义者制定学业评定的原则是:评定局部的知识成分。在构建检测学生所获取的基本信息与常规技能的成就标准时,应对要获取的步骤及信息详加分析,以便使测验项目能对学生的局部知识成分作出评定。对局部知识的检测及评分应做到公正、有效,应对测验在效度及信度这些统计特征上作严格的评定,以便能对客观测验到的行为作出预测。因此,行为主义提倡进行标准化测验。标准化测验一般由专门的测验机构编制,是由学科专家与测验编制专家共同完成的。以音乐能力测验为例,美国的西肖尔(C. E. Seashore)通过二十多年深入的实验研究,在 1919 年出版了第一个标准化的音乐能力测验:西肖尔音乐才能测验(Seashore measures of musical talents)。这个音乐能力测验采用的是典型的心理物理学性质的实验室测量方式,可以说是最早开发且被广泛使用的音乐潜能测验,并在 1939 年、1960 年得到两次修订。测验包含音高、音强、节奏、音长、音色以及音调记忆 6 个子测验。研究者记录的研究标准数据有声乐分数、教师音乐能力、钢琴分数、听写分数、视唱分数、和声分数、音乐成绩平均分数、音乐应用分数、音乐理论分数、钢琴表演、教师表演比例及训练数量等。通过这样的系列测试,教育者就可大致了解学生的音乐能力的表现了。

1.2.2 理性主义的教育实践改革

学习环境

理性主义者或认知主义者的学习环境设计原则是:为理解设置的互动的教学环境。学习环境的组织者通过问题解决及推理活动来促使学生自己构建对概念与原理的理解,这些活动不仅能调动学生的兴趣,而且还能促使学生使用自己原有的理解以及一般的推理和解决问题的能力。美国芝加哥大学教授 Schwab 在 1962 年出版的文章《作为探究的科学教学》(The Teaching of Science as Inquiry)中首次提出"探究学习"的概念。探究学习是指学生在主动参与的前提下,根据自己的猜想或假设,在科学理论指导下,运用科学的方法对问题进行研究,在研究过程中获得创新实践能力、获得思维发展、自主构建知识体系的一种学习方式。

探究学习目前已经成为世界上许多国家所倡导的一种学习方法。其内容是:首先,探究的问题要尽量与生产、生活实际联系,是为了解决一个实际情境中的问题;其次,探究特别注重证据,培养学生的科学态度和科学精神;第三,探究注重的过程已不再只是单纯的知识发现的思维过程或如何应用思维策略引发最终发现的过程,还强调知识发现过程中其他因素是如何影响科学探究的,如因计划不周、合作不佳而导致的失败;第四,并不是所有的知识都必须要进行探究,也并不是探究教学中就没有接受学习的成分,这要根据具体教学情况而作出合理的判断和选择;第五,它要求学生通过这样的学习不仅提高科学探究能力,而且还要能够达到对科学探究本身的理解(熊士荣,徐进,2005)。

课程开发

认知主义者开发课程的原则是:第一,遵循观念发展的顺序。学习活动的顺序应从学生最初的理解及推理能力所及的议题或问题入手,然后过渡到能对其直觉作出进一步扩展的议题或问题,即通过对他们原有理解的改进和扩展来实现观念的发展。例如,为了激活新旧知识之间的实质性联系,提高已有知识对接受知识的有效影响,奥苏伯尔(D. P. Ausubel)提出了"先行组织者"(advance organizer)的教学策略。"先行组织者"有着严格的定义,是指在正式材料学习之前,向学生介绍的与其原有认知结构中的适当知识相联系的概括和包摄性引导材料,即先于新学习材料呈现的一种引导性材料,它在抽象、概括和包摄水平上应高于正式的学习材料并以学生熟悉的术语呈现。

第二,关注理解的一般性。对某一学科领域课程的组织,在于使学生理解该领域中一些大的统一的原理,呈现及讨论信息与解决问题的方法,突出它们的一般意义和适用性。例如,在学习有关某一种动物的教学内容时,会有大量涉及该动物的事实性知识。传统的教学可能会将教学目标定位在了解动物的外形、种类、生活习性、寿命周期、行为模式等方面;而以促进概念理解为目标的教学则以使学生理解其中的一些关键性概念为核心,在教学设计中将不同的概念结合在一起,形成概念性观念。在这种转化中,各种具体事实成为学生理解概念的工具,而学生理解了这些概念性观念后,就可以将其应用到许多例子中去,从而获得可迁移的知识,促进深层理解力和思维能力(高潇怡,2009)。

学业评定

认知主义者制定学业评定的原则是:第一,评价需拓展的表现。评价学生在一些拓展计划上的工作,或评价他们在简单的简答题上不能表现出来的、需经长时间准备才能有的、对其智力与发展都很重要的信息。这种评价有助于将教育定位于学习中更为重要的方面。如奥苏伯尔提出的"同化论"认为"学习是认知结构的重组",他既重视原有认知结构(知识经验系统)的作用,又强调要关注学习材料本身的内在逻辑关系。奥苏伯尔认为学习变化的实质在于新旧知识在学习者头脑中的相互作用,那些新的有内在逻辑关系的学习材料与学生原有的认知结构发生关系,进行同化和改组,在学习者头脑中产生新的意义。

第二,称赞不同水平的表现。对理解和推理的评定应当称赞不同水平的表现,以鼓励能力或背景不同的学生对学习群体作出贡献,并认可他们对成功的贡献。例如1983年,美国心理发展学家加德纳(H. Gardner)提出多元智能理论,认为每个人都拥有七种主要智能:语言智能、数理逻辑智能、视觉—空间智能、音乐智能、身体动觉智能、人际关系智能以及自我认识智能。之后,在此基础上,他又补充了自然智能、灵性智能与存在智能(张玲,2003)。根据多元智能理论,每一个个体的多元智能以各自不同的方式进行组合,因此智能表现有各自的优势和特点。作为教师,要尊重每个个体的差异性,认真对待每个学生身上的特质、兴趣和不同的目标,并尽最大的努力帮助他们发掘自己的潜力,实现自己的目标。

1.2.3 社会—文化—历史观的教育实践改革

学习环境

社会—文化—历史观制定学习环境的原则是:第一,提供参与社会探究与学习的实践环境。对学习环境进行组织,旨在促使学生参与探究和学习的社会实践,以支持学生形成有能力且自信的个性。这意味着学生不仅仅可以通过阅读和课堂听讲获取知识,同时也可以通过参与社会实践获得知识或技能。例如,可以将在博物馆、音乐厅、科技馆等处学习到的知识与学校的课堂学习整合起来,并把生活中的实际问题带入课堂学习,这将更有利于学生参与未来的社会实践活动。

同时,教学活动应包括对各种疑点、问题、猜测、争论等作出解释与评价的过程。为使这些活动成为探究与学习的社会实践,应使用支持学习的丰富的社会资源与物质资源,并调动个人参与的积极性及鼓励学生在社会性的学习活动中作出贡献。因此,学校本身就是学生共同学习、交流和成长的场所。学校的教学活动应与日常生活及其周边社会关系进行沟通,为学生的成长提供准备丰富的场所。同时,教师、学生和家长进入"相互学习的关系",由此为终身参与校外广泛的知性共同体的创造作好准备(虎技能,王晓军,2011)。同时,学习共同体之间可以通过积极交换意见、头脑风暴等方式,促进新观点的产生和问题的解决。

第二,支持学生形成积极的认知个性。学习环境的组织应旨在支持学生成为有能力且自信的学习者或求知者,包括使不同背景的学生在其社会互动及专长方面的差异得到互补与增强。不同的学生具有不同的认知风格,即个体组织和表征信息时表现出偏好性和习惯性。不同认知风格的学生对教学材料的组织方式、教学材料的呈现方式、教学内容的类型等方面的反应不尽相同,且具有不同的学科偏好、表征偏好等。而任何一种认知风格都可以在一定的条件下有效促进学生学习,并无优劣之分(王静,陈英和,2008)。

课程开发

社会—文化—历史观所主张的开发课程的原则是:首先,开发需要严密论述与表述的实践。组织学习活动的顺序时既要注意可能覆盖的学科内容,又要关注学生在学习、推理、合作以及交流中的种种实际的进步。使学生学会参与某一领域的特定的论述,学会使用该领域的表征体系及工具。要关注学生现实表现中的独特价值与局限性,而不是关注学生是否能正确地追随这些论述及表达的既定形式。

其次,应当包含阐述及解决现实问题的实践。学习活动应当关注对学生的经验来说是有意义的真实场景,应当关注能体现该学科的概念与方法的问题情境。大量真实的关于社会活动体系的计划及长时间的模拟,将有助于学生学会探究的本领。例如,物理学科的特点是需要开展物理实验来进行探究,因此,在课堂上可以通过让学生"扮演"科学家去探索实际问题,学习科学研究的方法,养成良好的思维品质,培养学生积极用眼观察、动脑思考和动手操作的能力,使学生积极主动地去获取知识,激发兴趣,培养创新精神和实践能力。

学业评定

社会—文化—历史观对学业评定的原则是:第一,对参与探究和社会性学习的实践作出评定。第二,学生参与评定。让学生有机会参与评定标准的制定及评定过程是评定公正性的重要体现,这将有助于学生对其个人的智力投入、对参与群体工作所作的贡献作出评判。第三,评定系统的设计。将评定设计为一个系统,其中既虑及评定对学习环境及教学互动的影响,又考虑到对人的评定的基本要求是对学生的学习进步作出有意义的评定。这种学业评定不仅可以驱动学习,而且对整个学习活动起到积极的辅助和促进作用(Wood,2009)。对学生而言,其价值主要体现在导向及激励功能上。通过课堂教学评价,学生能够知晓自己在学习中取得的进步、潜力以及存在的不足,从而明确努力的方向和目标。对教师而言,其价值主要体现在导向、诊断及激励功能上。教师可以据此判断自己的教学活动与目标之间的"距离",发现教学中存在的问题。对教育管理者而言,其价值主要体现在管理功能上。教育管理部门和教育机构(包括学校)可以把评价的结果当作对教师和学生进行评价的依据之一,并据此调整学校教育发展的布局和方向,改进教育教学活动(卢立涛,梁威,沈茜,2012)。

1.3 学习理论之间的关系

百余年来,学习心理这一研究领域提出的观念不仅丰富和深化了对学习及其过程的了解,而且也为理解和改进教育实践提供了重要的支持,同时理论及实践中的多样性也对后继的研究者与实践者提出了重要的挑战。早在 20 世纪 90 年代中期,随着情境主义的提出并在塑造教育的改革中初露端倪,一些研究者就已预期在未来的若干年里,学习心理领域最为突出的理论探讨便是进一步澄清前面所述三种理论的关系。

他们认为,在这方面至少有两条路径可走。一种可能性是将行为、认知、情境的观点汇聚于不同的水平上来分析学习,即行为主义的分析旨在研究个体的活动;认知主义则在个体信息的内在结构水平上更为详细地研究个体的活动,其中包括符号表征的构建和对其作出的转化;情境主义的分析比行为主义的分析具有更大的汇聚性,其研究的是系统的互动,个体作为群体的成员与这一更大系统中的组成成分与物质系统发生作用。当主张三种学习理论聚焦于不同的水平时,人们似乎可以预期今后的理论应揭示:在群体与物质系统水平上得出的原理中,应囊括个体行为的原理;在个体行为的原理中除含信息加工的原理之外,还应囊括有关动机与情绪的另一些原理。

以音乐学习为例,从行为主义的观点出发,弹琴就是个体手指活动技能动作的学习,属于外在动作的学习,需要大量基本功的训练,直至手指活动达到自动化的程度。在练习的过程中,练习者是将音乐作品和演奏动作分为若干局部,直至完成整个作品。认知主义认为演奏者头脑中对音乐作品内涵的表征或者说内在认识,即对音乐作品的理解和认识都影响着其对音乐作品的表现。情境主义则认为,音乐学习离不开演奏者周围的社会环境对其的影响,如老师的教学水平、是否有机会经常欣赏音乐会、父母是否从事或者喜爱音乐以及家庭经济条件是否允许等一系列外在环境因素对于学习结果有着至关重要的影响。

另一种可能性是三者处于竞争的关系,即情境的观点对行为及认知的观点作了某种综合,也就是说行为主义的分析虽研究了个体活动的过程,但忽略了活动的内容;认知主义的分析虽研究了活动的内容,但忽略了个体的活动还受个体之外的群体与物质系统的影响,并也会影响这些系统。因此这三种观点构成了一个黑格尔的三一定律:命题——反命题——综合。在这里,行为主义提出的命题关注外显的行为;认知观点提出的反命题则关注内在的信息加工方面;情境观点则是取这两种早期研究路径之长而提出的一种综合观。研究者对支持情境观点的理论发展期待是:个体行为的原理及信息加工的原理仅是阐述群体与物质系统互动这种更为一般原理中的特例。

1.4 结语

对学习心理的研究,已经初步揭示出人的操作表现、知识和能力、社会行为等获得和发展的规律。此方向下的研究成果可以给学校教育中涉及的不同人群以启示:对学生而言,帮助他们有针对性地解决学习或心理问题;对教师而言,提升他们教的能力,以教导学生学会学习,启发学生自主学习;对管理者而言,在学校的课程开发、课堂教学、人才培养等方面有所启示。因此,该方向的研究极大地带动并推进了教育心理学、发展心理学等母学科的发展。未来,学习心理的研究应以现代科技发展,尤其是脑科学研究成果为基础,抓住心理机制这一关键问题,力争在人在不同领域的胜任力、社会交往与协作能力、行为倾向与态度等主题上有所突破。

参考文献

安东尼·吉登斯.(2009).社会学(第五版).李康,译.北京:北京大学出版社.
蔡自兴,徐光祐.(1996).人工智能及其应用.北京:清华大学出版社.
高潇怡.(2009).试论"促进概念性理解"的科学课教学.课程·教材·教法,29(4),68—72.
虎技能,王晓军.(2011).日本基于"学习共同体"的学校改革述评及其启示.教育发展研究,(4),71—75.
柯佑祥.(2008).理性主义、功利主义对现代高等教育发展的影响.高等教育研究,29(3),13—18.
林枋,成丽娟.(2009).情境学习理论支撑下基于问题的网络学习.中国电化教育,274(11),20—22.
卢晗,刘霞,叶亦青,隆欢.(2013).小学儿童表情和动作无意识模仿的特点研究.中国临床心理学杂志,21(6),901—904.
卢立涛,梁威,沈茜.(2012).我国课堂教学评价现状反思与改进路径.中国教育学刊,(6),43—47.
施晓光.(2001).美国大学思想论纲.北京:北京师范大学出版社.
王静,陈英和.(2008).合作学习小组的认知风格对其问题解决的影响.心理发展与教育,24(2),102—107.
伍志鹏,吴庆麟.(2010).认知主义学习观与情境主义学习观.上海教育科研,(10),48—51.
辛自强.(2004).问题解决研究的一个世纪:回顾与前瞻.首都师范大学学报(社会科学版),161(6),101—107.
辛自强,池丽萍.(2004).虚拟世界的暴力对儿童攻击行为的影响机制.中国教育学刊,(5),41—44.
熊士荣,徐进.(2005).发现学习、接受学习、探究学习比较研究.教师教育研究,17(2),5—9.
易芳.(2005).生态心理学之界说.心理学探新.
易芳,俞宏辉.(2008).生态心理学——心理学研究模式的转向.心理学探新,28(1),16—20.
袁玖根,邢若南,张翌鸣.(2012).学习理论研究的主要取向及其教育启示——基于行为主义和建构主义学习理论的比较.教育学术月刊,(11),26—28.
张丹华.(1993).JI·C·维果茨基及其社会文化——历史学派.外国教育研究,(2),25—27.
张林,周国韬.(2003).自我调节学习理论的研究综述.心理科学,26(5),870—873.
张玲.(2003).加德纳多元智能理论对教育的意义到底何在? 华东师范大学学报(教育科学版),21(1),44—52.
Bandura, A. (1986). *Social Foundations of Thought & Action: A Social Cognitive Theory*. Englewood Cliffs, NJ: Prentice-Hall.
Barwise, J., & Perry, J. (1983). *Situations and Attitudes*. Cambridge: MIT Press.
Branden, K. (2000). Does negotiation of meaning promote reading comprehension? A study of multilingual primary school classes. *Reading Research Quarterly*, 35(3), 426 - 443.
Case, R. (1992). *The Mind's Staircase: Exploring the Conceptual Underpinnings of Children's Thought and Knowledge*. Hillsdale, NJ: Lawrence Erlbaum Associates.
Chinn, C. A., Anderson, R. C., & Waggoner, M. A. (2001). Patterns of discourse in two kinds of literature discussion. *Reading Research Quarterly*, 36(4), 378 - 411.
Cooke, V. M. (1972). Locke, Berkeley, Hume. *International Philosophical Quarterly*, 12(4), 621 - 623.
Dede, C. (2008). Theoretical perspectives influencing the use of information technology in teaching and learning. In

International Handbook of Information Technology in Primary and Secondary Education (pp. 43 - 62). Springer US.

Ertmer, P. A. , & Newby, T. J. (1993). Behaviorism, cognitivism, constructivism: Comparing critical features from an instructional design perspective. *Performance Improvement Quarterly*, 6(4),50 - 72.

Giddens, A. (2009). On rereading the presentation of self: Some reflections. *Social Psychology Quarterly*, 72(4),290 - 295.

Hilgard, E. R. , & Bower, G. H. (1966). *Theories of Learning* (3rd Ed.). New York: Appleton-Century-Crofts.

Huitt, W. , & Hummel, J. (2003). Piaget's theory of cognitive development. *Educational Psychology Interactive*. Valdosta, GA: Valdosta State University.

Jaja, J. M. , & Badey, P. B. (2013). John Locke's Epistemology and Teachings. *African Research Review*, 7(1),1 - 13.

Manski, C. F. (1993). Identification of endogenous social effects: The reflection problem. *The Review of Economic Studies*, 60(3),531 - 542.

Medler, D. A. (1998). A brief history of connectionism. *Neural Computing Surveys*, 1,61 - 101.

Miller, G. (2007). Reconciling evolutionary psychology and ecological psychology: How to perceive fitness affordances. *Acta Psychologica Sinica*, 39(3),546 - 555.

Schwab, J. J. (1962). The Teaching of Science as Inquiry. In J. J. Schwab & P. F. Brandwein (Eds.), *The Teaching of Science* (3 - 103). Cambridge, MA: Harvard University Press.

Simon, H. A. (1978). Information-processing theory of human problem solving. In W. K. Estes (Ed.), *Handbook of Learning and Cognitive Processes* (vol. 5, pp. 271 - 295). Hillsdale, NJ: Lawrence Erlbaum.

Simon, H. A. , Dantzig, G. B. , Hogarth, R. , Plott, C. R. , Raiffa, H. , Schelling, T. C. , ... & Winter, S. (1987). Decision making and problem solving. *Interfaces*, 17(5),11 - 31.

Sperling, M. , & Woodlief, L. (1997). Two classrooms, two writing communities: Urban and Suburban tenth-graders learning to write. *Research in the Teaching of English*, 31(2),205 - 239.

Sweigart, W. (1991). Classroom talk, knowledge development, and writing. *Research in the Teaching of English*, 25(4),469 - 496.

Turvey, M. T. (1990). Coordination. *American Psychologist*, 45(8),938 - 953.

Wood, T. (2009). Assessment not only drives learning, it may also help learning. *Medical Education*, 43(1),5 - 6.

Zimmerman, B. J. (1989). A social cognitive view of self-regulated academic learning. *Journal of Educational Psychology*, 81(3),329 - 339.

Zimmerman, B. J. , & Martinez-Pons, M. (1988). Construct validation of a strategy model of student self-regulated learning. *Journal of Educational Psychology*, 80(3),284 - 290.

2　记忆术及其训练

潘亚峰　胡　谊

【内容简介】

　　记忆术及其训练是记忆研究领域的热点。记忆术主要是指包括图像法、位置法、故事法等在内的记忆策略或记忆技巧。近年来的研究发现,不同记忆术的使用会引起显著的脑区激活差异,如位置法引起海马等区域激活;对于不同的材料,记忆大师仍倾向于使用同一种记忆术并激活相同脑区进行记忆活动;记忆术训练能够有效增强记忆效果,同时"策略适应性"训练能够带来更广泛的迁移效应。未来需要更多研究在行为层面、认知层面和生理层面揭示记忆术的内在机制,并发展出更有效的记忆术训练方案。

【内容提纲】

2.1　引言 / 19

2.2　记忆术概述 / 20

　　2.2.1　记忆术类型 / 21

　　2.2.2　记忆术的应用 / 25

　　2.2.3　记忆训练程序 / 27

2.3　研究现状 / 28

　　2.3.1　记忆术的使用:神经基础 / 28

　　2.3.2　记忆术的一般性与特殊性 / 30

　　2.3.3　记忆术训练:认知功能、脑功能的变化

　　　　　与迁移 / 31

2.4　研究结论 / 35

2.1　引言

　　记忆(memory)是人类心智活动的一种,是人脑对过去经验的反映。所谓记忆,

就是在头脑中积累和保存个体经验的心理过程。以信息加工的术语来讲,就是人脑对外界输入的信息进行编码、存储和提取的过程。记忆按照保持信息时间的长短,可以分为感觉记忆(sensory memory)、长时记忆(long-term memory, LTM)和短时记忆(short-term memory, STM)。Baddeley(1992)提出工作记忆的三系统概念,用"工作记忆"(working memory, WM)替代原来的"短时记忆"概念,使得记忆的概念越来越丰富。

人类中有许多超常记忆者,他们在数字记忆、空间记忆或特殊领域活动中异于常人。近来许多对超常记忆者的研究发现,记忆大师的超常记忆能力并非是先天的,其脑结构与常人没有差异,而是掌握了一些记忆的窍门或有效的方法。具体来说,就是了解记忆的客观规律,对信息进行编码和组织,并通过不断练习和实践以提高记忆力,即使用了特殊的记忆术(mnemonics)。

良好的记忆力可以通过后天训练获得,并且有利于获取知识,因此从 20 世纪 60 年代起至今,对记忆术的研究始终是记忆研究领域的热点之一。个体通过学习和掌握科学的记忆方法,可以大大改善记忆效果。记忆术训练(mnemonic training)成为近年来提高记忆效率的有效方式之一。记忆术训练主要有两类,一类是针对记忆策略的训练,即训练利用图像法、位置法等策略对任务和材料进行记忆。这些记忆术往往局限于特定任务,只能在很小范围内发生迁移,其本质是在一定程度上发挥了心理表象在学习记忆中的作用。另一类是记忆策略适应训练(strategy adaptation training),策略适应训练主要聚焦于训练学习者将学到的记忆策略迁移到新任务中的能力,训练效果具有广泛的普适性,能够扩展到近迁移甚至远迁移的任务和材料上。

记忆术的种类有很多,有些是纯表象的,有些是纯言语的,也有些是混合的。但无论是何种记忆术,我们都想了解:第一,是否存在不同记忆术(如图像法、位置法、故事法等)相关的脑区激活;第二,对于不同材料和任务(如数字、图像、人脸、扑克等),同一记忆术的使用是否存在差异,即记忆术能扩展到其他材料(一般性)还是局限于特定材料(特殊性);第三,记忆术训练与工作记忆训练所引起的认知功能变化和脑功能变化是否存在差异,其训练效果是否可迁移。

本章尝试对记忆术方面的重要研究进行简要综述。首先对记忆术的类型和训练程序进行介绍,然后分析记忆术在认知神经科学领域的研究现状,最后对现有研究进行总结。

2.2　记忆术概述

记忆术是记忆策略或记忆技巧的简称,是辅助记忆的方法。例如,人们在日常生活中经常使用谐音、关键词等方法来记忆一些复杂的材料和任务。"记忆术"一词最早源于古希腊单词"mnēmonikos",意思是"记忆的",或"与记忆相关的"。"记忆术"一词还与希腊神话中记忆女神"Mnemosyne"(摩涅莫辛涅)有关。这些单词都衍生于"mnēmē",意思是"回忆"(remembrance)、"记忆"(memory)。古代的记忆术发展至今,被普遍认为是记忆的艺术(art of memory)。

许多研究证明,人与人之间的记忆差异在很大程度上是由记忆材料时所采取的编码和检索方法的不同引起的。在与记忆大师的访谈中发现,记忆高手们的确掌握了一些记忆的窍门。他们在任务中有意识地采取一定的策略或方法以增强对材料的记忆,灵活运用精细化、提取线索和图像化等方法来编码任何给定信息并实现有效存储和提取。也就是说,记忆术能帮助给定材料与脑中已有信息建立联系,使得编码和提取都更加有效。

在日常生活中,人们经常使用口诀来记忆一些复杂的内容。例如,学生在学习眼球解剖结构的时候,会使用"一孔(瞳孔),二体(晶状体、玻璃体),三层膜(外膜、中膜、内膜)"的口诀来辅助记忆。北方流传着"一三五七八十腊,三十一天永不差"的口诀,以帮助记忆一年中有 31 天的月份。缩写也是记忆材料的有效方法。例如,使用 Father And Mother I Love You(中文意思:爸爸妈妈我爱你们)来记忆英文单词 **FAMILY**。另外,分组是记忆数字的有效方法,如记忆一个座机号码 86102016,可以尝试记住单独 8 个数字组成的数字串,也可以将其分为 4 组来记,即 86—10—20—16。当分成自己熟悉的数组时,这种方法尤为有效,在这个例子中将后面四个数字"2016"分为一组就很容易记忆。

2.2.1 记忆术类型

已有文献关于记忆术分类的介绍不尽相同,人们在记忆术的使用上也可能是联合多种方法的,如基本记忆术(缩写、分组、复述、联想),高级记忆术(链接法、对应法、位置法、定桩法)等。下文将依据以往文献中介绍的记忆术,并结合对国内记忆大师的结构性访谈,列举几种主要的记忆术。

图像法

大部分记忆术使用将已有知识和视觉图像相结合的方法(Higbee, 1979)。在记忆词对的时候,常常会采用将两个词一同图像化的方法(Bower, 1970)。用来帮助记忆的视觉图像越奇怪,越不同寻常,就越能加深记忆(Yates, 1966)。一些研究已经在测试图像法过程中发现了这种奇异化效应(Merry, 1980; O'Brien & Wolford, 1982)。这可能是因为越奇怪的图片,越能加深记忆材料的区别度和识别度(Mcdaniel & Einstein, 1986; Kroll, Schepeler, & Angin, 1986)。

图像法是世界记忆专家比较热衷的记忆术之一。近年来,胡谊等人在对世界记忆大师的研究中发现,记忆大师对数字材料进行记忆时,会将数字转化成图像以帮助记忆(Hu & Ericsson, 2012; Hu, Ericcson, Yang, & Lu, 2009)。胡谊等人(Hu 等,2009)对曾经打破吉尼斯世界纪录的圆周率记忆大师吕超(圆周率记忆的世界吉尼斯纪录保持者,能回忆出 π 后 67890 位数字)进行了一系列实验研究,发现吕超在记忆和背诵圆周率时使用了"图像法"。吕超在数字记忆广度任务上的成绩与常人无异,但自我调节的数字串记忆成绩显著高于常人。通过分析吕超在自我调节数字串记忆任务中对每个数字的学习时间和提取时间的反应时,研究者发现吕超倾向于将两个数字作为组块进行记忆和回忆,学习期间奇数位置数字编码时间显著短于偶数位置数字编码时间,回忆期间奇数位置数字提取时间显著长于偶数位置数字提取时间。反应时上的差异为吕超使用记忆术提供了证据,图像法的使用正是需要将数字两两分组,再将每组数字转化成脑海中对应的图像。

张婧(2012)在对"世界脑力锦标赛"冠军王峰的实验研究中,揭示了图像法对数字记忆的重要作用。图像法的原理就是对数字进行编码,将其转换成"数字—图像编码表"中对应的图像以方便记忆。具体方法是:先将数字进行两两分组,分为多个双数字组合;接着将双数字转换成脑海中已有的特定图像信息;然后在大脑中将多个图像建立联系,形成有意义的表象。00—99 的双数字组合数目是固定的,在"数字—图像编码表"里已将这 100 个双数字编码为 100 幅图像。人们只需对数字和图像的固定组合熟记,那么再长的数字也能编码为脑海中特定的图像。如记忆"10073412"时,首先将数字两两分组为"10"、"07"、"34"、"12",然后对应"数字—图像编码表"中的"棒球"、"锄头"、"扇子"、"椅儿",最后将这四个表象联系起来形成有意义的画面以帮助记忆。

Takahashi、Shimizu、Saito 和 Tomoyori(2006)测试了日本记忆大师 Tomoyori 的记忆表现,发现 Tomoyori 在数字相关的任务(如数字广度和 5×5 数字矩阵学习)上得分很高,相比之下他在词汇列表和故事回忆等任务上的表现却不理想。后来的口语报告发现,Tomoyori 的数字超常记忆能力与其从大量练习中发展出的数字—音节转换和图像法有关,该结果符合 Chase 和 Ericsson(1981)提出的熟练记忆理论(skilled memory theory)。

由于知识背景不同,每个人在编码的图像上也存在个体差异。对于数字外的其他材料,记忆高手会根据材料特点转换为数字,进而转化为图像。当然,尽管视觉图像化在记忆术中占据重要地位,但它并不是唯一能促进记忆效果的方法(Bellezza, 1981)。

位置法

如果说图像法是一种帮助编码记忆材料的方法,那么"位置法"(method of loci,

MOL)就是一种帮助检索材料的"线索"。许多人在记忆时往往会结合图像法和位置法进行记忆。位置法是目前最主要的记忆术之一,相传是古希腊诗人西蒙尼德斯(Simonides of Ceos)首先提出的。如今很多一流的记忆大师(例如世界记忆冠军王峰等)或多或少都会使用这种方法。

想象一条你熟悉的路线,比如从家到学校,沿着这条路线选几个地点,如家门口、银行、便利店、学校大门等。想象你现在正沿着这条路线行走,把你想要记住的东西放在所选的某个地点上,如我现在把一本书放在家门口的地上,把一顶帽子放在银行边,把一个杯子放在便利店门口,最后把手机挂在学校大门上。当你需要回忆起这些东西时,你只需想象你沿着这条路线行走,当路过选中的地点时,脑海中就会出现该地点上放置的东西。

这是一种充分使用联想和想象的高级记忆法。位置法的原理是利用一些熟悉的地点,在头脑中形成一个巨大的空间,将记忆的材料通过丰富生动甚至夸张的想象,逐个与地点按序联合,即将需要识记项目放在头脑中熟悉的地点内,回忆时以地点作为线索,根据顺序进行检索和提取。位置法是记忆专家最重要的工具之一(Ericsson, 2003; Konrad & Dresler, 2010; Konrad, 2014; Maguire, Valentine, Wilding, & Kapur, 2003)。如记忆大师袁文魁在记忆数字时,先将数字转换为具体图像,然后放在"卧室"的某个地点上——从门口到阳台,根据他自定的顺序,所有图像都被放到相应的位置上。在回忆的时候,只需定位到相应的位置,然后将位置上的图像提取出来就完成了检索。位置法的记忆提取阶段类似于一种记忆的搜索,而一些研究也发现(Westfall & Malmberg, 2013),视觉搜索任务能够增强情节背景信息的编码。实验室研究已经证明位置法对列表学习的有效性(Bower, 1970; Roediger, 1980)。

由于个人经历不同,位置法采用的地点也不尽相同,有些人在记忆内容较多的材料时会使用很多不同的地点。传统上,使用位置法时用到的地点都是记忆者非常熟悉的地点,但这种位置法在地点类型上还存在很多变式,被证明同样有效。相比室内的位置线索,人们更偏爱室外线索(Massen, Vaterrodt-Plünnecke, Krings, & Hilbig, 2009)。Massen 等人(2009)通过实验发现,在"工作"路线上运用位置法的被试比在"房子"路线上运用位置法的被试显著地回忆出更多项目。有研究还表明,位置线索也适用于虚拟环境(Legge, Madan, Ng, & Caplan, 2012)。在 Legge 等人(2012)的研究中,他们测试了一种新的位置法,即让被试使用一个简单学习的虚拟环境作为位置法的地点,并在无关词汇记忆中应用。结果发现,与使用传统的高度熟悉的地点相比,虚拟环境下的位置法同样是有效的。这说明对于言语序列列表,高度细节化的熟悉环境实质上并不能带来更好的记忆效果。此外,被试自己生成的位置线索比实验者给予的位置线索更加有效(Moè & De Beni, 2005)。这些位置、地点能被重复使用而不损失有效性(Massen & Vaterrodt-Plünnecke, 2006)。

位置法可能对年轻人和健康被试更有效，而对老年人或认知受损被试效果较差(Nyberg 等,2003)。然而对于这个观点仍有争议，后来的一些研究表明老年被试在参加位置法训练后，其记忆力确实有所提升，甚至还表现出长期的维持效果，并迁移到了每天的记忆任务中(Bottiroli, Cavallini, & Vecchi, 2008)。那么为何在有些研究中，老年人即使参加了位置法训练，在记忆任务中仍表现不佳呢？一个可能的原因是在训练过程中，他们的学习曲线不太陡峭，而且事实上他们在被指导使用记忆术的过程中表现得不太情愿(Brehmer, Li, Müller, von Oertzen, & Lindenberger, 2007)。但无论如何，即使是有轻微认知受损的老年人，似乎仍能从位置法和相关记忆术的训练中获益(Troyer, Murphy, Anderson, Moscovitch, & Craik, 2008)。

故事法

故事法，又称"连接法"(Massen & Vaterrodt-Plünnecke, 2006)，被用来记忆一系列带有顺序的项目，其核心为编造一个关联各个项目的故事。举个记忆购物单的例子，如果要记忆购物单上的牛奶、土豆、小麦粉和纸巾四样东西，那么记忆者可以这样编故事："我把牛奶倒进水杯，然后加入土豆，突然小麦从土豆里长了出来，于是我用纸巾把它们包了起来。"这个故事听起来有点奇怪，但是瞬间就有了画面感，而且就像图像法中提到的，越奇怪的画面越能加深记忆。

通过将每个项目一个接着一个地关联起来，只要第一个项目和故事的开始被记住了，我们就能按顺序记住一系列项目。研究表明，故事法适用于大量人群，包括学生(Herrmann, 1987)和老年人(Drevenstedt & Bellezza, 1993)。早年的研究还表明，故事法可以增加单词延迟回忆6—7倍的记忆量(Bower & Clark, 1969)。个体能够通过训练提高故事法的运用能力，一些个体还能在没有指导的情况下自发使用这种记忆术(Wenger & Payne, 1995)。

以往对世界记忆专家的研究发现，故事法经常会和其他记忆术结合起来使用。高睿那(2012)研究了一位日本记忆专家原口证，探索了他的记忆方法，发现原口证就是采用"数字—假名(词汇)转换表"加上谐音及编故事的方法。胡谊等人(Hu & Erricson, 2012)在对记忆大师吕超的深入研究中发现，吕超在记忆大量数字材料时，不仅使用图像法和位置法，还同时运用了故事法。吕超将记忆材料分为几个部分，每个部分都被编码成一个独立的故事，然后将故事安置在几个位置上，在检索阶段再从各个位置上回忆故事进而回忆材料。结合故事法和位置法，吕超完成了圆周率的大规模记忆。

故事法可以分为三个阶段：(1)在信息输入阶段，根据"数字—假名(词汇)转换表"将一个个数字转换成假名或词汇；(2)在加工阶段，再把假名或词汇组合成词组，然后将词组有意义地组合成一篇文章;(3)在提取阶段,通过"文章——词组——假名(词汇)——数字"的路径反向完成回忆。

当然,记忆的技巧还有很多,例如,诗歌超常记忆大师 John Milton 采用长时间重复深度分析诗歌结构和意义的方法完成 3 天内记忆 10565 行诗歌的任务。总的来说,我们可以归纳出一点,这些记忆大师之所以拥有超常记忆,都是因为采用了后天掌握的特殊的记忆技巧,而非先天能力的决定(Ericsson,2003)。

2.2.2　记忆术的应用

记忆术应用领域广泛,最常应用于列表记忆、数字串记忆、外语习得以及记忆受损病人治疗等领域。

列表记忆

在记忆列表时常用的一种记忆术是首字母记忆术,即创造一个简单易记的首字母缩略词或提取每个列表子项的首单词,然后将这些缩略的字母或单词组成新的方便记忆的词组,最后串成新的便于记忆的材料。这和我们在前面概述中提到的 **FAMILY** 的记忆方法相同。

使用首字母记忆单词的例子还有:Memory Needs Every Method Of Nurturing Its Capacity(记忆需要每一种培育它能力的方法)用来记忆单词"**MNEMONIC**"(记忆术)。

除了用首字母记忆单词外,还可以用它来记忆有顺序的一些列表材料。例如记忆彩虹的颜色时,使用短语"**Richard Of York Gave Battle In Vain**"——每个单词的首字母匹配了彩虹颜色的顺序:**R**ed(红)、**O**range(橙)、**Y**ellow(黄)、**G**reen(绿)、**B**lue(蓝)、**I**ndigo(靛)、**V**iolet(紫)。

同样地,为了记忆行星的命名,使用行星记忆法,即使用句子"**My Very Easy Method Just Speeds Up Naming**"(我的非常简易的方法正好能加快命名)——每个单词的首字母对应了我们太阳系中的行星名字:**M**ercury(水星)、**V**enus(金星)、**E**arth(地球)、**M**ars(火星)、**J**upiter(木星)、**S**aturn(土星)、**U**ranus(天王星)、**N**eptune(海王星)。

数字串记忆

短语和韵文都可以被用来编码数字串。对于经典的数字串圆周率 π,一个常用的记忆方法是创建一个短语,短语中每个单词的字母数可以用来记忆 π。如 π 的头 15 个数字(3.14159265358979)可以被编码成"Now I need a drink, alcoholic of course, after the heavy lectures involving quantum mechanics"。其中"Now"有 3 个字母,代表第一个数字 3,以此类推。西方学者还将 π(pi)和 philology(语言学)结合在一起,形成新单词 piphilology,并开设这个学科分支致力于圆周率 π 的记忆。

数字串是世界记忆大师们最常练习的记忆材料之一。在中国,记忆专家通常使用我们前面提到的图像法来记忆数字,即先将数字串进行两两分组,然后把每两个数字转换成脑海中先前保存的图像。这实际上是一种将数字记忆转化成图像记忆的方法,因为图像化的材料可能更容易被记住。这一效应类似于 Paivio(1991)提出的"图片优势效应"。为了更好地理解词汇的具体性效应,Paivio 提出了双重编码理论,认为人的大脑对外界信息的加工主要在两个系统——言语加工系统和表象加工系统内进行:言语加工系统主要处理言语信息,表象加工系统主要处理非言语信息。由于在学习具体词时很容易形成关于指代物的表象,即言语和表象两个加工系统都参与对具体词的加工,所以比对抽象词的加工(仅涉及言语系统加工)要快速和高效。Paivio 的这一理论,支持了利用表象方法能够促进对学习材料进行更有效加工的假设。

外语习得

记忆术对于外语学习非常有用,比如把外来的难词转化成学习者已知的单词(又叫"同源词")。一种有用的方法是寻找连接词,即从已有语言中找到与目标词发音相同的单词,然后将其与目标词在视觉或听觉上联系起来。

比如,为帮助学习者记住希伯来语单词"ohel",意思是"tent"(帐篷),可以用句子"Oh hell (*ohel*), there's a raccoon in my *tent*"(哦,该死,我的帐篷里有只浣熊)来记忆。同样,为记忆希伯来语单词"bayit",意思是"house"(房子),可以使用句子"That's a lovely *house*, I'd like to buy it (*bayit*)"来记忆。

在外语学习中,西班牙语的动词和时态经常被视为语言中最难学习的部分。大量的动词时态和形式在英语中都找不到,因此西班牙语动词很难被记住。使用记忆术已经被证明能让学生更好地学习外语,这同样适用于西班牙语动词的学习。

记忆受损病人治疗

记忆术还可以用来帮助治疗由于头部受伤、中风、癫痫、多发性硬化和其他神经障碍引起记忆受损的病人。

在 Doornhein 和 De Haan(1998)的一项研究中,发现接受记忆术治疗的病人在各项记忆测验中的表现有显著提升。Kaschel 等人(2002)比较了使用图像法的记忆损伤病人与使用其他记忆康复方法的病人的记忆表现,其中记忆损伤病人需接受 10 周的图像法训练。结果显示,图像法训练显著增强了他们对日常相关言语材料(故事、约会等)的延迟记忆;记忆问题出现的频率随后也减少了,这种效果维持了至少 3 周。研究表明,简单的图像法能够提高日常言语相关方面的记忆表现。在 Hampstead 等人(2012)的研究中,轻微认知受损的病人经过 3 期位置法训练,提高了记忆表现,其海马活动也增强了,这表明训练的确能修复海马部分功能。

综上可见,记忆术的应用十分广泛,不仅有利于记忆特定的材料,还可以在一定程度上帮助恢复受损记忆。因此,掌握科学的记忆术训练方法就显得尤为重要。

2.2.3　记忆训练程序

古希腊和罗马人区分了两种类型的记忆:"天生"(natural)记忆和"人工"(artificial)记忆。前者是与生俱来的,每个人都可以本能地使用;后者可以通过大量记忆方法的学习和实践来训练和提高。为了提高人们记忆的效率,后天进行有针对性的策略训练是一种有效的方式。

先前的研究显示,训练能够增加记忆术的使用效率,对于老年人(Jennings, Webster, Kleykamp, & Dagenbach, 2005; Schmiedek, Lövdén, & Lindenberger, 2010; Cavallini, Dunlosky, Bottiroli, Hertzog, & Vecchi, 2010;周婷、李昕、李冰、李娟,2011),青少年(伍燕璆,2013),记忆损伤病人(Kaschel 等,2002),记忆术的训练和使用都带来了更好的记忆效果。

关于记忆术训练的研究,通常采用"前测——记忆术训练——后测"的实验范式,通过让同一组被试完成相同的任务,考察其训练前后的成绩差异来检验记忆术训练的有效性。通常研究者会在上述研究中加入非训练对照组,也有一些研究还会额外加入积极控制组(如工作记忆训练组)作为对照。

伍燕璆(2013)采用"数字—图像"法训练 8—18 岁的学生,训练程序包括对"数字—图像编码表"的复习与运用,对随机呈现的数字的快速记忆以及对定量数字材料的自主学习和回忆。该训练的材料选自江苏省长三角教育集团"红星闪闪"精英少年集训营开设的课程。被试每天至少练习 1 小时,连续练习 8 天。该程序已被实验证实能显著提高对数字的回忆成绩。

Schmiedek 等人(2010)开发了基于计算机的认知训练程序。该程序能训练学习者包括加工速度、情节记忆、工作记忆在内的多项核心认知能力。加工速度训练包含三个双选反应任务(数字奇偶、元音辅音、对称不对称图形)和三个比较任务(数字、辅音、三维图像);在情节记忆训练中,学习者需要记忆词汇表、数字—词语配对和物体位置;工作记忆任务则包括字母广度、数字记忆更新和空间 n-back 任务。

还有些记忆训练程序更加贴近人们的日常生活,显得更具实用性。如 Bottiroli、Cavallini、Dunlosky、Vecchi 和 Hertzog(2013)的训练程序包含关联性学习、词汇学习、位置学习、故事学习、名字—人脸学习和购物清单学习等。实际上,先前的研究表明,记忆术训练的效果较大程度上局限于特定的训练任务,很难发生迁移,这样未免使得训练效果大打折扣。于是 Bottiroli 等人(2013)又提出了一种学习者定向的方法来提高记忆和迁移,它强调了训练策略适应的重要性,直接激励学习者对新任务形成策略行为,在新任务中分析并调整记忆策略。这个发现使得记忆术训练的效果能够更大程度地迁移到新任务情境中,让记忆训练具有更广泛的适应性。

除了针对记忆术的训练程序,还有用于训练工作记忆的程序,它们都被证实能提高被试在记忆任务中的表现。这些程序的优点在于训练形式和内容的多样化,训练效果也从早期的"局限于训练材料本身"开始向"有意识地迁移到新任务"发展。当然,记忆训练带来增益的同时,也引发了我们的思考,即增强记忆效果的内在机制究竟是什么。

2.3 研究现状

2.3.1 记忆术的使用:神经基础

目前关于记忆术对应的神经机制的研究总体上还比较少,我们可以从一些关于记忆策略、记忆提高或超常记忆专家的研究中去寻找灵感。随着神经科学技术的发展,近年来已经有一些研究考察了记忆术使用过程中的神经系统,包括对超常记忆是源自脑结构还是脑功能的探讨(胡谊,徐茜,2009)。研究显示,不同记忆术的使用激活了记忆者空间记忆、视觉记忆等相关的脑区域,而且很有可能促进了更广泛的认知功能的提高。

为了更好地研究记忆术,一些心理学家开始采用功能性磁共振成像(fMRI)技术研究记忆大师在记忆过程中的脑活动情况。Maguire、Valentine、Wilding 和 Kapur(2003)采用 fMRI 技术考察了世界记忆大师与常人在记忆不同材料时的大脑激活情况。结果发现,在编码阶段,记忆大师的内侧顶叶皮层、扣带皮层和右后海马的激活程度均高于普通被试;与常人相比,任务额外激活了记忆大师的左内顶上回、双侧后夹肌皮层、右侧海马后部等区域。记忆大师采用了一种空间学习策略,参与的脑部区域包括海马,而海马通常被认为在空间记忆中起着举足轻重的作用。世界记忆大师的言语报告揭示他们在大多数情形下倾向于使用"位置法"这一记忆术。Maguire、Frackowiak 和 Frith(1997)在研究中发现,对伦敦街道和路线有强大记忆的出租车司机,其后侧海马灰质的体积更大。进一步研究发现,这些灰质与出租车司机的驾龄有正向关系(Maguire 等,2000)。由于位置法和出租车司机强大的导航技能有相似之处,才使 Maguire 等人萌生了研究位置法对应神经活动的想法。然而,他们的研究事实上并没有发现超常记忆者与常人在脑结构上的差异,只是显示脑激活存在不同。

此外,有研究表明,使用位置法的记忆专家在编码和回忆两个阶段调用了不同的神经网络(Mallow, Bernarding, Luchtmann, Bethmann, & Brechmann, 2015)。具体来说,在编码期间,记忆专家的双侧早期视觉皮层、扣带皮层、左侧旁海马、左侧视觉皮层和左侧顶上皮层均激活。虽然编码和回忆的步骤存在相似之处,但前面提到的这些脑区激活都没有在回忆阶段发现。在回忆期间,记忆专家的左前颞上回(与回忆数字序列有关)、右侧运动皮层(与背诵数字有关)显著激活。

上述研究实际上并未揭示记忆大师的超常记忆是源自后天记忆术的使用还是先天的超级记忆能力。日本心理学家 Kondo 等人(2005)让普通被试采用位置法进行记忆,发现他们的回忆成绩得到了提高,同时也在他们的大脑上发现了相应的神经活动。在编码阶段,脑部激活的区域有右额下回、双侧额中回、左梭状回和双侧舌回/后扣带回等;而在回忆阶段,左海马旁回/扣带皮层/扣带回/舌回、左颞前叶、左梭状回和右侧舌回/扣带回,这些脑部区域的信号发生了变化。这些神经机制很有可能与记忆成绩的提高有关。

以上几个研究说明,"位置法"这一记忆术的使用实际上是记忆大师采取的一种空间学习策略,能够激活相应的空间记忆脑部区域,并且这种激活只与记忆术本身的使用相关,并非受记忆大师先天脑结构影响,即使是普通人使用位置法也会激活相应脑部区域。

前期的研究都集中于位置法运用和脑区域激活的关系上,随后,有关其他记忆术对应的神经活动的研究也受到了关注。Raz 等人(2009)对记忆大师 PI 的 fMRI 研究发现,PI 对 100 个随机数字的编码激活了中线额叶区域和视觉联合区,PI 的口头报告说明"图像转换"这一策略对记忆的重要性。其他记忆术也与另外脑区的激活相关,比如数学编码策略与外侧前额叶有关(Bor & Owen, 2007),言语策略与右侧中部颞叶有关(Sanfratello 等,2014)。

Rhodes 和 Donaldson(2008)使用事件相关电位(ERP)检验了在联想识别任务中刺激内容和编码策略的熟悉度参与。被试学习了两种词对,一种是关联词对(单元化,如 traffic-jam),另一种是语义词对(没有关联,仅在语义上有关系,非单元化,如 violin-guitar)。编码策略有两种,一种是交互式图像法,另一种是项目图像法。测试阶段记录的 ERPs 显示,编码策略和刺激内容存在交互作用。在关联词对上,项目图像法和交互式图像法引起了类似的双侧额叶(熟悉度)和左顶叶(回忆)的新旧效应。而在语义词对上,左顶叶效应没有显著差异,但双侧额叶效应在交互式图像法条件下得到了增强。结果显示,交互式图像法的编码策略在情节记忆(联想识别)中能增强非单元化刺激的熟悉度。

娄玉亭(2012)采用 fMRI 检测了超常记忆大师吕超和常人控制组之间记忆活动过程的脑部激活差异。结果显示,吕超和常人在行为学结果上没有显著差异;而在脑区激活上,吕超和常人的差异主要集中在额上回、额中回、额下回、颞上回和颞下回等部位。吕超的口头报告显示,他在记忆时采用"图像法"。此后进一步的研究发现(Yin, Lou, Fan, Wang, & Hu, 2015),吕超在记忆两位数字时,双侧额极、左侧顶上小叶、左侧前运动皮层、左侧背外侧前额叶皮层等脑区在记忆和回忆期间相比控制组激活更大,而左侧额中/下回和顶内沟在记忆期间相比控制组激活更小,这说明吕超在使用记忆术时更多依赖于情节记忆而非口头复述。

这些研究都采用 fMRI 等技术探讨记忆术带来的脑激活变化,然而使用记忆术的记忆过程往往是非常快速的,甚至发生在 500 毫秒以内(Ericsson & Kintsch, 1995)。理解这些快速编码过程也是十分必要的。因此,不少研究探讨了记忆术使用过程中的神经时程动态。先前针对常人的事件相关电位研究发现了与记忆术使用对应的几类成分,比如 P2 对应语义组织策略(Blanchet, Gagnon, & Bastien, 2007),800—1300 毫秒时间窗的中央负波对应可视化策略(Wegesin, Friedman, Varughese, & Stern, 2002),600—1200 毫秒时间窗的负成分对应选择提取策略(Swick, Senkfor, & Van Petten, 2006)。类似地,时频分析也揭示了使用记忆策略期间特定的振荡能量,比如默读复述策略使用期间的 β 活动(Hwang 等,2005),精细化复述策略使用期间的 γ 能量(Sederberg 等,2006)。

毫无疑问,不管是图像法还是位置法,它们都显著提高了记忆者在任务上的行为表现。但在脑部认知神经区域上,图像法与位置法的脑部区域激活存在差异,图像法引起的额叶区域的差异可能与对记忆单元和已知事物的连接图像的处理、编码过程有关,而位置法引起的顶叶区域的差异则更可能与人体运动和对空间的感知相关。

2.3.2 记忆术的一般性与特殊性

使用记忆术为数字材料的编码提供了有效方法,在熟悉"数字—图像编码表"后,记忆大师能够快速记忆大量随机、无规律的数字。上述研究只是从整体上比较了记忆大师使用不同记忆术时相关的脑区域激活情况。但是,同一记忆方法(如图像法)在不同材料(如数字、图像、人脸、指纹、花纹、扑克等)上使用时,其行为结果和脑区激活又有何差异? 记忆术的使用是适用于所有记忆材料(一般性),抑或是只局限于特定的训练材料(特殊性)?

Maguire 等人(2003)在研究中记录和分析了 10 位记忆大师和 10 位普通人的记忆活动。被试的任务是记住图片及其呈现顺序。识记材料主要有三类:(1)3 位数;(2)人脸图片(黑白图片,有头发,均为男性,中性表情,脸朝正面);(3)雪花图片(雪花为白色,背景为黑色)。屏幕中相继呈现 6 张数字或图片,被试需记住内容及它们的先后顺序。在测试阶段,刚刚记忆的数字或图片两两呈现,被试判断左右图片哪张出现得更早。实验采用 fMRI 记录脑区数据。

结果显示,记忆大师和常人的脑区域激活主要存在两个差异:(1)尽管两组被试的某些脑区,如右小脑,在各类刺激上都处于激活状态,但记忆大师的激活更加活跃。(2)在某些阈限水平上,有些脑区域的激活仅出现在记忆大师身上。甚至,在学习所有材料时,记忆大师的某些脑区都出现了激活。在行为指标上,记忆大师与常人在数字记忆上的成绩差异最大,在人脸图片上的成绩差异不明显,在雪花图片上的成绩趋同。也就是说,记忆大师在记忆不同材料时,都激活了相同的脑区域来识记,这可能与这10位记忆大师在不同任务中均采用位置法有关。

记忆大师吕超在记忆数字矩阵和词语矩阵时,也都采用位置法。无论是数字材料还是词汇材料,他都先想象为故事或场景,然后将故事或场景与地点联结。虽然吕超使用同一记忆术(位置法)记忆不同材料,但其记忆效率都超过常人。

最近研究还表明,记忆专家擅长使用记忆术记忆各种各样的信息,如数字、个人信息、人脸、名字、扑克牌和单词等(Konrad, 2014)。即使所需记忆的材料按不同形式(视觉、听觉、有节奏、自定节奏),不同编码速度(每个项目0.5秒),或不同持续时间(几秒到20分钟)呈现,记忆专家都表现出记忆优势。

在对世界记忆大师王峰的访谈中发现,中国记忆专家普遍使用的"数字—图像"法最适合记忆数字材料,这与他们平时较多练习数字材料记忆有关。当记忆扑克牌时,他们会把花色和数字编码为两位数字,实现"扑克——数字——图像"的转化,也就是把特殊材料转换成自己熟悉的材料后再进行有效记忆。在实验过程中,当要求王峰对雪花图片进行记忆时,他提到可以即兴对雪花材料进行编码,根据雪花的纹路、花瓣数等细节,给定数字编码,实现"雪花——数字——图像"的转化。可以看出,无论是编码训练过的指定材料,还是新提供的材料,记忆术都被继续使用,中间暗含了由不熟悉材料向熟悉材料转化的过程。

上述研究表明,记忆术具有一般性,即使是新的任务和材料,记忆大师也会尝试使用相同的记忆术去记忆,尽管有时有效,有时效果不好。对于新的材料,记忆大师会发展出新的编码方法,然后将新的编码套入自己的记忆术中继续使用。事实上,当要求记忆专家完成一项工作记忆任务(如n-back任务)时,他们不能有效使用记忆术,结果在记忆表现上与常人无异。在实验结束后的自我报告中,记忆大师都表示,无论所需记忆的材料是否适合用记忆术去编码,他们都会采用位置法去记忆。可见,使用记忆术对记忆表现非常重要,但不管经过了多少年的训练,记忆大师都没有获得整体记忆能力的提升,而仅仅是掌握了一系列可以应用于大量任务的记忆方法。

2.3.3 记忆术训练:认知功能、脑功能的变化与迁移

人的记忆是在先天大脑的基础上,加上后天的训练逐步发展起来的,大多数世界

记忆大师都依赖于后天的记忆术训练和实践。先前研究已经证明了记忆术在记忆专家中的重要作用(Biederman, Cooper, Fox, & Mahadevan, 1992；Ericsson, Delaney, Weaver, & Mahadevan, 2004；Hunter, 1977；Hunt & Love, 1972；Thompson, Cowan, & Frieman, 2013；Wilding & Valentine, 1994)。这些记忆术大部分适用于经过大量练习的记忆材料(Chase & Ericsson, 1981, 1982；Thompson 等, 2013；Wilding & Valentine, 1994)。经过进一步的训练后,一些记忆专家可以把他们广泛使用的记忆术迁移到先前并未训练过的记忆材料中(Konrad, 2014；Hunter, 1977)。除了记忆专家,记忆方法对普通人记忆的提升也得到了很多研究的支持(Bor & Owen, 2007；Sanfratello 等, 2014)。认知心理学认为,人的大脑具有高度的可塑性,因此记忆的训练和培养就显得尤为重要。

在临床和非临床上都已有若干关于记忆训练对认知功能以及相应脑功能的影响的研究,主要有记忆术训练、工作记忆训练等。其中,记忆术训练是近年来记忆术研究领域的热点,这种训练不仅对训练的项目有帮助,对一些未经训练的任务也有影响。已有研究都试图揭示:记忆术训练能够导致哪些认知功能变化以及相应的脑功能变化? 记忆术训练的效果是否能发生迁移,如果能,那需要什么条件?

记忆术训练会影响工作记忆等认知功能的变化。Turley-Ames 和 Whitfield (2003)探讨了记忆策略使用如何影响工作记忆广度的表现。通过比较三种不同的记忆术(叙述、图像化和语义化),他们发现使用叙述这一记忆术提高了工作记忆广度。健康的老年人在经过 5 周的位置法训练后,在记忆任务中的表现有了极大的提升,从原来只能记住 5 个单词到最多能够正确回忆 23 个单词(Valenzuela 等, 2003)。

记忆术训练会引起相应的脑区域激活。伍燕璆(2013)对青少年实施了"数字—图像"法训练,发现记忆训练提高了被试的行为成绩,后测奇偶波形的显著性差异分布在以中部脑区为主的广泛电极处,N700 和 FN400 成分在前测更为强烈的峰值也主要分布在大脑中间部分。通常,N700 成分的激活被认为与编码加工数字时的图像化激活有关。还有一项研究要求年轻人和老年人记忆单词列表,并给了他们一个有关位置法的简单介绍。在核磁扫描期间,位置法被成功使用(Nyberg 等, 2003)。在所有被试中,编码期间位置法的使用与左侧顶枕皮层和左侧背外侧前额叶皮层的激活有关。相比策略的非成功使用,策略的成功使用使左侧顶枕和扣带皮层有更大的激活(Nyberg 等, 2003)。另一项研究要求老年人练习位置法 8 周,然后观察其脑结构变化。在来源记忆任务(连续记忆单词的位置)中,记忆术训练能提高记忆表现。相比控制组,记忆训练组的皮层厚度出现萎缩的趋势,右梭状回和外侧眶额皮层的皮层厚度变化与来源记忆任务表现的提高正相关(Engvig 等, 2010)。

不同的记忆术训练可能会带来不同的记忆效果。Yesavage(1983)探讨"表象化"

记忆训练对老年人记忆的影响。其中一组老年人只接受纯粹的记忆术训练;而另一组在接受记忆术训练之前额外增加了"视觉表象化"的训练,帮助他们形成"表象化"的能力。结果发现,接受额外表象化训练的老年被试的再认成绩显著高于另一组。可见,建立在"表象化"基础上的记忆术训练,在老年人的记忆过程中起到了很好的促进作用。Mwanalushi(1976)采用"表象化"记忆术训练 8 岁儿童,发现对儿童进行"表象化"的记忆术训练,比言语指导更能有效促进儿童的记忆效果。在研究中,实验材料为抽象图形,要求儿童完成以下任务:顺序还原任务(根据指导学习并随后将图片按顺序还原);画画任务(还原后随机抽取图片让儿童学习,然后让其根据记忆画出图形)。30 名儿童被随机分为 3 组,接受不同的预训练:表象化预训练组(认真观察并在脑中想象这个图形);言语标签预训练组(记住图形对应的命名);无预训练组(无指导)。在顺序还原任务中,表象化预训练组的成绩显著高于其他两组;在随后的画画任务中,表象化预训练组绘制图形的正确率也显著高于其他组。研究者认为,表象化比言语加工对记忆的促进效果更好,原因在于想象过程能够形成对刺激特征的有效区别和抽象化。与言语标签相比,通过在脑中构建物体的表象,能够更加准确地产生之前学习过的物体特征。

记忆训练的效果能持续多久?是否需要阶段性的持续训练加以维持?Sisco、Marsiske、Gross 和 Rebok(2013)研究了多元的记忆训练如何影响散文的记忆。被试是 1912 名 65 岁到 91 岁的老年人,被随机分配到 3 个训练组(记忆、归因、加工速度)或控制组,训练时间为 1 年、2 年、3 年和 5 年。其中一半的训练被试还要接受额外的 1 年和 3 年的持续训练。结果发现,记忆训练组被试比控制组表现出更好的逐字回忆成绩,但这种训练效果在 1 年后逐渐消失。多元化的记忆训练的确能够提高散文的逐字回忆效果,但是如果没有持续的训练,效果也不会维持。

尽管训练效果提高了老年人的记忆成绩,但无法从根本上改变他们的加工策略。中国科学院心理研究所老年心理研究中心的周婷等人(2011)对 16 名老人展开研究,对其实施了 16 次包括位置法和"人脸—名字"记忆法的训练,从 ERP 指标来看,训练后负向新旧效应波幅更大,潜伏期更长,且左偏侧化程度更大。结果表明,记忆策略训练可以有效提高老年人的情节提取成绩,但其加工策略仍然是利用表象进行浅层提取。

除了上述对老年群体记忆术使用情况的研究,在教育心理学领域,教育者们也较为关注儿童群体(如学生)记忆策略的训练以及效果。儿童的记忆策略研究主要集中在编码策略(如复述、组织和精加工策略)和提取策略(从长时记忆中提取信息)及其影响因素(周丽华,2007)。Kurtz 和 Weinert(1989)对小学儿童使用组织策略记忆词组进行研究,发现当刺激的呈现形式发生改变时,儿童的归类和组织行为将受到影响,这说明小学阶段儿童记忆策略使用的稳定程度不高。此外,学会运用策略并不等于能有效使用策略,通常儿童需要在自学策略之后,经过一段时间的练习才能有效使用策略(Bjorklund, Coyle, & Gaultney, 1992)。精加工策略要求人们对材料进行深度加工,这一过程涉及想象和联想的运用以及表象的生成等,联想的产生能够帮助人们在两个或多个项目之间产生联系。因此,在配对一联想学习任务上,这种策略的使用能够有效提高任务表现。在一些关于儿童精加工策略使用的研究中,都采用了配对一联想范式。例如,Pressley(1982)在实验中给儿童呈现一对无联系的名词(如栗子—狗)。在测试阶段,只呈现其中一个刺激项目作为线索,要求被试回忆另一个项目。使用精加工策略对上述名词对进行处理,可以是"狗咬着栗子飞快地奔跑",同时也可以产生一个视觉图像。Pressley 的研究发现,在青少年以前,儿童不能自发使用精加工策略,但经过训练能够有效掌握。Ornstein、Naus 和 Liberty(1975)使用"明显复述程序",要求儿童在记忆的同时出声报告自己的记忆活动,探索他们在记忆材料过程中对复述策略的使用情况。结果发现,低年级儿童仅会简单且直接使用复述策略,但高年级儿童更倾向于将新呈现的单词与前面几个单词一起复习。因此研究者认为,低年级儿童尚不能自发使用策略,但在教师指导和训练后,大部分儿童能够有效使用策略。

考虑到记忆术训练的目的是为了提高人们在日常生活中的记忆表现,我们就会关心一个问题:训练效应能否超越训练中特定任务进而迁移并适用到新任务环境?已有研究一致显示,记忆术训练效应能够在一定范围内迁移到与训练任务具有相似任务类型(如 n-back、词汇记忆)或刺激形态(如数字、言语、空间)的任务上。

迁移效应还能够发生在任务类型相同但是刺激模态不同的任务上。有研究对老年人进行 3 周的"主动控制回忆"训练,发现连续再认任务(要求回忆辨别重复项目)的训练效应能够迁移到 n-back 任务上(Jennings, Webster, Kleykamp, & Dagenbach, 2005)。而且,用位置法对成年人、低龄老人和高龄老人进行训练时,研究者发现能够提升被试"地点记忆"的成绩(Cavallini, Pagnin, & Vecchi, 2003),甚至在故事回忆、购物清单、活动安排记忆、面孔一人名记忆等任务上也体现了训练效果。

Cavallini 等人(2003)的研究还发现,记忆训练效应也可以迁移到其他类型的任务中。他们在实验中另外安排了"策略训练组",与"位置法训练组"相比,"策略训练组"在其他陌生任务情境中能够主动使用记忆策略,且成绩提升显著。这实际上是两种不同的记忆术的训练,"位置法训练"更侧重于"用什么策略","策略训练"则更侧重于"怎么用策略",后者强调一种策略的适应性训练。

对老年人进行记忆术适应性训练,相比非适应性训练,适应性训练能使训练效果迁移到未经训练的任务中。Cavallini 等人(2010)训练一组老年人被试在学习期间使用图像法和故事法来记忆词语和词对。另一组被试接受同样的策略训练,但是他们在训练期间还受到迁移指导,即训练者和老年人被试讨论如何在两个新任务(名字—人脸关联和文本学习)上使用策略。结果发现,只有接受迁移指导的策略训练组在文本学习中的表现显著提高,揭示了迁移指导的潜在力量——一个简短的、在未训练任务上的策略讨论可以产生训练效果。

迁移指导的确增强了训练任务外的表现,但它的效果仅仅局限于文本学习。Bottiroli 等人(2013)希望在一系列未经训练甚至没有迁移讨论的任务上产生更广泛的迁移。策略适应组在训练中每次要在指导下回答三个问题:(1)任务涉及一个线索吗?(2)任务包括哪些材料(如言语、数字)?(3)你怎么用学到的策略去记忆新材料?结果发现,在面孔—人脸、购物清单学习任务上(在训练期间未训练,也未讨论),策略适应组的成绩显著好于其他组。

2.4　研究结论

根据记忆术及其训练方法在认知神经科学方面的研究,我们可以得出以下结论:(1)记忆术的使用会激活相应的脑部区域,不同的记忆术激活的脑区也不同。具体来说,位置法的使用会激活空间记忆相关的脑区域,图像法的使用会激活图像化编码相关的脑区域。(2)在不同的材料上,即使效果有时好有时不好,记忆大师也会倾向于使用同一种记忆术,对应激活相同的脑区域。(3)记忆术训练对认知功能及相应的脑功能存在一定的影响,记忆训练效应经过“策略适应训练”后可以产生更广泛的迁移。

已有研究为理解记忆能力的可发展性和有效的记忆术使用提供了重要基础,支持了记忆术训练能有效促进记忆效果的假设。国内外关于记忆术训练的研究虽然有了一些成果,但是大部分研究还是针对记忆大师的个案,今后可能需要更多的记忆大师被试。同时,另一个有趣的研究主题是记忆术训练能否增强特定领域专家技能,能否促进特定领域新手学习。未来需要更多研究从行为层面、认知层面和生理层面揭示记忆术的内在机制,尤其是发展出更有效的记忆术训练方案,为促进个体认知能力的发展提供更具建设性的科学建议。

参考文献

车丽萍.(2004).记忆术——科学的记忆方法研究(博士论文).华东师范大学,上海.
高睿那.(2012).一位日本记忆专家的记忆方法(博士论文).华东师范大学,上海.
胡谊,徐茜.(2009).人类超常记忆的认知神经科学研究综述.心理科学,32(3),643—645.
娄玉亭.(2012).超常记忆初探——从认知神经科学角度(硕士论文).华东师范大学,上海.
卢宁艳,许跃进,王笃明.(2012).心理表象在学习记忆中的作用及其对教学的启示.中国校外教育,(11),106—107.
彭聃龄.(2004).普通心理学.北京:北京师范大学出版社.

伍燕璆.(2013)."数字—图像"法训练对儿童数字记忆影响的研究(硕士论文).华东师范大学,上海.

杨丹.(2009).数字记忆专长的实验性研究(硕士论文).华东师范大学,上海.

张婧.(2012).超常记忆研究——探索世界记忆大师的记忆结构(硕士论文).华东师范大学,上海.

周丽华.(2007).儿童记忆策略发展研究综述.昭通师范高等专科学院学报,29(1),71—76.

周婷,李昕,李冰,李娟.(2011).记忆策略训练对老人情节提取的影响:ERP 研究.增强心理学服务社会的意识和功能——中国心理学会成立 90 周年纪念大会暨第十四届全国心理学学术会议论文摘要集.

Baddeley, A. (1992). Working memory. *Science*, *255*(5044),556 – 559.

Bellezza, F. S. (1981). Mnemonic devices: Classification, characteristics, and cteria. *Review of Educational Research*, *51*(2),247 – 275.

Biederman, I., Cooper, E. E., Fox, P. W., & Mahadevan, R. S. (1992). Unexceptional spatial memory in an exceptional memorist. *Journal of Experimental Psychology: Learning, Memory, and Cognition*, *18*(3),654 – 657.

Bjorklund, D. F., Coyle, T. R., & Gaultney, J. F. (1992). Developmental differences in the acquisition and maintenance of an organizational strategy: Evidence for the utilization deficiency hypothesis. *Journal of Experimental Child Psychology*, *54*(3),434 – 448.

Blanchet, S., Gagnon, G., & Bastien, C. (2007). Event-related potential study of dynamic neural mechanisms of semantic organizational strategies in verbal learning. *Brain Research*, *1170*,59 – 70.

Bor, D., & Owen, A. M. (2007). A common prefrontal-parietal network for mnemonic and mathematical recoding strategies within working memory. *Cerebral Cortex*, *17*(4),778 – 786.

Bottiroli, S., Cavallini, E., Dunlosky, J., Vecchi, T., & Hertzog, C. (2013). The importance of training strategy adaptation: A learner-oriented approach for improving older adults' memory and transfer. *Journal of Experimental Psychology: Applied*, *19*(3),205 – 218.

Bottiroli, S., Cavallini, E., & Vecchi, T. (2008). Long-term effects of memory training in the elderly: A longitudinal study. *Archives of Gerontology and Geriatrics*, *47*(2),277 – 289.

Bower, G. H. (1970). Imagery as a relational organizer in associative learning. *Journal of Verbal Learning and Verbal Behavior*, *9*(5),529 – 533.

Bower, G. H., & Clark, M. C. (1969). Narrative stories as mediators for serial learning. *Psychonomic Science*, *14*(4), 181 – 182.

Brehmer, Y., Li, S-C., Müller, V., von Oertzen, T., & Lindenberger, U. (2007). Memory plasticity across the life span: Uncovering children's latent potential. *Developmental Psychology*, *43*(2),465 – 478.

Cavallini, E., Dunlosky, J., Bottiroli, S., Hertzog, C., & Vecchi, T. (2010). Promoting transfer in memory training for older adults. *Aging Clinical and Experimental Research*, *22*(4),314 – 323.

Cavallini, E., Pagnin, A., & Vecchi, T. (2003). Aging and everyday memory: The beneficial effect of memory training. *Archives of Gerontology and Geriatrics*, *37*(3),241 – 257.

Chase, W. G., & Ericsson, K. A. (1981). Skilled memory. In J. R. Anderson (Ed.). *Cognitive Skills and Their Acquisition* (pp. 141 – 189). Hillsdale, NJ: Erlbaum.

Chase, W. G., & Ericsson, K. A. (1982). Skill and working memory. In G. H. Bower (Ed.). *The Psychology of Learning and Motication* (Vol. 16, pp. 1 – 58). New York: Academic Press.

Doornhein, K., & De Haan, E. H. (1998). Cognitive training for memory deficits in stroke patients. *Neuropsychological Rehabilitation*, *8*(4),393 – 400.

Drevenstedt, J., & Bellezza, F. S. (1993). Memory for self-generated narration in the elderly. *Psychology and Aging*, *8*(2),187 – 196.

Engvig, A., Fjell, A. M., Westlye, L. T., Moberget, T., Sundseth, Ø., Larsen, V. A., & Walhovd, K. B. (2010). Effects of memory training on cortical thickness in the elderly. *NeuroImage*, *52*(4),1667 – 1676.

Ericsson, K. A. (2003). Exceptional memorizers: Made, not born. *Trends in Cognitive Sciences*, *7*(6),233 – 235.

Ericsson, K. A., Delaney, P. F., Weaver, G., & Mahadevan, R. (2004). Uncovering the structure of a mnemonist's superior "basic" memory capacity. *Cognitive Psychology*, *49*(3),191 – 237.

Ericsson, K. A., & Kintsch, W. (1995). Long-term working memory. *Psychological Review*, *102*(2),211 – 245.

Hampstead, B. M., Stringer, A. Y., Stilla, R. F., Giddens, M., & Sathian, K. (2012). Mnemonic strategy training partially restores hippocampal activity in patients with mild cognitive impairment. *Hippocampus*, *22*(8), 1652 –1658.

Herrmann, D. J. (1987). Task appropriateness of mnemonic techniques. *Perceptual and Motor Skills*, *64*(1),171 – 178.

Higbee, K. L. (1979). Recent research on visual mnemonics: Historical roots and educational Fruits. *Review of Educational Research*, *49*(4),611 – 629.

Hill, R. D., Campbell, B. W., Foxley, D., & Lindsay, S. (1997). Effectiveness of the Number-Consonant mnemonic for retention of numeric material in community-dwelling older adults. *Experimental Aging Research*, *23*(3),275 – 286.

Hrees, R. A. (1986). An edited history of mnemonics from antiquity to 1985: Establishing a foundation for mnemonic-based pedagogy with particular emphasis on mathematics. Ph. D. dissertation, Indiana University, US.

Hu, Y., & Ericsson, K. A. (2012). Memorization and recall of very long lists accounted for within the Long-Term Working Memory framework. *Cognitive Psychology*, *64*(4),235 – 266.

Hu, Y., Ericsson, K. A., Yang, D., & Lu, C. (2009). Superior self-paced memorization of digits in spite of a normal digit span: The structure of a memorist's skill. *Journal of Experimental Psychology: Learning, Memory, and Cognition, 35*(6),1426 - 1442.

Hunt, E. B., & Love, T. (1972). How good can memory be? In A. W. Melton & E. Martin (Eds.), *Coding Processes in Human Memory* (pp. 237 - 260). Washington, D. C. : Winston & Sons.

Hunter, I. M. (1977). An exceptional memory. *British Journal of Psychology, 68*(2),155 - 164.

Hwang, G., Jacobs, J., Geller, A., Danker, J., Sekuler, R., & Kahana, M. J. (2005). EEG correlates of verbal and nonverbal working memory. *Behavioral and Brain Functions, 1,*1 - 13.

Jennings, J. M., Webster, L. M., Kleykamp, B. A., & Dagenbach, D. (2005). Recollection training and transfer effects in older adults: Successful use of a repetition-lag procedure. *Aging, Neuropsychology, and Cognition, 12* (3),278 - 298.

Kaschel, R., Sala, S. D., Cantagallo, A., Fahlböck, A., Laaksonen, R., & Kazen, M. (2002). Imagery mnemonics for the rehabilitation of memory: A randomised group controlled trial. *Neuropsychological Rehabilitation, 12*(2), 127 - 153.

Kondo, Y., Suzuki, M., Mugikura, S., Abe, N., Takahashi, S., Iijima, T., & Fujii, T. (2005). Changes in brain activation associated with use of a memory strategy: A functional MRI study. *NeuroImage, 24*(4),1154 - 1163.

Konrad, B. N. (2014). Characteristics and neuronal correlates of superior memory performance. Doctoral dissertation, Ludwig-Maximilians-Universität München, München.

Konrad, B. N., & Dresler, M. (2010). Grenzen menschlicher Gedächtnisleistungen. In T. G. Baudson, A. Seemüller, & M. Dresler (Eds.), *Grenzen unseres Geistes* (pp. 65 - 76). Stuttgart: Hirzel.

Kroll, N. E., Schepeler, E. M., & Angin, K. T. (1986). Bizarre imagery: The misremembered mnemonic. *Journal of Experimental Psychology: Learning, Memory, and Cognition, 12*(1),42 - 53.

Kurtz, B. E., & Weinert, F. E. (1989). Metamemory, memory performance, and causal attributions in gifted and average children. *Journal of Experimental Child Psychology, 48*(1),45 - 61.

Legge, E. L., Madan, C. R., Ng, E. T., & Caplan, J. B. (2012). Building a memory palace in minutes: Equivalent memory performance using virtual versus conventional environments with the Method of Loci. *Acta Psychologica, 141*(3),380 - 390.

Maguire, E. A., Frackowiak, R. S. J., & Frith, C. D. (1997). Recalling routes around London: Activation of the right hippocampus in taxi drivers. *The Journal of Neuroscience, 17*(8),7103 - 7110.

Maguire, E. A., Gadian, D. G., Johnsrude, I. S., Good, C. D., Ashburner, J., Frackowiak, R. S. J., & Frith, C. D. (2000). Navigation-related structural change in the hippocampi of taxi drivers. *Proceedings of the National Academy of Sciences of the United States of America, 97*(8),4398 - 4403.

Maguire, E. A., Valentine, E. R., Wilding, J. M., & Kapur, N. (2003). Routes to remembering: The brains behind superior memory. *Nature Neuroscience, 6*(1),90 - 95.

Mallow, J., Bernarding, J., Luchtmann, M., Bethmann, A., & Brechmann, A. (2015). Superior memorizers employ different neural networks for encoding and recall. *Frontiers in Systems Neuroscience, 9.*

Massen, C., & Vaterrodt-Plünnecke, B. (2006). The role of proactive interference in mnemonic techniques. *Memory, 14*(2), 189 - 196.

Massen, C., Vaterrodt-Plünnecke, B., Krings, L., & Hilbig, B. E. (2009). Effects of instruction on learners' ability to generate an effective pathway in the method of loci. *Memory, 17*(7),724 - 731.

Mcdaniel, M. A., & Einstein, G. (1986). Bizarre imagery as an effective memory aid: The importance of distinctiveness. *Journal of Experimental Psychology: Learning, Memory, and Cognition, 12*(1),54 - 65.

Merry, R. (1980). Image bizarreness in incidental learning. *Psychological Reports, 46*(2),427 - 430.

Moè, A., & De Beni, R. (2005). Stressing the efficacy of the Loci method: oral presentation and the subject-generation of the Loci pathway with expository passages. *Applied Cognitive Psychology, 19*(1),95 - 106.

Mwanalushi, M. (1976). Imagery in children's memory for patterns. *Developmental Psychology, 12*(1),78.

Nyberg, L., Sandblom, J., Jones, S., Neely, A. S., Petersson, K. M., Ingvar, M., & Bäckman, L. (2003). Neural correlates of training-related memory improvement in adulthood and aging. *Proceedings of the National Academy of Sciences of the United States of America, 100*(23),13728 - 13733.

Ornstein, P. A., Naus, M. J., & Liberty, C. (1975). Rehearsal and organizational processes in children's memory. *Child Development, 46*(4),818 - 830.

O'Brien, E. J., & Wolford, C. R. (1982). Effect of delay in testing on retention of plausible versus bizarre mental images. *Journal of Experimental Psychology: Learning, Memory, and Cognition, 8*(2),148 - 152.

Paivio, A. (1991). Dual coding theory: Retrospect and current status. *Canadian Journal of Psychology Revue Canadienne De Psychologie, 45*(3),255 - 287.

Pressley, M. (1982). Elaboration and memory development. *Child Development, 53*(2),296 - 309.

Raz, A., Packard, M. G., Alexander, G. M., Buhle, J. T., Zhu, H., Yu, S., & Peterson, B. S. (2009). A slice of π: An exploratory neuroimaging study of digit encoding and retrieval in a superior memorist. *Neurocase, 15*(5), 361 - 372.

Rhodes, S. M., & Donaldson, D. I. (2008). Electrophysiological evidence for the effect of interactive imagery on episodic memory: Encouraging familiarity for non-unitized stimuli during associative recognition. *NeuroImage, 39*

(2),873‐884.

Roediger, H. L. (1980). The Effectiveness of Four Mnemonics in Ordering Recall. *Journal of experimental psychology: Human Learning and Memory*, 6(5),558‐567.

Sanfratello, L., Caprihan, A., Stephen, J. M., Knoefel, J. E., Adair, J. C., Qualls, C., ... & Aine, C. J. (2014). Same task, different strategies: How brain networks can be influenced by memory strategy. *Human Brain Mapping*, 35(10),5127‐5140.

Schmiedek, F., Lövdén, M., & Lindenberger, U. (2010). Hundred days of cognitive training enhance broad cognitive abilities in adulthood: Findings from the COGITO study. *Frontiers in Aging Neuroscience*, 2,1‐10.

Seamon, J. G., Punjabi, P. V., & Busch, E. A. (2010). Memorising Milton's Paradise Lost: A study of a septuagenarian exceptional memoriser. *Memory*, 18(5),498‐503.

Sederberg, P. B., Gauthier, L. V., Terushkin, V., Miller, J. F., Barnathan, J. A., & Kahana, M. J. (2006). Oscillatory correlates of the primacy effect in episodic memory. *NeuroImage*, 32(3),1422‐1431.

Sisco, S. M., Marsiske, M., Gross, A. L., & Rebok, G. W. (2013). The influence of cognitive training on older adults' recall for short stories. *Journal of Aging and Health*, 25(8 suppl), 230S‐248S.

Swick, D., Senkfor, A. J., & Van Petten, C. (2006). Source memory retrieval is affected by aging and prefrontal lesions: Behavioral and ERP evidence. *Brain Research*, 1107(1),161‐176.

Takahashi, M., Shimizu, H., Saito, S., & Tomoyori, H. (2006). One percent ability and ninety-nine percent perspiration: A study of a Japanese memorist. *Journal of Experimental Psychology: Learning, Memory, and Cognition*, 32(5),1195‐1200.

Thompson, C. P., Cowan, T. M., & Frieman, J. (2013). *Memory Search by a Memorist* (eBook). Psychology Press.

Troyer, A. K., Murphy, K. J., Anderson, N. D., Moscovitch, M., & Craik, F. I. M. (2008). Changing everyday memory behaviour in amnestic mild cognitive impairment: A randomised controlled trial. *Neuropsychological Rehabilitation*, 18(1),65‐88.

Turley-Ames, K. J., & Whitfield, M. M. (2003). Strategy training and working memory task performance. *Journal of Memory and Language*, 49(4),446‐468.

Valenzuela, M. J., Jones, M., Wen, W., Rae, C., Graham, S., Shnier, R., & Sachdev, P. (2003). Memory training alters hippocampal neurochemistry in healthy elderly. *Neuroreport*, 14 (10),1333‐1337.

Wegesin, D. J., Friedman, D., Varughese, N., & Stern, Y. (2002). Age-related changes in source memory retrieval: An ERP replication and extension. *Cognitive Brain Research*, 13(3),323‐338.

Wenger, M. J., & Payne, D. G. (1995). On the acquisition of mnemonic skill: Application of skilled memory theory. *Journal of Experimental Psychology: Applied*, 1(3),194‐215.

Westfall, H. A., & Malmberg, K. J. (2013). Visual search enhances subsequent mnemonic search. *Memory & Cognition*, 41(2),167‐175.

Wilding, J., & Valentine, E. (1994). Memory champions. *British Journal of Psychology*, 85(2),231‐244.

Yates, F. A. (1966). *The Art of Memory*. Chicago: University of Chicago Press.

Yesavage, J. A. (1983). Imagery pretraining and memory training in the elderly. *Gerontology*, 29(4),271‐275.

Yin, L. J., Lou, Y. T., Fan, M. X., Wang, Z. X., & Hu, Y. (2015). Neural evidence for the use of digit-image mnemonic in a superior memorist: An fMRI study. *Frontiers in Human Neuroscience*, 9,109.

3　元认知与学习不良

张振新

【内容简介】

　　学习不良是我国当前基础教育面临的一个艰巨而又亟待解决的问题。元认知是指对认知过程的认知、监测与控制。大量的研究表明,元认知对于转化学习不良儿童具有重要意义。本章从学习不良儿童的一般元认知和具体学科学习不良儿童的元认知两个方面,对近十几年来的研究进行了梳理与总结。在此基础上指出了当前在学习不良领域的元认知研究存在的问题及未来发展方向。

【内容提纲】

3.1　元认知基本理论 / 40
　　3.1.1　元认知的概念 / 40
　　3.1.2　元认知与认知 / 40
　　3.1.3　元认知理论的发展 / 41
3.2　学习不良的概念 / 43
3.3　学习不良儿童的元认知研究 / 44
　　3.3.1　学习不良儿童的一般元认知的研究 / 44
　　3.3.2　具体学科学习不良儿童的元认知研究 / 49
3.4　问题与展望 / 53
　　3.4.1　存在的问题 / 53
　　3.4.2　未来的展望 / 54

　　学习不良是一个国际性的课题,国内外的相关研究显示,学习不良的发生概率大约在2%—6%之间。如果按照这个比例,我国目前就有几百万学习不良学生(李伟健,2011)。中国目前正处于一个急速转型的时期,一些社会性问题正凸显出来,如离婚率上升使单亲儿童数量增加,农民工进城务工形成了大量的留守儿童和候鸟儿童,从目前的情况来看,这些儿童更有可能成为学习不良儿童。如果考虑这些因素,目前中国的学习不良儿童的人数要远远超过李伟健教授的估计。因此,学习不良儿童的教育与转化是我国当前基础教育面临的一个艰巨而又迫切需要解决的问题,也是实现"中国教育梦"的基础。元认知理论为解决学习不良儿童问题提供了一个思路,众多研究表明,通过元认知训练来转化学习不良儿童这一途径是有效的,目前有部分基础教育领域的一线教师也参与到了这一主题的研究当中。本章将对元认知与学习不良的相关研究作简要的梳理。

3.1 元认知基本理论

3.1.1 元认知的概念

"元认知"作为一个心理学概念,其最早提出者是美国的心理学家 Flavell。他认为元认知是个体关于自己的认知过程及结果或其他事情的知识(Flavell, 1979)。随着研究的深入,他又指出元认知体现为个体对认知过程的主动监控,对认知结果的调整以及对各个认知过程和结果的协调。后来他把元认知的概念总结为一种以认知活动为对象,用以调节认知活动的知识和活动,即个体对自己的认知状态和过程的意识和调节,其核心就是对认知的认知(Flavell, 1985)。其中,Flavell 认为元认知知识包含个人变量、任务变量和策略变量三个维度。在 Flavell 之后有众多学者对元认知展开了深入研究,其中以 Brown 的研究最具代表性。Brown(1980)认为元认知是个体具备的、关于参与的认知活动的知识和对认知活动的控制。他进一步将元认知划分为两部分: 对认知的知识和对认知过程的调节。其中,对认知的知识是一种稳定的陈述性知识,对认知过程的调节是不稳定的、自动化的程序性知识。尽管研究者对于元认知的看法存在一些分歧,但也存在着共识,从他们的论述当中不难看出元认知是一个静、动相结合的过程(张雅明,2012)。静态过程的元认知是主体对认知活动本身的认知,其中包括认知主体自身的状态、能力,要达成的目标,达成目标的策略以及认知活动带来的影响等;动态过程的元认知是主体对认知活动的调控,一般包括计划、监控和调节。这一静一动两个系统并不相互排斥,而是统一于认知活动的。

3.1.2 元认知与认知

由于元认知本身的定义仍然是不明确的,甚至是含糊不清的,单从元认知概念上并不能明确元认知与认知的界限——认知止于何处,元认知起于何处(Borkowski, 1992)。那么,元认知与认知究竟是一种什么样的关系呢? 对此,霍夫斯塔特(1984)作出了精彩论述,他认为元认知是跳出认知系统去观察认知加工过程的知识和活动,从中不难看出元认知和认知是两个系统,而这两个系统又是相互联系的。

研究者们对元认知和认知的区别与联系作了深入的研究。首先,元认知是独立于认知的。元认知与认知是否是分离的,确定这个问题是开展元认知研究的前提。Swanson 采用实验的方法对这一问题进行了研究。在实验中,他按元认知能力和一般认知能力的高低把被试分为四组,分别为:高元认知—高能力组、高元认知—低能力组、低元认知—高能力组、低元认知—低能力组。通过对比四组解决问题的成绩,发现无论一般认知能力高还是低,高元认知组的成绩要高于低元认知组。这说明,元认知能力在一定程度上可以弥补一般认知能力的不足,同时也说明元认知独立于一般认知能力并在人类的认知活动中起作用(Swanson, 1990)。

　　在 Swanson 的研究的基础上,我国的研究者也作了探索,其中以汪玲等人的研究最具代表性。汪玲、方平和郭德俊(1999)认为元认知和认知的区别主要体现在以下几个方面:第一,内容不同。认知活动的内容是对认知对象进行某种智力操作,也就是对认知对象按照一定的规则进行操作,例如,一列数字求和就是将一列数字按照加法运算相加;元认知活动的内容是对认知活动进行监控和调节,例如,在对一列数相加之前考虑能否使用简便运算,在计算过程中提醒自己不要忘记进位,完成之后检验运算是否正确,若有错误则纠正。第二,对象不同。认知活动的对象是具体的事物,可能是一道数学计算题、一段文字材料或某一事件;元认知活动的对象是认知过程或认知结果。第三,目的不同。认知活动的目的是使认知主体的认知活动取得进展,例如,将一列数相加就是为了求这列数的和;而元认知活动的目的是监测认知活动的进展,促进认知活动更高效、更顺畅地向前推进,如在运算过程中选用更简便的方法,修正运算中出现的错误以及运算结束后对运算结果进行检验。第四,作用方式不同。认知可以直接使认知主体取得认知活动的进展,而元认知是通过对认知活动的监控和调节间接地使主体认知活动有所进展。

　　从上述研究中可以看出,元认知是不同于认知的一个独立系统,它关注的是个体对自身认知的认知,是更高级的思维(张雅明,2012),但另一方面,二者密不可分,它们的共同作用使得个体能够更快捷、更高效地达成认知目标。

3.1.3　元认知理论的发展

国外学者对元认知的理论研究

　　上文已经提到,最早提出“元认知”概念的是美国心理学家 Flavell,之后有许多学者在 Flavell 研究的基础上对元认知作了更进一步探究,其中以 Brown 的研究最具代表性。Brown (1980)把元认知分为两个部分:对认知的知识和对认知过程的调节。他对认知知识的论述与 Flavell 相似,是指个体对自身状况和认知对象的了解,以及对自己与自己所处环境的互动关系的调节。与 Flavell 不同的是,Brown 对元认知动态成分作了更深人的研究,并把这一系统称为对认知过程的调节。认知调节是指个体在认知过程中所使用的调节机制,包括计划、监测、控制等(Borkowski & Muthukrishna, 1992)。例如,在阅读一篇文字材料时,首先确定文体(认知的知识),然后根据文体选用与此相应的阅读方式。如果是一篇议论文,就要先根据论据找到分论点,再根据各个分论点总结出中心论点,这是计划过程;在阅读过程中,针对那些难懂的段落或句子花费更长的时间,这是监测和控制过程。在这一例子中,确定文体是对认知对象的理解,属于认知的知识;选择正确的阅读方法属于认知监控中的计划;选择重读属于认知监控中的监测与控制。根据 Brown 观点,这就是一个完整的元认知过程。从中我们不难发现,认知的知识是一种陈述性知识,是稳定的,属于元认知的静态成分,有对错之分;对认知过程的调节是程序性知识,是不稳定的,可以根据具体的认知环境而改变,是元认知中的动态成分。

国内学者对元认知的理论研究

在国外学者研究的基础上,国内学者大多认为元认知由三部分构成:元认知知识、元认知体验和元认知监控(陈英和,1996;董奇,1989;司继伟,张庆林,2000;汪玲等,1999)。其中对元认知知识的理解与 Flavell 和 Brown 的论述基本相同。董奇(1989)在他们的基础上,提出了一个元认知体验的成分,他认为元认知体验是指任何伴随认知过程的认知体验和情感体验,经历的时间可长可短,可以发生在认知活动当中,也可以在认知活动之前或之后。例如,人们可能预感到在将要进行的一项认知活动中会失败,也可能会想起自己在以前进行的某项认知活动中做得很成功。他进一步指出,元认知体验具有高度的个性化,与个体在认知活动中的位置和认知任务进展密切相关。他根据认知活动发展的阶段,把元认知监控分为四个过程:计划、控制、检测和补救。虽然国内学者基本赞成元认知的三分法,但是对于具体的成分也存在一些争论。汪玲和郭德俊(2000)认为元认知由元认知知识、元认知体验和元认知技能三部分构成,其中元认知知识和元认知体验与董奇等人的观点相似。汪玲等人认为元认知技能是认知主体对认知活动进行调节的技能,个体对认知活动的调节正是通过运用相关的元认知技能而实现的。如果不具备基本的元认知技能,调节就无从谈起。运用元认知技能的过程可能是有意识的,也可能是无意识的。在元认知技能形成的初期阶段,它的运用需要意识的指导;当这种技能高度发展时,它就会成为一种自动化的动作,不为意识所觉知。元认知技能主要包括计划、监测和调整等(汪玲,郭德俊,2000)。

综观国内外学者对元认知理论的研究,他们都是建立在 Flavell 的观点之上的。如 Brown 在 Flavell 基础上,对元认知的动态系统——认知过程的调节作了更加深入的研究;国内学者的元认知三分观点是对 Flavell 理论的补充与发展,其中元认知知识基本上是对 Flavell 理论的继承,而元认知体验和元认知监控则是对元认知的进一步细化与具体化,强调了元认知过程中的知识积累和情感体验。董奇(1989)与汪玲等人(2000)的观点的区别在于侧重点的不同,他们的主要分歧在于对元认知第三个成分的看法不同。董奇关注的是元认知对认知进行调控的过程,因此称为元认知监控,分为计划、控制、检测和补救四过程;而汪玲等人则强调在调节过程中所使用的具体的技能和策略,因此称为元认知技能,而计划、监测和调整是元认知调控的具体策略。从本质上讲两者是一致的,分歧仅仅是名称的不同。

3.2　学习不良的概念

学习不良也叫学习困难,是一个国际性的研究课题,它源于19世纪初对脑伤病人的研究。1963年在芝加哥召开的一次主题为"知觉障碍儿童"的年会中,与会者呼吁用一个适当、合理的名称来界定由于不同原因而在学习方面存在困难的儿童。在会议中,特殊儿童教育专家Kirk首次提出了"学习不良"这一概念(张雅明,2012),正是这次会议极大地推动了针对"学习不良儿童"的研究,引起了教育心理学家的注意。

随着研究的不断深入,学习不良的定义几经变化,直到今天还没有定论。最早对学习不良作出概念界定的是Kirk,他认为学习不良是在听、说、读、写、算术或其他学科中的一种或几种障碍、失调或发展迟缓的现象(Kirk, 1963)。在Kirk定义的基础上,1977年美国教育办公室给出了学习不良的官方定义,也是目前影响最为广泛的一个定义,即:学习不良是指在理解和使用书面与口头语言过程中,学习者存在一种或多种基本心理过程的障碍,这种障碍可能表现为倾听、说话、阅读、写作、计算或拼写等能力的缺陷。随着研究的深入,这一定义不断完善。1988年,美国学习困难联合委员会(National Joint Committee on Learning Disabilities, NJCLD)将学习困难定义为:一个由异质障碍构成的综合体,这些障碍表现为在听、说、读、写、推理或数学等能力的获得或使用上存在显著的困难。这些障碍源于个体的内在因素,推测是由中枢神经系统功能失调所致,而且在个体的一生中都可能发生。自我调节、社会知觉和人际互动的问题可能与学习困难共存,但它们不是引发学习困难的原因。虽然学习困难可能与其他障碍(如感觉障碍、智力迟滞及严重的情绪困扰)同时存在,或与外部环境的影响(如文化差异、不足或不当的教学)同时发生,却不是这些情形或影响的直接结果(李伟健,2011)。在国外研究的基础上结合我国的实际情况,张雅明(2012)提出了一个本土化的定义,即:学习不良是指由内、外多种消极因素相互作用,而非生理或身体的原发性缺陷(如盲、聋、哑等其他身体残疾)所造成的学业落后和困难。

虽然研究者们在各自学习不良研究的基础上给出了不同的概念解释,但也达成了一些共识。李伟健(2011)对各个研究者的观点进行梳理,总结出了学习不良的几个关键特征。首先,学习不良主要表现为学业落后或困难,学业成就低于其潜能的发展,但每个学生学习不良的具体表现不尽相同,有的表现为阅读困难,有的表现为语言理解和表达困难,有的则表现为数理逻辑和计算困难;第二,学习不良的学生存在心理过程的缺陷,根据各种定义,我们可以看出造成学习不良的主要原因是心理缺陷,如感知、注意、思考等能力的缺陷及发展滞后;第三,存在中枢神经系统的失调,学习过程建立在大脑中枢神经系统的高级神经活动的基础之上,学习不良与中枢神经活动的异常有关;第四,排除由生理或身体缺陷造成的学习不良,如盲、聋、哑等身体缺陷可能与学习困难共存,但此类学生的问题不能被界定为学习不良。

3.3　学习不良儿童的元认知研究

在深入研究学习不良及其机制的基础上,研究者们从不同的视角提出了学习困难的理论,对学习不良的成因、影响因素和干预措施作了全方位的理论解释,形成了能力缺陷、技能缺陷和元认知缺陷三个影响较大的理论(李伟健,2011)。由于篇幅的限制,本节只着重介绍从元认知视角对学习不良的研究。

从元认知视角对学习不良进行研究有赖于认知心理学的发展,特别是信息加工理论把对学习的研究转向对学习过程的研究。持信息加工观点的研究者认为学习困难是信息加工过程出现障碍所致,在排除了一般信息加工能力缺陷之后,提出了学习困难的元认知缺陷观(Torgesen,1977)。该理论一经提出,就引起了研究者的极大兴趣,从元认知视角解释和干预学习不良的研究便大大丰富起来,反过来这些研究结果在一定程度上也验证了元认知缺陷观,使其成为学习不良研究领域影响最大的理论之一。总体而言,这些研究可以分为两大类,一类是在一般的认知加工过程中展开的,在本节中称为学习不良儿童的一般元认知的研究;另一类是在具体的学科领域,如阅读、数学、写作等领域的研究,本节把这类研究称为具体学科学习不良儿童的元认知研究。

3.3.1　学习不良儿童的一般元认知的研究

一般元认知是指个体在认知加工过程中体现出来的元认知的能力,它不受认知领域和认知环境的影响,是个体认知风格的组成部分。顾名思义,学习不良儿童的一般元认知的研究就是对学习不良儿童在一般的认知活动中表现出来的元认知能力的考察。下面根据 Flavell 的元认知理论体系,对国内外学习不良儿童的一般元认知的研究进行梳理。

学习不良儿童的自我概念

自我概念是个体关于自己的特点、能力、情感和价值等方面的整体认知,即个体把自己视为客观对象来知觉(Magill，1996；王耘，叶忠根，林崇德，1993)。这与Flavell理论中的个人变量相同，因此学习不良儿童的自我概念也是其元认知的组成部分。目前研究者大多认为，自我概念包括三个维度：一般自我概念、学业自我概念和非学业自我概念，一般自我概念包括学业自我概念和非学业自我概念(张雅明，李勇，2010)。下面分别从学业自我概念和一般自我概念两个方面来介绍学习不良儿童的自我概念。

第一，学习不良儿童的学业自我概念。最早进入学习不良研究领域的是学业自我概念，早在20世纪80年代，Byrne就通过研究证明学业自我概念与学业成就之间的关系要比一般自我概念和非学业自我概念与学业成就之间的关系密切得多(张雅明，李勇，2010)。Chapman对20多个研究作元分析，发现有19个研究显示学习不良学生的学业自我概念显著低于非学习不良学生的学业自我概念(Vaughn & Elbaum，1999；曾守锤，吴华清，2004)。Swanson(2001)对以往有关学习不良的研究所作的元分析表明，与正常儿童相比，学习不良儿童的一般自我价值感和对特定学业的评价都偏低。

国内学者对学习不良儿童的学业自我概念所作的研究也得出了相同的结论，即学习不良儿童的学业自我概念要低于一般儿童。俞国良和翁亚君(1996)使用田纳西自我概念量表(Tennessee self-concept scale，TSCS)测查10—15岁学生，发现学习困难学生的学业自我概念比一般学生的学业自我概念更为消极。陈国鹏等人的研究也得出了相同的结论(陈国鹏，张增修，邵志芳，陈谨瑜，王祥，2001)。郭淑斌(2009)在综合分析国外的相关研究后，认为学习不良儿童的学业自我概念要低于一般学生的学业自我概念。近年来，国内越来越多的研究者对学习不良儿童的学业自我概念进行了考察，得出了一致的结论，即与一般儿童相比，学习不良儿童具有更加消极的学业自我概念(房文杰，2011；张宝山，2006)。

第二，学习不良儿童的一般自我概念。与学业自我概念的研究结果不同，目前国内外对于学习不良儿童的一般自我概念(不包括学业自我概念)与一般儿童的一般自我概念是否存在差异没有形成一个明确、统一的结论。国外的一项元分析研究发现，有些研究结果显示学习不良儿童和一般儿童在一般自我概念上不存在显著差异，甚至有研究表明学习不良儿童的一般自我概念要高于一般儿童的一般自我概念(张宝山，2006)。Gans等人的一项跨文化研究也表明，学习不良学生与正常学生在一般自我概念上没有差异(Gans，Kenny，& Ghany，2003)。然而，也有研究表明，学习不良儿童的一般自我概念低于正常儿童的一般自我概念。如Swanson(2001)的元分析研究发现，学习不良儿童与正常儿童的差异不仅表现在学业自我概念上，也表现在一般自我概念上。还有一个元分析研究表明，学习不良儿童在自我概念的所有维度上都处于更低的水平,其中包括学业自我概念和非学业自我概念(Elbaum & Vaughn, 2003)。

与国外的研究一样,国内对于学习不良学生一般自我概念研究的结论也存在分歧。俞国良和翁亚君(1996)的研究表明,学习不良儿童与一般儿童在社会交往、师生关系以及一般自我概念和社会行为各个维度上都存在显著差异。陈国鹏等人(2001)的研究也发现学习不良儿童具有较差的一般自我概念,自我评价也显著低于正常学生。雷雳、张钦、侯志瑾(2001)及郭淑斌(2009)等研究者认为学习不良儿童之所以具有较低的一般自我概念,与他们的学习成绩较差和在学校的地位较低有关。由于教师和家长过于重视成绩,往往给予学习不良学生消极评价或忽视他们在其他方面的表现,从而影响了他们的一般自我概念。然而,国内也有研究表明,学习不良儿童与正常儿童在自我概念上的差异仅仅体现在学业自我概念上,而在一般自我概念上不存在差异。张宝山(2006)用董奇等人修订的自我描述问卷(self-destription questionaire-I, SDQ-I)对4—6年级的学生进行测查,结果发现,学习不良学生仅仅在学业自我概念的子维度上的得分低于正常儿童,在非学业自我概念上的得分与正常儿童没有差异。同样,邢淑芬(2006)和房文杰(2011)的研究也得出了相似的结论,邢淑芬在研究中甚至发现在运动自我概念维度上,学习不良儿童的得分要高于正常儿童。

综观国内外对学习不良儿童自我概念的研究,在讨论学习不良儿童的自我概念时不能笼统、单一地研究广义的一般自我概念,而要将自我概念进一步细分为学业自我概念和非学业自我概念。在学业自我概念上,研究者基本形成较为明确和统一的结论,即学习不良儿童要比正常儿童消极,但在除学业自我概念之外的一般自我概念上,二者之间是否存在差异尚有争议。从研究的程度上看,国内对学习不良儿童学业自我概念的研究不再仅仅停留于简单描述阶段,而是进一步探讨学习不良儿童的学业自我概念在性别、年龄等因素上的差异以及成因,更有研究进一步探索了对学习不良儿童自我概念的干预方案(曾守锤,吴华清,2004;邢淑芬,2006;张宝山,2006;张宝山,朱月龙,2007)。

学习不良儿童对任务的理解能力

自我概念对应的是Flavell理论中的人的变量,而对学习任务的理解对应的是其理论中的任务变量。Flavell认为任务变量是个体对任务特点及相应的加工要求的认知,即学生对当前学习任务要求的理解。这是完成任务的关键。如果学习者对任务缺乏准确理解,就不能按要求有效地设置目标,根据目标选择和实施策略,当然就不可能有效达成学习目标,长此以往势必会成为学习不良者。最早探讨学习任务理解与学习不良之间关系的是Wong、Wong和Le Mare(1982),他们在研究中设计了两个实验探讨标准任务知识对作业的影响,结果表明,对标准任务的清晰知觉有利于学习者作业成绩的提高,且学习困难学生理解和回忆成绩较差的原因之一是对标准任务的模糊知觉。之后,Wong及其合作者比较了学习不良学生和正常学生在写作元认知知识和写作成绩等方面的差异,结果发现,学习不良学生在写作过程中过多关注低水平信息加工过程,如拼写、语法等,而忽略写作本身的高水平要求(Wong & Blenkinsop, 1989)。国内很少有研究单纯地研究学习不良儿童对学习任务的理解能力,而是把它放在具体的任务和学科当中进行考察,这方面的研究将在下文详细介绍。

学习不良儿童使用策略的能力

策略的选择与使用是 Flavell 对元认知知识划分的最后一个变量,即策略变量。有效地选择和使用策略是达成学习目标的必要条件。有研究表明,与正常儿童相比,学习不良儿童在策略的选择和实施上存在缺陷。Englert 等人探讨了学习不良儿童有关写作过程的元认知知识,结果发现,学习不良儿童关于写作策略的知识以及关于调节写作过程的知识不如一般儿童。例如,学习不良儿童在判断何时结尾时,往往利用任务的外部线索(比如文章的长度、课文的机械特征、同伴的反应、教师判断等),对读者的阅读需要并不敏感(Englert, Raphael, Fear, & Anderson, 1988)。Wong(1991)的研究发现,学习不良儿童并不是缺乏完成任务的策略知识,而是缺乏正确选择和使用策略的能力,即不能找到合适策略来解决相应问题。Montague(1997a)对学习不良儿童解决数学问题的研究也有相似的发现。

国内对于学习不良儿童对学习策略的选用和实施作了大量的研究,王春燕等人在研究学习不良儿童的元认知特点时发现,学习不良儿童不能有效地使用策略(王春燕,梁晓燕,2001)。在对前人研究进行总结的基础上,陈英和与赵笑梅(2005)认为,与一般儿童相比,学习不良儿童存在策略使用方面的问题,主要表现在以下四个方面。首先,策略的数量储备显得不足,他们认为这是导致学习困难的主要原因;第二,策略的选择和使用存在缺陷,他们发现学习不良儿童不仅很少使用策略,而且倾向于选择低水平、低效甚至不成熟的策略;第三,对策略的运用不熟练,缺乏灵活性,策略的"固着"现象明显,即使选择了正确、有效的策略也不能很好地执行。有关学习不良儿童的实证研究也验证了陈英和与赵笑梅的观点。周永垒等人通过实验方法比较学习不良学生和优秀学生在策略选用上的差异,发现二者在浅加工问题上的得分的差异不显著,但是在需要精细加工问题上的得分的差异显著,这说明学习不良儿童在加工过程中倾向于选择低水平的加工策略(如复述等),但是缺乏对精细或更高层次的加工策略(如组织、归纳和概括等)的运用(周永垒,韩玉昌,张侃,2005)。同样,郭文斌(2006)研究了学习不良学生自主学习策略的选用,发现学习不良学生仅仅在复述维度上的得分高于优秀学生,在其他各个维度上的得分均低于优秀学生。

学习不良儿童对学习行为的监测与调节能力

对学习过程的监测与调节是学习者保持高效学习的必要条件,也是元认知执行过程的核心环节,是学习者元认知能力的重要体现,对应的是 Flavell 理论体系中的元认知过程。有研究表明,有效的学习者能及时监测自己的学习过程,并根据监测结果调节自己的学习行为;相反,学习不良学生不能准确判断和评估自己的学习进程,也就不能有效调节学习行为,这也是导致学习不良的重要原因(李伟健,2011)。元认知监测与调节往往与在学习过程中对策略的使用分不开。例如上文提到学习不良儿童不能选择正确、有效的策略来解决问题,说明他们对学习任务以及策略缺乏有效的监测。即使学习不良儿童能够使用正确策略来解决当前的学习问题,他们也不能根据策略使用的效果对当前使用的策略进行适当的调整与变通,出现策略"固着"现象,这表明学习不良学生缺乏对策略使用的调节能力。

随着元认知理论和研究范式的发展,国内相关研究的关注点从学习不良学生对策略的监测转向对学习过程的监控(监测和控制)。首先体现在对元认知监测的研究上,个体对学习过程的监测可以出现在学习发生之前、学习之中和提取过程,它包括难易度判断(ease of learning, EOL)、学习判断(judgement of learning, JOL)、知晓判断(feeling of knowledge, FOK)以及自信心判断(judgement of confidence, JOC)(俞国良,张雅明,2004)。目前,研究者们针对学习不良儿童的元记忆监测作了大量研究,张承芬等人针对学习不良儿童和一般儿童的元记忆监测水平的对比研究发现,学习不良儿童的元记忆监测水平明显低于一般儿童(张承芬,赵海,付宗国,2000)。周楚、刘晓明和张明(2004)采用实验的方法,以小学三、四、五年级的学生为被试,研究了学习不良儿童与学习优秀儿童的元记忆监测水平,结果发现:学习不良儿童的三种元记忆监测指标的等级均低于学优儿童。张雅明和俞国良(2007)对于学习不良儿童的元记忆监测水平的发展研究也发现,与对照组儿童相比,学习不良儿童的元记忆监测水平偏低,而且受到年级因素的影响。在学习过程当中,个体会根据对各个过程的监测结果作出相应的调节,这一过程就是元认知控制。研究者针对记忆过程当中的元认知控制——被称为元记忆控制——作了大量研究,衡量元记忆控制有效性的指标是学习时间的分配。周楚等人(2004)和张雅明等人(2007)的研究中也涉及元记忆控制的研究,结果均发现:在监测的基础上,一般儿童的学习时间分配的合理性和有效性均优于学习不良儿童。李伟健(2011)系统探讨了学习不良儿童与一般儿童在元记忆监测和控制上的差异,结果发现:学习不良儿童学习判断的绝对准确性要低于一般儿童。同时还发现与学习不良儿童相比,一般儿童更倾向于对那些判断值低的项目给予更多的学习时间,对那些判断值高的项目给予更少的学习时间,这说明学习不良儿童的元记忆监测结果与学习时间分配的密切程度不如一般儿童。以上这些研究都表明,与一般儿童相比,学习不良儿童的较低的元认知水平不仅体现在元认知监测上,也体现在元认知控制上,而且严重影响到了学习过程当中的行为调节。

3.3.2 具体学科学习不良儿童的元认知研究

以上介绍的学习不良是指一般领域的学习不良,然而,具体到实际学校教育情境,学习不良儿童的学习困难并非表现在各个领域,在每个科目上都表现出学习困难的学生非常少,通常体现在某一门或某几门学科上。例如,有的学生在语文学科上表现出学习困难,但数学成绩却非常优异;相反,有的学生数学学习困难,但在语文方面能够取得优异成绩,即通常意义上的"偏科"。正如前文所述,元认知缺陷是造成学习不良的重要原因,那么针对偏科这种情况,仅仅局限于一般元认知过程的研究远远不够,还应该把对学习不良的元认知研究深入到具体学科中,要做到具体问题具体分析。在已有研究成果的基础上,结合我国基础教育的现状,下面分别就语文学科中的阅读与写作、数学学科中的问题解决以及英语学习三个领域对学习不良儿童的元认知研究进行介绍与总结。

阅读与写作领域的研究

阅读能力是语文学科的一个核心能力,是收集处理信息、认识世界、发展思维的重要途径,因此阅读能力不仅影响学生在语文学科上的成绩,还会对他们的终身发展产生重要影响。从元认知视角探讨阅读困难学生的研究由来已久。这些研究基本上可以分为两大类: 元理解的研究和阅读策略的研究。元理解是阅读中的元认知活动,主要关注读者如何将自己的阅读过程与结果作为对象加以监测,并在此基础上采取措施解决遇到的问题与困难。与元记忆一样,元理解也被分为元理解监测和元理解调控(陈启山,2009)。早在 1980 年,Brown 对阅读理解力差的学生的元理解研究就表明,理解力差的儿童的元理解水平低于理解力优的儿童(Brown, 1980)。Wong(1991)探讨了阅读者对阅读的目的与任务的理解,发现优秀阅读者能够正确地理解阅读任务,而阅读不良者不能做到这一点,二者差异显著。还有研究表明,阅读不良者的低元理解能力也表现在元理解控制上。Garner 和 Reis(1981)的研究发现,优秀阅读者能够根据监测出的问题,采取相应解决措施,而阅读障碍儿童这样做的频率要低于优秀阅读者。国内对学习不良儿童的元理解的研究要晚于国外。龚少英和刘华山(2003)通过元认知问卷调查阅读过程中的元认知(即元理解),发现阅读能力差的学生在总体得分和各维度上的得分均低于阅读能力优秀和中等的学生。李伟健通过一系列实验研究了学习不良儿童的元理解,结果表明,与阅读困难者相比,优秀阅读者不管是对文本外部线索还是内部线索的察觉上均有更佳表现。其研究还发现,阅读困难学生中合理分配阅读时间的人数要少于优秀阅读者,这说明优秀阅读者在元理解控制上也要强于阅读困难者(李伟健,2004a,2004b)。陈启山(2009)的一项实验研究表明,有效的元理解监测和调控有助于阅读成绩的提高。这些研究都表明,元理解能力的欠缺是导致阅读困难的原因之一。阅读障碍儿童的元认知缺陷不仅表现在元理解上,也表现在他们对策略的选择和执行上。Pazzaglia对阅读不良儿童的研究发现,他们不仅对阅读任务的理解和文本特征的敏感性低于一般儿童,而且由于缺乏必要的相关策略的知识,他们在正确选择阅读策略完成任务方面也落后于一般儿童。阅读不良儿童在阅读过程中会倾向于选择浅层次的加工策略(如复述),而优秀的阅读者会采用更为高级的策略(如归纳与总结)以达到阅读目标(周永垒,韩玉昌,张侃,2005)。总之,阅读不良学生无论是在有关阅读策略知识的储备,还是策略选择与调整上均存在缺陷。元理解与选用策略能力有限是导致阅读困难的重要原因。

阅读是信息输入过程,写作是知识的输出过程,阅读能力和写作能力是语文能力的重要组成部分,在针对学习不良儿童写作的研究中也发现他们在元认知能力上存在缺陷。Wong 和 Blenkinsop(1989)采用问卷法研究了学习不良儿童的写作元认知,发现学习不良儿童在词的选择、组织和连贯等方面的得分低于一般儿童。还有研究表明,学习不良儿童与一般儿童对写作的关注点也存在差异,学习不良儿童关注的是诸如文章的结构、拼写与语法等非实质方面的内容,而不关心要表达的对象。早在1988年,Englert 等人对学习不良儿童的写作元认知作了系统的研究,发现学习不良儿童在写作策略的选用与对写作过程的调控能力上均与一般学生存在差异,学习不良儿童倾向于选择外部线索(如字数)来判断自己是否完成写作,对读者的需要即写作要求并不关心(Englert, Raphael, Fear, & Anderson, 1988)。我国学者司继伟和张庆林(2000)指出,许多不善于写作的人,比如学习困难学生,往往缺乏计划性和自我监控,他们在写作时想到什么就写什么。戴健林和莫雷(1999)在总结国外相关研究的基础上也认为,自我调控策略的运用是专家(优秀者)与新手(学习不良者)写作能力的重要区别。近几年来,专门针对学习困难学生的写作元认知的研究很少,研究者把研究目光转向作文课堂教学,试图通过提高学生的元认知水平来提高作文水平。研究表明,通过训练学生的写作元认知能力是提高学生写作成绩的有效途径(晁言芹,2013;叶启秀,2008;周丹,2005)。这进一步说明元认知水平是写作能力的重要影响因素,可以通过提高学习不良儿童的写作元认知能力改变写作困难的局面。

数学领域问题解决的研究

数学领域的元认知研究大多集中在问题解决的范畴。许多研究表明,学生的元认知水平与数学解决问题的能力具有高相关性（刘效贞，张影侠，司继伟，2009），这表明元认知缺陷是造成数学学习困难的一个重要原因。相关研究发现，数学学习不良儿童的元认知缺陷主要表现在策略选择、策略运用、元认知技能缺陷三个方面。第一，数学学习不良学生与一般学生在解决问题过程中对策略的选择存在差异。Montague让数学学习不良儿童和一般儿童报告解决问题的方法，结果发现二者在数量上没有显著差异，但学习不良儿童对方法的描述多集中于低水平的策略，而非高水平的解决问题的策略（Montague，1997b）。Roberts、Gilmore和Wood（1997）通过实证研究也有相同的发现，即面对同样的问题，学习不良学生与学习优秀学生（学优生）会选用不同的策略。

第二，学习不良学生对于问题解决的缺陷还表现在策略的运用上。Swanson和Cooney（1985）的研究发现，学习不良学生与学优生在解决数学问题的过程中都能使用策略。二者的差异在于学优生能够根据具体情况进行策略的转换；而学习不良学生倾向于使用一种策略，即使该策略被证明是错的，仍然固执己见，说明学习不良学生在使用策略过程中缺乏灵活性。牛卫华和张梅玲（1998，2000）采用口语报告方法比较了五年级学习困难学生和学优生对应用题解题策略的运用，发现学习困难学生使用的元认知策略显著少于学优生。在后来的研究中，他们进一步发现在使用元认知策略时，尽管学习困难学生具备一些有关自己、任务和策略三个变量的知识，但运用得非常刻板，缺乏及时、灵活的调节能力。章潇怡和水仁德（2000）研究儿童解决河内塔问题的特点时发现，在发现和有效利用策略方面，学习困难儿童显著差于一般学生。

第三，数学学习不良儿童存在元认知技能缺陷。首先表现在对自己能力的知觉上。Montague对学习不良儿童学习态度、数学作业方面的自我知觉进行调查时发现，学习不良儿童对数学重要性的认识与一般儿童无异，但对于数学的态度和数学能力的评价却低于一般儿童，他认为正是这种对于自身数学能力的低估影响了对数学的学习（Montague，1997b）。其次，进一步的研究表明，数学学习不良儿童的元认知技能缺陷更多表现在元认知动态成分，即元认知监控上。Van Haneghan和Baker（1989）研究了数学学习不良儿童的元认知监测，发现当他们难以判断问题是否得到正确解决时，倾向于使用计算正确与否来评价作业是否完成。Desoete、Roeyers和Buysse（2001）的研究也显示，数学学习不良儿童在元认知预测和评估方面与数学能力中等以上水平的儿童存在差异。国内研究也表明，数学学习不良儿童的元认知技能的静态和动态成分与一般儿童存在差异。牛卫华和张梅玲（1998）在研究中要求优秀学生和数学学习不良学生解答学习过的中等难度以上的应用题，结果发现二者在解题过程中的步骤基本相同，不同的是在解题过程中，优秀学生将更多的时间用于分析,而学习不良学生将大部分时间花费在计算上;当出现复杂运算时,优秀学生会进行再分析,而不是一味地运算,说明优秀学生在解题过程中能够很好地分配与控制解题时间,而学习不良学生则不能。据此研究可知,导致学生数学成绩差异的主要原因是元认知的差异。这一观点在后续的研究中得到了验证。郝嘉佳等人通过问卷测查小学六年级数学学习不良儿童的元认知,发现学习不良学生在自我认知、自我调节、策略选择和动机四个维度上的得分均低于学优生;在进一步的研究中还发现,在具体的问题解决中,数学学习不良学生在制订计划、监控过程和结果检查等方面的元认知技能均差于学优生(郝嘉佳,齐琳,陈英和,2011)。同样,梁好翠等人的研究也表明学优生与学习不良学生在数学学习动机和数学学习自我监控能力上存在非常显著的差异,学优生显著高于学习不良学生(梁好翠,黄岳俊,2011)。

第二语言(英语)的研究

目前,学生在基础教育阶段学习的外语基本上是英语,因此在这里就只对英语学习不良儿童的元认知研究作介绍。从元认知视角研究外语学习由来已久,最早从元认知视角研究外语学习的是 Wenden,他从 1986 年到 2001 年多次指出元认知对于外语学习具有重要的意义(Wenden, 1986,1987,1998,2001)。与国外一样,我国也很早就对元认知在外语教学中的作用展开了研究,但具体针对外语学习困难儿童的元认知研究却很少。有研究表明,英语学习困难学生的元认知与汉语阅读和写作的元认知有很大相似性(刘慧君,2004;路文军,2006;杨小虎,张文鹏,2002),这里就不再赘述。目前,针对英语学习困难学生的元认知研究多是调查类研究,鲜有相关的实验研究出现。汪祖名(2011)采用问卷调查英语学习不良者的词汇学习策略,发现他们在有关元认知策略维度上的得分普遍偏低,其中最为突出的是"预先计划策略"和"自我评估策略"。在对初中和中职英语学习不良学生的学习策略的调查中发现,他们在认知策略、元认知策略、情感策略和交际策略等方面存在严重不足,尤其是元认知策略,处最低水平(赵珂,2008;周艳梅,2010)。还有研究表明,元认知与外语听力水平有关。唐慧芳(2013)以高中生为研究对象,发现听力成绩好的学习者和听力成绩差的学习者在听力元认知意识方面存在显著差异,听力高分组学生的元认知水平更高,特别是在解决问题和集中注意两个维度上。也有研究表明,通过训练学生的元认知可以提高他们的英语听力水平(陈晓茹,吴少跃,2007;祁慰,2009;许梅英,2012)。这些研究表明,元认知影响了外语学习的词汇和听力等方面,训练外语学习不良学生的元认知水平,特别是元认知策略,对提高他们的英语水平具有重要的意义。

3.4 问题与展望

3.4.1 存在的问题

虽然研究者们对学习不良儿童的一般元认知和特殊领域(具体学科)的元认知作了大量细致的研究,也取得了一些研究成果,表明元认知在学习不良儿童转化方面具有特殊的意义,但是也存在以下几个问题。

首先是元认知的地位问题。元认知与认知、元认知与智力的关系一直是研究者探讨的问题。传统观点认为元认知就是"认知的认知",这更加混淆了元认知与认知的关系,有研究者就提出过"元认知起于何处而又止于何处"的问题(Borkowski,1992)。虽然有研究表明,元认知是独立于认知的一个结构(姜英杰,2008),但是大多数情况下还是被置于认知之下,这从国内目前多个版本的普通心理学和教育心理学教材的安排上即可看出。元认知与智力也是存在争议的两个概念。Sternberg就提出智力包含一个元成分,并且强调元认知在元成分中的重要作用,即在Sternberg看来,元认知是智力的重要组成部分。然而Swanson却认为元认知和智力二者是独立的,元认知技能可以用来弥补智力方面的缺陷(Swanson,1999)。由于Sternberg的智力理论影响较大,所以大部分心理研究者接受元认知是智力组成成分的观点。正是这些原因弱化了元认知在心理学体系中的地位,也影响了日常的心理学的教学与研究。例如,一些一线教师基本上不知道"元认知"为何物,这样就影响到了元认知理论在转变学习不良儿童过程中的作用。

第二,研究取向的问题。近十几年学习不良领域的元认知的实证研究缺乏系统性,具体表现为:结合具体学科的应用性研究居多,对学习不良儿童元认知机制的基础研究严重缺乏。由于基础理论研究的缺乏,使应用性实证研究很难形成系统。在对目前有关应用性实证研究的整理过程中发现,这些研究都是一些孤立的研究,很难整合出一套体系。如果不及时改变现状,弥补基础研究的不足,会影响学习不良领域元认知研究的持续性。

第三,研究主体的问题。大学或研究机构的学者和基础教育的一线教师在这一领域的合作研究是缺失的,目前除了姜英杰等少数学者在教学一线对元认知用于教学作了系统而细致的研究外,还没发现其他的相关研究。虽然结合具体学科的应用研究成果相对来说比较丰富,但也存在很大的问题。这些研究大部分是研究生的毕业研究,由于研究生学制的关系,他们很难把一个研究持续地做下去;而一个教育教学研究又有周期性,需要长时间的跟踪研究,这也是学习不良领域的元认知研究缺乏系统性的重要原因。

3.4.2　未来的展望

　　针对学习不良领域的元认知研究存在的几点问题,提出未来研究的几点展望。首先要进一步明确元认知与认知、元认知与智力的关系,以改变元认知在心理学体系中的地位,在师范生的教学和教师培训中重视关于元认知的教学,使准教师和一线教师对元认知理论与元认知教学有一定程度的了解,为今后在教学中通过元认知训练转化学习不良儿童作好理论上的储备。第二,借助认知心理学的范式和方法,拓展学习不良儿童元认知监测和控制的机制、特点、规律的理论研究,弥补过去元认知机制研究的不足,这既可帮助我们深入认识学习不良的内在本质,也是对认知心理学中元认知加工研究工作的扩展。最后,大学或研究机构的学者和一线教师要参与到结合具体学科的应用性研究中来,结合高校和研究机构的理论优势及一线教师的实践优势,针对学习不良儿童的元认知问题作长时间的跟踪研究,使基础研究和应用研究产生"化合反应",而不是彼此隔离,使元认知在转化学习不良儿童方面发挥更大的效能。

参考文献

晁言芹.(2013).小学生习作元认知的培养内容与策略研究(硕士论文).华东师范大学,上海.

陈国鹏,张增修,邵志芳,陈谨瑜,王祥.(2001).学习不良学生的智商、个性和自我概念的研究.心理科学,24(6),732—733.

陈启山.(2009).阅读中的元理解监测与元理解调控.心理学报,41(8),676—683.

陈晓茹,吴少跃.(2007).大学英语听力教学与元认知策略的培养.广东外语外贸大学学报,18(6),99—101.

陈英和.(1996).认知发展心理学.杭州:浙江人民出版社.

陈英和,赵笑梅.(2005).学习不良儿童的策略研究.心理科学进展,13(5),547—556.

戴健林,莫雷.(1999).西方关于写作过程的自我调控的进展.心理发展与教育,(3),54—57.

董奇.(1989).论元认知.北京师范大学学报,(1),68—74.

房文杰.(2011).学习不良儿童自我概念的特征研究.成功(教育版),(10),208—209.

龚少英,刘华山.(2003).中学生阅读理解元认知的发展研究.心理科学,26(6),1129—1131.

郭淑斌.(2009).不同学业成就水平学生自我概念比较分析.佛山科学技术学院学报(社会科学版),27(2),72—78.

郭文斌.(2006).学习困难学生自主学习策略研究.中国特殊教育,69(3),79—83.

郝嘉佳,齐琳,陈英和.(2011).小学六年级数学困难儿童的元认知特点及其在应用题解决中的表现.中国特殊教育,(2),52—57.

霍夫斯塔特.(1984).GEB——一条永恒的金带.乐秀成,编译.成都:四川人民出版社.

姜英杰.(2007).元认知的理论与实证研究.长春:东北师范大学出版社.

姜英杰.(2008).元认知:理论质疑与界说.东北大学学报(哲学社会科学版),232(2),135—140.

雷雳,张钦,侯志瑾.(2001).学习不良初中生的父母教养方式及其自我概念.心理科学,24(2),24—26.

李伟健.(2004a).学困生关于材料特征的元认知知识与应用的实验研究.心理科学,27(3),664—668.

李伟健.(2004b).学习困难学生元认知实验研究.杭州:杭州出版社.

李伟健.(2011).学习困难儿童学习时间分配的特征(博士论文).北京师范大学,北京.

梁好翠,黄庭俊.(2011).数学自我监控及学习动机对数学成绩影响机理的研究.数学教育学报,20(1),58—60.

刘慧君.(2004).元认知策略与英语阅读的关系.外语与外语教学,189(12),24—26.

刘效贞,张影侠,司继伟.(2009).初中生的数学估计能力及其与元认知监控的关系.心理发展与教育,25(2),35—40.

路文军.(2006).元认知策略与英语写作的关系.外语与外语教学,210(9),25—27.

牛卫华,张梅玲.(1998).学困生和优秀生解应用题策略的对比研究.心理科学,21(6),566—567.

牛卫华,张梅玲.(2000).西方有关学习困难问题研究的新进展.心理科学,23(3),357—358.

祁慰.(2009).高职学生英语听力元认知策略训练效果的实验研究(硕士论文).湖南师范大学,长沙.

司继伟,张庆林.(2000).写作过程的自我监控实证研究.心理科学,23(1),111—112.

唐慧芳.(2013).高中生英语听力元认知意识与听力成绩的相关性研究(硕士论文).湖南大学,长沙.

汪玲,方平,郭德俊.(1999).元认知的性质、结构与评定方法.心理学动态,7(1),6—11.

汪玲,郭德俊(2000).元认知的本质与要素.心理学报,32(4),458—463.

汪祖名.(2011).高中英语学困生词汇学习策略的研究(硕士论文).东北师范大学,吉林.

王春燕,梁晓燕.(2001).学习困难学生元认知发展特点及教育对策.山西大学学报(哲学社会科学版),24(5),22—24.

王耘,叶忠根,林崇德.(1993).小学生心理学.杭州:浙江教育出版社.

邢淑芬.(2006).小学3—5年级学习不良儿童的自我概念研究.中国临床心理学杂志,14(4),393—394.

许梅英.(2012).基于元认知意识的英语专业听力教学模式研究.周口师范学院学报,29(4),143—146.

杨小虎,张文鹏.(2002).元认知与中国大学生英语阅读理解相关研究.外语教学与研究(外国语文双月刊),34(3),213—218.

叶启秀.(2008).高中作文教学中运用元认知策略的实践研究(硕士论文).福建师范大学,福州.

俞国良,翁亚君.(1996).10—15岁学习不良儿童自我概念发展的研究.心理发展与教育,(2),54—59.

俞国良,张雅明.(2004).元认知理论与学习不良儿童.教育研究,298(11),46—51.

曾守锤,吴华清.(2004).学习不良儿童自我概念研究综述.中国特殊教育,47(5),85—90.

张宝山.(2006).学习不良儿童自我概念干预的实验研究(硕士论文).苏州大学,苏州.

张宝山,朱月龙.(2007).学习不良儿童自我概念的实验干预.中国临床心理学杂志,15(3),329—331.

张承芬,赵海,付宗国.(2000).学习困难儿童和非学习困难儿童元记忆特点的对比研究.心理科学,23(4),421—424.

张雅明.(2012).元认知发展与教学——学习中的自我监控与调节.合肥:安徽教育出版社.

张雅明,李勇.(2010).学习困难学生自我概念研究综述.沧州师范学院学报,26(4),87—90.

张雅明,俞国良.(2004).学习不良儿童的元认知研究.心理科学进展,12(3),363—370.

张雅明,俞国良.(2007).学习不良儿童元记忆监测与控制的发展.心理学报,39(2),249—256.

章潇怡,水仁德.(2000).学习困难儿童的问题解决特点研究.应用心理学,6(2),29—32.

赵珂.(2008).初中英语学困生英语学习策略的调查研究(硕士论文).东北师范大学,吉林.

周楚,刘晓明,张明.(2004).学习困难儿童的元记忆监测与控制特点.心理学报,36(1),65—70.

周丹.(2005).元认知在高中作文教学中的应用(硕士论文).辽宁师范大学,大连.

周艳梅.(2010).中职工科学生英语学习元认知策略的调查与实践(硕士论文).东北师范大学,吉林.

周永垒,韩玉昌,张侃.(2005).学习困难生认知策略特点与加工水平对其影响的实验研究.心理科学,28(5),1026—1030.

Borkowski, J.G. (1992). Metacognition theory: A framework for teaching literacy, writing and math skill. *Journal of Learning Disabilities*, 25(4),253 - 257.

Borkowski, J. G., & Muthukrishna, N. (1992). Moving metacognition into the Classroom: "Working models" and effective strategy teaching. In M. Pressley, K. Harris, & J. T. Guthrie (Eds.), *Promoting Academic Competence and Literacy in School* (pp. 477 - 501). San Diego, CA: Academic Press.

Brown, A.L. (1980). Metacognitive development and reading. In R.J. Spiro, B.C. Bruce, & W.F. Brewer (Eds.), *Theoretical Issues in Reading Comprehension* (pp. 453 - 481). Hillsdale, NJ: Erlbaum.

Desoete, A., Roeyers, H., & Buysse, A. (2001). Metacognition and mathematical problem solving in grade 3. *Journal of Learning Disabilities*, 34(5),435 - 447.

Elbaum, B., & Vaughn, S. (2003). For which students with learning disability are self-concept interventions effective? *Journal of Learning Disabilities*, 36(2),101 - 108.

Englert, C.S., Raphael, T.E., Fear, K.L., & Anderson, L.M. (1988). Students' metacognitive knowledge about how to write informational texts. *Learning Disability Quarterly*, 11(1),18 - 46.

Flavell, J. H. (1979). Metacognition and cognitive monitoring: A new area of cognitive-developmental inquiry. *American Psychologist*, 34(10),906 - 911.

Flavell, J.H. (1985). *Cognitive Development*. Englewood Cliffs, NJ: Prentice-Hall.

Gans, A.M., Kenny, M.C., & Ghany, D.L. (2003). Comparing the self-concept of sudents with and without learning disabilities. *Journal of Learning Disabilities*, 36(3),287 - 295.

Garner, R., & Reis, R. (1981). Monitoring and resolving comprehension obstacles: An investigation of spontaneous text lookbacks among upper-grade good and poor comprehenders. *Reading Research Quarterly*, 16(4),569 - 582.

Kirk, S.A. (1963). Behavioral diagnosis and remediation of learning disabilities. Paper presented at the Conference on Exploration into the Problems of Perceptually Handicapped Child. Evanston, IL: Fund for the Perceptually Handicapped Child.

Magill, F.N. (1996). *International Encyclopedia of Psychology*. London: Fitzroy Dearborn Publisher.

Montague, M. (1997a). Cognitive strategy instruction in mathematics for students with learning disabilities. *Journal of Learning Disabilities*, 30(2),164 - 177.

Montague, M. (1997b). Student Perception, mathematical problem solving, and learning disabilities. *Remedial and Special Education*, 18(1),46 - 53.

Roberts, M.J., Gilmore, D.J., & Wood, D. J. (1997). Individual differences and strategy selection in reasoning. *British Journal of Psychology*, 88(3),473 - 492.

Swanson. H.L. (1990). Influence of metacognitive knowledge and aptitude on problem solving. *Journal of Educational Psychology*, 82(2),306 - 314.

Swanson, H. L. (1999). Instructional components that predict treatment outcomes for students with learning disabilities: Support for a combined strategy and direct instruction model. *Learning Disabilities Research & Practice*, 14(3),129 - 140.

Swanson, H. L. , & Cooney, J. B. (1985). Strategy transformation in learning disabled and nondisabled students. *Learning Disability Quarterly*, 8(3),221‑230.

Swanson, H. L. (2001). Research on interventions for adolescents with learning disabilities: A meta-analysis of outcomes related to higher-order processing. *Elementary School Journal*, 101(3),331‑348.

Torgesen, J. K. (1977). The role of nonspecific factors in the task performance of learning disabled children a theoretical assessment. *Journal of Learning Disabilities*, 10(1),27‑34.

Van Haneghan, J. P. , & Baker, L. (1989). Cognitive Monitoring in Mathematics. In C. B. McCormick, G. E. Miller, & M. Pressley. (Eds.). (1989). *Cognitive Strategy Research: From Basic Research to Educational Applications*. New York: Springer-Verlag Publishing.

Vaughn, S. , & Elbaum, B. (1999). The self-concept and friendships of students with learning disabilities: A developmental perspective. In R. Gallimore et al. (Eds.), *Developmental Perspectives on Children With High-Incidence Disabilities* (pp. 81‑107). Mahwah, NJ: Erlbaum.

Wenden, A. L. (1986). What do second-language learners know about their language learning? A second look at retrospective accounts. *Applied Linguistics*, 7(2),186‑205.

Wenden, A. L. (1987). Metacognition: An expanded view on the cognitive abilities of L2 Learners. *Language Learning*, 37(4),573‑597.

Wenden, A. L. (1998). Metacognitive knowledge and language learning. *Applied Linguistics*, 19(4),515‑537.

Wenden, A. L. (2001). Metacognitive knowledge in second language acquisition: The neglected variable. In M. Breen (Ed.), *Learner Contributions to Language Learning: New Directions in Research* (pp. 44‑64). Essex, UK: Pearson Education Ltd.

Wong, B. Y. L. (1991). The relevance of metacognition to learning disabilities. In B. Y. L. Wong (Ed.), *Learning About Learning Disabilities* (pp. 231‑256). New York, NY: Academic Press.

Wong, B. Y. L. , Wong, R. , & Le Mare, L. (1982). The effects of knowledge of criterion task on comprehension and recall in normally achieving and learning disabled children. *The Journal of Educational Research*, 76(2),119‑126.

Wong, R. , & Blenkinsop, J. (1989). Cognitive and metacognitive aspects of learning disabled adolescents' composing problems. *Learning Disability Quarterly*, 12(4),300‑322.

4 教育与脑

李先春

【内容简介】

　　具有终身可塑性的脑是人或动物适应周围环境并与其进行互动的神经基础。本章首先阐述生活环境、认知任务训练等对神经元的反应,特定脑区激活情况以及不同脑区间功能连接等不同层次带来的改变。接下来,综述多感觉学习与大脑的结构和功能的关系,并分析通过多感觉学习训练改善阅读障碍的可能性。最后,阐述关于第二语言习得相关的神经生物学方面的研究进展。综合这些方面的研究证据,本章试图揭示教育与脑可塑性之间的重要桥梁。

【内容提纲】

4.1　脑结构与可塑性 / 57
4.2　多感觉学习与脑 / 60
　　　4.2.1　多感觉学习及其优势 / 60
　　　4.2.2　多感觉学习易化效应的脑基础 / 61
4.3　多感觉学习异常与阅读障碍 / 64
　　　4.3.1　阅读障碍的脑基础 / 64
　　　4.3.2　基于脑可塑性的阅读障碍干预 / 66
4.4　第二语言学习与脑 / 68
　　　4.4.1　双语表征与脑 / 68
　　　4.4.2　影响第二语言加工的因素 / 70
　　　4.4.3　第二语言学习与脑可塑性 / 71

4.1　脑结构与可塑性

　　脑(brain)是人或高级动物最重要、最复杂的器官,主要功能是形成感知觉,控制运动。产生注意、学习与记忆、决策、意识以及觉醒等高级认知活动,因此它支配着人或动物与周围环境间的交互活动。脑是由延髓、脑桥、中脑、小脑、间脑和大脑皮层等结构组成的。各个组成部分有着不同的功能,如延髓是最重要的生命中枢,控制着呼吸和心率等重要的生命活动;中脑是非常重要的视觉和听觉中转中枢;间脑中的丘脑是感知觉(不包括嗅觉)形成、随意运动调控以及保持觉醒等认知活动的重要中枢;大脑皮层则是所有感知觉、运动控制、脑高级功能执行的最高中枢。近年来,随着神经影像学以及神经电生理学方面的飞速发展,诸多脑区的新功能不断被发现,极大促进了我们对脑的认识。比如,小脑、基底核等参与了运动学习过程(Dash & Thier, 2014; Langer, von Bastian, Wirz, Oberauer, & Jäncke, 2013; Longley & Yeo, 2014; Schneiders 等, 2012)。随着神经影像学技术在心理学研究领域的应用,越来越多的研究探讨了高级社会认知活动的脑机制,如共情(empathy)与杏仁核(Hurlemann 等, 2010)、脑岛(Valentini, 2010)等结构密切相关;心理理论(theory of mind)与内侧前额叶的活动相关(Satpute, Badre, & Ochsner, 2014; Schuwerk 等, 2014);而前扣带回皮层(anterior cingulate cortex, ACC)则参与了公平感等高级社会认知活动(Boksem & De Cremer, 2010)。近来的研究表明多个脑区共同参与了同一种认知活动,即由这些脑区共同组成的较为复杂的神经网络是维持高级认知活动的脑基础。例如,工作记忆(working memory)作为一种高级认知活动,是指人或动物对周围的感觉信息进行短暂维持并对其进行加工、操作以指导接下来行为的过程。已有神经电生理学以及神经影像学方面的研究结果显示,工作记忆可能与脑内分布广泛的多个脑区所组成的复杂神经网络有关,包括前额叶皮层(Di Pino, Maravita, Zollo, Guglielmelli, & Di Lazzaro, 2014)、颞叶联合皮层(Fauvel 等, 2014)、顶叶联合皮层(Cai, Chan, Yan, & Peng, 2014)、初级感觉皮层(如初级体感皮层(Albert, Robertson, & Miall, 2009; Ma, Narayana, Robin, Fox, & Xiong, 2011)、初级视觉皮层(Nikolaidis, Voss, Lee, Vo, & Kramer, 2014; Takeuchi 等, 2013)以及初级听觉皮层(Heinzel 等, 2014)等)以及皮层下结构(如丘脑(Kundu, Sutterer, Emrich, & Postle, 2013),基底核(Jolles, van Buchem, Crone, & Rombouts, 2013)等)。

脑具有惊人的可塑性(plasticity),即大脑所具备的为适应环境信息、认知要求或行为经验等的变化而在结构(structural)和功能上(functional)发生相应改变或重构(reorganization)的能力。在 1970 年,Blakemore 和 Cooper 将刚出生的小猫饲养在特定的只有横条纹或竖条纹组成的生活环境中,待猫长大后采用神经电生理记录技术,考察了猫的初级视觉皮层(V1)神经元对不同朝向的视觉刺激的反应。他们发现生活在竖条纹环境中的猫,其绝大多数 V1 神经元只对竖条纹视觉刺激产生显著反应,而对横条纹刺激(水平方向以及附近 20 度方向)基本上没有任何反应;相反,生活在横条纹环境中的猫的绝大多数 V1 神经元对横条纹刺激产生反应,而对竖条纹刺激

(竖直方向以及附近20度方向)没有反应。但两种生活环境下猫的视觉敏感神经元的感受野大小以及诱发的动作电位都没有明显的改变(Blakemore & Cooper, 1970)。这一结果表明出生后早期的生活环境可以明显改变神经元的反应特点与功能。除此之外,研究显示人(Weiss等,1998)和动物(Wu & Kaas, 1999)接受截指手术一段时间后,初级体感皮层(S1)和初级运动皮层(M1)的手指代表区大小会发生明显的变化,表现为被截手指的代表区逐渐被相邻手指所取代。相反,过度使用(如持续刺激)某一手指会导致S1的该手指代表区变大而发生重组(Oelschläger, Pfannmöller, Langner, & Lotze, 2014)。近来一项研究显示脊髓受损后导致初级体感皮层的3b、1区及次级体感皮层(S2)的神经元的反应和空间排列都发生了显著改变(Yang, Qi, Kaas, & Chen, 2014)。同样,初级听觉皮层(A1)也表现出惊人的可塑性。研究者训练猴子完成频率辨别任务,随着对两个频率差别很小的声音辨别成绩的提高,发现A1皮层的音调拓扑更加锐化,即对特定较窄范围内频率的声音表现得特别敏感(Recanzone, Schreiner, & Merzenich, 1993)。另有研究也表明短暂的经验学习(如经典条件反射)会显著影响A1神经元的功能,即其最佳频率会随着学习的深入而发生改变,而这种改变即使在麻醉状态下也可以发生,并且可以持续很长时间(Weinberger, Javid, & Lepan, 1993)。另外,初级听觉皮层的结构和功能会随着执行任务(Yin, Fritz, & Shamma, 2014)、选择性注意(Jääskeläinen & Ahveninen, 2014)、操作性条件反射学习(Puschmann, Brechmann, & Thiel, 2013)以及音乐训练(Pantev & Herholz, 2011)等的变化而发生特定的改变。

近来一项研究探讨了音乐训练对于脑结构和功能的影响,发现相对于非音乐家来说,音乐家的右侧后扣带回(right posterior cingulate gyrus)、左侧颞上回(left superior temporal gyrus)、右侧眶额皮层(right orbitofrontal gyrus)的灰质体积显著增加(Fauvel等,2014)。静息态分析技术是一种考察不执行任务时大脑不同脑区间的内在功能连接(intrinsic functional connectivity, iFC)的技术(Kelly & Castellanos, 2014)。通过运用静息态分析技术,研究者发现音乐家的扣带回与前额叶皮层和颞极间的iFC显著高于非音乐家。同时,音乐家左侧颞上回与诸如前运动皮层、缘上回等语言相关脑区间的iFC也显著强于非音乐家(Fauvel等,2014)。这些发现表明,长期的音乐训练使得与记忆、知觉运动以及情感体验相关的神经网络间的协同性升高。此外,让被试进行11分钟的适应性视觉运动任务后,发现额—顶网络与小脑间的iFC显著升高,而那些只是被动完成相同任务的被试却没有表现出iFC的升高,这表明短暂的运动学习可以调控与任务相关的神经网络(Albert等,2009)。类似地,长时间的运动训练导致运动控制相关的脑区间的iFC呈现出非线性的动态变化(Ma等,2011)。工作记忆训练也可以导致任务相关脑区活动发生改变,而且这种改变与任务成绩的提高呈显著的相关性(Heinzel 等,2014;Nikolaidis 等,2014)。除了工作记忆训练导致特定脑区活动发生改变以外,Takeuchi 等人报道工作记忆训练还可以引起内侧前额叶皮层(medial prefrontal cortex, mPFC)和楔前叶(precuneus)间的 iFC 显著升高,同时导致内侧前额叶皮层与后顶叶皮层间的 iFC 显著降低(Takeuchi 等,2013)。运用静息态脑电技术,Langer 等人也发现了工作记忆训练导致额—顶网络的 iFC 增强(Langer 等,2013)。Kundu 等人的研究结果也表明,额—顶网络以及顶—枕叶网络的 iFC 增强与工作记忆训练效果及其迁移效应是相关的(Kundu 等,2013)。在另外一项研究中,研究者发现工作记忆训练导致刚成年的被试在静息状态下额—顶网络的 iFC 增强,而内侧前额叶皮层与颞中回间的 iFC 降低,而且额—顶网络的 iFC 增强与任务成绩提高成正相关,内侧前额叶皮层与颞中回的默认网络间的 iFC 与任务成绩呈现显著的负相关。有意思的是,该研究在另外一组青少年被试(约12 岁)上却没有得到相同的发现。研究者认为工作记忆训练导致的 iFC 上的变化可能具有年龄依赖性的特点(Jolles 等,2013)。

4.2 多感觉学习与脑

4.2.1 多感觉学习及其优势

学习(learning)是人和动物在生活过程中通过获得经验而产生的行为或行为潜能的相对持久的适应性变化。根据学习材料的呈现方式,可将学习分为视觉学习、听觉学习以及体感觉学习等。当学习信息以声音材料形式呈现时,有效的学习方式为听觉学习。当学习材料以文字、图片、表格等形式呈现时,视觉学习将是有效的学习方式。在日常生活中,我们用眼睛感受世界的五颜六色,用耳朵欣赏音乐的美妙,用舌头品尝食物的美味。换句话说,我们使用多种感觉模式来感知同一事物的不同特性,并将其留在我们的记忆里。在自然状态下,这些不同感觉模式信息往往不是单一存在的,如看到摆放在眼前的鲜花的同时,我们也会闻到花的芳香。我们对花的这种多模式信息的感知要比仅对花的图片的感知要强烈得多,也更容易形成记忆,并能将记忆信息保持更长的时间。这种通过同时呈现视觉、听觉、嗅觉、体感觉等不同感觉模式信息组合来获得经验与知识的学习方式,被称为多感觉学习(multisensory learning)。例如,在最初学习英文字母时,小朋友经常会混淆"b"和"d",对此可以让小朋友用橡皮泥捏成字母"b"或"d"的形状,再同时播放相应字母的读音。在这个过程中小朋友通过触觉和体感觉形成对字母特异的空间记忆,通过听到字母的读音形成听觉记忆,通过看到字母形成视觉记忆,所有这些记忆整合到一起,将会大大提高学习效率,而且这种记忆可以维持更长的时间。Seitz 等人让被试进行方向辨别知觉学习任务,即学习判断不同运动方向的圆点的一致性方向,参与视觉—听觉多感觉学习的被试的学习效率显著高于单独视觉学习的被试,表现为知觉学习初始阶段的正确率的提高更快,达到稳定成绩的训练次数减少(Seitz, Kim, & Shams, 2006)。更重要的是,Murray 等人发现对在学习阶段与相应声音刺激同时呈现的图片的再认正确率显著高于只呈现图片时的再认正确率,即多感觉学习明显增强了单一感觉记忆的提取过程(Murray 等,2004)。进一步研究发现,这种多感觉学习的易化效应只在图片与声音刺激存在语义相关的情况下出现,而在两者不存在相关时没有表现出明显的易化效应(Butler & James, 2011)。另有研究表明,学习阶段采取视觉—听觉多感觉训练可以明显改善言语辨别任务的成绩(von Kriegstein & Giraud, 2006)。研究表明多感觉学习的易化效应不仅可以存在于 3 个月大的婴儿身上(Hyde, Jones, Porter, & Flom, 2010),也可以存在于儿童的较晚发育阶段(Ross 等,2011)。多感觉学习可以明显提高之后单感觉信息的加工速度(Shams, Wozny, Kim, & Seitz, 2011),以及对多感觉神经元在大脑皮层中的分布产生明显的影响(Xu, Sun, Zhou, Zhang, & Yu, 2014)。

4.2.2　多感觉学习易化效应的脑基础

多感觉整合(multisensory integration)

高等动物的感觉神经系统采取通道特异性加工方式,如对图片材料的加工由视网膜、外侧膝状体、初级视觉皮层以及外侧纹状皮层组成的视觉通路完成,而由耳蜗核、内侧膝状体、初级听觉皮层以及高级听觉皮层所构成的听觉通路负责编码周围世界的声音。但近来的研究充分表明各感觉系统间存在着大量的交互作用,即相对于单独呈现一种感觉刺激,多种感觉刺激同时呈现增强了人或动物对周围环境信息的探测和辨别效果。Stein 等人训练猫完成对感觉刺激的朝向行为(即靠近感觉刺激)。当单独给予猫微弱的视觉信息(LED灯亮)时,猫的朝向反应的正确率较低。但在给予视觉刺激的同时伴随短暂的低强度声音刺激,这时猫的朝向反应的正确率将大幅度提高(Stein, Huneycutt, & Meredith, 1988)。多感觉整合的另外一个例子就是视觉与听觉信息间相互影响的麦格克效应(McGurk effect),即如果看到屏幕上出现的嘴型是"ba",但耳朵听到的是"ga"时,我们就会误听成"da"。

多感觉神经元(multisensory neuron)

运用神经电生理学技术,Stein 等人发现猫的中脑上丘(superior colliculus)深部神经元可以被视觉信息、听觉信息或体感觉信息等多种感觉信息所激活,这种神经元被称为多感觉神经元(multisensory neuron)(Meredith & Stein, 1986)。多感觉神经元在同时接收两种不同感觉刺激的组合信息(即多感觉刺激)后,其放电活动显著高于组合信息中任一种感觉刺激引起的神经元活动,甚至会超出单独感觉刺激诱导的神经元活动之和,表现出显著的促进作用或多感觉整合效应(Stein & Stanford, 2008; Wallace, Meredith, & Stein, 1998)。这些研究结果表明,相比于单感觉信息,多感觉信息诱导神经元产生更加强烈的放电活动,这可能是动物对多感觉信息的朝向反应成绩提高的神经生物学基础。进一步的研究发现,多感觉整合效应具有以下特点:(1)空间规律:即当不同感觉刺激出现在同一位置或相隔一定空间范围的位置时,多感觉刺激诱发的神经元的放电活动比任一单独刺激诱发的放电活动要大许多;反之,多感觉信息所诱发的神经元的放电活动就显著降低,甚至出现相互抑制的现象,即神经元对多感觉信息的反应弱于对任一单独刺激的反应(Meredith & Stein, 1996)。(2)时间规律:即当多感觉刺激组合需要同一时间或相隔一定的时间差(称为时间窗,time window)时,多感觉神经元才能表现出多感觉整合效应(Meredith, Nemitz, & Stein, 1987)。如果不能满足时间规律,多感觉神经元的活动将会明显受到抑制(Holmes, 2007)。除了上丘以外,研究者还在颞叶皮层(Gu, Angelaki, & Deangelis, 2008; Wallace, Meredith, & Stein, 1992)、顶叶皮层(Avillac, Ben Hamed, & Duhamel, 2007)、皮层下结构(如基底核)(Nagy, Eördegh, Paróczy, Markus, & Benedek, 2006)、前额叶皮层(Romanski, 2007; Sugihara, Diltz, Averbeck, & Romanski, 2006)以及初级听觉皮层(Cohen, Rothschild, & Mizrahi, 2011)等多个脑区都发现了多感觉神经元。

多感觉神经元的发育

研究表明,多感觉神经元在人或动物出生后会经历一个从不成熟到逐渐成熟的阶段,出生后的2周内基本上在上丘找不到多感觉神经元,但在出生4周后多感觉神经元的数量呈现急剧上升趋势。而且较早的多感觉神经元表现出对感觉刺激的潜伏期较长、感受野较大以及多感觉整合效应较小等特点。随着多感觉神经元的不断成熟,其潜伏期逐渐缩短,感受野逐渐减小,多感觉整合效应逐渐增强(Wallace & Stein, 1997)。相对于上丘多感觉神经元的发育,Wallace等人的研究显示大脑皮层多感觉神经元的发育更晚一些(Wallace, Carriere, Perrault, Vaughan, & Stein, 2006)。Alvarado等人报道,通过冷冻猫的前外侧颞沟(anterior ectosylvian sulcus, AES)皮层使其失活后,上丘多感觉神经元对多感觉信息(如视觉—听觉刺激)的增强效应消失;而在前外侧颞沟皮层功能恢复后,上丘神经元的多感觉整合效应重新出现。但前外侧颞沟皮层的失活对上丘的单一感觉刺激的神经元没有显著的影响。这表明多感觉整合的神经网络各成分间存在着特定的交互作用(Alvarado, Stanford, Vaughan, & Stein, 2007)。在另一项研究中,Carriere等人将刚刚出生的动物一直饲养在黑暗环境中,造成动物的部分视觉剥夺。在其成年后,研究者发现与正常饲养动物相比,视觉剥夺显著改变了前外侧颞沟皮层神经元对视觉、听觉、体感觉以及多感觉信息敏感的分布。进一步的研究发现,视觉剥夺显著增加了多感觉抑制反应特性的神经元的数量;同时,致使多感觉增强反应特性的神经元的数量明显减少(Carriere 等,2007)。这些研究结果充分显示,出生后感觉信息的输入对于前外侧颞沟皮层多感觉神经元的正常发育有着至关重要的作用。

多感觉整合的神经影像学证据

当被试完成感觉信息辨别任务时,Giard 和 Peronnet(1999)发现,相对于单独呈现视觉刺激(水平或竖直方向的椭圆)或听觉刺激(540 Hz 或 560 Hz 声音),同时呈现多感觉刺激(视觉 + 听觉)时被试的分辨成绩显著升高,表现出明显的行为学上的多感觉整合效应。运用事件相关电位(event-related potential, ERP)技术,研究者发现在枕顶部位,多感觉刺激诱导的 P3 成分显著高于单独视觉或单独听觉刺激诱导的 P3 成分之和,而且其潜伏期显著缩短,在脑活动方面也表现出显著的多感觉整合效应。除了 P3 成分以外,他们还发现一些早期成分(如 N1、P1 等)也参与了多感觉整合过程。这些研究发现与其他研究结果是一致的(Molholm 等,2006)。运用功能性磁共振成像(functional magnetic resonance imaging, fMRI)技术,Wright 等人发现与单独给被试呈现一个单词(V)或单词的发音(A)相比,单词和发音同时呈现(A + V)更大程度地激活了颞上沟(superior temporal sulcus, STS),而且激活程度大于单独呈现单词或单独呈现单词发音引起的激活程度,表现出多感觉整合效应(Wright, Pelphrey, Allison, McKeown, & McCarthy, 2003)。进一步研究发现,该多感觉整合效应在视觉刺激和听觉刺激不相关(即看到"b"而听到"kah")或时间上不一致情况下消失(Macaluso, George, Dolan, Spence, & Driver, 2004)。以上研究证据充分表明视觉—听觉多感觉刺激在空间、时间以及语义方面非常显著地影响我们对语言的理解。越来越多的研究结果表明,顶叶皮层(Pasalar, Ro, & Beauchamp, 2010; Serino, Canzoneri, & Avenanti, 2011)、运动前区(premotor area,见 Gentile, Petkova, & Ehrsson, 2011)、前额叶皮层(Gentile 等,2011; Noppeney, Ostwald, & Werner, 2010; Plank, Rosengarth, Song, Ellermeier, & Greenlee, 2012; Serino 等, 2011)以及基底核(Gentile 等,2011)等多个脑部位参与了多感觉整合效应,说明多感觉整合与由多个不同脑区组成的复杂神经网络系统有关。在对被试进行视觉—听觉判断任务训练后,发现与训练前相比,颞上沟、听觉皮层和视觉皮层的激活程度显著降低,但静息态分析和功能连接分析显示这些脑区之间的连接却明显增强,表明多感觉学习使与各种感觉信息加工相关的脑区在时序上的连接得以增强(Powers, Hevey, & Wallace, 2012)。Pasalar 等人(2010)报道,相比于单独辨别触觉刺激,给予触觉刺激的同时给予与之相关的视觉刺激(即视觉—触觉多感觉刺激),可以使被试的行为成绩显著提高。运用经颅磁刺激(transcranial magnetic stimulation, TMS)技术抑制后顶叶皮层(posterior parietal cortex, PPC)后,发现被试对多感觉刺激的辨别任务成绩显著下降,接近于对单一触觉信息的辨别任务成绩。这些结果表明后顶叶皮层在多感觉整合过程中起到重要的作用,并提供了后顶叶皮层参与多感觉整合效应的因果性证据。最近的一项功能性磁共振研究采用多体素模式分析(multi-voxel pattern analysis, MVPA)方法,探讨了初级视觉皮层和高级联合皮层(如后顶叶皮层)在整合视觉信息和听觉信息过程中的不同作用。研究者发现两者在多感觉整合过程中可能遵循不同的规律,如空间规律对两者的影响明显不同,表现为多感觉信息的空间位置对初级视觉皮层的多感觉整合效应影响较小,而较大空间分离的多感觉信息显著降低了后顶叶皮层的激活水平。该结果充分表明不同等级的脑部位在多感觉整合过程中可能采用了不同的编码与加工模式(Rohe & Noppeney, 2016)。

4.3 多感觉学习异常与阅读障碍

4.3.1 阅读障碍的脑基础

阅读障碍(dyslexia)是指个体在一般智力、动机、生活环境和教育条件等方面正常,也没有明显的视力、听力和神经系统障碍,但在阅读技能方面表现出明显的缺陷,因而无法正常阅读、书写和拼写等。临床解剖学证据发现阅读困难者与正常人相比,左右两侧颞叶皮层的对称性(Galaburda, Sherman, Rosen, Aboitiz, & Geschwind, 1985)以及多个大脑部位(包括左侧额下回、舌回、小脑等)(Klingberg 等, 2000)存在显著差异。进一步研究表明,左侧额下回可能与语音切分相关,舌回与阅读技巧有关,而小脑与快速命名相关。因此,上述脑部位结构的异常可能是阅读障碍产生的解剖学基础。另有研究表明,阅读障碍患者视网膜上的大神经节细胞(magnocellular ganglion cells)明显减少,从而导致视觉大细胞通路表现出显著的缺陷(Livingstone, Rosen, Drislane, & Galaburda, 1991; Stein, 2001)。该结果意味着阅读障碍主要与该视觉传导通路的缺陷密切相关。神经影像学研究证据表明,与正常人相比,阅读障碍者的左侧角回(left angular gyrus)与枕叶皮层和颞叶皮层间的功能连接明显降低(Pugh 等, 2000),提供了阅读障碍的神经网络水平上的证据。Morken 等人的研究显示,和正常儿童相比,阅读障碍儿童的颞—枕皮层间的功能连接以及涉及额下回的多个功能连接表现出显著不同的模式,如对于上述脑部位间的功能连接强度,正常儿童呈现出比较稳定或稍微降低的现象,而6—8岁阅读障碍患者表现为强度升高(如颞—枕皮层间的功能连接)或降低(如与额下回间的功能连接),8—12岁阅读障碍儿童又恢复到正常儿童的水平,从而致使上述脑区间的功能连接表现出一个明显的延后现象(Morken, Helland, Hugdahl, & Specht, 2016)。Harrar 等人的研究证实了阅读障碍者跨感觉通道时的注意转换表现出明显的缺陷,尤其是当注意从视觉通道切换到听觉通道时(Harrar 等,2014)。最近一项来自白质的研究证实,与正常儿童相比,阅读障碍儿童的右侧上纵束(right superior longitudinal fasciculus, rSLF)的各向异性增强,以及其第二分支(second branch of the SLF, SLF II)左右不对称性更加偏向右侧等。而且这种偏侧化程度与阅读障碍行为呈现显著的相关性,提示我们阅读障碍可能与额—枕区以及额—顶区间的神经通路异常有关(Zhao, Thiebaut de Schotten, Altarelli, Dubois, & Ramus, 2016)。总的来说,已有研究证据支持了阅读障碍的交互特异化模型(interactive specialization model),该模型认为阅读障碍的产生涉及脑内广泛分布的、与注意控制有关的、等级的、两半球相互联系的神经网络的功能异常,包括额—顶网络、弓状束以及胼胝体等脑结构(Kershner, 2016)。

已有研究表明多感觉学习或多感觉整合等认知活动异常或缺陷是阅读障碍的一个重要原因(Hairston, Burdette, Flowers, Wood, & Wallace, 2005)。给成年阅读障碍患者和正常被试呈现视觉形式的拼字和听觉形式的音韵,在让他们进行语言和非语言的任务过程中,发现阅读障碍患者在视觉和听觉信息的加工速度和成绩上都显著地低于正常被试。比较他们的脑电活动时发现,阅读障碍患者对于视觉和听觉信息不能同时加工,换句话说,阅读障碍患者不能将字形和发音很好地结合起来,研究者推测这可能是导致阅读障碍的原因之一(Breznitz & Meyler, 2003)。在最近一项研究中,研究者给被试呈现匹配的视觉(如某字母)和听觉(如该字母的发音)组合刺激或不匹配的视觉(如某字母)和听觉(如另一字母的发音)组合刺激,要求被试汇报频次较少的匹配组合刺激。研究采用事件相关电位技术,发现正常人群中出现明显的由不匹配组合刺激所导致的语音非匹配负波(phonological mismatch negativity, PMN)成分;而阅读障碍患者却出现显著降低的 PMN。进一步研究发现,同样的两组被试在词义辨别任务上并没有显著差异(Jones, Kuipers, & Thierry, 2016)。这些研究证据提示我们,早期的视觉—语音结合(visual-phonological binding)的不敏感性在阅读障碍发生中起到重要的作用。另外一项研究则表明,在对口语词进行语义判断任务时,阅读障碍儿童大脑诱发的早期 ERP 成分(如 N1 和 N2)明显与正常儿童诱发的不同,但稍晚期成分(如 N400)在两组间没有差别(Bonte & Blomert, 2004)。神经影像学证据表明,阅读障碍患者在处理词和相应的语音(视觉＋听觉)时,颞上皮层(Blau, van Atteveldt, Ekkebus, Goebel, & Blomert, 2009)、角回(Rumsey 等,1999)以及视觉词形区(VWFA,见 McCandliss, Cohen, & Dehaene, 2003)的激活程度明显低于正常人群,而且左侧角回与顶叶联合皮层(包括威尔尼克区)以及外侧纹状皮层间的功能连接受损(Pugh 等,2000),这些结果表明阅读障碍患者不能实时将发音和词形进行整合,导致参与阅读的神经网络的激活水平以及不同部位间的功能连接降低,进而不能形成流畅的阅读。

4.3.2　基于脑可塑性的阅读障碍干预

　　基于上述研究结果,阅读障碍者在视觉通路、听觉通路以及视觉—听觉整合上存在缺陷,研究者试图通过特定的多感觉学习行为训练,增强与阅读相关的神经网络的激活水平以及不同脑部位间的功能连接,以期达到较好的干预效果。Kast 等人采用基于计算机软件的多感觉学习方式,特意加强词形与发音间的联结训练,让阅读障碍患者每天训练 20 分钟,每周 4 次。3 个月后,参加多感觉学习训练的阅读障碍患者在拼写和写作能力方面平均改善 19%—35%;而没有参加多感觉学习训练的阅读障碍患者(正常的学校学习),其 3 个月后的阅读能力改善较少。进一步研究发现,基于计算机的多感觉学习训练能够使阅读障碍患者表现出迁移效应,即由学习过的词迁移到了没有学习过的词(Kast, Baschera, Gross, Jäncke, & Meyer, 2011; Kast, Meyer, Vögeli, Gross, & Jäncke, 2007)。这些研究证据充分表明该行为训练增强了阅读障碍患者的多种感觉信息的整合作用及与词形和发音结合相关的脑部位间的功能连接,从而起到了改善阅读能力的作用。一项针对正常人的研究验证了这一点。研究者训练日本被试学习朝鲜语字母与特定发音间的匹配,发现左后侧颞下回和顶—枕联合区被显著激活,而且前者的激活水平与行为成绩的提高存在着显著的正相关。随着训练时间的延长,两部位间的功能连接逐渐加强(Hashimoto & Sakai, 2004)。该结果表明在习得新词语过程中,词语的字形和发音间新的联结的形成与分别负责两者加工的脑区间的功能连接的逐渐增强是相关的。另一项关于中文阅读障碍的研究显示,通过运用多感觉学习训练方法,阅读障碍儿童在阅读、拼写以及理解等多个方面的提高更大,要比一般的学习方法更有效(Ho, Lam, & Au, 2001)。

　　除了通过多感觉学习训练改善阅读障碍者症状以外,最近越来越多的研究通过经颅磁刺激(TMS)或经颅直流电刺激(transcranial direct current stimulation, tDCS)等技术,改变某些与阅读障碍形成有关的大脑区域的活动来提高阅读障碍者的阅读成绩。Costanzo 等人在让阅读障碍者完成单词、非词和文章阅读任务前,分别在左右两侧的顶下叶(inferior parietal lobule, IPL)和颞上回(superior temporal gyrus, STG)给予 5Hz 的 TMS,发现刺激左侧 IPL 可以明显改善非词阅读准确率,刺激左侧 STG 明显提高了单词阅读速度和文章阅读准确率。更为有趣的是,刺激右侧 IPL 也同样改善了非词阅读准确率。这些研究结果表明,STG 和 IPL 在阅读障碍者的不同形式的阅读过程中起到不同的作用,右侧 IPL 可能与阅读障碍者的代偿性参与阅读有关(Costanzo, Menghini, Caltagirone, Oliveri, & Vicari, 2013)。Costanzo 等人采用 tDCS 技术增强颞—顶皮层(每次持续 20 分钟,一周 3 次,共 6 周)后,发现相比于对照组(没有激活该脑区),阅读障碍患者在完成阅读任务时表现出较低的低频词语反应错误率以及较短的非词阅读时间。而且这种效应在处理后一个月仍然存在(Costanzo, Varuzza, Rossi, Sdoia, Varvara, Oliveri, Giacomo 等,2016)。Costanzo 等人的另外一项研究显示,单次给予 tDCS 增强左侧的颞—顶皮层活动能显著降低文本阅读过程中的错误率,而激活右侧的颞—顶皮层反而显著增加了文本阅读过程中的错误率(Costanzo, Varuzza, Rossi, Sdoia, Varvara, Oliveri, Koch 等,2016)。但是,增强颞—顶皮层活动没有显著影响其他与阅读相关任务(如语义判断、言语工作记忆以及快速命名等)的成绩。该研究结果说明,即使短暂地改变颞—顶皮层活动,也能明显影响文本阅读,但该效应受到大脑半球活动的调控。

另外,已有的研究证据一致表明阅读障碍患者的工作记忆能力显著降低。Smith-Spark 和 Fisk 研究发现,成年阅读障碍患者在言语性工作记忆和视空性工作记忆的简单广度、复杂广度、记忆刷新等多项任务上的表现均显著低于正常人群(Smith-Spark & Fisk, 2007)。阅读障碍可能涉及工作记忆的语音回路(Brooks, Berninger, & Abbott, 2011; de Carvalho, Kida Ade, Capellini, & de Avila, 2014; Miller & Kupfermann, 2009)、视空模块(Garcia, Mammarella, Tripodi, & Cornoldi, 2014; Miller & Kupfermann, 2009)以及中央执行功能(Beneventi, Tønnessen, Ersland, & Hugdahl, 2010; Smith-Spark & Fisk, 2007)等多个子成分的异常。越来越多的研究证据显示,工作记忆训练(working memory training)能显著提高训练的或与训练相似的工作记忆的成绩,被称为近迁移效应(Åkerlund, Esbjörnsson, Sunnerhagen, & Björkdahl, 2013)。同时,工作记忆训练也能显著提高其他类型的记忆成绩(Schwarb, Nail, & Schumacher, 2016),甚至诸如智力、决策等高级认知活动(Åkerlund 等,2013; Richter, Mödden, Eling, & Hildebrandt, 2015; Schweizer, Grahn, Hampshire, Mobbs, & Dalgleish, 2013; Schweizer, Hampshire, & Dalgleish, 2011; Takeuchi 等,2014; Vartanian 等,2013)。神经影像学研究证据表明,工作记忆训练显著增强了额—顶网络(Langer 等,2013; Schneiders 等,2012; Takeuchi 等,2013)、特定脑区的灰质密度(Brooks 等,2016; Metzler-Baddeley, Caeyenberghs, Foley, & Jones, 2016a, 2016b)以及脑区间的功能连接(Caeyenberghs, Metzler-Baddeley, Foley, & Jones, 2016; Sun 等,2014; Takeuchi 等,2013)等。工作记忆训练增强的神经网络与阅读障碍有关的神经网络有着很大程度的重叠,因此,一种潜在的、比较有效的干预手段是通过工作记忆训练来增强工作记忆及其相关认知活动,进而改善阅读障碍患者的阅读能力。Luo 等人以中国 8—11 岁的阅读障碍儿童为被试,实验组被试接受为期 5 周、每周 5 天、每天 40 分钟的

工作记忆任务训练,包括视空工作记忆任务,如科西广度任务(Corsi span task);言语工作记忆任务,如数字广度任务(digit span task)和词语广度任务(word span task);中央执行功能任务,如颜色斯特鲁普任务(color Stroop task)。为了保证训练组被试的参与度,每种任务的难度进行动态调整,具体而言,就是记忆任务的成绩每提高20%,被试的反应时间限制缩短10%。同时,对照组被试也进行为期5周、每周5天、每天40分钟的训练,只不过训练任务都是非常简单的工作记忆任务。相比于训练前,实验组被试在训练后的视空工作记忆、言语工作记忆和中央执行功能等任务上的成绩显著提高,而对照组被试训练前后在这些任务上的成绩没有显著差别。有意思的是,实验组被试在语音任务(如视觉押韵任务(visual rhyming task))和一分钟阅读材料任务上的成绩显著比训练前提高,而对照组被试在训练前后仍然没有表现出明显的变化。进一步相关性分析结果显示,训练组的工作记忆成绩的变化与语音任务成绩的变化之间呈现显著的正相关(Luo, Wang, Wu, Zhu, & Zhang, 2013)。所有这些研究结果提示我们,工作记忆训练可能是改善阅读障碍的一种有效途径。后来的一项以正常德国成年人为被试的研究也发现,通过视觉工作记忆训练可以促进二语学习(如中文词学习)(Opitz, Schneiders, Krick, & Mecklinger, 2014)。

4.4 第二语言学习与脑

随着国际化合作程度的不断深化以及文化开放程度的不断提高,生活在两种或者多种语言共存的环境中渐渐成为一种普遍的社会现象,研究表明世界上超过半数的人们主动学习或使用多种语言。第二语言学习也逐渐成为认知科学与脑科学的关注焦点。那么,大脑是怎样学习第二语言的?哪些因素影响着第二语言的学习?双语者又是怎样分析、处理第二语言的?近半个多世纪的脑科学研究给我们提供了一些线索。

4.4.1 双语表征与脑

大脑是如何表征两种甚至多种语言的?过去,人们认为第二语言和母语是由不同的脑区,甚至是不同的半球来负责的,因为不少患上失语症的双语者往往只丢失了一门语言,而保留着另外一门语言,这说明可能负责一门语言的脑区受损,而负责另一门语言的脑区没有受损(Garcia, Egido, & Barquero, 2010; Ibrahim, 2009)。Ullman提出了"陈述性/程序性模型"(the declarative/procedural model)来解释语言的词义(包括语音和字义)和语法(包括句法、形态学以及相关的音韵学)的认知心理学机制(Ullman, 2001a, 2001b)。该模型认为对于普通的单语者来说,词义和语法的加工分别由两种记忆系统负责,即词义加工涉及外显性的陈述性记忆,主要与内侧颞叶皮层(特别是海马)以及与之有着功能连接的颞顶联合区(temporoparietal junction)的活动相关(Lavenex, Suzuki, & Amaral, 2004; Suzuki & Amaral, 1994),前侧前额叶皮层被证实参与了陈述性记忆的选择或提取过程(Fernández & Tendolkar, 2001; Javadi & Walsh, 2012),右侧小脑皮层也参与了陈述性记忆信息的搜索过程(Desmond, Gabrieli, & Glover, 1998)。而语法加工则涉及一种内隐记忆,主要与额叶皮层的布洛卡区(Broca's area)、运动辅助区(supplementary motor area)、基底神经节(basal ganglia)、顶叶皮层以及小脑齿状核(dentate nucleus of the cerebellum)等脑部位有关(Squire & Zola, 1996)。如果在关键期后才学习第二语言(second language, L2),那么在学习语法时就无法利用内隐资源,因此只能是外显性学习。较晚才开始学习第二语言的双语者会更多使用左侧颞区,而单语者则主要使用布洛卡区和基底神经节。与此相反,Green(2003)则提出了"会聚理论"(convergence theory),认为既然布洛卡区在学习母语的过程中负责处理语法信息,它也仍会在学习第二语言的过程中承担同样的角色。不同之处在于,在第二语言学习的初期,可能需要更多的脑区参与语法分析。当第二语言达到一定的熟练程度之后,其神经表征就会与母语的神经表征会聚,均由布洛卡区和基底神经节负责处理语法信息。双语"分区负责"的假说并没有得到 fMRI 研究的支持(Perani & Abutalebi, 2005),而会聚理论则获得了大量证据支持。研究者采用人工语法作为学习材料来研究语法规则的习得过程,随着对学习材料判断成绩的逐步提高,学习方式由早期的基于相似性学习过渡到晚期的基于抽象规则学习。与此同时,神经影像学证据显示相似性学习过程与左侧海马的前部激活有关,而抽象规则学习则与左侧运动前区(包括布洛卡区)的激活有关。而且,左侧运动前区的激活随着学习材料熟悉度的提高而逐渐增强(Friederici, Bahlmann, Heim, Schubotz, & Anwander, 2006; Opitz & Friederici, 2004)。Golestani 等人(2006)以晚期学习二语的法语—英语双语者为被试,当被试根据给予的词完成阅读任务或造句任务时,发现母语(即法语)和二语(即英语)材料任务都能显著激活左侧额下回皮层和运动辅助区。但有意思的是,两种材料在激活水平上表现出明显的差异,相对于二语熟练者来说,二语不熟练者在分别使用母语和二语时左侧额下回皮层的激活水平差异更大。这表明随着二语熟练程度的提高,加工母语和二语的神经表征越来越会聚。Sakai 等人对日本 13 岁小孩进行为期两个月的二语(即英语)训练,发现母语和二语都可以激活左侧额下回皮层。进一步研究发现,训练后由二语材料引发的该脑区激活水平与二语学习成绩呈现显著的正相关(Sakai, Miura, Narafu, & Muraishi, 2004)。后来的研究显示,左侧额下回皮层的不同部位在二语习得过程中可能起到不同的作用,如左侧额下回皮层背侧区域(即F3t)的激活水平与二语晚学者的任务准确率呈现显著的正相关,而与二语早学者的任务准确率呈现明显的负相关。但左侧额下回皮层喙侧区域(即F3O)的激活水平与二语晚学者的任务反应时呈现显著的正相关,而与二语早学者的任务反应时呈现明显的负相关(Sakai等,2009)。人们在遇到母语的语法错误时,大脑会产生一个两阶段的事件相关电位成分:早期左前负波(ELAN)和随后的P600。前者代表自动化的短语结构、语法、词汇形态加工,后者代表一个控制更严格的语法分析及重组。有研究显示,中国大学生加工英文材料时,ERP结果表明中间句法单违例诱发了早期左前负波(ELAN),而句尾句法单违例引发了正波(P600)。同时还发现句尾语义单违例诱发的负波(N400)波幅显著大于中间语义单违例,表明在二语加工过程中存在违例关键词的位置效应。进一步分析显示,语义—句法双违例句诱发的P600波幅大于句法单违例句,语义—句法双违例句引发的N400波幅小于语义单违例句,这说明句法与语义加工之间存在交互作用,句法加工在很大程度上受到语义加工的影响,而句法加工对语义加工的影响较小(常欣,张国礼,& 王沛,2009)。最近的一项研究表明,视觉呈现的第二语言动词可以同样像母语动词一样显著激活大脑的运动区和体感区(De Grauwe, Willems, Rueschemeyer, Lemhöfer, & Schriefers, 2014)。另外一项研究也显示,中文阅读障碍青少年和英文阅读障碍者的脑网络,如枕—颞网络和顶—颞网络等,存在相似的缺陷(You等,2011)。不过,对于较晚开始学习外语的双语者来说,第二语言激活的脑区范围往往更大(延展到母语激活部分的周边区域以及前额叶),激活程度更强。而且,第二语言的功能连接也比母语的要强(Dodel等,2005)。Weber等人(2013)的研究以德国孩子为研究被试,当他们完成母语(德语)和L2(英语)的拼写任务时,L2相对于母语诱发了双侧额叶和右侧顶叶区域较强的日频段的事件相关同步化(theta‰ERS, event-related synchronization)。这些结果表明在提取第二语言时使用了较高的语义加工。同时,也可能预示着二语晚学者可能需要调用更多的神经资源来处理第二语言的语法信息。

4.4.2 影响第二语言加工的因素

较晚才开始学外语的人能像加工母语一样加工第二语言吗? 研究表明,第二语言的熟练程度(proficiency)、开始学习年龄(age of acquisition, AoA)以及与母语的相似程度(language similarity)都会影响第二语言的加工。随着第二语言熟练程度的提高,母语者与双语者的ERP在波幅、潜伏期方面的差异可能会缩小,甚至消失。运用静息态技术,Pliatsikas等人发现,第二语言高度熟练者的小脑灰质密度与语法加工呈现正相关性增加(Pliatsikas, Johnstone, & Marinis, 2014)。Weber-Fox和Neville

(1996)以会说英语的汉语母语者为被试,向被试呈现含有语法结构错误的英文句子。事件相关电位技术分析结果显示,从小就学英语(1—10岁)的双语者出现了明显的 P600,11—13岁接触英语的双语者直到 700 ms 时才出现一个晚期正波,而 16岁以后才学习英语的人则没有出现 P600。这一研究结果显示开始学习年龄对第二语言加工有着显著的影响。同样,Hahne(2001)在研究中以晚期学德语的成年日本人为被试,发现二语短语结构错误无法引发这些日本被试的 P600。由于日语和德语相差过大,研究者又测试了俄语母语者,发现二语短语结构错误能引发被试的 P600,但仍然无法引发 ELAN。这些研究表明,第二语言的晚学者缺乏早期自动化的短语构建能力。运用功能性磁共振技术,Hernandez 等人考察了熟练双语者在遇到形态语法错误时的情况,发现较晚开始学习第二语言的双语者在布洛卡区和前额叶部分的激活要稍微强于那些早就开始学习外语的双语者(Hernandez, Hofmann, & Kotz, 2007)。这些研究结果充分表明二语晚学者在二语加工过程(如语法分析等)中需要更多的认知资源。Osterhout 等人发现,在以形态语法错误为材料的实验中,第二语言和母语越相似,双语者的第二语言水平越高,则两种语言的形态语法错误所引发的 ERP 越趋同。而第二语言初学者甚至会将形态语法错误当成语义问题来处理,产生 N400(Schuwerk 等,2014)。可见,两种语言的相似性也会影响双语者对第二语言产生的脑活动。总体来说,二语的熟练程度、AoA 以及语言的相似性都会影响实验所取得的 ERP 数据。

有意思的是,McLaughlin 等人的研究发现,成年学习者在接受 14个小时的课堂教学后,虽然他们在行为上无法区分真伪词(即辨别成绩为随机水平),但伪词已经能够唤起幅值更大的 N400,这意味着学习者的神经系统已经对语义信息作出了反应(McLaughlin, Osterhout, & Kim, 2004)。前面提到过的 Weber-Fox 和 Neville (1996)的研究也发现双语者对语义错误的反应与母语者无异。这些结果表明二语习得过程中语义加工似乎不受开始学习年龄的影响。

4.4.3 第二语言学习与脑可塑性

已有研究表明学习和使用多种语言可以使大脑结构和功能发生显著的改变。Mechelli 等人发现早期双语者(5岁开始学习 L2)和晚期双语者(10—15岁开始学习 L2)的左侧顶下叶的灰质密度要显著高于单语者,并且早期双语者的这种增大的效应明显大于晚期双语者。更为重要的是,左侧顶下叶灰质密度增大的幅度与 L2 熟练程度呈正相关,而与 AoA 呈负相关(Mechelli 等,2004)。其他的研究结果也表明,下顶叶皮层以及周围的颞—顶皮层在双语学习和使用过程中起到非常重要的作用(Della Rosa 等,2013;Grogan 等,2012)。加拿大麦吉尔大学的研究者比较研究了单语者、早期双语者(0—3岁即开始学习第二语言)以及晚期双语者(4—13岁才开始学习第二语言),发现相比于单语者,同时学习两种语言的人的大脑皮层厚度没有变化,而后期才开始学习第二语言的人则出现了大脑皮层厚度的显著变化,其中左侧额下回显著增厚,而右侧额下回变薄(Klein, Mok, Chen, & Watkins, 2014)。左侧额下回和顶上叶的灰质厚度与AoA呈现负相关。瑞士伯尔尼大学的研究者们(Stein等,2012)研究了一批母语为英语的学生,在他们学习德语之前和之后分别扫描他们的大脑,基于体素的形态学(voxel-based morphometry, VBM)分析发现,经过五个月的学习,随着德语水平的提高,学生们的左侧额下回的灰质密度变大,且激活程度降低了。不过,该区域灰质密度的绝对值与第二语言(德语)的水平并无相关,这说明大脑结构的变化并不能反映第二语言的绝对水平,但可以反映学习程度。一项EEG研究证明九个半月到十个半月的英语母语婴儿在接触西班牙语环境之后,很快就能编码西班牙语的语音信息,而且在接触西班牙语的同时,这些婴儿辨识母语音位的能力也提升了(van Hell & Tokowicz, 2010)。对于生在韩国、长在法国的被试,研究者测试他们对韩语的记忆,发现他们的表现相当于从未接触过韩语的法语母语者。用fMRI检测这些韩裔法国人与法语母语者对韩语、法语和其他外语的反应,发现韩裔法国人在听到韩语时,其大脑活动与听到其他不懂的外语时的大脑活动没有差异。而当两组被试都听法语时,大脑激活的地方类似,但法语母语者的激活范围更大一些(Pallier等,2003)。Ghazi Saidi等人(2013)报道,让波斯人接受为期一个月的母语和L2(法语)词汇训练,之后分析他们的语言网络和语言控制网络间的功能连接,发现母语的熟练程度虽然在训练后有所提高,但没有导致两个神经网络的功能连接产生。另外,虽然L2训练使L2熟练度提高,但这些网络的功能连接效率明显降低。这可能与随着L2熟练度的增加,被试对语言的自动化加工程度升高和所投入的认知资源降低是相关的。当10岁的孩子们完成一项词汇判断任务时,Tan等人(2011)发现左侧尾状核(left caudate)和左侧梭状回(left fusiform gyrus)的激活与任务成绩显著相关。更为有趣的是,当这些被试学习L2一年后,左侧的尾状核和梭状回的激活水平仍然可以预测其任务成绩。因此,研究者认为左侧尾状核—梭状回网络可以作为学习另外一种新语言的神经生物学标志。

致谢

感谢冯睿提供了部分第二语言习得方面的材料。

参考文献

常欣,张国礼,王沛. (2009). 中国二语学习者英语句子加工的心理机制初探：以主动句为例. 心理学报, 41 (06), 471—480.

Albert, N. B. , Robertson, E. M. , & Miall, R. C. (2009). The resting human brain and motor learning. *Current Biology*：*CB*, *19*(12),1023 - 1027. doi：10. 1016/j. cub. 2009. 04. 028

Alvarado, J. C. , Stanford, T. R. , Vaughan, J. W. , & Stein, B. E. (2007). Cortex mediates multisensory but not unisensory integration in superior colliculus. *The Journal of Neuroscience*：*The Official Journal of the Society for Neuroscience*, *27*(47),12775 - 12786. doi：10. 1523/JNEUROSCI. 3524 - 07. 2007

Åkerlund, E. , Esbjörnsson, E. , Sunnerhagen, K. S. , & Björkdahl, A. (2013). Can computerized working memory training improve impaired working memory, cognition and psychological health? *Brain Injury*, *27*(13 - 14),1649 - 1657. doi：10. 3109/02699052. 2013. 830195

Avillac, M. , Ben Hamed, S. , & Duhamel, J. R. (2007). Multisensory integration in the ventral intraparietal area of the macaque monkey. *The Journal of Neuroscience*：*The Official Journal of the Society for Neuroscience*, *27*(8),1922 - 1932. doi：10. 1523/JNEUROSCI. 2646 - 06. 2007

Beneventi, H. , Tønnessen, F. E. , Ersland, L. , & Hugdahl, K. (2010). Executive working memory processes in dyslexia：Behavioral and fMRI evidence. *Scandinavian Journal of Psychology*, *51*(3), 192 - 202. doi：10. 1111/j. 1467 - 9450. 2010. 00808. x

Blakemore, C. , & Cooper, G. F. (1970). Development of the brain depends on the visual environment. *Nature*, *228* (5270),477 - 478.

Blau, V. , van Atteveldt, N. , Ekkebus, M. , Goebel, R. , & Blomert, L. (2009). Reduced neural integration of letters and speech sounds links phonological and reading deficits in adult dyslexia. *Current Biology*：*CB*, *19*(6),503 - 508. doi：10. 1016/j. cub. 2009. 01. 065

Boksem, M. A. , & De Cremer, D. (2010). Fairness concerns predict medial frontal negativity amplitude in ultimatum bargaining. *Social Neuroscience*, *5*(1),118 - 128. doi：10. 1080/17470910903202666

Bonte, M. L. , & Blomert, L. (2004). Developmental dyslexia：ERP correlates of anomalous phonological processing during spoken word recognition. *Cognitive Brain Research*, *21*(3),360 - 376. doi：DOI 10. 1016/j. cogbrainres. 2004. 06. 010

Breznitz, Z. , & Meyler, A. (2003). Speed of lower-level auditory and visual processing as a basic factor in dyslexia： Electrophysiological evidence. *Brain & Language*, *85*(2),166 - 184.

Brooks, A. D. , Berninger, V. W. , & Abbott, R. D. (2011). Letter naming and letter writing reversals in children with dyslexia：Momentary inefficiency in the phonological and orthographic loops of working memory. *Developmental Neuropsychology*, *36*(7),847 - 868. doi：10. 1080/87565641. 2011. 606401

Brooks, S. J. , Burch, K. H. , Maiorana, S. A. , Cocolas, E. , Schioth, H. B. , Nilsson, E. K. , ... & Stein, D. J. (2016). Psychological intervention with working memory training increases basal ganglia volume：A VBM study of inpatient treatment for methamphetamine use. *NeuroImage Clinical*, *12*,478 - 491. doi：10. 1016/j. nicl. 2016. 08. 019

Burgaleta, M. , Baus, C. , Díaz, B. , & Sebastián-Gallés, N. (2014). Brain structure is related to speech perception abilities in bilinguals. *Brain Struct Functure & Function*, *219*(4),1405 - 1416. doi：10. 1007/s00429 - 013 - 0576 - 9

Butler, A. J. , & James, K. H. (2011). Cross-modal versus within-modal recall：Differences in behavioral and brain responses. *Behavioral Brain Research*, *224*(2),387 - 396. doi：10. 1016/j. bbr. 2011. 06. 017

Caeyenberghs, K. , Metzler-Baddeley, C. , Foley, S. , & Jones, D. K. (2016). Dynamics of the human structural connectome underlying working memory training. *The Journal of Neuroscience*：*The Official Journal of the Society for Neuroscience*, *36*(14),4056 - 4066. doi：10. 1523/JNEUROSCI. 1973 - 15. 2016

Cai, L. , Chan, J. S. , Yan, J. H. , & Peng, K. (2014). Brain plasticity and motor practice in cognitive aging. *Frontiers in Aging Neuroscience*, *6*,31. doi：10. 3389/fnagi. 2014. 00031

Carriere, B. N. , Royal, D. W. , Perrault, T. J. , Morrison, S. P. , Vaughan, J. W. , Stein, B. E. , & Wallace, M. T. (2007). Visual deprivation alters the development of cortical multisensory integration. *Journal of Neurophysiology*, *98*(5),2858 - 2867. doi：10. 1152/jn. 00587. 2007

Cohen, L. , Rothschild, G. , & Mizrahi, A. (2011). Multisensory integration of natural odors and sounds in the auditory cortex. *Neuron*, *72*(2),357 - 369. doi：10. 1016/j. neuron. 2011. 08. 019

Costanzo, F. , Menghini, D. , Caltagirone, C. , Oliveri, M. , & Vicari, S. (2013). How to improve reading skills in dyslexics：The effect of high frequency rTMS. *Neuropsychologia*, *51*(14),2953 - 2959. doi：10. 1016/j. neuropsychologia. 2013. 10. 018

Costanzo, F. , Varuzza, C. , Rossi, S. , Sdoia, S. , Varvara, P. , Oliveri, M. , Giacomo, K. , ... & Menghini, D. (2016). Evidence for reading improvement following tDCS treatment in children and adolescents with Dyslexia. *Restorative Neurology and Neuroscience*, *34*(2),215 - 226. doi：10. 3233/RNN-150561

Costanzo, F. , Varuzza, C. , Rossi, S. , Sdoia, S. , Varvara, P. , Oliveri, M. , Koch, G. , ... & Menghini, D. (2016). Reading changes in children and adolescents with dyslexia after transcranial direct current stimulation. *Neuroreport*, *27*(5),295 - 300. doi：10. 1097/WNR. 0000000000000536

Dash, S. , & Thier, P. (2014). Cerebellum-dependent motor learning: Lessons from adaptation of eye movements in primates. *Progress in Brain Research*, *210*,121 – 155. doi: 10. 1016/B978 – 0 – 444 – 63356 – 9. 00006 – 6

de Carvalho, C. A. , Kida Ade, S. , Capellini, S. A. , & de Avila, C. R. (2014). Phonological working memory and reading in students with dyslexia. *Frontiers in Psychology*, *5*,746. doi: 10. 3389/fpsyg. 2014. 00746

De Grauwe, S. , Willems, R. M. , Rueschemeyer, S. A. , Lemhöfer, K. , & Schriefers, H. (2014). Embodied language in first-and second-language speakers: Neural correlates of processing motor verbs. *Neuropsychologia*, *56*,334 – 349. doi: 10. 1016/j. neuropsychologia. 2014. 02. 003

Della Rosa, P. A. , Videsott, G. , Borsa, V. M. , Canini, M. , Weekes, B. S. , Franceschini, R. , & Abutalebi, J. (2013). A neural interactive location for multilingual talent. *Cortex*, *49* (2), 605 – 608. doi: 10. 1016/j. cortex. 2012. 12. 001

Desmond, J. E. , Gabrieli, J. D. , & Glover, G. H. (1998). Dissociation of frontal and cerebellar activity in a cognitive task: Evidence for a distinction between selection and search. *NeuroImage*, *7* (4), 368 – 376. doi: 10. 1006/nimg. 1998. 0340

Di Pino, G. , Maravita, A. , Zollo, L. , Guglielmelli, E. , & Di Lazzaro, V. (2014). Augmentation-related brain plasticity. *Frontiers in Systems Neuroscience*, *8*,109. doi: 10. 3389/fnsys. 2014. 00109

Dodel, S. , Golestani, N. , Pallier, C. , ElKouby, V. , Le Bihan, D. , & Poline, J. B. (2005). Condition-dependent functional connectivity: Syntax networks in bilinguals. *Philosophical Transactions of the Royal Society B-Biological Sciences*, *360*(1457),921 – 935. doi: DOI 10. 1098/rstb. 2005. 1653

Fauvel, B. , Groussard, M. , Chételat, G. , Fouquet, M. , Landeau, B. , Eustache, F. , ... & Platel, H. (2014). Morphological brain plasticity induced by musical expertise is accompanied by modulation of functional connectivity at rest. *NeuroImage*, *90*,179 – 188. doi: 10. 1016/j. neuroimage. 2013. 12. 065

Fernández, G. , & Tendolkar, I. (2001). Integrated brain activity in medial temporal and prefrontal areas predicts subsequent memory performance: Human declarative memory formation at the system level. *Brain Research Bulletin*, *55*(1),1 – 9.

Friederici, A. D. , Bahlmann, J. , Heim, S. , Schubotz, R. I. , & Anwander, A. (2006). The brain differentiates human and non-human grammars: functional localization and structural connectivity. *Proceedings of the National Academy of Sciences*, *U. S. A.*, *103*(7),2458 – 2463. doi: 10. 1073/pnas. 0509389103

Galaburda, A. M. , Sherman, G. F. , Rosen, G. D. , Aboitiz, F. , & Geschwind, N. (1985). Developmental dyslexia: Four consecutive patients with cortical anomalies. *Annals of Neurology*, *18*(2),222 – 233. doi: 10. 1002/ana. 410180210

Garcia, A. M. , Egido, J. A. , & Barquero, M. S. (2010). Mother tongue lost while second language intact: Insights into aphasia. BMJ Case Report. doi: 10. 1136/bcr. 07. 2009. 2062

Garcia, R. B. , Mammarella, I. C. , Tripodi, D. , & Cornoldi, C. (2014). Visuospatial working memory for locations, colours, and binding in typically developing children and in children with dyslexia and non-verbal learning disability. *British Journal of Developmental Psychology*, *32*(1),17 – 33. doi: 10. 1111/bjdp. 12019

Gentile, G. , Petkova, V. I. , & Ehrsson, H. H. (2011). Integration of visual and tactile signals from the hand in the human brain: An FMRI study. *Journal of Neurophysiology*, *105*(2),910 – 922. doi: 10. 1152/jn. 00840. 2010

Ghazi Saidi, L. , Perlbarg, V. , Marrelec, G. , Pélégrini-Issac, M. , Benali, H. , & Ansaldo, A. I. (2013). Functional connectivity changes in second language vocabulary learning. *Brain & Language*, *124*(1),56 – 65. doi: 10. 1016/j. bandl. 2012. 11. 008

Giard, M. H. , & Peronnet, F. (1999). Auditory-visual integration during multimodal object recognition in humans: A behavioral and electrophysiological study. *Journal of Cognitive Neuroscience*, *11*(5),473 – 490.

Golestani, N. , Alario, F. X. , Meriaux, S. , Le Bihan, D. , Dehaene, S. , & Pallier, C. (2006). Syntax production in bilinguals. *Neuropsychologia*, *44*(7),1029 – 1040. doi: 10. 1016/j. neuropsychologia. 2005. 11. 009

Green, D. W. (2003). Neural basis of lexicon and grammar in L2 acquisition: The convergence hypothesis. In R. van Hout, A. Hulk, F. Kuiken & R. Towell (Eds.), *The Interface between Syntax and the Lexicon in Second Language Acquisition*, (pp197 – 208). Amsterdam: John Benjamins. https://doi. org/10. 1075/lald. 30. 10gre

Grogan, A. , Parker Jones, O. , Ali, N. , Crinion, J. , Orabona, S. , Mechias, M. L. , ... & Price, C. J. (2012). Structural correlates for lexical efficiency and number of languages in non-native speakers of English. *Neuropsychologia*, *50*(7),1347 – 1352. doi: Doi 10. 1016/J. Neuropsychologia. 2012. 02. 019

Gu, Y. , Angelaki, D. E. , & Deangelis, G. C. (2008). Neural correlates of multisensory cue integration in macaque MSTd. *Nature Neuroscience*, *11*(10),1201 – 1210. doi: 10. 1038/nn. 2191

Hahne, A. (2001). What's different in second-language processing? Evidence from event-related brain potentials. *Journal of Psycholinguistic Research*, *30*(3),251 – 266. doi: Doi 10. 1023/A: 1010490917575

Hairston, W. D. , Burdette, J. H. , Flowers, D. L. , Wood, F. B. , & Wallace, M. T. (2005). Altered temporal profile of visual-auditory multisensory interactions in dyslexia: *Experimental Brain Research*, *166* (3 – 4), 474 – 480. doi: 10. 1007/s00221 – 005 – 2387 – 6

Harrar, V. , Tammam, J. , Pérez-Bellido, A. , Pitt, A. , Stein, J. , & Spence, C. (2014). Multisensory integration and attention in developmental dyslexia. *Current Biology: CB*, *24*(5),531 – 535. doi: 10. 1016/j. cub. 2014. 01. 029

Hashimoto, R. , & Sakai, K. L. (2004). Learning letters in adulthood: Direct visualization of cortical plasticity for forming a new link between orthography and phonology. *Neuron*, *42*(2),311 – 322.

Heinzel, S. , Lorenz, R. C. , Brockhaus, W. R. , Wüstenberg, T. , Kathmann, N. , Heinz, A. , & Rapp, M. A. (2014). Working memory load-dependent brain response predicts behavioral training gains in older adults. *The Journal of Neuroscience: The Official Journal of the Society for Neuroscience*, *34* (4), 1224 – 1233. doi: 10. 1523/ JNEUROSCI. 2463 – 13. 2014

Hernandez, A. E. , Hofmann, J. , & Kotz, S. A. (2007). Age of acquisition modulates neural activity for both regular and irregular syntactic functions. *NeuroImage*, *36*(3),912 – 923. doi: 10. 1016/j. neuroimage. 2007. 02. 055

Ho, C. S. H. , Lam, E. Y. C. , & Au, A. (2001). The effectiveness of multisensory training in improving reading and writing skills of Chinese dyslexic children. *Psychologia*, *44*(4),269 – 280.

Holmes, N. P. (2007). The law of inverse effectiveness in neurons and behaviour: Multisensory integration versus normal variability. *Neuropsychologia*, *45*(14),3340 – 3345. doi: 10. 1016/j. neuropsychologia. 2007. 05. 025

Hurlemann, R. , Patin, A. , Onur, O. A. , Cohen, M. X. , Baumgartner, T. , Metzler, S. , … & Kendrick, K. M. (2010). Oxytocin enhances amygdala-dependent, socially reinforced learning and emotional empathy in humans. *The Journal of Neuroscience: The Official Journal of the Society for Neuroscience*, *30* (14), 4999 – 5007. doi: 10. 1523/JNEUROSCI. 5538 – 09. 2010

Hyde, D. C. , Jones, B. L. , Porter, C. L. , & Flom, R. (2010). Visual stimulation enhances auditory processing in 3-month-old infants and adults. *Developmental Psychobiology*, *52*(2),181 – 189. doi: 10. 1002/dev. 20417

Ibrahim, R. (2009). Selective deficit of second language: A case study of a brain-damaged Arabic-Hebrew bilingual patient. *Behavioral and Brain Functions*, *5*,17. doi: 10. 1186/1744 – 9081 – 5 – 17

Jääskeläinen, I. P. , & Ahveninen, J. (2014). Auditory-cortex short-term plasticity induced by selective attention. *Neural Plasticity*, 216731. doi: 10. 1155/2014/216731

Javadi, A. H. , & Walsh, V. (2012). Transcranial direct current stimulation (tDCS) of the left dorsolateral prefrontal cortex modulates declarative memory. *Brain Stimulation*, *5*(3),231 – 241. doi: 10. 1016/j. brs. 2011. 06. 007

Jolles, D. D. , van Buchem, M. A. , Crone, E. A. , & Rombouts, S. A. (2013). Functional brain connectivity at rest changes after working memory training. *Human Brain Mapping*, *34*(2),396 – 406. doi: 10. 1002/hbm. 21444

Jones, M. W. , Kuipers, J. R. , & Thierry, G. (2016). ERPs Reveal the Time-Course of Aberrant Visual-Phonological Binding in Developmental Dyslexia. *Frontiers in Human Neuroscience*, *10*,71. doi: 10. 3389/fnhum. 2016. 00071

Kast, M. , Baschera, G. M. , Gross, M. , Jäncke, L. , & Meyer, M. (2011). Computer-based learning of spelling skills in children with and without dyslexia. *Annals of Dyslexia*, *61*(2),177 – 200. doi: 10. 1007/s11881 – 011 – 0052 – 2

Kast, M. , Meyer, M. , Vögeli, C. , Gross, M. , & Jäncke, L. (2007). Computer-based multisensory learning in children with developmental dyslexia. *Restorative Neurology & Neuroscience*, *25*(3 – 4),355 – 369.

Kelly, C. , & Castellanos, F. X. (2014). Strengthening Connections: Functional Connectivity and Brain Plasticity. *Neuropsychology Review*, *24*(1),63 – 76. doi: DOI 10. 1007/s11065 – 014 – 9252 – y

Kershner, J. R. (2016). Network dynamics in dyslexia: Review and implications for remediation. *Research in Developmental Disabilities*, *59*,24 – 34. doi: 10. 1016/j. ridd. 2016. 07. 014

Klein, D. , Mok, K. , Chen, J. K. , & Watkins, K. E. (2014). Age of language learning shapes brain structure: A cortical thickness study of bilingual and monolingual individuals. *Brain & Language*, *131*,20 – 24. doi: 10. 1016/j. bandl. 2013. 05. 014

Klingberg, T. , Hedehus, M. , Temple, E. , Salz, T. , Gabrieli, J. D. , Moseley, M. E. , & Poldrack, R. A. (2000). Microstructure of temporo-parietal white matter as a basis for reading ability: Evidence from diffusion tensor magnetic resonance imaging. *Neuron*, *25*(2),493 – 500.

Kundu, B. , Sutterer, D. W. , Emrich, S. M. , & Postle, B. R. (2013). Strengthened effective connectivity underlies transfer of working memory training to tests of short-term memory and attention. *The Journal of Neuroscience*, *33* (20),8705 – 8715. doi: 10. 1523/JNEUROSCI. 5565 – 12. 2013

Langer, N. , von Bastian, C. C. , Wirz, H. , Oberauer, K. , & Jäncke, L. (2013). The effects of working memory training on functional brain network efficiency. *Cortex*, *49*(9),2424 – 2438. doi: 10. 1016/j. cortex. 2013. 01. 008

Lavenex, P. , Suzuki, W. A. , & Amaral, D. G. (2004). Perirhinal and parahippocampal cortices of the macaque monkey: Intrinsic projections and interconnections. *Journal of Comparative Neurology*, *472*(3),371 – 394. doi: 10. 1002/cne. 20079

Livingstone, M. S. , Rosen, G. D. , Drislane, F. W. , & Galaburda, A. M. (1991). Physiological and anatomical evidence for a magnocellular defect in developmental dyslexia. *Proceedings of the National Academy of Sciences*, *U. S. A.*, *88*(18),7943 – 7947.

Longley, M. , & Yeo, C. H. (2014). Distribution of neural plasticity in cerebellum-dependent motor learning. *Progress in Brain Research*, *210*,79 – 101. doi: 10. 1016/B978 – 0 – 444 – 63356 – 9. 00004 – 2

Luo, Y. , Wang, J. , Wu, H. , Zhu, D. , & Zhang, Y. (2013). Working-memory training improves developmental dyslexia in Chinese children. *Neural Regeneration Research*, *8*(5),452 – 460. doi: 10. 3969/j. issn. 1673 – 5374. 2013. 05. 009

Ma, L. , Narayana, S. , Robin, D. A. , Fox, P. T. , & Xiong, J. (2011). Changes occur in resting state network of motor system during 4 weeks of motor skill learning. *NeuroImage*, *58* (1), 226 – 233. doi: 10. 1016/j. neuroimage. 2011. 06. 014

Macaluso, E. , George, N. , Dolan, R. , Spence, C. , & Driver, J. (2004). Spatial and temporal factors during processing of audiovisual speech: A PET study. *NeuroImage*, *21*(2),725 - 732. doi: 10. 1016/j. neuroimage. 2003. 09. 049

McCandliss, B. D. , Cohen, L. , & Dehaene, S. (2003). The visual word form area: expertise for reading in the fusiform gyrus. *Trends in Cognitive Sciences*, *7*(7),293 - 299.

McLaughlin, J. , Osterhout, L. , & Kim, A. (2004). Neural correlates of second-language word learning: Minimal instruction produces rapid change. *Nature Neuroscience*, *7*(7),703 - 704. doi: 10. 1038/nn1264

Mechelli, A. , Crinion, J. T. , Noppeney, U. , O'Doherty, J. , Ashburner, J. , Frackowiak, R. S. , & Price, C. J. (2004). Neurolinguistics: Structural plasticity in the bilingual brain. *Nature*, *431* (7010), 757. doi: 10. 1038/431757a

Meredith, M. A. , Nemitz, J. W. , & Stein, B. E. (1987). Determinants of multisensory integration in superior colliculus neurons. I. Temporal factors. *The Journal of Neuroscience*, *7*(10),3215 - 3229.

Meredith, M. A. , & Stein, B. E. (1986). Visual, auditory, and somatosensory convergence on cells in superior colliculus results in multisensory integration. *Journal of Neurophysiology*, *56*(3),640 - 662.

Meredith, M. A. , & Stein, B. E. (1996). Spatial determinants of multisensory integration in cat superior colliculus neurons. *Journal of Neurophysiology*, *75*(5),1843 - 1857.

Metzler-Baddeley, C. , Caeyenberghs, K. , Foley, S. , & Jones, D. K. (2016a). Longitudinal data on cortical thickness before and after working memory training. *Data in Brief*, *7*,1143 - 1147. doi: 10. 1016/j. dib. 2016. 03. 090

Metzler-Baddeley, C. , Caeyenberghs, K. , Foley, S. , & Jones, D. K. (2016b). Task complexity and location specific changes of cortical thickness in executive and salience networks after working memory training. *NeuroImage*, *130*, 48 - 62. doi: 10. 1016/j. neuroimage. 2016. 01. 007

Miller, P. , & Kupfermann, A. (2009). The role of visual and phonological representations in the processing of written words by readers with diagnosed dyslexia: Evidence from a working memory task. *Annals of Dyslexia*, *59*(1),12 - 33. doi: 10. 1007/s11881 - 009 - 0021 - 1

Molholm, S. , Sehatpour, P. , Mehta, A. D. , Shpaner, M. , Gomez-Ramirez, M. , Ortigue, S. , ... Foxe, J. J. (2006). Audio-visual multisensory integration in superior parietal lobule revealed by human intracranial recordings. *Journal of Neurophysiology*, *96*(2),721 - 729. doi: 10. 1152/jn. 00285. 2006

Morken, F. , Helland, T. , Hugdahl, K. , & Specht, K. (2016). Reading in dyslexia across literacy development: A longitudinal study of effective connectivity. *NeuroImage*, *144*. doi: 10. 1016/j. neuroimage. 2016. 09. 060

Murray, M. M. , Michel, C. M. , Grave de Peralta, R. , Ortigue, S. , Brunet, D. , Gonzalez Andino, S. , & Schnider, A. (2004). Rapid discrimination of visual and multisensory memories revealed by electrical neuroimaging. *NeuroImage*, *21*(1),125 - 135.

Nagy, A. , Eördegh, G. , Paróczy, Z. , Markus, Z. , & Benedek, G. (2006). Multisensory integration in the basal ganglia. *European Journal of Neuroscience*, *24*(3),917 - 924. doi: 10. 1111/j. 1460 - 9568. 2006. 04942. x

Nikolaidis, A. , Voss, M. W. , Lee, H. , Vo, L. T. , & Kramer, A. F. (2014). Parietal plasticity after training with a complex video game is associated with individual differences in improvements in an untrained working memory task. *Frontiers in Human Neuroscience*, *8*,169. doi: 10. 3389/fnhum. 2014. 00169

Noppeney, U. , Ostwald, D. , & Werner, S. (2010). Perceptual decisions formed by accumulation of audiovisual evidence in prefrontal cortex. *The Journal of Neuroscience*, *30*(21),7434 - 7446. doi: 10. 1523/JNEUROSCI. 0455 - 10. 2010

Oelschläger, M. , Pfannmöller, J. , Langner, I. , & Lotze, M. (2014). Usage of the middle finger shapes reorganization of the primary somatosensory cortex in patients with index finger amputation. *Restorative Neurology & Neuroscience*, *32*(4),507 - 515. doi: 10. 3233/RNN - 130380

Opitz, B. , & Friederici, A. D. (2004). Brain correlates of language learning: the neuronal dissociation of rule-based versus similarity-based learning. *The Journal of Neuroscience*, *24*(39),8436 - 8440. doi: 10. 1523/JNEUROSCI. 2220 - 04. 2004

Opitz, B. , Schneiders, J. A. , Krick, C. M. , & Mecklinger, A. (2014). Selective transfer of visual working memory training on Chinese character learning. *Neuropsychologia*, *53*,1 - 11. doi: 10. 1016/j. neuropsychologia. 2013. 10. 017

Pallier, C. , Dehaene, S. , Poline, J. B. , LeBihan, D. , Argenti, A. M. , Dupoux, E. and Mehler, J. (2003). Brain imaging of language plasticity in adopted adults: Can a second language replace the first? *Cerebral Cortex*, *13*(2),155 - 161. https://doi.org/10. 1016/S1053 - 8119(01)91925 - 1

Pantev, C. , & Herholz, S. C. (2011). Plasticity of the human auditory cortex related to musical training. *Neuroscience & Biobehavioral Reviews*, *35*(10),2140 - 2154. doi: 10. 1016/j. neubiorev. 2011. 06. 010

Pasalar, S. , Ro, T. , & Beauchamp, M. S. (2010). TMS of posterior parietal cortex disrupts visual tactile multisensory integration. *European Journal of Neuroscience*, *31*(10),1783 - 1790. doi: 10. 1111/j. 1460 - 9568. 2010. 07193. x

Perani, D. , & Abutalebi, J. (2005). The neural basis of first and second language processing. *Current Opinion in Neurobiology*, *15*(2),202 - 206. https://doi.org/10. 1016/j. conb. 2005. 03. 007

Plank, T. , Rosengarth, K. , Song, W. , Ellermeier, W. , & Greenlee, M. W. (2012). Neural correlates of audio-visual object recognition: Effects of implicit spatial congruency. *Human Brain Mapping*, *33*(4),797 - 811. doi: 10. 1002/hbm. 21254

Pliatsikas, C. , Johnstone, T. , & Marinis, T. (2014). Grey matter volume in the cerebellum is related to the processing of grammatical rules in a second language: A structural voxel-based morphometry study. *The Cerebellum*, *13*(1),55 - 63. doi: 10. 1007/s12311 - 013 - 0515 - 6

Powers, A. R. , Ⅲ , Hevey, M. A. , & Wallace, M. T. (2012). Neural correlates of multisensory perceptual learning.

The Journal of Neuroscience: The Official Journal of the Society for Neuroscience, 32(18), 6263 - 6274. doi: 10. 1523/JNEUROSCI. 6138 - 11. 2012

Pugh, K. R., Mencl, W. E., Shaywitz, B. A., Shaywitz, S. E., Fulbright, R. K., Constable, R. T., ... Gore, J. C. (2000). The angular gyrus in developmental dyslexia: Task-specific differences in functional connectivity within posterior cortex. Psychological Science, 11(1), 51 - 56.

Puschmann, S., Brechmann, A., & Thiel, C. M. (2013). Learning-dependent plasticity in human auditory cortex during appetitive operant conditioning. Human Brain Mapping, 34(11), 2841 - 2851. doi: 10. 1002/hbm. 22107

Recanzone, G. H., Schreiner, C. E., & Merzenich, M. M. (1993). Plasticity in the frequency representation of primary auditory cortex following discrimination training in adult owl monkeys. The Journal of Neuroscience: The Official Journal of the Society for Neuroscience, 13(1), 87 - 103.

Richter, K. M., Mödden, C., Eling, P., & Hildebrandt, H. (2015). Working memory training and semantic structuring improves remembering future events, not past events. Neurorehabilitation & Neural Repair, 29(1), 33 - 40. doi: 10. 1177/1545968314527352

Rohe, T., & Noppeney, U. (2016). Distinct Computational Principles Govern Multisensory Integration in Primary Sensory and Association Cortices. Current Biology: CB, 26(4), 509 - 514. doi: 10. 1016/j. cub. 2015. 12. 056

Romanski, L. M. (2007). Representation and integration of auditory and visual stimuli in the primate ventral lateral prefrontal cortex. Cerebral Cortex, 17 (Suppl 1), i61 - i69.

Ross, L. A., Molholm, S., Blanco, D., Gomez-Ramirez, M., Saint-Amour, D., & Foxe, J. J. (2011). The development of multisensory speech perception continues into the late childhood years. European Journal of Neuroscience, 33(12), 2329 - 2337. doi: 10. 1111/j. 1460 - 9568. 2011. 07685. x

Rumsey, J. M., Horwitz, B., Donohue, B. C., Nace, K. L., Maisog, J. M., & Andreason, P. (1999). A functional lesion in developmental dyslexia: Left angular gyral blood flow predicts severity. Brain & Language, 70(2), 187 - 204.

Sakai, K. L., Miura, K., Narafu, N., & Muraishi, Y. (2004). Correlated functional changes of the prefrontal cortex in twins induced by classroom education of second language. Cerebral Cortex, 14(11), 1233 - 1239. doi: 10. 1093/cercor/bhh084

Sakai, K. L., Nauchi, A., Tatsuno, Y., Hirano, K., Muraishi, Y., Kimura, M., ... Yusa, N. (2009). Distinct roles of left inferior frontal regions that explain individual differences in second language acquisition. Human Brain Mapping, 30(8), 2440 - 2452. doi: 10. 1002/hbm. 20681

Satpute, A. B., Badre, D., & Ochsner, K. N. (2014). Distinct regions of prefrontal cortex are associated with the controlled retrieval and selection of social information. Cerebral Cortex, 24(5), 1269 - 1277. doi: 10. 1093/cercor/bhs408

Schneiders, J. A., Opitz, B., Tang, H., Deng, Y., Xie, C., Li, H., & Mecklinger, A. (2012). The impact of auditory working memory training on the fronto-parietal working memory network. Frontiers in Human Neuroscience, 6, 173. doi: 10. 3389/fnhum. 2012. 00173

Schuwerk, T., Döhnel, K., Sodian, B., Keck, I. R., Rupprecht, R., & Sommer, M. (2014). Functional activity and effective connectivity of the posterior medial prefrontal cortex during processing of incongruent mental states. Human Brain Mapping, 35(7), 2950 - 2965. doi: 10. 1002/hbm. 22377

Schwarb, H., Nail, J., & Schumacher, E. H. (2016). Working memory training improves visual short-term memory capacity. Psychological Research, 80(1), 128 - 148. doi: 10. 1007/s00426 - 015 - 0648 - y

Schweizer, S., Grahn, J., Hampshire, A., Mobbs, D., & Dalgleish, T. (2013). Training the emotional brain: Improving affective control through emotional working memory training. The Journal of Neuroscience: The Official Journal of the Society for Neuroscience, 33(12), 5301 - 5311. doi: 10. 1523/JNEUROSCI. 2593 - 12. 2013

Schweizer, S., Hampshire, A., & Dalgleish, T. (2011). Extending brain-training to the affective domain: Increasing cognitive and affective executive control through emotional working memory training. PLoS One, 6(9), e24372. doi: 10. 1371/journal. pone. 0024372

Seitz, A. R., Kim, R., & Shams, L. (2006). Sound facilitates visual learning. Current Biology: CB, 16(14), 1422 - 1427. doi: 10. 1016/j. cub. 2006. 05. 048

Serino, A., Canzoneri, E., & Avenanti, A. (2011). Fronto-parietal areas necessary for a multisensory representation of peripersonal space in humans: An rTMS study. Journal of Cognitive Neuroscience, 23(10), 2956 - 2967. doi: 10. 1162/jocn_a_00006

Shams, L., Wozny, D. R., Kim, R., & Seitz, A. (2011). Influences of multisensory experience on subsequent unisensory processing. Frontiers in Psychology, 2, 264. doi: 10. 3389/fpsyg. 2011. 00264

Smith-Spark, J. H., & Fisk, J. E. (2007). Working memory functioning in developmental dyslexia. Memory, 15(1), 34 - 56. doi: 10. 1080/09658210601043384

Squire, L. R., & Zola, S. M. (1996). Structure and function of declarative and nondeclarative memory systems. Proceedings of the National Academy of Sciences, U. S. A., 93(24), 13515 - 13522.

Stein, B. E., Huneycutt, W. S., & Meredith, M. A. (1988). Neurons and behavior: The same rules of multisensory integration apply. Brain Research, 448(2), 355 - 358.

Stein, B. E., & Stanford, T. R. (2008). Multisensory integration: Current issues from the perspective of the single neuron. Nature Reviews Neuroscience, 9(4), 255 - 266. doi: 10. 1038/nrn2331

Stein, J. (2001). The magnocellular theory of developmental dyslexia. *Dyslexia*, 7(1),12 - 36. doi: 10. 1002/dys. 186

Stein, M., Federspiel, A., Koenig, T., Wirth, M., Strik, W., Wiest, R., ... & Dierks, T. (2012). Structural plasticity in the language system related to increased second language proficiency. *Cortex*, 48(4),458 - 465. doi: 10. 1016/j. cortex. 2010. 10. 007

Sugihara, T., Diltz, M. D., Averbeck, B. B., & Romanski, L. M. (2006). Integration of auditory and visual communication information in the primate ventrolateral prefrontal cortex. *The Journal of Neuroscience: The Official Journal of the Society for Neuroscience*, 26(43),11138 - 11147. doi: 10. 1523/JNEUROSCI. 3550 - 06. 2006

Sun, Y., Taya, F., Chen, Y., Delgado Martinez, I., Thakor, N., & Bezerianos, A. (2014). Topological changes of the effective connectivity during the working memory training. 36th Annual International Conference of the IEEE Engeneering in Medicine and Biology Society, 6242 - 6245. doi: 10. 1109/EMBC. 2014. 6945055

Suzuki, W. A., & Amaral, D. G. (1994). Perirhinal and parahippocampal cortices of the macaque monkey: Cortical afferents. *Journal of Comparative Neurology*, 350(4),497 - 533. doi: 10. 1002/cne. 903500402

Takeuchi, H., Taki, Y., Nouchi, R., Hashizume, H., Sekiguchi, A., Kotozaki, Y., ... & Kawashima, R. (2013). Effects of working memory training on functional connectivity and cerebral blood flow during rest. *Cortex*, 49(8), 2106 - 2125. doi: 10. 1016/j. cortex. 2012. 09. 007

Takeuchi, H., Taki, Y., Nouchi, R., Hashizume, H., Sekiguchi, A., Kotozaki, Y., ... & Kawashima, R. (2014). Working memory training improves emotional states of healthy individuals. *Frontiers in Systems Neuroscience*, 8, 200. doi: 10. 3389/fnsys. 2014. 00200

Tan, L. H., Chen, L., Yip, V., Chan, A. H., Yang, J., Gao, J. H., & Siok, W. T. (2011). Activity levels in the left hemisphere caudate-fusiform circuit predict how well a second language will be learned. *Proceedings of the National Academy of Sciences*, *U. S. A.*, 108(6),2540 - 2544. doi: 10. 1073/pnas. 0909623108

Ullman, M. T. (2001a). The declarative/procedural model of lexicon and grammar. *Journal of Psycholinguistic Research*, 30(1),37 - 69.

Ullman, M. T. (2001b). A neurocognitive perspective on language: The declarative/procedural model. *Nature Reviews Neuroscience*, 2(10),717 - 726. doi: 10. 1038/35094573

Valentini, E. (2010). The role of anterior insula and anterior cingulate in empathy for pain. *Journal of Neurophysiology*, 104(2),584 - 586. doi: 10. 1152/jn. 00487. 2010

van Hell, J. G., & Tokowicz, N. (2010). Event-related brain potentials and second language learning: Syntactic processing in late L2 learners at different L2 proficiency levels. *Second Language Research*, 26(1),43 - 74. doi: Doi 10. 1177/0267658309337637

Vartanian, O., Jobidon, M. E., Bouak, F., Nakashima, A., Smith, I., Lam, Q., & Cheung, B. (2013). Working memory training is associated with lower prefrontal cortex activation in a divergent thinking task. *Neuroscience*, 236,186 - 194. doi: 10. 1016/j. neuroscience. 2012. 12. 060

von Kriegstein, K., & Giraud, A. L. (2006). Implicit multisensory associations influence voice recognition. *PLoS Biology*, 4(10), e326. doi: 10. 1371/journal. pbio. 0040326

Wallace, M. T., Carriere, B. N., Perrault, T. J., Jr., Vaughan, J. W., & Stein, B. E. (2006). The development of cortical multisensory integration. *The Journal of Neuroscience: The Official Journal of the Society for Neuroscience*, 26(46),11844 - 11849. doi: 10. 1523/JNEUROSCI. 3295 - 06. 2006

Wallace, M. T., Meredith, M. A., & Stein, B. E. (1992). Integration of multiple sensory modalities in cat cortex. *Experimental Brain Research*, 91(3),484 - 488.

Wallace, M. T., Meredith, M. A., & Stein, B. E. (1998). Multisensory integration in the superior colliculus of the alert cat. *Journal of Neurophysiology*, 80(2),1006 - 1010.

Wallace, M. T., & Stein, B. E. (1997). Development of multisensory neurons and multisensory integration in cat superior colliculus. *The Journal of Neuroscience: The Official Journal of the Society for Neuroscience*, 17(7),2429 - 2444.

Weber, P., Kozel, N., Purgstaller, C., Kargl, R., Schwab, D., & Fink, A. (2013). First and second language in the brain: Neuronal correlates of language processing and spelling strategies. *Brain & Language*, 124(1),22 - 33. doi: 10. 1016/j. bandl. 2012. 11. 010

Weber-Fox, C. M., & Neville, H. J. (1996). Maturational constraints on functional specializations for language processing: ERP and behavioral evidence in bilingual speakers. *Journal of Cognitive Neuroscience*, 8(3),231 - 256. doi: 10. 1162/jocn. 1996. 8. 3. 231

Weinberger, N. M., Javid, R., & Lepan, B. (1993). Long-term retention of learning-induced receptive-field plasticity in the auditory cortex. *Proceedings of the National Academy of Sciences*, *U. S. A.*, 90(6),2394 - 2398.

Weiss, T., Miltner, W. H., Dillmann, J., Meissner, W., Huonker, R., & Nowak, H. (1998). Reorganization of the somatosensory cortex after amputation of the index finger. *Neuroreport*, 9(2),213 - 216.

Wright, T. M., Pelphrey, K. A., Allison, T., McKeown, M. J., & McCarthy, G. (2003). Polysensory interactions along lateral temporal regions evoked by audiovisual speech. *Cerebral Cortex*, 13(10),1034 - 1043.

Wu, C. W., & Kaas, J. H. (1999). Reorganization in primary motor cortex of primates with long-standing therapeutic amputations. *The Journal of Neuroscience: The Official Journal of the Society for Neuroscience*, 19(17),7679 - 7697.

Xu, J., Sun, X., Zhou, X., Zhang, J., & Yu, L. (2014). The cortical distribution of multisensory neurons was modulated by multisensory experience. *Neuroscience*, 272,1 - 9. doi: 10. 1016/j. neuroscience. 2014. 04. 068

Yang, P. F. , Qi, H. X. , Kaas, J. H. , & Chen, L. M. (2014). Parallel functional reorganizations of somatosensory areas 3b and 1, and S2 following spinal cord injury in squirrel monkeys. *The Journal of Neuroscience: The Official Journal of the Society for Neuroscience*, *34*(28), 9351 – 9363. doi: 10. 1523/JNEUROSCI. 0537 – 14. 2014

Yin, P. , Fritz, J. B. , & Shamma, S. A. (2014). Rapid spectrotemporal plasticity in primary auditory cortex during behavior. *The Journal of Neuroscience: The Official Journal of the Society for Neuroscience*, *34*(12), 4396 – 4408. doi: 10. 1523/JNEUROSCI. 2799 – 13. 2014

You, H. , Gaab, N. , Wei, N. , Cheng-Lai, A. , Wang, Z. , Jian, J. , ... & Ding, G. (2011). Neural deficits in second language reading: fMRI evidence from Chinese children with English reading impairment. *NeuroImage*, *57*(3), 760 – 770. doi: 10. 1016/j. neuroimage. 2010. 12. 003

Zhao, J. , Thiebaut de Schotten, M. , Altarelli, I. , Dubois, J. , & Ramus, F. (2016). Altered hemispheric lateralization of white matter pathways in developmental dyslexia: Evidence from spherical deconvolution tractography. *Cortex*, *76*, 51 – 62. doi: 10. 1016/j. cortex. 2015. 12. 004

5 学习动机

朱晓红

【内容简介】

　　学习动机研究对改进我国当前教育现状具有非常重要的意义。近十年来,国外以现代期望价值理论、自我效能理论、能力内隐理论、自我决定理论中的内在/外在动机论、成就目标理论、自我调节学习理论、归因理论等为理论基础的研究逐步深化、细化,取得了一些新突破。国内学者立足本土文化,也开展了初有成效的研究。今后的研究方向应结合文化因素对动机理论进行整合,以便更好地对我国学生的学习动机进行描述、解释、预测和控制。

【内容提纲】

5.1　国外研究现状 / 81

　　5.1.1　以现代期望价值理论为基础的学习动机
　　　　　研究 / 81

　　5.1.2　以自我效能理论为基础的学习动机研究 / 83

　　5.1.3　以能力内隐理论为基础的学习动机研究 / 84

　　5.1.4　以内在/外在动机论为基础的学习动机
　　　　　研究 / 84

　　5.1.5　以现代成就目标理论为基础的学习动机
　　　　　研究 / 87

　　5.1.6　以自我调节学习为基础的学习动机研究 / 89

　　5.1.7　以归因理论为基础的学习动机研究 / 90

5.2　国内研究现状 / 93

　　5.2.1　关于内在/外在动机的研究 / 93

　　5.2.2　以现代成就目标理论为指导的学习动机
　　　　　研究 / 95

　　5.2.3　以归因理论为指导的学习动机研究 / 98

5.3　小结 / 102

　　5.3.1　国内外研究比较与分析 / 102

　　5.3.2　学习动机研究对中国教育现状的意义 / 102

学习动机是引起、维持学生学习行为并使之趋向既定目标的动力倾向。没有学习动机,也就不可能引发学习行为。尽管学习动机对学生的学习如此重要,但由于动机本身具有内隐、不易觉察的特性,所以,学习动机研究一直是一项进展较缓慢、较难有突破的心理学课题。美国心理学家 Graham 和 Weiner(2012)曾这样评价学习动机研究进展的缓慢性(或者说学校教育领域中学习动机问题的顽固性与普遍性):"当代学校教育领域拥有了许多先进工具,包括计算机、电子白板、传真机、iPhone 系列电子产品、视频会议装置、隔音教室等,这些先进工具在 20 世纪的大部分时间里都是很难见到的。此外,教学方法与课堂组织也有了较大改进。但是,唯一不变的是那些受挫折与被激怒的教师——他们试图唤醒那些不愿意学习的学生的学习动机,使他们集中注意并努力学习,但毫无疑问这些教师没有成功。"这种情况在国内外都是一样的。唯其如此,在当代教育心理学领域进一步深入开展学习动机研究就显得非常迫切而必要了。近十年来,国内外心理学家在前人研究的基础上,对学习动机进行了艰苦的探索,并取得了一些进展。

5.1　国外研究现状

学习动机贯穿了学生学习的全过程。在此过程中,学生始终面临一些与学习动机有关的问题,而对于每个问题的回答,目前都有相应的动机理论来解释。例如,在学习伊始,学生所面临的动机问题是:"我有足够的能力去学习吗?""我想要学习吗?""我为什么要学习?"——期望价值理论、自我效能理论、能力内隐理论、自我决定理论中的内在/外在动机论、成就目标理论等可以解释这个阶段学生所面临的动机问题。在学习过程之中,学生所面临的问题是:"我的学习进行得怎样?"——解释这个问题要用到自我调节学习理论。在学习过程之末,学生所面临的问题是:"为什么我会成功(或失败)?""我感觉怎样?"——这就涉及动机归因理论以及与动机有关的情绪理论。近十年来,国外心理学家在对这些理论进行实证研究的过程中,逐步深化、细化了理论,取得了一些新的突破。

5.1.1　以现代期望价值理论为基础的学习动机研究

众所周知,以 Lewin、Rotter、Atkinson 等人为代表的经典期望价值理论家将动机看作是期望(达到目标的可能性)和价值(目标被需要和渴望的程度)的函数,期望和价值呈负相关——最不可能达到的目标具有最高的价值(简单地说,就是"得不到的就是最好的")。因此,在某种程度上而言,期望与价值是对立的关系。而以 Eccles 等人为代表的现代期望价值理论家则并不把期望与价值相对立,也不太看重两者之间的依存关系,而是将期望与价值这两个概念分开来进行研究。Eccles 等人的研究专注于具体学习科目,如英语、数学的学习中出现的期望价值问题(Durik, Vida, & Eccles, 2006)。在研究中,最典型的一个问题是:"你认为明年在英语科目的学习上能做到多好?"有时也会这样问:"你学习英语有多擅长?"由此可见,现代期望价值理论将"期望"概念与"能力信念"概念紧密联系在一起,有时甚至将两者混用。与此同时,现代期望价值理论把"价值"看作是与任务有关的认知信念,并对价值类型进行了划分。学生能够认识到的学习价值类型主要有四种:(1)成就价值(例如,学习好能够体验到成就感);(2)内在价值(例如,从学习活动本身体验的愉快感);(3)使用价值(例如,外语学习好了将来可以出国等);(4)代价(这是一种反向的提法,指的是一个学生因投入学习而不得不放弃一些东西,例如放弃上网打游戏)。

三类实证研究

基于现代期望价值理论,以儿童和青少年为研究对象的实证研究很多,大体上可以分为三大类:(1)"期望"和"价值"的正相关研究。在某些特定领域,期望和价值之间的关系并非如经典期望价值理论所言呈负相关,而是呈现出正相关的特性。它们可以同时预测许多重要的学业结果变量——课程选择、坚持性和学业成绩。一项实证研究表明,如果六年级学生相信他们在数学学习上能获得成功并且认识到数学的重要性,则可以预测,他们在十二年级时将会选修高等数学课程(Simpkins, Davis-Kean, & Eccles, 2006)。(2)"期望"和"价值"的发展研究。纵向研究表明,随着儿童逐渐成长,期望、价值、学业成绩三者之间的关系变得越来越紧密,但是,在孩子们的心目中,"期望"和"价值"的内涵却发生了显著的变化。从儿童期到青少年期,孩子们对成功的期望和对任务价值的积极认识都逐渐降低或变得消极起来(Jacobs, Lanza, Osgood, Eccles, & Wigfield, 2002)。这些发展性的变化在某种程度上是由于随着年龄增大,孩子们对自己的认识和能力判断越来越"现实",而学校环境中的竞争性因素也越来越多,导致他们的消极认知增加。在从小学过渡到中学的过程中,这种状况尤其明显。(3)基于纵向研究的期望和价值的时间序列研究。期望和价值谁先出现,谁后出现,也就是说,儿童到底是因为预期某项学习任务会成功而对此任务有较高的价值认识(期望—价值序列),还是因为一项学习任务有较高的价值而努力学习此任务(价值—期望序列)呢?已有研究结果支持前者,即期望—价值序列。

对"价值"的实证研究方法

不管是经典期望价值理论还是现代期望价值理论,心理学家们在研究过程中对"期望"的重视程度都高于"价值",对前者的研究数量也大大多于后者。但其实,"我想要学习吗?"(价值问题)有时比"我有足够的能力去学习吗?"(期望问题)更加重要。因此,今后的研究重点应该转移到对"价值"的研究上来。有几项研究已经作出了前期探索,特别是在研究方法上,采用同伴提名法、价值肯定法等间接研究的方法,起到了良好的效果,为后人提供了借鉴。(1)同伴提名法。Graham 及其同事采用同伴提名法,对美国少数族裔学生的学业价值观进行研究。在研究中,请学生对他所羡慕、尊敬以及引以为榜样的同班同学进行提名。其研究逻辑是:一个学生羡慕、尊敬什么样的人,以及以什么样的人为榜样,可能反映了这个学生心目中的价值观。结果显示,美国非裔及拉丁裔小学女生几乎都将学习成绩好的同班同学作为羡慕、尊敬的对象与榜样,但是,非裔及拉丁裔中学男生则更倾向于将学习成绩不好的同学作为羡慕与尊敬的对象。对此现象的解释是:少数族裔男生可能更多面临独特的压力,而这些压力对其成就价值观产生了破坏作用(Taylor & Graham, 2007)。(2)价值肯定法。研究要求中学生实验组被试从备选的各种价值(例如,与朋友的关系、与家人的关系、在艺术上有特长等)中选出他们认为最重要的价值,并写一段话来论述为什么这种价值对于他们而言是最重要的;而控制组被试选出他们认为最不重要的价值,并写一段话来论述为什么别的人可能认为这种价值是重要的。经过一学年的“课堂 15 分钟价值自我肯定”干预实验,与控制组相比,实验组学生(美国非裔中学生)显著改变了他们原有的“黑人在学习上不如白人有优势”的刻板价值信念,并且学习成绩也得到了普遍提高——横亘于美国黑人与白人学生间的成绩鸿沟消失了(Cohen, Garcia, Apfel, & Master, 2006; Cohen, Garcia, Purdie-Vaughns, Apfel & Brzustoski, 2009)。

5.1.2 以自我效能理论为基础的学习动机研究

与“期望”概念一样,自我效能理论涉及的问题也是:“我有足够的能力学习吗?”自从 Bandura 在 20 世纪 80 年代提出自我效能理论以来,大量的实证研究都验证和支持了这一理论。研究证明,具有高自我效能的学生更倾向于选择高挑战性任务,更加努力学习,更加喜欢或享受他们的学习过程,在受挫折后更容易恢复。自我效能与学业成就具有较高的相关,相关系数范围在 0.50—0.70 之间(Schunk & Pajares, 2005, 2009)。

多年来,自我效能理论不仅频繁用于学校成就行为研究方面,而且还应用于焦虑、痛苦耐受、恐惧症治疗等与心理健康有关的领域;不仅用于个体自我效能研究,而且用于集体效能研究,例如教师集体效能研究(Hoy, Hoy, & Davis, 2009)。如此广泛、大量的应用研究显示了自我效能理论在当代动机研究领域的重要地位。

然而,近年来,有一部分心理学家开始质疑“自我效能”这一构念的独立性与能效性。Williams(2010)指出,在决定开始一项学习行为之前,人们对所参与行为产生的得失(即结果期望)所进行的评估,一点儿也不少于对他们行为能力(即自我效能)的评估。也就是说,结果期望影响了个体参与某项行为的愿望,从而进一步影响他们从事这一行为的信念(自我效能)。显然,从前面的讨论中可以看出,期望与价值诱因在决定某人进行一项行为中的作用都是非常重要的,以往的研究过高地估计了自我效能作为行为的独立预测因子的效力。

5.1.3 以能力内隐理论为基础的学习动机研究

如果说自我效能理论关注的是"我能"的问题,那么能力内隐理论关注的则是"我不能"的问题,它从习得性无助的研究发展而来。Dweck 及其同事于 20 世纪 70 年代提出了能力内隐理论,指出每个人头脑中都有一个关于自身能力本质及特性的内隐理论。有些人认为能力是不稳定的,可以通过努力得到增长提高,即持"能力增长观";有些人则认为能力是稳定的、不可改变的,努力学习只能获得新知识,但却不能提高个人的聪明程度,即持"能力实体观"。个体所持的能力内隐理论对其动机和行为产生重要影响。研究表明,持"能力增长观"的个体倾向于选择有挑战性的任务,以达到增长能力、更好掌握知识的目的。相反,持"能力实体观"的个体则倾向于回避有挑战性的任务,因为他们最基本的考虑就是证明自己的胜任力,避免低能的评价(Dweck & Master, 2009)。

近年来,不少研究者开始对个体进行针对"能力增长观"的训练和干预,并取得了积极的效果。在一项研究中,Aronson、Fried 和 Good(2002)招募大学生被试,让他们与虚构的中学生成为"笔友",这些中学生"据说都是"面临学业失败的学生。研究者要求大学生们给他们的"笔友"写鼓励信件,信中对学业成功所需的能力进行反省。在实验中,分别给实验组与控制组大学生提供信件脚本。给"能力增长观"实验组大学生提供的信件脚本是关于能力延展性的,即在人的一生中,能力伴随着努力而增长,人的大脑会不断地产生新的与智力有关的突触联系。给控制组大学生提供的信件脚本则强调了多元智力理论观点。结果显示:实验组的大学生被试深受他们自己信件的影响,与控制组被试相比,他们对大学学业有更积极的态度,获得了更高的学业成绩。另外两项关于小学生向中学生过渡的类似研究显示了相同的结果(Blackwell, Trzesniewski, & Dweck, 2007; Good, Aronson, & Inzlicht, 2003)。这些干预研究虽然只是小型研究,但是却为动机干预实践提供了美好前景。

5.1.4 以内在/外在动机论为基础的学习动机研究

除了前面所提及的"我有足够的能力学习吗?""我想要学习吗?"这样的问题,在学习过程开始之前,学生还可能这样问自己:"我为什么要学习呢?"这就涉及自我决定理论中的内在/外在动机论以及后面要提到的成就目标理论了。

所谓内在动机(或称内部动机),是指学生的学习目的指向学习活动本身,是由参与活动所带来的快乐感受和内部满足引起的动机,即从内部驱使个体从事某种活动;所谓外在动机(或称外部动机),则是由外部奖励与强化所激发起来的动机,指向于外源性强化物,如奖品、金钱、赞扬、社会认同、批评、惩罚,等等。自我决定理论指出,当一个学生与生俱来的三种基本心理需要——胜任需要、自主需要、归属需要得到满足时,就会产生学习的内在动机。反之,如果这些基本需要得不到满足,就会引起学生的动机缺失。

内在动机与外在动机的关系

关于内在动机与外在动机的关系,传统的自我决定理论指出,尽管有时候外在动机与内在动机一样都能促进学习活动的发生,但是外在动机有时会起到削弱内在动机的作用,最后甚至可能会产生动机缺失的后果。当学生正在进行明显有浓厚兴趣的学习活动(如绘画)时,或者正在进行富有挑战性和创造性的学习活动(如解决难题)时,如果给予外部奖赏,那么这种外部奖励会削弱学生的内在动机(Deci, 1971; Lepper, Greene, & Nisbett, 1973)。然而,后期研究发现,外在动机并不总是削弱内在动机,它有时也会对内在动机产生促进作用——外在动机对内在动机的影响表现在两个方面:信息方面(information aspect)与控制方面(controlling aspect)。信息方面是指外部奖励引起内在动机的增强,控制方面是指外在动机引起内在动机的降低(Ryan & Deci, 2000)。外在动机对内在动机起增强作用还是削弱作用取决于个体对外部反馈的评价。当外部反馈被知觉为对个人能力与表现的肯定(信息方面)时,会增强个体的自主感与胜任感,有助于提高其内在动机水平;当外部反馈被知觉为仅仅是对参与活动的奖励(控制方面)时,会导致内在动机降低。比如,某个学生因学习优秀而获得奖励,如果奖励被知觉为是对其学习能力的肯定,就会调动他的学习兴趣,增强学习的内在动机;相反,如果将奖励知觉为单纯奖励学习本身,那么一旦奖励取消,他的学习热情就会随之降低,从而削弱内在动机。

动机整合理论

为进一步厘清内在动机与外在动机的关系,在自我决定理论的基础上形成了"动机整合理论"。该理论首先区分出三种不同类型的动机:无动机(amotivation)、内在动机(intrinsic motivation)、外在动机(extrinsic motivation)。无动机意味着既无内部驱动力量也无外部驱动力量;内在动机是一种高度自主的、完全出于个人自然本性需要的驱动力量,充分体现了个人的意志与控制;外在动机是由与活动相分离的外部控制因素所形成的驱动力量。动机整合理论认为,个体可以通过自我调节,将外在动机中的控制力量逐步知觉为和个人基本心理需要相统一的因素,这个过程称为动机内化。随着内化程度的加深,外在动机的控制性逐步削弱,个体的自主性逐步增强。按自主性水平(即自我决定水平)的不同,内化过程可分为四种水平:(1)外在调节(external regulation)。行为的执行仅是为了获得外部奖励或避免批评,外在动机没有内化,没有体现出个体的自我决定。(2)摄入调节(introjection regulation)。个体接受了某些规则,但没有完全内化。个体出现了一定程度的自我决定,但仍然将外部因素知觉为控制性的,对活动的参与往往是为了避免焦虑感、愧疚感等,或是为了展示某种能力以维持价值感。(3)认同调节(identification regulation)。个体认识到外部控制因素的重要性,意识到参与不喜欢的活动有助于其他感兴趣目标的实现,外部驱动力被内化成能够接受的东西。(4)整合调节(integration regulation)。这一水平是完全而有效的内化,个体不仅认同外在规则的重要性,而且与内部需要整合为一体。个体觉得外部控制因素与他自己的目标愿望是完全一致的。从自我决定的水平来讲,此时十分接近于内在动机状态,个体有非常良好的自主性,不再产生被控制感。

因此,从自我决定理论角度看,完全整合的内在动机与外在动机很难区分。一项活动中的内在动机与外在动机不是彼此对立的,某些内在动机与外在动机可以同时存在,并相互整合。事实上,在学校教育情境中,外源性控制因素是普遍存在的,也是不可避免的,将学习动机完全建立在内在动机基础上是不现实也不科学的,内在动机与外在动机相整合的状态才是学习动机的最佳状态。Lin、McKeachie 和 Kim(2001)采用内在/外在动机问卷,从一所文科学院、一所综合性大学、一所社区性大学中抽取13个班级,对大学生的学习动机进行了问卷调查,结果发现,当高水平的内在动机与中等水平的外在动机相结合时,能最有效地促进学习。在现实情境中,如何整合内在动机和外在动机,以及如何促进外在动机的内化,还是值得进一步深入研究的问题。

动机整合与心流

动机整合理论借用了 Csikszenkmihalyi(1990)提出的心流(flow)这一术语,作为衡量内在动机和外在动机是否完全整合的标志。心流是指个体完全沉浸在某项活动中时所产生的独特体验,通常包含以下九方面特征:(1)挑战—技能平衡;(2)行为意识统一;(3)明确的目标;(4)及时反馈;(5)注意高度集中;(6)控制感;(7)自我意识消失;(8)注意不到时间的流逝;(9)自带目的性体验。其中,第九项特征所指的就是个体发自内心地参与活动,是因为活动过程中所获得的快乐而不是活动后的奖励而参与活动的。也就是说,在活动的过程中就达到了目的。心流的出现标志着个体完全摆脱外部控制,内在动机和外在动机达到了完全整合的状态。Csikszentmihalyi 曾经指出,很多心理学家关心的是内在动机激发的行为,即哪些内在因素使得个体的行为发生,他们并不关心在受动机激发的行为过程中个体的感受如何。而心流关心的则是在内在动机驱使下个体的主观体验特征,也就是"什么让个体认为行为本身就具有回报性"。正由于心流将个体带入了"最佳状态",才使得个体享受活动本身并且高效率地完成当下任务。

研究表明,心流与内在动机具有相互促进的关系。一项关于运动员的研究表明,内在动机是心流的重要促进因素(Kowal & Fortier, 1999)。此外,Abuhamdeh 和 Csikszentmihalyi(2012)指出,心流的某些维度,如注意集中与挑战—技能平衡也可以促进内在动机。还有更多的研究也证实了心流与内在动机的这种相互作用关系。Lee(2005)以 262 名韩国大学生为被试,考察了动机、心流和学业拖延症之间的关系。结果显示,虽然动机对学业拖延症有显著的独立影响,但是在考虑了心流的影响之后,动机的影响作用则变得不再显著。这项研究的主题虽然仅是探究学业拖延症与心流的关系,但从侧面说明了心流对行为结果的影响可能比动机更为直接。动机作为一种深层心理机制,并非直接作用于个体的外在行为表现,而是通过心流影响个体完成任务时的状态来干预任务完成情况。Liao(2006)通过建构模型来评估学生在远程学习中所经历的心流。研究发现,强烈的学习动机可以激发学生学习的心流,而体验到心流的学生对远程学习抱以积极的态度,拥有更多的学习幸福感,因此能够更加积极主动地利用远程学习。

5.1.5　以现代成就目标理论为基础的学习动机研究

所谓成就目标,就是指学生对从事各种学习活动的理由、目的或意义的知觉。与内在/外在动机论一样,成就目标理论也是回答"我为什么要学习?"这一问题的。学生对这个问题的回答可能是:"我是为了显示我能力强、比其他人更强而学习的。"也可能是:"我是为了学会和掌握新的技能、提高我的能力而学习的。"前者说明该学生采用的是"表现目标",后者说明该学生采用的是"掌握目标"。

在过去的二十年中,动机心理学领域关于成就目标研究的数量惊人,与此主题有关的实证研究数量远远超过了任何一种与其他理论流派有关的实证研究。在此过程中,成就目标理论经历了四次演变过程。

掌握目标/表现目标:二分法

20 世纪 80 年代末,Dweck 及其同事在前人研究的基础上,比较系统地提出了成就目标理论。他们将能力内隐理论进一步发展,指出:那些具有"能力增长观"的儿童往往倾向于采用掌握目标(学习是为了发展能力);而那些具有"能力实体观"的儿童则倾向于采用表现目标(学习是为了展示能力)。前者比后者更具适应意义。在理论研究的基础上,Ames 及其同事在学校课堂情境中开展了成就目标理论的应用研究,他们发现,存在两种课堂特征,分别提供了支持掌握目标或表现目标的气氛。而课堂目标气氛与学生的成就行为关系密切,可以通过改变课堂目标气氛来引导学生在学习情境中的目标定向。他们提出了有名的"TARGET"教学模式,即通过调节任务(task)、权责(authority)、认可(recognition)、组合(grouping)、评估(evaluation)、时间(time)等六种课堂因素来创造一种强调学生能力发展、强调掌握目标的课堂气氛，即一种掌握定向的课堂结构，从而引导学生的目标定向，改善学生的学习动机模式(Ames, 1992)。

掌握目标/表现目标：三分法

20世纪90年代以后，研究者逐渐发现，表现目标并非总是掌握目标的对立面，许多研究表明，表现目标与高成就相关(Senko, Durik, & Harackiewicz, 2008)。两种目标有时是同时出现的，无法分开。因为学生可能既追求掌握目标，同时又想超越别人(表现目标)。如果在与其他人的比较中获胜，则会进一步增进其动机与表现。受Atkinson对成就动机分类(成就动机分为追求成功与回避失败两种类型)的影响，Elliot(1999)将表现目标进一步细分为"表现—接近目标"与"表现—回避目标"。前者是指个体希望通过超越他人来展示自己的能力，成功时伴随着骄傲的情感；后者则是指个体希望避免对自身不利的能力评价，回避社会比较的不胜任结果，失败时伴随着羞愧的情感。从20世纪90年代末开始，大量的实证研究表明：在表现目标中，只有表现—回避目标对动机有消极的影响，而表现—接近目标则与掌握目标一样对动机有积极的影响，有时甚至比掌握目标能更好地预测成绩。现在，三分法已经深入人心，在大多数与成就目标有关的实证研究中，研究者都会分别独立地测量掌握目标、表现—接近目标及表现—回避目标。

掌握目标/表现目标：2×2结构

从上述成就目标分类中可以看出，分类的依据是胜任(competence)的两个维度：定义维度(发展能力/表现能力)和效价维度(接近/回避)。在某种程度上，三分法似乎并不完备——掌握目标没有从效价方面进一步细分。因此，Pintrich (2000)提出，掌握目标也可以进一步分为"掌握—接近目标"和"掌握—回避目标"。掌握—接近目标的概念与二分法、三分法中掌握目标的概念是同义的，指"个体关注的是掌握任务、学习和理解，并根据自己的进步程度和对任务的理解深度来评价自身的表现"。但掌握—回避目标的含义却指"个体关心的是如何避免不能理解或不能掌握任务的情况发生"。在学习情境中，具有掌握—回避目标的个体担心学不好，或者掌握不了知识，他们努力做到不遗忘已经学过的知识或者努力避免不能达到自己以前的标准。例如，快要退役的运动员会倾向于使用掌握—回避目标，他们关心自己是否停滞不前，努力避免表现得比过去差。再例如，完美主义者也倾向于采用掌握—回避目标，他们害怕犯错误。

目前，测量成就目标2×2结构的自陈量表已经制订并投入使用，而且已经有证据表明四种成分的独特性(Cury, Elliot, Da Fonseca, & Moller, 2006; Elliot &

Murayama, 2008; Witkow & Fuligni, 2007)。进一步研究发现,害怕失败和低自我决定感可能是个体采用掌握—回避目标的重要前因;同时,无组织学习、状态性焦虑、担忧和情绪化是掌握—回避目标所引起的重要后果(Elliot & McGregor, 2001)。总之,关于四种目标成分的研究尚有大量空间可以探索,特别是对掌握—回避目标的独特预测变量及其后果变量的研究,还可以更深入。

掌握目标/表现目标: 3×2 结构

在前面的 2×2 模型中,成就目标是按照胜任的"定义"和"效价"两个维度进行分类的。随着研究的深入,Elliot 及其同事对"定义"维度进行了更细致的分析,发现对"胜任"的评价标准应该有 3 个:任务参照标准、自我参照标准和他人参照标准。其中,任务参照标准和自我参照标准包含在掌握目标之中,而他人参照标准则包含于表现目标之中。因此,再结合"效价"维度,就构成了 3×2 模型,包含六种成就目标类型,即任务—接近、任务—回避、自我—接近、自我—回避、他人—接近、他人—回避。具体来说,任务—接近目标是指个体关注如何在任务中获得能力(例如,正确完成这项任务);任务—回避目标是指个体关注如何在任务中避免不胜任(例如,避免不正确地完成这项任务);自我—接近目标是指个体关注如何获得基于自我参照的能力感(例如,比以前干得更好);自我—回避目标是指个体关注如何避免基于自我参照的不胜任感(例如,避免比以前干得糟糕);他人—接近目标是指个体关注如何获得基于他人参照的胜任感(例如,比其他人干得好);他人—回避目标是指个体关注如何避免基于他人参照的不胜任感(例如,避免比别人干得差)(Elliot, Murayama, & Pekrun, 2011)。尽管 3×2 模型从 2×2 模型发展而来,但有时候动机领域的研究者们也把 3×2 模型看成是独立于 2×2 模型存在的。目前,许多研究者都接受将掌握目标中的任务参照标准与自我参照标准区分开来的观点。相应的 3×2 模型的量表也已制订出来,并且此研究结果已被推广到以体育动机为主的其他领域中(Mascret, Elliot, & Cury, 2015)。

5.1.6 以自我调节学习为基础的学习动机研究

与学生的学习活动进程相伴随的是自我调节学习问题,它涉及以下几个方面:"我有没有给自己设置一个合理的目标?""当我遇到困难时,我知道怎么去做吗?""我是如何管理我自己的学习行为的?""当我需要的时候,我会去寻求帮助吗?"Zimmerman 和 Cleary(2009)对自我调节学习的定义是:学习者用来管理他们的学习和表现的认知的、情感的、行为的策略。Zimmerman 和 Kitsantas 将自我调节学习分为三个阶段:(1)前思考期。这个阶段主要是评估学习任务要求,设置目标,评估个人能力。(2)表现期。主要是一些意志策略的运用,例如时间管理、集中注意、寻求帮助、元认知等。(3)自我反省期。主要是学习者如何评价自己的学习表现,包括对学习结果的自我归因、所感到的学习满意度等(Zimmerman & Kitsantas, 2005)。自我调节学习与动机紧密相联,因为在上述每个阶段都伴随着一系列的动机信念。与低水平自我调节学习者相比,高水平的自我调节学习者具有更高的自我效能感和内在动机水平,持有掌握目标,更倾向于将成功或失败归因于内在的、可控的原因(Zimmerman & Cleary, 2009)。

关于自我调节学习的研究很多,其中,对"寻求帮助"的研究值得关注。知道何时寻求帮助是自我调节学习的一个重要策略(Newman, 2008)。当一个学生在学习中遇到困难时,他们如果能够想到要向更有能力的人寻求帮助,那么,这一求助行为是具有适应意义的、重要的自我调节行为。许多研究表明,寻求帮助与很多积极的动机变量呈正相关——知道何时寻求帮助的学生在学习上更加具有自主性,他们具有更高的自我效能感并且采用掌握目标定向(Ryan, Patrick, & Shim, 2005)。相反,那些不知道或者不愿意寻求帮助的学生则经常质疑自我效能,担心失去学习上的自主性,更倾向于采用表现—回避目标,他们比寻求帮助者更焦虑,更少觉察到来自教师的情绪支持(Marchand & Skinner, 2007)。

当学生需要帮助而没有寻求帮助时,有些教师可能会出于好心去帮助他们。但是,研究表明,不被要求的教师帮助可能会在无意间向被帮助学生透露"你是低能的"之类的线索(Graham & Barker, 1990)。近几年的一些研究也发现了这种不被要求的帮助的副作用。例如,来自男性的"善意的性别歧视"的帮助提供了一种温暖、友善的氛围,并释放出这样的信息:"你的能力相对较弱,你需要男生的帮助。"这可能使女大学生被试对自己的能力产生怀疑,并且真的获得了比那些受到"直接敌意的性别歧视"的女大学生同伴更差的成绩(Dardenne, Dumont, & Bollier, 2007)。不被要求的帮助又分为两种:一种是工具性帮助,即给被帮助者提供认知上的"脚手架",最终还是由被帮助者自己来寻找答案。另一种是较低级的帮助,即直接告诉答案。正是这种草率的"帮助"对被帮助者的能力自我知觉产生了消极影响。

5.1.7 以归因理论为基础的学习动机研究

在一项学习任务完成之后,学生往往会问自己:"我学得怎么样?""学习成功(或失败)了吗?""为什么会成功(或失败)?"这实际上是一种学业成败归因。所谓归因,就是人们对自己或他人的行为原因加以解释和推测的过程。在现实生活中,人们总是力图去理解他行为结果的原因和原因结构,尤其是当行为结果出乎意料,或者行为结果是消极的时候,这种归因的倾向就更明显。在学校教育情境中,大量的动机事件都可以从归因的视角来解释。

成败原因知觉

在不同的情境中，人们的成败原因知觉是各不相同的。例如，对于体育运动项目的成败原因知觉可能是力量或者天气，而对于数学考试的成败原因知觉则可能是数学能力等。人们对于成败原因知觉还会因年龄、文化的不同而不同。对自己的成败原因知觉与对他人的成败原因知觉也是不一样的。归因理论中所指的原因，更多是现象学上的原因而非结果本身的原因。然而，并非所有的成败结果都会引起归因。对于那些简单的任务来说，即使成功了，人们一般也不会去问自己"我为什么会成功"，只有那些在重要任务中的意想不到的失败才会引起归因。

原因的维度

归因理论的开创者是社会心理学家海德(F. Heider)，但把归因理论真正引入教育领域的是韦纳(B. Weiner)。在韦纳(Weiner, 1985)的动机归因理论中，确定了原因的三个维度：(1)原因源。原因源是指原因指向于行动者自身还是外部环境。例如，考试题目难度是外部原因，而能力或努力则是自身原因。(2)稳定性。稳定性是指原因是否随时间推移而改变。例如，能力是稳定的原因，而运气则是不稳定的原因。(3)可控性。可控性是指原因是否能够受到行动者主观意志的控制。例如，考题难度是考生不可控制的原因，而努力则是可以控制的原因。韦纳认为，任何一种原因，都可以从原因源、稳定性、可控性三个维度进行分析。例如，能力，对行动者来说是内部的、稳定的、不可控的；努力则是内部的、不稳定的、可控的；运气则是外部的、不稳定的、不可控的。

归因的后果

不同的归因会引发不同的情感和对未来行为结果的期望，从而影响未来的动机。一般来说，学校教育情境中的归因分为两种：一种是对自己的成败结果进行归因；另一种是对他人的成败结果进行归因。这两种归因所引起的行为后果机制是不一样的。

对自己的成败结果进行归因时，原因结构中的三个维度分别与不同的情感或期望相关联。原因源维度与自豪或自卑、自尊或自信等情感相关联，例如，当把学业成功归因于内部原因，如能力时，个体会产生自豪感和胜任感，提高自尊；而当把失败归因于能力时，个体会产生自卑感，失去信心。稳定性维度与未来成功期望有关，例如，当把学业失败归因于缺乏能力这一稳定原因时，个体会认为将来在同一情境下也一定会失败。当可控性维度与原因源维度联结时，在某些情况下可以使个体产生愧疚、后悔和羞耻的情感。例如，当把失败归因于可控的、内部的原因，如缺乏努力时，个体会感到内疚和后悔；当把失败归因于不可控的、内部的原因，如缺乏能力时，个体会感到羞耻，丧失信心，产生无助感。

对他人的成败结果进行归因时,原因结构中的三个维度所引起的归因后果与前述稍有区别,特别是可控性维度,此时与个体的责任推断紧密相联。例如,一个学生平时没有努力学习,导致学业失败,因为努力是个体可以控制的因素,所以责任在个体自身。因此,当教师或家长对该生的学业失败作出努力归因时,他们通常会感到愤怒、失望。这种消极的情绪可能最终导致对该生的惩罚行为。相反,如果一个学生由于缺乏能力而导致学业失败,因为这个原因是个体不可控的,所以不必为此负责。因此,当教师或家长对该生的学业失败作出能力归因时,他们通常会感到遗憾和同情,并对该生进行帮助。

归因训练

为了提高学生的学习动机,归因理论家们试图通过归因训练这种干预研究来达到目的。归因训练的基本假设是:如果能够把失败的归因维度进行改变的话,那么个体随后的行为就会受到影响。例如,说服一个学生将失败的内部归因改为外部归因,这样该生的自尊可以得到维持,从而提高学习动机。一般而言,在归因训练中,主张对学业失败作不稳定、可控的归因。例如,训练大学生把失败归因于缺乏努力和缺乏好的学习策略,因为努力和学习策略都是个体可以控制的,也是可以改变的因素。

Perry、Hechter、Menec 和 Weinberg(1993)对归因训练方法进行了文献综述和总结,发现在大学生中使用较多的是信息法,即让大学生被试观看进阶式的视频剪辑,视频内容是一些学生和教授在进行讨论,讨论的主题是失败后作内部可控责任归因可以提高学习动机和学习成绩。并且,让大学生被试看完视频后如何对学业失败作归因进行讨论或写文章。研究结果表明,这一干预措施对大学生被试的成绩平均积点有积极的影响。在另一项研究中,Perry、Stupnisky、Hall、Chipperfield 和Weiner(2010)对 457 名大学一年级新生进行归因训练。训练前进行了学习成绩初测。研究采用 2(训练、不训练)×3(初测成绩低、初测成绩中等、初测成绩高)的准实验设计。在归因训练中,研究者鼓励所有学生接受可控的归因及减少不可控的归因。一学期过后,在紧接着的第二个学期对学生进行归因、情绪和成绩测试。对于初测成绩低和中等的学生来说,他们的课堂测验和第一学年成绩平均积点都得到了提高。对于初测成绩高的学生来说,他们在第二学期的情绪和学习成绩也得到了提升。

尽管上述归因训练的效果是显著的,但是,仅仅关注对失败的归因本身可能是有局限性的。Graham 和 Weiner(2012)提出,既然归因始于失败的结果,那么,如果能够改变对结果的看法,也许就能提高动机了。例如,可以帮助学生正确看待低分数,不把低分看成失败,而是看成一种信息,这种信息提示学生有哪些地方还需要加强学习。另外,有时候学生获得低分并不意味着失败,而是由于没有充分了解周围同学的水平,或者没有跟自己以前的水平相比较。如果周围同学普遍都获得了低分,或者虽然是低分,但与自己以前的水平相比有了进步,那么就无需进行常规的归因训练,而是应教会学生重新对自己的分数进行评估与分析。

5.2　国内研究现状

国内的主流学习动机研究主要是依据西方现有的学习动机理论进行实证验证,或在已有研究基础上拓展、深入。近十年来,也涌现了许多好的实证研究案例。

5.2.1　关于内在/外在动机的研究

在教学实践中,尽管教师常常使用表扬、奖品等来激发学生的外在动机,但更为关注和期望的是学生可以基于自己的内在动机来进行学习。因此,国内研究者们对内在动机展开了更多的研究,主要集中在以下几个方面。

内在动机的特点及影响因素

张荣华和陈会昌(2007)把内在动机看作是一种特质,将其划分为物为定向内在动机和人为定向内在动机,并在追踪研究中发现:儿童从 4 岁到 7 岁,物为定向内在动机和人为定向内在动机均呈显著上升趋势,在 4 岁、7 岁时,物为定向内在动机和人为定向内在动机均呈显著负相关,物为定向内在动机均显著高于人为定向内在动机。池丽萍和辛自强(2006)修订了学习动机量表,发现可将其明确区分为测量内在动机和外在动机的两个分量表,前者包括挑战性和热衷性两个维度,后者包括依赖他人评价、选择简单任务、关注人际竞争和追求回报等四个维度。

内在动机的影响因素主要涉及个体需要兴趣情感因素、工作任务本身特性、个体成就目标设置、自我效能感、组织授权与交换以及外在激励方式等方面(陈志霞,吴豪,2008)。吴增强和虞慕墉(1995)发现,任务类型对学生的内在动机有影响,学生在操作作业中的内在动机明显高于其在数学作业中的内在动机。王艳梅、刘晓明、郭德俊和宋剑峰(2006)发现,具有掌握目标的学生有最高的内在动机;在失败情境下,具有成绩(即表现)—接近目标的学生的内在动机显著高于成绩—回避目标的学生,但在成功情境下,两种目标取向学生的内在动机没有显著差异;具有掌握目标的学生在失败和成功两种情境下的内在动机无显著差异;成绩—接近目标取向和成绩—回避目标取向的学生在失败情境下的内在动机显著低于成功情境下的内在动机。池丽萍和辛自强(2006)研究发现,男生的内在动机总分显著高于女生,而在外在动机总分上性别差异不显著。具体来看,男女生在挑战性和依赖他人评价两个维度上的得分存在显著差异,男生的挑战性得分高于女生,而女生比男生更依赖他人评价;被试的一般效能感和领域专门的效能感都与内在动机呈正相关,而与外在动机无关。具体来看,效能感与内在和外在动机各维度中的挑战性、热衷性和关注人际竞争呈正相关,与选择简单任务呈负相关。

内在动机与外在动机的关系

内在动机和外在动机的关系十分复杂。一方面,由于外在的、对行为的控制会导致个体自主性的缺失,因此有研究者认为外在诱因的存在会削弱内在动机。如在两种学习任务中,虽然有奖赏一成功组顺利地解决了问题,获得奖品,但其动机反应得分反而低于无奖赏一成功组(吴增强,虞慕墉,1995)。周国韬(1987)认为并不是诱因存在本身,而是诱因之间的对比才是引起内在动机变化的一个重要因素。他的实验结果证实了该假设:与无外部奖赏的被试相比,得到外部奖赏而又没有经历诱因变化的被试表现出了更长的课题持续性,而得到外部奖赏又经历了诱因变化的被试表现出了较低的课题持续性。另一方面,也有一些研究讨论了外在诱因对内在动机的促进作用。以表扬为例,当表扬被认为是真诚的,能引发适宜的作业归因,增强自主性和自我效能感,而且不过多依赖社会比较时,它能促进内在动机(任国防,张庆林,2004)。冯竹青和葛岩(2014)也认为物质奖励对内在动机的侵蚀效应的大小受到奖励条件设置、竞争情形、个体的归因倾向、反馈信息、自主选择空间等因素的影响。因此可以认为,外在动机对内在动机产生的是积极的还是消极的影响,关键在于外在诱因的恰当使用。在教学实践中,教师对表扬、奖励等的正确使用,不仅能够促进学生外在动机的内化过程,也能够加强学生原有的内在动机。

此外,还需考虑到文化因素的影响。张荣华和陈会昌(2007)发现在儿童 4 岁和 7 岁时,父母控制与儿童物为定向和人为定向的内在动机均无显著相关,这是由于在集体主义社会中,个体为了能归属于主流文化而按照他人的要求作出选择。父母在学龄前儿童眼里是权威角色,由父母作出的选择和决定可能完全得到儿童认同,这个时候,父母的外在控制并不会破坏儿童的内在动机。而在个体主义文化背景下的研究却发现,学龄期儿童在学校期间由于受到各种外在的控制、奖励和惩罚而使内在动机遭到破坏。

内在动机和外在动机对学习和创造力的影响

拥有内在动机的个体能够积极主动地投入到学习之中,从而提高学习成绩。梁海梅、郭德俊和张贵良(1998)认为任务目标(掌握目标)通过内部动机对学业成就产生积极的影响,能力目标(表现目标)通过外部动机对学业成就产生消极的影响。王振宏和刘萍(2000)的研究表明,自我效能、内在动机、掌握目标、学习策略、智商分数与学业成就呈显著的正相关,外在动机、业绩目标(表现目标)与学业成就呈显著的负相关,内在动机通过直接影响学习策略而间接影响学业成就。

个体的创造性在某种程度上也受到内在动机的影响,如李力红和曲桂丽(1998)

发现初、高中内控(内在动机驱动)组的内控分数与创造力的独特性分数之间的相关值达到显著水平,初中内控组在创造力的流畅性、独创性和灵活性指标上的得分皆高于外控(外在动机驱动)组,高中内控组在创造力的独创性、灵活性指标上的得分高于外控组。朱晓红(2001)发现不同学习动机类型小学生的创造性倾向表现出显著差异,具有内在动机的小学生在总的创造性倾向上优于具有外在动机的小学生。薛贵、董奇、周龙飞、张华和陈传生(2001)综合考察在故事、连线和命名任务下,内在动机和外在动机对创造力表现的影响。研究发现,在内在动机与创造力的关系上,个体的认知需求倾向对其创造力有显著影响。由于高认知需求的人面对创造力测验的时候,可能更愿意认真思考,并投入更多的时间,从而更可能得到新颖、独特的解决方法。但是,对于不同的创造力任务来说,内在动机的作用大小各不相同:对于连线任务来说,内在动机有显著的作用;而对于其他任务来说,内在动机的作用并不显著。这说明内在动机的作用具有较强的任务相关性,对于难度低的任务的作用更强。因为相对说来,故事任务对个体的相关知识基础和写作技能有更高的要求,因此内在动机对故事任务的作用就相对较小;而连线任务对专业知识和技能的要求相对较少,因此内在动机的作用相对较大。李艾丽莎和张庆林(2006)认为研究生的创造性动机主要是追求活动本身所带来的喜悦感、满足认知好奇心等,其研究发现研究生的创造性动机处于中等偏高水平,专业对创造性动机的影响非常显著,性别对创造性动机的影响不显著。

综上所述,内在动机和外在动机的区分并不是绝对严格的,外在动机虽然被定义为由外部诱因所引起的动机,但其中却包含着存在于个体内部的因素,如强化物对于个体的价值,个体是否"想要"等,也就是说,外在诱因只有在被个体所"认可"的情况下才能转变为一种动机,其中必然要经过个体的认知评估过程。

因此,内在动机与外在动机的关系仍然值得进一步探讨。鉴于有关外在动机对内在动机影响的研究结果的不一致性和分散性,需要建立起一种综合的模型来统合各种研究成果,使外在动机促进内在动机的条件更加明晰,也使对外在动机的使用更加可操作化。张剑和郭德俊(2003)认为如果能够确定内在/外在动机的具体成分,研究成分之间的关系,探讨每个子成分与特定任务活动之间的影响机制,那么将有助于问题的澄清。

关于内在动机的研究,目前的实证研究数量还不是很多,且大都是在实验室情境中进行,因此研究结果很难直接用于指导教学实践。此外,内在动机还受到其他各种因素的影响,对这些因素进行深入分析也是必要的。

5.2.2 以现代成就目标理论为指导的学习动机研究

自20世纪70年代末以来,成就目标一直是教育心理学研究的热门课题。国内的大量研究多以学生为被试,主要集中于以下几个方面:(1)成就目标理论发展的研究和验证;(2)成就目标与相关变量关系的研究;(3)实践应用研究。

成就目标理论发展的研究和验证

Dweck 的成就目标理论以人对能力持不同的内隐观念为基础发展而来。我国学者连榕、石伟和孟迎芳(2002)对 Dweck 把目标取向看成连续体的观点提出疑问;并且认为把目标取向分为两种独立的类型也不合适,这两种目标取向一般在同一个人身上同时存在,不同个体间只存在水平高低的区别,不存在有或无的区别。连榕等人主张将目标取向划分为:高/低学习目标取向、高/低成绩目标取向四种类型。梁国胜(2002)对 Pintrich(2000)和 Elliot 等人(Cury 等,2006;Elliot & Murayama, 2008)的四分法理论假设进行了实证研究,验证了掌握—回避目标的存在,并指出成就目标的四分法更为合理。实验发现,父母教养方式与学生的成就目标取向有关:母亲的权威性和掌握目标取向相关,母亲的专制或放纵与成绩目标取向相关,父母的积极参与和掌握目标取向正相关。方平、熊瑞琴和郭春彦(2003)对初一、二年级学生所做的研究也得出了相似的结论。

成就目标与相关变量关系的研究

国内有关成就目标的研究更多探讨的是成就目标与学业成绩、学业求助、学业冒险、测验焦虑等因素的关系。成就目标不同,使得个体在认知、情感、行为方面存在不同的特点。不同成就目标所引发的适应性问题是近年来的关注热点。

(1) 认知方面。持有掌握目标的个体关注学习过程,重视学习的内在价值,执行自我参照标准。持有成绩目标的个体关注学习结果,成绩—接近目标个体多做能力归因,学习通常是其展示自我能力的手段;成绩—回避目标个体力求不要成为最差,较多地对成败做努力归因。白学军、刘旭和刘惠军(2013)以初中生为被试进行研究,结果表明,持有掌握目标的个体在实际学习过程中,也会关注社会比较信息,这对成就目标理论的观点提出了挑战。研究者认为,该结果可能和两方面因素有关:其一,我国为集体主义文化,这种文化背景促使个体常通过与其他人的对比来获取自己在群体里的信息;其二,考虑到初中生的身心特点,尤其是自我意识的增强,使得他们有了解他人状况的动机,为自己获取学习深造的机会积累信息,以便作好相应准备。

(2) 情感方面。不同成就目标的个体在焦虑度方面的差异接近显著,以成绩—回避模式为最高,掌握—接近模式最低。归因方式的不同也可造成不同的情感体验。努力归因是成就情感的重要因素,而能力归因所产生的情感受成败情境的影响。成功时,个体有愉快、自豪的情感体验;失败时,则会产生羞愧、压抑等消极情感。刘惠军和郭德俊(2003)以高三学生为被试,研究考前焦虑、成就目标和考试成绩的关系,发现持有掌握—回避目标的个体有着更高的考前焦虑。这一结果与 Pintrich(2000)

的假设不相符。这是高考前出现的特有现象,还是普遍存在的一般现象,抑或是我国特有的文化现象,有待于进一步的研究。

(3) 行为方面。成就目标不同所引起的差异主要集中在对挑战性任务的选择态度和学习策略的运用上。持有掌握目标的个体偏好挑战性任务,以发展能力,习得新知识。持有成绩—接近目标的个体也会选择挑战性任务,不同的是他们的目的在于超过别人,证明自己。而持有成绩—回避目标的个体较少选择挑战性任务。在学习策略方面,持有掌握目标的个体更愿意运用深层策略,持有成绩—回避目标的个体只重视表层策略(冷英,贾德梅,2002;刘加霞,辛涛,黄高庆,申继亮,2000)。还有研究表明,掌握目标总是能促进良好的适应性行为。持有掌握目标的个体能恰当地运用学业求助策略,更倾向于进行学业冒险行为。相比之下,持有成绩目标的个体易感受到来自外界的威胁,对求助抱有较为负面的态度。其中成绩—回避目标对学业求助有更大的负面作用,具有该目标的个体倾向于回避学业冒险行为(李晓东,张炳松,2001)。余安邦(1990)根据中国所特有的文化特点,设计相关实验,以小学生为被试,探讨了成就目标、动机与学业冒险的关系。实验结果表明,小学生倾向于回避中等水平的学业冒险活动,而选择稍稍低于自身能力水平的学习任务。除此之外,国内学者还考察了成就目标定向的性别差异,发现男生更倾向于进行掌握目标定向,女生更倾向于成绩目标定向。这种结论与国外的研究不一致,可能由研究者选取的被试、测量工具,或是东西方文化差异所导致,还有待于进一步研究。

成绩目标定向与学业成绩的关系研究常得到不一致的结论,需要进一步考察(赵丽琴,2006)。近年来,相关研究也取得了突破性的进展。如提出了多元目标的观点,更注重对第三变量及反馈、学业自我效能的中介作用等因素的考察(朱晓斌,张莉渺,吴亮亮,2011)。

实践应用研究

我国学者运用成就目标理论,在课堂教育情境中进行实证研究,取得了良好效果。例如,李燕平和郭德俊(2002)采用现场教学实验的方法,以同一所中学的初中二年级两个班的学生(实验班 36 人,控制班 34 人)为被试,运用 TARGET 教学模式引导学生的掌握目标定向,探讨了掌握目标定向激发学习动机的有效性和可行性。研究结果表明,通过教师在课堂上实施强调掌握目标的教学干预策略,可以有效地改善学生的学习动机模式,促使学生更多地采取掌握目标,提高学生的学习兴趣和学习成绩。

综上可以看出,近年来,关于成就目标的理论与实证研究取得了重大进展。但是,仍然有一些问题值得讨论。首先,研究多采用问卷法。若能开发出更先进的测量工具和研究方法,将更有助于对成就目标进行更为准确、客观的评价(张咏梅,方平,郭春彦,1999)。其次,国内的研究结果与国外结论有不一致的情况。所得结论是否有普适性,还需进一步验证。除此之外,究竟是什么因素影响着个体在相同的学校环境中形成如此不同甚至相对的成就目标? 以及如何培养学生形成适当的成就目标,改进持有成绩—回避目标的个体的不良体验? 因此从发展的角度进行纵向研究,探索适合不同年龄阶段的成就目标形成和干预的手段,应成为今后研究的一个重要方面。

5.2.3 以归因理论为指导的学习动机研究

20 世纪 80 年代末,归因理论被介绍到国内,之后迅即引起了一股研究热潮。相当多的研究者深入中小学一线进行实证研究,他们的研究主要集中在以下几个方面:(1)归因特点研究;(2)归因结果及相关变量研究;(3)归因训练研究。

归因特点研究

中国中小学生的学业成败归因具有自身特点,最突出的一点是,与国外学生相比,中国学生一般不将考试成功的主要原因归于能力,而是归于"环境"和"题目"等外部因素。而对于考试失败的归因,则倾向于"努力"、"心情"等内部原因。这可能主要是由于中国人的"自谦"人格、"自利性归因偏差"、对突显刺激的过度反应等造成的。另一方面,将失败归于内部因素也说明小学生在失败面前敢于承担责任。这种特点随着年级的增长越来越明显。在考试成功时,年级越高的儿童越少进行能力归因,越多地进行环境归因和题目归因。此外,未发现明显的归因性别差异(韩仁生,1996;康英,1992)。另一些研究也发现中国学生对学业成败的归因模式与西方不完全相同,有着自身的文化特点。不仅如此,对待某些原因,如"任务难度",也要具体问题具体分析——有一些人将成功归因于作业容易,可能暗示自己能力强;一些人将失败归因于作业难,也可能暗示自己能力不差。所以对于把结果归因于任务难易的学生不能一概而论,要对其作深入具体的分析,挖掘出其归因的深层含义,及时强化引导,使之向有利于提高学业成就动机的方向转化(隋光远,1991)。尽管研究发现中国学生与西方学生的成败归因不尽相同,但也有研究发现了跨文化的一致性。孙煜明(1991)在美国选取了不同国籍、不同文化背景的大学生为被试,研究发现,获得成绩的水平愈高,觉察到能力原因的平均数愈大,在归因维度上倾向内部的、稳定的、不可控制的因素愈明显,有关自我的情感反应也愈强烈。该研究证实了韦纳的归因动态模式适用于不同文化国家,为跨文化归因研究的广泛开展提供了理论依据。但与此同时,该研究还指出,尽管不同文化组在考试成功结果的原因知觉上具有共同的方面,但由于文化、教育和社会背景等条件的差别,不同文化组之间的因果关系推论也具有各自的特点。

还有学者研究了中国的独生子女与非独生子女之间的学业成败归因差异,发现独生子女与非独生子女在能力、努力、任务难度、运气、学习品质、心境、知识基础等因素上都不存在显著差异。在"家庭环境"因素上，当进行成功归因时，独生子女与非独生子女间的差异达到极其显著水平，表明独生子女的父母比非独生子女的父母对子女有更高的成就期望值和学习关心度，这是促成其学业成功的极其重要的因素；当进行失败归因时，二者间的这种差异则未达到显著水平(杜林致，赵鸣九，2000)。

此外，学习不良学生和非学习不良学生对学习成败的归因有明显不同。与非学习不良学生相比，学习不良学生较少把学习成败解释为内部原因，而更多解释为有势力他人的控制。学习不良学生在成败归因上没有表现出性别差异。研究还发现，把学习成败归因于自己内部因素的学生才更有可能具有深层型学习动机，采取深层型学习策略；而把学习成败归因于不可知因素的学生，不大可能采取成就型学习策略(雷雳，张钦，侯志瑾，周俊华，1998)。

需要注意的是，实际上，成就归因包含着两种类型：一是人们在长期生活中形成的对自己行为结果的原因的一般看法；二是人们在某一具体成就情境中对具体成就行为结果的原因的具体看法。前者可以称为倾向性成就归因，后者可以称为情境性成就归因，它们之间是一般与具体、普遍与特殊的关系。已有的大多数研究所探讨的问题仅限于个体的情境性成就归因，而未涉及个体的倾向性成就归因。研究发现，课堂竞争对学生的倾向性成就归因没有明显影响，却显著地影响着学生的情境性成就归因，主要表现在能力和努力归因上：在竞争条件下，学生更多地做能力归因，更少地做努力归因。课堂竞争对学生的成就行为没有明显影响。情境性成就归因对学生的成就行为没有明显影响；而倾向性成就归因却显著地影响着学生的成就行为，但这种影响是间接发挥作用的。归因训练可以改变学生的倾向性成就归因，但对这一效果的持久性还需做进一步的检验(刘世奎，1992)。

归因结果及相关变量研究

诸多研究表明，学生对学业成败的不同归因影响着他们的学习动机，长此以往甚至影响学习成绩。此外，教师对学生采取不同归因取向的表扬以及教师对学生进行不同归因方式的诱导，也会对学生的学习动机产生不同的影响。邢淑芬、俞国良和林崇德(2010，2011)考察了教师不同归因取向的表扬对学生遭遇学业失败前后的影响。在遭遇失败前，能力取向表扬和努力取向表扬对于儿童的自我评价、坚持性、对题目的喜欢程度、任务评价、效能预期以及测试焦虑水平等指标均不存在显著的组间差异，但能力取向表扬使儿童更倾向于关注同伴成绩信息，而努力取向表扬使儿童更倾向于关注解题策略信息。这说明在遭遇失败前，能力取向表扬并未对儿童产生更为积极的心理效应。在遭遇失败后，接受能力取向表扬的儿童表现出无助取向的反应模式，接受努力取向表扬的儿童表现出掌握取向的反应模式。接受能力取向表扬的儿童倾向于采取防御性的失败归因策略,将失败更多地归因于测试焦虑,但对能力因素的归因仍高于努力组和控制组;接受努力取向表扬的儿童更多地将失败归因于努力因素。接受能力取向表扬的儿童表现出自我设限倾向,他们报告更多的测试焦虑,并缩短后测的做题时间和表现出更低的后测成绩。田录梅(2003)考察了不同归因方式的诱导对不同自尊水平学生失败后测验成绩的影响。研究发现,内部归因诱导后,高自尊组的后继测验成绩非常显著地优于低自尊组;而外部归因诱导后,高、低自尊组的后继测验成绩无显著差异。对于高自尊组,内部归因诱导后的后继测验成绩优于外部归因后的成绩,但未达到显著性水平;对于低自尊组,外部归因诱导后的成绩显著优于内部归因诱导后的成绩。

已有研究表明,不同的归因会影响责任推断。责任归因研究将归因理论应用于对他人行为的责任分析之中,为行为责任的推断提供了一个崭新的视角。结果归因——知觉到控制性——责任推断——情感——行动是一个连续的序列过程。林钟敏(2001)研究发现,我国大学生的反应与归因理论中的责任推断理论基本一致。然而,大学生虽在可控程度低的场合对各变量的判断与归因理论十分一致,但在可控程度高(如旷课)的场合对情感和帮助行为的判断与归因理论模式却不大一致。两次测试都在可控程度高的场合出现大学生对旷课行为的生气厌烦情绪较低与可能借笔记的情况,可见非偶然现象。由于家庭、学校、社会和个人生活经验的多样性,大学生对不同学习行为的情感反应、责任推断及由此可能产生的行为难以超脱多种前因、思想观念以及社会和个人价值观的影响,恐怕是合情合理的。鉴于彼此方便和碍于情面是当前社会待人处事的两种常见现象,也是日常生活中容易使人丧失原则的两种思想感情和态度,在这背后责任推断和相关行为可能受到阻碍。张爱卿和刘华山(2003a)以进修教师和在校大学生为被试进行研究,发现内在的、可控的、稳定的失败原因引起最高程度的责任推断和最严重的批评决定,而内在的、不可控的、不稳定的原因与最低的责任推断和批评程度相联系。控制性维度与责任和批评程度的关系密切。从总体上说,责任和批评程度的变化趋势相似。与大学生相比,教师,特别是女教师,对批评方法的使用更为慎重。在另一项研究中,研究者发现,内在的、可控的、不稳定的原因引起最高程度的责任推断、最高程度的责备和最低程度的安慰,能力高—努力低情景与高责任、高责备以及低安慰相联系;相反,内在的、不可控的、稳定的原因与最低程度的责任推断、最低程度的责备以及最高程度的安慰相联系,即能力低—努力高情景与低责任、低责备以及高安慰相联系。责任归因与责备和安慰之间的关系为:归因的部位和控制性——责任推断、情感反应(生气类情感、同情类情感)——行为反应策略(责备或安慰)。即部位和控制性归因会影响责任推断和情感反应,责任推断除了直接影响行为应对策略外,还间接地通过情感反应对责备和安慰发挥作用。大学生特别是女大学生更倾向于对失败行为做可控制的归因;教师更倾向于使用安慰策略作为行为反应策略(张爱卿,刘华山,2003b)。责任推断与情感反应具有双向关系,符合心理学中"知"和"情"相互作用的观点(张爱卿,刘华山,2003c)。

在不同条件下,比如,在不同奖赏结构和结果效价情况下,学生对自我和他人的成就归因可能不同。在非竞争条件下,儿童对自己做能力强的归因,对同伴做能力差的归因;在竞争条件下,成功的儿童认为自己应该得到更多的奖赏,而失败的儿童认为自己应该得到少的奖赏。在不同奖赏结构和结果效价下,儿童都认为自己运气不好,而同伴运气好。奖赏结构和结果效价对儿童努力和任务难度归因的影响不显著(张学民,郭德俊,2000)。研究还发现,能力归因、自我奖赏评价、运气归因存在性别差异。这提示在教学过程中应充分考虑到学习情境、学业成绩好坏以及性别因素对学生归因方式的影响,引导学生对自己的成就状况进行积极归因,保证学生对自己成就状况的客观认识和对未来成功的积极期待,提高其学业成绩和心理健康水平(张学民,郭德俊,李玲,2000)。

归因训练研究

在了解中国学生归因特点的基础上,国内一批学者进一步开展了中小学生学业成败归因训练研究。隋光远(1991)在归因训练时使用了"努力归因"与"现实归因"相结合的"积极归因训练"模式,研究发现这种归因训练可以有效提高学生的学业成就动机。时隔13年后,隋光远(2005)用定性和定量相结合的研究方法,对13年前为初中生进行的成就动机训练的效果进行了追踪研究。结果显示,与对照组相比,这些受训者在任务选择、行为强度和坚持性方面均表现出较高水平,成功期望较强烈,对成功或成就倾向于做能力、努力归因。这一结果表明,归因训练能够对人产生深远的影响,动机的改善具有长期效果。

南京师范大学孙煜明教授主持的国家教委"八五"重点课题"中小学生学习动机形成与发展特点",主要采用归因理论的视角,探讨中小学生学习动机的发展规律。他们编制了"小学生学习动机归因量表"(孙煜明,施振勋,袁炳飞,1995)、"中学生学习动机归因量表",并在江苏、福建、北京等地开展中小学生动机归因训练研究。研究结果表明,归因训练结合学习策略指导能有效地改变中小学生的不良成就归因倾向,增强其学习动机水平,提高学业成绩(胡胜利,1996;李唐周,1993;韩仁生,1997)。另外,还有学者发现,将抱负水平指导与归因训练相结合,可以提高学生的学习成功感,从而增强学生的学习动机(杨秀君,孔克勤,2005)。

综上所述,国内学者对归因理论在学习动机研究中的应用研究数量丰富,并且发现了很多文化差异问题。中国人受集体主义文化、传统儒家文化思想影响,在学业成败归因方面呈现出自身特点,并且与众多变量之间存在复杂的关联。根据这些特点,有针对性地进行归因训练,可以改善学生的学习动机,提高学业成绩,提升幸福感。今后的研究应在文化特色方面进一步深入,探讨中国人对成败原因的认知及其深厚的文化底蕴,形成有中国特色的归因理论,并在此基础上进行实践研究。

5.3 小结

5.3.1 国内外研究比较与分析

相对来说,国外关于学习动机的研究注重原创理论的建立与证明和应用;国内关于学习动机的研究则主要是依据国外现有的动机理论,采用自编或修订的问卷,对国内的学生被试进行施测后得出结论。在此过程中,国内研究虽然在一定程度上考虑到了文化差异,但真正的本土化研究并不多见。今后的努力方向可能在于对各派动机理论进行整合,在整合的过程中结合本土特点有所创新,真正做到有自己的理论,有自己的实践。

5.3.2 学习动机研究对中国教育现状的意义

目前中国教育的一个非常重要的问题是学习动机的缺失。有人做过调查,在学校教育情境中,约有10%左右的学生有学习动机缺失症状,表现出对学习的价值与意义认识不清,对学习没有兴趣,缺乏信心,缺乏克服困难、坚持学习的意志力。除此之外,相当大的一部分学生虽然具有较强的学习动机,但他们的学习动机往往带有浓厚的功利色彩,比如,"努力学习以便考上好大学,找个好工作"。这一批学生并没有真正产生学习的内在动机,因此,往往在达到他们的"人生目标"之后,就彻底丧失了学习的动力,不具有持续学习和终身学习的动力。鉴于此,学习动机的研究对于当前中国教育现状的意义就不言自明了。学习动机研究不仅应该给学生提供动机诊断与干预,而且也应该对教师、家长的教育理念与教育方式提供有力的指导,从源头抓起,真正提高学生的内在学习动机。

致谢

感谢张振新教授提供文献资料。感谢研究生傅文静、王洋收集整理部分国内文献资料。

参考文献

白学军,刘旭,刘惠军. (2013). 初中生社会比较在成就目标与学业自我效能感之间的中介效应. 心理科学,36(6),

1413—1420.

陈志霞,吴豪.(2008).内在动机及其前因变量.心理科学进展,16(1),98—105.

池丽萍,辛自强.(2006).大学生学习动机的测量及其与自我效能感的关系.心理发展与教育,22(2),64—70.

杜林致,赵鸣九.(2000).独生子女与非独生子女在成就归因上的差异性.心理科学,23(3),355—356.

方申,熊端琴,郭春彦.(2003).父母教养方式对子女学业成就影响的研究.心理科学,26(1),78—81.

方平,张咏梅,郭春彦.(1999).成就目标理论的研究进展.心理学动态,7(1),70—75.

冯竹青,葛岩.(2014).物质奖励对内在动机的侵蚀效应.心理科学进展,22(4),685—692.

韩仁生.(1996).中小学生考试成败归因的研究.心理学报,28(2),140—147.

韩仁生.(1997).小学生归因训练的实验研究.心理科学,20(5),461—463 + 470.

胡胜利.(1996).小学生不同课堂情境的成就归因及再归因训练.心理学报,28(3),268—276.

康英.(1992).小学儿童考试成败归因特点初探.

雷雳,张钦,侯志瑾,周俊华.(1998).学习不良初中生的成就归因与学习动机.心理发展与教育,14(4),37—40.

冷英,贾德梅.(2002).从成就目标理论看学生学习目标的确立.华南师范大学学报(自然科学版),(2),14—18.

李艾丽莎,张庆林.(2006).研究生创造性动机的研究.心理科学,29(4),857—860.

李力红,曲桂阳.(1998).中学生心理控制区水平与创造力关系的研究.心理发展与教育,14(3),39—42.

李唐周.(1993).小学生学业成败动机归因训练的实验研究(硕士论文).南京师范大学,南京.

李晓东,林崇德.(2001).个人目标取向、课堂目标结构及文化因素与学业求助策略的关系研究.心理发展与教育,17(2),1—6.

李晓东,张炳松.(2001).成就目标、社会目标、自我效能及学习成绩与学业求助的关系.心理科学,24(1),54—58.

李燕平,郭德俊.(2002).课堂环境目标影响学生成就目标的实验研究.心理发展与教育,18(4),56—60.

连榕,石伟,孟迎芳.(2002).高中生成就目标倾向与心理健康状况状态关系的研究.心理发展与教育,18(1),67—70.

梁国胜.(2002).中小学生成就目标的结构及其发展特点的研究(硕士论文).首都师范大学,北京.

梁海梅,郭德俊,张贵良.(1998).成就目标对青少年成就动机和学业成就影响的研究.心理科学,21(5),332—335.

林钟敏.(2001).大学生对学习行为的责任归因.心理学报,33(1),37—42.

刘海燕,邓淑红,郭德俊.(2003).成就目标的一种新分类——四分法.心理科学进展,11(3),310—314.

刘海燕,闫荣双,郭德俊.(2003).认知动机理论的新近展——自我决定论.心理科学,26(6),1115—1116.

刘惠军,郭德俊.(2003).考前焦虑、成就目标和考试成绩关系的研究.心理发展与教育,19(2),64—68.

刘加霞,辛涛,黄高庆,申继亮.(2000).中学生学习动机、学习策略与学业成绩的关系研究.教育理论与实践,20(9),54—58.

刘世奎.(1992).课堂情境中学生竞争对其成就归因和成就行为的影响.心理学报,24(2),182—189.

莫闲.(2008).学习动机整合理论的建构与研究展望.心理科学,31(6),1517—1520.

任国防,张庆林.(2004).表扬与内在动机关系的三种观点.心理科学,27(4),1002—1004.

隋光远.(1991).中学生学业成就动机归因训练研究.心理科学,4,21—26.

隋光远.(2005).中学生学业成就动机归因训练效果的追踪研究.心理科学,28(1),52—55.

孙煜明.(1991).学生考试成功结果的归因分析——归因理论的跨文化研究.心理学报,23(2),178—187.

孙煜明,施振勋,袁炳飞.(1995).小学生动机归因量表的编制.心理科学,19(1),40—43.

田录梅.(2003).不同归因方式的诱导对自尊不同学生失败后测验成绩的影响.心理发展与教育,19(4),62—65.

王文忠.(1996).学生成就动机的目标系统.心理科学,19(4),207—210.

王艳梅,刘晓明,郭德俊,宋剑峰.(2006).成败情境下不同目标取向学生内在动机特点.心理科学,29(1),103—106.

王振宏,刘萍.(2000).动机因素、学习策略、智力水平对学生学业成就的影响.心理学报,32(1),65—69.

吴增强,虞慕镛.(1995).初中学业不良学生习得性无能研究.心理科学,18(2),99—102.

邢淑芬,俞国良,林崇德.(2010).不同归因取向的表扬对儿童遭遇失败前的影响效应.心理科学,33(5),1104—1107.

邢淑芬,俞国良,林崇德.(2011).不同归因取向的表扬对儿童失败后的影响效应.心理科学,34(5),1079—1084.

薛贵,董奇,周龙飞,张华,陈传生(2001).内部动机、外部动机与创造力的关系研究.心理发展与教育,17(1),6—11.

杨秀君,孔克勤.(2005).抱负水平指导与归因训练对提高学习成功的影响研究.心理科学,28(1),99—103.

余安邦.(1990).成就动机的建构效度研究(博士论文).台湾大学心理学研究所,台湾.

余安邦.(1991).影响成就动机的家庭社会化因素之探讨.中研院民族学研究所集刊,71,90—97.

张爱卿,刘华山.(2003a).行为责任归因与批评程度的关系.心理发展与教育,19(3),1—5.

张爱卿,刘华山.(2003b).人际责任判断与行为应对策略的归因分析.心理学报,35(2),231—236.

张爱卿,刘华山.(2003c).责任、情感及帮助行为的归因结构模型.心理学报,35(4),535—540.

张剑,郭德俊.(2003).内部动机与外部动机的关系.心理科学进展,(05),545—550.

张荣华,陈会昌.(2007).4～7岁儿童内在动机的追踪研究.心理发展与教育,23(2),14—17.

张学民,郭德俊,李玲.(2000).奖赏结构与结果效价对男女儿童成就归因的影响.心理科学,23(5),552—555.

张学民,郭德俊.(2000).奖赏结构与结果效价对儿童自我—他人成就归因与评价的影响.心理发展与教育,16(3),42—46.

张咏梅,方平,郭春彦.(1999).成就目标分类及其动机模式的实验研究.心理科学,22(5),463—464.

张咏梅,郭春彦,方平.(2001).成就目标分类的情景实验研究.心理科学,24(1),22—25.

赵丽琴.(2006).成就目标理论研究中存在的问题及展望.教育研究与实验,(6),60—63.

周国韬.(1987).关于外部奖赏如何影响内在动机的实验研究.心理学报,19(4),351—358.

朱晓斌,张莉渺,吴亮亮.(2011).初中生成就目标定向、学业社会比较和学业自我效能感的关系.中国临床心理学杂志,19

(2),255—258.

朱晓红.(2001).儿童学习动机类型与创造力倾向关系的研究.南京师大学报(社会科学版),(6),90—95.

Abuhamdeh, S. , & Csikszentmihalyi, M. (2012). Attentional involvement and intrinsic motivation. *Motivation and Emotion*, *36*(3),257‑267.

Ames, C. (1992). Achievement goals and the classroom motivational climate. In D. H. Schunk & J. L. Meece, *Student Perceptions in the Classroom* (pp. 327‑348). Hillsdale, NJ: L. Erlbaum.

Aronson, J. , Fried, C. B. , & Good, C. (2002). Reducing the effects of stereotype threat on African American college students by shaping theories of intelligence. *Journal of Experimental Social Psychology*, *38*(2),113‑125.

Blackwell, L. S. , Trzesniewski, K. H. , & Dweck, C. S. (2007). Implicit theories of intelligence predict achievement across an adolescent transition: A longitudinal study and an intervention. *Child Development*, *78*(1),246‑263.

Cohen, G. L. , Garcia, J. , Apfel, N. , & Master, A. (2006). Reducing the racial achievement gap: A social-psychological intervention. *Science*, *313*(5791),1307‑1310.

Cohen, G. L. , Garcia, J. , Purdie-Vaughns, V. , Apfel, N. , & Brzustoski, P. (2009). Recursive processes in self-affirmation: Intervening to close the minority achievement gap. *Science*, *324*(5925),400‑403.

Csikszentmihalyi, M. (1990). *Flow: The Psychology of Optimal Experience*. New York: Harper and Row.

Cury, F. , Elliot, A. J. , Da Fonseca, D. , & Moller, A. C. (2006). The social-cognitive model of achievement motivation and the 2×2 achievement goal framework. *Journal of Personality and Social Psychology*, *90*(4),666.

Dardenne, B. , Dumont, M. , & Bollier, T. (2007). Insidious dangers of benevolent sexism: Consequences for women's performance. *Journal of Personality and Social Psychology*, *93*(5),764‑779.

Deci, E. L. (1971). Effects of externally mediated rewards on intrinsic motivation. *Journal of Personality and Social Psychology*, *18*(1),105‑115.

Durik, A. M. , Vida, M. , & Eccles, J. S. (2006). Task values and ability beliefs as predictors of high school literacy choices: A developmental analysis. *Journal of Educational Psychology*, *98*(2),382‑393.

Dweck, C. S. , & Master, A. (2009). Self-theories and motivation: Students' beliefs about intelligence. In K. R. Wentzel & A. Wigfield (Eds.), *Handbook of Motivation at School* (pp. 123‑140). New York: Routledge Press.

Elliot, A. J. (1999). Approach and avoidance motivation and achievement goals. *Educational Psychologist*, *34*(3),169‑189.

Elliot, A. J. , & McGregor, H. A. (2001). A 2 × 2 achievement goal framework. *Journal of Personality and Social Psychology*, *80*(3),501‑519.

Elliot, A. J. , & Murayama, K. (2008). On the measurement of achievement goals: Critique, illustration, and application. *Journal of Educational Psychology*, *100*(3),613‑628.

Elliot, A. J. , Murayama, K. , & Pekrun, R. (2011). A 3 × 2 achievement goal model. *Journal of Educational Psychology*, *103*(3),632‑648.

Good, C. , Aronson, J. , & Inzlicht, M. (2003). Improving adolescents' standardized test performance: An intervention to reduce the effects of stereotype threat. *Journal of Applied Developmental Psychology*, *24*(6),645‑662.

Graham, S. , & Barker, G. P. (1990). The down side of help: An attributional-developmental analysis of helping behavior as a low-ability cue. *Journal of Educational Psychology*, *82*(1),7‑14.

Graham, S. , & Weiner, B. (2012). Motivation: past, present, and future. In Harris K. R. , Graham S. , & Urdan T. (Eds.), *APA Educational Psychology Handbook* (Vol. 1, pp. 367‑397). Washington, DC: American Psychological Association.

Hoy A. W. , Hoy W. K. , & Davis H. A. (2009). Teachers' self-efficacy beliefs. In K. R. Wentzel & A. Wigfield (Eds.), *Handbook of Motivation at School* (pp. 627‑653). New York: Routledge Press.

Jacobs, J. E. , Lanza, S. , Osgood, D. W. , Eccles, J. S. , & Wigfield, A. (2002). Changes in children's self-competence and values: Gender and domain differences across grades one through twelve. *Child Development*, *73*(2),509‑527.

Kowal, J. , & Fortier, M. S. (1999). Motivational determinants of flow: Contributions from self-determination theory. *The Journal of Social Psychology*, *139*(3),355‑368.

Lee, E. (2005). The relationship of motivation and flow experience to academic procrastination in university students. *The Journal of Genetic Psychology*, *166*(1),5‑15.

Lepper, M. R. , Greene, D. , & Nisbett, R. E. (1973). Undermining children's intrinsic interest with extrinsic reward: A test of the "overjustification" hypothesis. *Journal of Personality and Social Psychology*, *28*(1),129‑137.

Liao, L. F. (2006). A flow theory perspective on learner motivation and behavior in distance education. *Distance Education*, *27*(1),45‑62.

Lin, Y. G. , McKeachie, W. J. , & Kim, Y. C. (2001). College student intrinsic and/or extrinsic motivation and learning. *Learning and Individual Differences*, *13*(3),251‑258.

Marchand, G. , & Skinner, E. A. (2007). Motivational dynamics of children's academic help-seeking and concealment. *Journal of Educational Psychology*, *99*(1),65‑82.

Mascret, N. , Elliot, A. J. & Cury, F. (2015). Extending the 3 × 2 achievement goal model to the sport domain: The 3 × 2 Achievement Goal Questionnaire for Sport. *Psychology of Sport and Exercise*, *17*,7‑14.

Newman, R. S. (2008). Adaptive and nonadaptive help seeking with peer harassment: An integrative perspective of coping and self-regulation. *Educational Psychologist*, *43*(1),1‑15.

Perry, R. P. , Hechter, F. J. , Menec, V. H. , & Weinberg, L. E. (1993). Enhancing achievement motivation and performance in college students: An attributional retraining perspective. *Research in Higher Education*, *34*(6),687 - 723.

Perry, R. P. , Stupnisky, R. H. , Hall, N. C. , Chipperfield, J. G. , & Weiner, B. (2010). Bad starts and better finishes: Attributional retraining and initial performance in competitive achievement settings. *Journal of Social and Clinical Psychology*, *29*(6),668 - 700.

Pintrich, P. R. (2000). An achievement goal theory perspective on issues in motivation terminology, theory, and research. *Contemporary Educational Psychology*, *25*(1),92 - 104.

Ryan, A. M. , Patrick, H. , & Shim, S. O. (2005). Differential Profiles of Students Identified by Their Teacher as Having Avoidant, Appropriate, or Dependent Help-Seeking Tendencies in the Classroom. *Journal of Educational Psychology*, *97*(2),275 - 285.

Ryan, R. M. , & Deci, E. L. (2000). Intrinsic and extrinsic motivations: Classic definitions and new directions. *Contemporary Educational Psychology*, *25*(1),54 - 67.

Schunk, D. H. , & Pajares, F. (2005). Competence perceptions and academic functioning. In A. J. Elliot & C. S. Dweck (Eds.), *Handbook of Competence and Motivation* (pp. 85 - 104). New York: Guilford Press.

Schunk, D. H. & Pajares, F. (2009). Self-efficacy theory. In K. R. Wentzel & A. Wigfield (Eds.), *Handbook of Motivation at School* (pp. 35 - 53). New York: Routledge.

Senko, C. , Durik, A. M. , & Harackiewicz, J. M. (2008). Historical perspectives and new directions in achievement goal theory: Understanding the effects of mastery and performance-approach goals. In J. Y. Shah & W. L. Gardner (Eds.), *Handbook of Motivation Science* (pp. 100 - 113). New York: Guilford.

Simpkins, S. D. , Davis-Kean, P. E. , & Eccles, J. S. (2006). Math and science motivation: A longitudinal examination of the links between choices and beliefs. *Developmental Psychology*, *42*(1),70 - 83.

Taylor, A. Z. , & Graham, S. (2007). An examination of the relationship between achievement values and perceptions of barriers among low-SES African American and Latino students. *Journal of Educational Psychology*, *99*(1),52 - 64.

Weiner, B. (1985). An attributional theory of achievement motivation and emotion. *Psychological Review*, *92*(4),548 - 573.

Williams, D. M. (2010). Outcome expectancy and self-efficacy: Theoretical implications of an unresolved contradiction. *Personality and Social Psychology Review*. *14*(4). 417 - 425.

Witkow, M. R. , & Fuligni, A. J. (2007). Achievement goals and daily school experiences among adolescents with Asian, Latino, and European American backgrounds. *Journal of Educational Psychology*, *99*(3),584 - 596.

Zimmerman, B. J. , & Cleary, T. J. (2009). Motives to self-regulate learning. In K. R. Wentzel & A. Wigfield (Eds.), *Handbook of Motivation at School* (pp. 247 - 264). New York: Routledge.

Zimmerman, B. J. , & Kitsantas, A. (2005). The Hidden Dimension of Personal Competence: Self-Regulated Learning and Practice. In A. J. Elliot and C. S. Dweck (Eds.), *Handbook of Competence and Motivation* (pp. 509 - 526). New York: Guilford Press.

6 品德心理与社会化

刘啸莳　李　丹

【内容简介】

　　本章主要分析了近些年来国内外的关于品德心理的实证研究,从道德认知、道德情绪、道德行为研究三个方面,对这段时期的儿童和青少年的品德心理的发展趋势及相关影响因素的研究成果进行全面回顾,对国内外研究进行比较与分析,并阐述该领域研究对中国教育实践的意义。

【内容提纲】

6.1　国外研究现状 / 107
　　6.1.1　关于道德认知的研究 / 107
　　6.1.2　关于道德情绪的研究 / 109
　　6.1.3　关于道德行为的研究 / 111
6.2　国内研究现状 / 112
　　6.2.1　关于道德认知的研究 / 112
　　6.2.2　关于道德情绪的研究 / 114
　　6.2.3　关于道德行为的研究 / 115
6.3　国内外研究的比较与分析 / 116
　　6.3.1　研究方法 / 117
　　6.3.2　研究内容 / 119
6.4　对中国教育现状的意义 / 120
　　6.4.1　促进道德认知 / 120
　　6.4.2　体验道德情绪 / 121
　　6.4.3　践行道德行为 / 122

　　品德是社会道德现象在个体身上的表现,是一个人在社会生活道德情境中表现出来的某些稳固的人格倾向,是个体对社会道德标准的反应(李伯黍,燕国材,2010)。品德心理着重探究个体在社会化过程中道德品质形成过程和发展的规律性。品德心理主要包含道德认知、道情情绪和道德行为三种成分(李伯黍,1981;刘玉娟,2008),在西方心理学史上有着悠久的研究传统。从早期的精神分析对良心发展的关注,到后来皮亚杰采用自然观察法和对偶故事法研究儿童的是非观念,以及科尔伯格(L. Kohlberg)用两难故事探讨公正的发展,西方心理学家对品德心理的研究是深刻且深远的。自 20 世纪 80 年代以来,我国研究者对儿童品德发展展开了丰富的实证研究,针对中国文化背景以及特殊的教育问题,形成了一些独特的课题,对品德心理研究本土化起到了重要的推动作用。

然而,近几年来西方心理学界对品德心理的研究已发生了重要的变化,新的主题与研究视角陆续出现。例如,越来越关注道德情绪在促发道德行为发生发展过程中的重要角色(Haidt, 2003);道德人格(moral personality)(Walker & Frimer, 2007)、道德自我(Hardy & Carlo, 2011; Krettenauer, 2011)也被认为是推动道德行为发展的重要因素,而这些都是传统的品德心理研究所忽视的。新议题的出现大大推动了品德心理的研究。国内研究者也积极响应上述变化,新近的一些研究已开始探讨内疚、羞耻等道德情绪的发展特征,为我国儿童和青少年的道德品质教育研究注入了新的活力。

本章拟对近些年来国内外的儿童和青少年品德心理研究进行全面回顾。首先从道德认知、道德情绪和道德行为三方面对国内外研究分别进行介绍,主要涉及发展趋势及相关影响因素研究;之后再对比国内外研究,分析现存的问题,旨在为中国的品德心理研究和道德教育实践提供启示。

6.1 国外研究现状

6.1.1 关于道德认知的研究

道德认知一直是品德心理研究领域的核心问题。皮亚杰和科尔伯格的研究均以其为切入点探讨儿童道德的发展。后续研究在他们研究的基础上进一步推进,对相关理论进行了更为细致、深入的探讨,并作出了一些改变。

皮亚杰的研究发现,三四岁的年幼儿童并不懂得规则;即便到了五六岁,儿童意识到了规则,仍认为规则是由权威制定的;直到 11 岁左右,他们才意识到一种遵守规则的义务感(李伯黍,2009)。但新近的研究却发现,2 岁半到 4 岁儿童的道德判断水平随年龄增长而逐步提高,儿童对"道德违规是错误的"这一观点的理解越来越独立于权威的判断,但只有年长儿童认为道德违规应该受到惩罚,同时该阶段女孩在关于道德规则的不可变更性的理解上比男孩有更为快速的增长(Smetana, Jambon, Conry-Murray, & Sturge-Apple, 2012)。3 岁儿童在目睹了一个成人对他人施加伤害行为之后,对比中性事件中的成人,更少给予其帮助。进一步研究发现,即便儿童看到的是成人意图伤害他人未果,对比中性事件中的成人,也对其提供更少的帮助;而当儿童看到的是意图帮助他人却意外造成他人伤害的成人,儿童后续对其实施的亲社会行为和对中性事件中的成人几乎一样(Vaish, Carpenter, & Tomasello, 2010)。这说明儿童选择性地避免帮助那些伤害他人或者仅仅是意图伤害他人的人,而且这种能力在3岁的时候就已经发展起来。耶鲁大学Hamlin及其同事的研究进一步指出,6个月大的婴儿就有辨别"好坏"的能力了(Hamlin, Wynn, & Bloom, 2007)。当研究者将代表"帮助者"和"阻碍者"的木块放在一起让两组婴儿挑选时,10个月大的婴儿明显更偏好"帮助者"。这表明很小的婴儿对"乐于助人"的"帮助者"就已产生好感。

Turiel提出领域理论,他主张对社会文化中的各种规则进行领域的区分。道德领域的事件是指与身体伤害、心理伤害、福利、信任、权利、公平或正义等有关的行为,习俗领域的事件与社会约定俗成的一致性或规则有关,个人领域的事件与个人的偏好或选择有关,安全领域事件主要与自我、安全、健康和舒适感等可能会对个人造成威胁的非社会性危害有关(杨韶刚,2013)。对不同领域的行为规则的判断也是道德认知发展研究关注的主要内容。小学生已经能对不同领域的问题进行有效的区分,并且能做到对假设情境的判断与对真实情境的判断相一致(Turiel, 2008)。对小学三年级、五年级学生和大学生的研究发现,所有年龄的被试对道德故事的理解均要好于对安全故事的理解,这说明对道德主题理解的发展是先于对安全主题的理解的(Narvaez, Gleason, & Mitchell, 2010)。此外,儿童和青少年对违反道德的判断反应时显著快于对违反习俗的判断反应时,青少年比儿童更倾向于作出规范性的判断(Lahat, Helwig, & Zelazo, 2012)。采用事件相关电位的研究发现,和成人相比,青少年对道德和中性行为作判断时N2的波幅更大,但是在传统习俗领域没有出现此现象(Lahat, Helwig, & Zelazo, 2013)。这说明在由青少年向成人的发展过程中,道德判断仍在不断完善之中。

有哪些因素影响道德判断的发展呢?认知机制历来是研究探讨的焦点,其中心理理论被认为是影响道德判断的发展因素之一。那些心理理论发展较好的儿童,运用道德规则时会有更多的变通性;同时道德判断反过来也促进了心理理论的发展(Smetana, Jambon, Conry-Murra, & Sturge-Apple, 2012)。同伴关系也是重要影响因素之一。研究发现,由同伴拒绝诱发的较高水平的愤怒促使青少年对反社会媒体内容采取更加容忍的道德判断,且随后更加偏好反社会的媒体内容;相比之下,成年早期的同伴排斥和反社会的媒体偏好之间关系不大(Plaisier & Konijn, 2013)。此外,社会变迁和文化也会对道德认知产生影响。研究者访问了两个年代(1990年和

2005 年)的东德儿童,问及他们亲密友谊(友谊概念)的重要性,以及他们在友谊困境中的道德决定和推理。结果发现,2005 年的东德儿童和 1990 年的东德儿童相比,前者对规范性和人际交往—利他—同情的关注显著高于后者;对关系的关注(如关注如何建立一段新的关系)则相对减少(Gummerum & Keller, 2012)。此外,道德推脱作为一种特定的认知倾向,近期吸引了不少研究者的关注。该认知倾向包括重新定义自己的行为使其造成的伤害显得更小,最大程度地减少自己在行为后果中的责任及降低对受伤目标痛苦的认同(杨继平,王兴超,高玲,2010;Bandura, 2002)。在道德困境中,当控制他人取向的价值观和亲社会推理之后,道德推脱仍与个体帮助他人行为的减少显著相关(Paciello, Fida, Tramontano, Cole, & Cerniglia, 2013)。研究发现,家庭环境是影响个体道德推脱的重要外部因素之一,积极的父母关注和控制可以减少道德推脱(Pelton, Gound, Forehand, & Brody, 2004)。

近年,道德认知领域也关注对说真话和说谎的研究。结果显示,随着年龄的增长,儿童越来越倾向于对出于礼貌而说谎的个体给予更少的负面评价(Xu, Bao, Fu, Talwar, & Lee, 2010)。有研究者还对比了加拿大儿童和中国儿童对谎话和真话的选择、分类和评价,与加拿大儿童相反,中国儿童倾向于对有益个人却损害集体的真话给予更少的正性评价(Fu, Xu, Cameron, Heyman, & Lee, 2007)。在 6—11 岁儿童如何看待他人将同伴的犯过行为报告给老师这一问题上,研究发现年幼儿童将报告微小的犯过行为和报告严重的犯过行为均视为恰当的,而年长儿童认为只有对大的犯过行为的报告是恰当的(Loke, Heyman, Forgie, McCarthy, & Lee, 2011)。这一认知背后暗含着儿童对社会成本的估算以及认知能力的增长。还有研究者探讨了青少年在道德、个人、安全等不同领域的情境中对说谎的判断。结果显示,当个体卷入道德违规或被限定的个人行为时,这时的说谎是可以接受的;当说谎发生在安全领域中则是不可接受的,不过这种情况仅针对父母;当针对朋友时,不同领域的说谎均是不能接受的(Perkins & Turiel, 2007)。这说明,儿童和青少年会视领域的不同和关系的不同来调整对他人诚实性的判断。

6.1.2　关于道德情绪的研究

皮亚杰和科尔伯格的研究一直忽视对道德情绪的研究,而近年的研究者越来越重视道德情绪在个体道德发展过程中的重要作用。

事实上,弗洛伊德(S. Freud)的理论早已将良心作为超我的化身,认为其监控着自我的想法和行为,但对其具体成分的探究仅限于理论层面,并未给出确切的实证证据。Aksan 和 Kochanska(2005)利用结构方程模型分离出两个基本成分,即道德情绪(包括内疚和同情)和与规则相容的行为。对 33 个月到 45 个月幼儿的纵向研究显示,在这期间个体的两个成分均保持很高的稳定性,并且两成分之间的一致性随年龄增长而提高。

同情是被持续关注且被探讨得最多的道德情绪。有研究探讨了儿童从 6 岁到 9 岁的同情发展轨迹,发现同情有高稳定、平均增加和低稳定三种发展趋势,其中高稳定同情组的被试更多感受到来自父母的支持(Malti, Eisenberg, Kim, & Buchmann, 2013)。跨文化研究发现,尽管 6 岁的瑞士儿童比智利儿童对规则违背作出更多的道德判断,但智利儿童在假设情境中报告了更高的同情水平(Chaparro, Kim, Fernández, & Malti, 2013)。研究者认为这和智利文化更多强调社会责任感、更多鼓励考虑他人的感受有关,而同情的产生恰恰需要敏锐地感知他人的需求。另有研究探讨了 4 岁和 8 岁儿童对幸灾乐祸和同情的预期。在假设情境下,主试告诉被试故事中某个小孩在追求负性的或正性的道德目标时遭遇了不幸,然后要求被试评价幸灾乐祸和同情的程度以及是否愿意帮助该小孩。研究发现,即便是年幼的儿童也能觉察到故事中小孩的道德目标的效价,即负性的道德目标降低儿童的帮助行为倾向,正性的道德目标能够增加他们的帮助行为倾向,幸灾乐祸和同情在目标效价和帮助行为倾向之间起中介作用(Schulz, Rudolph, Tscharaktschiew, & Rudolph, 2013)。

研究者还对其他道德情绪进行了探讨。研究发现,当视频中的犯过者出现内疚反应(没有外显的道歉)或没有出现内疚反应时,5 岁儿童更倾向于推测受害者更喜欢那些产生懊悔的犯过者,而犯过者没有悔恨表现的话,受害者更可能对其生气;4 岁儿童只有在犯过者有外显言语道歉的时候才能作上述区分(Vaish, Carpenter, & Tomasello, 2011)。相比单纯的负性行为和非厌恶的生理行为,即便幼儿园儿童也更倾向于对道德违规行为贴上"厌恶"的情绪标签,并且表现出与厌恶相关的面部表情(Danovitch & Bloom, 2009)。对 0—18 岁儿童和青少年的研究发现,核心厌恶(对一些食物,身体排泄物和某些与腐烂的食物、排泄物有联系的动物的厌恶)最早在 3 岁出现,而直到 7 岁多儿童才开始有比较稳定的社会道德厌恶;儿童对厌恶刺激的反应和父母对相关刺激的反应有关(Stevenson, Oaten, Case, Repacholi, & Wagland, 2010)。另外,研究发现,当假设的情境中发生了侵犯行为时,平均年龄 11 岁的女孩比男孩预期产生更多的内疚和羞耻情绪,更少的自豪情绪;个体的攻击水平越高,内疚和羞耻的情绪越少。就羞耻而言,它的产生还依赖于个体行为是否被他人看见以及受害者是否有情绪反应(Roos, Salmivalli, & Hodges, 2011)。这说明个人特质和环境的交互作用是道德情绪产生的重要原因。

先前的研究指出,学前儿童倾向于对损人者进行正性的情绪归因,而小学儿童倾向于负性的情绪归因。研究者认为反事实推理——个体在心理上对过去已经发生的事情进行否定而重构一种可能性假设的思维活动——可以部分解释这种差异(Gummerum, Cribbett, Nicolau, & Uren, 2013)。研究发现,相比无启动条件,在反事实思维条件启动下,4岁和8岁儿童均更倾向于对损人者作负性的情绪归因;个体自身的反事实思维推理亦能显著预测负性的情绪归因。通常,青少年在亲社会情境下有更多的正性情绪预期,在道德违规情境下有更多的负性情绪预期(Krettenauer & Johnston, 2011)。但跨文化研究显示,相比加拿大青少年,如果涉及反社会行为,中国青少年倾向于报告他人会产生更多的负性情绪;当他人参与的是亲社会行为时,中国青少年倾向于报告更少的正性情绪(Krettenauer & Jia, 2013)。另外,个体内部的人格特征也是影响情绪归因的重要因素。青春期个体在宜人性和责任心人格维度上的得分均与他们的道德情绪判断模式存在显著相关。那些具有高宜人性和责任心的人更倾向于判断损人者有更少的积极情绪,助人者有更多的积极情绪(Krettenauer, Colasante, Buchmann, & Malti, 2014)。相比那些没有攻击性特质的儿童,那些具有高攻击性特质的儿童更少评估报复行为的严重性,更多认为损人者有快乐情绪(Gasser, Malti, & Gutzwiller-Helfenfinger, 2012)。

6.1.3 关于道德行为的研究

道德行为的产生是一个极其复杂的过程,其中既包括外显的行为,也包括行为形成的内部过程。在20世纪80年代,Rest曾提出道德行为过程的"四成分模型",即道德敏感性、道德判断、道德决策和道德品性,用以分析道德行为产生过程的构成因素。其中道德敏感性指对道德情境含意的领悟和解释能力,道德品性表现为一种道德行为的实施技能。Rest认为道德行为发生的每一个成分中都包含着认知和情绪的复杂交互作用(郑信军,岑国桢,2007)。

公平行为是一种被研究得较多的道德行为。皮亚杰曾指出,儿童对平等概念的掌握表现出由简单的"等量分配"到复杂的"按贡献分配"的发展趋势,并且直到6岁,甚至8—10岁也没有掌握具体的规则。然而新近研究发现,即便是三四岁儿童也能依据个人的贡献进行代币的分配(Baumard, Mascaro, & Chevallier, 2012)。不管是外显的还是内隐的测量均揭示3岁的儿童能察觉不公平的分配,并对其作出消极的回应,不过直到5岁,儿童才能对公平展开言语的讨论(LoBue, Nishida, Chiong, DeLoache, & Haidt, 2011)。研究也探讨了9—17岁个体在经济决策情境下的分配行为,发现年幼被试倾向于对自己的分配行为给出一些简单的理由,而年长被试能就分配的变动进行更复杂的归因(Gummerum, Keller, Takezawa, & Mata, 2008)。无论行动者背后的意图如何,有60%以上的9岁儿童都会拒绝不公平分配,而12—18岁个体会考虑到对方的公平意图,在对方并非有意的情况下接受不公平分配(Güroğlu, van den Bos, & Crone, 2009)。

那么,哪些因素与儿童和青少年的道德行为的产生相关联呢?近端的因素,如道德情绪和道德判断均影响儿童的道德行为。研究发现,即便是对于非常年幼的 4 岁儿童,同情也可以显著预测其分享行为的产生(Ongley & Malti, 2014)。青少年道德判断的成熟水平与亲社会行为的数量和频率有关(Blasi, 1980)。远端的因素,如家庭和文化环境亦能显著预测亲社会行为。那些具有温暖、敏感型的教养方式的父母,其孩子有更多的亲社会行为(Farrant, Devine, Maybery, & Fletcher, 2012)。生活在暴力环境且有很多叛逆之交的青少年,更容易产生反社会行为,但道德或者非道德归因在其中起到中介作用(Bacchini, Affuso, & De Angelis, 2013)。纵向研究更能推论因果关系。对 1273 名 6 岁儿童历时一年的追踪研究发现,初测的同情能显著预测一年后的亲社会行为,尤其当儿童呈现较低的道德动机时(Malti, Gummerum, Keller, & Buchmann, 2009)。有研究者对西班牙青少年从 10 岁开始展开了连续三年的纵向研究,发现父母教养风格、亲社会推理能够显著预测亲社会行为,反过来亲社会行为亦能预测父母教养方式以及个体的亲社会性(Carlo, Mestre, Samper, Tur, & Armenta, 2011)。

此外,许多研究发现道德自我或道德认同在道德行为的发动过程中起着重要的作用。14 岁青少年的道德价值观的自我重要性(self-importance of moral value)能直接预测亲社会行为的发生,并通过道德情绪期望(moral emotion expectancy)——以个体预期故事人物在特定情境中的情绪体验来衡量——间接预测反社会行为(Johnston & Krettenauer, 2011)。那些能更好地内化父母规则的儿童展现出更高的社会化水平,其中,母亲教导的规则通过儿童的道德自我影响其后的社会能力(Kochanska, Koenig, Barry, Kim, & Yoon, 2010)。道德认同在 10—18 岁青少年的宗教承诺和人际关系(攻击和移情)之间起到中介作用(Hardy, Walker, Rackham, & Olsen, 2012)。

6.2 国内研究现状

6.2.1 关于道德认知的研究

道德认知研究历来是国内品德发展研究领域的重点,从皮亚杰到科尔伯格都注重从道德判断和推理的角度探讨道德发展,这一方面的研究仍被持续关注。近期研究开始深入到道德判断过程的内部机制,段蕾、莫书亮、范翠英和刘华山(2012)以道德判断中行为"坏的程度"和"应担负的道德责任程度"作为判断问题类型,研究了10—11 岁儿童和 13—15 岁青少年及大学生的道德判断发展特征。结果发现,10—

11岁儿童和13—15岁青少年在对行为"坏的程度"进行判断时,与成人大学生的结果类似,由心理状态因素起主导作用;在判断"应担负的道德责任程度"时,10—11岁儿童更注重行为结果,并且不能综合应用心理状态信息和事件的因果关系信息。从儿童和青少年到成人,利用心理状态和因果关系信息进行道德判断的能力不断发展和成熟,支持道德判断双加工过程理论。

目前有研究者开始关注异常儿童的道德认知。研究发现孤独症儿童虽然能够顺利完成直接对道德行为进行判断的任务,但在对需要以心理理论为基础的简单道德情境进行判断的任务中,只有正常儿童才能完成(冯源,苏彦捷,2006)。Li、Zhu和Gummerum(2014)采用道德故事和经典的囚徒困境博弈任务,分别考察了高功能孤独症儿童的道德判断能力和合作行为以及二者间的关系,结果发现虽然高功能孤独症儿童能够正确地判断他人的道德品质,甚至比正常儿童对"坏行为"的界定有更严苛的标准,但在面对不同道德品质的搭档时,他们表现出相似的合作行为;而作为对照组的正常儿童在与"好孩子"搭档时表现出更多的合作行为。有研究测查了聋哑青少年和听力正常青少年在道德判断能力上的发展特征(张志君,陈斌斌,顾海根,2008),发现聋哑青少年与听力正常群体的道德认知存在显著差异,其原因可能是聋哑青少年缺失了听觉,阻碍了其用语义编码来理解抽象道德问题的过程。上述研究通过正常儿童与异常儿童的对比,发现异常儿童因某些特定能力的缺失而导致道德判断发展的滞后,从而为探究道德判断的内部机制提供了线索,并为干预研究提供启示。

还有研究者探讨了道德判断的领域特殊性。如儿童和青少年对身体攻击和关系攻击的错误性和伤害性的判断得分随着年龄的增长而降低,对关系攻击的错误性和伤害性的判断得分显著高于对身体攻击的错误性和伤害性的判断得分(王美芳,闫秀梅,姚利,2010)。对学前儿童的研究发现,尽管幼儿对不同领域(道德和习俗)的义务推理没有差异,但他们对不同性质的义务推理却表现出显著差异。如五六岁幼儿在禁止性的道德规则情境中对同伴违反的检测表现显著差于在鼓励性的道德规则情境中对同伴违反的检测表现(刘国雄,2013)。这些研究表明儿童进行道德判断时既有跨领域的一般性,也存在认知发展的领域特殊性,即道德判断在不同情境、不同问题上有发展的独特性。

同时,研究者开始拓展更多与校园生活密切相关的研究主题。有研究发现随着年龄的增长,小学儿童更多地从诚实、为集体或为个人等多个方面来陈述说谎或说真话的理由(傅根跃,王玲凤,2005,2006);小学儿童对于具有积极意义的说谎或说真话的评价显著地好于消极性的说谎或说真话行为(张兢兢,马凤玲,徐芬,2007)。随着年龄的增长,越来越多的儿童可区分谎言和真话,对白谎(动机是善意的)的概念理解有从大谎向小谎转变的趋势(张娜,刘秀丽,2015)。有些研究侧重探讨中学生对学校道德氛围的感知,发现初一学生对公正氛围、关爱氛围的感知程度反而高于初三、高二学生(李伟强,岑国桢,郭本禹,2009)。情境讨论、角色扮演两种干预方式对于提高被试对公正、关爱和宽恕氛围的感知程度都有明显的效果(李伟强,岑国桢,2008)。通过干预,学生的学校道德氛围知觉水平有了不同程度的提高;学生对学校道德氛围的知觉水平提高后,其道德判断能力亦有显著发展(李伟强,郭本禹,郑剑锋,王伟伟,2013)。责任感作为道德品质的重要组成部分,也吸引了不少研究者的关注。例如,研究显示随着年级升高,2—8年级儿童的自我和社会责任心归因中的权威取向比例下降,原则取向比例上升(李丹,黄蔷薇,丁雪辰,2012)。以责任心的表现形式设计的教育活动亦能促进幼儿责任心的发展(杨丽珠,金芳,2005)。如小班注重责任行为的训练,中班重点放在责任认知的提高上,大班重点放在责任情感的培养上。

然而近期研究却很少单独探讨除人口统计学变量以外的个体心理变量对道德认知发展的影响,亦缺乏探究道德认知发展的社会化动因的研究。仅有的几个研究显示,人格、家庭功能(王挺,肖三蓉,徐光兴,2011)、心理理论(张文静,徐芬,王卫星,2005)对道德认知有着直接或间接的影响。

6.2.2 关于道德情绪的研究

尽管移情仍被持续地关注,但更多的研究者开始把视野转向其他道德情绪。如研究发现,10—12岁儿童随着年龄的增长对羞愧感的理解能力逐渐提高(竭婧,杨丽珠,2006)。"公开化与私人化"和羞愧感的产生密切相关;而"个人无能与违背道德"和羞愧感的产生无关,却和内疚感的产生密切相关。有研究以小学一年级、四年级学生及成人为研究对象来考察厌恶情绪对道德判断发展的影响。实验中被试被随机分为厌恶启动组和控制组,完成厌恶情绪和行为的道德判断任务。研究结果显示,在启动厌恶情绪之后,四年级学生和成人被试对道德违背行为的错误程度的判断更为严格,一年级被试在厌恶情绪启动条件和控制条件下的道德判断差异不显著。研究结果说明厌恶情绪对道德判断的影响是从无到有逐渐发展的(彭明,张雷,2016)。另外,集体道德情绪也日益受到研究者的关注(刘晓洁,李丹,2011)。李丹、宗利娟和刘俊升(2013)发现集体道德情绪随着年级的增高而呈下降趋势,小学生的集体道德情绪得分显著高于中学生。学生的外化行为问题与集体道德情绪呈显著负相关,且二者的关系受班级氛围的调节。与消极的班级氛围相比,积极的班级氛围能够弱化外化行为问题与集体道德情绪的负向关联。集体道德情绪可能还是诱发后续集体责任行为的重要原因(刘晓洁,李丹,2011)。

有关道德情绪判断和归因的研究开展已有一段时日(李正云,李伯黍,1993;顾海根,李正云,李伯黍,1992),近年日益受到重视。研究者通过考察儿童在道德情境中对情绪以及引起情绪的原因的判断来揭示儿童道德发展的规律。有研究发现,4—7岁儿童道德情绪判断归因模式的发展是以"结果定向——道德定向"为主线并整合多种定向的(陈璟,李红,2009)。权威对儿童道德情绪的判断具有重要影响。相比同龄权威和非权威目击条件,在成人权威目击条件下,七八岁儿童对损人者的道德情绪判断分数最低,即更多判断他们会感到不高兴;对亲社会行为者的道德情绪判断分数最高,即更多判断他们会感到高兴(李占星,牛玉柏,朱莉琪,2015)。还有研究运用情境故事考察246名青少年在犯过情境中的道德情绪判断与归因特点,发现12岁组的情绪判断较为单一,归因上以道德定向为主;14岁以上组出现了更多复杂情绪判断及移情定向归因,更多站在犯过者的角度进行思考,作出相应的原因解释(王鹏,刘海燕,方平,2011)。此外,儿童自立水平,也就是独立自主的能力越高,其道德情绪判断的归因越是"道德定向"的;自立水平越低,其道德情绪判断的归因越是"个人定向"的(凌辉,黄希庭,2009)。

关于道德情绪发展的相关因素和影响因素的研究仍然非常少。相关综述指出,内疚、羞愧这样的自我意识情绪的产生往往需要以自我认知的发展为基础(俞国良,赵军燕,2009);社会认知能力也被认为是道德情绪判断的重要影响因素(刘国雄,方富熹,2003)。这些因素如何在个体发展过程中逐渐促进道德情绪的发展,有待进一步研究。

6.2.3　关于道德行为的研究

亲社会行为是有益于他人和社会的道德行为,它主要是关怀取向的。帮助、合作、分享、安慰是儿童亲社会行为的主要类型。研究发现,儿童对这四种亲社会行为的分化发生在18—24个月,四种亲社会行为随儿童年龄增长表现出不同的变化趋势(赵章留,寇彧,2006)。尽管4—6岁儿童的分享行为发展明显,但由教师评价的小学儿童的分享行为在小学一、三年级无显著差异,从三年级到五年级的得分反而显著下降(王海梅,陈会昌,张光珍,2005)。针对4—6岁儿童合作发展的研究发现,幼儿的合作选择认知已经达到了较高水平,其中超过一半的幼儿知道在面对问题时可以与同伴合作解决(陈琴,2004)。道德行为不仅包括亲社会行为,还包括一些禁令取向的行为,如避免伤害、欺骗等,但有关这类行为的发展研究并不多见。

从理论上来说,道德判断的水平会影响道德行为,但这方面的研究结果并不一致。有研究发现道德判断与道德行为相关显著(董泽松,彭蕾,傅金芝,2005),也有研究发现道德判断与亲社会行为、移情能力之间的相关很低(朱丹,李丹,2005)。这可能与不同研究的被试特征、测量指标的不同有关。而道德情绪与道德行为的相关已被屡次证实。其中探讨最多的是移情与亲社会行为之间的关系。不同年龄阶段的研究均发现,移情对亲社会行为有显著的预测作用(李丹,李燕,宗爱东,丁月增,2005;李幼穗,周坤,2010;岑国桢,王丽,李胜男,2004)。还有研究发现,当儿童将注意力集中于自己对团体造成的不良影响时,就会产生内疚情绪,但如果将注意力集中于自己的不良结果时,则产生难过情绪;内疚情绪能促进儿童亲社会行为水平的提高,难过情绪不能促进儿童亲社会行为水平的提高(张晓贤,桑标,2012)。当下青少年已经成为中国互联网的最大用户群体,他们在使用互联网时表现出的偏差行为与道德的关系值得关注。研究发现,网络易怒、攻击性、敌意和冲突水平都随着年级的增长而下降,同时青少年的网络亲社会行为水平也随年级升高而下降;网络道德认知和网络道德情感对网络亲社会行为均有正向预测作用;网络道德认知对网络偏差行为有负向的预测作用,网络道德情感不能预测网络偏差行为表现(马晓辉,雷雳,2010,2011)。

更多的研究从社会化的角度探讨道德行为的发展。比如,针对 2 岁(宗爱东,李丹,2005)、7 岁(牛宙,陈会昌,王莉,张宏学,2004)儿童的研究显示,父母教养方式的不同维度对亲社会行为的影响不同。父亲参与教养的程度对儿童的亲社会行为有积极影响,父子依恋关系在父亲参与教养程度与儿童亲社会行为的关系中起中介作用(黎志华,尹霞云,蔡太生,苏林雁,2012)。家庭功能对亲社会行为也有显著的预测作用,尤其是对那些威胁家庭完整性的问题的解决能力越差,则青少年的亲社会行为倾向越少(魏欣,陈旭,2010)。有研究还发现,拒绝型教养方式通过责任心、道德同一性和道德推脱的中介作用间接影响网络不道德行为(吴鹏,刘华山,鲁路捷,田梦潇,2013)。

与道德认知和道德情绪不同的是,有不少研究者进行了有关道德行为的干预实验。研究表明,学前儿童的合作游戏训练(张丽玲,白学军,2010),小学生的情境讨论、角色扮演和归因训练法(廖全明,郑涌,2007),初中生的榜样示范、移情训练、价值澄清、行为训练(左宏梅,韦小满,2008)对亲社会行为均有不同程度的提升作用。例如,角色扮演法对小学生分享行为的影响效果最好,归因训练法次之,情境讨论法稍差。这些结果提示,研究者需针对不同的训练内容以及被试群体的特征,创设不同的训练方法。

6.3 国内外研究的比较与分析

前两部分介绍了国内外近些年来有关品德心理的研究,以了解这一领域的研究动态。下文将主要从研究方法和内容上来比较分析国内外研究的异同,通过汲取国内外研究的优势成果和创新思路,更好地促进品德心理研究的本土化进程。

6.3.1 研究方法

早期的道德发展研究采用较多的是描述和相关统计的方法,这些研究难以发现影响道德发展的原因;近期研究则更多运用实验操纵方法来探讨道德发展,有助于人们更好地了解道德发展的内部机制。目前,已有不少国内外研究采用各种神经科学研究技术探究成人道德认知和道德情绪的神经生理过程,如 Schaich Borg、Hynes、Van Horn、Grafton 和 Sinnott-Armstrong(2006)对道德判断是由意图还是由行动手段主导进行的脑成像研究,Kédia、Berthoz、Wessa、Hilton 和 Martinot(2008)关于内疚、同情等道德情绪的 fMRI 研究,伍海燕、傅根跃和臧燕红(2010)关于欺骗与诚实的 ERP 研究,都不同程度地增进了我们对道德发展的生物基础的理解。但这些结果更多局限于成人,是否可以同等程度地迁移到儿童,不同发展阶段的内部机制有什么样的差异,尚有待更多研究者的探索。

从样本范围来看,无论是国内研究还是国外研究,均涉及不同年龄层次的被试。然而,在其他一些人口统计学变量上,研究则存在某些欠缺。例如,国外研究中的被试大多是在中产阶级背景中成长起来的儿童;而国内大多数研究的取样区域仅仅局限于大中城市,较少关注农村。此外,国内外研究大都关注正常儿童,较少关注特殊儿童。国内少数几个研究探讨了孤独症和聋哑儿童与正常儿童之间道德发展存在的差异,但对这些在心理或生理上发展异常的儿童的道德发展的关注仍然是非常有限的。事实上,对特殊儿童的关注一方面可为特殊儿童的道德发展提供有益的指导;另一方面,特殊儿童因某些能力的缺失而对道德发展产生的不利影响,可为内部机制的探讨提供有益的启示。除了关注城市儿童和青少年的道德发展外,我们还应该关注农村学生的道德发展,扩大被试范围,探讨不同社会阶层、不同教育背景的个体的品德心理特征,一些身心发展异常的儿童也值得关注。只有充分了解这些儿童的品德心理发展的特征和原因,才有益于教育。

横断研究和纵向研究是发展教育领域最常用的研究方法,也是探讨发展过程中的促进和阻碍因素的最有效方式。然而,国内研究大都是横断研究,很少有纵向研究,人力、财力、物力的限制可能是这类研究很少见诸报告的一个重要原因。横断研究由于存在年龄和同辈效应的混淆,限制了研究的因果推论。相比之下,国外有更多的纵向追踪研究,这些研究能更好地探寻发展的轨迹。如有关良知早期发展的纵向研究发现,同情和内疚在 3 岁到 4 岁之间保持着非常高的稳定性(Aksan & Kochanska, 2005)。交叉滞后设计还能在一定程度上作出因果推论。Kochanska、Koenig、Barry、Kim 和 Yoon(2010)对 100 名儿童在其 25 个月、38 个月和 52 个月前后三个不同时段测查了良知、道德自我、亲社会和反社会行为,发现了复杂的相互关系。由于国内研究大多是静态的横断研究，因此无法对年龄的变化进行直接测量，也无法探究个体发展的稳定性和连续性等问题。因此，今后研究者需要进一步加强对儿童和青少年的追踪研究，采用交叉滞后设计，这样才能更深入地探究道德发展的各种关键期、转折点，甚至发掘影响道德发展的机制，从而为不同时期对儿童进行相应的道德教育提供实证依据。

量表的精确测量是探究品德发展状况及各变量相互关系的前提条件。国外已有不少针对儿童和青少年的量表，涉及的问题有道德价值观的重要性(Krettenauer & Johnston, 2011)、亲社会和反社会行为(Johnston & Krettenauer, 2011)、道德和非道德归因(Bacchini, Affuso, & De Angelis, 2013)等。然而，国内自主编制的具有良好信效度的量表以及依据国外量表修订的本土化量表仍然相对稀少。少数研究专门探讨了道德判断(皮美清，张小英，刘视湘，2009)和亲社会行为倾向(寇彧，洪慧芳，谭晨，李磊，2007)量表的编制，但这些量表也仅仅局限于某个年龄阶段的某种品德心理行为。要想对不同行为、不同群体进行更有效的测量，仍需进一步检测既有问卷的信效度，以及开展更多具有针对性的量表编制研究。

另外，社会变迁也是当前研究探讨较多的一个问题，尤其是在那些经历着巨大社会变化的国家中，人们的心理行为也往往发生着相应的变化，因此探究变化的具体特征及其原因，对比不同年代的群组差异就显得尤为必要。如对1990年和2005年的东德和西德儿童的道德决策和推理的对比(Gummerum & Keller, 2012)，对1985年和2008年中国城市2—8年级儿童责任心的对比(李丹等，2012)。这类研究均不同程度地为社会文化变化如何影响人类行为提供了宝贵的洞见。目前，中国正在经历历史上最大规模的农村人口的流动，出现了大量的留守和流动儿童。这些儿童都不同程度地面临一些社会不公和歧视。这种"处境不利"是否容易造成这些儿童品行不良，他们的品德发展是否异于城市儿童？在快速变化的城镇化过程中，不同亚文化背景的儿童有着怎样的发展特征？序列设计既能用于探讨不同年代的效应，又有助于探索年龄差异，对于回答上述问题有着非常重要的应用价值，亟待国内研究者的探索。

实际上，品德心理研究的最终目的是要维护和发展学生的品行，提高学生的道德水平，只有将品德心理研究的成果广泛运用到道德教育实践中，才能充分实现研究的价值。干预研究能为我们更好地促进个体道德发展、预防品行发展障碍提供有益的指导。然而，目前的干预研究大多局限在道德行为方面，探讨移情、角色扮演、归因、榜样等因素在促进儿童亲社会行为过程中的积极作用，而关于如何提升道德认知和道德情绪的干预研究很少。已有研究显示，众多个体因素和环境因素共同作用于道德发展过程，但这些因素如何具体转换成教育策略，并在实践中具体指导家长、老师提升儿童的道德水平,仍需干预研究的支持。因此,未来研究除了注重道德行为的干预之外,关于道德情绪、道德认知的干预研究也应该更为细致和深化,应从知情意三个方面发展出针对不同群体的干预策略。

6.3.2 研究内容

第一,道德发展研究亟待进一步拓展。尽管科尔伯格对道德判断推理非常推崇,并将其作为衡量道德发展的首要指标,然而越来越多的不断累积的证据表明,道德判断并不能较好地预测道德行为,它甚至只能解释道德行为变化的 10%(Blasi, 1980; Walker, 2004)。

一些新的研究热点自 20 世纪 80 年代陆续出现,这些研究不再囿于传统的道德判断、移情,出现了一些新的关注点。首先是道德情绪(Haidt, 2003),研究者指出,对于道德情绪的研究不应局限于同情和内疚这类情绪,可以更多地拓展到义愤、厌恶、感恩等情绪,这些情绪均不同程度地推动着个体亲社会行为的发展,并在避免违规行为过程中发挥了重要的作用。其次,有研究者指出,个体的一些稳定的特征,如道德自我(Aquino, McFerran, & Laven, 2011)和道德人格(Walker & Frimer, 2007),作为中介或调节变量在个体发展过程中发挥着重要作用,这进一步拓宽了研究者的思路。

遗憾的是,上述研究内容并没有得到国内研究者的充分响应,相关研究仍更多集中在一些传统主题上。如道德认知主要集中在如何进行道德判断,较少涉及认知的其他方面;道德情绪的研究也主要集中于移情研究,有关敬畏、厌恶等情绪的发展特征几乎没有涉及;道德行为的研究主要涉及亲社会行为,禁令取向的行为研究则相对较少。一些新近研究探讨了道德认同(王兴超,杨继平,2013)、道德自我调节(李谷,周晖,丁如一,2013)等个体因素与道德行为之间的关系,但仅涉及大学生被试,少有研究从发展的角度检验或深化相关理论。后续研究应从多个层面对道德发展进行深入探究,以增进对儿童品德心理发展的认识。

第二,要关注因果关系的研究。探讨各种因素促使或抑制道德发展的研究可以分成两大类:一类是非道德的因素,如个体气质,观点采择以及家庭、同伴、学校、文化对道德认知、情绪、行为发展的影响;另一类是道德认知、道德情绪对道德行为的影响,或各因素之间的相互关系。对比国内外研究,这一方面主要存在以下两个有待改进的地方。

(1)目前的研究更多集中于探讨某个因素对道德行为发展的影响,较少研究相关因素对道德认知和道德情绪的影响。由于道德认知和道德情绪本身有其独特的发展过程,只有充分了解了它们的发展特征以及相关影响因素,才能更好地分析各种因素对道德行为发展的作用。实际上,高级行为认知的发展很少仅仅受单一因素影响,相比而言,国外研究比国内研究更多地从多元角度考察道德发展。有些研究考察了某些中介或调节因素的作用,从而避免把复杂的道德处境中的个体行为简单化,更多地考虑道德行为的复杂性。因此,未来的研究应进一步明晰道德认知、道德情绪、道德行为之间的关系,以及非道德的相关因素在推动道德发展的过程中所起的多元交互作用。

(2) 文化背景差异也是目前探讨道德发展影响因素的研究中越来越受到关注的一个问题。已有不少国外研究对不同文化中儿童的品德心理特征进行了对比,如瑞典和智利(Chaparro, Kim, Fernández, & Malti, 2013)、中国和加拿大(Fu, Xu, Cameron, Heyman, & Lee, 2007)儿童的对比,发现了很多富有启示的文化差异。这为更好地理解文化本身的特征,以及文化对道德发展的影响提供了有力的证据。而国内研究则较少涉及两个不同文化群体的对比。即便是在现今中国文化背景下,实际也存在不少背景迥异的群体,如农村儿童与城市儿童、流动儿童与随迁儿童、流动儿童与农村儿童等,不同的经历、不同的家庭背景可能对儿童的道德发展产生不同的影响,诸如此类的考虑文化背景的研究也是我们未来所应特别关注的。

另外,目前的研究主要集中于探讨影响道德发展的因素,而对于道德发展本身给个体发展带来的影响,也就是道德发展有哪些功能缺乏实证的研究。不过,已有研究者开始了这方面的探究。例如,有研究发现小学生对自豪的理解对于同伴接纳有显著的预测力(王昱文,王振宏,刘建君,2011);感恩对青少年的学业成就、社会适应的积极作用(文超,张卫,李董平,喻承甫,代维祝,2010;叶婷,吴慧婷,2012)。从功能的视角来研究,可以让我们更清晰地认识到道德认知、道德情感和道德行为在人们生活中扮演什么样的角色,以及如何在现实生活中发挥作用。例如,道德榜样如何调节班级的道德氛围,道德情绪对人际关系的影响,内疚、羞耻对儿童心理健康的作用,等等。因此,除了探讨道德发展的机制外,我们还应该从功能的视角来探究道德发展本身给个体发展带来的影响,探讨其对心理适应、师生关系甚至学业成绩的作用。

6.4 对中国教育现状的意义

下面将从道德认知、道德情绪、道德行为三个方面,探讨既有研究对中国教育的启示。本节内容首先从新近的研究中提炼出有价值的观点,然后提出相应的对策。

6.4.1 促进道德认知

道德认知的发展,尤其是道德判断能力的发展,是学校教育应首先关注的问题。

从新近研究中可以概括出以下几个主要观点：(1)道德判断的复杂性。个体发展过程中始终存在结果和意图的权衡,从儿童到青少年到成人,利用各种内外信息进行道德判断是一个不断发展和成熟的过程。(2)不同领域的特殊性。儿童逐渐认识到道德、习俗、个人、安全等领域存在不同的规则限定,并针对不同领域产生不同的判断与推理。(3)随着年龄的增长,儿童对说谎和说真话的行为不再作非黑即白的好坏判断,逐渐意识到不同情境下说谎和说真话均有特殊的价值。对此,结合我国德育实践,建议采取如下几种教育对策:

(1) 设计一些结果和意图相矛盾的情境故事,或复杂性递增的两难故事,作为讨论的教材,让学生阐述在类似的情境中自己将作怎样的抉择,教师则作为组织者诱导大家进行批判性的探讨。对于年龄稍小的儿童,可以创设一些"无意造成大伤害和有意造成小伤害"之类的故事,引发集体讨论;对于年龄稍大的儿童,则可以利用"海因茨偷药"等经典的道德两难情境来引导他们的道德思辨。

(2) 给出不同领域的规则,组织儿童和青少年进行对比和分类。道德领域涉及公平公正的探讨,如如何保持平等竞争和避免社会排斥;习俗领域涉及行为样式的统一,如服装穿着和饮食礼仪;安全领域涉及安全和健康,如避免药物滥用和吸毒;个人领域涉及个人娱乐活动的选择、食品的选择等。从童年早期到青春期,儿童逐步建立起个人的私人空间,一些公开的行为被逐步纳入个人的边界。如针对"写日记",老师可以组织学生探讨"什么是隐私"。从偷看他人的信件,到公布他人的信件甚至恶意散布针对他人的不良信息,这其中私人领域、安全领域、道德领域的边界在哪里?老师可以给出一些具体规则,让学生进行归类和评判。

(3) 如何形成诚实的品质,也是一个非常重要的议题。诚实不代表在任何情境下都说真话。当一个人存在明显的口吃症状时,并不意味着你对这个人的演讲要直言不讳地提出建议。因此,可以设置一些情境,通过角色扮演,训练个体领会什么情况下应该说真话,什么情况下在多大程度上可以说善意的谎言。

6.4.2　体验道德情绪

道德情绪是一种重要的品德心理研究视角,不仅涉及情绪本身,还涉及个体所拥有的道德观念、道德价值观和道德态度等方面。从既有研究中我们可以概括出以下几个理论观点:(1)道德情绪并非由单一维度构成,它是很多离散情绪的集合,每一种情绪都有一种与之对应的行为模式。在某种意义上,情绪和对应的行为是等价的,因此通过具体的道德情绪可以预测个体相应的道德行为。(2)不同的情绪判断可能暗藏不同的情绪归因。个体归因是"道德定向"的,还是"个人定向"的,可能会产生不同的情绪。归因的方式部分地影响了个体道德情绪的体验。与上述观点相对应,亦可提出相应的教育对策：

(1) 针对不同的道德情绪，设计不同的干预策略。为了更好地诱发个体间互惠的亲社会行为，可以强化儿童和青少年的感恩情绪。比如，借助写日记的方法，要求孩子每天记录三件感恩的事，这些事可以是关于朋友的帮助、父母的支持、陌生人的微笑等。为了促进个体对积极榜样的模仿，可以强化儿童的钦佩感。比如，教师可以收集一些社会上或学校周边的助人为乐人士的相关事件，整理成文字或视频，有计划地引导儿童和青少年学习，促使他们产生崇敬和钦佩感，进而模仿相应的行为。为了促进个体在犯过行为后对受害者进行补偿，可以通过情境设置帮助他们体验内疚情绪。比如，要求个体以书面形式进行自我反思，意识到自己对他人造成的伤害，并对不良影响负有一定责任，进而产生内疚感，通过积极行动弥补自己的过错。

(2) 对道德情绪归因进行训练。设置一些两难故事情境，要求儿童和青少年对故事中的人物可能出现的情绪以及出现特定情绪的原因进行分析。一方面，围绕"损人者的心理体验"可以设计很多情境，推动儿童对损人者的情绪判断由"高兴"向"难过"转变，情绪归因由"结果定向"向"道德定向"过渡。另一方面，可以设置一些需要抵触诱惑的情境或需要帮助他人的情境，通过在不同情境中的思辨探讨，引导个体由关注自己想要达到的目的或结果向更多地考虑外在行为准则过渡，有序地促进儿童和青少年向更高水平的道德取向发展。

6.4.3 践行道德行为

不管是道德认知研究还是道德情绪研究，最终是为了预测并激发个体的道德行为。从既有研究中我们可以概括出以下几个观点：(1)道德行为的产生是一个极其复杂的过程。个体并非是单纯的刺激—反应者，他们对刺激物进行选择、组织和转换，并通过对刺激的解释作用于自己的后续行为。当个体把"德性"作为自我的核心概念时，就能更好地启动道德行为。道德自我对行为的调节是个体道德行为发生和改变的关键原因。(2)家庭、学校和社会为培养儿童和青少年的道德发展提供了广阔的生态背景，这其中父母的教养方式、同伴关系、学校氛围、社会舆论等作为个体发展的重要的社会化动因，一定程度上也促进或阻碍着儿童和青少年的道德发展。结合我国已有的德育实践，拟提出如下几种教育对策：

(1) 促进儿童和青少年的道德自我，以调控其道德行为。首先，可以加强儿童和青少年的自我监督能力，这要求个体在设定的道德冲突情境中不断地考察自己在做什么、想什么，对自我的行为进行监控。其次，自我评价，对自己的行为表现作出客观评定。我做得怎么样？有什么可以改善的？行为是否符合道德规范的要求？再者，在个体行为之后还可以给予一些强化，这些强化可以是来自外部的，也可以是来自内部的奖励或惩罚(李伯黍,燕国材,2010)。需要指出的是,上述活动不仅可以由教师引导,还可以由学生自发组织管理。如设置一些学生自治会、夏令营等,发挥他们的自主能动性和主人翁意识,更好地内化外在的行为准则,促进儿童和青少年的道德行为的发展。

(2) 营造良好的道德氛围。首先,学校教师应该鼓励儿童和青少年相互关爱,设置一些一对一或多人小组的互帮互助活动。应该营造良好的道德风气,宣传优秀的德行榜样,传播一些积极的道德价值观。例如,定期在学校对一些助人为乐的、有责任心的学生进行表彰,通过讲解具体的发生在身边的事例,最大化地发挥榜样的力量。其次,个体所在社区应提供一些志愿者服务项目,开展亲子义工活动,给予特殊儿童、孤寡老人适当帮助,形成良好的社区道德风气;对于城市流动儿童不仅给予物质上的支持,还可以建立一对一的互帮互助小组,提升这类儿童的心理适应能力。另外,学校、家庭、社会还应协同合作,共同积极推进我国儿童和青少年的道德教育。

参考文献

岑国桢,王丽,李胜男.(2004).6～12岁儿童道德移情、助人行为倾向及其关系的研究.心理科学,27(4),781—785.

陈璟,李红.(2009).情境类型对儿童道德情绪判断及归因的影响.心理科学,32(1),14—17.

陈琴.(2004).4～6岁儿童合作行为认知发展特点的研究.心理发展与教育,20(4),14—18.

董泽松,彭蕾,傅金芝.(2005).中小学生道德判断和道德行为发展关系研究.昆明师范高等专科学校学报,27(1),76—78.

段蕾,莫书亮,范翠英,刘华山.(2012).道德判断中心理状态和事件因果关系的作用:兼对道德判断双加工过程理论的检验.心理学报,44(12),1607—1617.

冯源,苏彦捷.(2006).道德判断的分级现象.心理学探新,26(3),93—96.

傅根跃,王玲凤.(2005).为集体或为个人情境下小学儿童对说谎或说真话的理解和道德评价.心理科学,28(4),859—862.

傅根跃,王玲凤.(2006).假想的道德两难情境下小学儿童对说谎或说真话的抉择.心理科学,29(5),1049—1052.

顾海根,李正云,李伯黍.(1992).行为动机与结果的匹配关系对儿童道德情绪归因的影响.心理科学,15(3),8—12.

竭婧,杨丽珠.(2010).10～12岁儿童羞愧感理解的特点.辽宁师范大学学报(社会科学版),29(4),53—56.

寇彧,洪慧芳,谭晨,李磊.(2007).青少年亲社会倾向量表的修订.心理发展与教育,23(1),112—117.

黎志华,尹霞云,蔡太生,苏林雁.(2012).父亲参与教养程度、父子依恋关系对儿童亲社会行为的影响.中国临床心理学杂志,20(5),705—707.

李伯黍.(1981).教育心理学的一门新分支——德育心理学.心理科学通讯,4,3—6.

李伯黍.(2009).西方儿童品德发展研究的历史与现状略.载于李丹(主编),李伯黍心理学文选.北京:人民教育出版社.

李伯黍,燕国材.(2010).教育心理学.上海:华东师范大学出版社.

李丹,黄蔷薇,丁雪辰.(2012).2—8年级儿童的责任心发展.心理与行为研究,10(5),347—354.

李丹,李燕,宗爱东,丁月增.(2005).2岁幼儿移情反应的特点:与自发帮助、气质、亲子互动的关系.心理科学,28(4),961—964.

李丹,宗利娟,刘俊升.(2013).外化行为问题与集体道德情绪、集体责任行为之关系:班级氛围的调节效应.心理学报,45(9),1015—1025.

李谷,周晖,丁如一.(2013).道德自我调节对亲社会行为和违规行为的影响.心理学报,45(6),672—679.

李伟强,岑国桢.(2008).干预对学校道德氛围感知的影响.心理科学,31(2),273—276.

李伟强,郭本禹.(2009).中学生对学校道德氛围感知的调查.心理科学,32(2),278—280.

李伟强,郭本禹,郑剑锋,王伟伟.(2013).学校道德氛围知觉对道德发展影响的教育干预实验.心理科学 36(2),390—394.

李幼穗,周坤.(2010).同情心培养对幼儿典型亲社会行为影响的研究.心理科学,33(2),341—345.

李占星,牛玉柏,朱莉琪.(2015).不同目击者对儿童道德情绪判断与归因的影响.心理科学,38(4),876—882.

李正云,李伯黍.(1993).4—10岁儿童道德情绪归因研究.心理科学,16(5),19—23.

廖全明,郑涌.(2007).不同训练方法对小学生分享行为影响的实验研究.心理科学,30(6),1351—1355.

凌辉,黄希庭.(2009).高低自立水平儿童道德情绪判断及归因特点的实验研究.心理科学,32(2),411—413.

刘国雄.(2013).道德和习俗领域幼儿义务推理的发展.心理学报,45(3),310—319.

刘国雄,方富熹.(2003).关于儿童道德情绪判断的研究进展.心理科学进展,11(3),55—60.

刘晓洁,李丹.(2011).集体道德情绪研究述评.心理科学,34(2),393—397.

刘玉娟.(2008).国内外品德心理测量的回顾与展望.教育科学研究,(4),43—46.

马晓辉,雷雳.(2010).青少年网络道德与其网络偏差行为的关系.心理学报,42(10),988—997.

马晓辉,雷雳.(2011).青少年网络道德与其网络亲社会行为的关系.心理科学,34(2),423—428.

牛宙,陈会昌,王莉,张宏学.(2004).7岁儿童在助人情境中的行为表现及其与父母教养方式的关系.心理发展与教育,20(2),17—21.

彭明,张雷.(2016).厌恶情绪影响道德判断的发展研究.心理科学,39(5),1110—1115.

皮美清,张小英,刘视湘.(2009).小学生道德判断量表的编制.中国健康心理学杂志,17(10),1269—1271.

王海梅,陈会昌,张光珍.(2005).4~6岁儿童对"偶得物品"与"拥有物品"的分享行为.心理发展与教育,21(3),37—43.

王美芳,闫秀梅,姚利.(2010).儿童青少年对身体攻击和关系攻击的道德判断.中国临床心理学杂志,18(4),523—525.

王鹏,刘海燕,方平.(2011).青少年道德情绪判断与归因特点研究.心理学探新,31(2),182—185.

王挺,肖三蓉,徐光兴.(2011).人格特质、家庭环境对中学生道德判断能力的影响.心理科学,34(3),664—669.

王兴超,杨继平.(2013).道德推脱与大学生亲社会行为:道德认同的调节效应.心理科学,36(4),904—909.

王昱文,王振宏,刘建君.(2011).小学儿童自我意识情绪理解发展及其与亲社会行为、同伴接纳的关系.心理发展与教育,27(1),65—70.

魏欣,陈旭.(2010).农村留守初中生亲社会倾向特点及其与人格、家庭功能的关系.心理发展与教育,26(4),402—408.

文超,张卫,李董平,喻承甫,代维祝.(2010).初中生感恩与学业成就的关系:学习投入的中介作用.心理发展与教育,26(6),598—605.

吴鹏,刘华山,鲁路捷,田梦潇.(2013).青少年网络不道德行为与父母教养方式的关系——道德脱离、责任心、道德同一性的中介作用.心理科学,36(2),372—377.

伍海燕,傅根跃,藏燕红.(2010).欺骗与诚实的P300的动机准备效应.心理科学,33(4),949—951.

杨继平,王兴超,高玲.(2010).道德推脱的概念、测量及相关变量.心理科学进展,18(4),671—678.

杨丽珠,金芳.(2005).促进幼儿责任心发展的教育现场实验研究.学前教育研究,22(6),22—24.

杨韶刚.(2013).从科尔伯格到后科尔伯格:社会认知领域理论对特殊教育的德育启示.中国特殊教育,160(10),17—21.

叶婷,吴慧婷.(2012).低家庭社会经济地位与青少年社会适应的关系:感恩的补偿和调节效应.心理学探新,32(1),61—66.

俞国良,赵军燕.(2009).自我意识情绪:聚焦于自我的道德情绪研究.心理发展与教育,25(2),116—120.

张竞竞,马凤玲,徐芬.(2007).不同情景下小学儿童对说谎与说真话的道德评价.心理发展与教育,23(2),1—5.

张丽玲,白学军.(2010).合作游戏训练对学前儿童合作行为的影响.心理与行为研究,8(3),218—222.

张娜,刘秀丽.(2015).3—6岁儿童白谎的概念理解、道德评价与白谎行为的关系.中国临床心理学杂志,23(2),354—357.

张文静,徐芬,王卫星.(2005).幼儿说谎认知的年龄特征及其与心理理论水平的关系.心理科学,28(3),606—610.

张晓贤,桑标.(2012).儿童内疚情绪对其亲社会行为的影响.心理科学,35(2),314—320.

张志君,陈斌斌,顾海根.(2008).聋哑与听力正常青少年道德判断能力比较研究.心理研究,1(5),32—35.

赵章留,寇彧.(2006).儿童四种典型亲社会行为发展的特点.心理发展与教育,22(1),117—121.

郑信军,岑国桢.(2007).道德敏感性的研究现状与展望.心理科学进展,15(1),108—115.

朱丹,李丹.(2005).初中学生道德推理、亲社会行为及其相互关系的比较研究.心理科学,28(5),1231—1234.

宗爱东,李丹.(2005).2岁儿童亲社会行为及与父母教养方式、亲子依恋的关系.上海教育科研,9,46—48.

左宏梅,韦小满.(2008).初中生亲社会行为的干预实验.中国心理卫生杂志,22(9),669—673.

Aksan, N., & Kochanska, G. (2005). Conscience in childhood: Old questions, new answers. *Developmental Psychology*, 41(3), 506-516.

Aquino, K., McFerran, B., & Laven, M. (2011). Moral identity and the experience of moral elevation in response to acts of uncommon goodness. *Journal of Personality and Social Psychology*, 100(4), 703-718.

Bacchini, D., Affuso, G., & De Angelis, G. (2013). Moral vs. non-moral attribution in adolescence: Environmental and behavioural correlates. *European Journal of Developmental Psychology*, 10(2), 221-238.

Bandura, A. (2002). Selective moral disengagement in the exercise of moral agency. *Journal of Moral Education*, 31(2), 101-119.

Baumard, N., Mascaro, O., & Chevallier, C. (2012). Preschoolers are able to take merit into account when distributing goods. *Developmental Psychology*, 48(2), 492-498.

Blasi, A. (1980). Bridging moral cognition and moral action: A critical review of the literature. *Psychological Bulletin*, 88(1), 1-45.

Brown, R., González, R., Zagefka, H., Manzi, J., & Cehajic, S. (2008). Nuestra culpa: Collective guilt and shame as predictors of reparation for historical wrongdoing. *Journal of Personality and Social Psychology*, 94(1), 75-90.

Carlo, G., Mestre, M. V., Samper, P., Tur, A., & Armenta, B. E. (2011). The longitudinal relations among dimensions of parenting styles, sympathy, prosocial moral reasoning, and prosocial behaviors. *International Journal of Behavioral Development*, 35(2), 116-124.

Chaparro, M. P., Kim, H., Fernández, A., & Malti, T. (2013). The development of children's sympathy, moral emotion attributions, and moral reasoning in two cultures. *European Journal of Developmental Psychology*, 10(4),

495 – 509.

Danovitch, J. , & Bloom, P. (2009). Children's extension of disgust to physical and moral events. *Emotion*, 9(1),107 – 112.

Farrant, B. M. , Devine, T. A. J. , Maybery, M. T. , & Fletcher, J. (2012). Empathy, perspective taking and prosocial behaviour: The importance of parenting practices. *Infant and Child Development*, 21(2),175 – 188.

Fu, G. , Xu, F. , Cameron, C. A. , Heyman, G. , & Lee, K. (2007). Cross-cultural differences in children's choices, categorizations, and evaluations of truths and lies. *Developmental Psychology*, 43(2),278 – 293.

Gasser, L. , Malti, T. , & Gutzwiller-Helfenfinger, E. (2012). Aggressive and nonaggressive children's moral judgments and moral emotion attributions in situations involving retaliation and unprovoked aggression. *The Journal Of Genetic Psychology*, 173(4),417 – 439.

Gummerum, M. , Cribbett, C. , Nicolau, A. N. , & Uren, R. (2013). Counterfactual reasoning and moral emotion attribution. *European Journal of Developmental Psychology*, 10(2),144 – 158.

Gummerum, M. , & Keller, M. (2012). East German children's and adolescents' friendship and moral reasoning before and after German reunification. *The Journal of Genetic Psychology: Research and Theory on Human Development*, 173(4),440 – 462.

Gummerum, M. , Keller, M. , Takezawa, M. , & Mata, J. (2008). To give or not to give: Children's and adolescents' sharing and moral negotiations in economic decision situations. *Child Development*, 79(3),562 – 576.

Güroğlu, B. , van den Bos, W. , & Crone, E. A. (2009). Fairness considerations: Increasing understanding of intentionality during adolescence. *Journal of Experimental Child Psychology*, 104(4),398 – 409.

Haidt, J. (2003). The moral emotions. In R. J. Davidson, K. R. Scherer, & H. H. Goldsmith(Eds.), *Handbook of affective sciences*(pp. 852 – 870). Oxford, UK: Oxford University Press.

Hamlin, J. K. , Wynn, K. , & Bloom, P. (2007). Social evaluation in preverbal infants. *Nature*, 450(7169),557 – 559.

Hardy, S. A. , & Carlo, G. (2011). Moral identity: What is it, how does it develop, and is it linked to moral action? *Child Development Perspectives*, 5(3),212 – 218.

Hardy, S. A. , Walker, L. J. , Rackham, D. D. , & Olsen, J. A. (2012). Religiosity and adolescent empathy and aggression: The mediating role of moral identity. *Psychology of Religion and Spirituality*, 4(3),237 – 248.

Johnston, M. , & Krettenauer, T. (2011). Moral self and moral emotion expectancies as predictors of anti- and prosocial behaviour in adolescence: A case for mediation? *European Journal of Developmental Psychology*, 8(2),228 – 243.

Kédia, G. , Berthoz, S. , Wessa, M. , Hilton, D. , & Martinot, J.-L. (2008). An agent harms a victim: A functional magnetic resonance imaging study on specific moral emotions. *Journal of Cognitive Neuroscience*, 20(10),1788 – 1798.

Kochanska, G. , Koenig, J. L. , Barry, R. A. , Kim, S. , & Yoon, J. E. (2010). Children's conscience during toddler and preschool years, moral self, and a competent, adaptive developmental trajectory. *Developmental Psychology*, 46(5),1320 – 1332.

Krettenauer, T. (2011). The dual moral self: Moral centrality and internal moral motivation. *The Journal of Genetic Psychology: Research and Theory on Human Development*, 172(4),309 – 328.

Krettenauer, T. , Colasante, T. , Buchmann, M. , & Malti, T. (2014). The Development of Moral Emotions and Decision-Making From Adolescence to Early Adulthood: A 6-Year Longitudinal Study. *Journal of Youth and Adolescence*, 43(4),583 – 596.

Krettenauer, T. , & Jia, F. (2013). Investigating the actor effect in moral emotion expectancies across cultures: A comparison of Chinese and Canadian adolescents. *British Journal of Developmental Psychology*, 31(3),349 – 362.

Krettenauer, T. , & Johnston, M. (2011). Positively versus negatively charged moral emotion expectancies in adolescence: The role of situational context and the developing moral self. *British Journal of Developmental Psychology*, 29(3),475 – 488.

Lahat, A. , Helwig, C. C. , & Zelazo, P. D. (2012). Age-related changes in cognitive processing of moral and social conventional violations. *Cognitive Development*, 27(2),181 – 194.

Lahat, A. , Helwig, C. C. , & Zelazo, P. D. (2013). An event-related potential study of adolescents' and young adults' judgments of moral and social conventional violations. *Child Development*, 84(3),955 – 969.

Li, J. , Zhu, L. , & Gummerum, M. (2014). The relationship between moral judgment and cooperation in children with high-functioning autism. *Scientific Reports*, 4, 4314.

LoBue, V. , Nishida, T. , Chiong, C. , DeLoache, J. S. , & Haidt, J. (2011). When getting something good is bad: Even three-year-olds react to inequality. *Social Development*, 20(1),154 – 170.

Loke, I. C. , Heyman, G. D. , Forgie, J. , McCarthy, A. , & Lee, K. (2011). Children's moral evaluations of reporting the transgressions of peers: Age differences in evaluations of tattling. *Developmental Psychology*, 47(6),1757 – 1762.

Malti, T. , Eisenberg, N. , Kim, H. , & Buchmann, M. (2013). Developmental trajectories of sympathy, moral emotion attributions, and moral reasoning: The role of parental support. *Social Development*, 22(4),773 – 793.

Malti, T. , Gummerum, M. , Keller, M. , & Buchmann, M. (2009). Children's moral motivation, sympathy, and prosocial behavior. *Child Development*, 80(2),442 – 460.

Narvaez, D. , Gleason, T. , & Mitchell, C. (2010). Moral virtue and practical wisdom: Theme comprehension in children, youth, and adults. *The Journal of Genetic Psychology: Research and Theory on Human Development*, 171 (4),363 – 388.

Ongley, S. F. , & Malti, T. (2014). The role of moral emotions in the development of children's sharing behavior. *Developmental Psychology*, *50*(4),1148 – 1159.

Paciello, M. , Fida, R. , Tramontano, C. , Cole, E. , & Cerniglia, L. (2013). Moral dilemma in adolescence: The role of values, prosocial moral reasoning and moral disengagement in helping decision making. *European Journal of Developmental Psychology*, *10*(2),190 – 205.

Pelton, J. , Gound, M. , Forehand, R. , & Brody, G. (2004). The moral disengagement scale: Extension with an American minority sample. *Journal of Psychopathology and Behavioral Assessment*, *26*(1),31 – 39.

Perkins, S. A. , & Turiel, E. (2007). To lie or not to lie: To whom and under what circumstances. *Child Development*, *78*(2),609 – 621.

Plaisier, X. S. , & Konijn, E. A. (2013). Rejected by peers — Attracted to antisocial media content: Rejection-based anger impairs moral judgment among adolescents. *Developmental Psychology*, *49*(6),1165 – 1173.

Roos, S. , Salmivalli, C. , & Hodges, E. V. E. (2011). Person × context effects on anticipated moral emotions following aggression. *Social Development*, *20*(4),685 – 702.

Schaich Borg, J. , Hynes, C. , Van Horn, J. , Grafton, S. , & Sinnott-Armstrong, W. (2006). Consequences, Action, and Intention as Factors in Moral Judgments: An fMRI Investigation. *Journal of Cognitive Neuroscience*, *18*(5),803 – 817.

Schulz, K. , Rudolph, A. , Tscharaktschiew, N. , & Rudolph, U. (2013). Daniel has fallen into a muddy puddle — Schadenfreude or sympathy? *British Journal of Developmental Psychology*, *31*(4),363 – 378.

Smetana, J. G. , Jambon, M. , Conry-Murray, C. , & Sturge-Apple, M. L. (2012). Reciprocal associations between young children's developing moral judgments and theory of mind. *Developmental Psychology*, *48*(4),1144 – 1155.

Smetana, J. G. , Rote, W. M. , Jambon, M. , Tasopoulos-Chan, M. , Villalobos, M. , & Comer, J. (2012). Developmental changes and individual differences in young children's moral judgments. *Child Development*, *83*(2), 683 – 696.

Stevenson, R. J. , Oaten, M. J. , Case, T. I. , Repacholi, B. M. , & Wagland, P. (2010). Children's response to adult disgust elicitors: Development and acquisition. *Developmental Psychology*, *46*(1),165 – 177.

Turiel, E. (2008). Thought about actions in social domains: Morality, social conventions, and social interactions. *Cognitive Development*, *23*(1),136 – 154.

Vaish, A. , Carpenter, M. , & Tomasello, M. (2010). Young children selectively avoid helping people with harmful intentions. *Child Development*, *81*(6),1661 – 1669.

Vaish, A. , Carpenter, M. , & Tomasello, M. (2011). Young children's responses to guilt displays. *Developmental Psychology*, *47*(5),1248 – 1262.

Walker, L. J. (2004). Gus in the gap: Bridging the judgment-action gap in moral functioning. In D. K. Lapsley & D. Narvaez(Eds.), *Moral Development*, *Self*, *and Identity* (pp. 1 – 20). Philadelphia, PA : Psychology Press.

Walker, L. J. , & Frimer, J. A. (2007). Moral personality of brave and caring exemplars. *Journal of Personality and Social Psychology*, *93*(5),845 – 860.

Xu, F. , Bao, X. , Fu, G. , Talwar, V. , & Lee, K. (2010). Lying and truth-telling in children: From concept to action. *Child Development*, *81*(2),581 – 596.

7　资优学生心理与教育

戴　耘

【内容简介】

　　资优学生是教育学用语,特指在学校中资质特别优秀、表现特别突出的学生。在教育情境中,一般认为资优学生群体与那些学习困难及有特殊需求的学生群体一样,需要特殊的关注。和资优学生对应的心理学用语是资优(或"超常")儿童或青少年(gifted child)。一般而言,心理学语境中的探讨更偏向于这些儿童的特性、本质和发展问题,而教育学语境中的关注点更突出有关教育政策、特殊计划(programming)、识别手段、教育和心理干预的问题,两者相辅相成。本章的目的是对国外和国内有关资优学生的心理和教育的研究作一综述,重点放在心理学有关问题上,兼顾由此引发的教育目标和政策导向问题。本章首先讨论资优学生的定义和相关理论基础问题;然后对国外和国内研究成果和状况进行综述和比较分析;最后探讨这些研究成果对中国教育,尤其是侧重人才培养的资优教育,有哪些指导和启发意义。

【内容提纲】

7.1　资优学生的定义 / 128

　　7.1.1　以智商为标准的定义 / 128

　　7.1.2　侧重多元标准的定义 / 129

　　7.1.3　侧重情境动态特征的定义 / 130

　　7.1.4　注重发展阶段的定义 / 130

7.2　"资优儿童"概念的心理学背景和历史沿革 / 130

　　7.2.1　本质主义与发展主义 / 132

　　7.2.2　从人才的个体形成到社会形成 / 133

7.3　国外研究状况 / 134

　　7.3.1　资优儿童的特质研究 / 135

　　7.3.2　资优和人才发展研究 / 138

　　7.3.3　资优教育研究 / 140

7.4 针对中国大陆资优儿童和资优教育的研究状况
和国际比较视野 / 143
7.4.1 资优儿童的特质研究 / 144
7.4.2 资优概念的文化研究 / 145
7.4.3 资优人才发展研究 / 146
7.4.4 资优学生教育研究 / 147
7.5 结语：转型中的资优教育——范式更替、研究
方法和实践意义 / 149

7.1 资优学生的定义

历史上，"资优"或"超常"的概念是和智力测试的应用直接相关的。随着心理学研究的发展，这个概念也经历了历史和理论的嬗变，其内涵和外延都发生了变化。总体上，当今对资优学生的定义趋向于突出如下属性：表现多样性、领域具体性、情境动态性、发展过程性(Dai, 2010)。

7.1.1 以智商为标准的定义

可以说，美国学者推孟(L. M. Terman)是"资优"(giftedness)概念，乃至资优教育的创始人。他对 1500 多名加州高智商儿童的数十年的纵向研究奠定了资优教育的理论基础(Terman, 1925)。他对"资优儿童"的界定用的是严格的智商标准，即智商分数在 135 以上的儿童，大约占同龄人口的百分之一。这个概念基于两个前提：第一是关于"智力"的构念(construct)的效度，即智商工具所测量的究竟是什么；第二是统计学意义上的预设和实际操作，比如怎样确立常模(norm)，如何确定"正常"和"超常"的分界点(cutoff)，以解决资优学生的人口比例(prevalence)问题。虽然资优学生的标准不断变动(比如是界定为 3％还是 10％)，但智商水平依然被认为是重要依据之一。不过，以智商为标准的定义近年受到严重挑战，许多学者对采取单一的智商标准提出异议。归结起来，该定义有三个方面的缺陷：排他性、静止性和随意性。

首先是排他性。比如，对于人的创造潜力，智商测试的内容并不涉及(Torrance, 1970)。以加德纳(H. Gardner)的多元智力理论(Gardner, 1983)和斯滕伯格(R. J. Sternberg)的成功智力理论(Sternberg, 1996)为代表的新智力理论对智商标准也提出了挑战。采取单一的智商标准的排他性，在于只有某类学生会被识别，而拥有其他

重要潜质的学生在无形中被忽视。其次是静止性。以智商为标准的定义往往将"资优"固化，一旦一个学生的智商被确定为"超常"，这个学生就被永久定性为"超常儿童"。而纵向研究数据表明，智商并不是固定不变的，其中有个体发展原因(如早熟和晚熟)，环境原因(如早教、辍学等)，也有测量误差原因。由于高智商分值统计意义上"回归均值"(regression to the mean)的概率更大，一测定终身的辨识手段是不科学的。再次，是智商的工具依赖性和"超常"分值界定标准导致的随意性。不同智商测试工具会得出多少不同的结果，比如，斯坦福—比纳智力量表(Stanford-Binet Intelligence Scale)和韦氏儿童智力量表(Wechsler Intelligence Scale for Children, WISC)这两个使用最广泛的智商测量工具的相关系数约为 0.84。Lohman 和 Korb (2006)用统计模型测算，按照相关系数 0.84 来计算，用其中一个测量工具测试确定为前百分之三的学生，再用另一个工具测试的话，其中只有约 50% 依然能跻身前百分之三。也就是说，智商分值有工具依赖性(instrument-dependent)。除了使用工具造成取舍偏差外，由于美国各州，甚至各学区采取不同的界定标准(有些可能是智商前百分之五，有些是前百分之三)，造成一个学生可能在一个学区被界定为"超常"，但转学到另一学区时又回到了"正常"(Hertzog, 2009)。归根到底，"资优"或"超常"的选择尺度(是全部同龄人中百分之三还是百分之五)往往出于实用考虑，比如宽松还是严格的利弊权衡，有限资源条件下能够接纳多少学生等(Dai & Chen, 2014)。另外，智商分值只是一个排序分(rank order score)，显示某人相对于同龄人的百分比位置，而并没有心理学依据表明 130(约最好的百分之三)是智力超常，而 125 就不是，更何况所观察的分值还没有包括其他个人素质以及测量误差的考虑。这些原因使现今"资优"定义更注重多项标准的同时考量和多种方法的兼顾。

7.1.2 侧重多元标准的定义

多元的"资优"标准可以追溯到 20 世纪 50 年代。Witty(1958)打破了由推孟开始的以智商确定"资优"的正统："有些孩子在艺术、写作和领导力上的突出潜能主要可通过他们的表现 (performance) 被识别。因此，我们建议扩展资优的定义，将所有在具有潜在价值的人类活动领域里表现一贯突出的儿童视为资优儿童。"

在这个新定义中，不仅将领域扩大到艺术、写作和社会领导力，而且界定手段也从测验成绩转向真实任务表现。1972 年，"马兰报告"(the Marland report)将这个多元标准进一步用美国联邦政府具有政策导向性的文件确定下来。根据该报告，资优儿童"被证实在以下一种或几种能力或资质上出类拔萃：(1)一般智力因素；(2)具体学科上的资质；(3)创造性或生产性思维；(4)领导能力；(5)视觉和表演艺术资质；(6)心理肢体运动能力"(Marland, 1972)。

这个定义偏重于教育实践中的操作便利,但从心理学角度看并非科学。另外,提出的六个方面很容易被误认为是资优类型。其实,它们是可能要素,并非不同类型乃至固定资质。比如,"领导能力"可以包含社会能力、专长技能和创造力三个维度;"创造性或生产性思维"本身甚至不是一个领域而是心理过程,在人类活动的所有领域都能体现。但这个定义的实际贡献是让"资优"的定义具有了多样性和包容性。

7.1.3 侧重情境动态特征的定义

除了"马兰报告"定义外,最有影响的"资优"定义出自 Renzulli(1978,1986)的"三环资优理论"。首先,这一理论扩大了"资优"学生的比例。根据学生的一般能力和特殊能力的测定,在学生中选拔能力测定成绩最好的百分之十五作为一个"人才库"(talent pool),为他们提供机会,继续进行考察。而三环中的另两环——"对任务的执着"和"创造力"——只能在任务情境中进行动态考察。其次,从评估角度看,该理论注重情境动态考察,这和 Renzulli 注重动机水平、个人特点和真实任务环境因素的互动整合过程有关。Renzulli 的"资优"定义更注重在人和环境互动中所显现的特质,同时也隐含了"资优"的发展观,即"资优"是在教育情境中成长和显现的,而不是脱离情境、固定不变的资质。

7.1.4 注重发展阶段的定义

"资优"定义的困难不仅源于它被用来描述不同性质、不同类别的出众表现,而且在于人们试图用同一"资优"概念来界定个体不同发展时期的卓越特质。比如,当我们说小孩非常出色,我们注重的是潜能和行为;而当我们形容成年人很出色或优秀时,我们的标准是技能表现(skilled performance)或作品产出(productivity)。而从潜能到成就,对一个人的成长历程来说是不断发生量变和质变的过程。所以,有些学者建议用发展的定义,即根据年龄和经历的特点来界定"资优":学前和小学阶段可以观察各种"潜能";到了中学阶段,应该在具体学科或领域崭露头角;而到了成年阶段,应该有更突出的成就 (Coleman & Cross, 2005; Mayer, 2005; Subotnik, Olszewski-Kubilius, & Worrell, 2011)。这样的分阶段定义从发展心理学角度来看是合理的,对于教育实践也是可行的。完整的"资优"定义,应该兼顾"资优"的稳定资质和发展性,以及共性和多样性。

7.2 "资优儿童"概念的心理学背景和历史沿革

上述描述已经表明,资优和资优学生的不同定义背后有不同的信念、理论、价值体系的支持。它们一方面依托心理学研究成果,另一方面体现教育理念和价值观。笔者曾经从本体论、认识论和规范论三个哲学维度,用悖论的形式对围绕"资优"或"超常"的争议要点作了梳理(Dai, 2010;见表7.1)。由于人才成长的复杂性、多样性和具体性,很难用一种简单的、非此即彼的论断来论述其本质。但是,任何理论都有争取其"唯一正确"的逻辑和冲动,一旦形成,均有排他性。这是造成许多对立观点的内在原因。这里,笔者关注的重点是心理学上的争议,并概括"资优"或"超常"概念从本质主义走向发展主义的有关理论和研究背景。

表7.1　资优学生及其教育研究领域的主要争议主题总览

本体论争议	
生物构成 vs. 社会形成	
超常能力是与生俱来的;天赋是生物决定的,是持久的个人特质,是对持久的超常行为和杰出成就的终极解释。	超常能力是努力取得的;超常能力是人与环境相互作用、相互影响而逐渐显现的属性及功能状态,是学习、练习及社会技术支持的结果,会进一步发展变化。
领域一般性 vs. 领域特殊性	
超常能力并不先天受限于任何单独领域,因为一般认知能力能以多种途径灵活沟通和使用,这取决于环境因素和动机。	超常能力是具有领域特殊性的,因为每个领域都有自身的独特要求,即对特定的客体、符号意义和深层关系具有敏感性、兴趣取向和能力。
质的差异 vs. 量的差异	
超常人才和普通人有质的不同,因为他们的心智结构和功能组织不同,有自身特有的发展轨迹。	超常人才和普通人只是程度上的不同,因为他们的优势是相对的,而不是绝对的。
认识论争议	
能力倾向测验 vs. 真实表现	
能把高潜能(能力倾向)从高成就中区分出来的测验结果最能够证明一个人是否有卓越潜能(即天赋)。	我们将永远无法得知一个人是否有"天赋"或拥有不寻常的"潜能",除非在真实领域或运作环境中显露出对技能和知识的超凡掌握。
通则研究 vs. 个别研究	
超常行为表现受制于一系列并不显见但普遍有效的规律和原则;因此,我们可以通过应用这些普遍规律和原则,确定谁是超常儿童及其超常能力如何发展。	超常行为是多样、独特的现象,有其自身的内在逻辑,不受制于预先设定的普遍原则;因此,每种表现的独特性需要密切研究,以阐明它的性质。
还原论 vs. 生成论	
超常表现的复杂性可以用更基本分析水平上的更简单的元素来解释;更高层次的现象可以还原到更低层次的元素、结构和过程。	超常表现的复杂性反映了生物体更高层次的组织原则和依赖环境的运作规律,具有无法被还原到低层次元素的生成属性。

规范性争议

专长 vs. 创造力	
在某领域中,高水平专长或专家技能(熟练精通性)应该作为天赋的标志和超常教育的目标,因为只有这种形式的卓越能力才可以被科学验证,从教育中得到促进。	创造力(创新性)才是天赋的标志和天才教育的目标,因为天赋不是对已有知识的掌握,而是要探索、发现和创造未知世界。

超常儿童 vs. 才能发展	
超常儿童应该是我们关注的焦点,也是超常教育存在的唯一理由;他们的特殊教育需要和独特成长模式应该是教育设计和干预的驱动力。	才能发展的演化过程应该是超常教育的关注焦点;超常教育应该为那些显露才能并愿意最大程度发展自我才能的人提供最大化发展的机会。

卓越性 vs. 公平性	
鉴别、培养人的卓越潜能是社会责任,既为了实现个体幸福,也考虑到社会福祉。发展卓越性反映了一种文化价值,这种文化价值对于人类文明有望实现的民主和进步来讲相当重要。	挑选所谓的"质优儿童"并给予特殊训练和获得机会的特权以寻求卓越,这实质上是在维持已有的社会不平等,创造一种新的社会"精英阶层",违背了权利、机遇平等的民主原则。

(注:左栏为正题,右栏为反题。来源:Dai, 2010,第二章;中译本见戴耘,2013a。)

7.2.1 本质主义与发展主义

对"资优"概念的心理学挑战来自两个方面,第一是心理学构念的虚拟性、抽象性和工具性。像"智力"、"资优"、"创造力"、"好奇心"等都是对行为现象界的某种抽象,而不像"戏院"、"工人"这些词语有具体的所指。而一旦把"资优学生"确定为一种类别的人,和其他人有质的不同,"资优"的概念就被固化为一种本质主义的观点,似乎"资优"代表了一种同一、自足、持久的本质属性,而这个属性使所有"资优学生"具有某种同质性而与其他学生构成质的差异。这种赋予心理学虚拟构念以本体论存在意义或解释性意义的倾向在哲学上称为"物化"(reification)。另一方面,与这一倾向相抗衡,Borland(2003)提出了"资优"以及"资优学生"均属于"社会建构"(social construct),带有主观和价值判断(如用智商标准确定"资优"),服务于一定的社会实践需要(无论是正面还是负面),并不具有独立于主观认知和社会的客观实在性。这一"社会建构"观点属于有关"资优"的社会批判理论(Foucault, 1984)。

和社会批判理论不同的是科学经验论,它与先验的本质主义构成对立。从严格的实证观点看,没有确定的科学证据证明人必须满足某些先天条件,如智商和其他方面的"资优"或"超常",才能有所成就。研究专长(expertise)的著名学者和认知科学家 Anders Ericsson(2006)代表了这样的观点(郝宁,吴庆麟,2009;Ericsson, Roring, & Nandagopal,2007)。他和同事的大量研究表明,一个正常人通过后天的持续努力,加之适当的教育和训练,可以取得很高成就。Ericsson 的这一观点受到 Gagné(2009)的强烈反驳,Gagné 的依据是有大量证据证明个体差异的存在和深刻影响(详见下文的研究综述,尤其是"扇形扩大效应"),而 Ericsson 的回应是,这些数据基本是相关研究(correlational research),缺乏受控实验(controlled experiment)数据的佐证。这场"先天与后天"的争论的关键在于,能否在实证研究的操作层面上将人的潜质(aptitude)与成就(achievement)分离开来,并建立它们之间的关系(见 Howe,Davidson, & Sloboda, 1998;又见 Dai & Coleman, 2005)。对此有三派观点,第一种是取消论,即如果实证研究无法确定"天赋"的存在和普遍意义,那么它就没有科学的意义,研究"专长"的心理学者多采取这一态度。第二种是悲观论,以 Lohman(2005a)和 Sternberg (1999)为代表,他们认为能力有先天和后天的共同作用,但因为人的许多特质都经过环境的熏陶或磨砺,所以人的"智商"或其他"潜质"也必然包含后天获得的"成就"并继续发展,如雪球般越滚越大,所以不可能将潜质和成就截然分开,潜质会转化为成就,而成就反过来成为下一步发展的潜质。第三种是乐观派,以Angoff (1988)、Gagné(2009)、Lubinski(2004)为代表。他们认为可以通过自发性、稳定性、影响的广泛性、后天习得的难度等来确定这些稳定的个体资质,以区别于具体的"成就"。Shiffrin(1996)认为个体潜质还是可追寻的(tractable),可依据相同经历、同等实验条件下(between-subject design)的学习易度(ease of learning)和表现极限(asymptotic performance)来确定个体差异及证明先天因素的存在(Simonton,2005)。当然,学习易度只是人才发展过程中最初阶段的重要潜质(aptitude),到以后的发展阶段可能就需要其他潜质了,包括 Ericsson 所认可的人的气质因素对持久努力的影响(Ericsson, Krampe, & Tesch-Römer, 1993)。

发展主义代表了一种新的"资优"理念,即从研究个体特质转向研究某方面人才的发展过程。把"资优"看成是一个在遗传、神经、行为、环境多层次互动中形成的发展结果(Gottlieb, 1998),并继续成长、变化;关注不同个体、不同领域、不同阶段发展的不同轨迹和路径。这种强调情境性、动态性、生成性的研究方向是一条解决表 7.1中列举的三个本体论争议的有效途径(Dai & Renzulli, 2008;关于人才发展观的详细讨论见 Dai, 2010;戴耘,2013a,第一章)。

7.2.2 从人才的个体形成到社会形成
人才的个体形成

较早将关注点转向人才培养(talent development)的是 Renzulli 的三环资优理论及与之相应的丰富课程理论。和传统智商理论不同,三环资优理论隐含了阈值假说(the threshold hypothesis),即能力和成就在一定区间成正比,但到了某一阈值,成就需要的不是能力,而是"非智力"因素(动机水平、人格特质、信念等)和环境因素(包括机会和资源,社会和技术支持)。而且 Renzulli 强调,"资优行为在某些人身上(不是所有人)、某些地点(不是所有地点)和某些情形下(不是所有情形)发生"(Renzulli,1986)。这个命题与传统的绝对论相比,是革命性的,即"资优"是一个因人因时因地而变化的相对概念。再者,Renzulli 提出"资优"的动态性和生成性,突出了"资优"的可培育性,尤其是在动机、知识、思维和成就方面(Renzulli,1986;钱美华,王先勇,2013)。总之,"资优"是人的发展中多种个体因素和环境因素互动整合的结果。三环资优理论突出了教育的作用,和传统资优理论相比,其最突出的特点是强调了"非智力"因素。这个问题在当今的心理学语境里已经超越了"智力"和"非智力"的心理测量分类,而为更精细的认知、动机、情绪的整合过程观所取代(见 Ackerman,2003;Dai & Sternberg, 2004; Lohman & Rocklin, 1995)。

人才的社会形成

心理学在经历了 20 世纪中叶的"认知革命"后,又从关注个体认知过渡到关注社会心理过程。同样,对人的潜质的理解,也从关注个体静态特质转向关注人的潜质的社会属性和发展属性。例如:智力的"分布理论"(distributed intelligence; Gresalfi, Barab, & Sommerfeld, 2012),创造力形成的社会机制(Sawyer, 2006a; Weisberg, 2006),认知能力的"情境性"(situated cognition; Carraher, Carraher, & Schliemann, 1985),认知多样性(cognitive diversity)对社会互动、社会组织的优化作用(Page, 2007)。在神经心理学方面,虽然有对"资优"的先天性的进一步论证(O'Boyle, 2000; Haier & Jung, 2008),但影响更大的是神经科学和学习科学在人的经验和行为对大脑的塑造能力(plasticity)这一方面的重要发现(Greenough, 1976; Schlaug, 2001)。注重生态社会系统的资优理论体现了这一趋向,如行动生态理论(actiotope theory; Ziegler, 2005)和环境生成观点(Barab & Plucker, 2002)。这些理论的重点已经不在于个体资质,而更重视人与人互动之间产生的新质(关于人才问题是还原论还是生成论的认识论问题,参见 Dai, 2005)。

7.3 国外研究状况

从经验实证研究入手理解人类卓越能力和特殊潜能的做法可以追溯到高尔顿(Galton, 1869)的工作。从 20 世纪初推孟(Terman, 1925)的开创性的纵向研究后,欧美国家开展了大量对资优儿童的纵向长期跟踪研究(比如,Gottfried, Gottfried, & Guerin, 2006; Lubinski, & Benbow, 2006; Subotnik, Kassan, Summers, & Wasser, 1993),对成就卓越人士的回溯性访谈研究(Bloom, 1985; Csikszentmihalyi,

1996；MacKinnon，1962，1978)和历史文献考据研究(Goertzel，Goertzel，Goertzel，& Hansen 2004；Simonton，1994)。笔者和笔者的博士生(Dai，Swanson，& Cheng，2011)用"giftedness"、"gifted education"、"creativity"作为关键词，对 PsycINFO 数据库(由美国心理学协会建立的心理学文摘数据库)进行搜索，在近三千篇文章中搜寻到 1234 个自 1998 年到 2010 年发表的实证研究报告(empirical study)，从中归纳出四大研究主题：(1)"资优"辨识工具和策略；(2)学业成就与"高能力低成就"(gifted underachievement)；(3)人才发展；(4)创造力和创造潜质。总体上，这些研究是在资优教育的语境下展开的，大部分发表在经过严格同行评审的资优教育学术刊物上，也有一部分发表在研究个体差异、心理测量及教育或发展心理学的刊物上。下文论述将按照理论和历史的线索，围绕三大类型研究展开：特质研究、发展研究、教育研究。

7.3.1 资优儿童的特质研究

由于"资优"概念起源于智商测试和智力理论，早期大量研究围绕智力差异的深层认知基础，回答"为什么人的智商会有差异"这个问题。研究方法主要有两个：一个是对解答智力题本身的认知过程和要素进行分析(如 Carpenter，Just，& Shell，1990)，因此叫作智力认知构成研究(cognitive-components approach)；另一个是智力水平与认知过程的认知相关性研究(cognitive-correlates approach；具体方法详见 Gustafsson & Undheim，1996，p. 207)，大量"资优儿童"和"普通儿童"的认知比较研究可以看成是认知相关性研究的一个变种，研究方法类似于专长研究领域中的专家—新手比较范式。根据信息加工理论，认知相关性研究有两大关注点：一类关注认知效率上的差异；一类关注认知策略上的差异。

认知效率(cognitive efficiency)假说认为，资优者具有基本认知构造或硬件上的优势，例如在加工速度、认知抑制能力(cognitive inhibition)和一般工作记忆(working memory)容量上具有优势。一些研究者认为这些基础功能特性反映了"一种特殊的神经构造"，能使资优儿童"学得更快，记得更多，更有效地加工信息，比同龄人产生更多更新、更不寻常的想法"(Gallagher，2000，p. 6；参见 Geake，2009)。全面地看，认知效率还应该包括一些加工特定类型信息的模块单元(module)，例如"绝对音高"或敏锐的空间知觉和空间想象力。而认知策略(cognitive strategy/sophistication)假说则认为资优者具有"更高级"的认知优势，涉及知识、元认知洞察力，为达到具体目标进行有效的策略选择，以及具有在陌生情境中创造性地、灵活地运用知识的能力(Alexander，Carr，& Schwanenflugel，1995；Rogers，1986；Steiner & Carr，2003)。总之，资优者拥有"软件"上的优势。

认知(和神经)效率假说得到了研究证据的支持(参见 Gruber，1986；Jensen，

2001 对有关研究文献的综述和讨论）。最有说服力的证据是高智力个体的大脑在执行一项富有挑战性的认知任务时，学习速率更快，其大脑激活水平（即葡萄糖消耗）下降更快（Haier，2001；又见 Geake，2009）。另一项研究表明，流体类比思维（fluid analogical thinking）和推理等高级心理功能由更基本的大脑结构支持（Haier & Jung，2008）。认知策略研究则直接从高级认知活动切入。Robinson、Shore 和 Enersen（2007）引用俄罗斯心理学家 Krutetskii 分析资优小学生洞察力的研究结果，认为他们"常把一个单独的问题归到某类问题中去"，表明资优学生具有突出的迁移能力，这一点在元记忆（metamemory）和策略迁移的比较研究中也得到了印证（Borkowski & Peck，1986）。Shore 和 Kanevsky（1993）通过回顾文献发现资优者在思维过程上与常人有诸多不同：(1)知识面更广，能更有效地使用这些知识；(2)能更有效、更经常地使用元认知；(3)将更多的精力花在问题解决的认知复杂部分上，然后更快地解决问题；(4)能更好地理解问题，特别是在发现问题的共性和知识的迁移上；(5)使用自己系统评估过的假设；(6)能够灵活地选择策略和观点；(7)能够在任务中享受并创造复杂性和挑战(p. 137—139；可参见 Robinson & Clinkenbeard，1998；Hoh，2008 中更新近的研究回顾)。然而在这些认知策略上，资优学生和普通学生的差异有大有小，本质上是程度上的差别而不是类别上的差异(Steiner & Carr，2003)。Dai、Moon 和 Feldhusen(1998)对资优学生和普通学生的成就动机水平、与动机有关的个人信念和态度作了全面的文献回顾，发现资优学生总体上具有动机水平上的优势，但是资优学生群体内部也有很大差异。

无论是认知效率还是认知策略，都有助于解释资优学生在学习上的优势，即此前提及的学习易度或学习速率（rate of learning），也可称"学习曲线"（the learning curve）。在自然情境中很容易发现学习速率上的个体差异，但很难确定个体差异的原因。Gagné(2005)使用"爱荷华基本技能测试"（Iowa Tests of Basic Skills，ITBS）的发展标准分常模，发现了一个与学习速率有关的"扇形扩大效应"（the fan-spread effect）：一到九年级学生的学业成就显示，同年级学生的成绩差距随年级升高而逐步加大。比如，三年级时学业最出色学生的成绩已经达到九年级学生的平均水平；从四年级开始，学业成就顶端 10% 内的学生之间的成绩差距达到 50 个标准分；到了九年级，仅仅在学业成就顶端 2% 内的学生之间的成绩差距就可达到 50 个标准分。认知优势，无论是硬件还是软件上的，有助于解释这些描述性的数据；同时，也不能排除个人动机水平、社会环境（例如家庭环境）的激励因素。其中一些因素受遗传的影响，但环境因素也一定与遗传因素有交互作用。"扇形扩大效应"与 McCall(1981)的"勺子发展模型"（the scoop model）一致，后者认为心理发展是从 6 岁左右开始遵循不断分化（即出现差异化）的轨迹，这种分化受遗传和环境的共同影响。Gagné 的观点也与遗传学研究发现一致,后者发现遗传因素的影响在青少年期和成年期更加彰显(Plominn, DeFries, Craig, & McGuffin, 2003; Plomin & Spinath, 2004)。

"资优儿童"范式下的研究初衷,是寻找资优儿童的学习特点和认知特质,以便更好地因材施教。早年的教育体制对资优儿童识别的主要目的是教育安置(placement),当教育干预不限于安置问题而涉及课程和教学时,因为认知上的优势是资优学生的一般特质,所以只能对课程教学作出一些原则上的指导,如注重更深层次的内容、思考,在课程的广度、深度上有所拓展(VanTassel-Baska, 1986),超前学习或加速进度(acceleration)。更有针对性的干预,就需要更具体的特征和特质。由此产生了对资优学生进行细分的研究,如多重特殊儿童(multiple exceptionality)、极端资优儿童(extremely gifted)(见 Betts & Neihart, 2004; Dai & Chen, 2014)。

由于资优定义从 20 世纪 70 年代开始越来越倾向于突出资优的领域具体性,因而也出现了大量对特殊资优或特殊人才的研究,且以学校课程中的学科作为资优分类标准,如数学人才、科学人才等(O'Boyle, 2008; Matthews & Foster, 2005)。资优的领域一般和领域特殊的不同侧重,也产生了资优定义上的悖论和两难(见表 7.1)。这个理论问题可以通过对少年天才(child prodigy)和智障人才(idiot savant)的比较来认识。智障人才(如具有某些特殊才能的自闭症患者)往往由于其大脑中某些异于常人的模块功能而对某类信息和刺激具有敏锐的捕捉把握和记忆能力,如绘画中的具象细节、音乐中的节奏,或数字的关系,但是在艺术或数学的概念化(conceptualization)或分析上,智障人才往往表现出严重缺陷,因此很少有智障人才真正能达到很高的造诣(Miller, 1999, 2005)。概念化和分析上的弱点反映的恰恰是智障人才低于正常人的智力缺陷。Feldman(1986)所研究的少年天才则显示了从感性到理性更完整的才能。Feldman(2003)由此得出结论:任何具体领域的学习既需要领域具体的能力,也需要与领域任务相关的但并非只属于某领域的能力。比如,尽管"语言能力"和"数理能力"在多元智力理论中只是多种智力中的两种,但它们具有更广泛的应用,甚至可以说它们是思维的基本工具,所以它们在智商构成中占相当大的权重(Gustafsson & Undheim, 1996)。当然,谈到一般认知能力,前面讨论的"阈值假说"又是一个争论焦点。智障人才是有智力缺陷的,超常智商水平对正常智力水平的优势在哪些领域会尤其明显,而在另一些领域则无关紧要,这是一个需要实证的问题。另一方面,人才的领域特殊性也是很明显的。首先,儿童会在某些领域显示出很高的悟性,但在其他方面仍然是个孩子。其次,不同领域人才发展的初始期(onset)和巅峰期(peak performance)有很大年龄差异(Simonton, 1997; Sawyer, 2006a)。这一点,在体育项目和一些艺术门类中最明显。即使是科学领域,与其他科学人才相比,物理学人才的初始期和巅峰期在人的生命周期中更早发生。所以,对"资优"的判断,尤其是设计教育对策时,有必要对特殊能力和一般能力作综合考虑(Dai,2010)。

7.3.2　资优和人才发展研究

"资优"特质的研究只是对一些重要的个人资质的认定,对个体差异所带来的教育问题的思考和启示。从发展论视角研究"资优"本质有助于人们更切实地理解教育在人才成长中的作用。国外的发展研究大体分为两类:第一类发展研究是在"资优儿童"范式下对资优儿童身心健全发展的关注;另一类发展研究采取了新的"人才发展"范式,关注的是在个体差异和社会环境互动中产生的不同人才发展轨迹(Dai & Chen,2014)。

"资优儿童"范式中的资优学生社会—情绪发展研究

这类研究的理论预设是:由于个体差异,资优学生在成长中会面临一些不同的问题,会有独特的社会情绪方面的特质和心理干预需求。这类研究最早始于哥伦比亚大学研究工作者 Leta Hollingworth(1942)在20世纪早期对智商180以上儿童的研究,她发现这些儿童更容易出现社会适应不良的问题。另一个有影响力的理论是波兰心理学家 Kazimierz Dabrowski 的资优儿童发展理论,他认为资优儿童在智力和情感上具有高度兴奋性(overexcitability),这使他们的发展阶段、轨迹呈现出与其他儿童和青少年不同的特点(详见 Mendaglio,2008)。这些理论和研究对资优儿童的情绪和社会发展的研究都产生了不小影响,在实践上逐渐形成了一些心理咨询辅导的模式(Mendaglio & Peterson,2007)和父母养育的指导意见(Webb,Gore,Amend,& DeVries,2007)。

对资优儿童的发展研究常常和他们的成就动机、社会情境、同龄人有关,如"资优"社会标签的影响和资优儿童的自我认同(Coleman & Cross,1988),"池鱼效应"(比如,身处"实验班",面对同样甚至更优秀的同学;Dai & Rinn,2008),完美主义(Schuler,2002),发展不同步(developmental asynchrony,即智力发展与社会心理成熟度不同步)。如上面已经提及的,受关注度很高的所谓"高能力低成就"现象,本质上也是一个发展中出现的问题(Reis & McCoach,2000)。有两个纵向研究值得提及。一个是 Subotnik 的研究团队对纽约市亨特学院的附属小学学生的纵向研究(Subotnik,Kassan,Summers,& Wasser,1993)。被跟踪研究的小学生都是被测定为智商极高的儿童,他们中的大部分人成年后成为专业人士,但真正有成就的屈指可数。这个结果使 Subotnik 对人才的识别、资优教育的目的、人才所需要的成就动机和心理社会技能提出了新的看法,最终导致其建议放弃围绕"资优儿童"范式而采取"人才培养"的实践取向(Subotnik,Olszewski-Kubilius,& Worrell,2011)。另一个是对一组高智商儿童开展的从幼年开始的纵向研究(Fullerton Longitudinal

Study,富勒顿纵向研究）。这个研究发现学业内在动机（intrinsic academic motivation）水平具有稳定性，并且独立于智商因素而影响青少年的学业成就（Gottfried, Cook, Gottfried, & Morris, 2005）。这一研究对 Subotnik 的研究是很好的注脚：仅有高智商是不够的，在儿童成长中有时动机水平的作用和智商水平同等重要。这一类注重资优儿童发展的研究还都处于进展之中，如何帮助资优学生调整好心态，为他们创造更好的社会条件，优化他们的发展，是很有价值的工作。

"人才发展"范式中的人才发展轨迹研究

与上述发展研究不同的是，"人才发展"范式考察具体领域人才发展规律的研究。前面提到了本质主义和发展主义的分歧。从研究角度看，"人才发展"研究是从心理测量传统转向发展心理学传统，其理论基础是对遗传影响的新认识，其中重要的是 Gottlieb（1998）提出的与遗传决定论相背离的"或然生成论"（probabilistic epigenesis）。这个观点使研究者对遗传因素在发展过程中与人的神经活动、行为、环境的多重互动关系有了新的认识，由此开启了对人才起源的新的研究路径（如 Simonton, 1999, 2005）。

早期"人才发展"的研究可以追溯到 20 世纪 50 年代 Lehman（1953）对人类各领域成就和年龄关系的探究。这一范式的发展研究关注各领域人才发展的不同轨迹、阶段、过程。基本的研究方法有两种：回溯性（retrospective）访谈或历史文献研究和前瞻性（prospective）纵向研究。Bloom 及其同事（见 Bloom, 1985）访谈数十位在数学、科学、竞技体育、艺术上已经脱颖而出且依旧活跃在各自领域的人士，总结出他们大致经历的三个发展阶段，每个阶段呈现出不同的挑战和机会。Feldman（1986）对在儿童青少年期就在数学、国际象棋、艺术等方面显示特殊才能的个体作了回溯性案例研究。他根据这些孩子的发展轨迹，提出了"耦合"（confluence 和 co-incidence）的人才观，即人才是个体因素和环境因素耦合而成，没有哪个因素单独起决定作用。上述研究在人才发展研究中具有奠基作用。

目前，最重要的研究成果来自从 20 世纪 70 年代开始的对资优少年长达 40 余年的纵向研究。这项研究由约翰霍普金斯大学的青少年人才中心发起，主要由 Lubinski 和 Benbow 领衔主持，产生了大量学术成果（见 Lubinski & Benbow, 2006）。这一研究回答了如下关键性问题：(1)根据能力测试预测人才的长期轨迹，不仅可能，而且可行。(2)人才的预测不仅要依据单项成绩的高低，而且应该通过数学、语文、空间三项能力的不同优势和短板组合，看一个人会向哪个领域倾斜。(3)根据前一项的综合，能够预测人的教育程度和创造性成就（如专利、科学论文数量等）。(4)人的兴趣和价值观与能力有关，并影响人的教育和职业选择。(5)教育经历（如校内校外的有深度的学习）对人的成长取向和最后成就有不可或缺的影响。(6)在同等条件下,男女性别对兴趣有重要影响,女性偏向生命、情感、社会,男性偏向机械、动力等"非有机"事物和过程。当然,这些结论是通过大样本从统计意义上得出的,即这些跟踪观察得到的结果是非随机的,统计意义上有规律的。但落实到具体个体,情况会更加复杂,因为个体具有自身的独特性和不可重复性。这些纵向研究的成果之所以非常重要,是因为如此的长距预测(用 13 岁时获得的测量数据预测 40 年后的成就大小),从心理学上而言是很困难的。而得出的这些成果,说明个体发展确实存在某些持久影响因素,其中稳定的个人资质有不可忽略的意义(虽然研究并不能确定这些资质对于成才是必需的;见本章第二部分对"潜质"和"成就"关系及"阈值假说"的讨论)。Lubinski 及其同事的研究表明,这些稳定个人资质(能力、兴趣、价值取向)在青少年期(13—14 岁)就可以有效地加以测评。这些研究对于青少年人才职业方向的指导方面有直接的参考价值。

如果说 Lubinski 等人的预测研究沿袭了推孟的纵向特质—成就预测研究传统,那么另一组研究者则关注的是人才成长的社会心理历程。他们认为必须进入到人的主观世界,才能发现他们是如何建构自己的独特世界的。Gruber(1981)对达尔文的研究,开创了传记心理学研究的先河,为后来者所效仿,如 Gardner(1993)对创新人才的研究。这类研究和 Ericsson 对"专长"研究的结论的共同点是,确认漫长的、专注的努力在人才成长中的关键作用。但是和 Ericsson 不同的是,传记心理学研究更强调个体对世界的独特解读和建构,无论是文学艺术,还是科学技术,或政治经济,这又和 Feldman(2003)的理论接近,强调认知发展的独特性。属于同样类型但与传记心理学研究有所不同的是实地观察和访谈研究,如 Subotnik 和 Jarvin(2005)对朱莉亚音乐学院的学生成长的研究,以及 Csikszentmihalyi、Rathunde 和 Whalen(1993)对具有科学和艺术天赋的中学生的经验采样(experiential sampling)研究。这些研究都是从主体经验层面获得有关人才在每个阶段所经历的心理变化、面临的机会和挑战。这类研究弥补了特质—成就预测研究的不足。

7.3.3　资优教育研究

广义的资优教育或英才教育(gifted education)既包含传统意义上的为"资优学生"专设的教育计划,也可以包括各类形式的校内校外的旨在提供高端学习机会和培养人才的计划、服务。它可以是学校教育,也可以是"非正式"教育,包括家庭背景下的自学成才。所以笔者比较倾向用"英才教育"这个概念,它可以涵盖"资优",但更是与普及教育相区别的高端人才教育模式(戴耘,蔡金法,2013)。这里不可能全面评述研究文献。有兴趣的读者可以根据文中提供的线索(如文献综述)去查阅相关研究。具体的研究问题可见 Dai 和 Chen(2014)的文章。这里只能概述一下和心理学有关的资优教育实践,主要包括人才识别、教育安置、因材施教、心理干预等方面。

人才识别(identification)涉及定义、标准、手段、目的等问题。本章一开始论述的"资优"定义,直接关系到识别的标准和手段。除了传统的智商标准,最为流行的是Renzulli的动态识别模式和"人才搜索计划"(Talent Search)的超年级测试(对7—8年级初中生进行SAT测试和甄别)(陈菲,戴耘,2013)。近年西方研究的趋势是进行综合测评,而不是只用单项指标。如Wai、Lubinski和Benbow(2009)的研究表明,增加空间能力测试,可以增强识别不同人才潜质的效度。Lohman(2009)则推演了不同测试组合对减少测量误差的效果。由于有些重要指标很难用标准化测量工具来测评,所以如何结合静态测评(如学业成就)与动态测评(如实时表现)、纸笔测试与操作评估(performance-based assessment)也是关注重点,比如以多元智力理论为背景的人才识别(Sarouphim, 2001)。由于传统的智力测试被认为对少数族裔、移民子女、家庭经济条件较差的学生不利,有研究者用非语言测试作为识别工具,理由是这类工具在文化意义上更公平(culture-fair)。这类识别工具的效度在不同心理测量专家之间也引起了争论(见Naglieri & Ford, 2005和Lohman, 2005b之间的争论)。最新近的人才识别观点是放弃心理测量传统,而直接从学生的具体学科水平入手评估他们的教育需求(见Peters, Matthews, McBee, & McCoach, 2013;关于人才识别的综述,见Borland, 2014)。

教育安置(educational placement)涉及教学组织形态,如学校是否设立专门学校或单独开班,或是提供加速或超前学习的选择(如跳级),抑或是全纳环境下的区分化教学(differentiated instruction)。同时也关系到资优教育与常规教育的关系问题。比如,如果独立设班,资优教育是否需要自己独特的课程目标、体系,乃至教学方法?把一些资优学生放在一起是否能够加强激励因素?资优教育是一种只适用于所谓"资优学生"的教育,还是一种能够使具有各种潜能的学生受益的"英才教育"?资优教育是走"培养特殊人才"这条道路,还是提供"适恰"所有个体的一种特殊教育(Dai & Chen, 2014)。这些政策层面的问题直接关系到如何组织学校学习(包括特殊学生的教育安置),进而影响到课程、教学、评估等一系列教育心理学问题。

历史上,教育安置方面的研究集中在按能力分班分组(ability grouping)(元分析见Kulik&Kulik, 1997),超前(加速)学习(acceleration;元分析见Steenbergen-Hu & Moon, 2010)等方面的研究上。Steenbergen-Hu、Makel和Olszewski-Kubilius(2016)对13个按能力分班分组的量化综合(主要是元分析研究)和6个超前学习的元分析研究(包括总计上万学生的样本和数百个实证研究)显示,超前学习的正面效果相当一致,而能力分班的研究结果则没有很一致的结果。笔者的判断是,由于评判效果的标准是标准测试,超前学习(如同等情况下跳级的和不跳级的比较)更容易显示优势。而能力分班后如何实施更有效的教学,不同教师的做法会有很大不同,从而使教育效果很难显示一致的结果。同时,资优教育的目标、标准和学业成就测试标准未必一致,也会导致效果不显著的问题。"人才搜索计划"作为以大学为依托的、成熟的非营利机构,为学业优秀的青少年提供在线和暑期课程,将教育、咨询、研究一体化的教育递送模式作为学校资优教育的有力补充,具有多样、灵活和辐射面广的优势。这一模式也得到了研究的支持(见 VanTassel-Baska & Brown, 2007;郭奕龙,2013)。但由于这一教育模式的分散性,对教育效果的研究较为困难。最近阶段,选拔性高中也进入研究视野(Subotnik, Tai, Rickoff, & Almarode, 2009)。由美国联邦政府拨款的研究项目对美国多所科技高中的办学模式和成果进行了评估研究(Subotnik, Almarodo, Brody, Kolar, & Bonds, 2014)。其中这些学校为学生提供的研究性学习被证明是行之有效的。Rogers(2007)在总结了大量研究的基础上,提出了五项基本原则:第一,资优学生在他们的强项上需要持续的挑战;第二,经常给资优学生机会,让他们从事与众不同的学习和独立研究;第三,按照实际需要向资优学生提供各种形式的学科超前或年级超前的教育安置;第四,向资优学生提供与他们能力相当的同辈交流和学习的机会;第五,在具体课程领域,教学应该在进度、复习和练习量,以及内容呈现的组织方式上根据资优学生的特点作区分化教学。

对特殊学生,包括资优学生的教育安置问题,归根结底源于以年龄分年级,并实行统一课程、统一进度、统一标准的传统学校教育模式。从长远看,信息和教育技术的发展、学习理论的新演进和对学校教育的重新定位(见 Saywer, 2006b),对资优教育乃至资优概念会产生"颠覆性"影响(全面阐述参见 Chen, Dai, & Zhou, 2013;陈婧萍,周晔晗,戴耘,2013)。比如 Collins 和 Halverson(2009)提出未来技术时代的教育大趋势是学习内容的量身定制、学习者对学习的自主权和学习者之间的互动性。这一教育趋势将在一定程度上满足 Rogers 提出的建议,同时能够让更多优秀学习者脱颖而出,而不受限于"资优"的刻板定义。

因材施教,即区分化教学,是近年提出的资优教育的新模式。人才识别和教育安置的最终目的是提供适恰的教育,其内容最后要落实到课程和教学。传统的资优课程以超前和丰富两者为主,前者以学科内容的不断深入为主;后者,如 Renzulli 的"丰富教学模式",强调学习内容的多样性,课程与现实生活的密切关系(即提供社会有用之才),以及思维过程、思维方式的重要性,较多地受杜威思想的影响。VanTassel-Baska 的"综合课程模式"(integrated model)结合了深入的内容、高层次的学科概念和元认知能力的培养,同时有较为充分的实证研究支持(见 VanTassel-Baska & Brown,2007;陈莲丝,郭翠玉,2013)。学界一直关注的主要研究问题是这类在资优教育背景下提出的课程和教学模式是否能够惠及所有学生,而不是仅仅对于"资优学生"有效。不仅"综合课程模式"被用于普通学生,Renzulli 的"丰富教学模式"也在全校范围展开(见 Reis, McCoach, Little, Muller, & Kaniskan, 2011)。在现今所有普通教育都强调基于项目的学习(project-based learning)、研究性学习、探究式学习的背景下,资优教育的课程和教学与常规课程教学的连贯性和自身独特性在哪里?Tomlinson(1996)提出了九个维度上的量的差异,在这些维度上可以对超常生进行教学的区分化处理:(1)基础到迁移;(2)具体到抽象;(3)简单到复杂;(4)单面性到多面性;(5)小跨步到大飞跃;(6)结构式的或开放式的;(7)界定明确到定义模糊;(8)不独立到独立;(9)进度较慢到较快。比如探究式学习作为教学模式可以应用于所有学生,但对于资优学生,其深度和广度都可以作进一步拓展(Aulls & Shore, 2008)。同样,在高中阶段的大学预修课程(advanced placement)和国际文凭课程(international baccalaureate)并不能说只适用于很少一部分学生,但它确实有更高的标准和要求,给资优学生创造了发展空间。相反,导师计划(mentorship program)只为少部分在具体领域已经显示才华的学生设置,并非所有优秀学生都要参与(课程问题的综述见 Dai & Chen, 2014)。

心理干预是资优教育研究的第四个方面。传统的心理干预研究较多围绕"资优学生"可能出现的社会情绪问题展开,如"资优学生"的自我认同(Coleman & Cross, 1988),"高能力低成就"的扭转(Whitmore, 1980;Rimm & Lowe, 1988),应对成就欲和融入其他同学之间的冲突和社会压力(Gross, 1989;Chan, 2004)。随着"人才培养"取向的增强,心理干预的研究更重视激励成长,而不是弥补缺陷或解决问题。如 Olenchak 的情感教育模式(Olenchak, 2009)、Kerr 的鼓励优秀女生走科学道路的辅导计划(Kerr & Kurpius, 2004)、Dai 的旨在自我成才激励的应对和成长(Cope-and-Grow)情感课程模式(Dai & Speerschneider, 2012)、Subotnik 对心理社会技能的系统干预(Subotnik 等,2011)和利用 Dweck 理论鼓励学生成长的自我认知模式(Matthews & Dai, 2014)。心理干预的另一重要内容是资优学生的生涯指导(Hébert & Kelly, 2006)。总体上,心理干预的实证研究相对较弱,由于干预的条件限制(如无法在严格受控条件下进行,干预时间有限),干预效果也较难确定。

7.4 针对中国大陆资优儿童和资优教育的研究状况和国际比较视野

中国大陆在资优学生及其教育方面的研究较为薄弱。笔者通过查阅"中国知网",发现很少有中文发表的实证研究(empirical research),那些提供数据的关于中国资优或超常学生及其教育的研究报告大部分发表在欧美英文学术刊物上,只有少量发表在中国大陆的心理学和教育类刊物上。而且除了施建农团队、林崇德团队,研究者多为西方人或海外华裔。台湾地区的资优教育在亚洲起步早,也有很多研究,但和中国大陆的资优教育缺乏可比性,所以不在这里论及。由于中国大陆的研究工作在许多方面缺少实质性的系统推进,所以在下面的文献回顾中,笔者结合中国大陆和其他国家研究状况,立足国际视野,从跨文化的视角,针对资优儿童的特质研究、资优概念的文化研究、资优人才的发展研究、资优学生的教育研究等四个方面提出一些研究想法。

7.4.1 资优儿童的特质研究

施建农团队对资优(超常)儿童特质的研究可以追溯到 20 世纪 90 年代以来他和查子秀的研究工作(见 Shi & Zha, 2000; Phillipson 等,2009 的综述),考察了资优儿童在信息加工速度、元认知、非智力因素和神经心理基础等诸多方面与普通儿童的可能差异。特别有价值的发现是在基础认知过程(elementary cognitive process)上,如对刺激的反应或审视时间(latency)和准确度(accuracy),两组儿童显示出重要差异(Duan, Dan, & Shi, 2013;邹枝玲,施建农,恽梅,方平,2003)。在研究方法上使用ERP 等手段,印证了两组儿童在认知的神经机理上的差异(Liu, Shi, Zhao, & Yang, 2008)。这些研究对儿童个体差异心理学有独特贡献,对西方有关研究(如Haier, 2001)是有力的补充。

在跨文化比较研究方面,密歇根大学的 Harold Stevenson 团队对中国大陆(北京)、台湾地区、日本和美国芝加哥的中小学生进行了比较研究,对于资优儿童特质也有独到贡献。Stevenson、Chen 和 Lee(1993)选取认知能力测试成绩最高 10% 的学生进行跨文化比较,以及将各自文化内能力最高组(高能力组)和能力接近平均组(普通组)进行比较。他们发现不管来自什么国家和地区,高能力组学生的学习动机更多出于求知欲,而普通组学生更多出于让家长和老师满意的目的。而且,高能力组学生普遍有更高的阅读兴趣,即花在享受性阅读(reading for pleasure)上的时间更多。施建农团队的研究成果和美国等西方国家的研究结果是一致的(见 Dai, Moon, & Feldhusen, 1998),进一步印证资优儿童特质有某些跨文化共通性的假设。Li、Pfeiffer、Petscher、Kumtepe 和 Mo(2008)对中文版教师评估工具——学校资优评定量表(gifted rating scales-school form)——进行应用可行性研究,在一些能力和动机水平的维度上取得了和西方较一致的结果。这类研究的性质决定了侧重资优特质的文化共性。随着对文化差异性的认识,儿童的哪些行为特质或人格特征具有较高的社会辨识度和文化重要性,集中体现在下一个研究领域:对“资优”、“超常”以及相关概念如“智力”、“人才”、“创造力”的内隐文化理解。

7.4.2　资优概念的文化研究

如果说上述跨文化研究更多关注共通性,那么关注主观文化如何诠释、看待儿童在一些领域的杰出表现,如何看待哪些学生有突出潜质等研究,在心理学中属于本土心理学(indigenous psychology)范畴。较早关注此问题的还是 Stevenson。在1990 年代从事东亚和美国的比较研究过程中,他注意到在学业优异或"超常能力"问题上,倡导儒家文化的东亚国家更重视环境和个人努力的作用;而西方更重视个人先天资质对人的后天发展的影响,以及特殊教育干预(如提供资优教育)的重要性(Stevenson, 1998)。也就是说,在一定程度上,在东亚文化中,成就和能力潜质(achievement and aptitude)没有分化成两个概念(本章之前谈及学术界对此问题的讨论),类似于 Dweck(1999)理论中的能力随努力提高的信念(incremental view of ability)。

这类实证研究可分为通则研究(nomothetic or etic)和个别性研究(idiographic or emic)两类。第一类一般用西方现有的自陈工具。如 Chan(2001,2008)探讨香港资优中学生有关多元智力和传统智力的信念,用量化分析得出中国学生对多元智能的隐形认可。Rudowicz 和 Yue(2000)让大陆、香港、台湾地区大学生对 60 个形容词是否和创造力(行为或个体)密切相关进行评分,发现中国人的创造力概念中缺少对"艺术感"和"幽默感"的体认。Niu(2006)及 Niu 和 Sternberg (2002)综合研究文献,梳理了创造力观念的中西比较。这些研究基本是有先验的预设或根据西方研究的前提假设的。第二类研究采用没有先验预设的、更为开放的提问方式,所以从文化特殊性上更能直接体现本土文化心理。Wu(2005)对中国教师的访谈研究表明,中国教师更相信才华的表现(performance),并将之归因于环境因素和后天努力,而淡化某种内在的先天"资优"(gifted)因素。Yue 和 Rudowicz(2002)让北京、广州、香港的大学生提名哪些中国人最有创造力,结果发现超过一半的提名理由与创造力本身无关,而与这些被提名人的社会影响力有关,也就是说中国大学生的创造观带有明显的功利倾向。比如政治家被提到最显著地位,而艺术家被忽略,显然是由于政治家的社会地位和影响力,而不是他们本身的创造想象力。这一发现通过对中国和德国大学生的比较进一步得到支持(Yue, Bender, & Cheung, 2011)。

Yu(1996)在论述中国文化和西方个人主义传统的差异时,发现中国人在学业和其他成就动机上是"社会取向"(即成就和成功的标准由他人决定)的,而西方人是"个人取向"(成就和成功的标准由自我决定)的。一个合理推断是,在中国文化中"社会取向"的学生更容易被教师认为富有"潜力",而"个人取向"的资优儿童则会被忽视,甚至成为"问题学生",因为可以假设在中国文化中,教师本身的价值观都是"社会取向"的。这一点在 Rudowiczl 和 Yue(2000)的研究中得到印证,如"幽默"在"个人取向"的社会比在"社会取向"的社会中的辨识度和价值感更高,但它本身并无直接的功利价值。另外,根据归因理论,也可以发现如 Wu(2005)所观察的现象,"个人取向"的社会更重视内在个人原因,"社会取向"的社会更重视社会影响因素。因此,研究中国文化对"资优"的理解(lay conception)和价值认定,有助于理解资优儿童的成长环境,以及什么样的儿童更可能被界定为"资优"或"超常"(综述见 Chan, 2009)。

7.4.3 资优人才发展研究

如前所述,人才发展关注动机、人格以及环境在成长中的作用。Stevenson 等人(1993)发现芝加哥学生样本中认知能力最好的 10% 学生到小学五年级时被北京的能力平均组"追平",反映了课程和教学以及学生努力方面的差异。这一研究的另一组数据显示,从一年级到十一年级,高能力组的日本和中国台湾地区儿童的数学成绩始终领先美国样本的高能力组。Stevenson 等人的研究发现中国的父母和孩子对学习成绩有更高的期望值。陶晓勇、刘彭芝和查子秀(1996)对奥林匹克数学竞赛得奖者的父母进行了问卷研究,发现这些父母的教育水平较高,这些得奖者一般都出自重点中学或实验班,在数学上一直有突出表现。与此同时,学业优秀也会带来压力。笔者和胡赛莹对中国科学技术大学少年班毕业生进行访谈研究(Dai & Steenbergen-Hu, 2015;Dai, Steenbergen-Hu, & Zhou, 2015),从少年班学生的成长经历中总结出应对和成长的情感发展轨迹。

创造力发展是人才发展的重要课题。Niu(2007)考察了中国儿童创造力发展的个人和环境因素。Yi、Hu、Plucker 和 McWilliams (2013)试图回答教育环境与儿童和青少年创造力发展的关系问题。他们的研究发现,小学生的创造力表现高于中学生,小学教育环境也比中学教育环境更加鼓励创造想象力的表达,而且两者存在正相关。这一研究虽然不是针对资优儿童,但促进儿童创造力发展的环境影响对资优儿童是同样适用的,甚至更为重要。在研究创造力发展方面,林崇德、申继亮、胡卫平、金盛华以及他们的团队在过去的 20 年中做了大量研究(见林崇德,胡卫平,2012;林崇德,罗良,2007),尤其是他们对杰出科学家(如科学院院士)进行的研究。如金盛华、张景焕对数学、物理、化学、地学和生命科学五个领域的 34 名科学家(主要由中国科学院院士和获得国家自然科学奖一、二等奖的青年科学家构成)进行了访谈研究。该研究得到的主要结论有:(1)科学创新人才的重要心理特征主要包括,内部驱动的动机形式、面向问题解决的知识构架、自主牵引性格、开放深刻的思维与研究风格、强基础智力等五个因素;(2)科学创新成就的心理特征是由一般成就基础和个体主动性两个维度构成,在这两个维度上同时具有较高特征值的心理特征有六项:有理想有抱负、内在兴趣、思维综合能力强、积极进取、自信以及独立自主;(3)科学创新人才的重要生活事件包括早期促进经验、研究指引和支持、关键发展阶段指引三个要素;(4)以科学创新人才关键特征的出现为标志,科学创新人才的发展历经自我探索期、才华展露与专业定向期、集中训练期、创新期与创造后期五个阶段;(5)在不同发展阶段,个体创新心理的发展任务不同,生活事件的意义也不相同;(6)科学创新心理特征及各个影响因素对创新过程及其成果的影响是有层次的,不同时期的生活事件通过影响知识构架、自主牵引性格、内部驱动的动机进而影响创造过程及其成果(详见林崇德等,2009;林崇德,罗良,2007)。

对拔尖创新人才进行回溯研究的重要性在于它突出了发展过程。对资优儿童的纵向预测研究无法判断在长期发展过程中的许多重要变量和因素,包括生活事件的影响,有些个人因素在发展中逐步显现,有些则是在生活历练中形成的。在美国资优教育史上,Renzulli(1978)的三环资优理论恰恰是依据不少回溯研究而提出的,从而颠覆了以智商为基础的资优(或超常)观。

同样,在人才发展研究方面,也有文化共通性和差异问题。上面讨论过的"社会取向"和"个人取向"便是一个重要线索。另外,中国处于迅速发展阶段,而欧美处于发达阶段,发展阶段的不同会导致 Yue、Bender 和 Cheung(2011)所揭示的,学生在选择发展道路时存在是突出内在美感和自我需求还是突出社会功利的不同取向。中国儿童发展的"社会取向"和"功利取向"还反映在父母对音乐、奥数、书法这些传统技能的重视上,而在孩子的社会能力方面普遍关注不够。西方人才发展研究表明,心理社会技能,如抗挫折能力、坚持能力、沟通能力、发现和利用自己优势的能力,在人才发展上起着至关重要的作用(Subotnik 等,2011)。在跨文化研究方面,我们发现,在美国的华裔子女大多在科学、技术、音乐上有卓越表现(比如 Intel Science Talent Search,即英特尔科学人才选拔赛)。而在其他方面,如个人创业方面(entrepreneurship)则不如白人。跨文化研究可以反观中美文化差异和融合,加强这方面研究,从理论到实践都是有意义的。

7.4.4 资优学生教育研究

中国大陆的资优教育可以追溯到 20 世纪 70 年代末兴起的大学少年班,90 年代涌现的"实验班",以及新世纪后对"拔尖创新人才"培养的关注所激起的新一轮探索(见霍益萍,2013)。其中有大量值得总结和提炼的教育创新和教学创新(参见刘世清,李娜,2013。关于实验班探索,参见刘运秀,2001;恽昭世,1993。关于中科大少年班,参见辛厚文,2008;Dai & Steenbergen-Hu, 2015)。资优教育在近年也得到不少关注。但是,与资优儿童和人才发展研究相比,中国大陆对资优教育本身的实证研究非常薄弱,主要问题是大陆真正从教育心理学切入的资优教育研究起步较晚,在理论视野和研究方法上无法与世界同步。在美国,资优教育从一开始就是以对数千名资优儿童进行数十年跟踪(纵向研究)的结果为深厚基础的(Terman, 1925; Terman & Oden, 1959;又见 Lubinski & Benbow, 2006)。在中国,这样的研究还没有(除了查子秀(1990)的十年类似追踪研究之外)。近年以来,在追求教育公平的大背景下,资优教育面临在理论上缺乏对其存在的意义和理由的清晰政策阐述(褚宏启,2013)。下面笔者就资优教育研究的方向作一个简要描述。

上海在国际学生评估项目(PISA)中的骄人表现,在一个宏观背景下提出了这样的问题:资优教育的基本理念和实践,如因材施教,为优秀学生提供适恰的教育机会和学习挑战,是否已经体现在现有体制中?虽然这个项目采样的代表性值得进一步考据,但它显然证明中国在培养学生扎实的基本功方面,甚至包括思维能力方面,是有成就的。这和郝宁、吴庆麟(2009)提出的观点相似,即成才未必需要很高天赋,中国文化中相信后天努力可以成才的思想也一定程度上得到了 PISA 结果的支持。那么,在教育体制和教学过程中,这样的成就是如何实现的? Stevenson(1998)和 Wu(2005)固然提供了线索,如社会、父母和学生自己的高期望值和求知欲。但是,完整的阐述还有待对课堂和家庭的更深入、坚实的研究。从反面看,上海在 PISA 中的出色表现,尽管彰显了成功的一面,是否也掩盖了和英才教育相背离的一面。在应试教育的大背景下,教育为个体自发的兴趣、特长的发展所提供的机会可能远远不够。应试导向的教学手段、目标也不符合资优教育的本质(如创造力、批判思维等)。教育为优秀学生提供的和他们的才能密切相关的研究和实践机会可能也不够;在培养学生面对不确定的任务条件下如何灵活应对上,在鼓励学生想象历史和未来的各种可能性上,都可能存在软肋。对高考状元的跟踪研究发现,这些“状元”鲜有成为领军人物,这未必说明中国教育的失败,因为成为领军人物毕竟是小概率事件,但中国教育中存在的“状元情结”说明中国教育乃至整个社会的评价标准出现的偏差。一个潜在的问题是,在这样的评价体制里,有些资质优秀的学生没有得到重视和优化发展,有些成就动机具有明显“个人取向”的优秀学生甚至可能被体制边缘化。Yi 及其同事(Yi, Hu, Plucker, & McWilliams 2013)和 Niu(2007)的研究发现已经让我们看出端倪。此外,在学校教育之外的各种“丰富教育”(enrichment),如少年宫的各种兴趣班以及数学、科学、技术、围棋、才艺各类竞赛,本来是用于开拓青少年兴趣、丰富他们的眼界,以弥补学校教育的不足。但是,在当下功利化教育环境下,这些丰富活动往往蜕变为上好学校的敲门砖。那么,从人才培养的角度,教育的目的如何被扭曲,学生的短期和长期得失如何,都需要实证数据来说话。可惜在这些方面,我们找不到坚实的数据佐证。

对于资优教育本身,中国许多学校有诸多有益的探索(见 Dai, Steenbergen-Hu, &

Yang，2016 的综述），从学术角度看，需要理论的提升和研究的跟进。比如，张胜利、崔贞姬、李明霞和刘伟华（2010）提出"初中、高中、大学一体化"模式，和建立"少年科学院"的尝试。教育政策和管理的角度暂且不论，如何从教育心理学角度阐述和研究这种一体化带来的优势和对资优学生成长的优化，这是未来的课题。未来的资优教育一定是多元化的，而不是单一的；一定是整合社会各种资源，而不局限于学校教育的。那么，中国如何在 21 世纪面临的独特机会和挑战中找到英才教育的定位，并且用最前沿的学习理论、人才发展理论和创造力理论提供解释框架和理论支持，是今后中国教育需要解决的问题（见戴耘，2013b）。亚洲的资优教育在近三十年有长足的进步，但同时面临着和中国相似的发展中的问题。笔者在总结亚洲资优教育时提出了全球范围资优教育的十大趋势（Dai，2016；戴耘，2015）。如何在广阔的国际视野中定位可行的中国资优教育策略和模式，这是未来的研究课题（Dai & Kuo，2016）。

7.5 结语：转型中的资优教育——范式更替、研究方法和实践意义

Dai 和 Chen（2014）提出研究资优教育范式的 4W 框架：What、Why、Who 和 How。对 4W 的清晰勾勒，有助于澄清资优教育范式的性质和资优教育在整个教育系统中的定位。在本章一开始，笔者就提及近二十年欧美资优教育范式更替、研究方法的嬗变以及在实践中的体现。下面从这四个方面入手展望中国资优教育的将来。

"What"指资优现象的本质。现在已经很少有人会认为只有高智商才代表"资优"或"超常"了。由于更注重超常能力或英才的情境性、生成性、发展性（Dai，2010；Dai & Renzulli，2008；Ziegler，2005；Ziegler & Phillipson，2012），因此认识论和研究方法也从还原论向生成论转移。这意味着研究者在设计研究时更多考虑动态的因素、过程，对个体发展的测评，而不是仅仅停留在静态描述上。由于人的潜力是多样化的，不同领域的挑战也不尽相同，因此，理论研究应该从过去追求"解释一切"的宏大理论转向对中距理论（middle range theory）的描述。中距理论一般和实证研究数据的关系更加密切，限于某一领域、某类现象观察（Merton，1973）。如金盛华、张景焕对杰出科技人才的研究得出的理论可以认为是中距理论。一般认为，由于中距理论与某类经验观察的契合度更高，因此更利于指导实践。资优教育范式的更替和研究的进展有利于解决教育政策问题，如先天后天之争与卓越和公平的关系（Dai，2013）、发挥个人优势的差异化教育和学生发展、培养各路人才。在教育实践上，强调动态生成，也就意味着教育本身更主动的介入，包括发现潜质和因势利导。

"Why"指资优教育的目的。因为教育是人的工作，和人打交道，所以不能按照技术理性（technical rationality）作简单因果判断，而应该有更多伦理和社会的考虑，在

培养目的的选择上进行价值的考量和得失的权衡。也就是说，这种理性建立在充分的反思基础上，而不仅仅是依赖简单的实验结果、理论命题和逻辑推断。首先，关于资优教育的方向和目的，在刘铁芳与刘彭芝的商榷文章（刘铁芳，2010）中就有所涉及：教育应该以培养孩子的人格整体为主，还是培养某方面特长为主。这里有价值观上的不同，而不仅仅是科学或事实依据问题。有关这个问题的争论在美国也一直存在（见表7.1"规范性争议"）。笔者的观点是，两者并不必然是矛盾的，而可以是相辅相成的（Dai，2013），学校需要兼顾学业和生涯成就的导向与对人格、自我、价值的关注。其次，资优教育关系到处理普及教育与精英教育、常规教育与特殊教育的关系。资优教育是特殊教育（针对一个特殊类别的学生），还是人才培养（机会向所有人开放的高端英才教育）？定位不同，目标和策略就会有很大不同。再次，在中国大陆激烈学业竞争的教育环境下，对因材施教、学生自我导向（self-direction）的忽视，使教育产生严重的扭曲。在当今中国社会背景下，如何营造使个人充分个性化发展的教育环境，实践上怎么进行？如何评估成效？如何摆脱以升学为目标的恶性竞争，使教育回归其本质，使资优教育能在教育多样性中获得它的位置？这些问题值得探索。

"Who"指资优学生的识别。资优教育的转型在人才识别上体现为从把资优儿童作为一个同质性群体转变为充分认识到"资优"的多样化，同时意识到人才识别需要考虑到"What"和"Why"的问题。对识别机制本身的灵活性和局限也要有充分意识，如心理测量的工具依赖（instrument-dependency）和均值回归。传统意义上的"资优学生"的识别是给学生分类，而现在人才识别的主要意图是根据个体的优势和兴趣进行培养，因此识别的功能有了重要改变。华东师范大学霍益萍教授团队（霍益萍，朱益明，2014）目前在普通高中开展了许多突破性的工作，包括突破选拔学生办实验班这种单一形式，而在多层次、多方位拓展课程，提供各种高端学习和拓展个人兴趣的机会，变一次性的选拔为学生的自主选择和教师的动态考察，形成在培养中识别，通过评估进一步识别潜能这样的教学情境互动式人才识别培养机制。中国的教育制度（包括考试制度）对人才识别的影响，体现在它的单一价值尺度（分数）上，现在许多大学都在录取标准和手段上改变这一状况。如何从单向度转向多元评价指标；如何使人才识别更加灵活，同时又能有效地保证其效度，是今后的任务。

"How"指资优教育的手段。资优教育从原来的千篇一律的"资优计划"已经发展成多种形式的服务，它可以是学校提供的，也可以在家里或网上进行。从教育评价研究的角度看，并不存在一种"最有效"的方法，而是利用天时地利人和的因素将教育资源作最有效的配置、最充分的利用。教学资源的多样化和丰富性、课程的灵活性、分层和区分化教学，以及教学方式的转变（如从学科内容的单向传授到基于问题的主动学习、研究、思考、实践），是未来的探索方向。教育评价也需要从过去的实证主义取向转向应用设计研究取向。实证主义取向要求一劳永逸地回答有效还是无效,应用设计研究取向则要求因地制宜地优化教学设计、学习环境以实现目标(关于"设计研究"见 Dai, 2012a)。在资优教育实践上的研究探索,一线教师和管理者要么没有动力做研究工作,要么是缺乏研究的经验和能力,因此往往需要与大学研究者联手。在这种合作中,教师的实践获得理论的指导,研究者也能从一线的实践和观察中发现新的理论线索,这将给教育心理学带来新的活力。

参考文献

陈菲,戴耘.(2013).人才识别的理论和实践.载于戴耘,蔡金法(主编),英才教育在美国(第 27—36 页).杭州:浙江教育出版社.

陈婧萍,周晔晗,戴耘.(2013).加强、提高、转型:教育技术如何改变英才教育.载于戴耘,蔡金法(主编),英才教育在美国(第 116—139 页).杭州:浙江教育大学出版社.

陈莲丝,郭翠玉.(2013).芭氏卡的资优教学理念及其综合课程模式.载于戴耘,蔡金法(主编),英才教育在美国(第 73—94 页).杭州:浙江教育出版社.

褚宏启.(2013).发展英才教育与提升国家竞争力.载于戴耘,蔡金法(主编),英才教育在美国(第 213—219 页).杭州:浙江教育出版社.

戴耘.(2013a).超常能力的本质与培养:超常教育理论的前沿探索.上海:华东师范大学出版社.

戴耘.(2013b)."创造力、教育和社会发展译丛"总序.载于 R. A. Beghetto 和 J. C. Kaufman(主编),培养学生的创造力(第 1—20 页).上海:华东师范大学出版社.(亦载于本译丛其他著作.)

戴耘.(2013c).美国英才教育理念的历史、现状和前景.载于郑太年,赵健(主编),国际视野中的资优教育:拔尖创新人才培养的理论、政策与实践(第 67—91 页).上海:华东师范大学出版社.

戴耘.(2015).二十一世纪英才教育的十大趋势:兼谈亚洲的机遇与挑战.资优教育论坛,13,1—15

戴耘,蔡金法.(2013).英才教育在美国.杭州:浙江教育出版社.

郭奕龙.(2013).人才搜索计划及相关服务.载于戴耘,蔡金法(主编),英才教育在美国(第 53—63 页).杭州:浙江教育出版社.

郝宁,吴庆麟.(2009).天赋在专长获得中有限作用述评.心理科学,32(6),1401—1404.

霍益萍.(2013).美国英才教育和中国普通高中教育.载于戴耘,蔡金法(主编),英才教育在美国(第 208—212 页).杭州:浙江教育出版社.

霍益萍,朱益明.(2014).中国高中阶段教育发展报告 2013.上海:华东师范大学出版社.

林崇德,等.(2009).创新人才与教育创新研究.北京:经济科学出版社.

林崇德,胡卫平.(2012).创造性人才的成长规律和培养模式.北京师范大学学报(社会科学版),229(1),36—42.

林崇德,罗良.(2007).建设创新型国家与创新人才的培养.北京师范大学学报(社会科学版),199(1),29—34.

刘世清,李娜.(2013).创新人才的发现与培养:中国普通高中的实践探索之路.载于郑太年,赵健(主编),国际视野中的资优教育:拔尖创新人才培养的理论、政策与实践(第 199—235 页).上海:华东师范大学出版社.

刘铁芳.(2010).超常儿童的超常教育:是扩大公平还是制造不公平——与刘彭芝先生商榷.探索与争鸣,2(11),23—26.

刘运秀.(2013).超常儿童成长摇篮:北京八中超常教育实验班.北京:北京大学出版社.

朴钟鹤,吴越.(2013).英才教育研究现状与趋势——国内英才教育研究综述.现代教育科学,4,10—12.

钱美华,王先勇.(2013).创新型英才教育的普及化:三环理论和全校范围丰富教学模式.载于戴耘,蔡金法(主编),英才教育在美国(第 64—72 页).杭州:浙江教育出版社.

陶晓永,刘彭芝,查子秀.(1996).我国数学奥林匹克竞赛选手的培养——学校、家庭和社会对竞赛选手的教育.特殊儿童与师资研究,1,9—15.

辛厚文.(2008).少年班三十年.合肥:中国科学技术大学出版社.

恽昭世.(1993).走向未来的学校:中小学教育模式探索.北京:人民教育出版社.

查子秀.(1990).超常儿童心理研究十年.心理学报,22(2),113—126.

张胜利,崔贞姬,李明霞,刘伟华.(2010).超常教育模式实践探索.中国特殊教育,124(10),21—25.

邹枝玲,施建农,恽梅,方平.(2003).7 岁超常和常态儿童的信息加工速度.心理学报,35(4),527—534.

Ackerman, P. L. (2003). Aptitude complexes and trait complexes. *Educational Psychologist*, *38*(2), 85‐93.

Alexander, J. M., Carr, M., & Schwanenflugel, P. J. (1995). Development of metacognition in gifted children: Directions for future research. *Developmental Review*, *15*(1), 1‐37.

Angoff, W. H. (1988). The nature-nurture debate, aptitudes, and group differences. *American Psychologist*, *43*(9), 713‐720.

Aulls, M. W., & Shore, B. M. (2008). *Inquiry in Education*: The Conceptual Foundations for Research as a Curricular Imperative. New York, NY: Erlbaum.

Barab, S. A. , & Plucker, J. A. (2002). Smart people or smart context? Cognition, ability, and talent development in an age of situated approaches to knowing and learning. *Educational Psychologist*, *37*(3),165 - 182.

Betts, G. , & Neihart, M. (2004). Profiles of the gifted and talented. In R. Sternberg (Ed), *Definitions and Conceptions of Giftedness* (pp. 97 - 106). Thousand Oaks, California: Corwin Press.

Bloom, B. S. (1985). *Developing Talent in Young People*. New York, NY: Ballantine Books.

Borland, J. H. (2003). The death of giftedness. In J. H. Borland (Ed.), *Rethinking Gifted Education* (pp. 105 - 124). New York, NY: Teachers College Press.

Borland, J. H. (2014). Identification of gifted students. In J. A. Plucker & C. M. Callahan (Eds.), *Critical Issues and Practices in Gifted Education: What the Research Says* (2nd ed., pp. 323 - 342). Waco, TX: Prufrock Press.

Borkowski, J. G. , & Peck, V. A. (1986). Causes and consequences of metamemory in gifted children. In R. J. Sternberg & J. E. Davidson (Eds.), *Conceptions of Giftedness* (pp. 182 - 200). Cambridge, England: Cambridge University Press.

Carpenter, P. A. , Just, M. A. , & Shell, P. (1990). What one intelligence test measures: A theoretical account of the processing in the Raven Progressive Matrices Test. *Psychological Review*, *97*(3),404 - 431.

Carraher, T. N. , Carraher, D. W. , & Schliemann, A. D. (1985). Mathematics in the streets and in schools. *British Journal of Developmental Psychology*, *3*(1),21 - 29.

Chan, D. W. (2001). Assessing giftedness of Chinese secondary students in Hong Kong: A multiple intelligence perspective. *High Ability Studies*, *12*(2),215 - 234.

Chan, D. W. (2004). Emotional intelligence, social coping, and psychological distress among Chinese gifted students in Hong Kong. *Gifted Child Quarterly*, *48*(1),30 - 41.

Chan, D. W. (2008). Giftedness of Chinese students in Hong Kong: Perspectives from different conceptions of intelligences. *Gifted Child Quarterly*, *52*(1),40 - 54.

Chan, D. W. (2009). Lay conceptions of giftedness among the Chinese people. In T. Balchin, B. Hymer & D. J. Matthews (Eds.), *The Routledge International Companion to Gifted Education* (pp. 115 - 121). New York, NY: Routledge.

Chen, J. , Dai, D. Y. , & Zhou, Y. (2013). Enable, enhance, and transform: How technology use can improve gifted education. *Roeper Review*, *35*(3),166 - 176.

Coleman, L. J. , & Cross, T. L. (1988). Is being gifted a social handicap? *Journal for the Education of the Gifted*, *11* (4),41 - 56.

Coleman, L. J. , & Cross, T. L. (2005). *Being Gifted in School: An Introduction to Development, Guidance, and Teaching*. Waco, TX: Prufrock Press.

Collins, A. M. , & Halverson, R. (2009). *Rethinking Education in the Age of Technology*. New York, NY: Teachers College Press.

Csikszentmihalyi, M. (1996). *Creativity: Flow and the Psychology of Discovery and Invention*. New York, NY: Harper Collins.

Csikszentmihalyi, M. , Rathunde, K. , & Whalen, S. (1993). *Talented Teenager: The Roots of Success and Failure*. New York, NY: Cambridge University Press.

Dai, D. Y. (2005). Reductionism versus emergentism: A framework for understanding conceptions of giftedness. *Roeper Review*, *27*(3),144 - 151.

Dai, D. Y. (2009). Essential tensions surrounding the concept of giftedness. In L. Shavinina (Ed.), *International Handbook on Giftedness* (pp. 39 - 80). New York, NY: Springer Science.

Dai, D. Y. (2010). *The Nature and Nurture of Giftedness: A New Framework for Understanding Gifted Education*. New York, NY: Teachers College Press.

Dai, D. Y. (2012a). *Design Research on Learning and Thinking in Educational Settings: Enhancing Intellectual Growth and Functioning*. New York, NY: Routledge.

Dai, D. Y. (2012b). The nature-nurture debate regarding high potential: Beyond dichotomous thinking. In D. Ambrose, R. J. Sternberg & B. Sriraman (Eds.), *Confronting Dogmatism in Gifted Education* (pp. 41 - 54). New York, NY: Routledge.

Dai, D. Y. (2013). Nurturing the gifted child or developing talent? Resolving a paradox. In B. Sriraman, D. Ambrose & T. L. Cross (Eds.), *The Roeper School: A Model for Holistic Development of High Ability* (pp. 79 - 97). Rotterdam, The Netherlands: Sense Publishers.

Dai, D. Y. (2016). Looking back to the future: Toward a new era of gifted education. In D. Y. Dai & C. C. Kuo (Eds.), *Gifted Education in Asia: Problems and Prospects* (pp. 295 - 318). Charlotte, NC: Information Age Publishing.

Dai, D. Y. , & Chen, F. (2014). *Paradigms of Gifted Education: A Guide to Theory-Based, Practice-Focused Research*. Waco, TX: Prufrock Press.

Dai, D. Y. , & Coleman, L. J. (2005). Introduction to the special issue on nature, nurture, and the development of exceptional competence. *Journal for the Education of the Gifted*, *28*(3 - 4),254 - 269.

Dai, D. Y. , & Kuo, C-C. (2016). *Gifted Education in Asia: Problems and Prospects*. Charlotte, NC: Information Age Publishing.

Dai, D. Y., Moon, S. M., & Feldhusen, J. F. (1998). Achievement motivation and gifted students: A social cognitive perspective. *Educational Psychologist*, *33*(2 - 3),45 - 63.

Dai, D. Y., & Renzulli, J. S. (2008). Snowflakes, living systems, and the mystery of giftedness. *Gifted Child Quarterly*, *52*(2),114 - 130.

Dai, D. Y., & Rinn, A. N. (2008). The Big-fish-little-pond effect: What do we know and where do we go from here? *Educational Psychology Review*, *20*(3),283 - 317.

Dai, D. Y., & Speerschneider, K. (2012). Cope and Grow: An affective curriculum for talent development. *Talent Development and Excellence*, *4*(2),181 - 199.

Dai, D. Y., & Sternberg, R. J. (2004). Beyond cognitivism: Toward an integrated understanding of intellectual functioning and development. In D. Y. Dai & R. J. Sternberg (Eds.), *Motivation, Emotion, and Cognition: Integrative Perspectives on Intellectual Functioning and Development* (pp. 3 - 38). Mahwah, NJ: Lawrence Erlbaum.

Dai, D. Y., & Steenbergen-Hu, S. (2015). Special Class for the Gifted Young (SCGY): A 34-year experimentation with early college entrance programs in China. *Roeper Review*, *37*,9 - 18.

Dai, D. Y., Steenbergen-Hu, S., & Yang, Y. (2016). Gifted education in China: How it serves a national interest and where it falls short. In D. Y. Dai & C. C. Kuo (Eds.), *Gifted Education in Asia: Problems and Prospects* (pp. 51 - 75). Charlotte, NC: Information Age Publishing.

Dai, D. Y., Steenbergen-Hu, S., & Zhou, Y. (2015). Cope and Grow: A grounded theory approach to early college entrants' lived experiences and changes in a STEM program. *Gifted Child Quarterly*, *59*(2),75 - 90.

Dai, D. Y., Swanson, J., & Cheng, H. (2011). State of research on giftedness and gifted education: A Survey of Empirical Studies Published during 1998 - 2010. *Gifted Child Quarterly*, *56*(2),126 - 138.

Duan, X., Dan, Z., & Shi, J. (2013). The speed of information processing of 9-to 13-year-old intellectually gifted children. *Psychological Reports*, *112*(1),20 - 32.

Dweck, C. S. (1999). *Self-Theories: Their Role in Motivation, Personality, and Development*. Philadelphia, PA: Psychology Press.

Ericsson, K. A. (2006). The influence of experience and deliberate practice on the development of superior expert performance. In K. A. Ericsson, N. Charness, P. J. Feltovich & R. R. Hoffman (Eds.), *The Cambridge Handbook of Expertise and Expert Performance* (pp. 683 - 703). New York, NY: Cambridge University Press.

Ericsson, K. A., Krampe, R. T., & Tesch-Römer, C. (1993). The role of deliberate practice in the acquisition of expert performance. *Psychological Review*, *100*(3),363 - 406.

Ericsson, K. A., Roring, R. W., & Nandagopal, K. (2007). Giftedness and evidence for reproducibly superior performance: An account based on the expert-performance framework. *High Ability Studies*, *18*(1),3 - 55.

Feldman, D. H. (1986). *Nature's Gambit: Child Prodigies and the Development of Human Potential*. New York, NY: Basic Books.

Feldman, D. H. (2003). A developmental, evolutionary perspective on giftedness. In J. H. Borland (Ed.), *Rethinking Gifted Education* (pp. 9 - 33). New York, NY: Teachers College Press.

Foucault, M. (1984). The means of correct training. In P. Rabinow (Ed.), *The Foucault Reader* (pp. 188 - 225). New York, NY: Random House.

Gagné, F. (2005). From noncompetence to exceptional talent: Exploring the range of academic achievement within and between grade levels. *Gifted Child Quarterly*, *49*(2),139 - 153.

Gagné, F. (2009). Debating giftedness: Pronat vs. antinat. In L. Shavinina (Ed.), *International Handbook on Giftedness* (pp. 155 - 198). New York, NY: Springer Science.

Gallagher, J. J. (2000). Unthinkable thoughts: Education of gifted students. *Gifted Child Quarterly*, *44*(1),5 - 12.

Galton, F. (1869). *Hereditary Genius: An Inquiry into its Laws and Consequences*. London, England: Macmillan.

Gardner, H. (1983). *Frames of Mind*. New York, NY: Basic Books.

Gardner, H. (1993). *Creating Minds*. New York, NY: Basic Books.

Gardner, H. (2003). Three distinct meanings of intelligence. In R. J. Sternberg, J. Lautrey & T. I. Lubert (Eds.), *Models of Intelligence: International Perspectives* (pp. 43 - 54). Washington, DC: American Psychological Association.

Geake, J. (2009). Neuropsychological characteristics of academic and creative giftedness. In L. Shavinina (Ed.), International *Handbook on Giftedness*. New York, NY: Springer Science.

Gershwind, N., & Galaburda, A. M. (1987). *Cerebral Lateralization: Biological Mechanism, Associations, and Pathology*. Cambridge, MA: The MIT Press.

Goertzel, V., Goertzel, M. G., Goertzel, T. G., & Hansen, A. (2004). *Cradle of Eminence* (2nd ed.). Scottsdale, AZ: Great Potential Press.

Gottfried, A. W., Cook, C. R., Gottfried, A. E., & Morris, P. E. (2005). Educational characteristics of adolescents with gifted academic intrinsic motivation: A longitudinal investigation from school entry through early adulthood. *Gifted Child Quarterly*, *49*(2),172 - 186.

Gottfried, A. W., Gottfried, A. E., & Guerin, D. W. (2006). The Fullerton Longitudinal Study: A long-term investigation of intellectual and motivational giftedness. *Journal for the Education of the Gifted*, *29*(4),430 - 450.

Gottlieb, G. (1998). Normally occurring environmental and behavioral influences on gene activity: From central dogma to probabilistic epigenesis. *Psychological Review*, 105(4),792 - 802.

Greenough, W. T. (1976). Enduring brain effects of differential experience and training. In M. R. Rosenzweig & E. L. Bennett (Eds.), *Neural Mechanisms of Learning and Memory* (pp. 255 - 278). Cambridge, MA: The MIT Press.

Gresalfi, M., Barab, S. A., & Sommerfeld, A. (2012). Intelligent action as a shared accomplishment. In D. Y. Dai (Ed.), *Design Research on Learning and Thinking in Educational Settings: Enhancing Intellectual Growth and Functioning* (pp. 41 - 64). New York: Routledge.

Gross, M. U. M. (1989). The pursuit of excellence or the search for intimacy: The forced-choice dilemma of gifted youth. *Roeper Review*, 11(4),189 - 194.

Gruber, H. E. (1981). *Darwin on Man: A Psychological Study of Scientific Creativity*. Chicago, IL: University of Chicago Press.

Gruber, H. E. (1986). The self-construction of the extraordinary. In R. J. Sternberg & J. E. Davidson (Eds.), *Conceptions of Giftedness* (pp. 151 - 181). Cambridge, England: Cambridge University Press.

Gustafsson, J.-E., & Undheim, J. O. (1996). Individual differences in cognitive functions. In D. C. Berliner & R. C. Calfee (Eds.), *Handbook of Educational Psychology* (pp. 186 - 242). New York, NY: Simon & Schuster Macmillan.

Haier, R. J. (2001). PET studies of learning and individual differences. In J. L. McClelland & R. S. Siegler (Eds.), *Mechanisms of Cognitive Development: Behavioral and Neural Perspectives* (pp. 123 - 145). Mahwah, NY: Lawrence Erlbaum Associates.

Haier, R. J., & Jung, R. E. (2008). Brain imaging studies of intelligence and creativity: What is the picture for education? *Roeper Review*, 30(3),171 - 180.

Hébert, T. P., & Kelly, K. (2006). Identity and career development in gifted students. In F. A. Dixon & S. M. Moon (Eds.), *The Handbook of Secondary Gifted Education* (pp. 35 - 63). Waco, TX: Prufrock Press.

Hertzog, N. (2009). The arbitrariness of definitions of giftedness. In L. Shavinina (Ed.), *Handbook on Giftedness* (pp. 205 - 214). New York: Springer Science.

Hoh, P.-S. (2008). Cognitive characteristics of the gifted. In J. A. Plucker & C. M. Callahan (Eds.), *Critical Issues and Practices in Gifted Education: What the Research Says* (pp. 57 - 83). Austin, TX: Prufrock Press.

Hollingworth, L. S. (1942). *Children above 180 IQ*. New York, NY: World Book Company.

Howe, M. J. A., Davidson, J. W., & Sloboda, J. A. (1998). Innate talents: Reality or myth? *Behavioral and Brain Sciences*, 21(3),399 - 442.

Jensen, A. R. (2001). Spearman's hypothesis. In J. M. Collis & S. Messick (Eds.), *Intelligence and Personality: Bridging the Gap between Theory and Measurement* (pp. 3 - 24). Mahwah, NJ: Lawrence Erlbaum.

Kerr, B., & Kurpius, S. E. R. (2004). Encouraging talented girls in math and science: Effects of a guidance intervention. *High Ability Studies*, 15(1),85 - 102.

Kulik, J. A., & Kulik, C.-L. C. (1997). Ability grouping. In N. Colangelo & G. A. Davis (Eds.), *Handbook of Gifted Education* (2ed., pp. 230 - 242). Boston, MA: Allyn and Bacon.

Lehman, H. C. (1953). *Age and Achievement*. Princeton, NJ: Princeton University Press.

Li, H., Pfeiffer, S. I., Petscher, Y., Kumtepe, A. T., & Mo, G. (2008). Validation of the gifted rating scales-school form in china. *Gifted Child Quarterly*, 52(2),160 - 169.

Liu, T., Shi, J., Zhao, D., & Yang, J. (2008). The event-related low-frequency activity of highly and average intelligent children. *High Ability Studies*, 19(2),131 - 139.

Lohman, D. F. (2005a). An aptitude perspective on talent identification: Implications for identification of academically gifted minority students. *Journal for the Education of the Gifted*, 28(3 - 4),333 - 360.

Lohman, D. F. (2005b). Review of Naglieri and Ford (2003): Does the Naglieri Nonverbal Ability Test identify equal proportions of high-scoring White, Black, and Hispanic students? *Gifted Child Quarterly*, 49(1),19 - 28.

Lohman, D. F. (2009). Identifying academically talented students: some general principles, two specific procedures. In L. V. Shavinina (Ed.), *International Handbook on Giftedness* (pp. 971 - 997). New York, NY: Springer.

Lohman, D. F., & Korb, K. A. (2006). Gifted today but not tomorrow? Longitudinal changes in ability and achievement during elementary school. *Journal for the Education of the Gifted*, 29(4),451 - 484.

Lohman, D. F., & Rocklin, T. (1995). Current and recurrent issues in the assessment of intelligence and personality. In D. H. Saklofske & M. Zeidner (Eds.), *International Handbook of Personality and Intelligence* (pp. 447 - 474). New York, NY: Plenum.

Lubinski, D. (2004). Introduction to the special section on cognitive abilities: 100 years after Spearman's (1904) "'General intelligence,' objectively determined and measured". *Journal of Personality and Social Psychology*, 86(1),96 - 111.

Lubinski, D., & Benbow, C. P. (2006). Study of mathematically precious youth after 35 years: Uncovering antecedents for the development of math-science expertise. *Perspectives on Psychological Science*, 1(4),316 - 345.

MacKinnon, D. (1962). The nature and nurture of creative talent. *American Psychologist*, 17(7),484 - 495.

MacKinnon, D. (1978). *In Search of Human Effectiveness: Identifying and Developing Creativity*. Buffalo, NY: Bearly

Marland, S. P. (1972). *Education of the Gifted and Talented: Report to the Congress of the United States by the U. S. Commissioner of Education*. Washington, DC: Government Printing Office.

Matthews, D. , & Dai, D. Y. (2014). Gifted education: Changing conceptions, emphases, and practice. *International*

Studies in Sociology of Education, *24*(4),335 – 353.

Matthews, D.J., & Foster, J.F. (2005). Mystery to mastery: Shifting paradigms in gifted education. *Roeper Review*, *28*(2),64 – 69.

Mayer, R.E. (2005). The scientific study of giftedness. In R.J. Sternberg & J.E. Davidson (Eds.), *Conceptions of Giftedness* (2ed., pp. 437 – 447). Cambridge, UK: Cambridge University Press.

McCall, R.B. (1981). Nature-nurture and the two realms of development: A proposed integration with respect to mental development. *Child Development*, *52*(1),1 – 12.

Mendaglio, S. (2008). *Dabrowski's Theory of Positive Disintegration*. Scottsdale, AZ: Great Potential Press.

Mendaglio, S., & Peterson, J.S. (2007). *Models of Counseling Gifted Children, Adolescents, and Young Adults*. Waco, TX: Prufrock Press.

Merton, R.K. (1973). *The sociology of science*. Chicago, IL: University of Chicago Press.

Miller, L.K. (1999). The savant syndrome: intellectual impairment and exceptional skill. *Psychological Bulletin*, *125*(1),31 –46.

Miller, L.K. (2005). What the savant syndrome can tell us about the nature and nurture of talent. *Journal for the Education of the Gifted*, *28*(3 – 4),361 – 373.

Naglieri, J.A., & Ford, D.Y. (2005). Increasing minority children's participation in gifted classes using the NNAT: A response to Lohman. *Gifted Child Quarterly*, *49*(1),29 – 36.

Niu, W. (2006). Development of creativity research in chinese societies: A comparison of Mainland China, Taiwan, Hong Kong, and Singapore. In J.C. Kaufman & R.J. Sternberg (Eds.), *The International Handbook of Creativity* (pp. 374 – 394). New York, NY: Cambridge University Press.

Niu, W. (2007). Individual and environmental influences on Chinese student creativity. *Journal of Creative Behavior*, *41*(3),151 – 175.

Niu, W., & Sternberg, R.J. (2002). Contemporary studies on concept of creativity: The East and the West. *Journal of Creative Behavior*, *36*(4),269 – 288.

O'Boyle, M.W. (2000). A new millennium in cognitive neuropsychology research: The era of individual differences? *Brain and Cognition*, *42*(1),135 – 138.

O'Boyle, M.W. (2008). Mathematically gifted children: Developmental brain characteristics and their prognosis for well-being. *Roeper Review*, *30*(3),181 – 186.

Olenchak, F.R. (2009). Creating a life: Orchestrating a symphony of self, a work always in progress. In J. VanTassel-Baska, T.L. Cross & F.R. Olenchak (Eds.), *Social-Emotional Curriculum with Gifted and Talented Students* (pp. 41 – 77). Waco, TX: Prufrock Press.

Page, S.E. (2007). *The Difference: How the Power of Diversity Creates Better Groups, Firms, Schools, and Societies*. Princeton, NJ: Princeton University Press.

Peters, S.J., Matthews, M., McBee, M.T., & McCoach, D.B. (2013). *Beyond Gifted Education: Designing and Implementing Advanced Academic Programs*. Waco, TX: Prufrock.

Phillipson, S.N., Shi, J., Zhang, G., Tsai, D.-M., Quek, C.G., Matsumura, N., & Cho, S. (2009). Recent developments in gifted education in East Asia. In L. Shavinina (Ed.), *International Handbook on Giftedness* (pp. 1427 - 1461). New York, NY: Springer.

Plomin, R., DeFries, J.C., Craig, I.W., & McGuffin, P. (2003). *Behavioral Genetics in the Postgenomic Era*. Washington, DC: American Psychological Association.

Plomin, R., & Spinath, F.M. (2004). Intelligence: Genetics, genes, and genomics. *Journal of Personality and Social Psychology*, *86*(1),112 – 129.

Reis, S.M., & McCoach, D.B. (2000). The underachievement of gifted students: What do we know and where do we go? *Gifted Child Quarterly*, *44*(3),152 – 170.

Reis, S.M., McCoach, D.B., Little, C.A., Muller, L.M., & Kaniskan, R.B. (2011). The effects of differentiated instruction and enrichment pedagogy on reading achievement in five elementary schools. *American Educational Research Journal*, *48*(2),462 – 501.

Renzulli, J.S. (1978). What makes giftedness? Reexamining a definition. *Phi Delta Kappan*, *60*(3),180 – 184, 261.

Renzulli, J.S. (1986). The three-ring conception of giftedness: A developmental model for creative productivity. In R.J. Sternberg & J.E. Davidson (Eds.), *Conceptions of Giftedness* (pp. 53 – 92). Cambridge, England: Cambridge University Press.

Rimm, S., & Lowe, B. (1988). Family environments of underachieving gifted students. *Gifted Child Quarterly*, *32*(4), 353 –358.

Robinson, A., & Clinkenbeard, P.R. (1998). Giftedness: An exceptionality examined. *Annual Review of Psychology*, *49*,117 – 139.

Robinson, A., Shore, B.M., & Enerson, D.L. (2007). *Best Practices in Gifted Education*. Waco, TX: Prufrock Press.

Rogers, K.B. (1986). Do the gifted think and learn differently? A Review of Recent Research and Its Implications for Instruction. *Journal for the Education of the Gifted*, *10*(1),17 – 39.

Rogers, K.B. (2007). Lessons learned about educating the gifted and talented: A synthesis of the research on educational practice. *Gifted Child Quarterly*, *51*(4),382 – 396.

Rudowicz, E., & Yue, X. (2000). Concepts of creativity, similarities and differences among Mainland, Hong Kong, and Taiwanese Chinese. *Journal of Creative Behavior*, *34*(3),175-192.

Sarouphim, K. M. (2001). DISCOVER: Concurrent validity, gender differences, and identification of minority students. *Gifted Child Quarterly*, *45*(2),130-138.

Sawyer, R. K. (2006a). *Explaining creativity: The Science of Human Innovation*. Oxford, UK: Oxford University Press.

Sawyer, R. K. (2006b). Conclusion: The schools of future. In R. K. Sawyer (Ed.), *The Cambridge Handbook of the Learning Sciences* (pp. 567-580). Cambridge, UK: Cambridge University Press.

Schlaug, G. (2001). The brain of musicians: A model for functional and structural adaptation. *Annals of the New York Academy Sciences*, 930,281-299.

Schuler, P. (2002). Perfectionism in gifted children and adolescents. In M. Neihart, S. M. Reis, N. M. Robinson & S. M. Moon (Eds.), *The Social and Emotional Development of Gifted Children* (pp. 71-79). Waco, TX: Prufrock Press.

Shi, J., & Zha, A. (2000). Psychological research on and education of gifted and talented children in China. In K. A. Heller, F. J. Mönks, R. J. Sternberg & R. F. Subotnik (Eds.), *International Handbook of Giftedness and Talent* (2nd ed., pp. 757-764). Amsterdam: Elsevier Science Ltd.

Shiffrin, R. M. (1996). Laboratory experimentation on the genesis of expertise. In K. A. Ericsson (Ed.), *The Road to Excellence* (pp. 337-345). Mahwah, NJ: Lawrence Erlbaum Associates.

Shore, B. M., & Kanevsky, L. S. (1993). Thinking processes: Being and becoming gifted. In K. A. Heller, F. J. Mönks & A. H. Passow (Eds.), *International Handbook of Research and Development of Giftedness and Talent* (pp. 133-147). Oxford, England: Pergamon.

Simonton, D. K. (1994). *Greatness: Who Makes History and Why*. New York: The Guilford Press.

Simonton, D. K. (1997). Creative productivity: A predictive and explanatory model of career trajectories and landmarks. *Psychological Review*, *104*(1),66-89.

Simonton, D. K. (1999). Talent and its development: An emergenic and epigenetic model. *Psychological Review*, *106*(3),435-457.

Simonton, D. K. (2005). Giftedness and genetics: The emergenic-epigenetic model and its implications. *Journal for the Education of the Gifted*, *28*(3-4),270-286.

Steenbergen-Hu, S., Makel, M. C., & Olszewski-Kubilius, P. (2016). What one hundred years of research says about the effects of ability grouping and acceleration on K-12 students' academic achievement: Findings of two second-order meta-analyses. *Review of Educational Research*, *86*,848-899.

Steenbergen-Hu, S., & Moon, S. M. (2010). The Effects of Acceleration on High-Ability Learners: A Meta-Analysis. *Gifted Child Quarterly*, *55*(1),39-53.

Steiner, H. H., & Carr, M. (2003). Cognitive development in gifted children: Toward a more precise understanding of emergent differences in intelligence. *Educational Psychology Review*, *15*(3),215-246.

Sternberg, R. J. (1996). *Successful Intelligence*. New York, NY: Simon & Schuster.

Sternberg, R. J. (1999). Intelligence as developing expertise. *Contemporary Educational Psychology*, *24*(4),359-375.

Stevenson, H. W. (1998). Cultural interpretations of giftedness: The case of East Asia. In R. C. Friedman & K. B. Rogers (Eds.), *Talent in Context: Historical and Social Perspectives on Giftedness* (pp. 61-77). Washington, DC: American Psychological Association.

Stevenson, H. W., Chen, C., & Lee, S. (1993). Motivation and achievement of gifted children in East Asia and the United States. *Journal for the Education of the Gifted*, *16*(3),223-250.

Subotnik, R. F., Almarodo, J. Brody, L., Kolar, C., & Bonds, C. (2014). Preliminary findings of the study of selective high schools. A penal presentation at the Annual Convention of the National Association for Gifted Children, Baltimore, Maryland.

Subotnik, R. F., Tai, R. H., Rickoff, R., & Almarode, J. (2009). Specialized public high schools of science, mathematics, and technology and the STEM pipeline: What do we know now and what will we know in 5 years? *Roeper Review*, *32*(1),7-16.

Subotnik, R., Kassan, L., Summers, E., & Wasser, A. (1993). *Genius Revisited: High IQ Children Grown Up*. Norwood, NJ: Ablex Publishing Corporation.

Subotnik, R. F., & Jarvin, L. (2005). Beyond expertise: Conceptions of giftedness as great performance. In R. J. Sternberg & J. E. Davidson (Eds.), *Conceptions of Giftedness* (2ed., pp. 343-357). Cambridge, England: Cambridge University Press.

Subotnik, R., Olszewski-Kubilius, P., & Worrell, F. C. (2011). Rethinking giftedness and gifted education: A proposed direction forward based on psychological science. *Psychological Science in the Public Interest*, *12*(1),3-54.

Terman, L. M. (1925). *Genetic Studies of Genius (Vol. 1): Mental and Physical Traits of a Thousand Gifted Children*. Stanford, CA: Stanford University Press.

Terman, L. M., & Oden, M. H. (1959). *Genetic Studies of Genius: The Gifted Group at Mid-Life*. Stanford, CA: Stanford University Press.

Tomlinson, C. A. (1996). Good teaching for one and all: Does gifted education have an instructional identity? *Journal for the Education of the Gifted*, *20*,155-174.

Torrance, E. P. (1970). *Encouraging Creativity in the Classroom*. Dubuque, IA: W. C. Brown Company.

VanTassel-Baska, J. (1986). Effective curriculum and instructional models for talented students. *Gifted Child Quarterly*, *30*(4),164-169.

VanTassel-Baska, J., & Brown, E. F. (2007). Toward Best Practice: An Analysis of the Efficacy of Curriculum Models in Gifted Education. *Gifted Child Quarterly*, *51*(4),342-358.

Wai, J., Lubinski, D., & Benbow, C. (2009). Spatial ability for STEM domains: Aligning over 50 years of cumulative psychological knowledge solidifies its importance. *Journal of Educational Psychology*, *101*(4),817-835.

Webb, J. T., Gore, J. L., Amend, E. R., & DeVries, A. R. (2007). *A parent's Guide to Gifted Children*. Scottsdale, AZ: Great Potential Press.

Weisberg, R. W. (2006). Modes of expertise in creative thinking: Evidence from case studies. In K. A. Ericsson, N. Charness, P. J. Feltovich & R. R. Hoffman (Eds.), *The Cambridge Handbook of Expertise and Expert Performance* (pp. 761-787). New York, NY: Cambridge University Press.

Whitmore, J. R. (1980). *Giftedness, Conflict, and Underachievement*. Boston, MA: Allyn and Bacon.

Witty, P. A. (1958). Who are the gifted? In N. B. Henry (Ed.), *Education of the Gifted: 57th Yearbook of the National Society for the Study of Education* (*Part 2*) Chicago, IL: University of Chicago.

Wu, E. H. (2005). Factors that contribute to talented performance: A theoretical model from a Chinese perspective. *Gifted Child Quarterly*, *49*(3),231-246.

Yi, X., Hu, W., Plucker, J., & McWilliams, J. (2013). Is there a developmental slump in creativity in China? The relationship between organizational climate and creativity development in Chinese adolescents. *The Journal of Creative Behavior*, *47*(1),22-40.

Yu, A. B. (1996). Ultimate life concerns, self, and Chinese achievement motivation. In M. H. Bong (Ed.), *The Handbook of Chinese Psychology* (pp. 227-246). Hong Kong, China: Oxford University Press.

Yue, X. D., Bender, M., & Cheung, C.-K. (2011). Who are the best-known national and foreign creators — A comparative study among undergraduates in China and Germany. *Journal of Creative Behavior*, *45*(1),23-37.

Yue, X. D., & Rudowicz, E. (2002). Perception of the most creative Chinese by undergraduates in Beijing, Guangzhou, Hong Kong, and Taipei. *Journal of Creative Behavior*, *36*(2),88-104.

Ziegler, A. (2005). The Actiotope Model of giftedness. In R. J. Sternberg & J. E. Davidson (Eds.), *Conceptions of Giftedness* (2nd ed., pp. 411-436). Cambridge, England: Cambridge University Press.

Ziegler, A., & Phillipson, S. N. (2012). Toward a systemic theory of gifted education. *High Ability Studies*, *23*(1),3-30.

8 学业不良与自我管理

沈烈敏

【内容简介】

    学习中的认知自我管理过程是指包含学业自我效能感与智力内隐理论、目标取向、能力/努力归因等因素的认知调节机制,其特征影响学生的学习动机和学习行为表现。本章主要介绍学业不良学生认知自我管理过程的相关研究。这些研究检验了学业不良学生的认知自我管理过程的特征,还在智力发展观念、以成绩预测增强自我效能感、归因等方面进行干预研究。同时将国内外相关研究进行比较,提出该主题研究对我国目前教育现状的意义与建议。

【内容提纲】

8.1 认知自我管理过程 / 159

    8.1.1 学业自我效能感 / 159

    8.1.2 Dweck 的动机结构 / 160

    8.1.3 Dweck 动机结构的实证支持 / 161

8.2 学业不良学生的认知自我管理过程 / 161

    8.2.1 一项实证研究 / 162

    8.2.2 关于学业不良学生认知自我管理过程
         特征的讨论 / 164

8.3 学业不良学生认知自我管理过程的干预研究 / 166

    8.3.1 智力内隐理论的干预研究 / 166

    8.3.2 学业不良学生自我效能感的干预研究 / 166

    8.3.3 学业不良学生的归因训练研究 / 168

8.4 国内相关研究 / 170

    8.4.1 我国在相关方面已有若干实证研究结果
    / 170

    8.4.2 国内与国外研究比较 / 171

8.5 关于学业不良学生认知自我管理过程的研究对
    我国教育现状的意义与建议 / 172

近年来关于人格方面的科学研究揭示了基本认知机制在个体自我激励努力中的作用。在成就活动中,人们经常反思自己的能力,思考希望和不希望的未来状态,以及评估他们自身的表现。研究者认为每一个不同的认知过程都能影响人们的动机,让人做自我调节,以激励自我的行为(Bandura, 1997; Caprara & Cervone, 2000)。这被称为影响人们成就行为的认知自我管理过程。同时,临床心理学家发现,对这些基本的认知自我管理过程的认识,可以帮助我们理解一些学业不良表现较为严重的儿童、青少年的临床问题(Ahrens, 1991; Ahrens, Zeiss, & Kanfer, 1988; Strauman & Merrill, 2004; Wallace & Alden, 1997)。

在面临挑战性的学业任务时,即使能力水平相似的学生在如何适应学习任务时也会存在差异(Bandura, 1997)。学业不良(learning disability, LD)学生存在学业的困难和失败,当遇到学业的挑战时,LD学生易表现出与无助有关的广泛的适应不良行为,包括毅力减退、低学业期望和消极情绪(Valås, 2001)。认识学业不良学生这些缺陷表现的机制,可以让我们有可能更深入地考察这些学生在学业成就行为中的适应不良的反应,改善其认知自我管理过程,建立适应的学习动机状态,从而促进其积极的学业行为表现。

8.1 认知自我管理过程

8.1.1 学业自我效能感

在学习情境中,成功的认知自我管理(cognitive self-regulation)的一个关键特征就是拥有较高的学业自我效能感,即对个人能否在某种既定环境中执行一个明确的学习行为作出判断(Bandura, 1993; Schunk & Zimmerman, 1997; Zimmerman, 2000)。研究者发现,相比于怀疑自己学习能力的学生,学业自我效能感高的学生相信自己的学习能力更强,更加执着,不那么焦虑,能体验到更多的乐趣,有更强的内在兴趣,会设置更多有挑战性的学习目标,使用更多有效的认知策略,以及最终在学习情境中完成得更好(Bouffard-Bouchard, Parent, & Larivee, 1991; Collins, 1982; Schunk, 1984,1989; Bandura, 1997)。即使研究者控制了实际学业能力的差异,也仍然存在这些发现。例如,Collins(1982)让三种不同数学学习能力等级的孩子尝试解决困难的数学问题。在每一种能力等级,表现出更高学业自我效能感的孩子对数学任务更有兴趣和毅力,而且最终表现更好。

学业自我效能感在成功表现中的重要作用已在学习能力异常低下的学生中得到了证明。Schunk(1989)与其他人的研究还发现,学业自我效能感对学习成绩的影响力大于学业技能(Hackett, 1985; Pajares & Kranzler, 1995; Randhawa, Beamer, &

Lundberg, 1993)。

此外,针对在数学和语言上表现非常低下的学业不良学生的一系列研究发现,学业自我效能感相比于技能等级(熟练程度),对在面临挑战性任务时的积极态度、使用有效认知策略有更大的影响,其中,坚持不懈因素是一种更好的预测方式。

8.1.2 Dweck 的动机结构

自我效能感不是一个单因素,社会认知理论(Bandura, 1997;Cervone & Scott, 1995)认为,自我效能感的知觉是由一个更大的独立体系的机制运作的,在该体系中自我效能感与其他影响动机和学习成绩的观点和因素产生交互作用。这个体系就是 Dweck 的动机结构,包括智力内隐理论、目标取向、能力/努力归因等,其中特别重要的是智力内隐理论(Dweck,1999)。除了思考一个人如何能够完成一个必须的学习任务以外,还需要考虑在关于与学业成就有关的能力上,人们拥有不同的想法。实体论者相信能力是人与生俱来的,是个人的一种有限的特性。特质发展论者(增量论者)认为能力是个人可以通过努力和学习获得的,具有可以发展的可塑的特性。

根据 Dweck 的理论,可以预测有关能力的不同观念(实体论和特质发展论)与不同的学习目标相关联,因此,在具有挑战性的学习情境中也会有不同的动机模式。具体来讲,实体论者更倾向于成绩目标,旨在期望获得关于自身能力的积极判断,避免消极判断。由此可以预测,当他们怀疑自己的能力或者得到负面反馈时更容易出现无助的学习反应。简言之,因为实体理论者相信能力是一个不可变的、固定的量,当个体表现不好或出现怀疑自我能力的情形时,对自我产生消极的看法是必然的(例如:"我一定不够聪明,不能理解这个难题。")。因此,持实体论的青少年更可能会对挑战显示出适应不良的反应:他们避免挑战,获得更多的消极体验,对他们的能力产生更多消极的归因(例如:"我一定很愚蠢。"),以及在运用努力时,对未来的期望较低(例如:"如果你不得不努力尝试,那么你一定不聪明。"),且表现得更差。

相比之下,Dweck(1999)认为智力是一种可以通过努力和练习来提高的技能,特质发展论者更有可能追求学习目标,旨在开发技能和提高能力。由于采取学习目标,即使怀疑自己的能力,特质发展论者仍能显示出掌握的学习反应。简言之,因为特质发展论者把能力视为一个可塑的量,他们相信通过不断的努力可以获得更多能力(例如:"只需要坚持,我就能变得更好。")。因此,他们面对挑战时更有可能表现出一种适应性反应:寻求挑战,获得更多的积极体验,对不良表现有更多的合适的归因(例如:"我只需要继续努力,我就能变得更好。"),相信努力的有效性和必要性,对未来有较高的期望,表现得更好。

8.1.3 Dweck 动机结构的实证支持

通过实验研究和纵向研究,研究者发现特质发展论者和实体论者分别与学习目标和成绩目标相联系(Bempechat, London, & Dweck, 1991; Blackwell, Trzesniewski, & Dweck, 2007)。此外,一些研究发现,在挑战的条件下,学习目标和成绩目标分别导致他们预测掌握的学习反应和无助的学习反应(Blackwell 等, 2007; Elliott & Dweck, 1988; Erdley, Cain, Loomis, Dumas-Hines, & Dweck, 1997; Smiley & Dweck, 1994)。例如,Elliott 和 Dweck(1988)用实验的方法操作学习目标和成绩目标,发现当孩子被告知他们表现得不好时,成绩目标会引发无助学习反应,而学习目标会继续引发掌握的学习反应。另外 Cain 和 Dweck(1995)在一项研究中,也证实在持有实体论或特质发展论的不同情况下,由于对自己能力的看法不同,分别引发无助—放弃和掌握—调整两种不同的学习反应。而且不同的智力内隐观念也会影响归因,特质发展论者认为学习有困难是因为不够努力,更倾向于采取补救措施来改善不满意的表现。相反,研究发现,实体论者更倾向于把任务困难归因于缺乏能力,他们不认为能力会因克服了困难而得到增强,并且不太能采取补救措施(Blackwell 等, 2007)。

Blackwell 等人(2007)在一个针对初中生的历时两年的纵向研究中,控制了最初的数学能力,两年后发现智力内隐观念可以预测数学成绩。此外,他们发现目标取向(即学习目标或成绩目标)、对努力作用的信任以及能力归因对学习成就都有影响。

8.2 学业不良学生的认知自我管理过程

基于对学业自我效能感和 Dweck 动机结构(例如,智力内隐理论、目标取向、能力/努力归因等)导致适应或不适应的学习动机与学业成就的相关性的认识,人们逐渐开始关注学业不良学生的认知自我管理过程,认为这是研究与改善学业不良学生状况的较为关键的因素。

在通常情况下,低学业成就的经历要早于学生的学业不良诊断,且学习成绩是判断学业自我效能感的一个主要的决定因素,因此人们很容易想象学业不良学生会有低学业自我效能感。

根据一些学业不良学生的表现,人们通常把学业不良这一标签解释为拥有有限的智力潜力。学业不良学生几乎都认为他们被认定为存在学习障碍。虽然学业不良方面的研究者(甚至一些临床和学校的心理学人员)可能意识到,学业不良或许是由于某种具体的认知加工能力不足所致,学业不良学生可能在别的方面有天赋(Newman & Sternberg, 2004),然而,大部分学业不良学生认为他人是不大可能对他们的障碍采取这样一种全面的观点的。因而,这个诊断可能会导致学业不良学生的一种看法,即他们的障碍加强了对他们智力和能力的刻板印象。

如果学业不良学生支持智力的实体论,那么 Dweck 的模型预测他们会倾向于成绩目标多于学习目标。这似乎也适用于那些强烈希望避免关注他们的障碍的或者"看起来愚蠢"的学业不良学生。如果学业不良学生比其他学生更容易支持智力的实体论,那么 Dweck 的模型也会预测,这些学生会更有可能把发挥努力解释为他们拥有有限能力的原因。

然而,研究者认为,孤立地研究学业自我效能感是不够的,或许智力内隐理论可以影响这种不适应的自我认知过程。也就是说,如果一个人认为智力是一种可以提高的技能,那么他可能在当下拥有较低的学业自我效能感,但仍然保持追求富有挑战性的学习目标的动机并渴望提高个人现在的能力。比如,我现在或许不能够解决这道数学题,但是如果我努力了,我仍然可以提高数学能力。因此,对学业不良学生进行认知自我管理过程的全面考察是必要的,尤其需要检验学业自我效能感与智力内隐理论、目标取向以及归因是否相一致。或许,智力内隐理论是其中的重要因素。

8.2.1 一项实证研究

基于上述理论解释,Baird、Scott、Dearing 和 Hamill(2009)进行实证研究,旨在了解学业不良学生的基本的认知自我管理过程,检验学业不良学生拥有的特殊的认知自我控制和调节特征,并探讨这些特征如何进一步导致他们学习困难的可能性。

学业不良学生如果拥有低学业自我效能感,赞成智力的实体论,倾向于成绩目标,以及将表现归因于能力而非努力的话,他们大多可能会经历学习的动机和成绩问题,这些问题不能仅仅归因于他们自身的认知能力缺陷。因此这项实证研究检验了学业不良学生是否表现出这种不适合的认知自我管理模式。设计通过提供一个有良好促进作用的、情境化的评估,试图改变低学业自我效能感在学习动机和学业表现上的最终影响,这一评估是关于学业自我效能感以及它与其他认知自我管理过程中的因素(智力内隐理论、目标取向、能力/努力归因)的关系。具体地说,研究假设智力的实体论将会预测成绩目标取向,提供把努力的运用归为有限的智力能力的证据。

方法

被试为 1518 个分别来自两个独立的农村学校的六到十二年级的学生(686 个男性,635 个女性;197 个未报告年级)。被试的年龄为 10 到 19 岁(平均年龄为 14.4 岁),其中 107 人被确认存在学业不良的情况(接受针对学业不良的特殊教育服务),1411 人不存在学业不良的情况(不接受针对学业不良的特殊教育服务)。

实验要求有无学业不良的青少年在课堂上完成一系列问卷,包括:多维自我效能感问卷中的学业自我效能感分量表(Bandura, Pastorelli, Barbaranelli, & Caprara, 1999);儿童自评式内隐智力量表(Dweck, 1999);学习与成绩目标偏好量表(Dweck, 1999);努力归因量表(Dweck & Leggett, 1988)。每堂课上,老师和研究助理都可以去回答学生关于问卷的任何问题。学生花费大约15分钟来完成整个系列问卷。

结论

经统计分析,结果表明:

首先,使用普通最小二乘法(ordinary least square, OLS)同时检验学业不良状态和智力内隐理论对努力归因的预测,结果显示智力内隐理论是努力归因的一个显著性统计预测因素。尽管学业不良状态对努力归因有显著性预测,但是一旦智力内隐理论被包含在这一模型中,二者之间的关联会减小大约32%(在包含智力内隐理论的模型中,学业不良状态与努力归因之间的相关系数为-0.73;在未包含智力内隐理论的模型中,学业不良状态与努力归因之间的相关系数为-0.50)。由此证明智力内隐理论是学业不良状态和努力归因之间关联的中介因素。

同样,研究检验了学业不良状态和智力内隐理论之间的关联(-1.74),以及智力内隐理论与努力归因之间的关联(0.13),该结果显示有无学业不良的学生在努力归因上存在显著性差异,同时也证明了学业不良学生比非学业不良学生更倾向于具有智力的实体论而非特质发展论这一事实(见图8.1)。

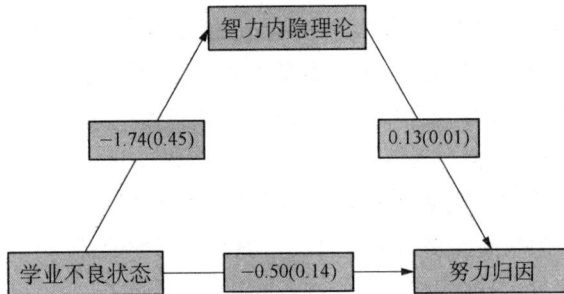

图8.1 学业不良状态、智力内隐理论和努力归因之间的关联(Baird 等,2009)

(注:智力内隐理论是学业不良状态与努力归因之间的中介因素。图中的数值为未标准化β值和标准误。所有未标准化的β值均在0.001水平上显著。)

研究还使用对数极大似然估计法检验学业不良状态、学业自我效能感和智力内隐理论对两种目标偏好的预测,并检验了学业自我效能感和智力内隐理论作为假设中介时学业不良状态和两种目标偏好之间的关联。

结果表明,学业自我效能感和智力内隐理论是学业不良状态和目标取向之间的中介,且该中介证据能够完整地解释有无学业不良的学生之间存在目标偏好差异,同时在一定程度上证明了学业不良学生拥有更低的学业自我效能感且更相信智力的实体论(见图8.2)。

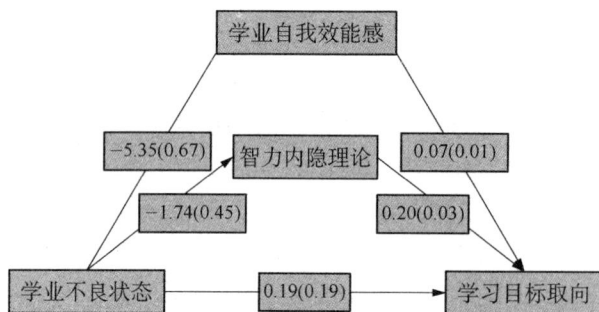

图8.2 学业不良状态、学业自我效能感和智力内隐理论对两种
目标偏好的预测(Baird 等,2009)

(注:学业自我效能感和智力内隐理论是学业不良状态与目标
偏好之间的中介因素。图中的数值为未标准化 β 值和标准误。
所有未标准化的 β 值均在 0.001 水平上显著。)

8.2.2 关于学业不良学生认知自我管理过程特征的讨论

这项研究是首次在一个独立研究中,同时检验学业不良与非学业不良学生的几个重要相关内容。研究结果表明,学业不良学生拥有特殊的认知自我管理模式,其特征与不适宜的处理学习的态度和表现相联系,例如避免挑战,经历负面影响,容易放弃任务,表现为缺乏持久性以及失败后学习动机功能退化(Bandura, 1997;Dweck, 1999)。具体来说,研究发现学业不良学生更有可能具有低学业自我效能感;相信智力是不变的、不可塑的,认为智力是不可能可增的和可变的;倾向于成绩目标而非学习目标;把努力学习和工作解释为他们拥有有限的能力水平。

关于具有低学业自我效能感的学业不良学生的研究,其结果可以澄清结果混淆的不一致报告(例如,Graham & Harris, 1989;Pintrich, Anderman, & Klobucar, 1994)。研究数据显示了有效的判断学业不良者与非学业不良者的学业自我效能感的分析与结论。一般而言,如果学生在学业方面表现出不足或不佳的倾向,那么即使他们并不反映低学业自我效能感亦是常人不理解的。在这方面,也许会有人说,如果学业不良学生相比于非学业不良学生,同样并不拥有低学业自我效能感,那么他们的学业自我效能感判断将会对他们的实际能力有过高的估计(Klassen, 2002)。这一问题引起了一部分研究者的重视。

研究还发现学业不良学生更多支持智力的实体论。也就是说,他们更有可能认为自己的智力是固定的、不可变的,不能通过努力或实践而改变。这或许比学业不良学生具有低学业自我效能感的发现更令人担忧。设想一下,如果学业不良学生怀疑他们当前的学习能力(拥有低学业自我效能感),并且认为这些能力本质上是不可能改变的,那么提高学业成绩的前景就显得尤其黯淡。相反,如果学业不良学生认为虽然他们是执行学业任务的低能者,但他们的智力是可以通过学习得到发展的,那么低学业自我效能感可能仅停留在对自己的当前能力的判断上,对学习动机和学习成绩的危害则将变弱,因为他们会认为"我的智力在增长,我的学习成绩仍然可能会变好"。

这个发现,即学业不良学生更多拥有结合低学业自我效能感的智力实体论观念,表明他们具有一个特别不适宜掌握学业任务的认知自我管理过程的特征(Dweck & Leggett, 1988; Elliott & Dweck, 1988)。

同时,研究还发现一个关于学业不良学生具有不合适的认知自我管理过程的证据,即他们更倾向于成绩目标而非学习目标。也就是说,他们更强烈地期望获得一个对他们能力的积极判断,胜于获得一个学习或进一步发展能力的机会。已有相关研究和实验证据都报告了追求这种成绩目标的有害影响(Dweck, 1999)。Sideridis (2006)做了一项评估"强理想"(strong ought)和成绩目标取向的自我管理性能与小学生学业成绩的关系的研究。通过三个典型的一般学生和学业不良学生的比较研究,结果表明:(1)强理想、成绩目标与回避动机有关,学业不良学生的这一特征表现出一种与低成就相联系的"病态"的动机取向。(2)这种动机取向伴随学业不良并持久性增长。(3)强理想、成绩目标能够解释学业不良学生大量的负面情绪影响。

此外,学业不良学生更倾向于把努力运用解释为具有低水平能力的意义。在学业环境下运用努力的意义对学业不良学生更有威胁性,意味着他们拥有低能力水平。也就是说,掌握学业挑战需要努力的运用,而努力的运用意味着一个人拥有低能力水平。

中介因素研究提供了一个强有力的证据,当智力的实体论和低学业自我效能感两个变量得到统计控制时,学业不良状态和诸如目标取向和努力归因之类的因素之间几乎没有或只有十分少的关联,说明在学业不良学生中发现的不适宜的认知自我管理过程特征中,具有实体化的智力理论观点和低学业自我效能感是关键因素。

8.3 学业不良学生认知自我管理过程的干预研究

上述研究检验了学业不良学生的认知自我管理过程的特征。可以说，学业不良学生拥有一种独特的、不适应的认知自我管理过程，如低学业自我效能感，以及倾向于把努力的运用解释为他们拥有有限的能力。这些特定的属性与挑战性学习环境中无助的学习反应结合，可能进一步导致学业不良学生的学业困难。研究揭示了这种认知自我管理过程对于学业不良学生群体学习困难的重要作用，为学业不良学生的干预策略提供了新的思想。

然而，已有干预研究并未对学业不良学生从认知自我管理过程的整体角度进行改变尝试，而是分别着眼于认知自我管理过程的各个独立因素。

8.3.1 智力内隐理论的干预研究

根据 Blackwell 等人研究所表明的潜在的补救措施，即如果给予学业不良学生更多支持智力的特质发展论的观点，那么他们会更倾向于追求学习目标，以及不太可能把努力的运用解释为能力有限的证据。基于这样的认知变化，学业不良学生更可能在对待学业任务时显示出最佳学习动机和成绩（Blackwell 等，2007；Elliott & Dweck，1988；Dweck & Leggett，1988）。

Blackwell 等人（2007）报道了一个引导初中生认可更多关于特质发展论的智力观点的干预研究。基于这种干预，这些学生在数学课上显示了动机增强的现象；以及通过观察对照组的表现，这些学业不良学生的数学成绩在这个年级水平上没有体现出以往的规律性下降的趋势。

同样，另一个干预研究把智力理论作为目标（Blackwell 等，2007），试图通过改变智力理论观点来改变目标取向和归因方式。研究发现，单独的智力内隐理论的改变有可能会促进目标取向和归因方式的积极变化。具体地说，如果学业不良学生把他们的智力看作是一种可通过努力和练习加以提高的能力，以及对他们的学习能力更有信心，他们就会把学业挑战看作是练习和改善技能的机会，而且不会在发挥努力时有消极的认知（例如："我一定是愚蠢的。"）。

8.3.2 学业不良学生自我效能感的干预研究

大量文献（理论的和实验的）已经证明学业不良学生通常表现为低学业自我效能感，在学习环境中表现出适应不良的种种反应，以及与非学业不良学生相比较，在学习自我控制方面能力更差等（Bandura，1997；Bouffard-Bouchard, Parent, &

Larivee, 1991；Cervone, 1989；Cervone & Peake, 1986；Peake & Cervone, 1989；Schunk, 1984)。然而,研究者提出这样的问题:如果学业不良学生具有低学业自我效能感的话,他们应该预测低学习成绩,而实际上,他们对自己的学习成绩的预测通常并不低。学业不良学生是否存在学业自我效能感判断的误测,即他们是否表现出对其实际能力的过高或者过低的判断? 因此,需要考察学业不良学生对学习成绩的预测情况。

关于学业不良学生的学习预测研究

Job 和 Klassen(2012)针对学业不良学生与非学业不良学生的成绩预测进行了一项研究。他们选择来自加拿大西部城市的七至九年级中学生为被试,其中 46 名为 LD(学业不良)学生(11 名女性)、48 名 NLD(非学业不良)学生(21 名女性)。测量采用的学业任务为拼写任务,非学业任务为扔球。研究程序为:在拼写任务中,10—15 个人一组,每组大约 20 分钟。被试跟主试读,读测试题中提供的例句,主试要求被试对自己的拼写进行预测:"我相信自己能够正确拼出 30 个词中的____个单词。"跟随主试按照测试情境把每个单词读 3 次(单独,在句中,单独)。在非学业任务中,主试讲完规则后示范一次,被试练习一次,然后根据练习情况预测成绩:"我相信自己在 2 米远的距离能击中目标____次(3 次以内)。"被试朝每个目标扔球 3 次。

结果表明,在拼写任务上:LD 学生对他们成绩的评估出现显著偏差,高估他们成绩 6.26 个词(49％);NLD 学生低估他们成绩 2.63 个词(－10％)。其结果与 Klassen(2007)的研究结果相符:LD 学生高估拼写成绩 52％,而 NLD 学生准确估计成绩(高估 4％)。在扔球任务上:随着任务难度增加,高估成绩水平增加。即在 2 m 任务中,LD 组与 NLD 组没有显著差异。在 3 m 任务中,LD 学生预测完成 1.98 次,实际完成 0.96 次,高估 106％;NLD 学生预测完成 1.85 次,实际完成 1.02 次,高估 34％;LD 组与 NLD 组存在显著差异。

因此,学业不良学生在学业与非学业方面的高估倾向均比非学业不良学生高,且在学业方面的高估倾向更显著。

一个通过学习预测来提高元认知和自我效能感的研究

Job 和 Klassen(2012)的研究假设为:自我效能感,即自我觉知,帮助个体确定他们的选择、决策,并维持任务执行。元认知就是我们关于自己认知过程的知识经验。成绩评估、自我效能评估与元认知有关。自我调整能力与自我认识之间存在一个调节匹配程度的问题。

被试为八、九年级的 LD 学生与 NLD 学生。测验工具是:一般自我效能感测验;自主学习自我效能感测验(Zimmerman, Bandura, & Martinez-Pons, 1992);特定领域自我效能感测验(Bandura, 2001)。拼写成绩使用 WJ-Ⅲ(Woodcock-Johnson third edition,伍德科克-约翰逊第三版测验)测量。写作成绩测量方式为:从 WJ-Ⅲ中选出 20 个词,要求被试在 4 分钟内,完成一个遵循语法规范并使用 3 个特定词语的句子。被试先按要求写一句简单句,然后按照主试要求写一句比之前的句子更复杂的句子。

研究程序为:将 LD 学生和 NLD 学生各分成两组,实验任务按照两个步骤进行检验。第一步:学生填完信息之后,(1)一般自我效能感测验和自主学习自我效能感测验;(2)拼写自我效能感测验(特定领域自我效能感测验)和成绩预测;(3)写作自我效能感测验(特定领域自我效能感测验)和成绩预测。第二步:学生填完信息之后,(1)写作测验;(2)拼写测验;(3)一般自我效能感测验和自主学习自我效能感测验。

研究结果:

(1) 无论是在写作任务还是拼写任务上,LD 学生的成绩和自我效能感的预测、后测得分均低于 NLD 学生。

(2) 预测准确性方面。在拼写任务上,LD 学生高估(＋52%),NLD 学生高估(＋6%)。在写作任务上,LD 学生高估(＋19%),NLD 学生高估(－4%)。

(3) 关于预测作用。①一般自我效能感测验和自主学习自我效能感测验对读写成绩没有预测作用;②成绩预测对读写成绩有预测作用。

另外,研究结果发现,随着任务难度的增加,LD 学生对成绩的高估程度增加,符合前人研究结果。但 NLD 学生的预测结果同样也随着任务难度增加而出现高估程度增加的情况。因而在学业任务中,任务难度对于 LD 学生和 NLD 学生来说都是一种挑战。

研究还显示,LD 学生虽有信心,但是忽略了自己能力薄弱的情况。LD 学生不仅在整个任务中缺乏技能,而且在元认知上也存在不足。

该研究假设可使用青少年对其成绩的直接预测作为他们自我效能感信念的代理。研究使用读写成绩预测的方法,让 LD 学生在预测和表现之间作比较,这样可进一步给 LD 学生的自我效能感和元认知信念提供证据,使他们在完成任务后变得更加注意任务要求和其自身的表现,从而可评估其自主学习自我效能感和一般自我效能感的改变情况。

该研究尝试通过学习成绩预测与学习成绩测验的差距来提供元认知证据,促使学业不良学生考察任务难度、要求与自我表现的差距,以提高自我调整能力与自我认识的匹配程度,最终提高学业不良学生的自我效能感。

8.3.3 学业不良学生的归因训练研究

对于学业不良学生的归因训练研究较为丰富,大致可分为两类:直接训练法和间接训练法。

直接训练法

直接训练法要求学生自己做努力归因,其做法是:教师提供指导,学生练习自我报告,进行努力归因,老师强化学生的归因语句。

具体方法如下:

(1) 一种方法是,教师让学生通过出声思考的方式在完成任务时用自我评价进行努力归因。教师首先要求学生将注意力集中在自我评价上,接着对学生的努力归因进行总结并提出反馈,反复强化直至学生将该策略内化并能运用到实际问题解决中(Thomas & Pashley, 1982)。

(2) 另一种方法是,教师给学生播放其他学生所做的努力归因陈述的录音(例如:"我成功了,这意味着我很努力。""我没有成功,这意味着我没有努力。"),然后要求学生重复这些努力归因陈述,首先是大声复述,接着轻声复述,最后默读,直到学生将这些努力归因陈述语句内化。通过反复训练,使学生可以自主使用自我评价进行努力归因(Fowler & Peterson, 1981; Shelton, Anastopoulos, & Linden, 1985)。

(3) 还有一种方法是,教师为学生列出归因清单(如,我做对了,因为:我运气好,任务简单,我努力了,我很聪明。我做错了,因为:我运气不好,任务太难,我没有足够努力,我不够聪明),在任务完成后,教师告知学生对错,然后要求学生在归因清单中选取一个原因。如果学生选择努力归因,教师会给予其肯定的反馈;如果学生没有选择努力归因,教师则鼓励其做出努力归因(Craske, 1988)。

间接训练法

间接训练法就是指教师将努力归因反馈给学生,即教师根据学生完成学习任务的情况对其提供归因评语和反馈。学生不是通过自我评价的方式进行努力归因训练,而是根据教师的评价认识自己成功与失败的原因,从而训练努力归因。

(1) 努力归因训练。教师使用计算机辅助教学,给学生设定一些难度适中的任务,根据学生成功或失败给予其相应反馈。当学生成功完成 5 道题目时,电脑给出反馈:"你真行。"当学生成功完成 25 道题目时,电脑给出反馈:"你真的很努力。"当未能成功完成 5 道题目时,电脑给出反馈:"如果继续努力,你就能成功。"当未能成功完成25 道题目时,电脑给出反馈:"如果努力,你能做得更好。"(Okolo, 1992)

(2) 努力归因与能力归因训练相结合。努力归因和能力归因相结合的训练效果比单纯使用努力归因或能力归因的效果要好,这是因为单纯的努力归因训练可能会让学生产生指导者低估自己能力的错觉。

研究发现,在 7 岁以前,大多数儿童相信能力和努力是相同的概念,而且认为努力的人更加聪明。7 岁之后,儿童开始认识到努力和能力之间存在一种逆相关(Nicholls, 1976):即能力强的个体用较少的努力就可以获得成功,而能力低的个体必须付出更多的努力才能获得同样的成功。如果学生轻而易举地完成了学习任务,他们就会认为教师不相信他们能够完成更难的任务,从而怀疑自己的能力。如果学习或训练任务难度过大,学生虽然十分努力却无法获得成功,这时教师鼓励学生更加努力的做法实际上会强化学生将失败归因于能力低下的归因方式。因此,归因训练所选择的材料必须符合学生的年龄特征和能力水平,教师的指导内容和要求必须恰当,才能促进学生动机的提高,否则会适得其反(Pearl, 1985)。

8.4　国内相关研究

8.4.1　我国在相关方面已有若干实证研究结果

在自我效能感方面,国内有研究表明,自我效能感高的学生在学习上有较强的主动性,面对困难时能够坚持不懈地克服,有高度的自信。这种态度会使其最终取得预期的学习成果,而好成绩的反馈也能继续巩固其高自我效能感。相反,自我效能感低的学生往往在学习中处于被动状态,对能力预期低,选择挑战性低的任务。而且长期处于低自我效能感状态会进一步导致学业不良学生的低自尊和低自我价值(王根顺,周晓玉,2010)。

还有研究显示,自我效能感会在个体对学业选择、学习动机、个体认知过程和学习情绪状态的调节中产生影响。自我效能感高的学生会选择有挑战性的任务,从事学习活动的动机强,设立相对较高的目标且对目标的承诺也强。而学业不良学生的自我效能感较低,导致其消极对待自己的学业,对学业期望低,认为自己能力低下而放弃努力,倾向于想象失败的场景而导致动机削弱,而且经常感到恐惧和焦虑以致无心学习(张静,2007)。

另有研究从学校情境出发,提出了发展和提高学业不良学生的学业自我效能感的方法,即在学习活动起点上设立学习目标;给学业不良学生赋予明确、适宜、有价值、有层次、能自觉完成的学习任务;在学业不良学生的学习活动中,增加亲历的成功体验,提供更多榜样替代经验;在学习活动的终点加强归因训练(刘伟芳,葛明贵,2005)。另外,也有研究介绍了根据学习活动的进程(起点——过程——终点)来提高学业不良学生自我效能感的策略。

在智力内隐理论方面,国内鲜有实证研究,不过也有研究发现,持智力增长观的儿童(即特质发展论者)比持智力实体观的儿童(即实体论者)更能准确地对自我的智力进行评价。这是由于持智力增长观的儿童更相信人会由聪明变得更聪明,因此自我的智力评价就更为准确。而持智力实体观的儿童由于更认同人的聪明程度不会发生变化这一观点,为了保护自尊的需要,常常会高估自己的智力水平(林彬,2010)。

也有研究得到类似结论,如果学生认为智力是不变的,那么就会形成成绩目标导向的学习行为,注重与他人成绩的比较和自己的排名;如果学生认为智力是增长的,则形成学习目标导向的学习行为,关注自己已掌握什么及将要掌握什么(李同吉,吴燕霞,2006)。由此可见,更相信智力实体论的学业不良学生很难对自己的智力水平进行准确的评价,从而导致其对自身能力的高估,且会形成成绩目标定向,关注成绩高低而非能力掌握。

在目标取向方面,有研究显示,在心理健康状态的各个维度上的得分,高学习目标取向的学生得分最低,说明其具有较好的心理健康状态;而高成绩目标取向的学生得分最高,特别是在强迫、人际关系敏感、焦虑等不良心理特征上。该结果说明不同类型的目标取向会影响学生的心理健康(廖美玲,2001),也证明了成绩目标取向是学业不良状态、不良心理健康状态的一个预测因素。

在归因方式方面,有研究通过自评、他评、生活学习习惯分析来评定学业不良学生的归因方式,发现多数学业不良学生的归因都是集中于自身内部原因的探讨,并且这些原因是可控的、不稳定的。这说明通过一定方式,学业不良学生的情况可以得到改变和控制(陈博文,吕传振,2012)。

另有研究使用学习成功感量表(FOASS)、多维度—多归因因果量表(MMCS)的学业成就分量表来检验归因训练对提高学习成功感的影响。归因训练包括三个步骤:(1)教师向学生直接介绍归因相关知识、正确归因的重要性、如何积极归因等内容;(2)进一步强化反馈;(3)个别辅导。结果显示,经过归因训练的学生的学习成功感提高,而且会更多地使用努力归因(杨秀君,孔克勤,2005)。

同样地,有研究使用修订的多维度—多归因因果量表检验了我国英语学业不良学生的归因方式,结果表明,英语学业不良学生更可能认为能力的因素大于运气的因素,自我效能感也会随之降低(李冬云,2011)。

8.4.2 国内与国外研究比较

与国外研究相比较,我国研究者在学业不良学生的相关研究方面,有如下不足:

(1) 国内研究未从学业不良学生认知自我管理过程的整体角度开展,虽然人们对学业不良学生在动机方面的认识逐渐深入,发现了一些与国外研究一致的学习动机方面的特征。如王根顺和周晓玉(2010)关于学业不良学生的自我效能感研究;林彬(2010),李同吉和吴燕霞(2006)关于我国学业不良学生的自我智力观特征及对自我智力估计的相关研究等。但是从强烈影响动机的认知自我管理的机制及其特有过程这一角度开展的探索还比较少。尤其在学业自我效能感、智力内隐理论、目标取向、能力/努力归因几个因素影响的内在认知机制方面,思考和探讨不足。

（2）国内研究在方法上较多采用理论论述和案例分析，采用实证方法较少。尤其对于上述几个因素内在认知机制的考察，尚缺少精致实验设计的研究。

（3）在国内对学业不良学生的干预研究方面，关于自我效能感和归因训练的研究稍多。然而，这类研究干预时间较短；采用普遍课堂学习常规措施较多；干预设计相对简单、粗泛，针对性稍弱；干预效果的检验手段较单一以及对于课堂情境下的实践有效性效果方面的检验尚少。

8.5 关于学业不良学生认知自我管理过程的研究对我国教育现状的意义与建议

学习动机是影响学生学习的重要心理因素。学业不良学生由于经历了学习表现不佳，甚至长期学习失败的体验，其在影响学习动机的一些重要内容方面与非学业不良学生相比有着独特的机制与特征。因此，针对学业不良学生的认知自我管理过程的研究对我国教育现状提出如下思考与建议：

第一，加强学业不良学生的学习动机内在因素的实证研究。

针对我国学业不良学生的认知自我管理过程特征的研究具有理论价值。学业不良是教育心理学领域的重要课题，我国学业不良学生的研究尚处于不成熟阶段，无论在认知技能还是社会性心理方面的研究均较薄弱。有关学业不良学生的认知自我管理过程的研究将有助于我们深入认识这一群体学生的心理机制，以丰富教育心理学理论。同时，为提出帮助学业不良学生学业改善的全面补救措施提供理论依据。

对我国学业不良学生的认知自我管理过程特征的实证研究，需实验研究与问卷调查相结合，实验室与课堂实际情境相结合，一般研究与个案研究相结合，不同地区与不同处境青少年相结合。在实证研究中，需加强对学业不良学生认知自我管理内在机制的深入探索。

第二，重视学业不良学生的认知自我管理过程在实践中的应用。

目前我国处于学业竞争日益加剧的社会环境，追求高成绩目标的教育观念取向，对学业不良学生而言，这更增强了其认知自我管理的不适应学习的状态，于改善其学习成就状况不利。根据学业不良学生认知自我管理过程特征的理论，在教育实践中可在以下方面加以重视：

（1）引导并增强学业不良学生的智力增长观。由研究结果可知，智力内隐理论观念在学业不良学生的认知自我管理过程中起着重要的中介作用，是导致不适宜动机与学业表现的关键因素。相对于智力增长观，我国的传统观念更倾向于智力实体观，且追逐成绩目标取向的环境更易加强广大学生与家长的智力实体观。因此，倡导智力增长观尤为重要,其推广与深入可在课堂教学的各个环节与课外各项活动,以及家庭教育中展开。

(2)提高学业不良学生的学业自我效能感。由研究结果可知,低自我效能感是学业不良学生的基本心理特征,它既是学业不良经历的认知因素,亦是导致其进一步学习困难的动机内容的主要因素。改变学业不良学生群体的低自我效能感有利于增强其学习动机,进而改善学业表现。一方面,可通过成绩预测促进元认知,促使他们不断增强认识与表现的调整能力,逐渐提高自我效能感;另一方面,需特别重视在课堂学习中提高学业不良学生的一般自我效能感与特殊领域的自我效能感。

(3)削弱"强理想"与成绩目标取向。由研究结果可知,"强理想"与成绩目标取向易导致学业不良学生回避动机取向,且引发大量负性情绪。我国大城市的教育现实体现出一种趋势,即追求"强理想"和高成绩,而学业不良学生因学业成绩不佳,常常急于证明自己的学习能力,更容易非理性地追求成绩目标,往往陷入不良循环之中。有研究认为学业不良是心理弹性的危险因素,"强理想"与高成绩目标取向不仅不利于学业成绩改善,而且极易损伤心理健康水平。要削弱"强理想"与成绩目标取向,需教育评价体系与教学环境相结合,亦可适当进行小团体主题心理训练。

致谢

感谢王英喆在文献搜集和整理中的工作!

参考文献

陈博文,吕传振(2012).基于归因理论的大学生学业不良现象研究.黑龙江教育学院学报,31(12),130—132.
李冬云.(2011).英语学业不良大学生学习成败的归因研究.宿州学院学报,26(10),112—126.
李同吉,吴燕霞(2006).论基于努力的教育及其智力观基础.宁波大学学报(教育科学版),28(6),19—23.
廖美玲.(2001).学业中等生成就目标定向与心理健康状态关系的研究.第九届全国心理学学术会议文摘选集,114—115.
林彬.(2010).儿童智力发展观及其对他人和自我智力的评价(博士论文).华东师范大学,上海.
刘伟芳,葛明贵.(2005).学业不良学生学习效能感及其发展.教育研究与实验,2,61—64.
王根顺,周晓玉.(2010).谈学业不良学生学习动机的补救.中国电力教育,24,178—180.
杨秀君,孔克勤.(2005).抱负水平指导和归因训练对提高学习成功感的影响研究.心理科学,28(1),99—103.
张静.(2007).学业不良学生自我效能感的培养与发展.现代教育科学,6,5—6.
Ahrens, A. H. (1991). Dysphoria and social comparison: Combining information regarding others' performance. *Journal of Social & Clinical Psychology*, 10(2),190 - 205.
Ahrens, A. H., Zeiss, A. M., & Kanfer, R. (1988). Dysphoric deficits in interpersonal standards, self-efficacy, and social comparison. *Cognitive Therapy and Research*, 12(1),53 - 67.
Baird, G. L., Scott, W. D., Dearing, E., & Hamill, S. K. (2009). Cognitive self-regulation in youth with and without learning disabilities: Academic self-efficacy, theories of intelligence, learning vs. performance goal preferences, and effort attributions. *Journal of Social and Clinical Psychology*, 28(7),881 - 908.
Bandura, A. (1993). Perceived self-efficacy in cognitive development and functioning. *Educational Psychologist*, 28 (2),117 - 148.
Bandura, A. (1997). *Self-Efficacy: The Exercise of Control*. New York, NY: W. H. Freeman.
Bandura, A. (2001). Social cognitive theory: An agentic perspective. *Annual Review of Psychology*, 52, 1 - 26.
Bandura, A., Pastorelli, C, Barbaranelli, C., & Caprara, G. V. (1999). Self-efficacy pathways to child depression.

Journal of Personality and Social Psychology, *76*(2), 258 – 269.

Bempechat, J., London, P., & Dweck, C. (1991). Children's conceptions of ability in major domains: An interview and experimental study. *Child Study Journal*, *21*(1), 11 – 36.

Blackwell, L.S., Trzesniewski, K.H., & Dweck, C.S. (2007). Implicit theories of intelligence predict achievement across an adolescent transition: A longitudinal study and an intervention. *Child Development*, *78*(1), 246 – 263.

Bouffard-Bouchard, T., Parent, S., & Larivee, S. (1991). Influence of self-efficacy on self-regulation and performance among junior and senior high-school age students. *International Journal of Behavioral Development*, *14* (2), 153 –164.

Cain, K.M., & Dweck, C.S. (1995). The relation between motivational patterns and achievement cognitions through the elementary school years. *Merrill-Palmer Quarterly*, *41*(1), 25 – 52.

Caprara, G.V., & Cervone, D. (2000). *Personality: Determinants, Dynamics, and Potentials*. Cambridge, UK: Cambridge University Press.

Cervone, D. (1989). Effects of envisioning future activities on self-efficacy judgments and motivation: An availability heuristic interpretation. *Cognitive Therapy and Research*, *13*(3), 247 – 261.

Cervone, D., & Peake, P.K. (1986). Anchoring, efficacy, and action: The influence of judgmental heuristics on self-efficacy judgments and behavior. *Journal of Personality and Social Psychology*, *50*(3), 492 – 501.

Cervone, D., & Scott, W.D. (1995). Self-efficacy theory of behavioral change: Foundations, conceptual issues, and therapeutic implications. In W.O'Donohue & L. Krasner (Eds.), *Theories of Behavior Therapy: Exploring Behavior Change* (pp. 349 – 383). Washington, DC: American Psychological Association.

Collins, J.L. (1982). Self-efficacy and ability in achievement behavior Paper Presented at the Annual Meeting of the American Educational Research Association, New York.

Craske, M.L. (1988). Learned helplessness, self-worth motivation and attribution retraining for primary school children. *British Journal of Educational Psychology*, *58*(2), 152 – 164.

Dweck, C.S. (1999). *Self-Theories: Their Role in Motivation, Personality, and Development*. New York, NY: Psychology Press.

Dweck, C.S., & Leggett, E.L. (1988). A social-cognitive approach to motivation and personality. *Psychological Review*, *95*(2), 256 – 273.

Elliott, E.S., & Dweck, C.S. (1988). Goals: An approach to motivation and achievement. *Journal of Personality and Social Psychology*, *54*(1), 5 – 12.

Erdley, C.A., Cain, K.M., Loomis, C.C, Dumas-Hines, F., & Dweck, C.S. (1997). Relations among children's social goals, implicit personality theories, and responses to social failure. *Developmental Psychology*, *33*(2), 263 – 272.

Fowler, J.W., & Peterson, P.L. (1981). Increasing reading persistence and altering attributional style of learned helpless children. *Journal of Educational Psychology*, *73*(2), 251 – 260.

Graham, S., & Harris, K.R. (1989). Components analysis of cognitive strategy instruction: Effects on learning disabled students' compositions and self-efficacy. *Journal of Educational Psychology*, *81*(3), 353 – 361.

Hackett, G. (1985). The role of mathematics self-efficacy in the choice of math-related majors of college women and men: A path analysis. *Journal of Counseling Psychology*, *32*(1), 326 – 339.

Job, J.M., Klassen, R.M. (2012). Predicting performance on academic and non-academic tasks: A comparison of adolescents with and without learning disabilities. *Contemporary Educational Psychology*, *37*(2), 162 – 169.

Klassen, R. (2002). A question of calibration: A review of the self-efficacy beliefs of students with learning disabilities. *Learning Disability Quarterly*, *25*(2), 88 – 102.

Klassen, R.M. (2007). Using predictions to learn about the self-efficacy of early adolescents with and without learning disabilities. *Contemporary Educational Psychology*, *32*(2), 173 – 187.

Newman, T., & Sternberg, R.J. (2004). *Students with Both Gifts and Learning Disabilities: Identification, Assessment, and Outcomes*. New York, NY: Kluwer.

Nicholls, J.G. (1976). Effort is virtuous, but it's better to have ability: Evaluative responses to perceptions of effort and ability. *Journal of Research in Personality*, *10*(3), 306 – 315.

Okolo, C.M. (1992). The effects of computer based attribution retraining on the attributions, persistence, and mathematics computation of students with learning disabilities. *Journal of Learning Disabilities*, *25*(5), 327 – 334.

Pajares, F., & Kranzler, J. (1995). Self-efficacy beliefs and general mental ability in mathematical problem-solving. *Contemporary Educational Psychology*, *20*(4), 426 – 443.

Peake, P.K., & Cervone, D. (1989). Sequence anchoring and self-efficacy: Primacy effects in the consideration of possibilities. *Social Cognition*, *7*(1), 31 – 50.

Pearl, R. (1985). Cognitive-behavioral interventions for increasing motivation. *Journal of Abnormal Child Psychology*, *13*(3), 443 – 454.

Pintrich, P.R., Anderman, E.M., & Klobucar, C. (1994). Intraindividual differences in motivation and cognition in students with and without learning disabilities. *Journal of Learning Disabilities*, *27*(6), 360 – 370.

Randhawa, B.S., Beamer, J.E., & Lundberg, I. (1993). Role of mathematics self-efficacy in the structural model of mathematics achievement. *Journal of Educational Psychology*, *85*(1), 41 – 48.

Schunk, D.H. (1984). Self-efficacy perspective on achievement behavior. *Educational Psychologist*, *19*(1), 48 – 58

Schunk, D. H. (1989). Self-efficacy and cognitive skill learning. In C. Ames & R. Ames (Eds.), *Research on Motivation in Education: Goals and Cognitions* (Vol. 3, pp. 13-44). San Diego, CA: Academic.

Schunk, D. H., & Zimmerman, B. J. (1997). Developing self-efficacious readers and writers: The role of social and self-regulatory processes. In J. T. Guthrie & A. Wigfield (Eds.), *Reading Engagement: Motivating Readers through Integrated Instruction* (pp. 34-50). Newark, DE: International Reading Association.

Self-motivation for academic attainment: The role of self-efficacy beliefs and personal goal setting. *American Educational Research Journal*, 29(3),663-676.

Shelton, T. L., Anastopoulos, A. D., & Linden, J. D. (1985). An attribution training program with learning disabled children. *Journal of Learning Disabilities*, 18(5),261-265.

Sideridis, G. D. (2006). Goal orientations and strong oughts: Adaptive or maladaptive forms of motivation for students with and without suspected learning disabilities? *Learning and Individual Differences*, 16(1),61-77.

Smiley, P. A., & Dweck, C. S. (1994). Individual differences in achievement goals among young children. *Child Development*, 65(6),1723-1743.

Strauman, T. J., & Merrill, K. A. (2004). The basic science/clinical science interface and treatment development. *Clinical Psychology: Science and Practice*, 11(3),23-266.

Thomas, A., & Pashley, B. (1982). Effects of classroom training on LD students' task persistence and attributions. *Learn Disability Quarterly*, 5(2),133-144.

Valås, H. (2001). Learned helplessness and psychological adjustment II: Effects of learning disabilities and low achievement. *Scandinavian Journal of Educational Research*, 45(2),101-114.

Wallace, S. T., & Alden, L. E. (1997). Social phobia and positive social events: The price of success. *Journal of Abnormal Psychology*, 106(3),416-424.

Zimmerman, B. J. (2000). Self-efficacy: An essential motive to learn. *Contemporary Educational Psychology*, 25(1),82-91.

Zimmerman, B. J., Bandura, A., & Martinez-Pons, M. (1992). Self-motivation for academic attainment: The role of self-efficacy beliefs and personal goal setting. *American Educational Research Journal*, 29(3),663-676.

第二部分
教学心理

9　引论：教学心理的发展

宋　蓓　吴庆麟

【内容简介】

　　教学心理学是联系心理学与教学实践的一门"中间科学"，以期发展出针对不同领域内容的特定有效教学模式与操作方法。在理论上，该学科不断揭示出各领域胜任力的实质和发展规律，这为后继教学改进提供了坚实的基础；在实践上，该学科已形成一些针对特定内容的有效教学手段或技术。未来的教学心理学将在基础研究和实践研究中，发挥更加重要的"桥梁"作用。

【内容提纲】

9.1　教学心理学的缘起 / 180
　　9.1.1　界定 / 180
　　9.1.2　背景与兴起 / 181
9.2　理论建树 / 183
　　9.2.1　领域胜任力的分析 / 184
　　9.2.2　胜任力：历史课程 / 184
　　9.2.3　胜任力：写作能力 / 185
9.3　实践开发 / 186
　　9.3.1　用于训练高效的、功能性认知技能的教程 / 187
　　9.3.2　用于训练自我调节技能的教程 / 189
　　9.3.3　用于训练构建问题解决知识结构的教程 / 192
9.4　结语 / 194

　　教学心理学(Instructional Psychology)于 1969 年由加涅等人首先在美国《心理学年度评论》(*Annual Review of Psychology*)上提出，之后一直受到心理学界，尤其是教育心理学界的高度关注。1978 年，美国当代教育心理学家 Glaser 主编的《教学心理学的进展》(*Advances in Instructional Psychology*)(丛书)第一卷出版，标志着教学心理学作为一门独立的学科诞生了。自此,教学心理学在西方心理学界受到高度重视。加涅、奥苏伯尔等许多心理学家的研究关注点纷纷从实验室转向教室,开始研究学校教学情境中主体的心理活动现象、特征、效应和规律,这使得教学心理学成为一个崭新的研究领域。本章将对教学心理学的概念界定、理论建树和实践开发分别进行阐述和探讨。

9.1 教学心理学的缘起

9.1.1 界定

教学心理学这一说法代表了20世纪70年代至2000年的教育心理学发展史中,对于重塑学习论与教学论之间关系的另一种考虑与对策。教育心理学的核心议题原先是学习论在前,教学论在后;而在此背景下则反其道而行之,试图通过提出各种成功的"教"来检验原本对"学"的设想。对此,Anderson 在1976年曾作如下表态:"对于捍卫理论的正确设想,我已不再有多大的兴趣,而更感兴趣的是提出能够对一些重要的经验现象作出阐明的理论。我的这一说法是指这种理论不仅能回答实验室里的现象,而且还能够回答现实中的一些有争议的问题。这些问题可能包括如何改进人的学习和使用语言的能力、学习和回忆文本的能力、人的推理能力及解决问题的能力。这反映了我的这样一种信念,即对于一种认知理论的评价应看它在实际应用中的效用。据此我提议,应对我们所说的要理解人的智慧的说法有所改变。我曾一度认为,这一说法意味着对构成认知行为的结构及过程作出单独的鉴定。由于这是不可能的,因此我建议,应把'理解人的智慧'看作是获得一种使我们能改进人的智慧的理论。"(Anderson, 1976)

1969年,《心理学年度评论》首次以"教学心理学"为题作专栏评述,反映了当时学习领域的研究工作,研究内容包括注意与心向,预训与迁移,学习中的刺激特征,反应的条件,有关辨别学习、概念、规则学习的促进与指导,反馈的效用,以及少量的有关阅读与语言的研究(Gagné, & Rohwer, 1969)。

1972年,第二篇评论则对教学心理学的研究领域作了明确的界定,"撇开人们孜孜以求的那种描述性理论不谈,我们似乎也应合理地考虑使学习得以优化的这种处置性理论的特征,这些特征是:(1)对要获得的知识状态作出描述;(2)对学习者的起始状态作出描述;(3)对应当采取哪些行动,或为了实现初始状态的转换应贯彻哪些条件作出规定;(4)对每一行动所导致的状态转换作出评定;(5)对预期要达到的最终状态作出评定。换言之,上述五个方面可表述为:(1)分析某一知识领域的任务特征;(2)诊断学习者的特征;(3)设计教学环境;(4)评价特定的教学效果;(5)评价能得以推广的学习结果"(Glaser & Resnick，1972)。

1986年，密歇根大学的Pintrich等人在梳理教学心理学近二十年的发展并回顾已有6位作者的专栏评论后，对其作出如下界定："教学心理学这一术语最初被用来谈论教学设计中所强调的一些主题，如程序学习、行为目标以及拥有经常性测验的规范化教学，但随着行为主义影响的衰退，这一术语开始变得宽泛起来，实际上现已成为教育心理学的同义词。"(Pintrich，Cross，Kozma，& McKeachie，1986)

9.1.2 背景与兴起

20世纪初，许多关注科学心理学的学者就曾设想，在心理科学与教育及社会诸实践之间应有一种积极的互动。在这方面，桑代克的风格是极为直接的，在他看来，通过实验室验证的一些学习原理可直接用于学习条件的设计与课堂教学实践。而杜威则采取抵制的态度，在他看来，将科学转化为实践是一项长期的事业，尽管科学的发现在实验室情境中已得到一般的确认，但在其运用中还需要得到来自实践的更多的补充。他设想，在科学的理论与实际应用之间应存有一门"中间科学"或"联系科学"，通过它有可能为各自获得的认知提供互动、积累，乃至修正的平台。

尽管美国早期的心理学已具有这种重实践的倾向，但在将科学的认知转化为教育实践，以及将教育实践转化为检验科学理论的问题上，却经历了一段徘徊不定的历史。桑代克与杜威极力推进的心理科学与教育实践的休戚与共的精神仅维持了一段短暂的时间，之后心理学与教育都因各自需要优先考虑的活动而分道扬镳了。大致从桑代克和杜威强调两者应有直接的沟通至二次世界大战期间，当时的心理学正迫切希望自己成为一门自然科学，以便跻身于"硬科学"之林，为此，心理学家们纷纷走进实验室，所贯彻的技术路线主要出于理论建树的考虑。而此时的教育心理学家们却面临更多的来自师资培训、教学方法、课程改革、为学校提供各类测验的现实挑战。为此他们仅从当时现有的学习论或发展论中抽取出一些一般的原理，在经过相应的课堂实验与个案研究后，便将其作为普遍指导的原则传授给教师，以期影响教师的教学实践，然而却很少关注培植自身的科学根基。

至二次世界大战后及20世纪50年代，曾有两股力量试图重新恢复心理学与教育的友好关系。第一股努力是由关注军事人员培训问题的军方所发起的大量研究，许多当时著名的或后成名的心理学家将各自的理念和方法(其中包括对老练个体(即专家)的行为的分析)，引入到对教学的研究中。第二股努力来自斯金纳的操作心理学运动，在20世纪50年代后期至60年代，教学机器与程序教学曾一度引起人们的极大兴趣。但时任美国空军人员培养中心领导之职的梅尔顿(Melton)对于这期间的心理学与教育的结合状况表示担忧：

> "军队方面的失误正如心理学家所告诫的，得到当代心理科学支持的技术还相当原始（仅刚起步）……我们现在看到的，只是某种技术被巧妙地使用，但其科学根基却相当贫乏……我希望在今后的 10 年里不再重演这段历史。"（Melton，1960）

1965 年，程序教学的创始人斯金纳也急切地表达了这一观点：

> "作为心理学的特定分支，即所谓的对行为的实验分析，已产生了。（它）不是一门艺术，但至少是一种教学技术。公众是通过这一技术的两个产物，即教学机器和程序教学来了解它的，但它们的兴起也转瞬即逝……不幸的是，其中许多技术已失去与科学基础的联系，从行为的实验分析中引出的最早程序只是得到了一些表面的复制。"（Skinner，1965）

梅尔顿和斯金纳的担忧实际上为未来需要考虑的问题上了一课，表明从当时流行的理论中迅速引出的应用仅是表面的，也不可能产出丰硕的成果。心理学与其在教育上的应用之间应当建立一种相互纠正的系统，通过这一系统人们可以发现与修正各自的失误与局限（Glaser，1978）。

20 世纪 50 年代后期，一批领衔的科学家和数学家发起了一场致力于改进课程设计的运动。由布鲁纳（J. S. Bruner）撰写并广为发行的《教育过程》一书，是由来自不同领域且具有不同理论观点的学科专家、专业教育工作者、教育心理学家共同参与得到的产物。布鲁纳在书的序言中写道："这似乎有点奇怪，这是心理学家首次与领衔的科学家们坐在一起来共同讨论如何传授这些不同学科领域所涉及的内容。"60年代的课程改革引起众多理论观点的广泛争论，"但从教学心理学的观点来看，从支持这场课程设计的教育改革中所呈现出的有关学科知识获得的议题显然没有得到心理学的强有力的支持"（Glaser，1978）。

尽管在心理学与教育的整合中伴有这些挫折，但社会与科学的精神则始终在鼓励人们坚持这种尝试，因为社会迫切需要改进教育系统，教育工作者也需要对自身的活动加以研究以求发展。许多心理学家们也发现，这种整合或远或近与自己的喜好有关，甚至有助于对自身理念的检验，于是教学心理学这一新兴领域开始出现。1964年，Hilgard 出任美国教育研究协会《学习论与教学》（*Theories of Learning and Instruction*）的特邀主编，此年鉴收录了许多当时杰出心理学家所写的文章，其中包括布鲁纳对教学论本质的讨论，以及对学习论的描述性与教学论的处置性所作的区分。1966 年，Hilgard 所著的、备受推崇的经典教科书《学习论》（*Theories of*

Learning)进行了1948年出版以来的第三次修订,其中便加入了"学习与教学技术"这一章,对当时这一领域里的丰富的结合活动作了评述。在1977年出版的第四次修订版中,则将此章更名为"教学论"。同时,除教学技术外,第四版还增加了对加涅的学习层级论、布鲁纳的认知发展论、阿特金森(R. C. Atkinson)的最佳学习的理论决策分析、卡罗尔(J. B. Carroll)的学校学习模式以及斯金纳的程序学习的介绍。

此后,这一领域的迅速发展让有代表性的心理学家们在《心理学年度评论》中不断发表专栏评论和回顾近几年来的进展以及对未来的展望。同时自1978年至2000年,匹兹堡大学学习研究与发展中心主任Glaser所主编的《教学心理学的进展》连续出版了5卷,以期让人们更为详尽地解读其中涌现出的最具有代表性的成果。我们不妨引用其中两段总论性的评述,看其势头、意向乃至指向:

> "在教学心理学中已出现了一种有趣的现象,现在它已成为研究人的认知、学习以及发展这一主流中的一部分。在过去的二十年间,关注教学问题的心理学家的人数始终在逐步增长,而在近五年内,这一增长的势头仍在加速,以至我们现在很难在教学心理学与研究复杂的认知过程这一基础研究主流之间划出一道明确的界线。教学心理学已不再是运用于教学的基础心理学,它要对学与教的过程作基础性的研究。"(Resnick, 1981)

> "心理科学的历史将表明,20世纪80年代是这样的十年:当时与教育、与人的训练这些议题相关的研究一直在寻求与人的认知这门正在发展中的科学的互动。我们可以看到,其中绝大多数的努力均得益于对人的问题解决、高级认知过程这样一些基础性问题的研究,得益于对人在一些特定领域中的行为所作的分析,得益于对人的发展模式及发展机制的研究……当时教学心理学这一领域面临的挑战引发了学习论与教学论进一步的系统结合(即决意要找到对最佳教学设计与指导至关重要的发现)。各个领域所提出的各种学习理论也为获得知识与技能提出了一些处置性原则,而教学干预研究不仅要检验这些涌现出的学习理论对实验数据作出科学描述的适当性,而且还要检验它们源源不断地为指导教学技术与教材设计所提出的一些指令性原则的适当性。正如Collins和Loftus(1975)所言,理论当强到足以产生它旨在解释的行为,这一点至关重要。"
> (Glaser, 1987)

9.2 理论建树

从20世纪70年代至2000年积累的资料来看,有两个领域最能揭示教学心理学的进展。第一个领域的进展是对学生在不同学科领域中所获得的胜任力的分析;第二个领域的进展便是从这些理论出发,对教学干预条件或干预活动所作的各种探索。

9.2.1　领域胜任力的分析

试图对人在复杂任务中的行为表现建立理论的心理学家始终得到对专家与新手所作的比较研究的激励。当时的心理学家已获得了在描述人的复杂行为上的一些至关重要的理念:知识的结构及其可提取性,问题表征在问题解决中的作用(即知识的表征与理解发展的关系),自动的无意识加工与受控制加工的关系,图式或心理模型的特征对行为表现的影响以及元认知与自我调节的重要性。Glaser 指出:

> "在所有这些研究中,给人留下最深刻印象的是知识结构在其中起到压倒一切的作用。现在我们已认识到,知识结构远非仅是信息的堆积或简单的联结,它们是一些能互相影响从而使人的认知过程更具整体性的信息组织。当我们将学生的智慧获得与发展视为受学生的知识体系所促进,以及个体在其专攻的各学科中积累了越多的知识便越能激励他们进一步发现时,那么人的智慧也就不具有任何神秘的色彩了。"(Glaser,1987)

事实上,在这一时段,认知教学心理学家已达成这一共识:在学习与教学的不同阶段,人在其拥有的知识的整体性上是存在差异的,人对于在某一特定条件下将采取何种举动的认知上也存有差异,而所有这一切造就了人对其当下学习任务的表征,同时也造就了人在这些任务上的胜任力水平。这些差异的一个极端标志着人在后继学习中所占的优势,而另一个极端则标志着个体在后继学习中将会出现的阻碍或所处的劣势。因此,这些差异不仅应当成为学习理论所关注的核心问题,同时也应当成为培养老练个体(专家)这一教学目标的一些阶段性标准。

9.2.2　胜任力:历史课程

在美国的中学历史课堂上,教师将历史课程中所学习的内容分成三种类型的知识:一种是由较为抽象概括的、有组织的知识组成的概念性知识;第二种是由史料组成的事实性知识;第三种则是指有关如何利用认知图示等方式对历史进行研究、解释和评价等的程序性知识。概念性知识的特点是抽象概括性和组织性。事实性知识是一种重要的知识类型,是指学习者通晓一门学科或解决其中的问题所必须知道的基本要素。事实性知识有以下特点:点滴性或孤立性,抽象概括水平较低,具有一定基础性。而程序性知识是一套做事的步骤,强调的重点是如何做。例如,教师在教授1812 年俄法战争时所涉及的俄国和法国的指挥官分别是谁、两军兵力如何等均属于具体的事实性知识;而分析法国失败的原因和这次战争的历史影响则是在揭示历史现象背后的本质,属于概念性知识。

其中,对概念性知识的理解是运用程序性知识的前提条件。在学生遇到新的问题时,只有当他们将新问题识别为某一概念性知识而对其予以理解时,才能运用相关的程序性知识。否则,即使会运用某一程序性知识,但若不能用概念性知识理解问题,程序性知识也不能在具体问题情境中得以运用。基于此,美国的历史教师对学生的概念性知识非常重视,即关注学生对于历史知识本质的理解,特别是学生对于历史资料和历史之间关系的理解。他们认为,只有这样,学生才能真正理解历史知识的本质,从而真正认识历史,并懂得学习历史对人类的真正价值。

同时,美国历史教师还特别重视学生对于程序性知识的获得。例如,在美国1996年制定的全国历史课程标准中有非常明确的说明:"历史学习所涉及的不只是被动地接受史实、年代、人名和地名等知识。要使学生对历史有真正的理解,就要让学生接触更多的史料,提出问题并整理能够证实他们答案的证据,如查阅文献、杂志、日记以及观察历史的遗物、遗址等。"

因此,美国教师并不要求学生机械地背诵书本内容并在考试中给出标准答案,而是鼓励学生去大胆探索真实的历史资料档案,希望他们通过分析历史资料,提升自己的探究和判断能力,并学着自己权衡历史事实,在此基础上形成自己的独立见解。正是基于这种教育思想,美国的中学历史教师在课堂中既注意运用史料,特别是原始史料来进行教学活动,同时也引导学生学习如何获得图片类史料和生活史料以及如何进行采访记录等技能。这不仅能够使学生感受到历史的真实性和可信性,同时也可以激发学生对历史的浓厚兴趣和好奇心,从而深刻理解和掌握历史知识,加深学生对历史问题的认识。

9.2.3 胜任力:写作能力

写作是人们有意识地使用语言文字来反映客观事物、表达思想感情、探索问题、相互沟通、传递知识信息的创造性脑力劳动过程。写作能力综合反映了一个人的心理、思想、文化素质和智力结构。写作过程就是个体认识的过程,是走向自觉、完善自我、不断成长的过程,是组合素材、斟酌文字、转变角度、整合思想、反思提高的过程。因此,写作是学校教学的一个重要组成部分,是学生必备的基本素质。

历史上有很多学者基于不同的理论基础,尝试探索写作过程的本质。Hayes 和 Flower(1980)曾提出一个阐释性的写作认知过程模型。他们认为,写作过程(writing process)与任务环境(task environment)以及写作者的长期记忆(writer's long-term memory)相关。其中写作过程包括构思、表达和审读三个阶段;任务环境主要是指影响写作者写作的所有外部因素,如写作任务的迫切性等;长期记忆主要是指作者对文法、修辞以及写作规范等方面的知识储备。Hayes 和 Flower 非常强调以上三个主要成分之间的相互作用和影响,认为写作实际上是上述三个阶段的一个循环往复的过程。

Bereiter 和 Scardamalia(1987)提出了两个关于写作的理论模型。一是知识表达模型(knowledge-telling model),即以确定的主题为线索,通过延伸活动的过程来提取信息。知识表达模型又包括三个主要成分:任务的心理表征、长期记忆和知识表达过程。在这样的写作过程中,学生之前已掌握的内容和知识变得非常重要。另一种写作理论模型是知识转换模型(knowledge-transforming model),同知识表达模型相同,该模型也由任务的心理表征开始,进而进行问题分析和目标设置;作者会通过内容处理及对在处理过程中的互动来增加知识的获得,会考虑如何解释、如何表达内容;作者会对问题和信息进行分析、评价和反思,然后设置目标,这包含着对写作文本语言及形式进行选择。

1996 年,Hayes 又对 1980 年所提出的写作模型作了修改,提出了一个研究写作的新框架,即"个体——环境"模型。在这个新模型中,个体方面主要包括认知、情感和记忆;而任务环境主要是指社会环境和具体环境。Hayes 认为模型中的每个成分对于理解写作都是非常重要的。写作依赖于上述这些成分的结合,既需要社会环境和具体环境的相互交流,同时也需要认知过程、情感过程和记忆的智力活动。

Zimmerman 和 Risemberg(1997)提出了一个更为系统的、针对写作过程的自我调节策略(self-regulatory strategy)理论。他们认为写作过程是一个包括个人过程(personal process)、行为过程(behavioral event)以及环境过程(environmental event)的三位一体的自我调节过程。其中,个人、行为和环境的自我调节过程在写作期间通过一个反馈环路相互作用。在此过程中,写作者以多种方式监视自我调节策略的有效性,并监视对随后发生的反馈的自我反应。同时,上述环节与自我效能感紧密联系在一起,自我效能感相当于是一个中介变量,当某个自我调节策略的运用增加了自我效能感时,写作者就会继续对写作过程进行自我调节。因此,写作者的自我效能感不仅能预测自我调节过程,而且能够预测写作动机和文章最后的写作结果。Zimmerman 和 Risemberg 的这一理论为写作教学提供了一个重要的理解写作活动的视角,使写作者的能动性的发挥有了明确的策略指向。

9.3 实践开发

要在有限的篇幅内对教学心理学近三十年在实践开发方面的进展作出全面介

绍是不可能的,我们只摘取其中对人的胜任力的训练最具代表性的三个维度来论述。

9.3.1　用于训练高效的、功能性认知技能的教程

由卡内基梅隆大学的安德森(J. R. Anderson)领衔的研究小组针对获得有效的、功能性认知技能这一学习目标而开发的计算机个别指导程序,曾在一些不同的知识领域(LISP 编程、几何证明、解代数方程)得到了成功的证据。这些程序的独特之处在于它们依赖于问题解决的认知理论,以及 ACT(adaptive control of thought,思维的适应性控制)理论,并将由此设置的教学环境作为系统检验其对学习机制设想的舞台(Anderson 等,2004)。因此,这一研究计划除了对教学作出了实际贡献之外,也为认知论与教学研究之间建立富有成效的互动树立了典范。

理论背景

ACT 理论认为基本学习机制为知识的编辑,它可以说明知识如何从陈述性转为程序性,即从"知道某事"转向"知道如何做某事"。这一理论假设在人的记忆中首先应当具备可用于发展技能的陈述性知识,但还不知道对它的使用或还不知道使用的条件,只有将陈述性知识实际用于解决问题,才能获得有效的及条件性的程序性知识。在形成最初的解决方案时,需借助于一般的问题解决的启发式来对现有的陈述性知识进行使用,随后的知识编辑过程则根据最初解决时留下的痕迹来建立起有效的、特殊领域里的产生式。知识的编辑由程序化与合成构成。程序化是对产生解决之前后的各问题状态加以比较,形成各种产生式规则链所致,由此建立起一组连贯的特殊领域中的技能;合成则与组块相当,它是将这一产生式序列压缩与原来的产生式具有同等效应的一个产生式所致。合成表明认知活动在意义上的相倚性,受解决问题中目标层次的约束,并引致解决出现明显的捷径。最后,经过对其成功使用的练习,各产生式的联系强度得到进一步增强。

这种借助于弱方法并使用陈述性知识对问题解决过程的最初解释,给有意识的认知加工提出了相当高的要求,但知识的编辑引起使用的自动化,致使先前获得的知识流畅执行,使工作记忆得以解放,让更多的记忆容量用于处置新知识,而且还排除了先前行为中的那种相对漫无方向的搜索特征。

教学原理

知识编辑的过程被安德森设想为是产生自动化的学习机制,而指导其设计个别指导程序的主要教学原理则旨在通过追踪示范的解决方法,使编辑过程得以优化。各种个别指导程序在显示行为与学习的示范时都依赖详尽和明确的分析,行为示范则明确阐述了学生实际上该怎样执行所传授的技能,其中既含有正确执行这种技能

的产生式规则,也含有一些不正确的产生式规则。这种示范不仅同想象中的学生行为相对应,而且还同学生在技能形成的各个阶段可能会出现的种种错误相对应,因此在这种跟踪示范的教学中,教学接受若干原理的指导。(1)通过解决问题来从事学习。学习需通过做以及在解决问题中对陈述性知识作出解释才会发生。所提出的问题总是提供了与达到解决目标有关的一些可利用的条件,因此安德森与研究小组人员设想,为使学生在解决同类问题时也能将已获得的信息提取出来,学生需在学习之初就在类似的解决问题的情境中对其作出编码。据此,安德森与研究小组人员提倡应缩短教科书中的引导性介绍,课本应关注程序性信息,学生则应尽早开始实际的问题解决过程。书本上的指导要精心设计,以便最大限度地实现正确的编码,而一些不可避免的错误理解可能需要在解题期间加以纠正。(2)提供理想的解决问题的结构。为了适应问题解决的结构及解决的策略需有范围上的变化,各种个别指导程序都传递了某种特定的解决问题的结构。例如,在进行几何证明时,需通过向前和向后推论来找到已知与求证间的逻辑关系。在阐明这种搜索时,个别指导程序使用了求证图解,在图中学生必须将要求证明的陈述向后推论得出的一系列子目标,与从问题的已知向前推论得出的一系列子目标联系起来。这种求证图解不仅代表了实际的解决问题的空间,而且也阐明了在建构几何证明时的搜索过程。LISP 编程则是一种设计活动,它拥有一种完全不同的分解问题的结构,此时必须将编程的总目标分解为一系列子目标,直至这些目标可用特定的代码来实现为止。因此,在教学时,LISP 编程的个别指导程序提供了一种按目标层级组织起来的样板,学生需要填满其中的各个空格。(3)问题的确定与及时纠错。知识的编辑以及使获得的产生式增强均由成功地使用了这一产生式所致。为了确保正确的行为最可能出现,个别指导程序须选择问题,呈现并规范解题的步骤以便监控学生的学习。所选择的问题以掌握模式为指导,即只有当学生已经达到胜任目前这些规则的临界值后,个别指导程序才会呈现涉及新规则的问题,而适当的附加题及与之相配的教学则对学生的知识状态中被诊断为弱的或有疏漏的那些产生式规则提供练习。在解决问题期间,个别指导程序将跟踪学生的行为,以便使学生的行为与系统中的正确解法的示范相匹配,一旦学生偏离正确的解决路径,便立即进行干预。及时纠错不仅可以避免在一些错误道路上的长时间徘徊,而且还会指出在实际决断点上的失误,反馈则包括澄清错误及提示该如何做下去。个别指导程序可提供完整的解法,也可提供局部的解法,但为了与做中学这一原理相一致,只要有可能应尽量让学生自己提出正确的解法。(4)将工作记忆的负担减至最轻。由于获得新知识会给记忆增加负担,因此个别指导程序的目的在于将这种认知上的负担减至最小。个别指导程序可提供靶技能所有的附属成分。例如,当目标技能是要写出代码,LISP 编程的个别指导程序的编辑器会考虑到提供括号或实现这种功能结构的句法细节。此外，个别指导程序还能在屏幕上保持相应的背景信息，如 LISP 编程的个别指导程序能显示当前目标，以支持学生记住各解决步骤。

相关的实验研究

上述教程对学生具体解题过程的分析，近年来得到了行为实验，甚至是认知神经科学的实证支持。例如 2012 年，安德森等人发表了一篇关于儿童在代数方程解析过程中的心理状态的文章。研究者分别采用行为模型与功能性磁共振成像技术 (fMRI) 收集学生在与智能教学系统互动时的心理状态的相关数据。在为期六天的实验中，16 名儿童与计算机指导者针对解析一元方程问题进行互动。研究者在实验的最后一天利用 fMRI 对儿童进行脑成像扫描；随后，利用隐马尔可夫模型计算方法把其中一名儿童的行为模型与其 fMRI 数据的多体素模式分析 (multi-voxel pattern analysis, MVPA) 进行关联，用来预测儿童的心理状态 (Anderson, Betts, Ferris, & Fincham, 2012)。

通过预测在问题解决过程中儿童将采用哪些步骤以及运算的步骤和结果是否正确，研究者分别评估了儿童的计算能力。在实验的第一天，其他儿童的数据模型被用来预测目标儿童的心理状态。并且，通过补充目标儿童在第一天至第五天的行为与成像数据信息，这些预测结果在实验的第五天得到提高。研究证明，成功地追踪问题解析过程取决于是否能将行为模型与多体素模式分析进行联合，这说明了整合方法在追踪个体执行复杂任务时的实时意识的有效性。

9.3.2　用于训练自我调节技能的教程

自 20 世纪 80 年代初以来，在阅读、写作以及数学中，通过对完成任务的行为提供支持性示范，以促进自我调节技能发展的教学程式已成为一大研究热点。由 Brown、Palincsar 和 Armbruster(1984)提出的阅读理解教程曾受到持续的分析并被广为使用。接受该程式学习的学生不仅获得了特定的文本知识，而且还学会了一系列为从事独立学习所需的，能对理解作出解释、推敲以及监控的策略。在与某一特定课文接触时，学生要学习一些获得知识的策略，但它们并非作为与情境相分离的技能来获取。相反，是要将这些获取知识的策略作为获得特定领域知识与理解的一种工具性技能。这种所谓的互教程式对理解并记住文本内容的策略作了明确规定，包括三种主要成分：(1)告知并练习使学生能够监控自己理解的各种策略；(2)最初由教师提供专家所拥有的那种元认知过程的示范；(3)提供经共同商量来求得理解的社会环境。

理论背景

来自发展心理学的两个一般的观点构成了影响这种方法的学习观之根基。其中一个观点认为,观念的改变接受自身的引领,其意思是指人具有理解自身周围世界的内在动机。事物固有的内在结构、原理或约定会促使学生去探究其缘由,对之作出解释以扩充自身知识。学生一旦具备了初步知识(事实、概念、规则),会试图对遇见的情况作出某种因果解释。若不能作出解释,便会与现有的知识状态发生某种冲突或对之不满,这种冲突会激起内部的心理实验,以期找到能检验和修正现有解释的资源,这种探究将持续到学生能提出令人满意的解释为止。新的解释无论是其结果还是生成过程,都将经过对原先知识组织的重新构建或取代而被同化。第二个一般的观点来自一些强调学习的社会动因理论。在这些理论看来,儿童的观念发展涉及将原先在社会环境中体验到的认知活动予以内化,继而相信。解释的过程,无论是学生自己提出,还是在别人的帮助下提出,乃至完全由别人提出,都会被逐步内化。故而内化已被认为是一种至关重要的学习机制。

教学原理

第一,用于监控理解的各种策略。这种教学程式关注四种策略:质疑,即对语段的主要内容提出若干疑问;澄清,即尝试解决各种尚未理解之处;概括,即详述文章的要义;预言,即预期文本的发展。这些活动因揭示并监控旨在获得理解的进展而起到了改进理解的作用。例如,若不能对某一部分作出概括,便表明在理解上存有欠缺,由此力求澄清文中尚有疑问之处,因此使用这些策略可以组织和限定课内讨论。课内对话的组织者,一般最初为教师,随后为学生。

第二,教师既为示范者又是辅导者。随着有指导的学习原理的提出,特别是提出由专家来提供支撑,以及苏格拉底式的个别指导对话这样一些原理,成人教师的角色也发生了改变。首先,教师在阐明使用上述这些目标策略时,就是正在示范正确的理解活动,学生可以看到教师正在使用自己的语言复述内容,正在对其中某些内容的含义提出自己的质疑,或正在对其中的主要观点提出质疑。在观察教师的示范时,学生逐渐熟悉这些策略,并逐渐熟悉这些策略的有用之处在于从文本中抽取出一些重要的事实或主题。此外,学生还明白,理解需对意义作出主动建构。教师在示范这些做法后,会将主角的地位转交给其中某个学生,而自己则充当辅导角色,并作好干预的准备,但仅在必要时才会出面干预。例如,当学生提不出问题,教师便会提出可能存疑的内容或形式,或在必要时提出正确的疑问,并要求学生加以重复。在学生自己能驾驭这一任务时,教师则尽量减少自己的干预,而主要是支持正在进行中的讨论。

第三,分担任务的责任。维果茨基学派认为思维在本质上是个体重演原先在社会中体验到的认知过程,这种观点为这种重视群体学习的教程奠定了根基。已有研究指出,在分担思维责任时出现的动机变量与认知变量将会增强群体情境中的学习。合作学习为个体的付出提供了社会支持、鼓励,甚至奖励;而从认知的视角看,群体还扮演了若干其他的角色。首先,由于群体会引起个体间在认识上的不满,因而能展现元认知活动的轨迹。旁观者既能体察别人的思考、观点甚至信念,也能引发澄清各种困惑的解释,而当学生接收到各种不同的观点时,就等于对自己原先的理解提出了挑战。此外,在教师提供的专家支撑的帮助下,合作群体还能对目标任务持一种正确的看法。总之,共同参与使复杂的任务变得更易处理,而无须将任务本身简化。当群体中的每一位成员都获得了这一技能,整个群体也赢得了理解。每个学生既尽其所能,也从其他行家的示范中得到了启示。这种互教的方法既有集体讨论,又有示范指导,故为学生创设了一种最近发展区的态势:当学生在自己力所能及的范围内行动,如果同时又得到别人的帮助时,那么有可能实现比自己当前水平更高一级的成就水平。

后续发展

近年来,许多研究者开始越来越多地关注如何培养学生的自我调节能力。2008年,Dignath、Buettner 和 Langfeldt 基于上述问题,对 48 名小学生开展研究,试图探讨如何培养优秀的自主学习者的自我调节能力的问题。他们对小学生如何应用认知和元认知策略以及学习动机驱动和教学方法进行了分析,并以此为基础,讨论了自我调节能力对小学生学业成绩的影响,证明了学习者在学习活动过程中的动机、自我效能和元认知等内在调控过程的重要性。Dignath 等人的研究发现,不仅小学生的学业表现有所提高(效应量为 0.62),而且他们的学习策略和动机也有很大提升(效应量为 0.76),这证明了在小学学习阶段,自我调节能力的培养模式是有效的。对此发现,研究者认为,学习的发生很大程度上受学生的自主思想、情绪、学习策略和行为的影响,并不断被其自我调整指向要实现的目标。因此,自我调节的重要作用在于提高个体的自主性,让个体具备按自己意愿行事的能力。这种能力强调学习者要为自己的学习负首要责任,并且能控制自己的学习过程,包括确立目标、查找资源、决定策略和评价结果等各个环节。

Dignath 和 Büttner(2008)又在之前研究的基础上,将他们的研究对象拓展到中学生身上,旨在进一步调查学业表现、学习策略和学习动机对中学生的影响。研究分别针对一所小学的 49 名学生和一所中学的 35 名学生进行分析和比较。结果显示,自我调节训练对于中学生学业表现的影响作用的效应量为 0.54,低于小学生的 0.61。同时,研究者通过对比发现,自我调节训练对中学生的阅读和写作科目的学业表现的影响效应量为 0.92,但对数学的影响效应量仅为 0.23;而对小学生来说,结果却相反,自我调节训练对小学生的阅读和写作科目的学业表现的影响效应量仅为 0.44,而对数学的影响效应量高达 0.96。自我调节训练对于小学生学习策略的影响效应量为中等水平(0.72),但对初中生学习策略的影响效应量则高达 0.88,这说明策略训练的影响是随着年级的升高而增加的。自我调节训练对小学生学习动机的影响效应量为中等水平(0.75),但对中学生学习动机的影响效应量仅为 0.17。上述结果表明,根据自我调节训练的影响的理论,对中学生的元认知干预的影响大于其他影响,而对于小学生而言,社会认知/建构主义的干预的影响则更明显。同时,无论对于中学生还是小学生,动机干预水平均小于元认知和社会认知/建构主义的干预水平。

9.3.3 用于训练构建问题解决知识结构的教程

以知识网络的形式来分析信息结构,并证明可将其作为探索教学的路径,始于 20 世纪 70 年代早期 Carbonell 和 Collins (1973)开发的 SCHOLAT 教程。在这种苏格拉底式的个别辅导教程中,系统与学生通过提问来进行交流,而要传授的知识则以语义网络的形式来表征。此后,随着智能型计算机个别辅导系统的开发和逐渐升级,研究者们试图在专家的知识结构情境中来从事这种个别指导的研究。

由 Clancey(1983)牵头的研究试图用专家的系统知识的建模来设计智能型的个别辅导系统,其目标是:(1)获得某一知识领域(如医学)的专家所拥有的精深的、有组织的知识体系;(2)获得一些将这种知识用于解决实际问题所需的启发式策略。这一系统的一代模型的专长基础仅由问题解决专家已编辑了的知识所构成,虽说这一系统拥有出色的行为能力,但因缺乏实现个别辅导所需的更为明确的知识组织与推理策略,因而还需要优秀的医生、教师等专家所提供的解释来补充。在其二代模型中,专长基础被更新为这样一种知识结构:它既体现了专家拥有的基本理解,同时又体现了专家拥有的大量解决问题的常规做法。这种新的知识基础被组织成构成领域知识的某些一般原理的列表、各种界定与分类学的关系、各种因果关系、某些启发式规则与策略。其中涉及的推理策略围绕着对假设的处理来展开:将某些假设汇总成更为一般的病例,再将它们细分为某些特定的疾病,然后对这些特殊的病例再作分化。在这一专家诊断模型中,这些策略被表征为与领域知识相分离的从事推断的一般推理过程。

这种对专家知识的构想,从原先仅汇编了一些特殊的规则,到现在演变为含有一系列能对有组织的知识体系加以运作的一般策略,是随着教学目标的改变以及对学习过程看法的改变而发生的。在这一系统的后期开发中,教学目标不仅包括医学诊断专长,而且还含有学生主动建构有组织的功能性知识体系的学习过程。因此,这种教学策略不再是给学生提供信息以对其知识背景作出弥补,相反,这种教学策略旨在营造在明确的专家知识的情境中进行主动的、自我引领的学习环境。

理论背景

在这种教学方式中,学习过程拥有"学习受失误驱动以及学习基于对失误作出解释的特征"。将学习建立在能发现和解释问题解决中所发生的种种失误之上,而发现失误及由此提示的修正均源于学生尝试将自己现有的局部、不完整的图式用于解决某一特定问题,其学习目标则是将结论与发现相连,以期在形成某种因果链的解决情境中来获得知识的更新。这种对学习的构想所强调的是学生本人的主动作用,学生需对自己遗漏的知识提出某些合理的猜想,并向专家系统讨教自己关注的疑问来引领自身的学习。

教学原则

由于这种教学探索在方法论上要求围绕某领域专家知识的建模来塑造教学,因而它需要对该领域的专家知识结构作出仔细的分析。经过这种分析后不仅要建立起可靠的专家模型,而且还要能呈现学生要学的那些任务。

第一,将清晰表达的专家模型作为学习的对象。学生通过浏览专家的分类及相关的图表,不仅有机会探讨专家的知识结构组织,而且还能看到专家在解决问题过程中的推理过程,并可以在其间的任何时候向专家系统发问,要求提供解释。因此,对专家知识所作的明确分解应在学生学习前就已确定,而其中对正确的解决过程的模拟则供学生在建构自身对这一领域的理解时进行仿效。

第二,对推理过程作出阐明。在考察这一系统使用各种启发式归类策略来诊断一些特定的病例时,实际上便已在向学生明确地介绍其中的推理过程了。此外,学生不仅可以观察到特定的问题表征(用相关图形表示),而且也可看到在使用这些策略以及检索信息时的适当用语。因此,这一教程设计通过使用与领域相分离的推理表征及使用与领域相分离的术语,还可以使学生学会将这些策略用于其他领域。

第三,建构特定情境的模型。给学生呈现解决现实问题的全部过程,将促使学生建构起对产生这些问题特征的过程作出描述的特定情境模型。由于这种情境模型与解决问题的目的紧密相连,因此它为学生发现失误、提出新的假设,以及对其作出检验提供了理想的环境。学生的学习建立在解决特定问题时所引发的知识基础之上,而且这种学习还与使用的推论方法直接关联。

第四,自我引领的学习。学生将控制并引领这一学习过程。首先,处在以相关图式所形成的特定情境的模型中,学生自己就可发现失误;其次,在尝试修正某一失误时,学生须决定需要哪些信息,以及需形成向专家教师讨教的具体问题。此处的基本设想是如果学生能够决定自己需要知道什么,而不是由教师来建立和检验学生当前的知识模型,那么这种学习将更有成效。

其他系统

SICUN系统是新近发展起来的基于护士在外科重症监护病房所使用的仿真智能辅导系统而开发的教学机器。它能够将学习理论和教学模型、建模技术、复杂的决策、以计算机为基础的学习环境的设计、认知任务分析和评估的机会等联系在一起(Lajoie, Azevedo, & Fleiszer, 1998)。其中的 CTA 分析系统鼓励患者在作决策的过程中进行自我监控。基于 SICUN 工作的护士,需要在指导病人进行评估之前,提出他们的工作计划,并使评估结果具体化。为了帮助病人达成他们的目标,护士事先需要对分析系统中的计划、目标、行动和结果都进行充分考虑;然后,鼓励病人把自我监控与专家的问题解决方式进行比较;最后,护士将利用一份非正式的评估报告对病人的病情发展与恢复情况进行评估。这个过程为引导学习者制定决策和评估其问题解决表现提供了参照。

另一项被称为 BioWorld 装置的学习系统是一个基于在问题学习情境中进行科学推理的计算机学习系统。它既是一套针对高中生物课堂而设计开发的医院仿真系统,也是一项为交互式学习环境提供重要技术支撑的自我调节行动软件工具。在BioWorld 系统中,学生们首先要基于病人情况,利用这一工具到图书馆或者计算机中收集相关的证据,然后形成关于病人病情的诊断假设,继而对虚拟病人进行诊断和治疗。

BioWorld 系统可以通过分析学生们所输入的内容,评估学生在复杂的问题解决情境中所用到的学习策略、信念和动机等大量信息。该系统给学生提供了一个信念尺(belief meter),来表达其对于某次诊断的确定性;另外,给学生提供了一个证据栏来记录通过在环境中的导航所收集到的数据;还有,一个用以记录和组织支持其诊断推论的争论栏。学生可以通过 BioWorld 系统有效组织证据来支持自己的诊断,他们在信念表上最后登记的确定性水平同诊断质量存在着高度关联。BioWorld 系统中的信念尺工具并不仅限于医学诊断,而且也能用于对信息进行强调、分类和连接,因而具有广泛的应用性。

9.4 结语

教学心理学在其发展的四十年里,始终作为实用性非常强的学科,强有力地指导着学校的教学实践活动。尽管其诞生的时间比较短,但已充分显示出历史的必然性和现实的迫切性。伴随着教学心理学的不断发展,其研究范畴和方法也在不断变化,但对知识、技能及规范获得机制、学科教学心理、问题解决及创造性培养以及教学策略和教师心理等方面的研究仍然是教学心理学的重要课题。未来,我们应该投入更大的努力致力于教学心理学的学科建设与发展,从而更好地迎接未来的教学实践所带来的挑战。

参考文献

Mark Graves. (2002). XML 数据库设计. 尹志军, 等, 译. 北京：机械工业出版社.

陈仕品, 张剑平. (2007). 智能教学系统的研究热点与发展趋势. 电化教育研究, 10, 41—46.

陈天云, 张剑平. (2007). 智能教学系统(ITS)的研究现状及其在中国的发展. 中国电化教育, 241(2), 95—99.

邓志鸿, 唐世渭, 张铭, 杨冬青, 陈捷. (2002). Ontology 研究综述. 北京大学学报(自然科学版), 38(5), 730—738.

范玉顺, 曹军威. (2002). 多代理系统理论、方法与应用. 北京：清华大学出版社.

郝绪兵. (2012). 美国中学历史课堂史料教学的特点及启示. 中学历史教学研究, 3, 63—66.

何克抗. (2011). 我国教育信息化理论研究新进展. 中国电化教育, 288(1), 1—19.

李静, 周竹荣. (2005). 智能教学系统新进展. 计算机应用研究, 22(12), 15—20.

张剑平. (2003). 现代教育技术. 北京：高等教育出版社.

Alexander, P. A. Winne, P. H. (2006). *Handbook of Educational Psychology*. London, ON：Routledge Press.

Anderson, J. R., Betts, S., Ferris, J. L., & Fincham, J. M. (2012). Tracking children's mental states while solving algebra equations. *Human Brain Mapping*, *33*(11), 2650‑2665.

Anderson, J. R., Bothell, D., Byrne, M. D., Douglass, S., Lebiere, C, & Qin, Y. L. (2004). An Integrated theory of the mind. *Psychological Review*, *111*(4), 1036‑1060.

Anderson, L. W. (1976). An empirical investigation of individual differences in time to learn. *Journal of Educational Psychology*, *68*(2), 226‑233.

Belanger, F., & Jordan, D. H. (1999). *Evaluation and Implementation of Distance Learning：Technologies, Tools and Techniques*. IGI Global.

Bereiter, C., & Scardamalia, M. (1987). *The Psychology of Written Composition*. New York：Routledge.

Brown, A. L., Palincsar, A. S., & Armbruster, B. B. (1984). Instructing comprehension-fostering activities in interactive learning situations. In H. Mandl, N. L. Stein, & T. Trabasso (Eds.), *Learning and Comprehension of Text* (pp. 255‑286). Hillsdale, NJ：Lawrence Erlbaum.

Carbonell, J. R., & Collina, A. M. (1973). Natural semantics in artificial intelligence. Proceedings of the 3rd International Joint Conference on Artificial Intelligence, 344‑351.

Clancey, W. J. (1983). The epistemology of a rule-based expert system — a framework for explanation. *Artificial intelligence*, *20*(3), 215‑251.

Clancey, W. J., & Letsinger, R. (1981). NEOMYCIN：Reconfiguring a rule-based expert system for application to teaching (pp. 361‑381). Proceedings of the 7th International Joint Conference on Artificial Intelligence, Canada.

Cohen, E. B. (2002). *Challenges of Information Technology Education in the 21st Century*. IGI Global.

Cohen, P. R., & Feigenbaum, E. A. (1982). *The Handbook of Artificial Intelligence* (Vol. 3). Butterworth-Heinemann.

Collins, A. M., & Loftus, E. F. (1975). A spreading-activation theory of semantic processing. *Psychological Review*, *82*(6), 407‑428.

Core, M., Traum, D., Lane, H. C., Swartout, W., Gratch, J., Van Lent, M., & Marsella, S. (2006). Teaching negotiation skills through practice and reflection with virtual humans. *Simulation*, *82*(11), 685‑701.

Dignath, C., & Büttner, G. (2008). Components of fostering self-regulated learning among students. A meta-analysis on intervention studies at primary and secondary school level. *Metacognition and Learning*, *3*(3), 231‑264.

Dignath, C., Buettner, G., & Langfeldt, H. P. (2008). How can primary school students learn self-regulated learning strategies most effectively? A meta-analysis on self-regulation training programmes. *Educational Research Review*, *3*(2), 101‑129.

Du Boulay, B., & Luckin, R. (2001). Modelling human teaching tactics and strategies for tutoring systems. *International Journal of Artificial Intelligence in Education*, *12*(3), 235‑256.

Filstad, C. (2004). How newcomers use role models in organizational socialization. *Journal of Workplace Learning*, *16*(7), 396‑409.

Gagné, R. M., & Rohwer Jr, W. D. (1969). Instructional psychology. *Annual Review of Psychology*, *20*(1), 381‑418.

Glaser, R. (1978). The contributions of B. F. Skinner to education and some counterinfluences. In P. Suppes (Ed.), Impact of Research on Education. Washington, DC：National Academy of Education.

Glaser, R. (1987). Learning theory and theories of knowledge. In E. de Corte, H. Lodewijks, R. Parmentier & P. Span (Eds.), *Learning and Instruction* (pp. 397‑413). Oxford：Pergamon.

Glaser, R., & Bassok, M. (1989). Learning Theory and the Study of Instruction. *Annual Review of Psychology*, *40*, 631‑632.

Glaser, R., & Resnick, L. B. (1972). Instructional psychology. *Annual Review of Psychology*, *23*(1), 207‑276.

Hayes, J. R. (1996) A new framework for understanding cognition and affect in writing. In C. M. Levy & S. Ransdell (Eds.), *The science of writing：Theories, Methods, Individual Differences, and Applications* (pp. 1‑27). Mahwah, NJ：*Lawrence Erlbaum* Associates.

Hayes, J. R., & Flower, L. S. (1980). Identifying the organization of the writing process. In L. W. Gregg, E. R. Steinberg (Eds.), *Cognitive Processes in Writing* (pp. 3‑30). Hillsdale, NJ：Erlbaum.

Lajoie, S. P., Azevedo, R., & Fleiszer, D. M. (1998). Cognitive tools for assessment and learning in a high information flow environment. *Journal of Educational Computing Research*, *18*(3), 205‑235.

Lane, H. C. (2006). Intelligent tutoring systems：Prospects for guided practice and efficient learning. Whitepaper for the Army's Science of Learning Workshop, Hampton, VA.

Melton, A. W. (1960). Some comments on "the impact of advancing technology on methods in education," by Dr. Simon Ramo. In A. A. Lumsdanie & R. Glaser (Eds.), *Teaching Machines and Programmed Learning: A Source Book* (pp. 660 – 664). Washington, DC: National Education Association.

Murray, T. (1999). Authoring intelligent tutoring systems: An analysis of the State of the art. *International Journal of Artificial Intelligence in Education*, *10*, 98 – 129.

Murray, T., Blessing, S., & Ainsworth, S. (2003). *Authoring Tools for Advanced Technology Learning Environments: Toward Cost-Effective Adaptive, Interactive and Intelligent Educational Software*. Boston, ON: kluwer Academic Publishers.

Palinscar, A. S., & Brown, A. L. (1984). Reciprocal teaching of comprehension-fostering and comprehension-monitoring activities. *Cognition and Instruction*, *1*(2), 117 – 175.

Paris, S. G., Cross, D. R., & Lipson, M. Y. (1984). Informed Strategies for Learning: A program to improve children's reading awareness and comprehension. *Journal of Educational Psychology*, *76*(6), 1239 – 1252.

Pintrich, P. R., Cross, D. R., Kozma, R. B., & McKeachie, W. J. (1986). Instructional psychology. *Annual Review of Psychology*, *37*(1), 611 – 651.

Polson, M. C., & Richardson, J. J. (2013). *Foundations of Intelligent Tutoring Systems*. Hillsdale, ON: Lawrence Erlbaum Associates Publishers.

Resnick, L. B. (1981). Instructional psychology. *Annual Review of Psychology*, *32*(1), 659 – 704.

Self, J. (1988). *Artificial Intelligence and Human Learning*. London: Chapman & Hall.

Shute, V. J., & Psotka, J. (1996). Intelligent Tutoring Systems: Past, Present, and Future. In D. Jonassen (Ed.), Handbook of Research on Educational Communications and Technology. MacMillan Publishing.

Skinner, B. F. (1965). Review lecture: The technology of teaching. *Proceedings of the Royal Society of London. Series B, Biological Sciences*, *162*(989), 427 – 443.

Soller, A. (2001). Supporting social interaction in an intelligent collaborative learning system. *International Journal of Artificial Intelligence in Education*, *12*, 40 – 62.

Zimmerman, B. J. & Risemberg, R. (1997). Becoming a self-regulated writer: A social cognitive perspective. *Contemporary Educational Psychology*, *22*(1), 73 – 101.

10　问题解决与专长

张春莉　李同吉

【内容简介】

　　在认知心理学框架下,对问题解决的研究经历了从一般问题到专门领域内容的转变。一般性问题解决过程,依赖于内容知识的结构化程度(一般性和结构不良),并受诸多因素(如问题类型、个人因素等)的影响。而专门领域的问题解决,即专长,典型地依赖于特殊知识和能力。近期,对于专长的实质、发展和获得,研究者开始得出初步结论,进而丰富了专门领域的学习和教学的原理。

【内容提纲】

10.1　问题解决 / 197

　　10.1.1　问题解决的历史研究轨迹 / 197

　　10.1.2　问题解决的过程与影响因素 / 200

　　10.1.3　实际教学中问题解决能力的培养 / 206

　　10.1.4　学科中的问题解决 / 207

10.2　专长 / 209

　　10.2.1　专长研究的背景和发展轨迹 / 209

　　10.2.2　专长的实质 / 211

　　10.2.3　专长的发展 / 215

　　10.2.4　专长的获得 / 219

　　10.2.5　总结与展望 / 223

10.1　问题解决

10.1.1　问题解决的历史研究轨迹

历史概况

科学思维和问题解决的研究历史可以追溯到 1901 年,当时德国维尔茨堡大学的研究人员发表了他们关于思维过程的研究发现,包括对词语或词组的自由联想(Humphrey, 1963; Mandler & Mandler, 1964)。维尔茨堡大学的研究人员得出的结论与当时盛行的心理学理论产生了矛盾,比如发现了思维有时并不包括想象,以及人们能控制他们的思想链,这就促成 Otto Selz 在 20 世纪早期提出了关于思维的第一个理论(Frijda & De Groot, 1981)。

关于思维和问题解决的后续研究大致可以分为三类:联结主义、格式塔流派和认知科学(Mayer, 1992)。联结主义把问题解决看作是做出一系列反应直至其中一个起作用,这种观点在整个 20 世纪上半叶一直主导着心理学。比如给定的问题是如何逃离一个房间,问题解决者会尝试一种过去常用的反应措施,如转动门把手;如果这一措施失败,他将尝试下一个常见的反应措施,如砸碎窗户;如果这也失败,他将尝试较前者不常用的另一方式,如从天花板的通风道爬出去,直到问题解决者找到可以解决问题的应急措施。根据这一观点,问题解决是指以某人过去解决问题的经验为基础形成的反应。对这一观点的主要批评就是如何用它来解释创造性的问题解决。

20 世纪二三十年代格式塔流派在德国发展起来,它把问题解决看作是从心理上重组问题的要素,从而使这些要素以新的方式配合在一起。这样,问题解决中的首要任务就是获得结构性的理解,也就是看已知的要素如何与目标要求相协调。比如,Duncker(1945)的肿瘤问题:"假设一个人患有不能手术的胃癌,而足够强度的射线会破坏有机组织,那么以什么样的程序既能以射线根除他的肿瘤,同时又能避免破坏肿瘤周围健康的有机组织?"在 Duncker 看来,问题解决者必须以新的方式来表征已知条件(如 X 射线)和目标(如不伤害周围组织,只破坏肿瘤)。首先,问题解决者可以把目标的要求重新表征为"通过周围组织的 X 射线强度必须降低,通过肿瘤的射线强度要足够"。这种对目标的重新表征使我们可以从新的角度来看待已知条件:一些弱 X 射线能够从不同角度穿过肿瘤,就像被一个透镜聚焦在这个肿瘤上。在这个例子中,问题解决就是要从新的角度来看待已知条件和目标。这种观点所面临的主要批评就是缺乏明确的可验证的理论。

开始于 20 世纪 50 年代末期的认知观点,在 80 年代演变成为认知科学,它综合了以上两种观点的积极特征(Gardner, 1985; Mayer, 1992)。在认知科学看来,问题解决包含了一系列的心理运算,因此有关问题解决的理论必须使解决问题的特定心理过程和问题解决者用于选择及控制他们认知过程的方法具体化。认知科学凭借计算机技术可以清晰而准确地模拟这个过程,这是早期的格式塔研究所不具备的;同时,认知科学对解决真实问题的强调使创造性思维成为研究重点,这与联结主义的研究也是不同的。认知科学对问题解决的研究重点是专门领域知识与一般领域知识在问题解决中各自的作用(Smith, 1991)。

真实情境中问题解决的研究

对问题解决的科学研究开始于 20 世纪初,研究者关注在控制良好的实验室背景之中人们如何解决人工问题和难题(Gardner, 1985;Humphery, 1963;Mandler & Mandler, 1964)。然而,在 20 世纪末,以认知为基础的研究的中心开始转向现实背景中的问题解决,包括日常的问题解决、专业难题的解决和学科领域内的问题解决(Osherson & Smith, 1990;Sternberg & Smith, 1988;Greeno & Simon, 1988;Mayer, 1992)。

关于解决日常问题的研究显示人们很少用学校教的方法去解决校外遇到的问题(Lave, 1988;Rogoff & Lave, 1984)。比如,要决定在超市里最好买哪样东西,是用 90 美分买一个 10 盎司(1 盎司≈28.35 克)的花生罐头,还是用 45 美分买一个 4 盎司的花生罐头?按照学校里的数学方法就是要计算出每个单位的价格,分别是每盎司 9 美分与每盎司 11.25 美分。然而,Lave(1988)发现人们几乎不用学校里教的方法。相反,他们会想出更合适于具体情况的计算方法,比如比率策略,即购买者会比较第一种选择虽然花费的价钱是第二种选择的两倍,却买回了多于第二选择两倍重量的东西,因此第一种选择是最合算的购物方式。这个事例对教育的启示就是应更多地在真实的生活环境中教人们解决问题。

另一类重要研究是针对诸如医疗诊断、计算机编程、物理学及下棋比赛等专业难题,比较专家和新手如何解决问题。比如,Larkin(1983)让物理学的专家和新手在解决问题时出声思考,她发现专家更可能用物理学概念来表述问题(比如力和重量),而新手主要关注问题的表面特征(如滑轮和绳索)。类似地,Chi、Feltovich 和 Glaser(1981)让专家和新手对物理学问题进行分类,结果发现专家是以内在的物理学原理(如能量守恒)来对问题进行分类的,而新手则依据问题的表面特征(如斜面或弹簧)来分类。专家—新手研究的结果显示了专家在表征和解决问题上都与新手存在差异,因此教学应该侧重于帮助新手学习专家的思考方式,从而使其像专家那样思考。

第三类重要研究涉及学科领域,如人类在阅读、写作、数学、自然科学等领域中解决问题的研究,即所谓的学科心理学(Mayer, 1987)。学科心理学家不研究人们一般的思维过程,而是研究人们在科学、数学等学科中如何思维。举例来说,在阅读理解时,问题解决涉及段落大意的构建;在写作时,制订计划就是问题解决的一个重要活动;在解决数学问题时,问题解决者必须理解题目;在解决科学问题时,问题解决者必须克服他对这个情况的原有偏见。这类研究表明学科领域的教学应侧重于帮助学生学习成功解题所需的认知过程和策略。

10.1.2　问题解决的过程与影响因素

一般问题解决过程

关于问题解决的具体过程,最早是杜威提出了五阶段论。具体包括:1. 困惑、挫折感或意识到困难的状态;2. 确定困难究竟在什么地方,包括需要填补的缺口,或要达到的目标;3. 提出问题的种种假设;4. 检验这些假设,并对问题重新加以阐述;5. 进行验证,证实、驳斥或改正这个假设。杜威认为,所有年级和所有课都要采用问题解决的方法,大量的实践和发现活动都与学生的问题解决有关。之后,Bransford 和 Stein 用 IDEAL 这个首字母的缩写词来重新表述解决问题的五个阶段:I——开始意识到难题的存在,确定问题;D——确定目标并表征问题;E——收集材料并找出所有可能途径,提出假设;A——接受或拒绝试探性的假设;L——检验和反思,评价结论。

如果说桑代克的试误说和苛勒的顿悟说是建立在动物实验基础之上的,那么杜威的五阶段论则是根据人实际解决问题的过程提出来的,建立在理论思辨与实践描述相结合的基础之上。从 1910 年到 1950 年,杜威的模式一直被人们看作是一种经典的问题解决的方法,直到皮亚杰的工作及其他应用各种认知和信息加工策略的模型被引入为止。尽管在认知理论家们看来,杜威的模式过于简单化了,但人们(尤其是数学和科学教师)仍然觉得它具有一定的实践意义。后来还有许多人提出了这样或那样的阶段论,但都大同小异,基本继承了杜威的阶段论思想,从研究方法到所划分的阶段上都并未跳出杜威模式的框架。

(1) 发现问题阶段

在解决问题之前,首先要意识到问题的存在,而且把问题作为进程的发端、机会,这往往不是一帆风顺、一目了然的。实验研究表明人们往往忽略、轻视第一步,甚至在学校教育实践中跳过这一阶段的教学,直接进入理解和表征阶段,即我们通常所说的审题阶段。事实上某个领域的专家往往会多用一些时间来思考问题的本质,明确问题。

(2) 理解和表征阶段

① 识别有效信息

接下来开始解决问题,首先是确定目标。这意味着首先找出相关信息而忽略无关的细节。

② 表征问题

除了能识别问题的相关信息外,还必须准确地表征问题。这就要求个体具有某一问题领域特定的知识。假定我们处理的是文字或口头的问题,成功地表征问题就要完成两个任务:第一个是语言理解,即理解问题中每一个句子的含义;第二个是整体表征,即集中问题的所有句子达成对整体问题的准确理解。因为有时即使学习者懂得句子中的每一个句子,仍有可能误解整个问题。

③ 问题归类

在实际的解决问题的过程中,有研究表明,有些学生能很快决定所问的问题是什么类型的问题。一旦被归入某一类,一个特定的图式就被激活了,这个图式将引导对有关信息的注意,并预期正确答案应是什么样的。

问题表征可以引发两种不同的行为路径。第一,如果个体对问题的表征能使他联想起一个即时的顿悟式的解决方案,那他就能解决这个问题了。根据格式塔心理学的顿悟说,这就是顿悟式的问题解决,即对问题进行突然的重新组织或重新归类,明确了问题,想起了一个可行的解决方法。用认知心理学家的话说就是,一个适当的图式已经激活,解决方法跃然而出。在某种意义上,个体并没有真正解决一个新问题,他只是再认一个新问题,只是把这个问题看成是过去解决过的旧问题的一个"伪装"版本而已。这就是所谓的图式—驱动问题解决,即在问题情境与头脑的解题系统之间进行匹配。这样,个体按"图式激活"的捷径,直接进入尝试解答阶段。第二,如果并没有一个现存的图式能使个体联想起一个即时的解答,他就得遵循寻求解答的路线。

(3) 寻求解答阶段

在寻求解答时,可能存在两种一般的途径:算法式和启发式。

① 算法式

一个算法就是为达到某一个目标或解决某个问题而采取的一步程序,它通常与某一个特定的课题领域相联系。在解决某一个问题时,如果个体选择的算法合适,并且又能正确地完成这种算法,那么他就能确保自己获得一个正确的答案。在实际教学中,这样的例子屡见不鲜。

② 启发式

所谓启发式就是根据目标的指引,试图不断地将问题状态转换成与目标状态相近的状态,从而试探那些只对成功趋向目标状态有价值的操作,即使用一般策略去解决问题。下面是几种启发式方法:

手段—目的的分析法:手段—目的的分析法是指将目标划分成许多子目标,将问题划分成许多子问题,然后寻找解决每一个子问题的手段。

逆向反推法:即从目标开始,退回到未解决的最初问题,这种方法对解决几何证明题目非常有效。

爬山法:爬山法的基本思想是设立一个目标,然后选取与起始点邻近的未被访问的任一点,向目标方向移动,逐步逼近目标。爬山法只能保证爬到眼前山上的最高点,而不一定是真正的最高点,即目标,这时就得重新回到起点,或重新选择另一个访问点。

类比法:当面对某种问题情境时,个体可以运用类比法,先寻求与此有些相似的情境的解答。

(4) 执行计划或尝试某种解答阶段

当表征某个问题并选好某种解答方案后,下一步就要执行计划,尝试解答。

(5) 评价结果阶段

当某个解决方案选定并完成后,还应该对结果进行评价。评价结果的方法之一,就是寻求能够证实或证伪这种解答的证据,对解答进行检验和反思。

结构不良问题的解决过程

早先的信息加工理论认为,结构不良问题的解决过程和结构良好问题的解决过程基本相同。但近来,关于日常情境中实际问题解决过程的研究表明,结构不良问题的解决过程与结构良好问题的解决过程有明显的差别,它的解决过程是一种"设计"过程,而不是在一定的逻辑结构中进行的系统的"解法搜寻"。Sinnot(1989)让成人在解决结构不良问题的过程中进行口语分析报告,结果发现,这种问题解决过程包含了大量的辩证思维活动,问题解决者需要自己来明确问题,创建问题表征,权衡问题的不同侧面,设计不同的解决方案,并对各种方案进行比较和衡量。在 Sinnot 的基础上,Jonassen(1997)把结构不良问题的解决过程分为以下几个环节:

(1) 理清问题及其情境限制

在解决结构不良问题时,解决者常常首先要确定问题是否真的存在。有时,所寻找的信息就隐藏在情境中,只是我们一时没有察觉。其次,问题解决者要查明问题的实质。结构不良问题不是预先设计好的问题,它常常是在一定的情境或事件中自然而然地出现,问题的条件和目标常常是不确定、不明朗的。为了解决问题,解决者必须思考分析问题的背景信息,把握问题的实质。要权衡各种理解的角度,建立有利于问题解决的问题表征。

在厘清问题时,问题解决者需要反思自己原有的知识经验。结构不良问题不只是针对刚刚学过的知识点,它常常需要综合该领域的多个概念、原理,联系原有的各种具体经验。与结构良好问题不同,理解结构不良问题所需要的不只是对问题进行识别和归类,而是对有关信息进行重新组织,对当前问题中的各种可能的因素和制约条件进行具体分析。

(2) 澄清、明确各种可能的角度、立场和利害关系

在解决结构不良问题时,只建立单一的问题表征是不够的,在初步厘清了问题的

性质后,问题解决者还需要进一步考虑问题中的多种可能性,从多个角度、不同立场来看这一问题,在此基础上再把各个侧面、各个角度结合起来,看哪种理解方式最有意义,最有利于问题的解决。在选择理解方式和角度时,解决者需要分析问题中可能有的不同立场,权衡问题所涉及的各方面的利害关系。

(3) 提出可能的解决方法

在确定了各种不同的立场和理解方式之后,解决者就可以分别从这些立场和理解方式出发,看有哪些相应的解决方法。

(4) 评价各种方法的有效性

结构不良问题通常没有唯一的标准答案,因此,这种问题的解决实际上要寻找一种在各种解法中最为可取的解决方案。问题解决者需要对各种不同解法的思路进行有效的评价,而这需要他们自己的判断,反思自己的基本假设和信念(Voss & Post,1988)。

(5) 对问题表征和解法的反思监控

所有的问题解决都需要元认知监控,包括对解决过程的计划、对理解状况的监察、对解法的评价等。但在结构不良问题的解决过程中,由于问题更为开放、更为复杂,对问题表征和解法的监控并不是一个独立的、在问题解决之后发生的活动环节,它贯穿在整个问题解决过程中。

(6) 实施、监察解决方案

在实际实施解决方案的过程中,问题解决者需要认真监察问题解决的效果,看它能否达到所期望的目标,能否满足不同方面的需求,能否在给定的条件下解决问题,以及是否还有更有效、更便捷的解决方案等。

(7) 调整解决方案

问题解决往往不是一次性完成的,针对问题解决结果的反馈信息,解决者常常需要调整解决方案,或者改变理解问题的方式和思路。在通过实际检验找出自己认为最有效的方法后,解决者还需要反思解决问题的思路,看这种解决方法对其他问题的解决有什么启示,从这个问题中获得了什么新知识、新策略,这对问题图式的获得以及问题解决水平的提高来说具有关键意义。

问题解决的影响因素

问题解决的思维过程受多种心理因素的影响,有些因素能促进思维活动对问题的解决,有些因素则妨碍思维活动对问题的解决。这些因素可以分成问题因素和个人因素。问题因素包括问题的刺激特点、功能固着以及反应定势等。个人因素包括有关的知识背景、智慧水平、对问题的敏感性、好奇心和综合各种观念的能力以及动机和气质。两种因素相互作用,共同影响了问题解决的过程和结果。以下是问题因素对问题解决的影响。

（1）问题的刺激特点

在解决某个问题时，这个问题中的事件和物体将以某种特点呈现在个体面前，如空间位置、距离、时间顺序以及物体当时表现出的特定功能。这些特点以及它们之间的关系将影响个体对问题的理解和表征。

（2）功能固着

功能固着这个概念是由德国心理学家 Duncker(1945)提出的，它是指一个人看到某个制品的一种惯常的用途后，就很难看出该制品的其他新用途。而且初次看到的制品的用途越重要，他就越难看出制品的其他用途。

（3）反应定势

反应定势也叫作定势，它是指以熟悉的方式作出反应的倾向。虽然定势有时有助于问题的解决，但有时会使解决问题的思维活动刻板化，妨碍问题的解决。

（4）酝酿效应(incubation effect)

当个体反复探索一个问题的解答而毫无结果时，把问题暂时搁置几个小时、几天或几星期，然后再回过头来解决，这时常常可以很快找到解决方法。

问题解决的策略研究

关于问题解决，存在着一个有趣的争论。有些心理学家认为有效的问题解决的策略只是在某一个领域的问题解决中起作用。另一些心理学家认为存在着很多领域都发挥作用的策略。争论的双方都持有各自的依据，实际上，根据问题情境及个体的专门知识和技能的掌握水平，人们既使用一般方法，也使用特殊策略。

一般问题解决能力训练： 训练问题解决能力的最流行做法，就是教学生各种不同的一般原理和原则，这些原理、原则来自对问题解决过程的理论分析，及对成功的解题者与不成功的解题者的比较观察。一般来说，在那些旨在提高问题解决的特殊思维能力的训练程序中，短期的程序并未取得相应的效果，但长期而精深的训练程序却取得了较好的结果。

（1）创造性思维教程

创造性思维教程源自由 Crutchfield 等人(Krech, Crutchfield, & Livson, 1974)从 1967 年起开展的有关训练学生问题解决能力的研究。

（2）De Bono 的 CoRT 教程

De Bono (1985)的 CoRT(cognitive research trust)教程用于指导学生如何看待他们可能在校外面临的问题，并对问题进行独特的解答。教程包括广度、组织、交互、创造力、信息和感觉、行动等 6 个单元，每个单元包括 10 课，每课都集中分析某一问题情境的特定策略。

(3) 批判性思维教程

问题解决离不开批判性思维能力的培养。批判性思维是指通过逻辑地、系统地检查问题，依据证据以及解决方案来对结论进行评估（Woolfolk, Gara, Allen, & Beaver, 2004）。关于批判性思维所包含的基本技能，Kneedler（1985）提供的批判性思维基本技能一览表较具代表性。他认为，批判性思维包含 12 种基本技能，这些技能可以分为定义和明确问题、判断相关信息以及解决问题或作出结论等三方面。

(4) 思维工具强化教程

以色列教育家 Feuerstein 等人（Feuerstein, Rand, Hoffman, & Miller, 1980）的思维工具强化教程是目前最广为人知并且进行了广泛研究的思维技能课程。通过一系列的纸笔练习，培养学生诸如抽象逻辑思维以及分析问题等智力技能，发展学生对自己智力过程的洞察力，并且使他们成为一个积极的思考者。

(5) 问题解决模式

问题解决模式是 Rubinstein 等人（Rubinstein, Herman, Long, & Wilbur, 1975）编制的一套供大学生使用的训练教程。这一教程大约需 10 周时间，包含许多解题的样例，主要涉及工程学或数学领域。因此，也有人评论说，该教程只能产生特定的迁移，而不能促进一般性的问题解决活动。

总之，认为一般方法有效的心理学家们致力于一般问题解决策略训练教程的开发，但更多的心理学家们倾向于把问题解决策略分为弱方法（一般的问题解决的策略）和强方法（特殊的问题解决的策略），这些心理学家致力于专家与新手的对比研究。

专家和新手：

(1) 专家知识

大多数心理学家一致认为，有效的问题解决是以丰富某一问题领域的知识存储为基础的。

① 庞大的知识储备

在某一领域，专家拥有大量的知识、事实、概念和程序的储备，并且，这些知识的存储都是经过精细加工和组织化的，这样需要时就很容易从长时记忆中提取出来。

② 独特的知识组织方式

专家们不仅仅具有丰富的陈述性知识——事实和言语信息，而且以自己的方式存储大量的程序性知识——知道如何去做的策略知识，也就是说能轻巧地运用陈述性知识去解决问题。专家对解决问题似乎有一种直觉。

除了很快地表征问题，专家还知道下一步做什么，存储了大量的条件图式

(conditional schemata)——关于在什么情况下采取什么行动的知识。

（2）新手的误区

对某一领域专家和新手的差异的研究表明：新手有时候持有一些错误的直觉观念。

专家和新手的解决问题的差异可以归纳为以下几点：

第一，专家不注意中间过程，可以很快地解决问题；新手则需要很多中间过程，而且要有意识地加以注意。

第二，专家或者立即推理，或者搜集信息，从头到尾地解决问题，即是一种再认的过程；新手则先明确目的，从尾到头地解决问题。

第三，专家更多地利用直觉，即根据生活经验的表征来解决问题；新手则更多地依赖正确的方程式来解决问题。专家解决问题所依据的经验中的基本关系是复杂方程式的基础。

10.1.3　实际教学中问题解决能力的培养

在实际教学中，学生解决问题的能力完全可以通过结合各门学科的内容来训练和提高。在教学中，教师要把重点放在课题的知识上，放在特定学科的问题解决的逻辑推理和策略上，放在有效解决问题的一般原理和原则上。同时，教师要注意为学生创造有助于问题解决的适当的气氛。

（1）鼓励质疑

当由教师对学生提出问题时，学生比较被动。我们要尽量从教师提出问题过渡到学生提出质疑，从而培养学生主动质疑的内在动机。因此，要鼓励学生在课堂上主动提问，减少这样那样的限制，形成一种自由探究的气氛。

（2）设置难度适当的问题

教师给学生的问题应是可解的，但要有一定的难度。教师要了解学生的知识起点在哪，通过问题使他们对已有知识、原则进行重新组合，而不是重新学习。问题过难，不易为学生所理解，就不能期待学生去解答。反之，问题过分容易，也起不到相应的作用。但每个学生的起点不同，在培养问题解决能力时要注意班级教学和个别辅导相结合。

（3）帮助学生正确表征问题

指导学生用所学知识解释问题，或用画草图、列表、写方程式等方法，这对回忆相关信息有很好的作用。

（4）帮助学生养成分析问题的习惯

学生应该始终注意对问题进行分析、了解，牢牢掌握问题的目的与主要情境，将精力集中于解答的目的及其标准上。这两方面的分析越清楚，获得正确答案的可能性越大,教师要帮助学生发展系统分析问题的方式和习惯。

(5) 辅导学生从记忆中提取信息

因为解决问题需要对原有知识、原则进行重新组合,所以教师要帮助学生从记忆中迅速提取和解决与问题有关的信息,并能很快找出可利用的信息,明确问题情境与欲达到的目的,迅速作出判断。

教师要鼓励学生从不同角度看问题。有时学生习惯于按一种逻辑进行思考,教师就应该让他们运用水平思考法,突破原来的事实和原则的限制。

(6) 训练学生陈述自己的假设及其步骤

教师要引导学生从需要别人的言语指导到自行指导思考,然后再让他们用自己的语言表达出来。

此外,教师要给学生充分的时间来解答。实践证明,要防止在时间紧迫的情况下让学生做难题,否则学生完不成,只好草率了事。教师也要鼓励学生验证解答,防止以偏概全,可做类比练习,加以巩固。

10.1.4　学科中的问题解决

我国的问题解决研究的发展比较迅速,近年来,随着人们对问题解决认识的提高及概念的转变,对于这一方面的研究正在逐渐深入,尤其是对问题解决在数学学科领域应用的研究已经取得了很大的进展。

问题解决在数学学科中的应用

随着课程标准的实施,数学问题解决教学成为重要的课堂教学模式之一。1980年 4 月,美国数学教师委员会(National Council of Teachers of Mathematics,简称 NCTM)提出《关于行动的议程——对 80 年代学校数学教育的建议》(An Agenda for Action：Recommendation for School Mathematics of the 1980s),正式将问题解决作为数学教育核心,由此,问题解决成为整个 20 世纪 80 年代美国数学教育改革与研究关注的焦点。此后,各国纷纷响应,我国也不例外。

数学家波利亚(G. Polya)首先提出"问题解决"这一概念,并指出它有四个过程:理解问题、设计计划、实施计划、回顾反思。数学问题解决的教学过程给学生提供了发现、创造数学思维的条件与环境;给教师提供了启发学生,有效培养问题意识、方法意识、策略意识、应用意识的条件。跟其他教学形式相比,数学问题解决教学不仅重视解题的一般过程、解题策略、解题的结果,更重视问题解决的过程、思维方法的培养、问题解决的元认知体验。其教学过程是创新的过程,发现的过程,探索的过程。

以华东师范大学张奠宙教授为主的数学教育研究小组提出的"数学素质教育设计要点"指出,"问题"不等于考题,尤其不等于目前的升学考试,而是指:

（1）对学生来说是非常规的，不能靠简单模仿来解决的；

（2）可以是一种情境，其中隐含的问题要学生自己去提出、去解决；

（3）具有趣味和魅力，能引起学生的思考并向学生提出智力挑战；

（4）不一定有终极的答案，不同水平的学生都可以从不同的深浅程度上做出回答；

（5）解决它往往需伴以个人或小组的数学活动。

在数学问题解决中，数学教师不能满足于只会做题，还应研究解题的方法；不仅要研究具体的解题方法，还要研究解题的思想方法和策略。数学解题常用的策略包括：

（1）通过制表分类、组织或分析数据；

（2）通过试探—错误，修正、逼近问题；

（3）寻找和使用一个模型；

（4）画一个简图；

（5）解决一个或几个相关的简单问题；

（6）寻找一个反例；

（7）估计和猜测答案；

（8）通过数形结合或转换；

（9）比较和类比；

（10）考虑它的逆否例题或逆推；

（11）排除不可能的选择；

（12）用多种方法解决问题；

（13）对问题作推广研究；等等。

问题解决在语文阅读教学中的应用

语文阅读教学中的问题不同于其他学科知识学习中的问题，其他学科知识学习中的问题是以特定学科范围内的现象的概念原理作为问题的核心，其性质是知识的理解和运用，而语文阅读学习中学生面对的不仅有理解性问题，而且有形成看法、态度的评价性问题；不仅有语言的知识、技能、方法的理解性问题，而且有这些方面的实践运用问题；不仅有各种生活现象、看法、义理的理解问题，而且有把握其中情感态度、评价并认同其中情感态度倾向的问题。正是这种复杂性，构成了语文阅读教学中问题的特殊性。

传统的阅读理解教程中最有名的是 Robinson（1946）提出的 SQ3R 五步阅读法，这五个步骤是：（1）概览（survey）；（2）提问（question）；（3）阅读（read）；（4）复述（recite）；（5）回顾（review）。后来 SQ3R 又发展成为 SQ4R，即在"阅读"之后加上了一个新的"R":"深思"(reflect)。

当代阅读理解训练教程,更是融汇了当代认知心理学的研究成果,包括针对系统发展学生阅读技能的"芝加哥掌握学习阅读教程",对学生进行元认知训练的"直接传授的学习策略"(informed strategies for learning,简称 ISL)教程以及通过师生互相提问和回答来促使教师和学生共同实现对课文理解的"相互教学"(reciprocal teaching)教程。这些活动可以培养学生的一系列技巧:调节理解、作出推理、激活背景知识、集中注意于主要思想、维持注意于阅读目的。研究表明,这些训练都是十分有效的。

10.2 专长

10.2.1 专长研究的背景和发展轨迹

专长是指专家所具备的高超表现,专长研究试图揭示这种高超表现背后的心理机制及其获得与发展的规律,它是认知心理学、人工智能、神经科学和教育等学科交叉的一个研究主题。对于专长的科学探讨始于荷兰学者 De Groot(1978)对国际象棋专家的研究,该研究开创了以科学心理学研究方法来研究专长的先河。虽然专长研究与认知心理学的发展密切相关,但 De Groot 的开创性工作早于认知心理学的诞生。在他之后,Newell 和 Simon(1972)在他们的著作《人类问题解决》(*Human Problem Solving*)一书中致力于对知识丰富领域的问题解决的研究,并意识到知识对于专长获得的重要价值。

心理学家研究专长有两大动力,一是人工智能和专家系统的开发。人类的思维和问题解决容易产生很多偏差,研究者试图利用计算机程序辅助人类的问题解决,这种计算机程序试图创造一种人工的人类认知加工装置即专家系统。二是教育和培训的需要。假定专家表现总比新手好,那么知道专家如何组织他们领域中的知识就有利于对新手的培训。关于专长的研究主要涉及如下主题:第一,与新手相比,专家优在何处,即专家和新手的表现有何差异?第二,专家何以优秀,其内在认知机制是什么?第三,从新手到专家要经历哪些发展阶段?第四,专长如何获得?第五,如何基于专长研究开展教育和培训?

心理学家就各个领域的专长的实质及获得机制进行了大量研究,并得出了许多有价值的结论。为了总结专长研究的最新进展,美国匹兹堡大学的 Chi 等人(Chi,Glaser,& Farr,1988)编辑了一本论文集,名为 *The Nature of Expertise*(《专长的实质》)。在该书的序言中,Glaser 等人提出了专家行为的若干特征:第一,专家主要在自己的领域内具备优势;第二,专家能知觉较大的、有意义的模块;第三,专家的速度快;第四,专家具有超常的记忆能力;第五,专家对问题的表征比较深入;第六,专家花大量时间来分析问题;第七,专家具有较强的自我监控技能。该书汇聚了众多领域的专家—新手比较研究,探讨了若干职业领域(实用技能、编程、医学诊断和结构不良问题)专长的实质,通过大量实证研究证明,特定领域的知识组织可以用来解释专家行为背后的认知机制。

美国佛罗里达州立大学的 Ericsson 对于专长的各个主题都进行过深入的研究,并提出了相应的理论,例如,解释记忆专长效应的长时工作记忆(long-term working memory)理论,解释专长获得的刻意训练(deliberate practice)理论。他出版了若干本有关专长的论文集,如 1991 年的《迈向专长的一般理论:前景与限制》(*Toward a General Theory of Expertise:Prospects and Limits*),试图对专长研究的范式进行归纳并把已有研究结论上升到理论高度加以总结。1996 年的论文集《通往杰出之路:艺术与科学、运动与竞技领域专家行为的获得》(*The Road to Excellence:Acquisition of Expert Performance in the Arts and Sciences,Sports and Games*),试图解释各个领域专长获得的机制。在此之前,Ericsson、Krampe 和 Tesch-Romer(1993)已经提出了用刻意训练理论来解释专长获得的心理学机制,这本书正是在此基础上汇集多个领域专长获得的研究,如体育、音乐、医学、记忆、阅读、创造、科学等。耶鲁大学的 Sternberg 和 Grigorenko(2003)编辑了《能力、胜任力与专长心理学》(*The Psychology of Abilities,Competencies,and Expertise*),从更为广泛的理论视角来审视专长以及人类才能的问题。Ericsson、Charness、Feltovich 和 Hoffman(2006)编写了《剑桥专长与专家行为研究手册》(*The Cambridge Handbook of Expertise and Expert Performance*),这本研究手册比较系统地总结了专长研究的最新进展,从不同研究视角、研究方法、职业领域、职业专长的获得机制等方面进行了较为深入的探讨。Ericsson(2009)又主编了《职业专长的开发:专家行为的测量与最优学习环境的设计》(*Development of Professional Expertise:Toward Measurement of Expert Performance and Design of Optimal Learning Environments*),这本论文集致力于把专长研究的成果用于改进职业能力的测评方法和训练策略的开发。

我国学者对专长问题的关注始于 20 世纪 80 年代。汪安圣和李旸(1987)介绍了国外认知心理学家对专家—新手问题解决的比较研究,探讨了专家和新手解决问题的不同思维模式。傅小兰(1992)介绍了专家技能的计算机模拟程序。王小明和胡谊等人(王小明,胡谊,1996;王小明,1997,1998)对国外教师的专家—新手比较研究作了介绍。张春莉(1998)介绍了专长发展的动态模式,比较了新手、中间水平和专家的知识特征和行为特征的差异,并探讨了针对不同专长发展阶段应该如何进行教学的问题。这个阶段的研究主要是开始关注并介绍国外的专长研究,但尚未开展实证研究。梁宁建(1997)在国内较早开展了专长的实证研究,他对专家和新手解决数学问题的认知过程进行了比较研究,发现专家和新手在储存信息的形式和数量、编码程序、解决问题的策略以及问题标准等方面均存在差异。

上述国内外专长研究涵盖了专长的实质、发展和获得等主题,下面以这三个主题为线索展开论述。

10.2.2　专长的实质

认知研究者的目标是确定专长发展过程中什么认知过程引起了其功能的改变。首先需要确定专家和新手表现的差异,然后试图解释专长发展背后的认知机制。大量研究发现,知识表征的差异是专家和新手表现差异的重要原因。语义记忆中信息的组织方式刻画了人们所拥有的知识以及知识被理解的程度。通过研究专家和新手在特定问题情境中知识组织的差异,研究者可以知道他们表征问题情境的差异。

专家的记忆优势

早期对于专长实质的探讨聚焦于专家记忆优势效应的解释。例如,Chase 和 Simon(1973)提出组块理论(chunking theory)来解释国际象棋大师的记忆优势。他们认为,大师的优势在于长时记忆中存储了大量复杂的棋式,可以将最新呈现的材料与这些棋式建立联系,在提取信息时,只需根据短时记忆中的检索线索就可逐一提取这些已被编码的棋式。而一般棋手由于长时记忆中缺乏这些棋式,所以受限于短时记忆的容量,只能回忆出数量有限的棋位。

Gobet 和 Simon(1996,1998)提出的模板理论(template theory)是对组块理论的深化和更新。所谓模板,就是专家具有的针对某一类型棋谱的认知结构,一旦拥有了这种具备多个空槽的大组块,就可以利用这些空槽来存储一些信息,如有关特定棋子的位置,可能的棋着,以及计划、战略战术等语义信息。

Chase 和 Ericsson(1981,1982)进一步提出熟练记忆理论(skilled-memory theory)来解释专家的记忆优势。他们认为,超常记忆可以解释为在长时记忆中有效地编码和提取信息。专家在识记材料时,一方面将新信息与长时记忆中有意义的模式相关联或者生成新的意义联系,另一方面将新信息与长时记忆中的检索结构相关联或者形成新的检索结构。而在回忆材料时,他们只需要关注这些检索线索,就可以自动搜索已经储存在长时记忆中的信息。组块理论认为,专家只是根据头脑中原有的信息对刺激进行模式识别,而长时记忆中并未生成新的联系。与组块理论不同,熟练记忆理论认为,专家在快速呈现刺激的情形下,仍能将信息有效地存储至长时记忆中,并能通过某一检索结构对该信息加以提取。

熟练记忆理论后来发展为长时工作记忆理论(long-term working memory theory)。Ericsson 和 Kintsch(1995)认为这一理论试图解释专家是如何应对工作记忆的容量限制的。他们认为，专家之所以具备超常记忆，是因为他们习得了快速有效地把加工中间阶段的产品作为提取结构储存到长时记忆中的能力，这一信息通过短时记忆中的提取线索保持为直接可以提取的状态。由此，专家以长时记忆为临时存储缓冲器，获得了超出工作记忆容量的加工能力。

专家的问题解决

新手和专家的问题解决之间的差异通常表现在速度和准确性上。新手通常能解决专家的问题，但花费的时间很多，容易产生人类思维的偏差。如果给予足够的时间和反馈，新手也能解决专家的问题，但他们用的方法不如专家有效，会犯更多的错误。因此，新手和专家的问题解决的大多数差异涉及从最初的问题状态到最终的问题解决过程。

任何问题解决活动都要求形成解决问题的方案，首先是要形成问题空间的表征，领域知识组织的方式也会影响问题解决的初始步骤(Larkin, McDermott, Simon, & Simon, 1980; Patel & Groen, 1991)。问题空间的表征指的是确定问题性质和关键信息来源的过程，这是使问题可能的因果前提概念化的过程。专家形成问题表征大多是自动化的，在阅读或听到问题的同时就形成了；而新手缺乏大量的知识基础来自动识别问题情境中的相关模式，所以需要有意识地考虑问题空间的每一个方面。

根据 Hayes-Roth 和 Hayes-Roth(1977)的知识集合理论，当特定的概念性路径出现在长时记忆中时，就意味着信息的模式可以用更高层次(整合化)的原理加以组织。这一结果不仅有利于知觉表现，而且能使那些与情境有关的信息更容易激活。与长时记忆中的概念相联系的知识的激活是激活扩散的自然结果，这被称为扇形效应(Anderson, 1976)。通过整合化来消除扇形效应(即限制激活扩散)，使专家获得了加工资源增加的优势。因此，新手比专家会更有意识地加工更多信息，因为他们不知道关注什么和忽略什么(Lesgold, 1984; Pirolli & Anderson, 1985)。

此外，专家一般会发展出广度加工优先策略，而新手采用深度加工优先策略(Chi, Feltovich, & Glaser, 1981)。Lovett 和 Anderson(2000)的一个例子能很好地说明这种差异。确定一个班男生和女生平均身高的差异，需要以下几个步骤：(1)测量男生和女生的身高；(2)分别求男生和女生身高的总和；(3)分别计算男生和女生身高的平均值；(4)两者相减就是二者的差异。专家会按这四个步骤表征这个问题，但新手会单独考虑每一步，他们会先把男生的平均身高算好，然后再从第一步开始求女生的平均身高。

新手的深度加工优先策略就是要追踪问题解决过程的子目标，而这正是造成逆向推理的原因。逆向推理就是先确定总目标，然后将其分解为子目标以最终解决问题。利用子目标意味着要追踪每一个对于总的问题有帮助的子目标，这要求有大量的工作记忆容量,因此在复杂的问题解决过程中会超出加工资源的限制并导致错误。专家的广度优先加工策略并不要求确定每个子目标,测量男生和女生的身高是同步进行的,这就会产生顺向推理策略,工作记忆负担就较轻。这种差异可以归结为专家知道测量两组学生身高都需要的程序,而不是分别加以考虑,所以专家解决问题的速度更快,准确度更高。

总之,影响专家组织、表征和解释环境信息的既不是一般能力,如记忆或智力,也不是一般策略,而是专家所获得的广博知识,这反过来又影响了他们的记忆、推理和问题解决。专长实质的认知研究强调了专家的知识组织对于问题解决的重要作用,这是专长实质研究的一大共识。

我国学者关于专长实质的研究

从 2000 年开始,我国学术界越来越意识到专长研究的重要性,涉及专长主题的期刊论文和学位论文的数量大增,例如,郝宁(2003)、李同吉(2003)、吴玲(2003)分别就计算机编程、不确定决策、医学诊断等开展实证研究,发现专家与新手在问题解决方面存在差异,并从知识组织的角度解释这种差异的实质。胡谊(2004)用专家的条件化操作和精致化知识解释专长的实质,他对专家和新手的物理问题解决过程进行了比较研究。他以欧姆定律作为研究内容,采用出声思维言语记录分析方法,对专家和新手解物理题的过程和策略用"条件—行动"规则进行解释,发现专家解题的表现在以下方面优于新手:(1)与专家相比,所有新手都或多或少地表现错误,主要有计算错误、公式错误、电路错误和思路阻断;(2)专家倾向于用比例计算或嵌套计算的方法来解题,而新手大多采用逐步计算方法来解题。胡谊进一步解释道,专家之所以具有解题优势,原因在于专家在领域任务条件下的限制化行动:(1)从阻间关系思考问题;(2)采用自上而下的解题策略;(3)目标驱动的解题思路。

郝宁(2003)发现了 VB 编程专家的领域知识对其编程策略的作用。专家和新手在陈述性知识、自动化基本技能、一般策略、特殊策略等方面存在差异:(1)专家的陈述性知识的数量比新手多;(2)新手的代码编写和程序调试的自动化基本技能比专家弱;(3)新手编程时没有采用手段—目的分析策略;(4)专家编程时还采用一些新手不具备的特殊策略,如可视化策略、注释策略、反馈加工策略、用户中心策略等。

李同吉(2003)采用风险投资决策任务,对专家和新手的不确定决策的认知过程进行研究,发现专家和新手在对决策任务的知识和观念、信息选择、推理过程及决策策略等方面存在差异。风险投资决策专家的知识更为精致,具备体现个人风格的观念;而新手的知识停留于教科书的条目,缺乏个人观念。专家在决策过程中利用的信息量更少,更具选择性,专家的推理链较短,体现了对特定领域的洞见;而新手的推理链更长。专家的决策策略是自动化和直觉式的,而新手的策略是分析性的。

吴玲(2003)发现医生诊断推理的基础是病例表征,而病例表征的过程是建构情境模型,进而提出诊断假设。专家在推理过程中对利用的信息进行选择,可以将信息综合起来进行深层推理,而新手只是通过加工单个信息进行表面推理。

李贤(2006)对精神科医生的诊断专长进行研究,发现了专家和新手的知识结构和推理机制的差异。专家的知识模型的分化程度高、结构性强、维度含义清晰且呈现多样性和独特性,新手的知识模型趋向单一、结构化程度不够。专家善于进行深层推理,具有系统性、全面性,且对问题情境有良好的适应性;而新手的推理流于表面,孤立地对待信息,提出的诊断假设具有刻板性。专家在推理的精确性、诊断时间、信息搜索数量、提出诊断假设的数量等方面均与新手有显著差异。而且专家的知识结构和推理机制之间存在交互作用,领域知识是推理过程顺利进行的基础,而推理的结果又丰富了原有的知识结构。

杨翠蓉(2006)围绕小学数学专家型和新手型教师教学过程中的认知进行比较研究,发现专家型和新手型教师在知识和信念、教学计划和教学实施等方面存在差异。在知识和信念方面,专家型教师具备比新手型教师更为丰富的学科内容知识以及与学生学习有关的知识,具备与新手型教师不同的信念(含数学学科信念、数学教学信念以及与学生有关的信念)。专家型教师还具备与学生有关的抽象的理论性知识。专家型教师的知识是结构化的、规则性的、原理性的,是相互联系的整体。在教学计划方面,专家型教师不仅计划教学活动,而且较多考虑教学目的和内容,而新手型教师更多考虑细节性的教学活动步骤。专家型教师的教学计划结构图更为复杂且更具内在联系性。在教学实施方面,专家型教师既遵循教学计划,又会根据情况作出灵活的调整。专家型教师在教学实施过程中的思维对象包括学生的错误和正确的回答、教学材料和教学内容等,而且关注如何促进学生学习和理解;而新手型教师主要思考的是学生的错误以及分散注意力等现象,很少考虑教学目的。

在运动专长研究领域,漆昌柱、徐培(2001)及王洪彪、周成林、王丽岩(2008)对国外运动专长研究的理论和方法、研究现状等方面进行了介绍。另外,杨华东(2013)采用心理测验方法,对新手—熟手—专家乒乓球运动员的注意分配、注意广度、注意稳定与集中、注意转移等方面的特点进行比较,发现乒乓球运动员的注意分配能力和注意广度随着运动专长水平的提高而提高,但组间差异不显著;专家的注意稳定和集中程度以及注意转移能力显著优于新手和熟手。他据此提出,要把注意的稳定与集中、注意的转移和灵活性,以及注意分配作为乒乓球运动员专项选材和训练监控的主要指标。

从上述介绍可以看出,我国学者的专长研究主要聚焦于如下方面:一是引介国外专长研究的最新理论和相关研究;二是开展相关的实证研究。理论的引介范围较广,从早期的问题解决研究到各种理论模型。实证研究的主题则从专长实质逐渐过渡到专长发展和专长获得等方面。

10.2.3 专长的发展

专长研究者试图刻画从新手到专家的发展过程经历了哪些阶段,这些不同阶段有什么特征,这种转变历程对于教育有何意义。

专长发展阶段模型

研究者对专长的发展阶段提出了各种模型。专长发展阶段模型可以提供专长发展过程的信息,而不仅仅是确定专家或描述专家行为。

Anderson(1983,1993)的阶段模型称为"知识模型",试图描述人类的所有学习。他把人类学习分为三个阶段:第一阶段是认知阶段,新手主要是处理有意识的信息或陈述性知识;第二阶段是联系阶段,这一阶段涉及知识编辑,新手利用概念性知识来创造、组合和改正产生式;第三阶段是自动化阶段,具体任务的程序经过不断练习,最后发展到自动化程度。

Bloom(1985)的阶段模型称为"现象模型"。第一阶段的特征是觉得有趣、好玩,可以从中获得即时的奖励。新手以个人的方式参与实践,而不考虑行为的标准,他们喜欢参与任务或活动。第二阶段是努力掌握技能,并使技能精确化,知识广博的教师的批评对于通过刻意训练发展专长常常是有帮助的。第三阶段的特征是努力达到卓越,工作成了自我的需要。

Schumacher 和 Czerwinski(1992)的阶段模型称为"整合模型"。第一阶段是前理论阶段,在这一阶段,新手在努力完成任务时注意问题的表面要素,新手的知识局限于积累个人经验。第二阶段是经验阶段,个体能够再认很多例子的共同特征并知道因果关系,他们能够抽象信息,而不是单纯地收集信息。第三阶段是专家阶段,个体可以再认系统模式,知识会在不同的系统间迁移。

上述三种模型关注不同的要素。Anderson 的"知识模型"侧重于详细说明获得高度自动化问题解决知识的认知过程,而这正是高级专长的特征。Bloom 的"现象模型"更关注新手的态度和经验。Schumacher 和 Czerwinski 的"整合模型"强调把专长开发看成是知识获得的"科学方法"。

Skovholt 和 Ronnestad(1992)提出了咨询师专长发展阶段模型:

第一阶段是传统阶段,在这一阶段,新手没有经过训练,把自己当成来访者的朋友,他们常常觉得自己并不能有效地帮助来访者。

第二阶段是向职业转换阶段,这一阶段的特征是"模仿专家",用 Skovholt 和 Ronnestad 的话来说是"有条件的自治"。学生要向督导和教师请教技术,非常迫切地需要得到专家的指点,这是实习阶段的咨询师的特点。

第三阶段是职业阶段,这一阶段的特征和其他一般专长模型是一致的。咨询师会反思自己的咨询表现和咨询过程,对于咨询理论和模型的运用是一致的,会形成何为有效咨询的观点,并深化心理治疗实践的真实性。

美国心理学家 Alexander(2003)提出了另一个专长发展模型,该模型主要适用于学生学习。Alexander 认为,一个人在具体学科领域里从新手成长为专家会在知识、策略性加工和兴趣等方面发生变化,这种变化是有阶段特征的。Alexander 把学科领域专长划分为三个阶段:适应、胜任和熟练。这三个阶段的学生无论是认知还是情感都处于不同的水平。知识、策略性加工和兴趣等三个要素中的任何一个都可促进学生从适应向胜任转化;而从胜任向熟练转化,则需要上述三个要素的合力。专家的知识基础不仅具备深度和广度,而且可为该领域创造新知,这就需要专家熟悉该领域的问题和方法论,并积极地发现问题。专家提出问题并进行研究,从而扩充该领域的研究范围,因此,专家的策略几乎纯粹是深层的高水平的加工策略。此外,专家的个人兴趣很高,不再依赖情景兴趣,这使专家能长期保持高水平的投入。

上述模型从不同角度揭示了专长发展的某些规律,但在实证研究的证据支持方面,最值得一提的是荷兰研究者 Henk Schmidt 和 Remy Rikers 等人在医学专长领域开展的研究。他们在大量的实验研究中发现了专长发展的中间水平效应(intermediate effect),并提出知识打包理论(knowledge encapsulation theory)来解释这一效应。

专长发展的中间水平效应

医学专长研究发现,和许多领域研究发现的专家记忆优势效应不同,医学专家和新手回忆病例信息的能力不如中间水平者,这被称为专长发展的中间水平效应。为了验证中间水平效应,研究者变化了各种实验条件,考察产生中间水平效应的原因及条件。这些条件包括呈现病例的时间、任务指导语(是否提示要完成回忆任务)、是否解释临床体检的数据、专家被试是领域内专家还是领域外专家(sub-expert)等,研究几乎都证实了中间水平效应的存在。

研究者对中间水平效应提出了一些具体深入的解释。研究者一致认为,医学知识有两种:一种是生物医学知识,另一种是临床知识。前者是关于疾病原理的知识,后者是关于临床症状和诊断的知识。专家诊断推理依靠的是直接的临床知识,而生物医学知识只是在缺乏临床知识时用来解释病人的问题。临床问题表征是以病例症状及其解释形成的,专家的病例表征包含的临床概念数量相对较多,而学生的案例表征更加精致,因为他们没有发展出随时可用的临床知识,需要激活所有的知识来帮助理解案例。

研究者对医学专家的知识结构有两种不同的假设。Patel、Arocha 和 Kaufman (1994)认为生物医学知识和临床知识是以不同的知识基础组织起来的,分别有自己的知识结构和推理方式,两种知识的因果关系和联系性质也不同。他们认为两种知识的关系需要在训练和实践中发展,但未具体指出如何发展,这种观点称为两个世界的观点。

而 Schmidt 和 Boshuizen(1992)认为,在专长发展过程中,生物医学知识和临床知识有意义地整合到同一个知识基础中,通过在诊断和治疗中反复运用,先前学到的生物医学知识自动嵌入到更高水平的临床概念或诊断类别之中。Schmidt 和 Boshuizen(1992)把这一结构变化的过程称为知识打包。专家之所以回忆信息数量较少,主要原因在于他们回忆出来的是打包后的结构化知识(encapsulated knowledge),而不是零散的生物医学知识或者临床知识。知识打包理论认为,在专家的知识网络中,解释疾病因果关系的生物医学知识已经和临床知识形成打包网络,这些打包网络有时候是打包的,有时候是打开的,这取决于任务的要求。例如,在诊断常规病例时,专家只需激活打包概念就可自动化地解决问题,而在诊断复杂病例时,他们就必须激活打包网络中详细的生物医学知识,从而把打包网络打开。知识打包网络的形成是由于医生遇到很多实践问题和真实的病例后,他们的生物医学知识逐渐和一些与临床有关的概念联系起来,或被打包在这些概念之中,这些概念和精致的生物医学知识结构具有同等的解释效力。

两个世界的观点和知识打包理论最为核心的分歧就是生物医学知识在临床病例表征中的作用。两种观点都强调临床知识的重要性。两个世界的观点认为生物医学知识并未参与到临床病例加工中,除非专家遇到的是很难的或非典型的问题。也就是说,专家的诊断过程主要是由相关的症状构成,而不需要利用生物医学知识(Patel 等,1994)。而根据知识打包理论,随着临床经验的日益丰富,生物医学知识逐渐和临床知识整合,因此,生物医学知识在加工临床病例时仍会被激活,尽管和临床知识相比,它在专家的临床病例表征中起着次要的作用。但两种观点都认为生物医学知识在学生的临床病例表征中起核心作用,学生由于缺乏相关的临床经验,所以必须利用生物医学知识来诊断临床病例。

知识打包的证据不止在回忆任务中出现,在生理病理学解释中也会出现(Boshuizen & Schmidt, 1992; Schmidt & Boshuizen, 1992)。专家医生解释临床病例中的症状时首先提到临床相关的概念,而中间水平者首先利用生物医学知识来解释症状。有趣的是,Patel、Groen 和 Arocha(1990)发现,领域外专家也更多地利用生物医学知识。而 Schmidt 和 Boshuizen 认为,专家虽然没有在常规病例中利用生物医学知识,但一旦需要也会很容易获得。他们解释道,在专长发展过程中,不同的知识结构储存在长时记忆中,当最近获得的打包结构不能产生充分的临床问题表征时,这些储存在长时记忆中的知识结构仍然可以提取(Schmidt & Boshuizen, 1992)。

医学专长发展的中间水平效应表明医学知识并非以线性方式发展,而是表现出倒U形,这推翻了知识获得过程的线性增长的假设,说明知识的获得过程比传统假设要复杂很多,这对于教育具有深刻意义。从新手到专家的转变要经历中间水平阶段,中间水平阶段的这些特征可能蕴涵着教育转变的一些关键,如果能够顺利从中间水平者的缺陷中转变过来(在知识组织方面就是形成打包知识),那么成为专家就指日可待。

我国学者的专长发展阶段研究

相比国外研究者提出的各种发展模型和大量实证研究,国内学者在专长发展研究方面做的工作不算丰富。比较早期的研究是连榕(2004)对教师在专长发展规律上的探讨。他采用量表对新手型、熟手型和专家型教师的教学策略、成就目标定向、人格特征、职业承诺和职业倦怠等方面进行测量,发现专家型教师的教学策略、成就目标定向和人格特征优于熟手型教师,熟手型教师优于新手型教师。在职业承诺和职业倦怠方面,专家型教师优于熟手型教师和新手型教师,熟手型教师和新手型教师没有显著差异。新手型教师重视课前准备,成绩目标是其重要的工作动机。熟手型教师的课中策略水平较高,任务目标是其重要的工作动机,并具有随和、宽容、乐群、能关心他人的人格特征。专家型教师的教学策略以课前计划、课后评估和反思为核心,具有鲜明的情绪稳定、理智、注重实际、自信和批判性强等人格特点,职业的情感投入程度和职业成就感高。三类教师在课后的补救策略、成绩目标、内外向、继续承诺和情绪耗竭上没有显著差异。

连榕(2008)在对3000多名新手型、熟手型和专家型教师进行实证研究的基础上,提出了教师教学专长发展阶段论。教师教学专长发展主要有两个大的转变:一是从新手到熟手阶段,表现为常规水平的胜任教学;二是从熟手到专家,表现为创新水平的胜任教学。他分别刻画了新手型、熟手型和专家型教师在认知、人格、工作动机、职业心理和学校情境心理等方面的特征,并把每类教师的成长细分为若干亚阶段。新手型教师可分为"自我"的新手型教师和"领会"的新手型教师。前者注重表现自我、外部动机强烈、行为积极,正在形成对教学的初步认识;后者在获得了初步的教学经验,开始初步胜任教学的同时,领悟到了教学的高度复杂性,了解到成长为优秀教师的艰辛。熟手型教师可分为三个亚阶段:"任务"的熟手型教师、"问题"的熟手型教师和"稳定"的熟手型教师。"任务"的熟手型教师已经具备对教学的基本胜任能力,能有序安排自己的教学活动,对自己的教学能力有了自我肯定的态度,开始成为承担繁重教学任务的骨干教师。"问题"的熟手型教师的职业自我满足感开始下降,对教师职业产生了单调重复、封闭、繁重、责任大、负荷重、报酬低的感受,这个阶段是教师情绪困扰最大且最容易出现心理问题和心理障碍的时期,如果调节不当,会直接进入衰退期,其教学水平甚至还不如新手。"稳定"的熟手型教师解决了前一阶段的问题,从而进入了一个较为平缓、平静和平和的时期,形成了较高的在常规水平上的教学胜任能力。专家型教师可分为两个亚阶段:"创新"的专家型教师和"领军"的专家型教师。前者具备丰富的和组织化的专门知识,解决教学问题的效率高,对教学问题的洞察力较强;后者对所在学校和所在地区的教学改革和发展有了较大的影响力,成为某一学科或某个地区的教学领军人物。连榕提出的教师专长发展阶段观对于如何有针对性地促进不同发展阶段的教师的专长发展具有重要价值,但他的研究方法与专长研究领域中盛行的实验方法有所差异。

李同吉的博士论文(2006)采用专家—新手比较的实验研究方法,对心理咨询专长发展开展了实证研究。借鉴医学专长研究的范式,李同吉发现心理咨询专长发展也存在"中间水平效应",处于中间水平的被试(心理咨询方向的研究生,且本科为心理学专业)比新手(心理学专业本科生)和专家(心理咨询经验达十年之久)回忆咨询案例的数量多。通过实验研究,研究者发现了心理咨询人员的知识结构、诊断推理和咨询等方面的发展轨迹,据此提出了心理咨询专长发展的阶段论,并提出了相应的培训建议。

10.2.4　专长的获得

不同研究者对专长获得的机制提出了自己的解释,其中有两种理论观点颇具代表性:Ericsson 等人提出的刻意训练理论(deliberate practice theory)及 Bereiter 和 Scardamalia (1993)的进取型问题解决观(progressive problem solving)。

刻意训练理论

美国佛罗里达州立大学的 Ericsson 等人(1993)在研究许多领域的专长获得规律的基础上提出了刻意训练理论。他们批评了遗传决定论观点,证明后天的训练才是对专长获得起决定作用的因素。而且他们认为,光有经验是不足以获得卓越表现的。专家行为和日常的熟练技能是不一样的,后者符合技能获得的三阶段论,但前者不停留于自动化阶段。专家行为获得的一个挑战是避免停滞于发展的自动化阶段,获得认知技能以支持他们的持续学习和改进。积极寻找任务(通常这种任务是教师和教练提供的)会促使他们投入到问题解决中,并改进他们的表现,这样他们就能克服自动化引起的停滞,积极获得和精炼他们的认知技能以支持持续学习和改进。学习者和他们的老师确定具体的目标,不断改进行为的特定方面,并设计训练活动,使学习者能够通过反馈和重复的机会(刻意训练)逐步精炼他们的表现。学习者会逐渐获得认知技能,学会在本领域的代表性任务中控制、自我监控和评价表现,因而逐渐不需要教师的反馈。尽管这些认知技能的总体结构体现了一般原理,但其详细结构以及作为获得这些技能中介的练习活动等会反映特定任务的要求,因此各个领域是有差异的。

刻意训练理论认为专家水平的改进不是自动的,也不是随着经验积累而发生的。改进是大脑和神经系统控制行为的认知机制发生改变的结果。要达到专家水平,最为重要的是让这种可以使个体水平不断提高的认知机制发生改变。一旦我们把专长水平的中介看成是复杂的表征系统,如计划、执行、分析和监控,就很清楚专长的获得需要系统的和精心的训练。刻意训练可以用来改进某个特定方面,这种改变可被整合到代表性任务中。有关音乐和运动的研究表明,训练不断地要求人们提高现有能力水平,不断克服某些弱点。这种刻意训练活动要求全神贯注,需要极大的努力,并会产生某种失败,而且要不断地纠正和重复练习。在人们对运动的研究中,Deakin和Cobley(2003)发现溜冰运动员花了大量时间训练他们已经掌握的跳跃连接动作。他们发现随着专长水平的提高,溜冰运动员花更多时间在跳跃和其他有挑战性的动作上,因为这些动作的改进能大大提高他们的水平。旨在改进水平的训练不可能无意识地或者脱离任务情景来完成。而且,在某个领域的更为杰出的人,如教练和老师,对于指导他们安全有效地完成训练任务起着关键作用。刻意训练理论也可以解释以下现象:个体要保持当前水平也需要刻意训练,运动员和音乐家如果停止常规训练,水平就会降低。保持某种挑战和紧张水平对生理和认知适应是有必要的。同样还可以用这个理论来解释音乐领域中与年龄有关的衰退。

尽管刻意训练活动对专长发展的促进作用明显,但它同时也受到许多因素的制约。Ericsson等人认为至少有以下三种限制:资源限制,包括个体的时间和精力的投入,能够获得老师的指导以及训练材料和训练器材的支持;动机限制,不像工作有明显的外部激励作为动机,也缺乏玩耍的娱乐性,刻意训练需要个体认识到其对行为改进的重要意义,个体需要从改进的结果中获得满足感并将其作为内在的激励;努力限制,刻意训练是一项需要长期付出努力的活动,但训练时间应有限度,不能导致身心疲惫甚至崩溃。因此我们在研究问题时,既要注重刻意训练对个体行为促进的良好作用,同时也要注意它所受到的限制因素,并促进其改善,以达到更好的效果。

通过以上讨论可知,个体主要是通过长时间专注地投入刻意训练活动,来促进其行为水平的提高。在这个过程中,如果个体有良好的资源优势,意识到刻意训练的重要性,并以此为动机进行大量的训练和努力,将使训练获得更好的促进效果。

刻意训练理论已在多个领域进行过相关研究,包括小提琴演奏领域、钢琴演奏领域、摔跤领域、艺术领域、团队运动领域、保险代理领域等,而实证研究最早是由

Ericsson 等人(1993)在小提琴演奏领域开展的,此研究是后续许多研究的基础和模型。Ericsson 等人通过前期与音乐教师的讨论,筛选出 13 种与小提琴演奏相关的活动;后通过不同专长水平的演奏者对这些活动的相关性、趣味性、努力程度三方面进行 10 等级评分,并采用日志法对不同专长水平的演奏者一周的相关活动进行调查;最后根据刻意训练活动的特征以及不同专长水平演奏者的活动时间统计,筛选出该领域内的刻意训练活动。通过邦费罗尼(Bonferroni)多重比较分析发现,独立练习是最为重要的刻意训练活动,它与演奏水平改进的相关性(评分为 9.82)显著高于平均水平,须付出最大程度的努力(8.00),并具有较低的娱乐性(7.23),因此 Ericsson 等人确定独立练习是小提琴演奏领域的刻意训练活动。

Helsen、Starkes 和 Hodges(1998)首次将研究的目标领域从个体技能领域(如小提琴、钢琴)转向群体技能领域(如足球、篮球等),并确定了两项刻意训练活动:个体训练活动(包括举重、分析比赛录像、跑步等 8 项子活动)和群体训练活动(包括战术训练、跑步等 7 项子活动),以及其他一些与足球相关的支持性活动。研究发现,两项刻意训练活动的相关性评分显著高于平均水平,需付出较高努力,而支持性活动则没有一项相关性评分高于平均水平。与 Ericsson 等人的结论不同的是,研究发现在群体训练活动中,战术训练和技巧训练的娱乐性非常高。该研究发现刻意训练活动的娱乐性并非必然低,可能与活动本身的合作性和社会性有关。

我国学者郝宁和吴庆麟(2005)将刻意训练理论应用在电子竞技运动领域,前期先与 5 名 AOC 电子竞技运动顶级高手讨论,设计出含有 16 种领域相关活动的调查问卷。调查内容主要包括:该活动对行为改进的相关性、该活动所需付出的努力程度、该活动的娱乐性、进行该活动的当前每周时间、进行该活动的累计时间,随后将问卷上传至互联网招募志愿者参与调查。研究者依据被试在国际对战平台 ZONE 上的得分,将参与者分为顶级高手、一般高手和一般玩家 3 个等级。通过考察 97 名顶级高手对 16 种领域相关活动的评价,利用高相关性、高努力性和低娱乐性的特点筛选出 3 项刻意训练活动,即单人对战活动、独自分析高手录像活动、每局后反思原因。随后考察包含 3 个等级的 271 名被试投入刻意训练活动时间量的差异,以进一步分析刻意训练活动对其竞技水平的影响作用。结果表明,在 AOC 电子竞技运动领域,个体投入刻意训练活动的总体累计时间量可预测其竞技水平,这与 Ericsson 等人的结论相同。研究还发现顶级高手进行 3 项刻意训练活动的娱乐性均低于平均水平,但一般高手和一般玩家对活动的娱乐性评价存在着明显差异。因此郝宁等人认为,Ericsson 等人对刻意训练活动的低娱乐性的论断过于绝对,应考虑领域差异及被试水平差异。另外研究也证明了领域内的刻意训练活动可以有多个,但不同训练活动的重要性有高低之分。

进取型问题解决观

Bereiter & Scardamalia (1993)指出,专长是一个过程而非一种状态,仅仅比较同一任务中专家和新手的行为差异的意义不大,因为经过大量练习和拥有丰富经验的专家自然会比新手表现更好,因此更为重要的是要理解专长是如何获得的。为此,需要对专家和有经验但不是专家的人进行比较研究,从而探究专长是如何随着时间的推移而发展的。

Bereiter 和 Scardamalia 在针对写作专长的研究中发现,许多人尽管花了很多时间来练习写作,但能成为写作高手的人并不多。他们还发现有的司机虽然经历了学习交通规则到自动化驾驶汽车的技能发展阶段,但最终的技能水平并不高。

那么是什么导致了专家和有经验的非专家的区别呢? Bereiter 和 Scardamalia 提出了"再投入"(re-investment)和进取型问题解决(progressive problem solving)两个概念来加以解释。他们认为,专家和非专家的区别不在于解决问题的效率,而在于解决问题的类型。专家愿意处理那些能提高其专长的问题,而非专家倾向于解决那些不能够增强自己能力的问题。

比如,专家写作者和非专家写作者在对待同一个写作主题时,前者花了更多时间去完成任务。为了形成一个观点,专家写作者要多方寻找素材,评价并重新构思,而非专家写作者却很快得出了一个主要观点,这与以往研究发现的专家速度更快的结论是相矛盾的。Bereiter 和 Scardamalia 认为,专家写作者和非专家写作者的区别在于他们对待任务的方式的差异,前者把写作看成一个要写出有创意文章的挑战,而后者只是把它当成一个简单叙述自己工作情况的任务。因此,正是通过不断让自己置于能力极限的工作之中促进了专长的发展。专家之所以能够成为专家,是因为他们在面对一项任务时,会让这项任务对自己产生最大的挑战,从而促进专长的发展;而非专家让自己得到最小的挑战,因而无法从完成该任务中获益。

Bereiter 和 Scardamalia 还认为,随着经验的增长,专家解决问题的过程会从有意识的努力变成自动化、不需意识努力的常规活动,这样专家就可释放出更多的认知资源,这些资源可以再投入到解决更高层次的问题中。而非专家在形成解决问题的常规之后,往往会陷入停滞不前的状态。

香港学者徐碧美(2003)采用进取型问题解决观的理论框架,通过对四位专家型和新手型英语教师的个案追踪研究发现,专家型教师的专长发展过程是一个不断追求卓越的过程,专家型教师和新手型教师之间的关键差异并非在于前者解决越来越多的问题,而是他们具有在貌似没有问题的地方看到问题的能力。例如,她所研究的专家型教师玛丽娜虽然所教的班级是全学校最听话的,备课和教学材料的准备对于她这样一个有八年教龄的教师而言是没有任何问题的,但她还是把这看成是一个问题并努力解决它。相反,另一位新手型教师不认为备课和教学素材的准备有什么问题。与"问题化"相关的是对待挑战的态度。四位教师在专业发展的不同阶段都面临不同性质的挑战,但每个人应对的方式不同。正是这种对待挑战的不同方式和态度影响了他们最终专长的获得。

进取型问题解决观和刻意训练理论有某种相似之处,都强调专家和有经验的非专家的区分。但相比之下,进取型问题解决观仅仅强调专家愿意投入更有挑战性的活动,但对这些活动更为细致的特征并未作深入研究;而刻意训练理论不仅强调从事特定活动的价值,而且对各个领域的刻意训练活动进行了广泛而深入的研究,因而产生了更大的影响。

10.2.5　总结与展望

专长的实质、发展规律与获得机制一直是专长的重要研究主题,近年来研究者越来越关注专长的神经机制研究,专长研究与脑科学结合成了一个重要趋势。从研究领域来看,胡谊开展的记忆研究,以及郝宁在创造力专长领域的研究工作都已经有了国际影响。此外,国内学者对特定职业领域(如教师和运动员)的专长研究相对较为丰富,今后有必要深入探讨特定职业领域的专长研究对于专业教育和职业教育的影响。

参考文献

G·波利亚.(1982).怎样解题.阎育苏,译.北京:科学出版社.
鲍艳.(2009)."问题解决"在语文阅读教学中的应用(硕士论文).首都师范大学,北京.
陈刚,朱晓波.(2011).论科学课程问题解决的教学.教育科学研究,5,57—60.
陈文胜.(2001).问题解决及其对数学教育的启示(硕士论文).福建师范大学,福州.
傅小兰.(1992).专家技能的计算机模拟方法.心理学动态,10(1),54—59.
郝宁,吴庆麟.(2005).刻意训练在AOC电子竞技运动专长获得中的作用.应用心理学,11(3),254—258.
郝宁.(2003).Visual Basic编程专家的领域知识在编程过程中的作用(硕士论文).华东师范大学,上海.
胡谊,吴明明,吴庆麟.(2003).记忆中专长效应的理论发展述评.心理科学,26(3),543—544.
胡谊.(2004).专长的实质:限制与精致(博士论文).华东师范大学,上海.
黄润珍.(2010).浅议"问题解决"在语文阅读教学中的运用.科技致富向导,6,56—56,115.
黄萨仁那.(2013).中国数学问题解决教学研究之研究——以(1979.7—2012.8)《数学通报》为中心(硕士论文).内蒙古师范大学,呼和浩特.
解丹.(2013).问题情境的设置对高中生数学问题解决的影响研究(硕士论文).首都师范大学,北京.
李光国.(2007).高一物理教学的学生问题解决能力培养研究(硕士论文).贵州师范大学,贵阳.
李同吉.(2003).不确定决策的专长:对风险投资决策的研究(硕士论文).华东师范大学,上海.
李同吉.(2006).心理咨询专长发展的认知研究(博士论文).华东师范大学,上海.
李贤.(2006).精神科医疗诊断专长的心理学研究(硕士论文).南京师范大学,南京.
连榕.(2004).新手—熟手—专家型教师心理特征的比较研究.心理学报,36(1),44—52.
连榕.(2008).教师教学专长发展的心理历程.教育研究,2,15—20.
梁宁建.(1997).专家和新手问题解决认知活动特征的研究.心理科学,20(5),406—409.
漆昌柱,徐培.(2001).运动专长研究的理论、方法与问题.武汉体育学院学报,35(2),36—38.
数学教育研究小组.(1993).数学素质教育设计要点.数学教学,3,2+1—5.
宋正莉.(2010)."问题解决"在语文阅读教学中运用的策略.现代语文,11,34—35.
汪安圣,李旸.(1987).专家和新手在问题解决中的不同思维模式.应用心理学,51,3—8.
王洪彪,周成林,王丽岩.(2008).国外运动专长研究现状与发展趋势.上海体育学院学报,32(5),36—40.

王小明,胡谊.(1996).师资培训的新思路——对专家与新手的比较研究.华东师范大学学报(教育科学版),3,76—84.

王小明.(1997).国外对专家教师认知特征的研究.师资培训研究,2,52—54.

王小明.(1998).国外对专家教师与新教师问题解决的比较研究.外国中小学教育,2,28—30.

文志红.(2002).数学问题构建与问题解决探究式教学设计——求精中学高中数学问题式教学的微型实验研究(硕士论文).西南师范大学,重庆.

吴玲.(2003).医疗诊断推理的专家—新手对比研究(硕士论文).华东师范大学,上海.

谢杰妹.(2010).初中科学问题生成与解决策略研究(硕士论文).延边大学,延吉.

徐碧美.(2003).追求卓越——教师专业发展案例研究.陈静,李忠如,译.北京:人民教育出版社.

杨翠蓉.(2006).小学数学专家教师和新教师教学过程中的认知比较研究(博士论文).华东师范大学,上海.

杨华东.(2013).乒乓球新手—熟手—专家注意特征比较研究.沈阳体育学院学报,32(4),61—64.

杨亚川.(2008).问题解决模式在实验教学中的应用.河南教育(基教版),7,114—114.

张春莉.(1998).专长发展的动态模式及其教学含义.上海教育科研,1,36—39.

张庆林.(1995).当代认知心理学在教学中的应用.重庆:西南师范大学出版社.

张远峰.(2005).促进小学生数学问题解决的教学设计研究(硕士论文).东北师范大学,长春.

赵瑜.(2010).论语文阅读教学中的问题解决模式.教学与管理,6,112—113.

Alexander, P. A. (2003). The development of expertise: The journey from acclimation to proficiency. *Educational Researcher*, *32*(8), 10 - 14.

Anderson, J. R. (1976). *Language, Memory, and Thought*. Hillsdale, NJ: Lawrence Erlbaum Associates.

Anderson, J. R. (1983). *The Architecture of Cognition*. Cambridge, MA: Harvard University Press.

Anderson, J. R. (1993). *Rules of the Mind*. Hillsdale, NJ: Lawrence Erlbaum Associates.

Bereiter, C., & Scardamalia, M. (1993). *Surpassing Ourselves: An Inquiry into the Nature and Implications of Expertise*. Chicago, IL: Open Court Publishing Company.

Bloom, B. S. (1985). *Developing Talent in Young People*. New York, NY: Ballantine Books.

Boshuizen, H. P. A. & Schmidt, H. G. (1992). On the role of biomedical knowledge in clinical reasoning by experts, intermediates and novices. *Cognitive Science*, *16*, 153 - 184.

Chase, W. G., & Ericsson, K. A. (1981). Skilled memory. In J. R. Anderson (Ed.), *Cognitive Skills and Their Acquisition* (pp. 141 - 189). Hillsdale, NJ: Erlbaum.

Chase, W. G., & Ericsson, K. A. (1982). Skill and working memory. *The Psychology of Learning and Motivation*, *16*, 1 - 58.

Chase, W. G., & Simon, H. A. (1973). Perception in chess. *Cognitive Psychology*, *4*, 55 - 81.

Chi, M. T. H., Feltovich, P. J., & Glaser, R. (1981). Categorization and representation of physics problems by experts and novices. *Cognitive Science*, *5*(2), 121 - 152.

Chi, M. T. H., Glaser, R., & Farr, M. J. (1988). *The Nature of Expertise*. Hillsdale, NJ, US: Lawrence Erlbaum Associates

Covington, M. V., Crutchfield, R. R., Davies, L. B., & Olton, R. M. (1974). *The Productive Thinking Program: A Course in Learning to Think*. Columbus, OH: Charles E. Merrill.

De Bono, E. (1985). *Conflicts: A Better Way to Resolve Them*. London, England: Harrap.

De Groot, A. (1978). *Thought and Choice in Chess*. (2nd Ed., originally published in 1946). The Hague, the Netherlands: Mouton.

Deakin, J. M., & Cobley, S. (2003). An examination of the practice environments in figure skating and volleyball: A search for deliberate practice. In J. Starkes & K. A. Ericsson (Eds.), *Expert Performance in Sports: Advances in Research on Sport Expertise* (pp. 90 - 113). Champaign, IL: Human Kinetics.

Duncker, K. (1945). The structure and dynamics of problem-solving processes. *Psychological Monographs*, *58*(5), 1 - 112.

Duncker, K., & Lees, L. S. (1945). On problem-solving. *Psychological Monographs*, *58*(5), i - 113.

Ericsson, K. A. (2005). Recent advances in expertise research: A commentary on the contributions to the special issue. *Applied Cognitive Psychology*, *19*(2), 233 - 241.

Ericsson, K. A. (2009). *Development of Professional Expertise: Toward Measurement of Expert Performance and Design of Optimal Learning Environments*. New York: Cambridge University Press.

Ericsson, K. A., & Kintsch, W. (1995). Long-term working memory. *Psychological Review*, *102*, 211 - 245.

Ericsson, K. A., Charness, N., Feltovich, P. J., & Hoffman R. R. (2006), *The Cambridge Handbook of Expertise and Expert Performance*. New York: Cambridge University Press.

Ericsson, K. A., Krampe, R. T., & Tesch-Romer, C. (1993). The role of deliberate practice in the acquisition of expert performance. *Psychological Review*, *100*(3), 363 - 406.

Feuerstein, R., Rand, Y., Hoffman, M. B., & Miller, R. (1980). *Instrumental Enrichment: An Intervention Program for Cognitive Modifiability*. Baltimore, MD: University Park Press.

Frijda, N. H., & De Groot, A. D. (1981). *Otto Selz: His Contribution to Psychology*. Hague, Netherlands: Mouton.

Gardner, H. (1985). *The Mind's New Science: A History of the Cognitive Revolution*. New York, NY: Basic Books.

Gobet, F., & Simon, H. A. (1996). Templates in chess memory: A mechanism for recalling several boards. *Cognitive Psychology*, *31*, 1 - 40.

Gobet, F., & Simon, H. A. (1998). Expert chess memory: Revisiting the chunking hypothesis. *Memory*, *6*, 225 - 255.

Greeno, J. G., & Simon, H. A. (1988). Problem solving and reasoning. In R. C. Atkinson, R. J. Herrnstein, G.

Lindzey, & R. D. Luce (Eds.), *Stevens' Handbook of Experimental Psychology* (2nd ed., pp. 589 - 672). New York, NY: John Wiley & Sons.

Hayes-Roth, B., & Hayes-Roth, F. (1977). Concept learning and the recognition and classification of exemplars. *Journal of Verbal Learning and Verbal Behavior*, *16*, 321 - 338.

Helsen, W. F., Starkes, J. L., & Hodges, N. J. (1998). Team sports and the theory of deliberate practice. *Journal of Sport & Exercise Psychology*, *20*(1), 12 - 34.

Humphery, G. (1963). *Thinking: An Introduction to Its Experimental Psychology*. New York, NY: Wiley.

Jonassen, D. H. (1997). Instructional design models for well-structured and III-structured problem-solving learning outcomes. *Educational Technology Research and Development*, *45*(1), 65 - 94.

Kneedler, P. (1985). California assesses critical thinking. In A. Costa (Ed.), *Developing Minds: A Resource Book for Teaching Thinking*. Alexandria, VA: Association for Supervision and Curriculum Development.

Krech, D., Crutchfield, R. S., & Livson, N. (1974). *Elements of psychology* (3rd Ed.). New York: Knopf.

Larkin, J., McDermott, J., Simon, D. P., & Simon, H. A. (1980). Expert and novice performance in solving physics problems. *Science*, *208*, 1335 - 1342.

Larkin, J. H. (1983). The role of problem representation in physics. In D. Gender & A. L. Stevens (Eds.), *Metal Models*. Hillsdale, NJ: Erlbaum.

Lave, J. (1988). *Cognition in Practice: Mind, Mathematics and Culture in Everyday Life*. Cambridge, MA: Cambridge University Press.

Lesgold, A. M. (1984). Human skill in a computerized society: Complex skills and their acquisition. *Behavior Research Methods, Instruments, & Computers*, *16*, 79 - 87.

Lovett, M. C., & Anderson, J. R. (2000). Making heads or tails out of selecting problem-solving strategies. In Proceedings of the 17th Annual Conference of the Cognitive Science Society. Hillsdale, NJ: Erlbaum.

Mandler, J. M., & Mandler, G. (1964). *Thinking: From Association to Gestalt*. Oxford, UK: Wiley.

Mayer, R. E. (1987). *Educational Psychology: A Cognitive Approach*. Boston, MA: Little Brown.

Mayer, R. E. (1992). *Thinking, Problem Solving, Cognition* (2nd ed.). New York, NY: WH Freeman.

Newell, A., & Simon, H. A. (1972). *Human Problem Solving*. Englewood Cliffs, NJ: Prentice-Hall.

Osherson, D. N., & Smith, E. E. (1990) *An Invitation to Cognitive Science: Thinking*. Cambridge, Massachusetts: MIT Press.

Patel, V. L, Arocha, J. F., & Kaufman, D. R. (1994). Diagnostic reasoning and medical expertise. In D. L. Medin (Ed.), *The psychology of Learning and Motivation: Advances in Research and Theory* (Vol. 31, pp. 187 - 252). New York, NY: Academic.

Patel, V. L., & Groen, G. J. (1991). Developmental accounts of the transition from medical student to doctor: some problems and suggestions. *Medical Education*, *25*(6), 527 - 535.

Patel, V. L., Groen, G. J., & Arocha, J. F. (1990). Medical Expertise as a Function of Task Difficulty. *Memory & Cognition*, *18*(4), 394 - 406.

Pirolli, P., & Anderson, J. (1985). The role of learning from examples in the acquisition of recursive programming skills. *Canadian Journal of Psychology*, *39*, 240 - 272.

Robinson, F. (1946). *Effective Study*. New York: Harper & Row.

Rogoff, B., & Lave, J. (1984). *Everyday Cognition: Its Development in Social Context*. Cambridge, MA: Harvard University Press.

Rubinstein, L. J., Herman, M. M., Long, T. F., & Wilbur, J. R. (1975). Disseminated necrotizing leukoencephalopathy: A complication of treated central nervous system leukemia and lymphoma. *Cancer*, *35*(2), 291 - 305.

Schmidt, H. G., & Boshuizen, H. P. A. (1992). Encapsulation of biomedical knowledge. In D. A. Evans & V. L. Patel (Eds.), *Advanced Models of Cognition for Medical Training and Practice* (pp. 265 - 282). New York, NY: Springer Verlag.

Schmidt, H. G., Norman, G. R., & Boshuizen, H. (1990). A Cognitive Perspective on medical expertise: Theory and implications. *Academic Medicine*, *65*, 611 - 621.

Schumacher, R. M., & Czerwinski, M. P. (1992). Mental models and the acquisition of expert knowledge. In R. R. Koffman (Ed.), *The Psychology of Expertise: Cognitive Research and Empirical AI* (pp. 61 - 79). New York, NY: Springer-Verlag.

Sinnot, C. L. (1989). Personal communication. Illinois Department of Agriculture, Springfield, /Illinois.

Skovholt, T. M., & Ronnestad, M. H. (1992). Themes in therapist and counselor development, *Journal of Counseling & Development*, *70*(4), 505 - 515.

Smith, M. U. (1991). *Toward a Unified Theory of Problem Solving: Views from the Content Domains*. Hillsdale, NJ: Erlbaum.

Sternberg, R. J., & Grigorenko, E. L. (2003). *The Psychology of Abilities, Competencies, and Expertise*. New York: Cambridge University Press.

Sternberg, R. J., & Smith, E. E. (1988). *The Psychology of Human Thought*. Cambridge, MA: Cambridge University Press.

Voss, J. F. , & Post, T. A. (1988). On the solving of ill-structured problems. In M. T. H. Chi, R. Glaser, & M. J. Farr (Eds.), *The nature of expertise* (pp. 261 - 285). Hillsdale, NJ, : Lawrence Erlbaum Associates.

Woolfolk, R. L. , Gara, M. A. , Allen, L. A. , & Beaver, J. D. (2004). Self-complexity: An assessment of construct validity. *Journal of Social and Clinical Psychology*, *23*(4),463 - 474.

11 数学运算

杨翠蓉 张 奇

【内容简介】

　　数学知识的学习和运算能力培养一直是教育心理学研究的重要内容之一,备受国内外学者关注。进入 21 世纪以来,国内外学者在数学运算(口算和估算)、数学问题表征、数学学习困难学生等方面进行了相对集中的研究,取得了一定的进展,获得了一些有参考价值的阶段性研究成果。本章仅择其部分作简要综述,以供读者参考,并为进一步推进这些研究指明方向。

【内容提纲】

11.1　数学运算及策略 / 227
　　11.1.1　心算及策略 / 228
　　11.1.2　估算及策略 / 232
11.2　数学应用题表征及策略 / 234
11.3　数学学习困难学生的研究 / 239
　　11.3.1　数学学习困难学生的表现 / 240
　　11.3.2　数困生的原因探索 / 244

11.1　数学运算及策略

　　数学运算是人们根据数学运算规则对数字或符号进行组合和分解的心智活动过程。除了机器(计算机和计算器)运算之外,人的数学运算可以分为有辅助工具的运算(如纸笔运算、珠算、计算尺计算等)和没有辅助工具的运算(如心算、估算和速算等)。考察学生数学运算能力的发展、策略的选择和运用是心理学研究的重要内容之一,对学生数学运算能力的培养和训练有重要的教育实践价值。

11.1.1 心算及策略

心算(mental arithmetic)是个体不借助任何辅助工具,只在心里(工作记忆系统)进行独立运算并口头报告准确运算结果的过程。

国外研究概况

Siegler 和 Shipley(1995)提出了适应性策略选择模型(adaptive strategy choice model,简称 ASCM),主要用于解释心算策略选择与口算策略运用的娴熟性。该模型认为个体在头脑中存有若干个计算策略,但在运用这些计算策略时会依据信心值和搜索长度,选择最佳策略,从而以最快的速度得出最准确的结果。适应性策略选择模型主要根据策略数量、策略分配、策略选择与策略娴熟性来描述个体心算和口算策略的发展变化(Lamaire & Siegler, 1995)。当前的心算策略研究大多运用选择与非选择研究范式来考察加法和乘法的运算策略选择情况及运用策略的娴熟性。策略选择(strategy selection)指在进行心算时,个体从若干策略中选择其中一个合适的策略。心算策略一般分为提取策略与过程策略,后者又可细分为变形策略、数数策略、分解策略、"近似加数乘 2"策略等。策略娴熟性(strategy efficiency)指个体在进行心算时,不同心算策略运用的速度及结果的准确性。

具有不同心算能力水平的学生在心算策略运用上存在差异。Torbeyns、Verschaffel 和 Ghesquiére(2004)比较了二年级心算能力强、弱的学生和三年级心算能力强学生的心算的特点,结果显示,二年级心算能力强的学生,其策略运用的速度与准确性都要显著高于心算能力弱的学生。但年龄不影响心算能力强的学生对心算策略的运用。Torbeyns、Verschaffel 和 Ghesquiére(2005)对一些心算能力强、弱的学生在和超过 10 的加法心算中的策略运用情况进行比较,结果表明,心算能力强的学生在直接提取策略、分解成"十与几"策略、"近似加数乘 2"策略的运用上均要比心算能力弱的学生更娴熟,但心算能力强的学生在策略选择上没有表现出更强的灵活性。除心算能力外,练习、性别等其他因素同样影响着心算策略的运用。Imbo、Vandierendonck 和 Rosseel(2007)运用回归方法探讨心算问题难度大小、运算类型等外部因素,及运算技能、练习频率、性别、计算器运用等个体内部因素对学生简单心算策略选择、策略娴熟性的影响。结果显示,运算技能更娴熟、练习更多的学生与运算技能不娴熟、练习少的学生相比,更多地运用提取策略,且策略运用速度更快。男生在策略的运用速度上要稍稍快于女生。Imbo 和 Vandierendonck(2010)的研究发现,心算能力强的学生比心算能力弱的学生进行加法与乘法心算时的策略运用更娴熟,但不同运算类型的心算策略运用娴熟的原因是不一样的。在简单加法心算中,心算能力强的被试根据不同的算式选择不同的心算策略,因而心算的正确率较高;而心算能力弱的被试在不同的算式中都采用相同的策略,因而心算错误率较高。在乘法心算中,心算能力不同的被试在策略选择上无显著差异,更多是在策略运用的速度上有差异,心算能力强者快于能力弱者。Campbell 和 Xue(2001)发现心算问题难度越大(加法得数大于 25),个体越少运用提取策略且娴熟性越差,过程策略运用的娴熟性也越差。Imbo、Vandierendonck 和 Rosseel(2007)发现提取策略更多用于乘法心算中。在进行加法心算时,提取策略与过程策略运用的娴熟性要远高于进行乘法心算时的情况。Lépine、Roussel 和 Fayol(2003)运用启动效应进行研究,得到类似结果。Imbo 和 Vandierendonck(2007)以 8 岁、10 岁、12 岁学生为被试,考察心算策略运用的发展特点。结果表明,在任一发展阶段,学生选择得最多的是提取策略,其次是变形策略、数数策略;但随着心算问题难度的增大,越来越多的学生倾向于采用变形策略。在进行乘法与加法心算时,提取策略运用的娴熟性随着年级的提升而增加。另外,随着年级升高,工作记忆对儿童策略选择与策略运用娴熟性的影响降低。心算能力水平不同的学生在心算策略发展上呈现出不同的特点。

在心算策略的运用上呈现出跨文化差异。中国学生在简单心算上要比北美学生更快更准,这是因为他们更多运用提取策略,而北美学生则更多运用非提取策略。比利时、意大利、荷兰的学生在两位数加法的复杂心算上更多运用"从左到右"的策略,即先加十位数,再加个位数。而美国学生则采用"从右到左"的策略,即先加个位数,再加十位数。而中国人则由于要做到既准且快,因此两种策略都会运用(Lucangeli, Tressoldi, Bendotti, Bonanomi, & Siegel, 2003; Torbeyns, Verschaffel, & Ghesquière, 2006)。Varol 和 Farran(2007)的研究表明,西方小学生运用的心算策略主要有 N10、N10C、1010、10S、A10、数数、小跳、数学运算规则的表象化。在这些策略中,N10、1010、运算规则的表象化是学生广为使用的策略。但美国的小学生更多地运用 1010 策略,而欧洲的小学生更多运用 N10 策略。Imbo 和 LeFevre(2009)在比较比利时、加拿大、中国学生的复杂心算策略时发现,比利时的学生比加拿大和中国的学生更多地运用"从左到右"的策略。比利时与中国的学生在无论有无进位情况下,所用策略无明显差异。加拿大学生在有进位的情况下更多运用"从右到左"的策略,较少运用"从左到右"的策略。在完成复杂心算时,中国学生的策略运用最娴熟,其次是比利时和加拿大的学生。工作记忆负荷影响心算策略运用的娴熟性。无论是工作记忆中央执行系统的负荷还是语音回路的负荷,加拿大学生出现的心算错误最多,说明加拿大学生在进行复杂心算时需要占用更多的工作记忆资源。中国学生对工作记忆要求最低,但在中央执行系统负荷加大的情形下表现出最差的策略适应性。

国外学者对心算还进行了认知神经科学研究。研究发现,类似于知识提取的简单心算主要与左脑顶内沟有关,但当心算变得更复杂时,左脑额叶下部出现明显的激活,这表明心算与语言和工作记忆关系密切。另一方面,也存在不依赖于语言的表现为视觉表象活动的心算,右脑的一些脑区在其中起了作用。简言之,所有与心算有关的脑区涉及大脑前额皮层和颞顶枕联合皮层的综合作用,并总体表现为左脑优势,但对于具有特殊心算能力的人,其心算还与右脑前额叶和颞叶内侧脑区的活动有关。

国内研究状况

张奇等人采用"口算广度"和"口算速度"为测量指标,考察了一至六年级小学生加减乘除口算能力的发展,并与大学生的口算能力作了比较。结果表明,小学生口算的速度和广度随年级的升高而加快和扩大。不同类型口算的广度之间存在明显的差异,大学生的口算广度明显大于小学六年级学生的口算广度。在减法和除法口算的速度上,大学生明显快于小学六年级学生,但二者在乘法口算的速度上无显著差异(张奇,林崇德,赵冬梅,王秀丽,2002;张奇,林崇德,赵冬梅,滕国鹏,郑琳娜,2004)。

刘昌、翁旭初、李恩中、李德明和马林(2005)应用功能磁共振成像技术,考察了两种难度不同的连减法(1000 - 3 和 1000 - 17)心算条件下,20 多岁的青年人和 60 多岁的老年人的脑区活动。结果表明,心算激活了额叶和顶叶的许多脑区;大脑左半球是心算加工的优势半球,但随着心算难度的加大,大脑一侧化程度下降,而年老加剧了这一趋势;青年组进行简单心算时,额中回未见明显激活,而老年组进行简单心算时,该脑区被明显激活。总体上,额叶和顶叶在心算活动中起着重要作用,任务难度和年龄对心算时脑活动的影响以额中回区最为明显。

陈亚林、刘昌、张小将、徐晓东和沈汪兵(2011)采用 ERP 技术,考察了问题的大小、距离、奇偶及答案正误对心算策略选择的影响。研究发现,在较简单的心算问题(小问题)中,错误答案与正确答案相比,诱发了算术不一致的 N400,距离和奇偶因素影响其波峰及潜伏期。在较复杂的心算问题(大问题)中,距离和奇偶因素影响晚期正波,近距离奇偶一致情境诱发了波幅较小的晚期正慢波。这表明在混合情境中,距离比奇偶信息优先得到加工。在小问题心算中,距离和奇偶信息影响答案提取;而在大问题心算中,对于依靠距离信息较难直接判断的小距离问题,在进一步的加工中会借助奇偶信息判断是否采用精确计算策略。

张明和陈骐(2006)比较了正常儿童和听障儿童在心算作业上的差异,考察了工作记忆子成分在听障儿童心算过程中的作用。结果表明,语音回路负责心算过程中的存储成分,听障儿童的中央执行系统并没有受到损失。刘红和王洪礼(2009)考察了小学生珠心算与工作记忆子系统的关系。结果表明,珠心算的结果储存依赖于视觉一空间模板子系统。张承芬和孙金玲(2013)考察了数学焦虑对工作记忆子系统及心算的影响。他们考察的是两位数不进位加法和三位数进位加法的心算任务。实验结果表明,在做需要高工作记忆容量的心算作业时,数学焦虑水平与心算成绩呈显著的负相关。研究者认为,对于要求较高工作记忆容量的数学心算任务,视空间工作记忆可能是数学焦虑与复杂数学心算的反应时之间的中介变量。

国内外比较分析

国外心算的行为研究基本上是在 Siegler 和 Shipley(1995)提出的适应性策略选择模型和"口算策略变化"模型的基础上,考察不同被试心算策略选择和运用的娴熟性以及它们的发展变化,并且有一些跨文化的比较研究。与之相比,国内心算的行为研究没有延续这种关于心算策略选择及发展的研究,而是进行了心算能力的发展研究以及与工作记忆功能关系的研究。

在心算的认知神经科学研究方面,国内与国外的研究的关系密切。国内学者关注国外研究的进展,对国外研究动态及时作出综述介绍,并在心算的大脑机能地位、认知加工过程以及心算效应的神经机制等方面开展了自己的实证研究。

教育意义

严格来说,口算和笔算都是心算,而且口算是笔算的基础,所有的笔算都是在简单口算的基础上进行的。儿童口算的发生比笔算早,许多儿童上学前就已经能够进行简单的加减法口算了。对小学生进行口算训练,一方面可以巩固学习过的运算规则,提高运算(笔算)的速度和准确性;另一方面可以训练儿童灵活地运用运算策略,提高运算能力和思维的灵活性。所以,开展小学生心算能力的发展研究,可以为不同年级的小学生制订口算训练标准提供参考依据;开展心算的认知神经机制研究有利于探究运算的神经活动过程;研究心算策略的选择和运用,可以考察心算的运算过程以及制约运算能力发展的心理机制;开展工作记忆系统与心算能力的关系研究,有助于探究制约心算能力的心理机制。因此,这些研究均有一定现实和深远的教育意义。

当然,心算的实用价值就是算得既准又快,而且在准确前提下算得越快越好。因此,如何提高小学生心算的速度、广度和难度,尤其是提高口算能力弱儿童的心算速度和准确率是数学教育中面临的实际问题,也是目前心算研究没有解决的难题。指导儿童改进心算策略,改善策略运用的灵活性是解决这个难题的途径之一。改善工作记忆系统的功能也可能是提高心算能力的途径之一,或许进行心算训练还可能会改善工作记忆的功能。因此,这些课题值得进行深入研究。心算快到一定程度就是速算。速算不仅有赖于个体运算的速度和相关的心理素质,更有赖于发现和运用更简便、更快捷的运算规则。这些简捷的运算规则多是数学家和速算学者发现并总结出来的。Siegler 和 Shipley(1995)提出的心算策略都是一般的心算策略,并不是更简捷的速算规则。在国内的小学数学课堂上,教师都会传授这些策略。因此,向小学生传授一些速算规则可能是提高运算速度和广度的有效措施之一。

11.1.2 估算及策略

国外研究概况

Siegler 和 Booth(2005)指出个体头脑中存在着若干不同的估算策略。Lemaire、Arnaud 和 Lecacheur(2004)提出个体的估算策略有分解(decomposion)策略、截取(truncation)策略和调整(rounding)策略。其中调整策略又细分为向上调整(rounding up)策略与向下调整(rounding down)策略。向上调整策略是对估算算式中的某些数字增大到整十数、整百数、整千数,从而进行心算得到答案的策略。反之,向下调整策略是将估算算式中的某些数字减小到整十数、整百数、整千数的策略。当前国外估算策略研究多以两位数的加法或乘法为实验材料,聚焦于调整策略,研究个体估算策略的选择、估算策略的执行和估算策略的发展。

(1) 估算策略的选择。Lemaire、Arnaud 和 Lecacheur(2004)研究发现,个体能根据问题与情境选择合适的策略,以更快更准地获得估算结果。当估算题目中个位数较大时,个体无论年龄大小,都倾向于选择向上调整策略,反之,则倾向于选择向下调整策略。但总体而言,人们在进行估算时都倾向于采用向下调整策略。年轻人比老年人能作出更佳的策略选择。Barulli、Rakitin、Lemaire 和 Stern(2013)同样证实了策略选择的年龄效应,并且还发现策略选择的认知存储效应,即认知存储能力越高的个体,其估算策略的选择能力越强。

(2) 估算策略的执行。向上调整策略的执行速度要慢于向下调整策略的执行速度,这是因为向上调整策略需要将算式中的数值向上调整,十位、百位或千位上的数值发生了变化,需要个体进行记忆,从而占用了更多的认知资源(Imbo & LeFevre, 2011; Lemaire, Arnaud, & Lecacheur, 2004)。在执行同一估算策略时,其执行速度与结果的精确性受年龄的影响。与年轻人相比,老年人在进行估算时,策略运用速度慢,且估算结果更不精确,在面临较难的估算算式时,或运用较难的估算策略时尤其如此(Lemaire, Arnaud, & Lecacheur, 2004)。估算策略的执行还存在文化差异。中国人的估算策略执行速度要快于比利时人,且估算结果更接近于精确值(Imbo & LeFevre, 2011)。

(3) 估算策略的灵活性。同心算策略研究一样,Imbo 和 LeFevre(2011)发现比利时人的策略选择更灵活,他们在有认知负荷条件下能作出与无认知负荷条件下相同水平的策略选择;而中国人在有认知负荷条件下的策略选择的灵活性要差些,需要运用更多的认知资源去选择适宜的估算策略。估算策略的灵活性不仅表现在不同认知负荷条件下个体估算策略选择的适宜性,还表现为在个体完成一道估算题目时,估算策略转换的难易。如果当前的估算策略不是最佳策略,且最佳策略较容易发现时,个体一般会改变估算策略。不过老年人较难转换估算策略,尤其是难以判断何种估算策略是当前的最佳策略,这并不是因为老年人的运算技能不娴熟,而是因为他们的认知资源的减少使得他们的认知灵活性变差(Ardiale & Lemaire, 2012)。Ardiale 和 Lemaire(2013)在另一研究中还发现当前估算策略的执行时间越长,个体转换估算策略的频次越少。

(4)估算策略的发展。估算策略的发展呈倒 U 形曲线。即在早期阶段,随着年龄的增加,个体的估算策略选择与策略执行都越来越好。但在晚期阶段,随着年龄的增加,个体的估算策略选择与策略执行呈下降趋势(Lemaire & Lecacheur, 2011; Ardiale & Lemaire, 2012,2013; Lemaire, Arnaud, & Lecacheur, 2004)。

国内研究状况

张云仙和司继伟(2006)以六年级学生为被试,以自编的估算作业为测验材料,考察了数学学业不良儿童与学优生在估算情感上的差异。结果表明,学业不良儿童的估算情感特点明显低于学优生,其估算情感认同与估算成绩关系极为密切。司继伟、陈小凤和徐继红(2008)以小学三年级数学成绩优秀学生和成绩较差学生为被试,考察了图形的 4 种排列方式对数量估计的影响。结果表明,优生数量估计的准确性明显优于差生;图形排列方式对数量估计有显著影响。刘效贞、张影侠和司继伟(2009)采用估数、估测和估算三种数学估计任务,考察了初中生的数学估计能力与元认知监控的关系,结果表明元认知监控与数学估计能力存在显著正相关,并可不同程度地预测数学估计能力。

司继伟、徐艳丽和刘效贞(2011)以大学生为被试,以一位数乘以两位数、两位数乘以两位数的数字估算题和应用题为估算作业,考察了高中低三种焦虑水平对大学生乘法估算能力的影响。结果表明,数学焦虑对两种乘法估算作业均有明显影响,即低焦虑者的正确率高,估算时间短;应用题情境制约估算的准确性,但会促进估算中问题大小效应的发生。孙燕、司继伟和徐艳丽(2012)采用刘效贞 2009 年修订的"成人数学焦虑量表"、耿柳娜与陈英和 2005 年修订的"儿童数学焦虑量表",以大学生和小学四年级学生为被试,以两位数乘以两位数为估算作业,考察了高低两种焦虑水平对大学生和小学生估算策略选择和执行情况的影响,结果表明成人和儿童的策略选择均受数学焦虑水平的影响,低焦虑者的适应性更好。徐继红、司继伟、周新林和董奇(2010)从数量估计的行为研究和脑神经研究两个方面简要地回顾了数量估计研究的概况,并指出在脑功能定位方面的研究较少,对是否存在特定脑区还存在争议。

卫薇(2014)对计算能力的性别差异进行了认知行为和脑机制研究。研究发现:(1)在儿童阶段,女生的精算能力优于男生,男生的估算能力优于女生;如果控制了语言能力,男女生在精算能力上的差异就会消失;如果控制了空间能力,男女生在估算能力上的差异就会消失。这表明语言能力是影响精算能力性别差异的主要认知因素,空间能力是影响估算能力性别差异的主要认知因素。(2)在成人阶段,男女生在精算和估算中的性别差异表现与儿童阶段相似;影响男女生计算能力性别差异表现的认知原因与儿童阶段相似。为考察男女生在进行计算时脑神经活动的异同,研究者采用脑成像技术考察了男女生在进行精算和估算任务时的脑激活差异。研究发现:(1)估算比精算更多激活了大脑的右侧顶下叶及双侧额叶,右侧顶下叶是负责视空间加工的关键脑区;精算比估算更多激活了大脑的左侧颞中回,左侧颞中回是加工语言的关键脑区。(2)以精算和估算的差异脑区为感兴趣的脑区,发现男生在右侧顶下叶的激活显著高于女生,女生在左侧颞中回的激活显著高于男生,这表明男生在进行估算任务时更多依赖视空间加工,女生在进行精算任务时更多依赖语言加工。

国内外比较分析

国外估算策略的研究多以两位数的加法或乘法为实验材料,聚焦于调整策略,侧重研究个体估算策略的选择、执行和估算策略的发展。国内的研究则侧重考察数差生(或数困生)与数优生在估算上的差异,以及数学焦虑水平对估算策略选择和执行的影响。跟国外研究相比,国内目前缺少跨年龄的发展研究、跨文化的比较研究和认知神经科学的研究。

教育意义

估算是大致结果的心算。当数值较大或运算难度较大且无法得出准确的心算结果时,采用估算的结果可以节省决策时间,提高工作效率,避免较大的误差。因此,估算有一定的实用价值。训练学生的估算能力可以提高他们运算策略选择的灵活性和适宜性,减小估算误差,提高运算效率。所以,估算训练有一定教育意义。

11.2 数学应用题表征及策略

国外研究概况

Hegarty 和 Kozhevnikov(1999)将数学应用题的视觉表征分为两类:一类是图式表征,它是对数学问题中各元素(或条件)空间关系的表征,或对数学问题中各元素(或条件)的变形、转换的表征。另一类是图象表征,它是对数学问题中的人物、地点和事件所进行的编码。Van Garderen 和 Montague(2003)选取 66 名小学六年级学生,其中包括天才学生、普通学生、学习失能学生。研究者以修订后的 MPI (mathematical processing instrument)为实验材料,了解数学问题解决成绩与数学问题表征的关系。结果表明,天才学生更多采用图式表征,学习失能学生更倾向于运用图象表征。数学问题解决成绩与图式表征呈显著正相关,与图象表征呈显著负相关。Van Garderen(2006)又进一步探究了学生的空间视觉能力与数学问题表征间的关系,得出天才学生在空间视觉能力上的测试成绩要远高于普通学生与学习失能学生,图式表征的运用与空间视觉能力呈正相关,而图象表征的运用与空间视觉能力呈负相关。

数学问题表征的"情境模型"(situation model)是对问题所述情境的日常化的定性表征。数学问题表征的"问题模型"(problem model)是基于图式知识对问题关键变量的数量关系的表征。学生在阅读数学问题时,究竟是形成了两种模型(情境模型与问题模型)的表征,还是只形成了一种模型的表征? Moreau 和 Coquin-Viennot (2003)对此进行了研究。他们选取了 91 位五年级学生,其中包括数学成就高、低两类学生。研究者让学生完成两种不同的任务:一种是简化数学问题,但保持数学问题不变;另一种也是简化数学问题,但尽可能保证数学问题更容易被理解。研究结果表明,无论是完成哪种任务,小学生都提取数量相同的并与问题解决有关的信息,表明他们都能将对问题解决有用的信息提取出来。只是在完成尽量保证数学问题更易被理解的任务时,小学生除了提取与问题解决有关的信息之外,还更多地提取了情境信息,表明小学生在阅读数学问题的过程中建构了两种模型,这两种模型是互补的。另外,研究结果还表明,数学成就低的学生提取了更多的情境信息,而数学成就高的学生提取更多的与问题解决有关的信息。由此推断,可能数学成就低的学生的问题表征更倾向于情境模型,而数学成就高的学生更倾向于问题模型。Coquin-Viennot 和 Moreau(2007)又在此研究结果的基础上进一步考察了情境模型与问题模型的关系。他们选取 44 位三年级学生与 46 位四年级学生,让他们完成两类问题:变化类问题与比较类问题。每类问题又有两种情形:情境模型与问题模型相一致的情形和两者不一致的情形。结果发现,对于变化类问题,与高年级学生相比,低年级学生在两种模型不一致的情形下出现更多的问题解决错误;对于比较类问题,无论哪个年级,在不一致的情形下都出现更多的问题解决错误。结果表明,在问题图式不是自动激活的情形下,情境模型起着中间表征的作用,如果此时情境模型与问题模型不一致,则不利于数学问题的解决。

Coquin-Viennot 和 Moreau(2003)通过呈现或删除"表征数学问题结构"文字的数学问题,及变更数学问题中关键数值的位置来了解小学三年级与五年级学生的数学问题表征与问题解决策略。结果发现,小学生对数学问题的表征多为事件情境模型(episodic situation model,一种图式模型,主要描述数学问题情境与数值间的关系),而不是过程模型(procedural model,更注重学生的解题活动而不是数学问题的性质)。受事件情境模型的影响,学生一般采用因素分解策略(factorisation strategy),而且高年级学生更多地运用该策略且更容易掌握,而低年级学生较少运用且错误较多。

个体的工作记忆资源是有限的。多步数学应用题是问题解决步骤在两个或两个以上的应用题。它占用的工作记忆容量要比简单的或一步数学应用题多。在认知资源有限的情形下,为了释放更多的工作记忆资源,个体在解多步数学应用题时,往往会选择不同的问题表征,运用不同的数学问题解决策略,例如在阅读数学应用题过程中进行计算。Thevenot和Oakhill(2005)对个体的多步数学应用题表征转换进行研究,了解他们在阅读多步数学应用题时问题解决策略的运用。他们以本科生为研究被试,运用运算数再认研究范式,呈现两种认知需求不同的数学应用题(数值分别为两位数、三位数的数学应用题),在认知需求不同的数学应用题内,又根据认知代价不同,分成问题前置应用题和问题后置应用题。研究发现,被试在解决再认数值为三位数的数学应用题时,对运算数的再认错误率更高,反应时更长;尤其是问题后置时的错误率最高,反应时最长。表明个体在解决数值为三位数的多步数学应用题时,其问题表征会发生变换,会放弃数学问题的最初表征,形成数学问题的另一表征。因此,个体在阅读过程中就进行计算,以减轻工作记忆负担。

　　Brissiaud和Sander(2010)提出了"情境策略优先理论"(situation strategy first framework)。该理论指出,在数学问题解决过程中,个体往往会形成情境模型这种关于数学应用题的最初表征,只有当这一最初表征导致认知加工代价增加时,个体才会形成对问题的另一表征,采取其他的数学应用题解决策略。这一理论有三个主要观点:(1)情境模型的构建是基于文本的,即相同词语构成的数学问题是同一个情境模型。个体在情境模型基础上运用相关的情境策略(如:双重—计数策略、尝试—错误策略和已知数策略)。(2)数学问题可分为模仿的数学问题(simulation problem)与心算的数学问题(mental problem)。前者指在解决该类数学问题时,不需要提取相关的数学知识,往往根据情境策略直接得出应用题答案。模仿的数学问题的解决依赖于言语理解能力。而心算的数学问题的解决需要提取相关数学知识,既依赖于言语理解能力,又依赖于相关数学知识的学习。(3)在解决不是模仿的数学问题时,学生要得到数学应用题答案需要修订问题的最初表征,需要个体的额外认知资源,主要是之前学过的相关数学知识,或运用数学的一般策略,或运用四则运算。因此,当数学应用题不是模仿的数学问题时,是数学知识决定学生能否找到数值答案。Brissiaud和Sander(2010)设计了模仿的数学问题与心算的数学问题,并进行纵向研究。结果发现,即使有数学运算知识的儿童也会运用情境策略,表明情境策略优先不仅仅能从发展心理学角度来理解。即使经过两年数学减法的学习,学生解决模仿的数学问题的成功率也高于解决心算的数学问题的成功率。这表明,只有先理解了概念性知识,才能促进数学的过程性知识的正确运用。数学概念是数学问题解决灵活性的关键,因为它降低了对数学情境的依赖性,增加了数学过程性知识的运用范围。

国内研究状况

20世纪90年代,傅小兰和何海东(1995),于萍和左梦兰(1996),纪桂萍、焦书兰和何海东(1996)都对数学问题表征作过实证研究。进入21世纪以来,这方面的实证研究较多,既受到国外研究的影响,又有自主创新。

曾盼盼和俞国良(2003)根据Hegarty等人(1999)提出的"图象表征"和"图式表征"的分类,以四至六年级小学生为被试,采用修订后的MPI为实验材料,对Hegarty等人提出的图式表征与正确解决应用题关系紧密,而图象表征与应用题解决呈负相关的结论进行了验证。结果表明,五、六年级的被试解题的正确率和使用图式表征策略的程度显著高于四年级被试,而各年级使用图象表征策略的程度无显著差异。俞国良和曾盼盼(2003)又比较研究了30名数学学业不良儿童与31名一般儿童(小学四至六年级学生),结果发现,图式表征能促进数学问题解决,图象表征则起妨碍作用;数学学业不良儿童解决数学问题的正确率和使用图式表征策略的程度显著低于一般儿童,使用图象表征策略的程度则显著高于一般儿童。徐速(2005)也受Hegarty等人(1999)提出的"图象表征"和"图式表征"分类的影响,从小学四、五、六年级中分别选取数学成绩优、中、差三类学生各6名,设计了"视觉化题目"和"非视觉化题目"两类应用题,考察被试的年级和数学成绩两个因素对应用题表征的影响。结果表明,图式表征对两类题目的解决都有促进作用,图象表征只妨碍非视觉化题目的解决,但与视觉化题目的解决无关;六年级学生的图式表征显著提高,但图象表征与年级因素无关;差生的图式表征能力很差,在视觉化题目上使用图象表征的人数明显多于优生和中等生。游旭群、张媛、刘登攀和贠丽萍(2006)以二、四、六年级的小学生为被试,采用多因素混合实验设计,考察了视空间能力、场认知方式和问题表征方式对小学生应用题解决能力的影响。结果表明,随着年级的升高,图式表征对小学生应用题解决能力的作用增强。

路海东和董妍(2003)根据Hegarty、Mayer和Monk(1995)提出的两种算术应用题表征策略——直接转换策略和问题模型策略,自编了"一致性"和"不一致性"的和差应用题,考察了小学五年级学生解决算术应用题的表征情况。结果表明,与比较应用题的表征相类似,小学生对和差应用题的表征也存在着直接转换策略和问题模型策略;不成功组解题者在表征和差应用题时倾向于运用直接转换策略,而成功组的解题者更倾向于运用问题模型策略,这导致了成功者与不成功者在列式上的差异,特别是在不一致题型上表现得更明显。陈英和、仲宁宁、田国胜和王治国(2004)以二至四年级小学生为被试,采用Hegarty等人(1995)所提出的"一致性"和"不一致性"算术应用题为实验材料,考察了优差生在问题表征策略上的差异。结果表明,学优生较多地采用问题模型策略对问题进行表征,而学差生较多地采用直接转换策略对问题进行表征;随着年级的升高,学优生在问题模型策略的使用上越来越熟练,而学差生却仍然停留在使用直接转换策略的水平上。陈英和、仲宁宁、赵宏和张小龙(2005)仍以二至四年级小学生为被试,用解题"条件多余"和"条件不足"的算术应用题为实验材料,考察了优差生在问题表征策略上的差异。结果仍然显示,学优生较多地采用问题模型策略对问题进行表征,而学差生较多地采用直接转换策略对问题进行表征。胥兴春和刘电芝(2005)根据 Hegarty 等人(1995)划分的三种表征类型(即数字表征、关系表征和图式表征),考察了四年级小学生中的数学学习障碍儿童的数学应用题表征情况,并与数学学习优秀儿童作比较。结果发现,数学学习障碍儿童的关系表征远不及数学学习优秀儿童,而且表征的时间短、表征类型比较单一、有效性差。郑琳娜和张奇(2007)将小学生数学应用题的表征划分为语词表征、关系表征、图画表征和图式表征,考察了数学学习困难学生与正常学生在表征策略上的差异。结果表明,数学学习困难儿童倾向于采用语词表征或图画表征,对关系表征和图式表征的应用频数较低,而且表征的数量明显少于正常儿童。冯虹、阴国恩和安蓉(2007a)选择小学五年级、初中二年级、高中二年级和大学二年级中的数学优差生各 10 名为被试,考察他们在解决比较应用题上的表征策略。结果表明,小五学生在解决比较应用题时较多使用直接转换策略,初二及以上学生较多使用问题模型策略;数学优差生的问题表征策略存在差异,小五学生尤为突出;题目呈现时间对问题表征有明显影响,短时呈现时学生较多用直接转换策略,长时呈现时学生较多用问题模型策略。冯虹、阴国恩和安蓉(2007b)还考察了这些被试解决比较应用题时的眼动过程。结果表明,不同年级的眼动模式不同,随着年级的升高,各种眼动指标之间的差异缩小;学优生在表征"关系词"、"关系句"和"数字"时的眼动模式与学差生有显著差异。

辛自强(2003)自主提出了"关系—表征复杂性模型"。他首先从数学问题的数量关系的复杂性入手分析数学问题的难度,认为简单的算术应用题只涉及三个集合的关系,称为"初级关系";如果集合的集合中又与别的集合发生了关系,那就在初级关系的基础上建立了"二级关系";以此类推可以有三级关系和四级关系,等等。关系的层级数决定了问题的复杂性,可称为关系的等级复杂性。关系的多少或数量表示了问题中关系的水平复杂性。他认为关系复杂性包括水平复杂性和等级复杂性,表征复杂性相应地包括表征广度和表征深度。他以 172 名小学高年级学生为被试,用长方形面积问题方面的三种测验收集的数据对该模型的内部和外部效度进行了检验。结果表明它能够有效解释问题(解决)难度,区分优、中、差三类学生所能达到的表征复杂性。刘春晖和辛自强(2008)根据"关系—表征复杂性模型"编制出复杂程度呈序列变化的长方形面积问题,以此测量了四至六年级共 310 名小学生的问题表征水平,及其与由瑞文标准推理测验测定的流体智力的关系。结果表明,被试对长方形面积问题的表征水平与流体智力有显著相关;表征复杂性水平随年级的升高而升高。辛自强和张莉(2009)根据"关系—表征复杂性模型"编制了数学应用题表征能力测验。

和美君和刘儒德(2012)对数学问题的情境模型与问题模型的关系进行了梳理,认为情境模型是对问题所述情境的日常化的定性表征,问题模型是基于图式知识对问题关键变量的数量关系表征。和美君、刘儒德、徐乐和贾玲(2012)选取小学四年级高低数学能力学生各 40 名,呈现问句前置和问句后置两种形式的结构不良应用题,探讨两种被试在问句前置时对应用题的内在表征形式倾向。结果发现,与问句后置形式相比,两种被试在问句前置时阅读条件句的总时间显著降低,解题时间显著降低,但高数学能力被试阅读条件句的时间在总阅读时间中的比例显著增加,解答成绩显著提高,而低数学能力被试相关时间比反而显著下降,解答成绩没有显著提高。这表明,高数学能力被试建构问题模型与情境模型,而低数学能力被试只建构问题模型。

国内外比较分析

从目前国内外的研究概况来看,基本上是国外学者首先提出问题表征的类型或理论模型,然后进行实验验证。国内学者首先综述介绍国外学者提出的表征类型或表征理论,然后进行实验验证,国内外的研究衔接比较紧密。当然,国内学者对问题表征模型或理论也有自主创新,例如辛自强提出的"关系—表征复杂性模型",但不多见。从研究的范式和结果上看,基本是考察数优生与数差生(或数困生)、高年级与低年级学生在数学应用题表征类型上的差异。得出的结论基本是数优生或高年级学生采用了优势的或正确的表征策略,数差生或低年级学生采用了较差的或不当的表征类型,从而证明表征类型划分的合理性和有效性。

教育意义

数学应用题表征是数学应用题解决的首要环节,也是决定问题能否被正确解决的关键。提出问题表征模型、划分并验证表征类型的存在是研究的大前提,因此十分重要。但是,数差生为什么采用了较差的或不当的表征类型? 对这类问题探究得不够深入,答案不一。尤其缺少如何帮助数差生改进问题表征策略的有效实证研究,而这类研究恰恰是数学教师们需要的。因此,希望今后研究的侧重点转移到这方面来,通过有力的实证研究,提出有效的辅导和干预措施。

11.3 数学学习困难学生的研究

数学学习困难(mathematical learning disability,简称 MLD)是学习困难(learning disability,简称 LD)中的一种主要类型。国内学者对它称谓的翻译不尽一致,有的翻译为"数学学习不良"或"数学学业不良",有的翻译成"数学学习障碍"。在国内的研究文献中,凡给出英文术语为 mathematical learning disability 的各种称谓都视为是同一个概念,并把这类学生统称为"数学学习困难学生",或简称为"数困生"。一般确定数学学习困难的标准是:在接受正常的教育和教学条件下,标准智力测验的分数大于 80,即智力正常;在标准数学成就测验中,数学分数低于整体的 25%;语文成绩处于中等水平以上;且无明显的感官缺陷和情绪障碍(王恩国,刘昌,2005)。

11.3.1　数学学习困难学生的表现

国外研究概况

在国外的相关研究中,影响较大的是 Geary 及其团队的研究(Geary, 2004, 2007, 2011; Geary, Bailey, & Hoard, 2009; Geary, Hoard, Byrd-Craven, & DeSoto, 2004; Geary, Hoard, Nugent, & Byrd-Craven, 2008)。Geary 将数困生细分为数学失能(mathematical learning disability)生和数学低能(low achievement)生,认为数学失能生是智商在整体的 15% 或以上,但其数学标准化测试分数连续两年均处于整体的后 10% 以下;数学低能生是智商在整体的 15% 或以上,但其数学标准化测试分数连续两年均处于整体的后 11%—25% 之间。Geary 指出数学失能生与数学低能生的数学学业成就低下并不是由认知缺陷造成的,而是认知加工能力发展迟滞所致。一般数学低能生的认知能力落后于正常学生一年,数学失能生要比正常学生落后三年。也有研究者将发展性计算障碍(developmental dyscalculia)学生视为数困生。Ashkenazi、Mark-Zigdon 和 Henik (2009)将发展性计算障碍学生界定为数学学习成绩低于正常学生二年,且无智商和言语问题的学生。国外学者所揭示的数困生的行为表现可概括为以下几个方面。

(1) 在数字理解上的表现

Moyer 与 Landauer(1967)指出,数字理解就是对外在的数字言语、阿拉伯数字等的内在心理表征。外在的数值会自动激活个体内在的数值集合,即心理数字线(mental number line)。Geary 等人(2008)比较了小学低年级数学失能儿童、数学低能儿童与普通儿童的数字线,发现在数字线任务完成上有着显著的群体差异。一年级、二年级与三年级的数困儿童对数字线的定位准确率均较低。数学失能儿童在完成数字线任务时更依赖于近似表征,表明他们在表征近似数上存在发展迟滞。Ashkenazi 与其同事(2009)研究了发展性计算障碍学生与普通学生的一位数表征与两位数表征情况,发现在一位数表征上,无论是在反应时还是在错误率上,发展性计算障碍学生都呈现出数距效应;而普通学生则无此表现。在两位数表征上,发展性计算障碍学生在反应时上表现出较大的数距效应,他们更容易受比较数字数值大小的影响,而且还更容易受比较数字的个位数数距的影响。McDonald(2010)发现数困儿童在数字线估计上的成绩无显著性别差异。综上研究表明,数学学习困难学生在数字理解上还是依赖于近似表征;而普通学生由于学校教育的作用,他们的数字表征已逐渐演变为线性数字表征,即两个连续数值差距在数字线的任意两点上都是相等的。

(2) 计数能力的差异

Geary 与其同事(2004)比较了一年级数学失能生与数学成就高的学生的计数能力,发现数学失能生能判断哪些是正确的计数行为,能正确指出大多数违背计数原则的行为,也能正确理解计数的规则,如理解计数可以从左至右开始,也可以从右至左依次开始。但是他们在评价两数是否邻近及是否与次序无关上出现错误,表明他们对计数规则的运用不灵活,且他们通常不能发现计数时第一个数字已被数了两遍,但能发现最后一个数字被数了两遍。Geary 与其同事对二年级数困生的计数能力研究也得到类似结果,但目前还不清楚是否高年级学生也存在计数能力不足的情况。对物体进行计数有两种类型:数感(subitizing)与估计(estimation)。数感是对 1—4 个物体进行快而准的评价,估计是个体对 5 个以上物体进行不精确的评价。Moeller、Nuerk 和 Willmes(2009)比较了两名发展性计算障碍患者与普通人的数感,发现发展性计算障碍患者在数感域上有明显的下降趋势,伴随的是眼跳的增加。因此他们得出结论,即使在数感域内,发展性计算障碍患者也需要运用计数策略。

Ashkenazi、Mark-Zigdon 和 Henik(2013)对发展性计算障碍患者与普通人的数感与小数估计(对 5—9 个物体进行不精确评价)进行了比较,结果发现:①发展性计算障碍患者在数感域上显著降低。②在小数估计上,发展性计算障碍患者反应时更长,更不准确;且随着圆点数量的增加,他们的反应时和错误率也随之增加。③在圆点随机排列条件下,两组都出现反应时变长、错误率更高的情况。在圆点规律排列条件下,控制组在进行小数估计时表现出数感模式。但是发展性计算障碍者没有表现出数感模式,他们的错误率会随着圆点的增加而增加。

(3) 运算能力的差异

Geary(2004)研究发现,数学失能儿童在完成加法任务时所运用的分与合的方法与"小值"策略(从大的加数开始继续数)不如普通学生娴熟。Geary、Hoard、Byrd-Craven、Nugent 和 Numtee(2007)指出,数学失能儿童多年来依赖数手指来完成数学运算,只是在较大年龄时才掌握"小值"策略,并且在这期间表现出更多错误。他们研究数学失能儿童、数学低能儿童与普通儿童解决简单的数学运算、复杂的数学运算与应用题时在运算策略上的差异。大多数普通学生能运用"小值"策略解决简单的数学运算问题;数学失能儿童更多用数手指策略;而数学低能儿童比数学失能儿童更多使用"小值"策略,比普通学生更多运用数手指策略。在解决复杂的数学运算时,普通学生与数学低能儿童和数学失能儿童相比,知道更多的数,能更有效地运用分与合方法。数学失能儿童与数学低能儿童在数学运算的策略选择上无显著差异,但在解决复杂的数学运算题时,数学失能儿童表现出更多的错误,而且与数学低能儿童在备用策略运用上存在显著差异。与数学低能儿童相比,数学失能儿童对运算策略运用不足,在数手指策略上出现更多错误,"大值"策略的运用更少。总之,现有研究表明,数困生与一般学生相比,在整个小学阶段,他们没有实现从过程性计算策略到直接提取策略的转变。

(4)估算能力的差异

Hanich、Jordan、Kaplan 和 Dick(2001)将数困儿童细分为数学和阅读均困难组、仅数学困难组,并对他们的估算能力进行研究,发现儿童只要存在数学困难,无论阅读能力正常与否,他们的估算能力都低于正常儿童。之后 Rousselle 和 Noël(2008)运用加法验证任务,考察了三年级数困儿童、三年级成绩正常儿童和二年级成绩正常儿童对近似计算的适应性运用,发现不管是低年级的正常儿童,还是高年级的正常儿童,都会运用近似计算,而数困组儿童没有运用近似计算。其他国外研究也表明数困生无论阅读能力高低,他们的估算能力均比普通学生低,也比阅读困难学生低(Jordan, Hanich, & Kaplan, 2003; Cirino, Fletcher, Ewing-Cobbs, Barnes, & Fuchs, 2007)。

国内研究状况

21 世纪以来,国内学者对"数困生"的国内外研究状况有过较多的综述(曾盼盼,俞国良,2002;董奇,薛贵,金真,曾亚伟,2004;张树东,2004;陈英和,赵笑梅,2005;王恩国,刘昌,2005;徐速,2005;刘颂,2008;华晓腾,司继伟,卢淳,2012);也有一些比较广泛和深入的实证研究,主要集中在"数困生"在数学作业成绩上的表现,以及自身原因的探索。

如前文所述,在解决数学应用题的问题表征策略上,"数困生"明显差于数学成绩优秀和一般的学生。具体表现为:数学学业不良儿童解决数学问题的正确率和使用图式表征策略的程度显著低于一般儿童,使用图象表征策略的程度则显著高于一般儿童(曾盼盼,俞国良,2003);差生的图式表征能力很差,在视觉化题目上使用图象表征明显多于优生和中等生(徐速,2005);学优生较多地采用问题模型策略对问题进行表征,而学差生较多地采用直接转换策略对问题进行表征(陈英和等,2005);数学障碍儿童的关系表征远不及优秀儿童,而且表征的时间短、表征类型比较单一、有效性差(胥兴春,刘电芝,2005);数学学习困难儿童倾向于采用语词表征或图画表征,对关系表征和图式表征的应用频数较低,而且表征的数量明显少于正常儿童(郑琳娜,张奇,2007)。

在数学应用题解决成绩上，李晓东、张向葵和沃建中(2002)运用实验法和临床访谈法研究了数学学优生与学困生在解决比较问题时的差异及元认知对解题成绩的影响。被试为40名小学三年级学生，比较问题分为一致问题和不一致问题，元认知包括元认知知识和元认知监控技能。结果表明，(1)学优生与学困生解决比较问题的成绩差异显著，学优生在一致问题和不一致问题上的解题成绩均优于学困生。这种差异与其解题时所运用的表征策略有关。(2)学生在解决比较问题中出现的主要错误为转换错误，在不一致问题中出现的错误多于一致问题中出现的错误。(3)学优生与学困生在元认知知识和监控技能上均有显著差异，元认知监控技能对解决比较问题的成绩有显著预测作用。

在数学估计能力上，"数困生"在数字线估计任务上的估计能力和估计策略均不如正常儿童。随着年级的升高，数困儿童完成数字线估计任务的精确性也在逐渐提高。与此同时，数困儿童与普通组儿童的数量估计精确性的差异逐渐缩小，但是前者始终低于后者(韩瑢瑢，张静，黄大庆，陈英和，2010)。司继伟、陈小凤和徐继红(2008)使用图形材料考察了不同数学学业水平儿童的数量估计能力，结果显示，不同数学学业水平的儿童在数量估计准确性上有显著差异，即数困儿童的数量估计准确性明显不如正常儿童。还有学者则对小学六年级的数困儿童和学优儿童的估算能力进行深入研究，结果发现，数困儿童在估算类型、数字类型、四则运算及总的估算能力上的表现均显著低于学优儿童，这一研究表明数困儿童的估算能力普遍较差，且他们在所有估算任务上的表现均不如正常组(司继伟，徐继红，张云仙，2006)。张云仙(2008)的研究进一步证实了这一结论。也有研究者对数困儿童在估算方面是否存在性别差异进行探讨。张云仙(2009)在之前研究的基础上进一步考察了数困儿童估算的性别差异，结果在不同估算类型和不同数字类型的估算表现上并未发现性别差异。这与数量估计的有关研究结论是一致的。除此之外，她还探讨了估算策略的运用，数据显示数困儿童的估算策略运用的有效性和灵活性均相对较差。这一系列研究结果表明数困儿童的估算成绩差，且不能够灵活有效地运用策略。

在其他认知作业上，左志宏、邓赐平、李其维(2007)使用Stroop色词命名测验和颜色匹配反转作业，以小学单纯型数学困难、混合型数学困难和对照组儿童各30名为被试，对其优势反应抑制能力进行测试、分析。结果发现，单纯型数学困难儿童抑制优势反应的能力显著低于对照组，但其对事物初次学习的能力与对照组相当；混合型数学困难儿童在对事物初次学习能力及对优势反应的抑制能力方面均显著低于对照组儿童，其中对事物的初次学习能力也显著低于单纯型数学困难儿童。蔡丹、李其维和邓赐平(2011c)为了分析数学学习困难初中生与学习优秀初中生的核心认知过程机制差异，采用N-back任务作为测查工作记忆能力的指标，分析初中42名数困生和53名数优生的表现差异。结果表明,两组学生在0-back任务中无显著差异,在1-back和2-back任务中的差异逐渐增大。回归分析表明,2-back和1-back任务对数学成绩有显著影响。该研究得出的结论是,随着认知负荷增加,数困生和数优生的表现差距增大;数学学习困难的核心认知缺损是工作记忆能力而非简单认知加工过程;N-back任务能有效预测数学学习成绩。

许锦民、郑希付和宫火良(2008)为了考察数学困难儿童的精细运动控制功能,比较了数困儿童与正常儿童的书写速度和加速度上的差异。结果显示,数困儿童在中间和结束阶段的平均速度慢于一般儿童,在开始和中间阶段的平均加速度小于一般儿童,表明数困儿童的书写运动控制功能降低,提示数困儿童的中央执行协调功能低于一般儿童。

国内外比较分析

国外对数困生的研究时间比国内长,一直以来都把"数困生"作为学习障碍儿童的一种类型来加以专门研究。研究的深度和广度也比国内细致和深入。本章所提及的国外研究概况只是21世纪以来关于数困生研究的一个缩影。21世纪以来,国内学者对数困生的研究明显增多,而且涉猎数困生表现的研究也比较广泛。但值得注意的一个问题是,选择数困生的标准可能不够严格,有的甚至把数学成绩差的学生也当成了数困生。因此,在今后的研究中一定要明确数困生的选择标准,避免与"数差生"混淆。数困生不仅仅表现在一般的数学成绩上,而是表现在一些具体的数学任务上。而且数困儿童常伴有阅读障碍和拼写障碍。因此,对数困生的甄别比较困难。国外学者将数困生进行分类,并与其他学习障碍儿童加以区分,很值得国内学者学习和借鉴。

教育意义

揭示数困生在各种数学任务上的具体表现,仔细甄别数困生与其他学习障碍儿童的区别,这是数困生辅导和干预研究的大前提,具有实际教育意义。因此,在研究中有必要仔细设计各种不同的数学任务和其他相关的认知任务来考察数困生的表现,设计越细致、越具体,就越利于对数困生进行原因探索及辅导和干预措施的研究。

11.3.2 数困生的原因探索

国外研究概况

国外研究者对数学失能儿童、数学低能儿童以及有数学困难的成人进行了广泛深入的研究,试图找到他们数学困难的原因。这些研究考察了工作记忆、智力、加工速度等因素,并探究他们是否存在与数学学习相关的认知缺陷。研究结果概括如下。

(1) 缺乏正确的数表征与数群知识

Geary、Hoard、Byrd-Craven等人(2007)和 Geary、Hoard、Nugent 等人(2008)

指出数学失能儿童之所以数字估计不准确,原因在于他们的数值表征是近似表征而不是线性表征,存在数值表征错误。数学低能儿童则是在数值表征和加工系统中存在发展迟滞。Mejias、Mussolin、Rousselle、Grégoire 和 Noël(2012)的研究表明,数困儿童数字数量表征能力差的原因在于数字符号和数量大小表征之间的初始转换存在缺陷。Landerl、Bevan 和 Butterworth(2004)也发现发展性计算障碍儿童不能正确表征数量概念,不能对数量进行正确加工。Butterworth(2005)在对数困生计数能力的研究中得出,导致数学失能儿童计数作业错误的原因在于其数感系统中存在两大不足:一是对较小数字的精确表征与理解不足,一是对较大数字的近似表征与理解不足。

Geary(2004)的研究发现,数学失能儿童、数学低能儿童与普通学生存在数集知识的显著差异,并能预测三组被试解决复杂加法问题时在运算策略娴熟性上的差异。数集知识缺乏使得数学失能儿童在"小值"策略的运用上不如普通学生娴熟,在完成加法任务时运用分与合的方法也不如普通学生娴熟。普通学生与数学低能儿童和数学失能儿童相比,知道更多的数,能更有效地运用分与合方法。Ashkenazi 等人(2013)发现,正常儿童在小数估计中表现出数感模式,而发展性计算障碍者则表现出小数估计缺陷,表明发展性计算障碍者的数感缺陷在于模式再认困难。

(2) 注意困难

Shalev、Auerbach、Manor 和 Gross-Tsur(2000)采用注意量表测量发现,发展性计算障碍者与注意恢复能力不足有关。Rubinsten 和 Henik(2005,2006)通过数字的 Stroop 任务发现,发展性计算障碍患者存在促进功能不足的问题,从而将阿拉伯数字与内在数值表征相联系的能力存在不足。除此以外,注意的执行功能不足也影响到发展性计算障碍患者完成 Stroop 任务。Askenazi 和 Henik(2010)发现,发展性计算障碍患者在反应时和错误率上与正常学生无显著差异,但是他们的"预警效应"与"调和效应"要远大于控制组,即他们在执行控制系统与预警系统上存在不足。

(3) 工作记忆缺陷

工作记忆对于数学运算有重要影响。Geary(2004)探讨了数学失能儿童在数学计算过程中提取不相关数字的现象,发现他们的中央执行系统的缺陷使得个体存在监控与协调计算步骤的困难,个体不能限制无关联结的提取。Geary 等人(2007)还发现,数学失能儿童在工作记忆的三个子系统能力上的得分均低于数学低能儿童与学优生一个标准差。Geary(2011)再次指出,数学失能儿童在工作记忆的三个子系统能力上均存在缺陷,尤其是中央执行系统。其中,中央执行系统也存在三个子能力:信息保持在工作记忆中的能力,任务转换能力,限制无关信息提取的能力。中央执行系统中的限制无关信息提取能力的缺陷导致数学失能儿童在提取数字时出现较多的干扰信息。数学失能儿童还在工作记忆的视觉—空间模板和语音回路上存在缺陷。他们用计数策略进行数学运算时所经常出现的错误，是与视觉—空间模板缺陷有关的，因为他们在运算过程中缺乏将声音（数字的发音）保持在工作记忆中的能力。而数学低能儿童在语音回路与视觉—空间模板上的测试得分是平均水平，但是一些个体还是存在轻微的视觉—空间缺陷。Andersson(2010)在比较小学数学失能学生、数学失能与阅读失能学生、普通学生的数学运算、数学问题解决、数学规则与概念任务时发现，两组数学失能学生的数学作业表现差的原因是他们的视空工作记忆能力较差，数学失能与阅读失能学生的言语短时记忆、加工速度和执行能力较差。

(4) 长时记忆提取与保持算法困难

数困生通常不能从基于过程的问题解决转变到基于记忆的问题解决，说明他们的算法很难保持在长时记忆中，更谈不上提取。另外通过计数来解决运算问题往往使问题与答案联系在一起。计数涉及言语领域里的语音与语义表征，而从上述领域中表征或提取信息的不足就会导致计数过程中"问题与答案联结"的困难，其后果是导致算法学习困难和从长时记忆中提取算法困难(Geary, 2004, 2007)。

Geary(2011)总结了数学失能儿童与数学低能儿童在准确提取数字频率上存在的差异。在提取模式上出现的错误，是由于他们将数字保存在长时记忆中的能力不足和提取能力不足。究其原因，首先在于他们在长时记忆中形成以语音为基础的数字表征能力不足；其次是个体在提取数字的过程中存在限制无关联结进入工作记忆的能力不足；最后是他们的小数精确表征与大数近似表征的能力发展迟滞。

(5) 数困生的运算策略发展迟滞

Geary(2004, 2007)指出，数学失能儿童出现运算错误的原因在于他们不能正确理解计算步骤所蕴含的含义。比如，他们不能正确理解计数中"次序不相关"的概念。他们认为"相邻"是计数的基本原则，因此在计算时比其他学生更多运用"所有加数都依次数"的策略。而从"所有加数都依次数"的策略转变到"在前一个加数后依次数"的策略需要理解计数不是都要从1开始的。

Geary(2011)还指出，数学失能儿童在数学竖式运算时出现将数字写错列、小数减大数、越过0借位、借位后的数字不会降位等错误，这些错误都属于运算策略发展迟滞。

(6) 加工速度

Geary等人(2007)除了发现数学失能儿童在工作记忆三个子系统能力的得分上均低于数学低能儿童与学优生一个标准差之外，还发现他们在加工同一数值时的加工速度也低于其余两组。加工速度可以分解为数字编码速度与内隐计数速度。研究表明，数学失能儿童在工作记忆中的数字编码速度要比数学低能儿童慢，但是在内隐计数速度上,数学失能儿童是否比数学低能儿童慢还没有一致的答案。

(7) 数学学习困难的生理机制缺陷

Semenza 曾经报告过一个计算障碍者 M. M 的案例,他的右额叶与顶叶皮质存在先天损伤,不能完成复杂的乘法和除法运算。Dehaene、Spelke、Pinel、Stanescu 和 Tsivkin(1999)的研究表明,存在支持声音与语义表征、计数加工过程的神经结构,主要是左侧基底神经节和左顶枕颞区。这些区域无论是皮质下损害还是皮质结构损害都会导致提取算法困难(Geary,2004,2007)。Zorzi、Priftis 和 Umiltà(2002)的研究显示,右顶叶皮层受损导致空间定位受损,进而导致形成和运用心理数字线能力受损。

Davis 等人(2009)研究了数困儿童和正常儿童进行近似计算时的脑区激活模式,发现近似计算时激活了额叶和顶叶脑区,而且数困儿童的激活明显多于正常儿童。与 Davis 的研究不同的是,Kucian 等人(2006)的研究结果发现,近似计算时发展性计算障碍儿童的顶内沟及两半球的中部和底部角回的脑区激活要明显少于正常儿童(华晓腾等,2012)。

国内研究状况

21 世纪以来,国内学者对"数困生"自身原因的研究也主要集中在工作记忆方面。刘昌(2004)针对数学学习困难儿童的认知加工机制进行了系统研究,结果发现,与数学学习优秀儿童相比,数学学习困难儿童的语言加工速度、短时记忆、中央执行系统的功能以及整体工作记忆能力方面都存在明显不足。这种不足只能用与数字工作记忆能力不足有关的工作记忆能力下降来加以明确解释。周世杰、杨娟、张拉艳和蔡太生(2006)为了探讨数学学习障碍儿童的工作记忆状况,把智力测验、成就测验、教师提名、学业成绩相结合来甄选数学学习障碍儿童。他们选取 24 名数学学习障碍儿童和 24 名学习正常儿童,采用工作记忆成套测验对两组被试进行评估。结果表明,数学学习障碍组除空间排序、空间后退以及数字划销 3 个分测验外,在工作记忆成套测验中的其他各分测验及各维度上的成绩均显著低于正常组。得出的结论是:数学学习障碍儿童的工作记忆存在普遍缺陷。周世杰、杨娟、张拉艳(2006)还对这两组儿童的工作记忆、执行功能、加工速度以及数字推理、图案推理和心算等能力进行测验。结果表明,数学学习障碍组的工作记忆、执行功能及加工速度的测验成绩均显著低于正常组;数学学习障碍组的数字推理、图案推理和心算的成绩也显著低于正常组。数字推理、图案推理及心算的成绩与听觉工作记忆、视觉工作记忆、执行功能和加工速度均有显著相关。得出的结论是:数学学习障碍儿童存在工作记忆、执行功能和加工速度缺陷。数学学习障碍儿童的推理能力低于正常儿童,主要可由工作记忆能力不足来解释;而心算能力低下则可由听觉工作记忆和加工速度共同解释。王恩国、刘昌和赵国祥(2008)系统考察了数学学习困难儿童与控制组的加工速度和工作记忆,比较了加工速度和工作记忆对数学学习困难影响的相对贡献。结果发现,与控制组相比,数学学习困难儿童在加工速度和工作记忆方面均存在明显的不足,但加工速度不能解释不同能力组之间的差异。数学学习困难儿童的缺陷在于工作记忆能力的下降,工作记忆缺陷在于数字工作记忆,视空间工作记忆和中央执行功能的整体不足,中央执行功能对数学学习困难影响的解释量最大。

为了揭示数学学习困难学生认知缺陷的特点,蔡丹、邓赐平和李其维(2011b)比较了数困生与数优生的记忆广度差异。结果发现,数优生的工作记忆负荷能力明显高于数困生,随着数字工作记忆负荷的加大,数困生的缺陷尤为明显。但数困生和数优生的短时记忆却没有表现出明显差异。为了揭示数学学习困难学生认知加工过程的特点,蔡丹、邓赐平和李其维(2011a)采用反应停止任务和 Flanker 任务考察抑制能力和注意控制能力,比较了数困生与数优生中央执行系统的表现差异。结果发现,在各种抑制和注意控制条件下,数困生的正确率明显低于数优生;中央执行系统能力在初中阶段总体具有上升发展趋势,但数困生的发展有波动性。因此,数困生中央执行系统的缺损主要是对抗干扰能力不足,而非简单的加工速度。蔡丹和李其维(2013)还选取初中阶段的数学学业不良学生 55 名和数学学业优秀学生 56 名,根据国家数学课程标准,将数学划分为数与代数、空间与几何两部分,又从空间与几何领域中选取初一数学学业知识点——轴对称和中心对称图形,分析在不同内容知识领域的解答过程中所涉及的工作记忆成分。结果发现,(1)数与代数学习需要中央执行系统、视觉—空间模板、语音回路三个成分的共同作用;空间与几何学习主要受到视觉—空间模板和中央执行系统的影响,但不存在语音回路的影响。(2)对轴对称与中心对称图形任务的成绩影响最大的是视觉—空间模板,其次是中央执行系统,语音回路对该任务的作用不明显。两个研究说明工作记忆在初中不同年级的各类数学学业任务中具有不同的作用,中央执行系统和视觉—空间模板相对而言更具有普遍性作用,语音回路具有特殊性作用,并且随着年龄增加,视觉—空间模板对数学学业任务的作用更为凸显。

值得关注的是,程大志(2014)对儿童的发展性计算障碍进行了认知原因的探索。其研究发现,(1)发展性计算障碍儿童的数目加工能力较差,而其他认知能力表现正常;(2)视知觉加工能力是影响数目加工和计算能力的重要因素;(3)视知觉加工既影响计算障碍,也影响阅读障碍和计算阅读双重障碍。他还开发出一种具有视知觉加工特点的数目加工游戏,并对发展性计算障碍儿童实施干预训练。经过 8 天的训练,发展性计算障碍儿童在简单减法、点阵比较和视知觉图形匹配测验上的成绩显著提高,并且视知觉加工训练效应能够解释计算能力和数目加工能力的训练效应,表明计算能力和数目加工能力的提高依赖于视知觉加工能力的提高。

国内外比较分析

数学学习困难的原因错综复杂,国外学者从先天与后天、发展与迟滞、认知与记忆、大脑功能和行为表现等诸多方面对其探究已久,并划分了许多数学学习困难的类型和亚类型,目前结果仍然莫衷一是,成为研究的难题之一。国内学者受国外研究的影响,对数学学习困难的研究才刚刚起步。虽然在数学学习困难与工作记忆系统功能不足的关系方面做出了一些积极的探索,但是,不论在研究的深度和广度上,还是在方法与技术上,都远不及国外研究。因此,还有很多方面需要学习和借鉴。

教育意义

采取有效的甄别手段和干预技术帮助数学学习困难儿童克服障碍,提高数学学习成绩,自然是广大数学教师和数困生们的热望。可是,国外关于有效的干预措施的研究不多,国内的相关研究才刚刚起步。主要是因为真正的原因搞不清,使干预和辅导无从下手。目前,国内学者热衷于数困生工作记忆系统功能不足和缺陷的研究,但这只是寻找原因的一个方面。而且,即便是确定了工作记忆功能的缺陷或不足是数学学习困难的真正原因,如何解决工作记忆功能的缺陷或不足仍然是需要进一步解决的实际难题。可喜的是,程大志(2014)的研究比较深入、具体,且干预措施有效,很值得学习和借鉴。

致谢

感谢辽宁师范大学心理学院的硕士研究生付华、杜雪娇和尤瑞为本文分类收集有关研究文献。

参考文献

蔡丹,李其维. (2013).数学学业不良初中生的工作记忆特点:领域普遍性还是特殊性.心理学报,45(2),193—205.
蔡丹,李其维,邓赐平. (2011a).数学学习困难初中生的中央执行系统特点.心理科学,34(2),361—366.
蔡丹,李其维,邓赐平. (2011b).数学学习困难初中生的记忆广度特点.心理科学,34(5),1085—1089.
蔡丹,李其维,邓赐平. (2011c).数学学习困难初中生的N-back任务表现特征.心理学探新,31(4),321—325.
陈亚林,刘昌,陈杜鹃. (2010).心算的策略选择.心理科学进展,18(2),193—199.
陈亚林,刘昌,张小将,徐晓东,沈汪兵. (2011).心算活动中混合策略选择的ERP研究.心理学报,43(4),384—395
陈英和,赵笑梅. (2005).学习不良儿童的策略研究.心理科学进展,13(5),547—556.
陈英和,仲宁宁,田国胜,王治国. (2004).小学2—4年级儿童数学应用题表征策略差异的研究.心理发展与教育,20(4),19—24.
陈英和,仲宁宁,赵宏,张小龙. (2005).小学2—4年级儿童数学应用题表征策略对其解决不规则问题影响的研究.心理科学,28(6),1314—1317.
程大志. (2014).发展性计算障碍的认知机制及其干预训练(博士论文).北京师范大学,北京.
邓赐平,左志宏,李其维,J. P. Das. (2007).数学学习困难儿童的编码加工特点:基于PASS理论的研究.心理科学,30(4),830—833.
董奇,薛贵,金真,曾亚伟. (2004).语言经验对大脑激活的影响:来自第二语言初学者的证据.心理学报,36(4),448—454.
冯虹,阴国恩,安蓉. (2007a).比较应用题的问题表征策略研究.心理学探新,27(2),40—43.

冯虹,阴国恩,安蓉.(2007b).比较应用题解题过程的眼动研究.心理科学,30(1),37—40.

傅小兰,何海东.(1995).问题表征过程的一项研究.心理学报,27(2),204—210.

耿柳娜,陈英和.(2005).数学焦虑对儿童加减法认知策略选择和执行的影响.心理发展与教育,21(4),24—27.

韩璀璀,张静,黄大庆,陈英和.(2010).2—4年级数学困难与普通儿童数量估计能力的比较.中国特殊教育,118(4),47—51.

和美君,刘儒德.(2012).论数学问题解决中情境模型与问题模型的关系.心理科学,35(3),642—646.

和美君,刘儒德,徐乐,贾玲.(2012).数学能力与问句位置对小学生数学结构不良应用题表征的影响.心理发展与教育,28(3),276—282.

华晓腾,司继伟,卢淳.(2012).数学困难儿童的数学估计能力.心理科学进展,20(10),1633—1641.

纪桂萍,焦书兰,何海东.(1996).小学生数学问题解决与心理表征.心理发展与教育,12(1),29—32.

李晓东,张向葵,沈建中.(2002).小学二年级数学学优生与学困生解决比较问题的差异.心理学报,34(4),400—406.

刘昌.(2004).加工速度、工作记忆与液态智力发展的关系.心理学报,36(4),464—475.

刘昌,王翠艳.(2008).心算的加工机制:来自认知神经科学的研究.心理科学进展,16(3),446—452.

刘昌,翁旭初,李恩中,李德明,马林.(2005).青老年组不同难度下心算活动的脑功能磁共振成像研究.心理科学,28(4),845—848.

刘春晖,辛自强.(2008).小学生数学问题表征发展与流体智力的关系.心理与行为研究,6(3),206—211.

刘红,王洪礼.(2009).工作记忆子成分在小学三年级儿童珠心算中的作用.心理科学,32(6),1325—1327.

刘颂.(2008).发展性计算障碍儿童的数认知.心理科学进展,16(3),491—496.

刘效贞.(2009).不同情境状态下数学焦虑对估算的影响(硕士论文).山东师范大学,济南.

刘效贞,张影侠,司继伟.(2009).初中生的数学估计能力及其与元认知监控的关系.心理发展与教育,25(2),35—40.

路海东,董妍.(2003).小学生表征数学应用题策略的实验研究.心理发展与教育,19(1),60—63.

司继伟,陈小凤,徐继红.(2008).不同数学水平儿童的数量估计:图形排列方式的影响.心理发展与教育,24(3),84—88.

司继伟,徐艳红,张云仙.(2006).数学学业不良儿童的估算能力与估算情感因素的关系.山东师范大学学报(自然科学版),21(4),11—14.

司继伟,徐艳丽,刘效贞.(2011).数学焦虑、问题形式对乘法估算的影响.心理科学,34(2),407—413.

孙燕,司继伟,徐艳丽.(2012).数学焦虑影响大学生/儿童估算策略运用的对比研究.心理发展与教育,28(3),263—270.

王恩国,刘昌.(2005).数学学习困难与工作记忆关系研究的现状与前瞻.心理科学进展,13(1),39—47.

王恩国,刘昌,赵国祥.(2008).数学学习困难儿童的加工速度与工作记忆.心理科学,31(4),856—860.

卫薇.(2014).计算能力性别差异的认知行为及脑机制研究(博士论文).北京师范大学,北京.

辛自强.(2003).关系—表征复杂性模型的检验.心理学报,(4),504—513.

辛自强.(2004).问题解决中图式与策略的关系:来自表征复杂性模型的说明.心理科学,27(6),1344—1348.

辛自强.(2005).问题解决中图式的建构:一项应用题分类研究.心理发展与教育,21(1),69—73.

辛自强,俞国良.(2003).问题解决中策略的变化:一项微观发生研究.心理学报,35(6),786—795.

辛自强,张莉.(2009).基于关系—表征复杂性模型的数学应用题表征能力测验.心理发展与教育,25(1),34—40.

胥兴春,刘电芝.(2002).问题表征方式与数学问题解决的研究.心理科学进展,10(3),264—269.

胥兴春,刘电芝.(2005).数学学习障碍儿童数学问题解决的表征研究.心理科学,28(1),186—188.

徐继红,司继伟,周新林,董奇.(2010).数量估计的研究回顾.心理科学,33(3),646—648.

徐速.(2005).小学生数学问题解决中视觉空间表征的研究.心理发展与教育,21(3),78—82.

许锦民,郑希付,宫火良.(2008).数学不良儿童的书写运动控制特征.心理与行为研究,6(2),94—97.

游旭群,张媛,刘登攀,贠丽萍.(2006).小学生数学应用题解题水平影响因素的研究——视空间能力、认知方式及表征方式的影响.心理科学,29(4),868—873.

于萍,左梦兰.(1996).三—六年级小学生数学能力及认知结构的发展.心理发展与教育,12(3),32—38.

俞国良,曾盼盼.(2003).数学学习不良儿童视觉—空间表征与加工的研究.心理学报,35(5),643—648.

曾盼盼,俞国良.(2002).数学学习不良的研究及趋势.心理科学进展,10(1),48—55.

曾盼盼,俞国良.(2003).小学生视觉—空间表征类型和数学问题解决的研究.心理科学,26(2),268—271.

张承芬,孙金玲.(2013).数学焦虑对工作记忆子系统及数学心算的影响分析.心理科学,36(1),134—138.

张明,陈骐.(2006).工作记忆子成分在听觉障碍儿童心算过程中的作用.心理科学,29(1),76—79.

张奇,林崇德,赵冬梅,滕国鹏,郑琳娜.(2004).小学生口算能力的发展研究.心理科学,27(3)519—523.

张奇,林崇德,赵冬梅,王秀丽.(2002).小学生加法口算速度和广度的发展研究.心理发展与教育,18(1),16—21.

张奇,滕国鹏,郑琳娜.(2004).小学生与大学生口算时间和广度的研究.心理科学,27(2),342—345.

张树东.(2004).小学生数字加工和计算能力的发展及障碍研究(博士论文).北京师范大学,北京.

张云仙.(2008).学业不良生与学优生估算能力对比研究.数学教育学报,17(4),49—52.

张云仙.(2009).数学学业不良儿童的估算能力研究.西南师范大学学报(自然科学版),34(3),110—113.

张云仙,司继伟.(2006).数学学业不良儿童的估算情感特点研究.心理发展与教育,22(2),40—45.

郑琳娜,张奇.(2007).数学困难儿童的表征类型及其对应用题解决的影响.中国健康心理学杂志,15(6),521—523.

周世杰,杨娟,张拉艳.(2006).工作记忆、执行功能、加工速度与数学障碍儿童推理和心算能力的关系.中国临床心理学杂志,14(6),574—577.

周世杰,杨娟,张拉艳,蔡太生.(2006).数学障碍儿童的工作记忆研究.中国临床心理学杂志,14(4),352—354.

左志宏,邓赐平,李其维.(2007).两类数学学习困难小学儿童抑制控制水平的实验研究.应用心理学,13(1),50—54.

Andersson, U. (2010). Skill development in different components of arithmetic and basic cognitive functions: Findings from a 3-year longitudinal study of children with different types of learning difficulties. *Journal of Educational Psychology*, *102*(1),115‒134.

Ardiale, E. & Lemaire, P. (2012). Within-item strategy switching: An age comparative study in adults. *Psychology and Aging*, *27*(4),1138‒1151.

Ardiale, E., & Lemaire, P. (2013). Effects of execution duration on within-item strategy switching in young and older adults. *Journal of Cognitive Psychology*, *25*(4),464‒472.

Ashkenazi, S., Mark-Zigdon, N., & Henik, A. (2009). Numerical distance effect in developmental dyscalculia. *Cognitive Development*, *24*(4),387‒400.

Ashkenazi, S., Mark-Zigdon, N., & Henik, A. (2013). Do subitizing deficits in developmental dyscalculia involve pattern recognition weakness? *Developmental Science*, *16*(1),35‒46.

Askenazi, S., & Henik, A. (2010). Attentional networks in developmental dyscalculia. *Behavioral and Brain Functions*, *6*(2),1‒12.

Barulli, D. J., Rakitin, B. C., Lemaire, P., & Stern, Y. (2013). The influence of cognitive reserve on strategy selection in Normal Aging. *Journal of the International Neuropsychological Society*, *19*(7),841‒844.

Brissiaud, R., & Sander, E. (2010). Arithmetic word problem solving: A situation strategy first framework. *Developmental Science*, *13*(1),92‒107.

Butterworth, B. (2005). Developmental dyscalculia. In J. I. D. Campbell (Ed.), *Handbook of Mathematical Cognition*. New York, NY: Psychology Press.

Butterworth, B., & Reigosa, V. (2007). Information processing deficits in dyscalculia. In D. B. Berch & M. M. M. Mazzocco (Eds.), *Why is Math So Hard for Some Children? The Nature and Origins of Mathematical Learning Difficulties and Disabilities* (pp. 65‒81). Baltimore, MD: Paul H. Brookes Publishing Co.

Campbell, J. I. D., & Xue, Q. (2001). Cognitive arithmetic across cultures. *Journal of Experimental Psychology: General*, *130*(2),299‒315.

Cirino, P. T., Fletcher, J. M., Ewing-Cobbs, L., Barnes, M. A., & Fuchs, L. S. (2007). Cognitive arithmetic differences in learning difficulty groups and the role of behavioral inattention. *Learning Disabilities Research & Practice*, *22*(1),25‒35.

Coquin-Viennot, D., & Moreau, S. (2003). Highlighting the role of the episodic situation model in the solving of arithmetical problems. *European Journal of Psychology of Education*, *18*(3),267‒279.

Coquin-Viennot, D., & Moreau, S. (2007). Arithmetic problems at school: When there is an apparent contradiction between the situation model and the problem model. *British Journal of Educational Psychology*, *77*(1),69‒80.

Davis, N., Cannistraci, C. J., Rogers B. P., Gatenby, J. C., Fuchs, L. S., Anderson, A. W., et al. (2009). Aberrant functional activation in school age children at-risk for mathematical disability: A functional imaging study of simple arithmetic skill. *Neuropsychologia*, *47*(12),2470‒2479.

Dehaene, S., Spelke, E., Pinel, P., Stanescu, R., & Tsivkin, S. (1999). Sources of mathematical thinking: Behavioral and brain-imaging evidence. *Science*, *284*(5416),970‒974.

Geary, D. C. (2004). Mathematics and learning disabilities. *Journal of Learning Disabilities*, *37*(1),4‒15.

Geary, D. C. (2007). An evolutionary perspective on learning disability in mathematics. *Developmental Neuropsychology*, *32*(1),471‒519.

Geary, D. C. (2011). Consequences, characteristics, and causes of mathematical learning disabilities and persistent low achievement in mathematics. *Journal of Developmental and Behavioral Pediatrics*, *32*(3),250‒263.

Geary, D. C., Bailey, D. H., & Hoard, M. K. (2009). Predicting mathematical achievement and mathematical learning disability with a simple screening tool: The number sets test. *Journal of Psychoeducational Assessment*, *27*(3),265‒279.

Geary, D. C., Hoard, M. K., Byrd-Craven, J., & DeSoto, M. C. (2004). Strategy choices in simple and complex addition: Contributions of working memory and counting knowledge for children with mathematical disability. *Journal of Experimental Child Psychology*, *88*(2),121‒151.

Geary, D. C., Hoard, M K., Byrd-Craven, J., Nugent, L., & Numtee, C. (2007). Cognitive mechanisms underlying achievement deficits in children with mathematical learning disability. *Child Development*, *78*(4),1343‒1359.

Geary, D. C., Hoard, M. K., Nugent, L., & Byrd-Craven, J. (2008). Development of number line representations in children with mathematical learning disability. *Developmental Neuropsychology*, *33*(3),277‒299.

Hanich, L. B., Jordan, N. C., Kaplan, D., & Dick, J. (2001). Performance across different areas of mathematical cognition in children with learning difficulties. *Journal of Educational Psychology*, *93*(3),615‒626.

Hegarty, M., & Kozhevnikov, M. (1999). Types of visual-spatial representations and mathematical problem solving. *Journal of Educational Psychology*, *91*(4),684‒689.

Hegarty, M., Mayer, R. E., & Monk, C. A. (1995). Comprehension of arithmetic word problems: A comparison of successful and unsuccessful problem solvers. *Journal of Educational Psychology*, *87*(1),18‒32.

Hitch, G. J., McAuley E. (1991). Working memory in children with specific arithmetical learning difficulties. *British Journal of Psychology*, *82*(3),375‒386.

Imbo, I., & LeFevre, J. A. (2009). Cultural differences in complex addition: Efficient Chinese versus adaptive Belgians and Canadians. *Journal of Experimental Psychology*, *35*(6),1465‒1476.

Imbo, I. , & LeFevre, J. A. (2011). Cultural differences in strategic behavior: A Study in computational estimation. *Journal of Experimental Psychology*, *37*(5),1294 - 1301.

Imbo, I. , & Vandierendonck, A. (2007). The development of strategy use in elementary school children: Working memory and individual differences. *Journal of Experimental Child Psychology*, *96*(4),284 - 309.

Imbo, I. , & Vandierendonck, A. (2010). Instruction and load effects on high-skill and low-skill individuals: A study in the domain of mental arithmetic. *European Journal of Cognitive Psychology*, *22*(6),964 - 989.

Imbo, I. , Vandierendonck, A. , & Rosseel, Y. (2007). The influence of problem features and individual differences on strategic performance in simple arithmetic. *Memory & Cognition*, *35*(3),454 - 463.

Jordan,N. C. , Hanich, L. B. & Kaplan, D. (2003). Arithmetic fact mastery in young children: A longitudinal investigation. *Journal of Experimental Child Psychology*, *85*(2),103 - 119.

Kucian, K. , Loenneker, T. , Dietrich, T. , Dosch, M. , Martin, E. , & von Aster, M. (2006). Impaired neural networks for approximate calculation in dyscalculic children: A functional MRI study. *Behavioral and Brain Functions*, 2,31.

Landerl, K. , Bevan, A. , & Butterworth, B. (2004). Developmental dyscalculia and basic numerical capacities: a study of 8-9-year-old students. *Cognition*, *93*(2),99 - 125.

Lemaire, P. , Arnaud, L. , & Lecacheur, M. (2004). Adults' age-related differences in adaptivity of strategy choices: Evidence from computational estimation. *Psychology and Aging*, *19*(3),467 - 481.

Lemaire, P. , & Lecacheur, M. (2011). Age-related changes in children's executive functions and strategy selection: A study in computational estimation. *Cognitive Development*, *26*(3),282 - 294.

Lemaire, P & Siegler, R. S. (1995). Four aspects of strategic change: Contributions to children's learning of multiplication. *Journal of Experimental Psychology: General*, *124*(1),83 - 97.

Lépine, R. , Roussel, J. L. , & Fayol, M. (2003). Procedural resolution or direct retrieval in memory of simple addition and multiplication in children? *Lannée Psychologique*, *103*(1),51 - 80.

Lucangeli, D. , Tressoldi, P. E. , Bendotti, M. , Bonanormi, M. & Siegel, L. S. (2003). Effective strategies for mental and written arithmetic calculation from the third to the fifth grade. *Educational Psychology*, *23*(5),507 - 520.

McDonald, S. A. (2010). Number line estimation: The use of number line magnitude estimation to detect the presence of math disability in postsecondary students. Doctoral dissertation, Liberty University.

Mejias,S. , Mussolin,C. , Rousselle,L. , Grégoire,J. & Noël, M. (2012). Numerical and nonnumerical estimation in children with and without mathematical learning disabilities. *Child Neuropsychology: A Journal on Normal & Abnormal Development in Childhood & Adolescence*, *18*(6),550 - 575.

Moeller,K. , Nuerk,H. C. ,& Willmes, K. (2009). Internal number magnitude representation is not holistic, either. *European Journal of Cognitive Psychology*, *21*(5),672 - 685.

Moreau, S. , & Coquin-Viennot, D. (2003). Comprehension of arithmetic word problems by fifth-grade pupils: Representations and selection of information. *British Journal of Educational Psychology*, *73*(1),109 - 121.

Moyer, R. S. , & Landauer, T. K.(1967). Time required for judgement of numerical inequality. *Nature*, *215*,1519 - 1520.

Passolunghi, M.C. , & Siegel, L. S. (2001). Short-term memory, working memory and inhibitory control in children with difficulties in arithmetic problem solving. *Journal of Experimental Child Psychology*, *80*(1),44 - 57.

Raghubar, K. , Cirino, P. , Barnes, M. , Ewing-Cobbs. L, Fletcher, J. , & Fuchs, L. (2009). Errors in multi-digit arithmetic and behavioral in attention in children with math difficulties. *Journal of Learning Disabilities*, *42*,356 - 371.

Rousselle, L. , & Noël, M. P. (2008). Mental arithmetic in children with mathematics learning disabilities: The adaptive use of approximate calculation in an addition verification task. *Journal of Learning Disabilities*, *41*(6),498 - 513.

Rubinsten, O. , & Henik, A. (2005). Automatic activation of internal magnitudes: A study of developmental Dyscalculia. *Neuropsychology*, *19*(5),641 - 648.

Rubinsten O. , & Henik A. (2006). Double dissociation of functions in developmental dyslexia and dyscalculia. *Journal of Educational Psychology*, *98*(4),854 - 867.

Shalev, R. S. , Auerbach, J. , Manor, O. , & Gross-Tsur, V. (2000). Developmental dyscalculia: Prevalence andprognosis. *European Child & Adolescent Psychiatry*, *9*(2),58 - 64.

Siegler, R.S. , & Booth, J.L. (2005). Development of numerical estimation. In J. I. D. Campbell (Ed.), *Handbook of Mathematical Cognition* (pp. 197 - 212). New York, NY: Psychology Press.

Siegler, R. S. & Shipley, C. (1995). Variation, selection, and cognitive change. In T. Simon & G. Halford (Eds.), *Developing Cognitive Competence: New Approaches to Process Modeling* (31 - 76). Hillsdale, NJ: Lawrence Erlbaum.

Swanson, H. L. (1984). Effects of cognitive effort and word distinctiveness on learning disabled reader recall. *Journal of Education Psychology*, *76*(5),894 - 908.

Swanson, H.L. , & Sachse-Lee, C. (2001). Learning disabled readers' working memory: What does or does not develop? Unpublished manuscript, University of California, CA.

Thevenot, C. , & Oakhill, J. (2005). The strategic use of alternative representations in arithmetic word problem solving. *The Quarterly Journal of Experimental Psychology Section A*, *58*(7),1311 - 1323.

Torbeyns, J. , Verschaffel, L. , & Ghesquiére, P. (2004). Strategic aspects of simple addition and subtraction: The influence of mathematical ability. *Learning and Instruction*, *14*(2),177 - 195.

Torbeyns, J. , Verschaffel, L. , & Ghesquiére, P. (2005). Simple addition strategies in a first-grade class with multiple strategy instruction. *Cognition and Instruction*, *23*(1),1‒21.

Torbeyns, J. , Verschaffel, L. , & Ghesquiére, P. (2006). The development of children's adaptive expertise in the number domain 20 to 100. *Cognition and Instruction*, *24*(4),439‒465.

Van Garderen, D. (2006). Spatial visualization, visual imagery, and mathematical problem solving of students with varying abilities. *Journal of Learning Disabilities*, *39*(6),496‒506.

Van Garderen, D. , & Montague, M. (2003). Visual-spatial representation, mathematical problem solving, and students of varying abilities. *Learning Disabilities Research & Practice*, *18*(4),246‒254.

Varol, F. , & Farran, D. (2007). Elementary school students' mental computation proficiencies. *Early Childhood Education Journal*, *35*(1),89‒94.

Zorzi, M. , Priftis, K. , & Umiltà, C. (2002). Neglect disrupts the mental number line. *Nature*, *417*(6885),138‒139.

12 创造性思维及促进

郝 宁 袁 欢 滕 静

【内容简介】

创造性思维是个体产生新颖且适用的思想及产品的认知过程,发散性思维和聚合性思维是其重要的组成部分。高唤醒度、积极的情绪可改善认知灵活性以促进创造性思维,高唤醒度、消极的情绪可提高认知坚持性以促进创造性思维。内部动机有利于个体专注于创造过程,外部动机有利于提升个体的创造意图,二者均可促进创造性思维。趋近动机增强灵活性,回避动机在特定情境中可增强坚持性,两者皆可能促进创造性思维。亲社会动机使个体跳出自身视角的局限,增强观点整合能力,从而促进创造性思维。工作记忆容量对创造性思维的作用存在争议,但近来研究多支持高工作记忆容量有利于创造性思维的观点。自由行走、身体开放姿势、手部流畅运动、手臂弯曲姿势等,亦可促进创造性思维。未来研究应开发更有效度、更客观的创造性思维测评工具,以及探索大脑不同网络(特别是默认网络和认知控制网络)在创造性思维中协同工作的机制。

【内容提纲】

12.1　引言 / 255

12.2　创造性思维的测评 / 256

12.3　情绪与创造性思维 / 258

　　12.3.1　情绪状态对创造性思维的影响 / 258

　　12.3.2　多种理论解释 / 259

　　12.3.3　简评 / 261

12.4　动机与创造性思维 / 261

　　12.4.1　内/外部动机与创造性思维 / 261

　　12.4.2　趋近/回避动机与创造性思维 / 263

　　12.4.3　社会性动机与创造性思维 / 264

　　12.4.4　简评 / 265

12.5 工作记忆与创造性思维 / 266
　　12.5.1 工作记忆对发散性思维的作用 / 266
　　12.5.2 工作记忆对聚合性思维的作用 / 267
　　12.5.3 简评 / 268
12.6 躯体运动与创造性思维 / 269
　　12.6.1 身体运动和姿势对创造性思维的影响 / 269
　　12.6.2 手臂运动和姿势对创造性思维的影响 / 270
　　12.6.3 简评 / 271
12.7 结语 / 272

12.1 引言

创造力(creativity),作为反映人类智慧的高级认知能力之一,体现在艺术创作、技术革新及科学发明等众多领域(Radel, Davranche, Fournier, & Dietrich, 2015)。它通常被定义为在特定环境下个体产生新颖的(独创的、预想不到的)和适宜的(不超出条件的限制且有用的)思想及产品的能力(Sternberg & Lubart, 1996; Runco & Jaeger, 2012)。创造性思维(creative thinking)是创造力的认知层面,代表创造性过程的认知元素、思维过程、思维风格等(Sternberg, 1999)。发散性思维(divergent thinking)和聚合性思维(convergent thinking)是创造性思维的主要组成部分。发散性思维是一种不依常规、寻求变异、从多方面探求答案的思维形式,是沿着各种不同的方向去思考,重新组合当前的信息和记忆系统中的信息,进而产生大量独特新思想的认知过程(Guilford, 1967; Sternberg, 1999)。聚合性思维是一种从已知信息中产生逻辑结论,从不同来源、不同材料、不同角度探求出一个正确答案的有方向、有条理的思维过程(Guilford, 1967; Cropley, 2006)。

本章拟探讨影响创造性思维的几个因素,并试图从中析出促进创造性思维的一些方法和措施。有两点需要特别说明:其一,本章内容无意描述创造力研究的全貌。1961年,Rhodes提出了创造力研究的四个维度,分别是创造性的人(person)、过程(process)、产品(product)和环境(press/place),这四个维度被称为"4P"(Kaufman & Sternberg, 2010)。半个多世纪以来,研究者在此四个维度上进行了广泛而深入的研究,发表了数以千计的研究报告。国际上已出版了多个版本的创造力研究手册,如 *Handbook of Creativity* (Sternberg, 1999), *The Creativity Research Handbook* (Runco, 1996, 2008a, 2011), *The International Handbook of Creativity* (Kaufman & Sternberg, 2006)等。国内学者胡卫平组织相关研究者出版了《中国创造力研究进展报告(第1卷)》(2016),其中包含17篇论文,总结了从创造力的分子遗传基础、创造性的大脑结构与功能等生理机制研究,到较宏观的经营管理情境中的创造力、中国本土文化对创造力的影响等诸多主题的研究进展。对这些主题感兴趣的读者,可参阅上述文献。其二,尽管本章着眼于创造性思维,但限于篇幅亦不可能涵盖此主题下所有的相关研究。例如,创造性思维的认知过程和神经机制是重要且基础的科学问题,但其不是本章阐述的重点。此外,创造性思维兼有"特质性"和"状态性"(谷传华等,2015)。一方面,个体创造性思维的水平和特征具有稳定性和一致性,受人格特质、智力水平等因素的影响;另一方面,个体的创造性思维也表现出情境性和不稳定性,其在特定问题情境中(往往在较短的时间内)表现出的状态,受个体当时情绪、动机、躯体运动、可用的认知资源等因素的影响。限于篇幅,本章侧重于探讨影响创造性思维状态的相关因素,而不讨论人格特质和智力因素对创造性思维的影响。

本章分为三部分:第一部分阐述测评创造性思维的诸多方法、范式和任务,这是理解后续内容的基础。第二部分讨论四个因素(即情绪、动机、工作记忆、躯体运动)对创造性思维的影响作用。在每一主题上,我们评述国外研究的新进展,介绍我国研究者对该主题研究的贡献,而后对当前研究存在的问题加以简评。第三部分进行总结,阐述未来创造性思维研究应解决的关键问题。

12.2　创造性思维的测评

发散性思维被认为是创造性思维的重要成分,因此发散性思维测验是测量创造性过程和潜力的一种常用测验(Kaufman, Plucker, & Baer, 2008; Runco, 1991; Runco & Acar, 2012; Runco & Pritzker, 1999)。经典的发散性思维测验可追溯到Guilford基于智力结构(Structure of Intellect, SOI)模型所提出的发散性产品测验(Guilford, 1967),该测验包括各种发散性思维任务。托兰斯创造性思维测验(Torrance Tests of Creative Thinking, TTCT)的大部分内容基于Guilford的SOI模型,分为言语任务和图形任务(Torrance, 1974; Torrance & Khatena, 1970)。言语任务包括:提问题、猜测原因、产品改进、非常规用途、不寻常问题和假设。例如,产品改进任务让被试说出对某种玩具进行改进的各种方式;非常规用途任务让被试说出一个日常用品(如砖头)的各种新颖用途。图形任务包括:图形建构、图形完成、线或圆。例如,图形建构任务要求被试在一个基本的图形上完成一幅画;图形完成任务是让被试补全一幅部分完成的画并对其命名;线或圆任务则是提供一些线条或圆,让被试在上面作画。此外,Wallach和Kogan(1965)编制的发散性思维测验也和Guilford的SOI模型十分类似。这些经典的发散性思维测验具有很好的信度,但在预测效度和区分效度上却有着许多争议(Kaufman & Sternberg, 2010)。

发散性思维测验的答案具有开放性,可用于测量观念产生的流畅性(fluency)、灵活性(flexibility)、独创性(originality)和精致性(elaboration)。流畅性指产生的观念的数量;灵活性指产生观念的类别的数量;独创性指产生的观念的罕有性;精致性指某个类别下观念的展开程度(Runco, 1991; Runco & Acar, 2012; Runco & Pritzker, 1999)。其中,对观念"独创性"的评分主要有两种方法,一是客观评分法,二是主观评分法。客观评分法的基本逻辑是按照所提出的观点在测试群体中的稀缺性而赋分。例如,少于1%的被试说出的观点给4分,1%—2%的被试说出的观点得3分,3%—6%的被试说出的观点得2分,7%—15%的被试说出的观点得1分,其余得0分(Cropley, 1967);或者少于5%—10%的被试提出的观点得1分,其余为0分(Runco, 2008b)。主观评分法是让评分者对观点的新颖性进行主观打分(Amabile, 1982),评分者内部一致性系数可作为该方法是否有效的客观指标。需指出,无论是用客观评分法还是主观评分法对独创性进行赋分,均会面临一个难题,即观念独创性得分会受到观念流畅性的污染(Kaufman, Plucker, & Baer, 2008)。简单来说,观念独创性得分与产生的观念个数(流畅性)有显著正相关,有研究表明这种相关可高达0.8—0.9(Torrance, 2008)。近来研究者提出了几种新的评分方法,试图解决流畅性对独创性得分的污染问题。一种方法是对产生的所有观点进行整体评分,而非对产生的每一个观点进行评分后再对得分进行平均。例如,Silvia等人提出的"快照式"(snapshot)评分法将被试产生的所有想法放在一起,要求评分者在短时间内对其进行总体评分(Silvia, Martin, & Nusbaum, 2009)。另一种方法是"主观最优观点"(subjective top-scoring)评分法。例如,要求被试在完成发散性任务后,选出其自认为最新颖的两个想法;然后让评分者对这两个想法的独创性进行评分;这两个想法的独创性得分的均值可作为该被试发散性思维独创性的指标(Silvia, 2011)。

除了发散性思维之外,聚合性思维也是创造性思维的重要成分。其中,顿悟是聚合性思维的典型代表。早先的顿悟研究主要从行为学层面对"进程监控"和"表征转换"两种理论解释所引发的争议进行验证。近来研究者采用ERP技术对顿悟的脑机制进行探讨(我国学者罗跃嘉、罗劲、张庆林、邱江、刘昌、沈汪兵等人在此主题上有许多发现,可查阅相关文献)。对于顿悟的测量建立在对顿悟现象的理解上。Weisberg(1986)指出:"几乎没有什么理由相信顿悟是一种与过去经验毫无关系的灵光一现,人们总是从他们所知道的东西开始着手解决问题,并逐步修改思路以使之适应当前的问题情境。"即顿悟的发生是对问题的重新建构(restructuring)。例如,"火柴棍问题"要求被试用六根火柴构成四个等边三角形,被试需克服思维定势(即构成的等边三角形一般会摆在二维的平面上),对问题重新建构(即在三维空间搭建等边三角形),才能顺利解决该问题。除"火柴棍问题"之外,类似问题还有"蜡烛问题"、"九点问题"等,这些问题均需个体对问题情境中的因素进行重构。此外,Bowden 和 Jung-Beeman(2003)认为,顿悟应该定义为突然发现对问题的解决方法,伴随着一种"啊哈"体验,而非仅仅是对问题进行了重构。远距离联想测验(remote associate test,RAT)和字谜(word puzzle)任务经常被用来诱发被试的"啊哈"体验,它们也是常见的测量顿悟的任务。我国学者张庆林等人提出顿悟的原型激活理论,该理论认为顿悟是一个原型启发的过程(张庆林,邱江,曹贵康,2004),即在解决顿悟问题的思考过程中,如果能够在大脑中激活恰当的原型及其所包含的关键性启发信息,顿悟就会发生。此解释被后续许多研究所证实(曹贵康,杨东,张庆林,2006;张庆林,邱江,2005)。张庆林等人还开发了中国字谜库,用以研究顿悟过程,该字谜库也已被许多研究所采用(陈丽,张庆林,严霞,张颖,廖祥慧,陈谊,2008;邱江,张庆林,2007)。

国内研究者亦编制了许多测验来测量个体的创造性思维,这些测验具有很好的信效度。例如,"中学生创造性思维练习"分为言语和图形两部分:言语任务包括词语联想和故事命名,图形任务包括小设计、添画和画影子。该测验通过数量、类型和质量来计算思维的流畅性、变通性和独特性,以此来评价个体创造力水平的高低(郑日昌,肖蓓苓,1983)。"青少年科学创造力测验"共有七个题目,皆为开放性问题,包括物体应用、问题提出、产品改进、科学想象、问题解决、科学实验和产品设计(申继亮,胡卫平,林崇德,2002)。"中学生创造性思维量表"由发散性量表和聚合性量表两个分量表构成,也具有良好的信效度(沃建中,王福兴,林崇德,刘彩梅,2007)。

12.3 情绪与创造性思维

情绪对创造性思维有着重要的影响作用,这已是确凿无疑的论断。但究竟怎样的情绪状态促进或阻碍创造性思维?情绪状态如何影响创造性思维?研究者在这些问题上依然存在争议。

12.3.1 情绪状态对创造性思维的影响

根据效价(valence)的不同,情绪一般可分为积极情绪、消极情绪和中性情绪。总体而言,目前关于情绪和创造性思维的研究有三个互相联系的研究分支。第一,积极情绪与中性情绪对创造性思维影响的比较研究。这些研究发现,与中性情绪相比,积极情绪能够促进创造性思维(Ashby, Isen, & Turken, 1999; Isen, 1999; Mumford, 2003; Topolinski & Deutsch, 2012; Vosburg, 1998),原因可能在于积极情绪更容易诱发个体所具有的语义网络的广泛联结,从而使得思维更加灵活和新颖(Lyubomirsky,

King, & Diener, 2005)。第二,消极情绪与中性情绪对创造性思维影响的比较研究。既有研究结果很不一致,有研究发现消极情绪与中性情绪相比更能促进创造性思维(Adaman & Blaney, 1995; Carlsson, 2002),但也有研究得出相反的结果(Vosburg, 1998),或发现二者效果无明显差异(Göritz & Moser, 2003; Verhaeghen, Joormann, & Khan, 2005)。第三,积极情绪和消极情绪对创造性思维影响的比较研究,结果也不甚一致。有研究发现积极情绪比消极情绪更能促进创造性思维(Fernández-Abascal & Díaz, 2013; George & Zhou, 2007; Grawitch, Munz, & Kramer, 2003; Hirt, Devers, & McCrea, 2008; Hirt, Levine, McDonald, Melton, & Martin, 1997; Hirt, Melton, McDonald, & Harackiewicz, 1996),也有研究发现积极情绪和消极情绪可产生类似的效应(Bartolic, Basso, Schefft, Glauser, & Titanic-Schefft, 1999),还有研究发现消极情绪较之积极情绪更能促进创造性思维(Carlsson, 2002; Gasper, 2003; Kaufmann & Vosburg, 1997; Madjar & Oldham, 2002)。国内学者也探讨了积极情绪与消极情绪对创造性思维的影响。有研究发现积极情绪对创造性问题解决中的原型启发有促进作用,而消极情绪则有抑制作用(沈承春,张庆林,2012)。另有研究发现,正性情绪可促进创造性科学问题的提出能力,尤其表现在流畅性和灵活性品质上;不同的负性情绪状态对于创造性科学问题提出能力的影响不同,恐惧有显著的抑制作用,而愤怒则没有影响作用(胡卫平,王兴起,2010)。

上述矛盾的结果预示着,情绪的不同维度可能对创造性思维产生不同的影响,有必要将情绪的维度进行更细致的区分。近来的一项元分析研究将情绪从效价(valence)、唤醒度(arousal)和调节焦点(regulatory focus)三个维度进行了划分,将个体的创造性思维表现区分为流畅性、灵活性和新颖性这三项得分(Baas, De Dreu, & Nijstad, 2008)。结果发现,与中性情绪相比,高唤醒度、具有趋近动机的积极情绪能促进创造性思维;而高唤醒度、具有回避动机的积极情绪同中性情绪相比则无明显差异。Bass 等人的后续研究也发现,回避动机下的消极情绪能否促进创造性思维取决于目标是否完成,若目标未完成,则会产生跟趋近动机下积极情绪相似的效果(Baas, De Dreu, & Nijstad, 2011)。

12.3.2 多种理论解释

Mednick(1962)认为,创造性思维的过程就是把分散的语义单元组合起来,形成新的语义结构的过程。这种理论解释了为何积极情绪较之消极情绪对创造性思维有着促进作用,也即,积极情绪促进语义网络的广泛激活,有利于形成有意义的联结,进而易化了创造性思维(Bowden, Jung-Beeman, Fleck, & Kounios, 2005)。需要指出的是,该理论可解释积极情绪对创造性思维的促进作用,却无法解释为何消极情绪也可能对创造性思维有利。

创造力的双通道理论(De Dreu, Baas, & Nijstad, 2008)被认为是解释上述看似矛盾结果的理论框架之一。该理论认为,有两条路径可通向创造性的思维产品,一是灵活性(flexibility)通道,即通过提高认知灵活性、打破思维定势并重组认知结构来产生广泛的、几近包罗万象的认知类别。二是坚持性(persistence)通道,即增加努力和毅力,使得在同一类别下的想法不断深入,想法的数量不断增加。情绪有效价和唤醒度两个维度,不同的效价与不同的唤醒度组合,可分为四种类型的情绪(Barrett & Russell, 1998; Gray, 1982; Green, Goldman, & Salovey, 1993; Posner, Russell, & Peterson, 2005):正性—低唤醒度情绪,如放松、平静;正性—高唤醒度情绪,如幸福、狂喜;负性—低唤醒度情绪,如伤心、抑郁;负性—高唤醒度情绪,如生气、害怕。创造力的双通道理论认为,无论情绪效价如何,高唤醒度的情绪通过不同通道均可能促进创造性思维。具体表现为,高唤醒度、积极的情绪通过改善灵活性来促进创造性思维;而高唤醒度、消极的情绪通过提高坚持性来促进创造性思维。这种理论解释后续得到了许多研究的验证和支持(Baas, Roskes, Sligte, Nijstad, & De Dreu, 2013; Nijstad, De Dreu, Rietzschel, & Baas, 2010)。

近来有研究者试图从新的角度来探讨情绪与创造性思维的关系。Leung 等人(2014)根据情绪调节的适用性理论(Tamir, 2005),探讨了与人格特质一致的情绪对创造性思维的作用。他们发现,同回忆快乐的事情产生快乐情绪相比,神经质得分较高的被试在回忆焦虑事件产生焦虑情绪时,其创造表现会更好。该研究还发现,对任务喜欢的内部动机调节了与人格一致的情绪同创造表现的关系。有趣的是,该研究对双通道理论提出了挑战。例如,依据人格—情绪一致性假设,具有抑郁质的人在悲伤条件下的创造力会更好,但悲伤在双通道理论中属于低唤醒度、消极的情绪,对创造性思维的影响应该不大。当然,这只是根据两种理论所作的推测,孰是孰非还有待验证。

另有研究从多巴胺水平角度对情绪与创造性思维之间的关系进行解释。Chermahini 和 Hommel(2012)采用眨眼频率(eyeblink rate)这一反映个体多巴胺水平的临床指标,分析了情绪、创造性思维的灵活性和眨眼频率之间的关系。结果发现,被试的多巴胺水平同创造表现成倒 U 形曲线(即中等的多巴胺水平最利于创造性思维);积极情绪使得多巴胺水平增高,消极情绪则无显著变化;在积极情绪诱发之前,只有多巴胺水平低于中等程度的被试通过积极情绪诱发其创造表现才提高,而多巴胺水平高于中等程度的被试即便接受积极情绪的诱发其创造表现也无显著变化。

12.3.3 简评

学界对情绪与创造性思维的关系的研究已有多年,但已有研究并未严格区分情感(affect)、心境(mood)和情绪(emotion)。各研究采取的情绪操作手法不一,有的用问卷进行测量,如"积极情感和消极情感量表"(positive affect and negative affect scale, PANAS)(Fernández-Abascal & Díaz, 2013);有的通过观看情绪图片或视频来操作情绪(Leung 等,2014; Van Kleef, Anastasopoulou, & Nijstad, 2010);有的通过回忆过去发生在自己身上的情绪性事件来操作情绪(De Dreu 等,2008)。这些方法测量或操作的究竟是情感、心境还是情绪,仍需后续细化研究。此外,关于情绪如何影响创造力思维,当前的解释主要有双通道理论(De Dreu 等,2008)、注意转换(Friedman & Förster, 2010; Rowe, Hirsh, & Anderson, 2007)、多巴胺水平(Chermahini & Hommel, 2012)、语义激活扩散(Bowden 等,2005),以及人格与情绪的一致性(Leung 等,2014)。这些解释多基于行为实验的发现,尚缺乏神经科学研究的证据。值得一提的是,Subramaniam、Kounios、Parrish 和 Jung-Beeman(2009)用fMRI 技术探索了积极情绪对创造性思维作用的神经机制。行为结果发现,积极情绪使被试完成了更多远距离联想测验(RAT)任务。fMRI 结果显示,前扣带回对于情绪和 RAT 任务均非常敏感,积极情绪能够改变前扣带回的准备状态,使个体能更有效地执行认知监控,处理不同观点间的认知冲突。这一结果说明,积极情绪可通过影响前扣带回来调节注意和认知控制机制,从而有利于创造性任务的解决。未来研究需综合使用多种技术手段(EEG、fMRI 等)来探索情绪影响创造性思维的神经机制。另外,研究者还应关注如何将情绪与创造性思维的相关研究成果付诸实践应用。例如,已有研究根据情绪与创造性思维的关系,提出一系列步骤来指导教师激发课堂中学生的创造性思维(Newton, 2013)。这些步骤包括:(1)知道何为创造力;(2)意识到学生的情绪;(3)根据前两步的结果构建框架;(4)考虑到具体情境;(5)站在学生的角度思考;(6)作出最终决策。

12.4 动机与创造性思维

动机是由某种目标所引导、激发和维持的内在心理过程或内在动力。个体在创造性活动中需要有动机的参与,这样其思维过程才具有能动性、坚持性,才有可能创造出新的产品。

12.4.1 内/外部动机与创造性思维

内部动机指由内在需要引起的为寻求挑战、满足好奇心而参与活动的动机

(Amabile, 1983)。以往研究普遍认为内部动机促进创造性思维(Amabile & Pillemer, 2012)。例如,内部动机取向者比外部动机取向者的创造性表现更好(Amabile, 1993);个体从事喜欢的工作或任务时会产生更强的内部动机,表现出更高水平的创造性思维(Collins & Amabile, 1999);个体的认知需求倾向对其创造表现有正向预测作用,高认知需求倾向者的创造表现更好(薛贵,董奇,周龙飞,张华,陈传生,2001)。此外,对于高创造力个体而言,内部动机的有益作用不仅体现在促进创造性思维上,还体现在提升对自身创造力的自评水平上(Stanko-Kaczmarek, 2012)。一般认为,内部动机有利于个体专注于创造过程,投入更多认知资源完成任务,因而可促进创造性思维并提升创造表现(Amabile, 1983; Eisenberger & Shanock, 2003)。

外部动机指在外界要求下产生的为了活动之外的因素而参与活动的动机(Amabile, 1983)。早期研究认为,外部动机干扰个体对创造过程的投入因而抑制创造性思维(Amabile, 1983)。后来研究者对外部动机的作用进行了区分,提出鼓励个体创造并对创造过程提供引导的外部动机可促进创造性思维,而那些限制自由、使人产生控制感的外部动机则会抑制创造性思维(Amabile, 1993)。Eisenberger 和 Shanock(2003)发现,关注创造本身而发放的外部奖励可促进创造性思维,而关注创造活动的结果或完成度而发放的外部奖励会抑制创造性思维。Byron 和 Khazanchi (2012)的元分析研究得到了类似的结果,即依据个体所提出方案的新颖性进行的外部奖励(如口头表扬、物质奖励),将激励个体追求观念的新颖性,从而促进创造性思维;若依据个体完成任务的速度或进度进行外部奖励,可能导致个体受到追求速度或进度的束缚,从而阻碍创造性思维。Choi(2004)探讨了创造意图在外部动机与创造表现间的中介作用,发现外部动机与创造意图呈正相关,而创造意图与创造表现呈正相关。Choi 提出,外部动机是促进还是抑制创造性思维,关键在于它是否引导个体关注创造本身或其他;如果引导个体关注创造本身,就会增加个体的创造意图,从而促进创造性思维,反之则会抑制创造性思维。

Ryan 和 Deci(2000)的自我决定理论(self-determination theory, SDT)基于外部激发因素的内化程度区分出五种动机调节方式:外在调节、内摄调节、认同调节、整合调节和内部动机。根据自我决定程度的不同,外在调节和内摄调节可归为控制性动机;认同调节、整合调节和内部动机可归为自主性动机。控制性动机指个体出于内部(如内疚)或外部(如他人的要求)压力而做出某行为的动机;自主性动机指个体出于自己意愿行事的动机,包括传统意义上的内部动机以及具有内在激励作用的外部动机(Ryan & Deci, 2000)。Hennessey(2000)认为自我决定理论为解释动机对创造性思维的作用提供了新视角,即动机对创造性思维的影响并不单纯是通过内部动机或外部动机实现的,而是基于个体对自身内外部动机以及环境因素的整合来实现的。

Eisenberger 和 Shanock(2003)指出,自主性动机相对于控制性动机更能促进创造性思维,因为它提供了更大的自由度,允许个体以更加发散的方式来解决问题。我国研究者也对自主性动机与创造性思维的关系进行了分析。他们发现,自主性动机对创造性思维有正向预测作用;自主性动机在外部动机激发类型(中度控制/中度自主/高度自主)和流畅性、独创性这两个维度的关系中起中介作用,即外部动机激发因素通过个体的自主性动机作用于创造性思维(张景焕,刘桂荣,师玮玮,付秀君,2011)。

12.4.2 趋近/回避动机与创造性思维

早期研究多发现趋近动机能够促进创造性思维,而回避动机可能抑制创造性思维(Cretenet & Dru, 2009; Elliot, Maier, Binser, Friedman, & Pekrun, 2009; Friedman & Förster, 2002, 2005a, 2005b; Koch, Holland, & van Knippenberg, 2008; Mehta & Zhu, 2009)。原因可能在于,在趋近动机下个体更倾向于采用冒险的策略,思维更具有探索性,注意更加灵活,表现出一种高速高效低消耗的加工风格(Friedman & Förster, 2002, 2005a, 2005b; Winkielman, Schwarz, Fazendeiro, & Reber, 2003),而这种灵活、流畅、发散的思维对创造表现有促进作用(Oppenheimer, 2008; Ward, Patterson, & Sifonis, 2004; Winkielman 等,2003)。相比而言,回避动机会使个体倾向于采用更加保守的思维策略,更为警觉,注意更为狭窄(Friedman & Elliot, 2008; Friedman & Förster, 2002; Mehta & Zhu, 2009),这种保守、结构化的认知加工不利于创造性思维(Ansburg & Hill, 2003; Förster, Epstude, & Ozelsel, 2009)。然而,最近有研究发现,个体在未能成功回避不好结果的情况下,具有回避动机或趋近动机对其创造性的影响无差别。这可能是因为目标未达成的状态提供了额外的动机,使得具有回避动机的个体付出更多的努力,从而补偿了保守思维方式对创造性思维的不利影响(Baas 等,2011)。

我国学界对趋近/回避动机与创造性思维关系的研究甚少,与此主题相关的多为对创造性思维与成就动机(追求成功的动机和避免失败的动机)的研究。需要指出,趋近/回避动机不等同于成就动机,因为趋近动机并不一定就是追求成功,回避动机也不等于回避失败。谷传华、荆智、张菲菲和孙超奇(2013)探讨了评价和成就动机对青少年社会创造性的影响,结果发现,青少年在无评价条件下比在有评价条件下的社会创造性更高;在无评价条件下,避免失败型青少年表现出更高的流畅性。由此看来,避免失败的动机也可能有利于创造性思维。

创造性思维的双通道模型对上述矛盾的结果提出了整合性解释。该理论表明,个体在趋近动机和回避动机下分别倾向于采用灵活性通道和坚持性通道进行创造活动,两种动机都可能促进创造表现;采用坚持性通道相比于灵活性通道会消耗更多认知资源,因此在回避动机下需要有额外的诱因(例如完成创造任务带来可见的收益)才能发挥坚持性通道对创造性思维的积极作用(De Dreu, Baas, & Nijstad, 2008)。近来研究发现,在趋近/回避动机与创造性思维的关系中,创造性任务的功用性是很重要的调节变量。Roskes、De Dreu 和 Nijstad(2012)利用老鼠迷宫任务诱发被试的趋近动机和回避动机,将被试随机分配至任务功用组(每正确回答一个 RAT 问题,老鼠就离奶酪近一格或离猫头鹰远一格)和任务无用组(无论回答正确与否,老鼠都随意移动);同时操作认知负荷变量,即要求被试在任务过程中记住一个两位数(低负荷组)或五位数(高负荷组)的数字。结果发现,在任务无功用价值的条件下,回避动机组的创造表现低于趋近动机组;而在任务有功用价值的条件下,回避动机组和趋近动机组的表现一样好,但回避动机组的被试有更强的耗竭感。

12.4.3 社会性动机与创造性思维

高亲社会动机的个体通常表现出更多换位思考(Hoever, van Knippenberg, van Ginkel, & Barkema, 2012),有更多慷慨付出的行为,从而产生更积极的情绪(Carmeli, Mckay, & Kaufman, 2014),这些均有利于促进创造性思维。动机性信息加工理论(motivated information processing model, MIP)认为,亲社会动机有助于个体跳出自身视角的局限,提高对他人观点和需求的敏感度,增强观点整合能力,继而促进内部动机对创造性思维的积极效应(De Dreu, Nijstad, Bechtoldt, & Baas, 2011),即内部动机与亲社会动机可能共同影响创造性思维(Grant & Berry, 2011)。另有研究表明,无论在集体主义还是个体主义文化下,亲社会动机调节了求知动机对创造性思维的影响;在高求知动机下,高亲社会动机者的创造表现要优于低亲社会动机者(Bechtoldt, De Dreu, Nijstad, & Choi, 2010;李阳,白新文,2015)。

利他动机促进创造性思维。Forgeard 和 Mecklenburg(2013)提出创造过程的互惠模型(reciprocal model of the creative process),认为在分析动机对创造性思维的影响时,要考虑创造活动的受益人是谁(自己或他人)。个体在为他人(比之为自己)进行创造活动时表现出更好的创造性,可能是因为个体对远心理距离的事物(即他人)倾向于采用高解释水平的表征,而高解释水平的表征利于创造性思维(Polman & Emich, 2011)。

Gill、Horgan、Hunter 和 Cushenbery(2013)发现,反社会动机(对当前社会环境的不满)是促进恐怖组织内部创造力与革新的重要驱动力。创造力与某些反社会人格有关(King, Walker, & Broyles, 1996; Silvia, Kaufman, Reiter-Palmon, & Wigert, 2011),如攻击性人格、低宜人性、低责任心等,其中攻击性人格涉及恶意创造力(恶意伤害他人或社会的创造力)表现。此外,撒谎可能给人带来对规则的破坏感,易化了创造性思维,从而促进创造力(Gino & Ariely, 2012;Walczyk, Runco, Tripp, & Smith, 2008)。在私密环境下,不信任感可提升个体的认知广度,缩短语义层级结构的间距进而促进创造性思维(Mayer & Mussweiler, 2011)。鉴于已有研究证实攻击性、撒谎、不信任等均与反社会动机存在关联,所以上述结果可能意味着反社会动机对创造性思维有影响。

群体创造不是个体创造的简单相加,而是参与者之间相互交流融合的结果。合作创造的过程除了受到参与者个体层面动机的影响,也受到合作带来的新动机的影响。Copper 和 Jayatilaka(2006)指出合作过程中存在一种责任动机,即合作者出于对他人及对共同获益的责任而产生的一种内部驱力。责任动机独立于内外部动机而存在,它通过增强对创造过程的关注来促进群体创造表现。此外,群体合作可能产生一种新动机——联合动机。联合是一种在共同目标下交互分享创造产物的过程,联合动机强调在这种分享过程中,个体可体会到其他合作者的友爱,从而促进合作的创造性表现(Moran & John-Steiner, 2003)。

权力动机指支配和影响他人以及周围环境的内在驱力。Zhang、Fan 和 Zhang (2015)测量了员工的权力动机、员工所感知的领导—成员交换(领导与员工之间的关系)、领导对员工创造行为的支持三个变量(自变量),以管理者对员工创造力的评价作为员工创造力表现的指标(因变量)。分析发现,权力动机正向预测员工的创造力,员工所感知的领导—成员交换在其中起到中介作用,而这种中介作用受到领导对员工创造行为支持的调节。

12.4.4 简评

在现实生活中的创造活动,并非由或内部或外部,或趋近或回避等单一动机推动,而很可能是多种动机共同作用的结果。例如,一个人进行创造活动可能是因为他追求内在的成就感(内部的、趋近的),或担心自尊受损(内部的、回避的),或赚取物质报酬(外部的、趋近的),或避免被领导批评(外部的、回避的),甚至可能还夹杂着社会性动机(为社会作贡献)。那么在这种情况下,各种动机对创造性思维产生怎样的整合或交互的影响? 以往研究多探讨某种动机(Choi, 2004;Hoever 等,2012)或比较成对的两种动机(Baas 等,2011;Roskes 等,2012)对创造性思维的影响,少有研究同时将多种动机纳入视野来探查其对创造性思维的作用。未来研究应分析多种动机对创造性思维的整合或交互作用。除此之外,未来研究还应探寻动机作用于创造性思维的共有机制。动机作为一种激发和维持行为的内在力量,是如何影响创造性思维的? 以往研究提出了多种可能的解释。例如,动机可能通过影响加工风格(De Dreu, Nijstad, Bechtoldt, & Baas, 2011)、认知努力(Baas, De Dreu, & Nijstad, 2011)、创造意图(Choi, 2004)、解释水平(Polman & Emich, 2011)、认知负荷(Roskes 等, 2012)、积极情绪(Carmeli, Mckay, & Kaufman, 2014)等来影响创造性思维。需指出的是,上述各种解释多是针对某特定动机的作用而提出的,能否解释其他维度动机的作用机制还不得而知。

12.5　工作记忆与创造性思维

工作记忆(working memory, WM)指个体在执行认知任务过程中,暂时储存与加工信息的能量有限的系统;它被认为是人类认知活动的核心,是学习、推理、问题解决和智力活动的重要成分(Baddeley, 1992)。工作记忆的两个基本功能是: 使新异信息处于高度活跃的状态,以及区分与任务有关或无关的信息(Nijstad & Stroebe, 2006)。工作记忆容量(working memory capacity, WMC)是衡量工作记忆存储系统资源容量的操作性指标。

12.5.1　工作记忆对发散性思维的作用

有研究表明,高工作记忆容量者完成发散性思维任务的表现更优。例如,De Dreu、Nijstad, Baas、Wolsink 和 Roskes(2012)以操作广度(operation span)任务测量个体的工作记忆容量,以头脑风暴任务测量发散性思维水平。结果发现,工作记忆容量与发散性思维的新颖性存在显著正相关,思维的坚持性在其中发挥中介作用。根据创造力的双通道理论,坚持性通道需持续地聚焦注意以维持观念生成的路径,比之灵活性通道会消耗更多的认知资源(De Dreu, Baas, & Nijstad, 2008),因此当发散性思维从坚持性通道进行时需依赖于工作记忆的参与,表现为发散性思维的新颖性与工作记忆容量呈正相关。Hao、Yuan、Cheng、Wang 和 Runco(2015)探讨了工作记忆容量和反应方式(口头报告或纸笔书写)对发散性思维的作用。研究者基于被试完成阅读广度任务的成绩将其分为高、低工作记忆容量组。被试完成非常规用途任务,将生成的观念写下来或说出来(录音记录)。结果发现,在书写方式下高工作记忆容量组较之低工作记忆容量组的创造表现更优,而在口头报告方式下二者的创造表现无差异;认知负荷在反应方式对创造表现的作用中发挥完全中介作用。

也有研究发现,发散性思维可能不依赖于工作记忆。例如,Smeekens 和 Kane(2016)使用复杂广度任务(complex span task)测量工作记忆容量,使用非常规用途任务测量发散性思维,结果并未发现二者间的显著相关关系。Lin 和 Lien(2013)采用双任务范式研究工作记忆对发散性思维和顿悟的影响,发现工作记忆在发散性思维和顿悟中所起的作用不同;当增加工作记忆负荷时,个体的发散性思维表现更好,而顿悟表现更差。这两位研究者认为发散性思维主要依赖认知加工系统 1(联想的、无需认知努力的启发式系统),不需要工作记忆参与;而顿悟问题解决除了依赖系统 1 之外,还有赖于系统 2(逻辑的、需要认知努力的分析性系统),需要工作记忆的参与。一项 fMRI 研究(Takeuchi 等,2011)揭示,个体完成发散性任务的成绩与完成 2-back 任务时楔前叶(precuneus)的活动相关。楔前叶处于默认网络(default mode network, DMN)中,它在认知任务中表现为去激活,反映了大脑对与任务无关的认知资源的分配。发散性任务诱发了楔前叶较少的去激活,说明该任务可能并不需要大量的注意资源。该结果间接支持了工作记忆在发散性思维中可能无用的观点。

12.5.2 工作记忆对聚合性思维的作用

有研究者提出,顿悟问题解决并非是自发的、不需要意识控制的过程,也需要分析性认知加工的参与,故而工作记忆在其中发挥着重要作用(Chein & Weisberg, 2014)。研究发现,空间工作记忆容量和言语工作记忆容量能够分别预测个体解决空间顿悟问题(九点问题)和言语顿悟问题(远距离联想测验)的成绩(Chein, Weisberg, Streeter, & Kwok, 2010)。Lee 和 Therriault(2013)以结构方程模型方法,分析了流体智力和工作记忆对三类创造性思维过程(联想流畅性、发散性思维、聚合性思维)所起的作用。结果发现,工作记忆通过流体智力和联想流畅性间接预测了三类创造性思维过程。该研究结果不仅为智力与创造性之间的联结提供了直接证据,也证明了工作记忆对创造性思维(包括发散性思维和聚合性思维)的重要作用。Chuderski (2014)研究发现,工作记忆容量与执行控制功能均可显著预测顿悟问题解决的成绩。

Ash 和 Wiley(2006)为探索顿悟问题解决过程中的重构到底是自发性过程还是控制性过程,专门设计了两类问题:一类问题把重构阶段分离出来;另一类问题既需重构又需信息搜索的参与。研究者通过对工作记忆容量和顿悟问题解决作相关分析,发现工作记忆容量能够预测既需重构又需大量信息搜索的问题解决的成功率,但是不能预测只需重构的问题解决的成功率。该结果说明创造性问题的重构阶段不需要工作记忆的参与。Fleck(2008)发现工作记忆容量只能预测解决分析性问题的成绩,而不能预测解决顿悟问题的成绩,该结果表明顿悟问题解决中重构的发生可能是自发的、无意识的,而不是主动的记忆搜索的结果。类似地,Gilhooly 和 Fioratou (2009)探索了抑制、转换这两种执行性功能及言语、空间工作记忆容量在顿悟和非顿悟任务中所起的作用,结果发现,顿悟问题解决与言语、空间工作记忆容量成正相关,而与执行性功能无关;非顿悟任务表现与转换功能及言语、空间工作记忆容量都有正相关。该结果表明,解决顿悟问题比之解决非顿悟问题涉及较少的执行性加工。

也有研究认为,正是那些帮助解决分析性问题的机制,限制了顿悟问题解决。研究者(Ricks & Turley-Ames, 2007)要求篮球领域专家和普通人解决两类远距离联想问题:一类是篮球领域误导性的远距离联想问题,该问题可诱发个体已有的篮球知识,从而导致错误的答案;另一类是中性的远距离联想问题。结果发现,篮球领域专家更可能产生心理定势,高工作记忆容量导致篮球专家更加聚焦在错误的方案上,从而加剧了心理定势。Beilock 和 DeCaro(2007)研究发现,高工作记忆容量的被试在完成 Luchins"量杯任务"(water jug task)过程中经历了更多的定势,即使有更加容易的方法可用于解决问题,他们也更倾向于采用复杂的解决方法。此外,还有一些研究表明,当被试置于一种干扰其进行控制性加工的情境时,他们在顿悟问题解决上的表现会变好。例如,在一天中的非最佳精力的时段(即当人们的执行性功能降低时),人们在顿悟问题解决上的表现反而会更好(Wieth & Zacks, 2011)。研究者通过让被试饮酒来操纵执行性注意,发现饮酒在导致被试工作记忆容量显著降低的同时却提高了其顿悟问题解决能力(Jarosz, Colflesh, & Wiley, 2012)。这些研究认为,顿悟问题解决是自发性的联想过程,无需意识控制;过多的注意控制会限制顿悟问题解决,即它限制了探索方案的范围,使问题解决者忽略掉一些看似无关的信息,导致人们采用或坚持使用非最佳的策略。相比而言,一种被动的问题解决方式,或者说是更加扩散的注意状态,可能对顿悟问题解决更加有利。

12.5.3 简评

工作记忆在创造性思维中的作用非常复杂,并非所有研究都检测到工作记忆的显著影响。这种结果的分野可能由以下两方面原因导致。第一,工作记忆可分为空间工作记忆和言语工作记忆,各有相应的测量任务。如,操作广度任务或阅读广度任务测量言语工作记忆容量,对称广度任务和色环任务测量空间工作记忆容量。同时,创造性思维可分为发散性思维和聚合性思维,发散性思维又可分为言语发散性思维与空间发散性思维两类。特定内容的工作记忆(material-specific WM)为解决特定领域的问题提供一个"问题解决后台"(Chein & Weisberg, 2014),故不同类型的创造性思维可能依赖于不同的工作记忆。早先研究发现的不一致,可能反映了不同类型的工作记忆和不同创造性思维间的不同关系。第二,已有研究给予被试完成创造性思维任务的时间不同。例如,以发散性思维为例,在 Smeekens 和 Kane(2016)的三个子研究中,被试完成任务的时间分别为 5 分钟、5 分钟和 2 分钟;而在 De Dreu 等人(2012)的实验中,任务时间为 16 分钟。发散性思维的序列位置效应(serial order effect)表明,观念生成的新颖性会随着时间推移而提高(Christensen, Guilford, & Wilson, 1957; Beaty & Silvia, 2012),低认知控制者将注意长时集中于当前任务上的能力较低(McVay & Kane, 2009, 2010)。因此,任务时间可能是影响工作记忆容量与发散性思维关系的重要变量,即更长任务时间条件下,可能更有利于凸显工作记忆对发散性思维的重要作用。

12.6 躯体运动与创造性思维

思维不是独立于躯体而存在的,躯体活动会影响我们的认知过程。目前关于身心联结的研究主要集中在三个领域:一是研究身体运动对认知衰退的保护性作用;二是"具身认知",研究身体活动对高级认知过程的影响;三是"身心竞争",研究身体活动和认知活动对共享注意资源的竞争。我们在这里主要关注"具身认知"研究领域。

12.6.1 身体运动和姿势对创造性思维的影响

很久以前,人们就察觉到行走和思维之间存在着特殊的联结。德国哲学家尼采(Friedrich Nietzsche)曾写道:"一切真正伟大的思想都诞生于行走。"(见 Oppezzo & Schwartz, 2014)早期研究多探索强度中等的有氧运动(如跑步)与认知活动之间的联结,对较温和的运动(如行走)和剧烈的无氧运动的关注不多。例如,研究发现有氧运动可提升并发认知(concurrent cognition)的速度(Fontana, Mazzardo, Mokgothu, Furtado, & Gallagher, 2009;Tomoporowski, 2003),以及扩大工作记忆的容量(Lambourne & Tomporowski, 2010)。Gondola(1986, 1987)发现在有氧跑步或跳舞后,个体发散性思维的流畅性有了小幅上升。Steinberg 等人(1997)将被试分为三组,分别让其进行有氧运动、慢节奏拉伸和静坐观看录像,而后要求其完成发散性思维任务,结果显示有氧运动组和拉伸组被试的思维灵活性均显著高于静坐组。

近来有研究探索了较温和的身体运动(行走)对创造性思维的作用。Oppezzo 和 Schwartz(2014)的一系列实验发现,行走(在跑步机上)组被试的发散性思维的流畅性和新颖性显著高于静坐组被试(实验一);从静坐到行走(在跑步机上),个体发散性思维的新颖反应有显著提升(实验二);行走对于发散性思维的积极作用在真实环境(大学校园)下依然存在(实验三);行走对发散性思维的积极作用并非因为所见情境的改变而导致(无论室内室外,坐在轮椅上被推着走的被试,其发散性思维表现均差于行走组)(实验四)。这两位研究者推测,自由行走或可诱发思维的流畅性,或可增强联系性加工的激活水平,或可减少对记忆中有用信息的抑制,或可激发更强的积极情绪等,从而促进或易化发散性思维。

躯体姿势也会影响创造性思维。Hao、Xue、Yuan、Wang 和 Runco(2017)探索了躯体姿势(开放或封闭)和情绪(积极或消极)的相容性对发散性思维的影响。结果发现,在相容情况(躯体开放—积极情绪或躯体封闭—消极情绪)下,被试发散性思维的灵活性和新颖性得分均显著高于不相容情况(躯体开放—消极情绪或躯体封闭—积极情绪)下的得分;这种相容性的优势作用在不同发散性任务和不同任务时长中的表现稳定;被试在躯体开放—积极情绪条件下的认知灵活性表现更好,在躯体封闭—消极情绪条件下的认知坚持性表现更优。研究者认为,开放的或封闭的躯体姿势可诱发内隐的积极或消极情绪,当其与外显的积极或消极情绪匹配时,可增强情绪对发散性思维的效应,推动个体从灵活性通道或坚持性通道完成发散性思维任务,提升创造表现。

12.6.2　手臂运动和姿势对创造性思维的影响

手臂的流畅运动促进创造性思维。Slepian 和 Ambady(2012)要求被试 5 分钟内在纸上持续画平滑的线条(流畅的手臂运动)或画折线(不流畅的手臂运动),然后要求其完成发散性思维任务。结果发现,流畅手臂运动组被试的创造性观念生成、认知灵活性和远距离联想的表现均优于不流畅手臂运动组被试。研究者认为,流畅的思维隐喻地"具身于"流畅的运动中,因此手臂流畅运动可诱发流畅的思维,从而有利于提升创造性任务表现。

手臂弯曲(arm flexion)和手臂伸直(arm extension)对创造性思维也有影响。Friedman 和 Förster(2000)要求被试在手臂弯曲和伸直的条件下完成三种测量顿悟核心成分的任务(即打破背景引发的思维定势、重构、记忆搜索)。结果发现,手臂弯曲组被试在这三种任务上的表现均优于手臂伸直组被试的表现。这可能是因为,手臂弯曲(手靠近身体)和手臂伸直(手远离身体)分别是一种趋近和回避动作,其可能诱发不同认知加工风格——全局性或局部性认知加工,而全局性的加工风格有利于创造性思维。在随后的研究中(Friedman & Förster, 2002),研究者将测量顿悟成分的任务换成了顿悟问题任务(经典的涉及"啊哈"过程的问题)和发散性思维任务(非常规用途任务),结果发现手臂弯曲动作促进了顿悟问题解决和创新观念生成。在该实验中,研究者还要求被试分别在手臂伸直、手臂弯曲和控制条件下完成词语补全任务,结果发现手臂弯曲组被试表现最好。上述结果表明,手臂弯曲促进了记忆搜索能力,这可能是手臂弯曲促进创造性思维的原因之一。我们的最近一项研究(Hao, Yuan, Hu, & Grabner, 2014)探讨了在不同身体姿势(坐或躺)条件下手臂弯曲和伸直对创造性思维的影响。结果发现,坐姿时,个体在手臂弯曲条件下的创造表现更好;躺姿时,个体在手臂伸直条件下的创造表现更优。该研究首次发现,手臂的伸直和弯曲动作对创造性思维的影响受到身体姿势的调节。

需要指出,研究者对手臂弯曲/伸直与趋近/回避属性是否存在稳定的对应关系的认识有分歧,对此有三种不同的理论主张。第一,特定肌肉激活理论。该理论认为人们弯曲手臂来接受想要的东西,伸直手臂拒斥或回避不喜欢的东西。当人们做出相应的手臂动作(手臂伸直或弯曲)时,特定的肌肉群便被激活,该动作发生时所处场景等一系列事件也会被激活。该理论认为手臂弯曲/伸直与趋近/回避属性是一一对应关系,即手臂弯曲属于趋近系统,手臂伸直属于回避系统。第二,距离调节理论。该理论反对将手臂动作与刺激的效价一一对应起来,主张既可将手臂伸直看作是推开物体使其远离自己的动作(即回避动作),也可将其看作是伸手去拿物体到自己身边的动作(即趋近动作)。同样地,既可将手臂弯曲看作是将物体拉到自己身边的动作(即趋近动作),也可将其看作是缩手离开目标物体的动作(即回避动作)。简言之,若手臂动作使个体与目标物体间的距离(物—我距离)减小(如伸手去够、拉东西),该动作即为趋近动作;若使物—我距离变大(如推开东西,缩手),则为回避动作。该理论认为,根据不同的背景线索(如指导语的操作等),手臂弯曲和伸直可以被灵活地看作是趋近或回避动作。第三,评价编码理论。该理论也主张手臂弯曲/伸直动作与趋近/回避属性的对应关系是灵活的。与距离调节理论不同的是,该理论认为趋近动作是试图达到积极目的的行为,回避动作是回避或拒斥消极目的的行为,并非由物—我距离来决定的。据此理论,在特定背景下,如果手臂弯曲和伸直动作被编码为达到积极目标的方式,则这两种动作都会被视作趋近动作;相反,如果它们被编码为回避消极目标的方式,则会被视为回避动作。

12.6.3　简评

创造力的具身认知研究是近几年颇受关注的一个新主题,除了探讨躯体或手部动作对创造性思维的作用外,此主题还包括"具身隐喻"(embodied metaphor)的相关研究,如"跳出思维的框框"等(见 Leung 等,2012)。这一主题下的研究很有趣,但目前也存在一些问题。首先,效应的因果链不清楚。身体做出简单动作或姿势会影响高级的复杂的创造性思维,这究竟是如何发生的? 身体运动带来的体感信号,是如何影响个体的认知风格,或情绪,或思维特征,或信息提取,或执行功能,或其他因素,从而对创造性思维发生作用的? 已有行为研究仅描述了现象,缺乏对效应因果链的解释。其次,缺乏对效应背后神经机制的探究。显而易见,指向于创造力具身认知神经机制的研究会提供有力证据以揭示效应的因果链。我们一项有待发表的研究,探讨了在身体平躺条件下,手臂动作影响发散性思维的神经机制。该实验采用功能性核磁共振成像技术(fMRI),记录被试在手臂弯曲、手臂伸直、手臂侧放身边(控制条件)

三种姿势下完成发散性思维任务时的大脑活动信号。行为结果表明,趋近动作(平躺姿势下伸直手臂)条件下个体的发散性思维表现最好。fMRI 结果显示,此条件下大脑奖赏系统(主要涉及尾核和前扣带回)被激活。鉴于大脑奖赏系统调节个体趋近奖赏的行为,该研究观察到的尾核和前扣带回在手臂伸直条件下的激活,表明平躺条件下手臂伸直确为趋近动作。鉴于这两个区域参与执行控制过程,该实验发现可能预示着手部趋近动作影响了执行功能,继而对发散性思维产生效应。

12.7　结语

正如本章开篇所述,我们无意描述创造力研究领域的全面进展,而是聚焦于讨论影响创造性思维的几个因素(情绪、动机、工作记忆、躯体运动)上。基于这些讨论可知,可通过诱发恰当的情绪或动机,进行工作记忆训练,做出恰当的躯体动作等方法,促进或易化个体的创造性思维。需指出的是,已往研究揭示,诸多个体因素(如智力水平、人格特质、知识背景等),群体因素(如群体规模、同伴水平、竞争合作、社会比较等),情境因素(如环境杂乱或有序、环境颜色等)等,均对创造性思维产生影响。因此也可从这些角度切入,提出一些促进创造性思维的方法或举措。

有一个重要问题亟待未来研究加以解决,即开发更有效度、更客观的创造性思维测评工具。Plucker 和 Renzulli(1999)指出:“当前所有关于创造力研究所立足的方法论,要么本质上是测量学的,要么是针对创造力测量学的弱点发展起来的。因此,过去几十年来开展的对创造力的心理测量学研究是当前理解创造力的基础。”近年来,关于创造性思维的相关测验并未有很大变化。以发散性思维测验为例,如今的热点问题依然是在原有的基础上作小的改进,例如,如何更有效地对生成观点的独创性进行评价。然而,无论以主观评分法还是客观评分法对观点的独创性进行评价,评价主体均是选定的编码者,其赋值均具有主观性。此外,对个体生成观点独创性的评分有赖于样本群体的规模,因此评分仅在当前实验的样本群体中才有意义,无法建立一个稳定的常模。对于聚合性思维测验(主要包括顿悟测验和远距离联想测验)而言,数十年来并没有什么根本性的改变。近来有研究者甚至质疑顿悟测验是否可作为创造性测验的一种(他们认为顿悟成绩不能预测个体现实生活中的创造性表现)。这便涉及另一个重要问题,即对创造力进行科学、清楚的界定。但事实上,目前学界对创造力的认识与数十年前并未有明显进步。Hennessey 和 Amabile(2010)指出,创造力研究领域的杰出学者的研究主题很少有交集,他们对彼此的研究亦不甚了解。未来关于创造性思维的测量研究需要在一个总括的框架下进行,且各主题研究者应该通力合作。

近两年来有一研究主题特别受到关注,即探索大脑不同网络(特别是默认网络和认知控制网络)如何在创造性思维过程中协同工作。尽管默认网络和认知控制网络(cognitive control network, CCN)在功能上是相互拮抗(anti-correlation)的关系,但其在创造性认知中是相互协作的。Beaty、Benedek、Kaufman 和 Silvia(2015)探索了发散性思维过程中大脑默认网络、突显网络(salient network)和认知控制网络之间的联结。结果发现,发散性思维的早期阶段表现出默认网络(后扣带回)和突显网络(右侧前脑岛)耦合的增强;而在发散性思维的后期阶段表现为默认网络(后扣带回)和认知控制网络(背外侧前额叶)耦合的增强。另一项 fMRI 研究(Mayseless, Eran, & Shamay-Tsoory, 2015)发现,个体观念生成的独创性分数可以正向预测前扣带回(认知控制网络的一部分)和左侧角回(默认网络的一部分)的功能联结。Green、Cohen、Raab、Yedibalian 和 Gray(2015)给被试呈现一个名词,要求被试说出与这个名词相关的动词,而后使用潜在语义分析方法(latent semantic analysis, LSA)测查该动词与名词的语义距离,语义距离越远代表创造性越高。结果发现,被试反应的语义距离与默认网络(内侧前额叶)的激活成显著正相关;随着名词和动词之间语义距离的增加,内侧前额叶与腹侧前扣带回的耦合也增强,这种耦合的增强可能表示新异联结的建立。西南大学邱江团队(Sun 等,2016)对被试进行为期一个月的认知刺激训练以提升其发散性思维能力,测查训练所引起的大脑结构和功能的改变。他们发现,训练后功能发生改变的脑区主要涉及背侧前扣带回、背外侧前额叶和顶下回,结构发生改变的脑区主要为背侧前扣带回。背侧前扣带回和背外侧前额叶属于认知控制网络,顶下回属于默认网络,上述结果说明这两个网络均参与到发散性思维过程中。类似结果也在静息态研究中获得支持,Beaty 等人(2014)对比了高、低创造力个体在静息态下脑网络的功能联结,发现高创造力者的额下回与默认网络间有着更强的功能联结。Beaty、Benedek、Silvia 和 Schacter(2016)的最新综述指出,发散性思维是大脑默认网络与认知控制网络动态相互作用的结果。默认网络可能更多与创造性观念生成有关,尤其与从长时记忆中提取潜在有用的信息有关;认知控制网络则主要负责依据任务要求进行创造性观点评价与修正;而突显网络则负责默认网络和认知控制网络之间的灵活转换。另一篇综述(Zabelina & Andrews-Hanna, 2016)也提出了类似主张,认为默认网络和认知控制网络的动态协作在发散性思维的后期阶段特别重要。

最后特别需要指出的是,我国研究者对创造力主题的探讨远比本章所评述的内容宽泛,也取得了丰硕的成果。限于篇幅,我们不可能将这些研究一一加以介绍。感兴趣的读者可检索以下研究者的相关工作:林崇德、申继亮、施建农、白新文、汤超颖、罗劲、师保国、周详、张景焕、张庆林、邱江、杨东、曹贵康、周治金、赵庆柏、谷传华、胡卫平、衣新发、刘昌、沈汪兵、庞维国、郝宁等。

参考文献

曹贵康,杨东,张庆林.(2006).顿悟问题解决的原型事件激活:自动还是控制.心理科学,29,1123—1127.

陈丽,张庆林,严霞,张颖,廖祥慧,陈谊.(2008).汉语字谜原型激活中的情绪促进效应.心理学报,40,127—135.

谷传华,costume智,张菲菲,孙超奇.(2013).评价和成就动机对青少年社会创造性的影响.中国特殊教育,(8),72—76.

谷传华,王亚丽,吴财付,谢祥根,崔承珠,王亚娴等.(2015).社会创造性的脑机制:状态与特质的 EEG α 波活动特点.心理学报,47,765—773.

胡卫平.(2016).中国创造力研究进展报告(第 1 卷).西安:陕西师范大学出版总社.

胡卫平,王兴起.(2010).情绪对创造性科学问题提出能力的影响.心理科学,33,608—611.

李阳,白新文.(2015).善心点亮创造力:内部动机和亲社会动机对创造力的影响.心理科学进展,23(2),175—181.

邱江,张庆林.(2007).字谜解决中的"啊哈"效应:来自 ERP 研究的证据.科学通报,52,2625—2631.

申继亮,胡卫平,林崇德.(2002).青少年科学创造力测验的编制.心理发展与教育,18(4),76—81.

沈承春,张庆林.(2012).负性情绪对创造性问题解决中原型启发的影响.西南大学学报(自然科学版),34,150—156.

沃建中,王福兴,林崇德,刘彩梅.(2007).不同学业成就中学生创造性思维的差异研究.心理发展与教育,23(2),29—35.

薛贵,董奇,周龙飞,张华,陈传生.(2001).内部动机、外部动机与创造力的关系研究.心理发展与教育,2001,17(1),6—11.

张景焕,刘桂荣,师玮玮,付秀君.(2011).动机的激发与小学生创造思维的关系:自主性动机的中介作用.心理学报,43,1138—1150.

张庆林,邱江.(2005).顿悟与源事件中启发信息的激活.心理科学,28,6—9.

张庆林,邱江,曹贵康.(2004).顿悟认知机制的研究述评与理论构想.心理科学,27,1435—1437.

郑日昌,肖蓓苓.(1983).对中学生创造力的测验研究.心理学报,15(4),445—451.

Adaman, J. E., & Blaney, P. H. (1995). The effects of musical mood induction on creativity. *Journal of Creative Behavior*, *29*, 95‐108.

Amabile, T. M. (1982). Social psychology of creativity: A consensual assessment technique. *Journal of Personality and Social Psychology*, *43*, 997‐1013.

Amabile, T. M. (1983). The social psychology of creativity: A componential conceptualization. *Journal of Personality and Social Psychology*, *45*, 357‐377.

Amabile, T. M. (1993). Motivational synergy: Toward new conceptualizations of intrinsic and extrinsic motivation in the workplace. *Human Resource Management Review*, *3*(3), 185‐201.

Amabile, T. M, Hill, K. G., Hennessey, B. A. & Tighe, E. M. (1994). The work preference inventory: Assessing intrinsic and extrinsic motivation orientations. *Journal of Personality and Social Psychology*, *66*, 950‐967.

Amabile, T. M., & Pillemer, J. (2012). Perspectives on the social psychology of creativity. *The Journal of Creative Behavior*, *46*, 3‐15.

Ansburg, P. I., & Hill, K. (2003). Creative and analytic thinkers differ in their use of attentional resources. *Personality and Individual Differences*, *34*, 1141‐1152.

Ash, I. K., & Wiley, J. (2006). The nature of restructuring in insight: An individual-differences approach. *Psychonomic Bulletin & Review*, *13*, 66‐73.

Ashby, F. G., Isen, A. M., & Turken, A. U. (1999). A neuropsychological theory of positive affect and its influence on cognition. *Psychological Review*, *106*, 529‐550.

Baas, M., De Dreu, C. K. W., & Nijstad, B. A. (2008). A meta-analysis of 25 years of mood-creativity research: Hedonic tone, activation, or regulatory focus? *Psychological Bulletin*, *134*, 779‐806.

Baas, M., De Dreu, C. K. W., & Nijstad, B. A. (2011). When prevention promotes creativity: The role of mood, regulatory focus, and regulatory closure. *Journal of Personality and Social Psychology*, *100*, 794‐809.

Baas, M., Roskes, M., Sligte, D., Nijstad, B. A., & De Dreu, C. K. W. (2013). Personality and creativity: The dual pathway to creativity model and a research agenda. *Social and Personality Psychology Compass*, *7*, 732‐748.

Baddeley, A. (1992). Working memory. *Science*, *255*(5044), 556‐559.

Barrett, L. F., & Russell, J. A. (1998). Independence and bipolarity in the structure of current affect. *Journal of Personality and Social Psychology*, *74*, 967‐984.

Bartolic, E. I., Basso, M. R., Schefft, B. K., Glauser, T., & Titanic-Schefft, M. (1999). Effects of experimentally induced emotional states on frontal lobe cognitive task perfomance. *Neuropsychologia*, *37*(6), 677‐683.

Beaty, R. E., Benedek, M., Kaufman, S. B., & Silvia, P. J. (2015). Default and executive network coupling supports creative idea production. *Scientific Reports*, *5*, 10964.

Beaty, R. E., Benedek, M., Silvia, P. J., & Schacter, D. L. (2016). Creative cognition and brain network dynamics. *Trends in Cognive Sciences*, *20*, 87‐95.

Beaty, R. E., Benedek, M., Wilkins, R. W., Jauk, E., Fink, A., Silvia, P. J., ... Neubauer, A. C. (2014). Creativity and the default network: A functional connectivity analysis of the creative brain at rest. *Neuropsychologia*, *64*, 92‐98.

Beaty, R. E., & Silvia, P. J. (2012). Why do ideas get more creative across time? An executive interpretation of the serial order effect in divergent thinking tasks. *Psychology of Aesthetics, Creativity, and the Arts*, *6*, 309‐319.

Bechtoldt, M. N., De Dreu, C. K. W., Nijstad, B. A., & Choi, H. S. (2010). Motivated information processing, social tuning, and group creativity. *Journal of Personality and Social Psychology*, *99*,622 - 637.

Beilock, S. L. , & DeCaro, M. S. (2007). From poor performance to success under stress: Working memory, strategy selection, and mathematical problem solving under pressure. *Journal of Experimental Psychology: Learning, Memory, and Cognition*, *33*(6),983 - 998.

Bowden, E. M. , & Jung-Beeman, M. (2003). Aha! Insight experience correlates with solution activation in the right hemisphere. *Psychonomic Bulletin & Review*, *10*,730 - 737.

Bowden, E. M. , Jung-Beeman, M. , Fleck, J. , & Kounios, J. (2005). New approaches to demystifying insight. *Trends in Cognitive Sciences*, *9*,322 - 328.

Byron, K. , & Khazanchi, S. (2012). Rewards and creative performance: A meta-analytic test of theoretically derived hypotheses. *Psychological Bulletin*, *138*,809 - 830.

Carlsson, I. (2002). Anxiety and flexibility of defense related to high or low creativity. *Creativity Research Journal*, *14*,341 - 349.

Carmeli, A. , Mckay, A. S. , & Kaufman, J. C. (2014). Emotional intelligence and creativity: The mediating role of generosity and vigor. *Journal of Creative Behavior*, *48*,290 - 309.

Chein, J. M. , & Weisberg, R. W. (2014). Working memory and insight in verbal problems: Analysis of compound remote associates. *Memory & Cognition*, *42*,67 - 83.

Chein, J. M. , Weisberg, R. W. , Streeter, N. L. , & Kwok, S. (2010). Working memory and insight in the nine-dot problem. *Memory & Cognition*, *38*,883 - 892.

Chermahini, S. A. , & Hommel, B. (2012). More creative through positive mood? Not everyone! *Frontiers in Human Neuroscience*, *6*: 319.

Choi, J. N. (2004). Individual and contextual predictors of creative performance: The mediating role of psychological processes. *Creativity Research Journal*, *16*,187 - 199.

Christensen, P. R. , Guilford, J. P. , & Wilson, R. C. (1957). Relations of creative responses to working time and instructions. *Journal of Experimental Psychology*, *53*,82 - 88.

Chuderski, A. (2014). How well can storage capacity, executive control, and fluid reasoning explain insight problem solving. *Intelligence*, *46*,258 - 270.

Collins. M. N. , & Amabile, T. M. (1999). Motivation and Creativity. In R. J. Steinberg (Ed.), *Handbook of Creativity*. New York: Cambridge University Press.

Cooper, R. , & Jayatilaka, B. (2006). Group creativity: The effects of extrinsic, intrinsic, and obligation motivations. *Creativity Research Journal*, *18*,153 - 172.

Cretenet, J. , & Dru, V. (2009). Influence of peripheral and motivational cues on rigid-flexible functioning: Perceptual, behavioral, and cognitive aspects. *Journal of Experimental Psychology: General*, *138*,201 - 217.

Cropley, A. J. (1967). Creativity, intelligence, and achievement. *Alberta Journal of Educational Research*, *13*,51 - 58.

Cropley, A. J. (2006). In praise of convergent thinking. *Creativity Research Journal*, *18*,391 - 404.

De Dreu, C. K. , Baas, M. , & Nijstad, B. A. (2008). Hedonic tone and activation level in the mood-creativity link: Toward a dual pathway to creativity model. *Journal of Personality and Social Psychology*, *94*,739 - 756.

De Dreu, C. K. , Nijstad, B. A. , Baas, M. , Wolsink, I. , & Roskes, M. (2012). Working memory benefits creative insight, musical improvisation, and original ideation through maintained task-focused attention. *Personality and Social Psychology Bulletin*, *38*,656 - 669.

De Dreu, C. K. W. , Nijstad, B. A. , Bechtoldt, M. N. , & Baas, M. (2011). Group creativity and innovation: A motivated information processing perspective. *Psychology of Aesthetics, Creativity, and the Arts*, *5*(1),81 - 89.

Eisenberger, R. , & Shanock, L. (2003). Rewards, intrinsic motivation, and creativity: A case study of conceptual and methodological isolation. *Creativity Research Journal*, *15*,121 - 130.

Elliot, A. J. , Maier, M. A. , Binser, M. J. , Friedman, R. , & Pekrun, R. (2009). The effect of red on avoidance behavior in achievement contexts. *Personality and Social Psychology Bulletin*, *35*,365 - 375.

Fernández-Abascal, E. G. , & Díaz, M. D. M. (2013). Affective induction and creative thinking. *Creativity Research Journal*, *25*,213 - 221.

Fleck, J. I. (2008). Working memory demands in insight versus analytic problem solving. *European Journal of Cognitive Psychology*, *20*,139 - 176.

Fontana, F. E. , Mazzardo, O. , Mokgothu, C. , Furtado, O. , & Gallagher, J. D. (2009). Influence of exercise intensity on the decision-making performance of experienced and inexperienced soccer players. *Journal of Sport & Exercise Psychology*, *31*(2),135 - 151.

Forgeard, M. J. C. , & Mecklenburg, A. C. (2013). The two dimensions of motivation and a reciprocal model of the creative process. *Review of General Psychology*, *17*,255 - 266.

Förster, J. , Epstude, K. , & Ozelsel, A. (2009). Why love has wings and sex has not: How reminders of love and sex influence creative and analytic thinking. *Personality and Social Psychology Bulletin*, *35* (11),1479 - 1491.

Friedman, R. , & Elliot, A. J. (2008). The effect of arm crossing on persistence and performance. *European Journal of Social Psychology*, *38*,449 - 461.

Friedman, R. S. , & Förster, J. (2000). The effects of approach and avoidance motor actions on the elements of creative insight. *Journal of Personality and Social Psychology*, *79*,477 - 492.

Friedman, R. S. , & Förster, J. (2002). The influence of approach and avoidance motor actions on creative cognition. *Journal of Experimental Social Psychology*, *38* ,41 - 55.

Friedman, R. S. , & Förster, J. (2005a). Effects of motivational cues on perceptual asymmetry: Implications for creativity and analytical problem solving. *Journal of Personality and Social Psychology*, *88* ,263 - 275.

Friedman, R. S. , & Förster, J. (2005b). The influence of approach and avoidance cues on attentional flexibility. *Motivation and Emotion*, *29* ,69 - 81.

Friedman, R. S. , & Förster, J. (2010). Implicit affective cues and attentional tuning: An integrative review. *Psychological Bulletin*, *136* ,875 - 893.

Gasper, K. (2003). When necessity is the mother of invention: Mood and problem solving. *Journal of Experimental Social Psychology*, *39* ,248 - 262.

George, J. M. , & Zhou, J. (2007). Dual tuning in a supportive context: Joint contributions of positive mood, negative mood, and supervisory behaviors to employee creativity. *Academy of Management Journal*, *50* ,605 - 622.

Gilhooly, K. J. , & Fioratou, E. (2009). Executive functions in insight versus non-insight problem solving: An individual differences approach. *Thinking & Reasoning*, *15* ,355 - 376.

Gill, P. , Horgan, J. , Hunter, S. T. , & Cushenbery, L. D. (2013). Malevolent creativity in terrorist organizations. *Journal of Creative Behavior*, *47* ,125 - 151.

Gino, F. , & Ariely, D. (2012). The dark side of creativity: Original thinkers can be more dishonest. *Journal of Personality and Social Psychology*, *102* ,445 - 459.

Gondola, J. C. (1986). The enhancement of creativity through long- and short-term exercise programs. *Journal of Social Behavior & Personality*, *1* ,77 - 82.

Gondola, J. C. (1987). The effects of a single bout of aerobic dancing on selected tests of creativity. *Journal of Social Behavior & Personality*, *2* ,275 - 278.

Göritz, A. S. , & Moser, K. (2003). Mood and flexibility in categorization: A conceptual replication. *Perceptual and Motor Skills*, *97* ,107 - 119.

Grant, A. M. , Berry, J. W. (2011). The necessity of others is the mother of invention: Intrinsic and prosocial motivations, perspective taking, and creativity. *Academy of Management Journal*, *54* ,73 - 96.

Grawitch, M. J. , Munz, D. C. , & Kramer, T. J. (2003). Effects of member mood states on creative performance in temporary workgroups. *Group Dynamics: Theory Research and Practice*, *7* ,41 - 54.

Gray, J. A. (1982). Precis of the neuropsychology of anxiety: An enquiry into the functions of the septo-hippocampal system. *Behavioral and Brain Science*, *5* ,469 - 534.

Green, A. E. , Cohen, M. S. , Raab, H. A. , Yedibalian, C. G. , & Gray, J. R. (2015). Frontopolar activity and connectivity support dynamic conscious augmentation of creative state. *Human Brain Mapping*, *36* ,923 - 934.

Green, D. P. , Goldman, S. L. , & Salovey, P. (1993). Measurement error masks bipolarity in affect ratings. *Journal of Personality and Social Psychology*, *64* ,1029 - 1041.

Guilford, J. P. (1967). *The Nature of Human Intelligence*. New York: McGraw-Hill.

Hao, N. , Xue, H. , Yuan, H. , Wang, Q. , & Runco, M. A. (2017). Enhancing creativity: Proper body posture meets proper emotion. *Acta Psychologica*, *173* ,32 - 40.

Hao, N. , Yuan, H. , Cheng, R. , Wang, Q. , & Runco, M. A. (2015). Interaction effect of response medium and working memory capacity on creative idea generation. *Frontiers in Psychology*, *6*: 1582.

Hao, N. , Yuan, H. , Hu, Y. , & Grabner, R. H. (2014). Interaction effect of body position and arm posture on creative thinking. *Learning and Individual Differences*, *32* ,261 - 265.

Hennessey, B. A. (2000) Self-determination theory and the social psychology of creativity. *Psychological Inquiry*, *11*, 293 - 298.

Hennessey, B. A. , & Amabile, T. M. (2010). Creativity. *Annual Review of Psychology*, *61* ,569 - 598.

Hirt, E. R. , Devers, E. E. , & McCrea, S. M. (2008). I want to be creative: Exploring the role of hedonic contingency theory in the positive mood-cognitive flexibility link. *Journal of Personality and Social Psychology*, *94* ,214 - 230.

Hirt, E. R. , Levine, G. M. , McDonald, H. E. , Melton, R. J. , & Martin, L. L. (1997). The role of mood in quantitative and qualitative aspects of performance: Single or multiple mechanisms? *Joural of Experimental Social Psychology*, *33* ,602 - 629.

Hirt, E. R. , Melton, R. J. , McDonald, H. E. , & Harackiewicz, J. M. (1996). Processing goals, task interest, and the mood-performance relationship: a mediational analysis. *Journal of Personality and Social Psychology*, *71* ,245 - 261.

Hoever, I. J. , van Knippenberg, D. , van Ginkel, W. P. , & Barkema, H. G. (2012). Fostering team creativity: Perspective taking as key to unlocking diversity's potential. *Journal of Applied Psychology*, *97* ,982 - 996.

Isen, A. M. (1999). Positive affect. In T. Dalgleish & M. Power (Eds.), *The Handbook of Cognition and Emotion* (pp. 521 - 539). Sussex, England: Wiley.

Jarosz, A. F. , Colflesh, G. J. , & Wiley, J. (2012). Uncorking the muse: alcohol intoxication facilitates creative problem solving. *Consciousness and Cognition*, *21* ,487 - 493.

Kaufman, J. C. , & Sternberg, R. J. (2006). *The International Handbook of Creativity*. New York: Cambridge University Press.

Kaufman, J. C. , & Sternberg, R. J. (2010). *The Cambridge Handbook of Creativity*. New York: Cambridge University

Press.

Kaufman, J. C. , Plucker, J. A. , & Baer, J. (2008). *Essentials of Creativity Assessment*. Hoboken, New Jersey: John Wiley & Sons.

Kaufmann, G. , & Vosburg, S. K. (1997). 'Paradoxical' mood effects on creative problem-solving. *Cognition and Emotion*, *11*(2), 151 - 170.

King, L. A. , Walker, L. M. , & Broyles, S. J. (1996). Creativity and the five-factor model. *Journal of Research in Personality*, *30*, 189 - 203.

Koch, S. , Holland, R. W. , & van Knippenberg, A. (2008). Regulating cognitive control through approach-avoidance motor actions. *Cognition*, *109*, 133 - 142.

Lambourne, K. , & Tomporowski, P. (2010). The effect of exercise-induced arousal on cognitive task performance: A meta-regression analysis. *Brain Research*, *1341*, 12 - 24.

Lee, C. S. , & Therriault, D. J. (2013). The cognitive underpinnings of creative thought: A latent variable analysis exploring the roles of intelligence and working memory in three creative thinking processes. *Intelligence*, *41*, 306 -320.

Leung, A. K. , Kim, S. , Polman, E. , Ong, L. S. , Qiu, L. , Goncalo, J. A. , & Sanchez-Burks, J. (2012). Embodied metaphors and creative "acts". *Psychological Science*, *23*, 502 - 509.

Leung, A. K. Y. , Liou, S. , Qiu, L. , Kwan, L. Y. Y. , Chiu, C. Y. , & Yong, J. C. (2014). The role of instrumental emotion regulation in the emotions-creativity link: How worries render individuals with high neuroticism more creative. *Emotion*, 14, 846 - 856.

Lin, W.-L. , & Lien, Y.-W. (2013). The different role of working memory in open-ended versus closed-ended creative problem solving: A dual-process theory account. *Creativity Research Journal*, *25*, 85 - 96.

Lyubomirsky, S. , King, L. , & Diener, E. (2005). The benefits of frequent positive affect: Does happiness lead to success? *Psychological Bulletin*, *131*, 803 - 855.

Madjar, N. , & Oldham, G. R. (2002). Preliminary tasks and creative performance on a subsequent task: Effects of time on preliminary tasks and amount of information about the subsequent task. *Creativity Research Journal*, *14*, 239 - 251.

Mayer, J. , & Mussweiler, T. (2011). Suspicious spirits, flexible minds: When distrust enhances creativity. *Journal of Personality and Social Psychology*, *101*, 1261 - 1277.

Mayseless, N. , Eran, A. , & Shamay-Tsoory, S. G. (2015). Generating original ideas: The neural underpinning of originality. *Neuro Image*, *116*, 232 - 239.

McVay, J. C. , & Kane, M. J. (2009). Conducting the train of thought: Working memory capacity, goal neglect, and mind wandering in an executive-control task. *Journal of Experimental Psychology: Learning, Memory, and Cognition*, *35*, 196 - 204.

McVay, J. C. , & Kane, M. J. (2010). Adrift in the stream of thought: The effects of mind wandering on executive control and working memory capacity. In A. Gruszka, G. Matthews & B. Szymura (Eds.), *Handbook of Individual Differences in Cognition: Attention, Memory, and Executive Control* (pp. 321 - 334). New York, NY: Springer.

Mednick, S. A. (1962). The associative basis of the creative process. *Psychological Review*, *69*, 220 - 232.

Mehta, R. , & Zhu, R. (2009). Blue or red? Exploring the effect of color on cognitive task performances. *Science*, *323*, 1226 - 1229.

Moran, S. , & John-Steiner, V. (2003). Creativity in the making: Vygotsky's contemporary contribution to the dialectic of development and creativity. In R. K. Sawyer, V. John-Steiner, S. Moran, R. J. Sternberg, D. H. Feldman, J. Nakamura & M. Csikszentmihalyi (Eds.), *Creativity and Development*. New York: Oxford University Press.

Mumford, M. D. (2003). Where have we been, where are we going? Taking stock in creativity research. *Creativity Research Journal*, *15*, 107 - 120.

Newton, D. P. (2013). Moods, emotions and creative thinking: A framework for teaching. *Thinking Skills and Creativity*, *8*, 34 - 44.

Nijstad, B. A. , De Dreu, C. K. W. , Rietzschel, E. F. , & Baas, M. (2010). The dual pathway to creativity model: Creative ideation as a function of flexibility and persistence. *European Review of Social Psychology*, *21*, 34 - 77.

Nijstad, B. A. , & Stroebe, W. (2006). How the group affects the mind: A cognitive model of idea generation in groups. *Personality and social psychology review*, *10*, 186 - 213.

Oppenheimer, D. M. (2008). The secret life of fluency. *Trends in Cognitive Sciences*, *12*, 237 - 241.

Oppezzo, M. , & Schwartz, D. L. (2014). Give your ideas some legs: The positive effect of walking on creative thinking. *Journal of Experimental Psychology: Learning, Memory, and Cognition*, *40*, 1142 - 1152.

Plucker, J. , & Renzulli, J. (1999). Psychometric approaches to the study of human creativity. In R. J. Sternberg (Ed.), *Handbook of Creativity* (pp. 35 - 61). New York: Cambridge University Press.

Polman, E. , & Emich, K. J. (2011). Decisions for others are more creative than decisions for the self. *Personality and Social Psychology Bulletin*, *37*, 492 - 501.

Posner, J. , Russell, J. A. , & Peterson, B. S. (2005). The circumplex model of affect: An integrative approach to affective neuroscience, cognitive development, and psychopathology. *Development and Psychopathology*, *17*(3), 715 - 734.

Radel, R. , Davranche, K. , Fournier, M. , & Dietrich, A. (2015). The role of (dis)inhibition in creativity: Decreased inhibition improves idea generation. *Cognition*, *134*, 110 - 120.

Ricks, T. R., Turley-Ames, K. J., & Wiley, J. (2007). Effects of working memory capacity on mental set due to domain knowledge. *Memory and Cognition*, *35*, 1456 - 1462.

Roskes, M., De Dreu, C. K. W., & Nijstad, B. A. (2012). Necessity is the mother of invention: Avoidance motivation stimulates creativity through cognitive effort. *Journal of Personality and Social Psychology*, *103*, 242 - 256.

Rowe, G., Hirsh, J. B., & Anderson, A. K. (2007). Positive affect increases the breadth of attentional selection. *PNAS*, *104*, 383 - 388.

Runco, M. A. (1991). *Divergent Thinking*. Norwood, N. J.: Ablex Pub. Corp.

Runco, M. A. (1996). *The Creativity Research Handbook* (Vol. 1). Cresskill, N. J.: Hampton Press.

Runco, M. A. (2008a). *The Creativity Research Handbook* (Vol. 2). Cresskill, N. J.: Hampton Press.

Runco, M. A. (2008b). Divergent thinking is not synonymous with creativity. *Psychology of Aesthetics*, *Creativity*, *and the Arts*, *2*, 93 - 96.

Runco, M. A. (2011). *The Creativity Research Handbook* (Vol. 3). Cresskill, N. J.: Hampton Press.

Runco, M. A., & Acar, S. (2012). Divergent thinking as an indicator of creative potential. *Creativity Research Journal*, *24*, 66 - 75.

Runco, M. A., & Jaeger, G. J. (2012). The standard definition of creativity. *Creativity Research Journal*, *24*, 92 - 96.

Runco, M. A., & Pritzker, S. R. (1999). *Encyclopedia of Creativity*. San Diego, Calif.: Academic Press.

Ryan, R. M., & Deci, E. L. (2000). Self-determination theory and the facilitation of intrinsic motivation, social development, and well-being. *American Psychologist*, *55*, 68 - 78.

Silvia, P. J. (2011). Subjective scoring of divergent thinking: Examining the reliability of unusual uses, instances, and consequences tasks. *Thinking Skills and Creativity*, *6*, 24 - 30.

Silvia, P. J., Kaufman, J. C., Reiter-Palmon, R., & Wigert, B. (2011). Cantankerous creativity: Honesty-humility, agreeableness, and the HEXACO structure of creative achievement. *Personality and Individual Differences*, *51*, 687 - 689.

Silvia, P. J., Martin, C., & Nusbaum, E. C. (2009). A snapshot of creativity: Evaluating a quick and simple method for assessing divergent thinking. *Thinking Skills and Creativity*, *4*, 79 - 85.

Slepian, M. L., & Ambady, N. (2012). Fluid movement and creativity. *Journal of Experimental Psychology: General*, *141*, 625 - 629.

Smeekens, B. A., & Kane, M. J. (2016). Working memory capacity, mind wandering, and creative cognition: An individual-differences investigation into the benefits of controlled versus spontaneous thought. *Psychology of Aesthetics*, *Creativity*, *and the Arts*, *10*, 389 - 415.

Stanko-Kaczmarek, M. (2012). The effect of intrinsic motivation on the affect and evaluation of the creative process among fine arts students. *Creativity Research Journal*, *24*, 304 - 310.

Steinberg, H., Sykes, E. A., Moss, T., Lowery, S., LeBoutillier, N., & Dewey, A. (1997). Exercise enhances creativity independently of mood. *British Journal of Sports Medicine*, *31*, 240 - 245.

Sternberg, R. J. (1999) *Handbook of Creativity*. New York: Cambridge University Press.

Sternberg, R. J., & Lubart, T. I. (1996). Investing in creativity. *American Psychologist*, *51*(7), 677 - 688.

Subramaniam, K., Kounios, J., Parrish, T. B., & Jung-Beeman M. (2009). A brain mechanism for facilitation of insight by positive affect. *Journal of Cognitive Neuroscience*, *21*, 415 - 432.

Sun, J., Chen, Q., Zhang, Q., Li, Y., Li, H., Wei, D., ... Qiu, J. (2016). Training your brain to be more creative: Brain functional and structural changes induced by divergent thinking training. *Humam Brain Mapping*, *37*, 3375 - 3387.

Takeuchi, H., Taki, Y., Hashizume, H., Sassa, Y., Nagase, T., Nouchi, R., & Kawashima, R. (2011). Failing to deactivate: the association between brain activity during a working memory task and creativity. *NeuroImage*, *55*, 681 - 687.

Tamir, M. (2005). Don't worry, be happy? Neurticism, trait-consistent affect regulation, and performance. *Joural of Personality and Social Psychology*, *89*, 449 - 461.

Tomporowski, P. D. (2003). Effects of acute bouts of exercise on cognition. *Acta Psychologica*, *112*, 297 - 324.

Topolinski, S., & Deutsch, R. (2012). Phasic affective modulation of creativity. *Experimental Psychology*, *59*, 302 - 310.

Torrance, E. P. (1974). *Involvement of Learning Processes in Creativity and Problem Solving*. New York: J. Norton Publishers.

Torrance, E. P. (2008). *Torrance Tests of Creative Thinking: Norms-Technical Manual*, *Verbal Forms A and B*. Bensenville, IL: Scholastic Testing Service.

Torrance, E. P., & Khatena, J. (1970). What kind of person are you? *A brief screening device for identifying creatively gifed adolescents and adults*. *Gifted Child Quarterly*, *14*, 71 - 75.

Van Kleef, G. A., Anastasopoulou, C., & Nijstad, B. A. (2010). Can expressions of anger enhance creativity? A test of the emotions as social information (EASI) model. *Journal of Experimental Social Psychology*, *46*, 1042 - 1048.

Verhaeghen, P., Joormann, J., & Khan, R. (2005). Why we sing the blues: The relation between self-reflective rumination, mood, and creativity. *Emotion*, *5*, 226 - 232.

Vosburg, S. K. (1998). The effects of positive and negative mood on divergent-thinking performance. *Creativity Research Journal*, *11*, 165 - 172.

Walczyk, J. J. , Runco, M. A. , Tripp, S. M. , & Smith, C. E. (2008). The creativity of lying: Divergent thinking and ideational correlates of the resolution of social dilemmas. *Creativity Research Journal*, 20 ,328 - 342.

Wallach, M. A. , & Kogan, N. (1965). *Modes of Thinking in Young Children: A Study of the Creativity-Intelligence Distinction*. New York: Holt, Rinehart, & Winston.

Ward, T. B. , Patterson, M. J. , & Sifonis, C. M. (2004). The role of specificity and abstraction in creative idea generation. *Creativity Research Journal*, 16(1),1 - 9.

Weisberg, R. W. (1986). *Creativity : Genius and Other Myths*. New York: Freeman.

Wieth, M. B. , & Zacks, R. T. (2011). Time of day effects on problem solving: When the non-optimal is optimal. *Thinking & Reasoning*, 17 ,387 - 401.

Winkielman, P. , Schwarz, N. , Fazendeiro, T. A. , & Reber, R. (2003). The hedonic marking of processing fluency: Implications for evaluative judgment. In J. Musch & K. C. Klauer (Eds.), *The Psychology of Evaluation: Affective Processes in Cognition and Emotion*. Mahwah, NJ: Erlbaum.

Zabelina, D. L. , & Andrews-Hanna, J. R. (2016). Dynamic network interactions supporting internally-oriented cognition. *Current Opinion in Neurobiology*, 40 ,86 - 93.

Zhang, J. , Fan, X. , Zhang, X. (2015). The role of power motivation in creativity: A moderated mediation model. *Social Behavior & Personality: An International Journal*, 43 ,613 - 628.

13　教学方式及变革

韩建涛　庞维国

【内容简介】

　　教学方式即教学的方法和形式,是促进学生学习的"教"的因素。本章首先对教学方式的含义进行了阐述,从组织形式、指向和方法取向等角度介绍了教学方式的不同类别。接着阐释了各种教学方式的沿革及发展逻辑,并分析了各种教学方式之间的联系以及整合的趋势。最后,结合时代背景和我国在教学方式变革方面的需求,概述了当前教学方式变革中需要关注的主流教学方式。

【内容提纲】

13.1　教学方式概述 / 281

　　　13.1.1　何为教学方式? / 281

　　　13.1.2　教学方式的分类 / 282

13.2　教学方式的沿革与整合 / 284

　　　13.2.1　教学方式的沿革及发展逻辑 / 285

　　　13.2.2　各种教学方式的关系及整合 / 287

13.3　当前主流的教学方式 / 289

　　　13.3.1　基于自主学习的教学 / 290

　　　13.3.2　基于体验式学习的教学 / 290

　　　13.3.3　基于研究性学习的教学 / 292

　　　13.3.4　基于创新学习的教学 / 292

　　　13.3.5　基于合作学习的教学 / 294

　　　13.3.6　基于服务学习的教学 / 294

　　　13.3.7　基于博物馆学习的教学 / 295

　　　13.3.8　基于移动学习的教学 / 297

13.4　结语 / 298

　　教学方式总是伴随着时代精神和技术进步而变化。近年来,"以学生为中心"、

"深度学习"的教育理念逐步深入人心,网络视频技术得到广泛运用,大大推动了学校教学方式的变革。譬如,翻转课堂(flipped classroom)——学生通过课外观看视频代替老师的课堂讲解(Bergmann & Sams, 2012),已经成为众多中小学尝试或采用的教学方式。再如,慕课(MOOC, massive open online course)——大规模的网络开放课程(Pappano, 2012),已经成为我国高等教育和中等教育中流行的教学方式。这些新兴的教学形式,可以将一些优质的教育资源分享到某些地处偏远、相对落后的学校,在一定程度上提高其教育质量(汤敏,2015)。

新的教学形式的出现,自然会对传统的教育教学带来冲击。但这种冲击,并不是要求学校、教师不加批判地全然接纳新的教学方式,更不是要求他们盲目地拒斥这些教学方式,而是要求他们以促进学生的发展为旨归,结合学校、学科、学生的特点,创造性地对各种新旧教学方式进行重组,从而催生适合于本校或本学科特点的新型教学模式。而要做到这一点,我们就需要全面了解教学方式的内涵、类别、发展逻辑,以及各种教学方式之间的关系。

13.1 教学方式概述

13.1.1 何为教学方式?

教学方式一般是指教学的方法和形式,相当于西方教育心理学语境下的教学模式(instructional/teaching model)。Joyce 等人最早将教学模式定义为: 构成课程和作业,用于选择教材、指导在教室和其他环境中的教学活动的规划或范式(Joyce & Weil, 1972)。由于任何教学都是建立在某种教学思想或理论基础之上,因此结合Joyce 等人的定义,我们可以把教学方式定义为"在某种教学思想或理论指导下建立起来的、相对稳定的教学活动结构及步骤"。

教学有狭义和广义之分。狭义的教学(teaching)一般指由人(即教师而不是教科书、视频和教育网站等)来辅导的学习经历,一般发生在课堂情境中;广义的教学(instruction)则包括了所有经过专门安排的教育经历的传输(Smith & Ragan, 2005)。目前,教育界基本上对教学采取广义的理解。因此,当前逐渐流行起来的慕课、翻转课堂和博物馆学习等,都被视为一种教学方式。

在教学活动中,"教"和"学"是一体两面。通常,有什么样的教学方式,就有什么样的学习方式(learning mode)。例如,讲授式教学,通常对应接受学习;分组教学,通常对应合作学习。有时,教学方式甚至与学习方式难以区分。例如,布鲁纳的"发现学习",在教学设计领域既被视为一种教学方式,也被视为一种学习方式。Joyce 等人(Joyce, Weil, & Calhoun, 2009)在其《教学模式》(第8版)(*Models of Teaching*, 8th

Ed.)的开篇,也引用其中一位作者的话说:"有时我认为应该把这本书取名为《学习模式》,因为真正的教育就是使儿童懂得如何学习。"事实上,当我们在帮助学生获取信息、形成思想、掌握技能、明确价值观、把握思维方式和表达方式时,也是在教他们如何学习。因此,教学方式和学习方式之间在内涵上存在某种程度的相互重叠。

但教学方式和学习方式还是存在质的差异,主要表现在两个方面:首先,二者的行为主体不同。教学方式的行为主体主要是教师,而学习方式的行为主体是学生。其次,教学方式从属于学习方式。"教"的目的是为了促进"学"。如果学生采用某种学习方式能够更好地学习相关课程内容,教师所采用的教学方式就应该落脚在促进这种学习方式上。因此,以学习理论或学习方式作为教学方式的模型,是对"教"和"学"两个概念的混淆(Reigeluth, 2013)。

13.1.2 教学方式的分类

研究者从不同的理论视角出发,已提出了各式各样的教学方式。由于各种教学方式的目标指向不同,教学原则、实施流程不同,因而在实践中就出现了分类需求。下面重点概述几种常见的、有代表性的教学方式分类系统。

依据组织形式划分

在教学过程中,教师们是尽量教给学生知识,还是让学生自己去发现知识? 亦即,是把知识"给予"学生,还是"有所保留"? 对这一"援助困境"(assistance dilemma, Koedinger & Aleven, 2007)问题的回答,本身就带来了教学方式的分野。以教师为中心的教学一般认为,在教学过程中教师直接提供指导,比"有所保留"更高效、有益;而以学生为中心的教学则认为,让学生自己探究和建构知识非常重要。因此,依据组织形式来分,教学方式可分为以教师为中心取向(teacher-centered approach)、以学生为中心取向(student-centered approach)和学习共同体取向(learning community approach)三类。

以教师为中心的教学是学校教育的常用形式,它强调学生的"学"要适应、服从教师的"教"。在这种教学中,教师是课堂的主导,在教学中处于支配地位,控制着整个教学过程。这种教学方式也包含若干具体的形式,如讲授式教学、演示式教学等。研究表明,以教师为中心的直接教学在很多不同领域,如问题解决的规则学习、程序设计、科学、数学和程序性知识学习等,显示出更好的效果(Lee & Anderson, 2013)。

以学生为中心的教学则强调,学生在学习活动中应具有积极主动的中心地位,教师仅需扮演指导者、帮助者角色。体验式、基于发现学习以及非指导性的教学,都可以看作是以学生为中心取向的教学。Reiser、Copen、Ranney、Hamid 和 Kimberg (1998)认为,以学生为中心的发现学习,对学生的认知和动机都可以产生积极作用。

首先,通过发现进行学习,可以发展学生探究的技能,并起到从错误中学习的效果;其次,经由大量的自我生成过程,以及理解和解释自己的错误,学生获得的意义和理解比机械学习更多;第三,发现学习还会增加学生对该学习领域的积极态度。

学习共同体取向的教学方式强调,人是社会化的动物,比起个体化且充满竞争的环境,互动、合作的学习环境会让学生产生更强的学习动机,更能促进学生之间的互相学习,帮助他们建立稳定的人际关系,提升其自尊(Holt & Kysilka, 2006)。学习共同体取向的教学方式包括角色扮演、基于合作学习的教学和讨论式教学等具体形式,它强调同伴之间的互动和合作。当然,在这种互动关系中,通常也需要老师参与其中。

依据指向划分

Joyce 等人(2009)根据教学模式是指向人类自身,还是指向人如何学习,将其分为四类:信息加工类、社会类、个体类和行为系统类。

信息加工类模式(infomation-processing family of models)强调人类的内在驱动,通过获得信息和组织信息来认知问题并找到解决问题的方法,从而获得对世界的感知,发展概念和语言。具体包括归纳思维模式、概念获得模式、图—文归纳教学模式、科学探究及其训练模式、记忆模式、共同研讨法和先行组织者模式等。

社会类模式(social family of models)根据许多人一起工作能产生集体力量的原理,构建学习型集体。它把课堂管理看作是在教室中创造一种合作关系,认为积极校园文化的形成就是发展一种人际影响和关系整合方式的过程,这种过程有利于学习活动规范的形成。这类模式包括合作学习模式、群体研究、角色扮演和法理学探究模式等。

个体类模式(personal family of models)认为,从根本上讲,人的现实性存在于个体的意识之中,因而应从个人发展角度提出学习模式。这些模式试图通过改革教育使我们更好地认识自己,为我们自身的教育负责,并学会超越自己当前的发展状况,而使自己更坚强、更敏锐、更富于创造力,进而追求更高的生活品质。相应模式包括非指导性教学模式和自我概念发展模式。

行为系统类模式(behavioral systems family of models)以行为主义和社会学习理论为指导,认为人类需要通过组织任务和反馈结构,使自我调节能力更容易地发挥出来。该类模式关注可观察的行为,通常都有坚实的研究基础,具体包括掌握学习模式、直接指导模式、模拟训练模式、社会学习模式和程序学习模式等。

依据方法取向来分

Reigeluth 和 Keller(2009)认为,Joyce 等人的分类混淆了教学的方法取向和学习的结果,其中仅有一些类别有比较清晰的方法取向,如角色扮演、共同研讨、掌握学习和直接教学。为此,他们根据方法取向上的不同,把教学方式分为如下五类。

(1) 直接教学(direct approach to instruction):通过直接、外显的方式主动给学生呈现信息,并结合学生们的知识和技能基础进行大量的练习,从而提升教学的效果和效率。

(2) 讨论式教学(discussion approach to instruction):让每位学生都参与到讨论中来,在教学方法上变以教师为中心为责任分担式,强调师生之间、学生之间的相互学习。该教学方式适用于有一定主题深度的探究学习,对教师的能力要求较高。

(3) 体验式教学(experiential approach to instruction):以学生为中心,关注"真实"(指课堂活动带来的认知挑战与真实世界是一样的)的学习体验,强调学生是自身体验的积极探索者,要求学生对自身体验进行反思,进而完成真正的学习。

(4) 基于问题的教学(problem-based approach to instruction):通过呈现复杂的、没有唯一确定答案的问题来组织教学。学生们通过解决复杂问题的体验来进行知识的建构,并将所习得的知识与具体的情境相结合。

(5) 模拟教学(simulation approach to instruction):把现实世界的要素简化成能够在教室里呈现的模拟情境或微型世界,借此来组织教学。学生在这种动态的模拟情境中练习技能,建构和整合自己的知识。

当然,教学方式分类远不止上述这些。如美国范德堡大学 Bransford 所领导的认知和技术项目组(Cognition & Technology Group at Vanderbilt, CTGV)还提出了抛锚式教学(anchored instruction),这是一种以目标为基础的情境教学和基于问题学习的综合模式(CTGV, 1993)。此外,建构主义者还提出了支架式教学(scaffolding teaching)、交互式教学(reciprocal teaching)等教学方式。

由于教学方式分类的复杂性,也有研究者从更为宏观的水平对其进行概括。例如,Novak 按照"接受—发现"、"有意义—机械"两个维度,把学习和教学划分为若干形态(Novak, 1998)。有人则从主体学习活动的性质(是接受还是发现)以及主体学习活动的社会互动程度(是个体还是社会)两个维度,对具体的教学方式加以划分(陈琦,刘儒德,2011)。

13.2　教学方式的沿革与整合

教学方式多种多样,而且分类标准不一,再加上教育界长期流行"教学有法,教无定法"的思想,这很容易让教师形成如下错误印象:对于教学方式的选择无须过分讲究,只要不选择陈旧、过时的即好。事实上,对于任何一种教学方式来讲,都不存在"陈旧、过时"的问题。每种教学方式,都有其特定的适用条件,都可以在一定程度上弥补其他教学方式的不足。不同教学方式之间的关系,不是相互排斥的关系,也不是取代与被取代的关系。纵观教学方式发展的历史,我们可以清晰地看到这一点。

13.2.1　教学方式的沿革及发展逻辑

自古以来,教学方式就存在"教师中心"和"学生中心"之分。例如,无论是孔子还是苏格拉底,在教学过程中,都会视情况的差异,分别采用讲授式教学和启发式教学。但是在漫长的封建社会,由于特别强调教师的"传道"作用,以教师为中心的讲授式教学盛行(孙培青,1992;田本娜,2001)。文艺复兴之后,尽管以学生为中心的教学理念开始兴起,但是大规模地快速培养人才的需求还是让教师中心的教学方式继续维持其支配地位,而且得到系统发展,这以赫尔巴特(J. F. Herbart)的五段教学法的盛行为标志。

20世纪初,实验主义和实用主义教学思想在西方兴起。实验主义给教学思想注入了现代科学的因素,使之力图建立在实验科学或实证科学的基础之上;实用主义给教学思想注入了现代人文主义的因素,使教学思想更为注重学生的主体地位。在此背景下,杜威(J. Dewey)倡导的"进步主义教育"运动兴起。杜威批评了赫尔巴特学派通过教学向学生灌输教材内容来促进学生观念形成的主张,认为最好的学习是在与他人的真实的生活活动中进行的,即"做中学",因而在教学方式上提倡以学生为中心,让学生在体验中通过反思性思维获得理解(陆有铨,2012)。

从20世纪初至50年代,行为主义在美国心理学界占据主导地位。行为主义者把学习看成是刺激和反应的联结的过程,把教师视为奖励和惩罚的掌控者,主张用刺激来塑造学生的行为(Mayer, 1992),这对进步教育运动所倡导的教学方式产生了极大冲击。加之该运动本身没有达到预期的效果,因此到20世纪50年代,以学生为中心的教学走向衰落。但杜威的教育思想对后人还是产生了巨大的影响。20世纪60年代,人本主义心理学兴起,Rogers继承了杜威的以儿童为中心的教育思想,提出了非指导性教学模式(Rogers, 1969),明确强调教学要从以教师为中心,转向以学生为中心。杜威的"做中学"强调"直接经验"加"反思"的体验教育思想,也被Rogers和Kolb等人所继承,并据此发展了体验式教学的理论体系(Rogers, 1969; Kolb, 1984)。此外,杜威的"民主"学习观,也为讨论式教学等强调责任分担的学习共同体取向教学方式提供了理论基础(Gibson, 2009)。

20世纪60年代,尽管人本主义以学生为中心的教学理念和体验式教学的思想受到重视,但是对世界教育真正产生深刻影响的,则是布鲁纳(J. Bruner)提倡的发现学习和奥苏伯尔(D. P. Ausubel)提倡的有意义接受学习理论。布鲁纳提倡的发现学习,本质上是以学生探究为基础的教学方式,它是为了克服行为主义导致的机械学习的弊端而提出的(Mayer,1996)。在布鲁纳看来,只有学生自己亲自发现的知识,才是真正属于他自己的知识;发现学习不仅可以促进学生发现问题、解决问题的能力,而且有助于增强学生的内在学习动机(Bruner,1961)。在布鲁纳的影响下,发现学习曾一度在美国和其他国家的实际教学中得以普遍运用。但这种教学方式对于优等生更为有利,而且只适合自然科学的某些知识领域,因此在20世纪70年代初就逐渐不再受到关注。

奥苏伯尔的有意义接受学习理论则认为,克服机械学习的关键不在于采用发现还是接受式的学习,关键是要进行有意义学习;所谓有意义学习,是指当前的学习内容与学生头脑中已有的相关知识之间建立起实质性的联系;发现学习也可能是机械的,接受学习也可以是有意义的(Ausubel,1968)。良好的教学应能够促进学生对当前学习内容的理解,亦即把当前学习内容与认知结构中的相关知识建立起联系;为了促使新旧知识之间建立联系,教学可以使用先行组织者,即介于新旧知识之间的起引导作用的学习材料。奥苏伯尔的理论对于当时的教学起到一定的推动作用,并且成为建构主义教学论的理论基础。

20世纪70年代,信息加工心理学兴起,一系列信息加工类教学模式得以提出和发展(Joyce等,2009)。信息加工心理学认为,学习作为知识获取的过程,是在教师传递信息给学生的过程中完成的(Mayer,1996),教学的关键是要促进学习者的信息加工过程,特别是信息的输入、编码、储存过程。为此,引导学生掌握一些认知策略,增强学生对学习内容的深度加工和自我调控,成为信息加工心理学家关注的重心。但由于信息加工心理学更多关注特定实验条件下的认知加工,其解释能力很难超越实验室情境(Neisser,1976),特别是难以适用于问题复杂的教学情境,因而其适用性遭到质疑。

20世纪80年代,受皮亚杰(J. Piaget)、维果茨基(L. Vygotsky)、布鲁纳、奥苏伯尔等人的认知建构思想的影响,建构主义理论兴起。建构主义强调知识的主观性的一面,认为每个人的已有知识经验不同,对世界的理解和解释也各不相同,因此不能把学习视为接受外界知识的过程,而应视为个体主动建构知识的过程(Jonassen,1991;Prawat,1996)。在建构主义学习观的影响下,基于问题或项目的教学、探究训练模式和讨论式教学等强调知识建构过程的教学方式得到发展和广泛运用。

1990年代,试图兼顾体验式学习优势、认知情境性和学科学习特征的情境学习论兴起。该理论强调知识是在具体情境中建构的,认为学习本质上是在具体情境中与他人或事物互动能力的提高,因而应通过社会互动或活动来促进学习(Anderson,Reder,& Simon,1996)。情境学习论进一步推进了强调真实体验和学习的情境性的教学方式的发展,如体验式教学、抛锚式教学、基于问题的教学以及基于合作学习的教学等。同一时期,教学心理学也逐渐与具体学科情境相结合,研究主题开始转向学科教学(Mayer, 2004a; Sandoval, 1995)。

进入 21 世纪以来,计算机和互联网技术迅速发展,促进了技术和教学的整合,移动学习、翻转课堂等一系列新的教学方式先后出现。这些教学方式整合了人本主义、认知结构主义、信息加工心理学、建构主义等学派的理论成果,更加关注个性化学习和以真实问题为基础的学习,更加强调学习者的中心地位(Reigeluth & Carr-Chellman, 2009),从而使得教学方式变得更加丰富多彩。

通过上述分析,不难发现,教学方式总是随着时代的发展而不断发生转变。这种转变的背后,实际上隐含着一些重要的发展逻辑:首先,教学方式逐步从"以教师为中心"转向"以学生为中心",学习者在教学中的中心地位逐步得以确立。其次,教学方式之所以不断发生转变,是因为它服务于教学目标,而教学目标总是随着时代精神的变化而变化的。第三,教学方式的变化与学习理论、教育技术的发展密切关联。新的学习理论的提出,新的教育技术的产生,总会引发教学方式的某些变化。第四,教学方式的变革总是从动态发展中寻求某种平衡。随着教育教学的发展,无论是理论者还是实践者都认识到,任何单一的教学方式都无法承载学生的多元化学习和发展需求,因此应采用多元化、平衡化的综合性教学。

13.2.2 各种教学方式的关系及整合

教学方式之间的关系

历史地看,基于不同标准划分的各种具体的教学方式,相互之间并非是非此即彼的关系。一方面,它们在内涵上具有一定的重叠性;另一方面,它们在功能上具有一定的互补性(Joyce 等,2009)。

(1) 教学方式之间的重叠性

教学方式的重叠性首先表现在某些教学方式在"如何教"的问题上持有相同的基本观点。例如,各种以教师为中心的教学方式,如基于掌握学习的教学和直接式教学,都强调教师在教学过程中的主导作用,强调教师应该主导教学目标的制定、教学流程的安排,以及学生学习效果的测评与监控等各个教学环节(Holt & Kysilka, 2006)。再如,以同伴为中心的方式,如讨论式教学和合作式教学,都强调个体之间的互动(学生与学生之间,或者学生和老师之间),认为无论是通过讨论、思辨来训练逻辑思维能力,还是合作完成共同的学习任务,"互动"都可以让学生真正参与到教学中来(Gibson, 2009)。

教学方式的重叠性其次表现在某些教学方式具有共通的理论基础。例如,讨论式教学、体验式教学以及探究训练模式都认为学习本质上是学生自己建构意义的过程,强调学生必须自己承担起学习的责任,认为学习者必须经由讨论、体验和探究才能真正在自己的头脑中建构起知识的框架,这样习得的知识才能应用到未来的真实情境中。这些理念,基本上都体现了建构主义的学习和教学观(Lindsey & Berger, 2009; Gibson, 2009)。

教学方式的重叠性还表现在相互嵌套或包含之中。例如,在基于研究性学习的教学过程中,学生的探究活动基本以小组合作的形式展开,因此此时的基于研究性学习的教学,其实也就是基于合作学习的教学。再如,学生合作和探究问题的过程有时是发生在真实情境中的,因此这种学习在某种程度上也可以视为是体验式的。

(2) 教学方式之间的互补性

任何教学方式都有其适用性和局限性。在教学方式演变的过程中,新的教学方式通常都是针对已有的其他教学方式的不足而提出的。这种教学方式在体现其优势的同时,往往也带有自身的不足。这意味着,不同教学方式之间通常不是相互排斥而是互为补充的关系。例如,在课堂教学中,有时需要教师讲解,有时需要学生独立探讨,有时需要学生合作讨论,本质上,这是以教师为中心、以学生为中心和学习共同体取向三种教学方式之间的互补(Holt & Kysilka, 2006)。事实上,在某些学习情境中,如学生学习新知识时缺乏充分的相关背景知识,这时就需要老师的讲解,因而采用以教师为中心的教学方式是合理且必要的。但是过多地采用以教师为中心的教学方式,对学生的自主能力、批判精神和探究技能的发展又有损害,所以在学生能够自主学习的条件下,采用以学生为中心的非指导性的、体验式的和探究性的教学是适当的,这本身也是对以教师为中心教学方式的有益补充。同理,以同伴互动为中心的教学方式,在促进学生的社会性发展、塑造学生的个性和品德等方面具有特定的价值,它可以弥补讲解式教学、学生独立学习本身所存在的不足。

即便是同样属于某一大类的教学方式,其所涵盖的各种具体教学方式之间也具有互补性。例如,同样是以教师为中心的教学方式,讲解式教学更适用于学生缺乏相关背景知识的陈述性知识的教学;而演示式教学则更适合于程序性知识的教学。再如,在以学生为中心的教学方式中,基于自主学习的教学取向更强调学生自主性以及元认知的作用,体验取向更关注如何利用"真实情境"以及实际的实践活动促进学习,而探究取向更注重借探究以培养学生们科学探究的能力。这三种教学方式之间可以相互弥补彼此的不足。

教学方式的整合

针对不同的教学目标、教学内容、教学阶段,以及学习者的特征等因素,我们不仅可以采取不同的教学方式,同时也可以把不同的教学方式进行整合。比如,有研究者将基于有效样例的教学和基于问题的教学有效结合在一起,在问题解决教学的不同阶段使用不同的教学方式,结果发现,这种整合的方式比单纯地运用一种教学方式有更好的教学效果(Atkinson, Renkl, & Merrill, 2003; Salden, Aleven, Schwonke, & Renkl, 2010)。在国内,有学者针对高等教育中教师讲授过多的弊端,提出了"对分课堂"的课堂教学改革模式,其核心理念是分配一半课堂时间给教师讲授,另一半课堂时间给学生讨论,并把讲授和讨论时间错开,让学生在课后有一周时间自主安排学习,进行个性化的内化吸收。这也是把不同教学方式进行整合的尝试。相关的试点教学表明,"对分课堂"有效增强了学生学习的主动性,教学效果良好(张学新,2014)。

在一节课中,一种教学方式通常难以全然承载达成教学目标的所有任务,因此要注重各教学方式之间的综合搭配使用(庞维国,2010)。一般来看,课堂教学可以走三个循环:第一个循环是自主学习循环,学习目标制定以后,激发学生动机,让学生自学,老师巡视或给予学生个别指导。如果发现学生掌握了相关内容,就可以进行练习巩固和学习小结。第二个循环是在第一个循环的基础上加一个环节,亦即小组讨论或合作探究,目的是让学生通过这一环节解决独立学习不能解决的问题。如果学生自学时遇到的问题在小组讨论或合作探究环节也未能得到解决,这时就要进入第三个循环。第三个循环是指在第二个循环的基础上加上教师的讲解。通过教师讲解,学生解决了自主学习、小组合作探究解决不了的问题,教学就可以进入练习巩固和学习小结阶段。这样的教学方式的综合运用,本质上是遵循了维果茨基的最近发展区理论,亦即按照"先学后教"的顺序,让学生独立完成已有发展区之内的学习任务,然后再在教师的帮助下完成最近发展区内的任务。事实上,第一个循环是以学生为中心,第二个循环以同伴为中心,第三个循环是以教师为中心,这也充分体现了教学方式的综合运用。

13.3 当前主流的教学方式

虽然人类已逐渐进入信息社会,但无论中外教育都面临着一个共同问题,即我们的教育基本还保留着工业社会的基本模式:所有的学生在同样的时间,学习同样的内容(Reigeluth & Carr-Chellman, 2009)。这种教育模式带来的最大问题是,无法满足学生的个性化学习需求,致使有些学生无法跟上教学进度,而有些学生则学有余力。另一方面,教学中"重讲授、轻发现","重个体、轻合作","重认知、轻情感","重记忆、轻创新"的倾向依然突出。为了解决这些问题,国务院颁布的《国家中长期教育改革和发展规划纲要(2010—2020 年)》要求,"倡导启发式、探究式、讨论式、参与式教学,帮助学生学会学习"(中国国务院,2010)。教育部 2001 年颁布的《基础教育课程改革纲要(试行)》也要求,"逐步实现教学内容的呈现方式、学生的学习方式、教师的教学方式和师生互动方式的变革"(中国教育部,2001)。事实上,学习和教学方式有多种。当前世界范围内流行的教学方式,都值得我们在课程和教学改革中学习、借鉴、发展和完善。

13.3.1　基于自主学习的教学

自主学习(self-regulated learning),又称自我调节学习,一般是指个体自觉确定学习目标、制订学习计划、选择学习方法、监控学习过程、评价学习结果的过程或能力(庞维国,2001)。从20世纪50年代开始,诸多流派从不同的角度对自主学习作过一些探讨。80年代中期开始,Zimmerman在广泛吸收前人研究成果的基础上,建构了一套颇具特色的自主学习理论。Zimmerman认为自主学习是自我、行为和环境三者相互影响的结果,当学生在元认知、动机、行为三个方面都是一个积极的参与者时,其学习就是自主的(Zimmerman, 2002)。在自主学习理论的基础上,国内外学者也提出了一系列基于自主学习的教学方式,国内比较有代表性的如卢仲衡的自学辅导教学法,国外如Zimmerman的自主学习循环模式。

自主学习的教学指导模式有其共性:首先,教学目标都定位在影响学生的内在学习动机、丰富学生的认知策略、训练学生的元认知过程、教会学生营造有利于学习的物质和社会环境等方面;其次,都强调以学生的学为中心来组织教学,置学生于教学的主体地位;第三,在教学方法上,都主张以学生自学为主,教师指导为辅;第四,教学的基本顺序都是"先学后讲",而不是"先讲后学";第五,遵循的教学程序是:呈现学习目标——激发学习动机——引导学生自学——自学检查——小组或集体讨论——教师重点讲解——练习巩固——课堂小结(庞维国,2001)。研究显示,自主学习的一般教学模式能够在一定程度上增强中学生的自主学习能力,提高学生的学习成绩(庞维国,2003)。

自主学习是个体终身学习和发展的基础。在学校学习阶段,培养学生的自主学习能力已成为世界各国教育中的重要目标。当前,认知心理学关于学习、记忆和元认知过程的研究表明,对于自己是如何学习和记忆的,学习者经常会有错误的心理模型,导致他们错误地评估和掌控自己的学习。比如,学习者常常会高估自己的学习效果和对考试的准备情况(Bjork, Dunlosky, & Kornell, 2013)。因此,培养学生的自主学习能力,强化基于自主学习的教学,依然是教育中值得关注的重要命题。

13.3.2　基于体验式学习的教学

20世纪初,杜威针对学校过于注重间接经验和接受学习的弊端,从其经验论哲学出发,系统地阐述了体验式学习的本质,认为体验式学习是"直接经验＋反思"的过程(庞维国,2011)。80年代,Kolb吸收了杜威等人的体验式学习的思想,并在建构主义学习观的基础上,提出了著名的"体验式学习循环模式"。Kolb认为体验式学习要经历四个阶段:(1)具体体验。学习者在真实情境中活动,获得各种知识,产生相应感悟。(2)观察、反思。学习者回顾自己的经历,对体验进行分析、反思。(3)抽象的概念化。学习者把感性认识上升到理性认识,建构一种理论或模型。(4)主动检验。学习者在新的情境中对自己的理论假设进行检验(Kolb, 1984)。90年代,强调知识是在具体情境中建构的情境认知论,进一步为体验式学习提供了理论支撑。

与其他教学方式相比,以体验式学习理论为基础的体验式教学(experiential instruction)具有以下几个特点:首先,体验式教学是以学生而不是教师为中心的。体验的方法强调"学生"积极参与到课程设置以及学习过程和结果的探索中(Felix, 2002)。在这种教学情境下,学生们不是知识的被动接受者,而是自身体验的积极探索者(Lindsey & Berger, 2009)。第二,体验式教学"关注真实的学习体验,并将其视为获得有意义的技能和人类发展的必要基础"(Jackson & Maclsaac, 1994)。这里的"真实",意指课堂活动带来的认知挑战与真实世界是一样的。第三,体验式教学允许学习者自我定向,允许他们对学习作出自我评判。这种评判反过来也为学生反思学习中的体验提供机会。反思的内容包括:失败之处、矛盾的地方、假设的合理性,或者是学习过程的特殊价值等。

学生的真实体验和对体验的解释是体验式教学的核心。一般说来,体验式教学包含三个阶段:(1)建构体验。通过交流教学目标、评价标准、期望行为和社会结构,形成学习者参与体验的行为。(2)激活体验。无论是回忆之前的体验还是新创设一种体验,激活体验都是必需的。有多种方法可以用于该阶段,如角色扮演、实验室训练和模拟等。(3)对体验的反思。可以通过让学习者回答"发生了什么?""为什么发生?""我学到了什么?""如何将这些知识应用到将来的体验?"等问题,引导他们对体验进行反思(Lindsey & Berger, 2009)。

体验式教学可以充分发挥情绪和情节记忆的优势,使学生在实际情境中获得默会知识(tacit knowledge),提升实践智力(practical intelligence),增强学生学习的自我决定性(庞维国,2011)。体验式教学也适用于学校教育的多个领域。当然,这种教学方式也有其局限性:首先,它费时费力,单凭这种学习方式获得的知识有限。其次,某些知识只能通过间接方式来学习,或者因为已失去体验的直接情境,如历史事件;或者因为体验会带来危险,如吸毒成瘾;或者因为体验成本太高,如驾驶战斗机。第三,体验式学习有时会带来错误知识(Lindsey & Berger, 2009)。因此,教师应结合学校教学实际,扬长避短地使用以体验为基础的教学。

13.3.3 基于研究性学习的教学

研究性学习是我国课程改革过程中提出的一种学习方式,其内涵有广义和狭义两种。从广义上理解,它泛指以问题探究为基础的学习,可以贯穿在各科各类学习活动中;从狭义上解释,它是指学生在教师的指导下,从自然现象、社会现象和自我生活中选择和确定研究专题,并在研究过程中主动获得知识、应用知识、解决问题的学习活动(钟启泉,崔允漷,张华,2001)。国外没有与研究性学习对应的提法,但发现学习(discovery learning)、探究性学习(inquiry-based learning)、基于问题的学习(problem-based learning)以及基于项目的学习(project-based learning),与其含义基本相似(Loyens & Rikers,2011)。

研究性学习强调学习者以探究者的身份积极主动地去探究、解决问题,进而获取知识。在很大程度上,它以发现学习和建构主义学习观为理论基础。发现学习是"凭借自己的头脑获得知识的形式"(Bruner,1961)。在发现学习过程中,学习的内容不是以定论的形式存在,而是只存在有关线索和例证,学习者必须经历一个发现过程,自己得出结论或找到答案。建构主义学习观强调学习是学习者积极、主动地建构意义的过程,强调学习者在真实情境中主动建构自己对世界的理解(Lee & Anderson,2013)。因此,基于研究性学习的教学的一般原则可概括为:(1)选择真实的问题,并且鼓励跨学科思考;(2)老师的任务是支持学习者发展元认知加工过程的技巧;(3)利用真实的评价练习来评估学习目标的有效性;(4)始终利用深入的概括性活动来巩固从经验中学习到的关键概念。

目前,研究性学习的理念在我国教育界已深入人心,并在课堂教学中被普遍应用。无疑,研究性学习可以发展学生的探究技能,增加学生对相关学习领域的积极态度(Reiser,Copen,Ranney,Hamid,& Kimberg,1998)。但一直以来,有些教育心理学家对研究性学习的效果是否更佳,从未停止过质疑(Ausubel,1968;Mayer,2004b)。Kirschner等人发表题为《为什么最少指导在教学中没有效果:对建构主义、发现、基于问题、体验和基于探究的教学的失败的分析》的论文,其结论与奥苏伯尔等人的观点基本一致(Kirschner,Sweller,& Clark,2006),亦即认为基于研究性学习的教学效果并非如想象的那么大。Mayer(2004b)也总结道,对学生来说,建构自己的知识是非常重要的,但应该鼓励把"有指导的发现"作为达到该目标的最佳方式;单纯地强调学生的独立探究和发现,反而会带来消极的效果。

13.3.4 基于创新学习的教学

创新学习(creative learning)是指能够产生新颖而有价值的思维产品的学习活动。它与常规学习活动的根本区别是,学习结果中蕴含了原创性、适用性的新观念

(Sternberg, 1999)。当今世界,几乎每个国家都把创新能力培养作为自己的教育目标,几乎每位教师都承认创新学习的重要性,但另一方面,课堂教学中鲜见创新学习、学生创新思维能力不足等问题依然普遍存在。个中缘由,可能与教育工作者对创新内涵的把握存在某些偏差有关。

生活中,人们往往认为只有伟大的科学发明和大人物才具有创造性,创新是很神秘的东西。事实上,创新可分为四个层次,即微创新(mini-c)、小创新(little-c)、专业创新(pro-c)以及大创新(big-c)(Beghetto & Kaufman, 2007; Kaufman & Beghetto, 2009)。微创新是指对经验、事件和行动所作出的新奇的、具有个人意义的解释(Beghetto & Kaufman, 2007)。例如,在故事阅读中,学生对文本的意思作出具有个人意义的理解。所谓小创新,是指生成新颖而又具有一定社会认可价值的思维产品的能力。例如,学生写出一个同学和老师都认可的新故事。所谓专业创新,是指职业人士所产出的介于小创新和大创新之间的创新产物。例如,作者创作一部小说。所谓大创新,是指新颖的、具有重要历史地位和社会价值的创新。例如,伟大作家创作的伟大作品。

从微创新角度说,创新是无处不在的。2001 年,修订版的《布鲁姆教育目标分类学》,把认知领域的学习由低到高分为记忆、理解、运用、分析、评价、创新六个层次(Anderson 等,2001)。其中蕴含的含义是,促进创新学习的教学随时可以进行;无论是事实性知识、概念性知识、程序性知识,还是元认知知识的学习,其中都可以涉及创新层次。

创新学习的核心过程是创新思维。而对于创新思维,大多数研究者认为它是观念重组(recombination)的结果。因此,创新学习也可视为是经由观念重组产生新的思维产品的过程。Runco(1992)指出,要想支持学生的创新学习,教师至少要做好三方面的工作:为学生提供练习创新思维的机会,示范创新行为,重视并赞赏学生为创新所付出的努力。根据创新的生成观,我们可通过运用非常规问题、设计观念生成任务和引导合作学习等方式,为学生创设创新思维活动的契机;通过呈现任务补充策略(如续写故事)、拓展策略(把所学知识拓展运用到真实生活情境)、概念组合策略(把两个不同的概念组合起来形成新概念)、抽象策略(抽取现象背后的规律或特征)、建构策略(把多个方面的知识组合成一个复杂的知识体系)等生成策略,向学生示范如何生成;通过褒奖生成活动,让学生意识到观念生成和创新思维的价值(庞维国,2009)。当然,作为教学生创新的教师,也需要创造性地教,亦即要探究新颖而适用的教学方法和技巧(Simonton, 2012)。例如,Simonton(2012)发现一种非常有效的方法,就是教师和学生一起做创造性测验(如发散性思维测验和远距离联想测验等),然后再彼此分享测验的体验。

13.3.5　基于合作学习的教学

基于合作学习的教学是指,教师将学生分成若干小组,学生们在小组中共同学习、相互帮助,进而完成学业内容(Slavin, 2011)。合作学习并非源于单一的学习理论,它的根源之一是杜威"民主课堂"的理念,该理念强调课堂应该反映大社会,应该是现实生活学习的实验室。杜威与后来的追随者提出了具体教学方法,强调划分问题解决小组,让学生自己探寻答案,通过每天的相互交流来学习民主原则。建构主义、社会学习以及体验式学习等相关理论,也为合作学习提供了理论支撑(Johnson & Johnson, 1994)。

20世纪90年代以来,Johnson兄弟和Slavin等人都对合作学习做了大量的研究,构建起了合作学习的理论体系(Johnson & Johnson, 1999; Slavin, 1995, 2011)。相关研究结果显示,基于合作学习的教学至少可以实现三个重要的教学目标:(1)促进学业成就;(2)使不同种族、文化、社会阶层和能力的学生之间更能互相包容、互相接纳;(3)发展学生们合作的技巧、适应社会的技能(丛立新,2007)。

基于合作学习的教学,一般包括以下六个主要步骤:(1)教师呈现教学目标,激发学生的学习动机;(2)教师传达信息,通常以文本而不是讲授的形式传达;(3)划分学习小组;(4)学生在教师的指导下在小组内共同完成任务;(5)展示小组的最后成果,或检测学生已学习的内容;(6)对小组表现和个人努力作出评价。

基于合作学习的教学已被大量应用于各类学校、各种学科,其积极效果也得到了大量实证研究的支持(Slavin, Lake, Chambers, Cheung, & Davis, 2009; Slavin, Lake, & Groff, 2009)。研究者认为,基于合作学习的教学之所以有其积极效果,主要有四个方面的原因:一是在合作学习模式下,学生间的相互支持以及共同计划完成目标任务的行为,激发了他们的个人学习兴趣(内部动机);二是学生们从团队关系中获得自我认同,并关心小组成员和团队的整体表现;三是个体间的交流、互动促进了学生们的学习和认知发展;四是合作学习有利于将新的材料进行重新建构和精细化的加工(Slavin, 1995)。

一些教育工作者对基于合作学习的教学抱有极高的期望,认为它是增强学生积极社会行为、修正社会许多不公正现象的有效方式。事实也证明,这一模式可以帮助教育工作者部分地实现这些目标。但在具体实施基于合作学习的教学时,我们还需注意其产生积极效果的条件,比如教师在其中所起的引导作用。教师在学生合作学习过程中并不是简单地完成分组,还需对小组互动学习过程和目标表现进行系统的监控(Slavin, 2011)。

13.3.6　基于服务学习的教学

当前,服务学习(service learning)已经成为美国一种重要教育形式,并对世界其他国家的教育产生着重要影响。服务学习通常被视为一种体验式课程。在服务学习中,学生会:(1)参加符合社会认同和需求的有组织的服务活动;(2)通过对服务活动的反思,促进对课程内容的深入理解,获得对学科学习的更好的评价,并增强个人价值和公民责任意识(Bringle & Hatcher, 1995)。这种体验式教育可以与学生的学术性课程整合,为学生提供丰富的实践经验,增加学生运用所学知识和技能的机会,帮助学生培养关心他人的情感。

作为一种体验式教育,杜威的"做中学"教育思想和 Kolb 的体验式学习过程模型,是基于服务学习的教学的理论基础。另外,服务学习也体现了皮亚杰所强调的认知发展本质,即个体在与外界环境互动的过程中,其智力和学习能力不断向更高层次发展,由动作思维到形象思维再到抽象逻辑思维(郝运,2009)。

Rubin(2001)指出,成功的服务学习课程分为七个发展阶段:(1)确定学生的学习结果;(2)确定个人(教师)的学术成果;(3)社区协作计划;(4)设计过程;(5)安排后勤和创建形式;(6)反思、分析和展示;(7)在所有关键的受众中执行评价和评估。尽管这七个步骤是纵向推进的,但结合实际的服务学习项目,其先后次序也可能有所调整。例如第四步"设计过程",也可以放在整个顺序的最前面。但无论步骤顺序如何,其中最重要的一点是所有步骤都应该完成。

有研究考察了学生对老年人服务学习的教学效果,结果显示该教学方式对各年龄段的学生群体都有一定的积极效果。其中,有关大学生群体的一系列结果显示,针对老年人的服务学习,使大学生获得了更多关于老龄化方面的知识,更好地了解如何面对老年人的问题,增加了他们与老年人一起工作的兴趣,并且降低了对老年人的消极刻板印象和对变老的恐惧(Roodin, Brown, & Shedlock, 2013)。新近关于包含服务学习元素的国际化教育研究结果显示,服务学习体验对提升文化能力和树立社会公平的价值观也有积极的效果(Smith, Jennings, & Lakhan, 2014)。

服务学习对教师提出了更高的要求。与其他教学方式相比,基于服务学习的教学需要教师在开发课程时有更多的内容准备,在课程的统筹安排上花更多的时间。虽然基于服务学习的教学给学生带来了更多的活力、兴趣和社会互动,但这种教学方式被同事和管理者认可的程度还较低。如果基于服务学习的教学能够与教师的绩效考核等因素有效结合,这种教学方式就能长期持续下去。

13.3.7 基于博物馆学习的教学

所谓博物馆学习(museum learning),就是在与博物馆有关的场馆中的学习。伍新春、曾筝、谢娟和康长运(2009)认为,博物馆学习的主要特征有:(1)基于真实问题。场馆展品设计的重要原则是"基于具体事件"(issue-based)和"基于实际问题"

(problem-based),而这一原则和科学学习的发展趋势不谋而合。(2)强调探究过程。探究涉及提出问题,查阅资料,搜集、分析并解释数据,提出方案,进行解释和预测,交流结论等环节。学生通过自主地参与知识的获得过程,掌握研究自然所必需的探究能力,同时形成相关的科学概念,进而培养探索世界的积极态度。(3)产出多元学习结果。博物馆学习的结果与个体的经验有关,并反映在一些相互联系的领域中,如动作技能、兴趣、态度、知识以及社会交流等。

将学校和校外机构整合并非是新颖的思想。这种理念可追溯到杜威所构想的学校蓝图:教室、实验室、图书馆、博物馆和家庭就是一个有机的整体(Hein, 2004)。建构主义学习观是博物馆学习的重要理论基础。建构主义者强调学习者的独立思维过程,并且通过这种方式从内部建构关于世界的知识,而博物馆参观者就是基于个人、物理环境和社会环境三方面的因素来建构自己的知识(李君,2014)。Falk 和 Dierking 基于建构主义的学习理论,提出了博物馆学习的情境模型(contextual model of museum learning),认为博物馆学习主要受到个人、物理环境和社会环境三方面因素的影响:个人因素包括观众的知识背景、先前生活经验、兴趣、社交技能和对展览的理解程度;物理环境主要指展览的设置,包括展品的特征、摆放、说明等,场馆的建筑风格、空间环境也是比较重要的方面;社会环境既包括展览在某种社会文化中的地位,也包括观众之间的交流状况。Falk 等人认为,博物馆学习是由情境所驱动的,开放而无终止的,它不断在个人、物理环境和社会环境之间发生联系(Falk & Dierking, 2000)。

研究表明,定期进行博物馆参观学习的学生,与没有实地参观经历的学生相比,表现出认知方面的明显提高,并且整个班级对学习表现出更加积极的态度和动机(Orion & Hofstein, 1991)。如果教师意识不到参观博物馆的教学价值时,就会使学生丧失许多将博物馆中的体验活动发展成学习经验的机会(Hooper-Greenhill, 2007)。即使教师意识到博物馆是一个独特的学习环境,但如果对参观活动没有清楚的教学目标,学生就容易对参观博物馆的目的和功能感到困扰。此外,不当的教学指导可能会削弱原本的学习目的,使得博物馆参观失去吸引力和影响力,甚至导致学生对以后的博物馆参观缺乏兴趣。

博物馆学习的代表性项目,是由纽约市议会资助,美国自然历史博物馆联合纽约市教育局及其他文化和教育机构发起,以支持初中科学探究教学的"城市优势"项目。该项目于 2004 年启动,面向纽约市的公立教育系统,目标是通过培训教师,为学校、家庭提供丰富的校外资源,最终帮助中学生更好地完成科学探究项目的学习。项目评估显示,参加过"城市优势"项目的学生的科学学业成绩要优于同年级其他学生(鲍贤清,杨艳艳,2013)。

到 2011 年底,我国登记注册的博物馆数量已经迅猛发展到 3589 个,并且还在以每年 100 个左右的速度增长(李君,2014)。而且,随着社会的发展,博物馆的数量、展品质量、展览活动和形式都在悄然发生着改变。这些形形色色的博物馆展览和互动性的活动,能够更好地帮助学生将学校生活与周围环境联系起来。这两种不同的学习环境——"正规的"学校和"非正规的"博物馆,都会通过不同的课程形式促进学生丰富和发展人生中独特的知识领域。

13.3.8 基于移动学习的教学

所谓移动学习(mobile learning),是指通过社会和内容的交互,使用个人电子设备进行跨情境学习(Crompton,2013)。移动学习的本质是技术支持下的情境化学习,而不仅仅是技术本身,因此它通常包含三个要素:情境、社会交互和内容交互、使用个人电子设备。移动学习研究最活跃、最有前景的两个方面是:在课堂上使用便携式技术学习和在移动中使用个人移动技术学习(迈克·沙普尔斯,肖俊洪,2013)。当今应用移动学习最成功的两个案例是:(1)电子书。电子书阅读器让越来越多的人有机会读文学名著,特别是古典文学名著,因为它们没有版权争议,而且是免费的。(2)慕课。它为全世界的人提供了免费的学习课程(魏雪峰,杨现民,2014)。

移动学习研究的最主要成果是,证明了移动设备可以成功地在课堂内外支持有效学习。这体现在三个具体方面:第一,人们能够利用移动设备获取信息并与他人进行互动式学习。这一结论,已被大量的实证研究所证实。第二,让人们重新认识和思考学习。亦即,学习不再被视为发生在固定地点的静态活动,而是发生在多个地点的情境性活动。第三,提出了无缝学习理念。如何借助科技手段连接不同地点的学习?如何实现家庭、户外和学校之间的持续性学习?无缝学习为新的学习方式提供了可能。例如,学生在课堂上进行科学探究学习,之后到户外收集数据,继续探究,最后再回到课堂分享研究成果。这就是在不同地点之间实现无缝化和连续性学习(魏雪峰,杨现民,2014)。

当然,移动学习作为一种非正式学习形式,与正式学习间还是存在着巨大差异。居家自学或户外学习与传统课堂学习也可能不相适应。教师对孩子将手机带入课堂十分头疼,因为这将使老师控制课堂变得麻烦。实际上,孩子们带进课堂的不仅仅是手机,还有他们的社交网络以及其他一些非正式活动。十年来,基于移动学习的教学已经从少数人参与的小范围实验变为大众化活动。现在大多数人都有智能手机,他们可以将手机联网以获取资料,和他人聊天,学习各种知识。我们要了解如何利用移动设施使学习变得不同,包括如何将课堂学习延伸至课外,如何利用移动设备进行远程学习以及如何创立大型学习共同体或开展互动式学习。可以预见,基于移动学习的教学在教育领域拥有无限可能,但这种基于移动设备的新型教学方式还有待持续的研究。

13.4　结语

当前,计算机和移动互联网技术快速发展,之前已论述到的慕课、翻转课堂、模拟教学、移动学习,以及已被应用多年的多媒体(可视化)教学,这些新教学形式的出现和发展都有赖于新技术的支撑,也都可以被看作是教学和技术的整合趋势的表现。这些教学方式促进了以学生为中心的教学,丰富了教学手段,使教学方式的运用更加灵活,也促进了资源的共享和教育的公平。但这些非直接的教学形式也可能带来诸如学习参与度不够、缺乏师生互动、打击在职教师自尊以及教学内容同质化等问题。因此,如何将技术和教学更好地整合以达到最优的教学效果,也是将来研究的重要内容。譬如已有研究表明,在线课程中插入相关记忆测试可以有效维持学生注意,促进学习(Szpunar, Khan, & Schacter, 2013)。随着科学的进步、技术的发展,相信技术和教学的融合也会是教学方式变革的一个重要趋势。关于该主题之后的章节还会有进一步的阐述。

在分析教学方式存在的问题和变革的方向时,我们同时也应该肯定传统或已有教学方式的价值,比如经济合作与发展组织(Organization for Economic Co-operation and Development, OECD)进行的国际学生评估项目(Program for International Student Assessment, PISA)测试,主要考查义务教育末期学生是否掌握参与今后社会生活所需要的问题解决能力和终身学习能力。中国上海学生已连续两次(2009年和2012年)在PISA测试中夺得阅读、数学和科学三项第一(OECD, 2013)。虽然上海作为中国最为发达地区之一,并不能代表全中国的教育水平,但过去几十年,中国经济的发展与扎实的基础教育可能也是紧密相联的。不过需指出的是,上海学生PISA测试成绩领先的背后是他们的作业时间也多于其他国家和地区的学生(OECD, 2013),这可能恰恰说明了我们当前教育改革面临的困境。

教学改革的实践也表明,全盘否定传统教学方式,极端化地采取新兴的教学方式并不会取得好的效果。例如,1996年台湾地区教育当局为求改进小学数学教育,在缺乏充分准备的情况下全盘实施建构式教学,将传统教师"讲题"的角色改变为"布题"的角色,让学生在问题情境中自行探索、寻求答案。实施6年后却造成200万小学生数学能力普遍降低,最后在社会抨击声及学生家长的强烈反对声中于2002年全面停止,又恢复了"以教师为中心"的传统式教学(张春兴, 2005)。

因此,结合当前社会、经济和科技发展的现实,对教学方式进行针对性的改革是非常必要的,但同时也应该肯定传统教学方式的价值,认识到教学方式在本质上并无好坏之分,做到各种教学方式的互补,避免矫枉过正,从而真正使教学改革为国家经济发展提供支持,为学生的成才提供保障。

参考文献

鲍贤清,杨艳艳.(2013).课堂、家庭与博物馆学习环境的整合——纽约"城市优势项目"分析与启示.全球教育展望,42(1),62—69.

陈琦,刘儒德.(2011).教育心理学(第2版).北京:高等教育出版社.

丛立新.(2007).学会教学.理查德·I·阿兰兹,著.上海:华东师范大学出版社.

郝运.(2009).美国高校服务学习研究(博士论文).东北师范大学,长春.

李君.(2014).建构主义视角下的博物馆学习研究.外国教育研究,41(5),123—128.

陆有铨.(2012).躁动的百年:20世纪的教育历程.北京:北京大学出版社.

迈克·沙普尔斯,肖俊洪.(2013).移动学习:研究、实践和挑战.中国远程教育,3,5—11.

庞维国.(2001).论学生的自主学习.华东师范大学学报(教育科学版),20(2),78—83.

庞维国.(2003).当前课改强调的三种学习方式及其关系.当代教育科学,6,18—22.

庞维国.(2009).课堂中的创新学习:生成论的视角.华东师范大学学报(教育科学版),27(4),42—51.

庞维国.(2010).论学习方式.课程·教材·教法,30(5),13—19.

庞维国.(2011).论体验学习.全球教育展望,40(6),9—15.

孙培青.(1992).中国教育史.上海:华东师范大学出版社.

汤敏.(2015).慕课革命:互联网如何变革教育.北京:中信出版社.

田本娜.(2001).外国教学思想史.北京:人民教育出版社.

魏雪峰,杨现民.(2014).移动学习:国际研究实践与展望——访英国开放大学迈克·沙普尔斯教授.开放教育研究,20(1),4—8.

伍新春,曾拳,谢娟,康长运.(2009).场馆科学学习:本质特征与影响因素.北京师范大学学报(社会科学版),5,13—19.

张春兴.(2005).从思想演变看教育心理学发展宜采的取向.北京大学教育评论,3(1),87—93.

张学新.(2014).对分课堂:大学课堂教学改革的新探索.复旦教育论坛,12(5),5—10.

中国国务院.(2010).国家中长期教育改革和发展规划纲要(2010—2020年).取自:http://www.china.com.cn/policy/txt/2010-03/01/content_19492625_3.htm

中国教育部.(2001).基础教育课程改革纲要(试行).取自:http://www.moe.edu.cn/publicfiles/business/htmlfiles/moe/moe_309/200412/4672.html

钟启泉,崔允漷,张华.(2001).为了中华民族的复兴 为了每位学生的发展:基础教育课程改革纲要(试行)解读.上海:华东师范大学出版社.

Anderson, J. R., Reder, L. M., & Simon, H. A. (1996). Situated learning and education. *Educational Researcher*, 25(4),5-11.

Anderson, L. W., Krathwohl, D. R., Airasian, P. W., Cruikshank, K. A., Mayer, R. E., & ... Wittrock, M. C. (2001). *A Taxonomy for Learning, Teaching, and Assessing: A Revision of Bloom's Taxonomy of Educational Objectives*. Boston: Allyn & Bacon.

Atkinson, R. K., Renkl, A., & Merrill, M. M. (2003). Transitioning from studying examples to solving problems: Effects of self-explanation prompts and fading worked-out steps. *Journal of Educational Psychology*, 95(4),774-783.

Ausubel, D. P. (1968). *Educational Psychology: A Cognitive View*. New York and Toronto: Holt, Rinehart and Winston.

Beghetto, R. A., & Kaufman, J. C. (2007). Toward a broader conception of creativity: A case for "mini-c" creativity. *Psychology of Aesthetics, Creativity, and the Arts*, 1(2),73-79.

Bergmann, J., & Sams, A. (2012). *Flip Your Classroom: Reach Every Student in Every Class Every Day*. Eugene, OR: International Society for Technology in Education.

Bjork, R. A., Dunlosky, J., & Kornell, N. (2013). Self-regulated learning: Beliefs, techniques, and illusions. *Annual Review of Psychology*, 64,417-444.

Bringle, R. G., & Hatcher, J. A. (1995). A service-learning curriculum for faculty. *Michigan Journal of Community Service Learning*, 2(1),112-122.

Bruner, J. S. (1961). The act of discovery. *Harvard Educational Review*, 31,21-32.

Crompton, H. (2013). A historical overview of mobile learning: Toward learner-centered education. In Z. L. Berge & L. Y. Muilenburg (Eds.), *Handbook of Mobile Learning* (pp. 3-14). New York: Routledge.

CTGV. (1993). Anchored instruction and situated cognition revisited. *Educational Technology*, 33(3),52-70.

Falk, J. H., & Dierking, L. D. (2000). *Learning from Museums: Visitor Experiences and the Making of Meaning*. USA: AltaMira Press.

Felix, U. (2002). The web as a vehicle for constructivist approaches in language teaching. *ReCALL*, 14(1),2-15.

Gibson, J. T. (2009). Discussion approach to instruction. In C. M. Reigeluth & A. A. Carr-Chellman (Eds.), *Instructional-Design Theories and Models: Building a Common Knowledge Base* (Vol. 3, pp. 99 – 116). New York: Routledge.

Hein, G. E. (2004). John Dewey and museum education. *Curator: The Museum Journal*, 47(4),413 – 427.

Holt, L. C., & Kysilka, M. (2006). *Instructional Patterns: Strategies for Maximizing Student Learning*. Thousand Oaks, California: Sage.

Hooper-Greenhill, E. (2007). *Museums and Education: Purpose, Pedagogy, Performance*. New York: Routledge.

Jackson, L., & Maclsaac, D. (1994). Introduction to a new approach to experiential learning. In L. Jackson & R. Caffarella (Eds.), *Experiential Learning: A New Approach* (pp. 17 – 28). San Francisco: Jossey-Bass.

Jonassen, D. H. (1991). Objectivism versus Constructivism: Do we need a new philosophical paradigm? *Educational Technology Research and Development*, 39(3),5 – 14.

Johnson, D. W., & Johnson, R. T. (1994). Learning together. In S. Sharan (Ed.), *Handbook of Cooperative Learning Methods* (pp. 51 – 65). New York: Greenwood Press.

Johnson, D. W., & Johnson, R. T. (1999). *Learning Together and Alone* (6th Ed.). Englewood Cliffs, NJ: Prentice Hall.

Joyce, B., & Weil, M. (1972). *Models of Teaching*. Englewood Cliffs, NJ: Prentice-Hall.

Joyce, B., Weil, M., & Calhoun, M. (2009). *Models of Teaching (8th Ed.)*. Boston: Allyn and Bacon.

Kaufman, J. C., & Beghetto, R. A. (2009). Beyond big and little: The four c model of creativity. *Review of General Psychology*, 13(1),1 – 12.

Kirschner, P. A., Sweller, J., & Clark, R. E. (2006). Why minimal guidance during instruction does not work: An analysis of the failure of constructivist, discovery, problem-based, experiential, and inquiry-based teaching. *Educational Psychologist*, 41(2),75 – 86.

Koedinger, K. R., & Aleven, V. (2007). Exploring the assistance dilemma in experiments with cognitive tutors. *Educational Psychology Review*, 19(3),239 – 264.

Kolb, D. A. (1984). *Experiential Learning: Experience as the Source of Learning and Development*. New Jersey, USA.: Prentice Hall.

Lee, H. S., & Anderson, J. R. (2013). Student learning: What has instruction got to do with it? *Annual Review of Psychology*, 64,445 – 469.

Lindsey, L., & Berger, N. (2009). Experiential approach to instruction. In C. M. Reigeluth & A. A. Carr-Chellman (Eds.), *Instructional-Design Theories and Models: Building a Common Knowledge Base* (Vol. 3, pp. 117 – 142). New York: Routledge.

Loyens, S. M., & Rikers, R. (2011). Instruction based on inquiry. In R. E. Mayer & P. A. Alexander (Eds.), *Handbook of Research on Learning and Instruction* (pp. 361 – 381). New York, NY: Routledge.

Mayer, R. E. (1992). Cognition and instruction: Their historic meeting within educational psychology. *Journal of Educational Psychology*, 84(4),405.

Mayer, R. E. (1996). Learners as information processors: Legacies and limitations of educational psychology's second metaphor. *Educational Psychologist*, 31(3 – 4),151 – 161.

Mayer, R. E. (2004a). Teaching of subject matter. *Annual Review of Psychology*, 55(1),715 – 744.

Mayer, R. E. (2004b). Should there be a three-strikes rule against pure discovery learning? *American Psychologist*, 59(1),14 – 19.

Neisser, U. (1976). *Cognition and Reality: Principles and Implications of Cognitive Psychology*. San Francisco: Freeman.

Novak, J. D. (1998). *Learning, Creating, and Using Knowledge: Concept Maps as Facilitative Tools in Schools and corporations*. Mahwaw: Lawrence Erlbaum.

OECD. (2013). PISA 2012 Results in Focus. Retrieved from: http://www.oecd.org/pisa/keyfindings/pisa-2012-results.htm

Orion, N., & Hofstein, A. (1991). The measurement of students' attitudes towards scientific field trips. *Science Education*, 75(5),513 – 523.

Pappano, L. (2012). The year of the MOOC. *The New York Times*, ED26.

Prawat, R. S. (1996). Constructivisms, modern and postmodern. *Educational Psychologist*, 31(3 – 4),215 – 225.

Reigeluth, C. M. (2013). What is instructional-design theory and how is it changing. In C. M. Reigeluth (Ed.), *Instructional-Design Theories and Models: A New Paradigm of Instructional Theory* (Vol. 2, pp. 5 – 30). New York: Routledge.

Reigeluth, C. M., & Carr-Chellman, A. A. (2009). Understanding instructional theory. In C. M. Reigeluth & A. A. Carr-Chellman (Eds.), *Instructional-Design Theories and Models: Building a Common Knowledge Base* (Vol. 3, pp. 3 – 26). New York: Routledge.

Reigeluth, C. M., & Keller, J. B. (2009). Understanding instruction. In C. M. Reigeluth & A. A. Carr-Chellman (Eds.), *Instructional-Design Theories and Models: Building a Common Knowledge Base* (Vol. 3, pp. 27 – 39). New York: Routledge.

Reiser, B. J., Copen, W. A., Ranney, M., Hamid, A., & Kimberg, D. Y. (1998). Cognitive and motivational consequences of tutoring and discovery learning. DTIC Document.

Rogers, C. R. (1969). *Freedom to Learn*. Columbus, OH: Merrill.

Roodin, P., Brown, L. H., & Shedlock, D. (2013). Intergenerational service-learning: A review of recent literature and directions for the future. *Gerontology & Geriatrics Education*, *34*(1),3 – 25.

Rubin, M. S. (2001). A smart start to service-learning. *New Directions for Higher Education*, *2001*(114),15 – 26.

Runco, M. A. (1992). On creativity and human capital. *Creativity Research Journal*, *5*(4),373 – 378.

Salden, R. J., Aleven, V., Schwonke, R., & Renkl, A. (2010). The expertise reversal effect and worked examples in tutored problem solving. *Instructional Science*, *38*(3),289 – 307.

Sandoval, J. (1995). Teaching in subject matter areas: Science. *Annual Review of Psychology*, *46*(1),355 – 374.

Simonton, D. K. (2012). Teaching creativity: Current findings, trends, and controversies in the psychology of creativity. *Teaching of Psychology*, *39*(3),217 – 222.

Slavin, R. E. (1995). *Cooperative Learning: Theory, Research, and Practice* (2nd Ed.). Boston: Allyn & Bacon.

Slavin, R. E. (2011). Instruction based on cooperative learning. In R. E. Mayer & P. A. Alexander (Eds.), *Handbook of Research on Learning and Instruction* (pp. 344 – 360). New York, NY: Routledge.

Slavin, R. E., Lake, C., Chambers, B., Cheung, A., & Davis, S. (2009). Effective reading programs for the elementary grades: A best-evidence synthesis. *Review of Educational Research*, *79*(4),1391 – 1465

Slavin, R. E., Lake, C., & Groff, C. (2009). Effective programs in middle and high school mathematics: A best-evidence synthesis. *Review of Educational Research*, *79*(2),839 – 911

Smith, M. D. M., Jennings, L., & Lakhan, S. (2014). International education and service learning: Approaches toward cultural competency and social justice. *The Counseling Psychologist*, *42*(8),1188 – 1214.

Smith, P. L., & Ragan, T. J. (2005). *Instructional Design*. New York, NY: Wiley.

Sternberg, R. J. (1999). *Handbook of Creativity*. New York: Cambridge University Press.

Szpunar, K. K., Khan, N. Y., & Schacter, D. L. (2013). Interpolated memory tests reduce mind wandering and improve learning of online lectures. *Proceedings of the National Academy of Sciences*, *110*(16),6313 – 6317.

Zimmerman, B. J. (2002). Becoming a self-regulated learner: An overview. *Theory Into Practice*, *41*(2),64 – 70.

14　技术整合的教学

林立甲

【内容简介】
当你在公交车上使用手机阅读电子书的时候,当你坐在沙发上用平板电脑玩游戏的时候,当你使用计算机的文字处理软件撰写论文的时候,当你利用因特网浏览新闻的时候,你可能都没有意识到,技术已经成为你生活的一部分了。在这样的时代,应该怎样将技术运用、整合到教学中,应该怎样设计和开发运用与教育教学相关的技术产品,有哪些理论和研究能指导技术整合的教学实践,这些是本章要回答的问题。

【内容提纲】
14.1　多媒体学习 / 302
　　　14.1.1　理论框架 / 302
　　　14.1.2　多媒体学习原理 / 306
14.2　基于网络的学习 / 309
　　　14.2.1　网络学习中的学生 / 309
　　　14.2.2　网络学习中的教师 / 310
　　　14.2.3　网络学习环境 / 310
14.3　基于游戏的学习 / 311
14.4　结论和未来展望 / 313

14.1　多媒体学习

14.1.1　理论框架

某种技术对于学习与教学是否有效,并不完全在于这种技术本身,还在于学习者在使用这种技术的过程中经历的认知过程。因此,在本章开头,我们将首先介绍两个认知理论——多媒体学习认知理论和认知负荷理论,来揭示技术可能引起的认知过程。

多媒体学习认知理论

多媒体学习认知理论(cognitive theory of multimedia learning)主要是由美国加州大学圣塔芭芭拉分校的 Richard Mayer 提出来的(Mayer, 2005)。这个理论在学习与认知理论的基础上,结合已有的科学实验结果,描述了学习者在基于技术的环境中处理多种视听觉信息时所经历的认知过程。

多媒体学习认知理论包含三个基本假设,即双通道假设、有限容量假设和积极加工假设。双通道假设继承了 Paivio 的双通道理论(Paivio, 1971, 1986),认为人通过视觉和听觉两个通道来处理进入认知系统的信息。目前主要有两种观点来描述和解释各通道处理什么形式的信息:一个是信息呈现模式;另一个是感官模式。信息呈现模式将教学信息按照言语和非言语两种呈现形式进行区分:专门处理口头或者书面文字的言语通道,以及专门处理图片、视频、动画或者背景音乐的非言语通道。这种分类方法和 Paivio(1971, 1986)提出的双通道理论中有关言语系统和非言语系统的观点几乎一致。感官模式是依据人在接收和加工信息的时候所使用的感官来区分双通道的。基于此,双通道分为眼睛所对应的视觉通道和耳朵所对应的听觉通道。视觉通道处理图片、视频、动画、计算机屏幕上的文字或者纸媒文字,而听觉通道加工背景音乐或者解释内容的教学录音。多媒体学习认知理论所融入的双通道理论,采用了感官模式,即认为人通过视觉通道和听觉通道来共同处理信息。进入两个通道的信息是可以交互的,学习者可以主动地将进入一个通道的信息转化为可以为另一个通道所加工的信息表征。例如,一个学生正在通过音频文件学习人的心脏血液循环方面的知识,这些教学信息是通过听觉通道加工的。但是,一个有经验的阅读者可以主动地将这些进入听觉通道的信息转化为图像,从而使所有或者部分有关人的心脏血液循环的信息转到视觉通道进行加工。

多媒体学习认知理论的第二个假设,即有限容量假设,继承了 Miller(1956)的结论,认为在一定时间里,认知系统中的每个通道只能处理有限的信息,即所谓的认知瓶颈。例如,假定你现在正坐在计算机前面,屏幕中央每一秒呈现一个两位数,持续一分钟,然后要求你按顺序重复那些数字。如果你没有经过记忆训练,那么你可能只能记得其中的几个。另外,多媒体学习认知理论也继承了当代心理学领域对人的记忆结构的认识,即人的记忆分为三级:感觉记忆、工作记忆和长时记忆。在多媒体学习环境中,各种方式呈现的教学信息通过人的眼睛和耳朵被短暂地登记在感觉记忆中,人通过意识调控选择性地注意其中的部分信息,并在工作记忆中对这些信息进行复述或者组织整合,最后将其存储于长时记忆中。

第三个假设是积极加工假设。该假设认为,学习者通过积极地投入到认知建构的过程中来建构图式。Mayer(1996,2005)提出,积极加工的过程包含三个必要的认知过程:选取相关信息,组织被选取的信息,以及将信息与学习者的已有知识相整合。在基于计算机的多媒体学习环境中,当学习者注意到呈现的学习材料中的恰当的文字和图像信息时,第一个认知过程——选取相关信息就发生了。这里说的恰当的文字和图像是指和学习有关的信息。例如,在学习人的心脏血液循环这个内容的时候,解释该内容的教学动画就是和学习有关的信息,而在计算机屏幕上飞来飞去的制作公司的标志或者播放的背景音乐就是和学习无关的信息。选择相关材料的认知过程,是将教学信息从人的外部带到人的内部的过程,主要通过有意识的选择性注意来实现。被选择的材料在工作记忆中进行重组,根据元素之间的关系被组织成五种结构:过程、比较、普遍化、列举和分类(Chambliss & Calfee, 1998; Cook & Mayer, 1988)。通过这样的信息重组,从外部进入人认知系统的信息形成了有意义的结构。最后,整合所选取的信息与已有知识的过程就是在这两者之间建立联系。这个过程包含对储存在长时记忆中的已有知识的激活过程以及将这些激活的知识输送到工作记忆中的过程。

这三个假设既体现了多媒体学习认知理论对之前几十年相关理论的继承,又将这些理论进行了整合,并且还有一些创新性的不同,为系统研究技术支持的教学和学习起到了提纲挈领的作用。

认知负荷理论

认知负荷理论是解析技术可能引起的认知过程的另一个颇有影响的理论。20 世纪 80 年代末 90 年代初,澳大利亚的 John Sweller 以及欧洲的 Fred Paas 和 Jeroen van Merrienboer 等研究人员,在一系列实证研究的基础上,提出了认知负荷理论(cognitive load theory)(Sweller, 1994; Sweller, van Merriënboer, & Paas, 1998)。该理论是建立在图式理论以及感觉记忆—工作记忆—长时记忆模型基础上的。

认知负荷是"完成某一项任务时对认知系统所造成的负荷"(Paas & van Merriënboer, 1994),是"对工作记忆存储和信息处理的认知需求"(Schnotz & Kürschner, 2007)。它的本质是学习和认知对工作记忆造成的负荷,因此也可以认为是工作记忆负荷。根据理论,认知负荷不是一个单一的结构,它由三个成分组成,即内在认知负荷(intrinsic cognitive load)、外在认知负荷(extraneous cognitive load,也称为 extrinsic cognitive load)和关联认知负荷(germane cognitive load)。早期有关认知负荷的理论研究集中在如何降低与学习无关的认知负荷即外在认知负荷上(Sweller, 1988)。之后,研究人员在实验研究中发现,一些由于外在认知负荷引起的效应(如注意力分离效应)在不同学习材料或者学习任务中不同,因此开始考虑学习材料或者学习任务本身的作用,并由此引入了内在认知负荷这一成分。在理论上和实验中,研究人员和学者认为,内在认知负荷和外在认知负荷是需要控制和减少的,因此,需要引入一个因素,来解释学习者因有意识的学习而造成的对工作记忆的负担。由此,关联认知负荷被加入到了认知负荷理论中(Sweller, van Merriënboer, & Paas, 1998),形成了较为成熟的认识负荷理论中的三个成分。

内在认知负荷是由学习材料或者学习任务的自然属性(即难度)决定的。学习材料或者学习任务由各个元素组成,元素是学习或者处理任何信息的单元,元素交互程度(element interactivity)决定了内在认知负荷对认知系统产生的负荷的水平。当元素交互程度很低时,内在认知负荷就处于一个较低水平。例如,在记忆化学元素符号时,各化学元素(例如铁(Fe)和铜(Cu))之间交互性很低,因此记忆化学元素符号这项学习任务的内在认知负荷水平较低。当学习材料或者学习任务中的元素交互程度很高时,内在认知负荷就处于高水平。例如,在多媒体学习环境中,学习者可能在看教学动画的时候,还要收听有关解释教学内容的录音,并不时看教学动画旁边配的文字说明。学习者需要在教学动画、录音和文字说明之间建立联系,从而学习知识。在这种情况下,各元素互相联系,交互程度很高,因此我们认为这个时候的内在认知负荷水平很高。

外在认知负荷是指与学习无关的,或者妨碍学习的工作记忆负荷。它是由不恰当的教学设计造成的。例如,当教学图片和与之相对应的说明文字在空间或者时间上分离时,学习者就需要在大脑的工作记忆中保持住一部分信息(如图像信息),然后寻找与之相对应的言语信息,再把这些信息关联起来学习。这种注意力分离现象是由不恰当的教学设计造成的,产生了外在认知负荷,阻碍了学习(Ayres & Sweller, 2005)。

关联认知负荷是那些与学习有关、促进学习的工作记忆负荷,是用于图式建构的认知负荷。这三类认知负荷存在可加性,它们相加的总量不能超过人的工作记忆的容量。我们把三类认知负荷的总和超过人的工作记忆容量这种现象叫作"认知超负荷"(cognitive overload)。这种情况会阻碍学习者建构连贯的图式,阻碍他们理解呈现给他们的教学内容,妨碍他们成功地解决学习任务。

认知负荷理论的深远意义在于,它将人的内部认知过程和外部教学信息的呈现联系在一起。因此,教学设计必须要符合人的认知结构,特别是在技术被越来越频繁地运用到教学中的今天,我们更要注意,不应该孤立地分析某一种技术或者媒体的特点,而应该从学习和认知角度来分析和从事教学设计和开发。

小结
尽管技术已经很大程度地改变了我们的生活,但是技术在中国教育教学中的运用还处于较低水平。很多时候,教师在没有理论和研究依据的情况下,尝试把技术运用到教学中,这样难免会走一些弯路。教师、教学设计人员以及相关其他人员可能会关注于技术本身,去尝试分析某种技术或某种媒体的特性,来确定把哪种技术运用到教学中,而忽视了学习者的内部认知过程。多媒体学习认知理论和认知负荷理论,不仅继承了之前几十年有关学习和认知方面的理论,而且将教学的呈现和学习者内部的认知结合起来。因此,这两个理论启示我们,在考虑将技术引入教育的时候,不仅要分析某种技术或者媒体本身的特点,更重要的是注重通过技术呈现的教学会让学习者经历怎样的认知过程。

14.1.2 多媒体学习原理

随着技术的日趋成熟,多媒体技术越来越多地被运用到教学中。在这个部分,我们将以多媒体学习认知理论和认知负荷理论为框架,呈现最近十几年来在多媒体学习领域的研究。我们将按照 Mayer 的做法,对相关研究进行归类,并据此提出一系列教学原理,来指导教学实践和未来研究。

多媒体原理

有句话说:"一张图片胜过一千个字。"技术的发展使得"图"的形式不再是远古时代刻在石壁上的简单笔画,而有了很多类型:简笔画、彩色插图、照片、动画、视频等。另一方面,随着人类文明的发展,人类有了文字,知识和经验可以通过阅读文字获得。这样,人可以通过图文结合的方式来学习。在技术和科学都飞速发展的今天,多媒体原理(multimedia principle)应运而生。

简单来讲,多媒体原理就是,"图文并茂"相比于纯文字或者是纯图像而言,更能促进学习者的学习和理解(Mayer, 2005)。一些早期的研究结果表明,无论是纸质印刷的教学材料配上相应的插图,还是在多媒体学习系统中给动画配上教学录音,都能够提高学生的学习成绩(Mayer & Anderson, 1991; Mayer, Steinhoff, Bower, & Mars, 1995)。因此,"图"和"文"相结合对学习者的积极作用,并不在于通过什么样的媒体或者技术平台(纸媒还是计算机),以什么样的形式(声音还是视像),而在于两类信息来源的结合。这样的实验研究结果,也为双通道学习理论模型(例如多媒体学习认知理论)的正确性提供了有力的支持。因为人的认知系统里的两个通道,分别处理不同来源的信息——一个加工视觉信息,另一个加工听觉信息,两个通道各司其职又互相联系,所以,外部信息的呈现如果也符合这样的认知结构,就能促进人对外部信息的加工,从而建构图式存储在长时记忆中。

多媒体技术的研究和实践的最大关注点是动态图像(即动画)在教学和学习中的作用,因为这是现代技术发展带来的产品。一些早期的研究发现,动画能够促进学习,而且对学习者的学习动机有积极的影响(Rieber，1990，1991)。但是,随着研究的深入,研究人员发现动画在教学和学习中的积极作用并不是那么令人信服(Tversky，Morrison，& Betrancourt，2002)。基于此,对于多媒体学习的研究,应该更关注于多媒体学习环境中的具体的哪些条件或者因素对学习和认知等起到了促进作用(Hegarty，2004),或者对多媒体学习提供了支持(孙燕青,董奇,2003)。我们在下文中呈现的原理也将基于此。

视觉线索原理

Mayer、Hegarty、Mayer 和 Campbell(2005)通过四个实验,比较了计算机生成和呈现的动画与通过纸媒呈现的静态图像对于大学生理解四个教学内容的效果,这四个教学内容分别是闪电形成的过程、抽水马桶的工作原理、海浪的原理以及汽车刹车的原理。实验结果表明,静态图像比动画更有效地促进大学生对这些内容的理解。因此,基于技术的动画并不如研究人员和教育实践者们预期的那么有效。其实,这并不是技术本身的问题,而是教学设计的问题——如何设计基于技术的动画。动画本身传递了比静态图像更多的信息,因此,本质上它更复杂。而人因为工作记忆的缘故,在加工信息时有瓶颈,因此运用动画教学时就需要再提供给学习者一些支持,视觉线索(visual cue)就是其中的一种。

视觉线索是一种用来引导学习者注意力的手段,将学习者有限的认知资源分配到需要的地方。在多媒体学习环境中,学习者可能要面对一个复杂的计算机学习环境,一方面教学动画呈现了丰富的视觉信息及配套的听觉信息,另一方面学习者需要明确教学进度并自行控制。这些都可能耗费学习者大量的认知资源(例如时间和精力),因此需要视觉线索来提供帮助。例如,在基于计算机的多媒体学习中,用红色的箭头指向重放按钮来提醒学习者,点击这个按钮可以将刚才呈现的多媒体内容再播放一遍,这样,学习者就不需要花费很多时间在界面中寻找相应的功能;或者当配音讲解教学的时候,用圆圈框出相应的内容,这样,学习者的注意就会被吸引到与学习高度相关的那部分教学动画上。由此我们看到,(1)视觉线索本身是不包含内容的,因此,在基于计算机的多媒体学习环境中使用视觉线索,不会增加学习内容;(2)视觉线索可以使学习者在计算机学习环境中避免长时间、费力气地搜索所需要的内容或者功能,因此,从认知负荷理论的角度来说,它可以有效地降低与学习无关的外在认知负荷。过去几年的实证研究结果表明,视觉线索可以在基于计算机的多媒体学习环境中有效地引导学生的注意力,从而提升学生的学习效果和效率(De Koning，Tabbers，Rikers，& Paas，2007，2010a，2010b，2010c，2011；Lin & Atkinson，2011)。值得指出的是,视觉线索的类型有很多,比如箭头、圆圈、方框、颜色、"探照灯"效果等。尽管 Boucheix 和 Lowe (2010)的研究表明,颜色视觉线索比箭头视觉线索更有效,但是具体哪种类型的视觉线索更有效,目前还不太清楚,还需要更多的研究和实践。

学习代理人原理

如果你使用过微软 Office 97 办公软件,你是否记得那个指点你使用 Office 软件的大眼夹?它就是学习代理人(pedagogical agent),即被嵌入到计算机学习环境中的、通过言语(文字或者声音)或者非言语(肢体动作、位置移动、眼神、面部表情等)信息和用户交流的虚拟人物。在基于计算机的多媒体学习环境中,它可以让学习者有兴趣与计算机交流,从而促进学习者的学习动机,最终促进学习。一些实证研究的结果也证明了这一观点。例如,Atkinson(2002)让两组学生通过一个计算机学习环境学习解决代数问题,其中一组学生的计算机学习环境中嵌入了一个鹦鹉形象的学习代理人,而另一组没有。实验结果发现,有学习代理人的那组学生在学习以后,在运用所学的知识来解决新的问题(即知识迁移)时的表现更好。另外一些研究的结果也发现,学习代理人对学习有积极的促进作用(Dunsworth & Atkinson, 2007;Lusk & Atkinson, 2007;Moreno, Mayer, Spires, & Lester, 2001)。根据这些研究可以推断,学习者在嵌有学习代理人的计算机学习环境中学习,可能会将与学习代理人的交互当作是与真实教师的交互,从而将人机交互当作是一个社会活动,这可能是学习代理人能促进学习的根本原因(Atkinson, Mayer, & Merrill, 2005)。

但是,也有一些实验研究的结果发现,学习代理人并不如教育研究人员和实践家预期的那么有效(Chen, 2012;Choi & Clark, 2006)。究其原因,很可能是学习代理人太吸引人了,以至于将学习者有限的认知资源都引导到学习代理人本身上面,而非学习内容上。从认知负荷理论的角度来看,在这种情况下,学习代理人会产生阻碍学习的外在认知负荷。因此,学习代理人也需要进行优化设计,从而既能促进学习者的学习动机,又不至于产生过高的外在认知负荷以致影响学习。

小结

关于多媒体学习的教学原理还有很多,例如,(1)通道原理(modality principle):教学动画配上音频形式的讲解比动画配上文字形式的讲解更有效,因为前一种信息的呈现方式符合人的认知结构;(2)样例原理(worked-example principle):样例(example)比做题更有效;(3)冗余效应(redundancy principle):如果学习者对所要学习的内容具有一定的了解,那么很详细的教学信息(例如通过教学动画、文字以及音频形式的讲解)对他/她而言就是多余的,反而会阻碍学习。随着这方面研究的深入,还可能会揭示更多的原理。总的来说,这些关于在基于计算机的多媒体学习环境中如何呈现教学内容来促进学习的原理之所以有效,是因为这些信息呈现方式以及提供的教学"支架"符合学习者内部的认知结构,从而能够促进学习者的理解,帮助学习者建立图式。

14.2 基于网络的学习

基于网络的学习(web-based learning,或称网络学习)是技术在教与学应用中比较早的产物,可以看作是曾经流行的教育电视的衍生物。在这一节中,我们所提到的网络学习和教育将局限于基于因特网的远程学习。

随着网络技术的成熟和普及,基于网络的学习已经成为美国教育体系中的一个重要部分。根据美国巴布森调查研究小组(Babson Survey Research Group)公布的最新调查结果,2013 年美国有超过 710 万接受高等教育的学生修了至少一门在线课程,65.9%的学校负责人认为网络是至关重要的长期战略(Babson Survey Research Group, 2013)。下面我们将从网络学习中的学生、教师以及环境三方面展开阐述。

14.2.1 网络学习中的学生

和传统的课堂教学不同,基于网络的学习可以发生在任何对于某个学生来说方便的时间和地点。因此,这类学习是以学生为中心的学习(student-centered learning),要求学生有很高的学习动机和很强的自主学习能力,在合理安排好自己的工作和生活的同时,能够自觉地在一段时间内,阅读课程教材,完成课程作业,开展在网络课堂的讨论。基于网络学习的这个特点,网络学习中途退课(drop out)的学生比例一直居高不下——比传统面授课堂的退课率高 15%—20% (Angelino, Williams, & Natvig, 2007)。

有许多研究试图揭示造成网络学习高退课率的原因。有的研究发现,学生的教育背景会影响他/她网络学习成功的几率:教育背景越好,该学生越可能把课程学完(Coggins, 1989)。有的研究发现,不易受社会环境影响的、较为独立的人比较适合网络学习(Thompson, 1984)。Halsne 和 Gatta (2002)发现,那些选择修网络课程的学生更多地认为自己偏好通过图形图像学习,而那些选择修网络面授课程的学生则更偏好通过声音等言语表达来学习。另外,那些内向的学生更倾向于通过远程教育/网络学习的方式学习。

当然,这方面的研究还有很多。从另一角度来看这些研究结果,它们也表明有很多因素会影响学生在网络学习环境中的学习。因此,单从技术的角度来评论基于网络的学习是好是坏是没有意义的,结论也是不令人信服的。网络学习环境设计应该针对不同的学生群体作充分的调研,了解学生的学习方式、个性、背景、已有知识等信息(即教学设计中的需求分析),再依此设计和开发网络课程,随后的学习评估应该强调对于某些学习者而言网络学习的效果。

14.2.2 网络学习中的教师

由于网络学习和传统的面授学习有很大的不同,在网络学习环境中的教师的角色也要有很大的转变。总的来说,教师应该从"教"(teach)转变到"引导"(guide),从主角转变为配角。具体来说,网络学习环境中的教师应履行以下职责:

详细解释教学内容。网络学习中的教学内容可以通过视频、PowerPoint、Adobe Presenter 等技术工具呈现给学生。因此,教师不再需要像传统面授方式那样讲解内容。但是,总会有一些学生对一些内容不理解或者有问题,这时候,教师就需要对内容进行详细讲解。大多数情况下,这种讲解是一对一的,可通过电子邮件回复学生,也可通过课程管理系统(例如 Blackboard)中的讨论区回复个别学生的问题,或通过其他技术手段。当然,教师如果觉得有必要,也可以将自己的详细讲解内容做成电子幻灯片、视频等向学生发布。

监督和协调讨论。在一般网络学习中,教师会在课程管理系统中开设关于某主题的讨论区或者开设博客。教师应该在一定程度上参与到讨论中,监督讨论的内容,协调讨论,使其紧扣主题,从而避免使网络学习的讨论变得混乱和无意义。

向学生提供及时的反馈。在网络学习中,教师通常无法看见学生,更别说观察到学生的表情和情绪,反之学生亦如此。因此,在网络学习中,教师与学生、学生与学生之间的交流并不如传统面授学习中的那么多。在这种情况下,教师及时地给学生提供反馈就非常重要了。教师需要按时批改学生提交的作业并给予反馈,需要及时通过有效的途径(例如电子邮件)回复学生的问题,这样可以有效地避免学生在网络学习中的焦虑情绪,从而显著降低学生的退课率。

积极引导学生。教师是网络学习中不可缺少的配角。教师可以通过经常向学生发送电子邮件或者在课程网站上发通知,来提醒学生学习的进度、学习子目标、提交作业的时间等。教师还可以引导学生到课程网站上的相应资源区,让他们通过观看一些视频、阅读一些材料来深入学习研究。另外,鉴于网络学习是基于技术的,技术故障是难免的。教师还应该在课程网站上开辟板块,发布一些资源和信息来指导学生如何处理技术故障,或如何通过一些渠道寻求技术支持。

14.2.3 网络学习环境

网络学习环境的设计和开发是基于技术的,因此技术要有保障。因特网、网络速度、操作系统兼容性、浏览器类型、浏览器插件、视频播放器、pdf 阅读器软件等,这些是对于大多数选择网络学习的学习者、教师和技术管理者来说需要考虑的问题,一旦某一技术环节有问题,网络学习就不会那么有效了。此外,网络学习的技术平台通常基于课程管理系统(course management system,也叫学习管理系统 learning management system)。目前世界上使用的比较多的课程管理系统包括 Blackboard、Sakai、Moodle 等。

尽管技术的可靠性很重要,但网络学习环境不仅仅是技术的整合和堆砌,也不能单单凭设计和开发人员的经验和感觉。网络学习环境的设计和开发应该经过充分的事前调研(市场调研等),在了解和分析用户(即潜在学习者)的需求、背景、知识结构等信息的基础上,开始有针对性地进行课程设计。之后,可以依据教学设计模型和现有的学习和认知知识进行内容设计、界面设计、学习评测设计等,在设计方案的基础上进行内容开发、界面开发和测试题开发,以此循环。在此过程中多次进行过程性评价,依据评价的结果对现有的设计和开发进行修改,最终完成网络学习课程。现有的教学设计模型有 ADDIE 模型:分析(analysis)、设计(design)、开发(development)、实施(implementation)和评价(evaluation)。我们在上面部分提到的多媒体学习认知理论和认知负荷理论以及相关原理等都是网络学习设计和开发的依据。

14.3 基于游戏的学习

首先我们限定在这一节里提到的游戏是指基于计算机或者其他技术平台(例如电视、手机、平板电脑等)的游戏。美国把这类游戏称为视频游戏(video game)、计算机游戏(computer game)、数码游戏(digital game)或者严肃游戏(serious game)。这类游戏在中国就如洪水猛兽,家长、老师甚至学生大多都认为玩这些游戏会让学生沉迷其中,耽误学业。在这里,我们将介绍游戏的教育潜力和实践。

让我们来设想这样一个情境:一位家长给他上小学的孩子两个选择,做作业或者在电脑上玩游戏。你猜那个孩子会作什么选择? 不出意外,孩子多半会选择去电脑上玩游戏。原因可能有很多,但归纳起来不外乎有趣和好玩,这些是传统的学校、家长、补习班布置的作业所不具有的。可以想象,如果让孩子在教室上课和去玩游戏之间作选择,孩子的选择也多半是后者。由此,我们可以看到,游戏在教育中有巨大的潜力——它可以激发学生的学习兴趣和动机,使其自发地、自主地学习。我们把以教育为目的的游戏称为"教育游戏",以此来区别那些以娱乐为目的的游戏。因此,在教育游戏中,学习者同时也是玩家。

我们先谈谈教育游戏的要素。

目标:游戏需要有明确的目标,无论它是不是教育游戏。游戏目标会告诉玩家,怎样算是赢了。有了游戏目标,游戏玩家就会向着目标努力,争取胜利。游戏目标的类型有成百上千,例如有些目标要求玩家最后达到多少分数,有些目标要求玩家完成组装,有些目标要求玩家解决问题。需要指出的是,教育游戏的总体目的是让玩家通过玩游戏来学习。因此,教育游戏作为教学手段的一种,需要有学习目标——通过游戏,学生将会学到什么。虽然游戏目标和学习目标并不相同,但是在教育游戏中,游戏目标应该强化学习目标。具体来说,玩家(或者叫学习者)在玩教育游戏的过程中获得知识,并在游戏中应用知识,还能在游戏中获胜过关,而不是靠运气、瞎蒙或者其他非学习因素赢得游戏的胜利。

规则:正如中国的古话说的,"无规矩不成方圆",教育游戏也要有规则,它是人为设定的,告诉玩家在游戏中可以干什么,不可以干什么。

竞争和挑战:玩家可能被要求在一给定时间内完成任务(例如在五分钟内拼写出所有单词),或者打败自己、计算机或者其他玩家(例如找到所需的部件)。这是游戏吸引人的重要原因。

惩罚:当玩家违反游戏规则时,他/她可能会受到惩罚,比如被扣分、失去游戏物品,或者重新开始游戏。当然,有时候惩罚可能不是那么明显,比如因为玩家违反规则而使对手变强了。

下面以 Adams、Mayer、MacNamara、Koenig 和 Wainess(2012)研究中的实验二为例来说明教育游戏的各要素。实验二中的游戏由 Alan Koenig 设计和开发。该游戏的目标是玩家能够在一个地下掩体中找到一幅在二战中失踪的画作。为了完成这个目标,玩家必须在游戏环境中探索寻找各部件,利用这些部件组装成电机设备来打开各处的门和气阀。因此,教育目标是玩家能学习到电机方面的知识。游戏的规则包括:玩家要在地下掩体中探索(不能穿过墙);有些门和气阀需要专用设备才能打开,所以需要寻找和组装设备。游戏玩家如果找不到设备的部件或者组装设备不成功,就打不开一些门(惩罚),因此就找不到失踪的画作。更多有关该游戏和实验的信息,请参阅论文。

教育游戏是随着技术的发展而出现和发展的,它有着传统教学和学习方式所没有的优势。但是,教育游戏的应用也受到了一些教育研究人员和教育实践者的质疑和反对(Trollip & Alessi, 2001)。一些学者认为,要让学习本身来吸引学生,激发学生的内部学习动机,而不是靠教育游戏中那些娱乐元素所带来的可能的外部动机来吸引学生学习。这种观点和反对用金钱刺激学生学习的出发点是一样的。另一些观点认为,学习本身是严肃的,它不是娱乐,所以不应该将学习降格为游戏。不过,这并没有阻止研究人员近年来对教育游戏的研究。

根据最近发表的有关教育游戏的综述和元分析,近年来西方国家的研究人员对教育游戏的研究呈井喷的趋势(Boyle, Connolly, Hainey, & Boyle, 2012; Connolly, Boyle, MacArthur, Hainey, & Boyle, 2012; Wouters, van Nimwegen, van Oostendorp, & van der Spek, 2013)。Wouters 等人(2013)对 1990 年到 2012 年间有关教育游戏的研究进行了元分析,结果发现,游戏比传统教育方法更能促进学习和知识保持。另外,尽管通过教育游戏学习的学生的动机更好,但和传统教学方式相比,这个差异并不是非常大(即统计上的不显著差异)。他们的研究结果还表明,当游戏与其他教学方式(例如讨论等)相结合时,多次进行游戏教学,或者学生组成小组进行游戏学习的情况下,游戏比传统教学方式更能促进学习。Connolly 等人(2012)总结了 2004 年至 2009 年间的 129 篇相关论文,也发现游戏能促进学习。但是,他们同时还发现,这些论文中的研究缺乏随机对照试验(randomized control trial),因此研究还需要更严格的控制。这些结果表明,研究人员和教育实践者们都已经意识到了游戏对教育的潜在积极影响,并已经推行了很多教育实践和研究,但是还需要更多系统的研究来指导教育实践。Mayer(2011)将有关教育游戏的研究分为三类,(1)附加值视角: 研究游戏中的元素或特征怎样影响学习和动机;(2)认知结果视角: 研究学习者从游戏中学到了什么;(3)媒体比较视角: 将学习者通过游戏来学习的结果和其他媒体方式的学习结果相比。因此,未来研究可从这三个视角来切入。

中国大陆在教育游戏方面的实践较少,实证研究也较少。研究发现,在中国东南部经济发达地区,中小学校长虽然看好教育游戏的前景,但对于教育游戏在课堂教育中的应用比较谨慎,持观望态度,其担忧主要为学生不知道如何通过教育游戏学习以及教师不知如何通过教育游戏教(尚俊杰,蒋宇,2010)。但是高岚岚(2009)通过在福建农村中小学的调查发现,教师对教育游戏的接受度较高,大多数被调查的教师表示愿意将教育游戏引入到教学实践中。刘玲(2011)设计和开发了两个基于计算机的角色扮演类教育游戏。该研究发现,通过游戏学习,某实验小学学生的学习成绩显著提高。因此,中国大陆还需要更多的实证研究来指导教育游戏的教育实践。

14.4 结论和未来展望

随着科技的发展,技术对我们生活的影响变得越来越大,已经成为生活中必不可少的一部分了。在这种大的社会变革背景之下,教育和教学无可避免地受到技术进步的影响,将越来越与技术相融合。本章从多媒体学习、基于网络的学习和基于游戏的学习三个方面,论述了当前技术整合的教与学的相关理论和研究,希望对目前和将来的研究和实践有所启发。

致谢

感谢华东师范大学心理与认知科学学院的学生韩建涛、曹亚杰、谢鑫、夏榕、官漱尘、王颖对本章初稿提出的建议。

参考文献

高岚岚.(2009).福建农村小学教师教育游戏应用调查与分析.漳州师范学院学报(自然科学版),4,164—167.

刘玲.(2011).基于情境认知的 RPG 游戏学习社区的开发与实践(硕士论文).河北师范大学,石家庄.

尚俊杰,蒋宇.(2010).发达地区中小学校长教育游戏应用意见调查.电化教育研究,8,100—105.

孙燕青,董奇.(2003).学习支持对儿童在多媒体语境中学习英语词汇的影响.心理科学,26(5),800—803.

Adams, D. M., Mayer, R. E., MacNamara, A., Koenig, A., & Wainess, R. (2012). Narrative games for learning: Testing the discovery and narrative hypotheses. *Journal of Educational Psychology*, *104*(1),235 - 249.

Angelino, L., Williams, F., & Natvig, D. (2007). Strategies to engage online students and reduce attrition rates. *Journal of Educators Online*, *4*(2),1 - 14.

Atkinson, R. K. (2002). Optimizing learning from examples using animated pedagogical agents. *Journal of Educational Psychology*, *94*(2),416 - 427.

Atkinson, R. K., Mayer, R. E., & Merrill, M. M. (2005). Fostering social agency in multimedia learning: Examining the impact of an animated agent's voice. *Contemporary Educational Psychology*, *30*(1),117 - 139.

Ayres, P., & Sweller, J. (2005). The split-attention principle in multimedia learning. In R. E. Mayer (Ed.), *The Cambridge Handbook of Multimedia Learning* (pp. 135 - 146). New York: Cambridge University Press.

Babson Survey Research Group (2013). *Grade Change: Tracking Online Education in the United States*. Retrieved from http://www.onlinelearningsurvey.com/highered.html

Baddeley, A. D. (1986). *Working Memory*. Oxford, England: Oxford University Press.

Boucheix, J., & Lowe, R. K. (2010). An eye tracking comparison of external pointing cues and internal continuous cues in learning with complex animations. *Learning and Instruction*, *20*(2),123 - 135.

Boyle, E. A., Connolly, T. M., Hainey, T., & Boyle, J. M. (2012). Engagement in digital entertainment games: A systematic review. *Computers in Human Behavior*, *28*(3),771 - 780.

Chambliss, M. J, & Calfee, R. C. (1998). *Textbooks for Learning*. Oxford, England: Blackwell.

Chen, Z. H. (2012). We care about you: Incorporating pet characteristics with educational agents through reciprocal caring approach. *Computers & Education*, *59*(4),1081 - 1088.

Choi, S., & Clark, R. E. (2006). Cognitive and affective benefits of an animated pedagogical agent for learning English as a second language. *Journal of Educational Computing Research*, *34*(4),441 - 466.

Coggins, C. (1989). Preferred learning styles and their impact on completion of external degree programs. In M. G. Moore & G. C. Clark(Eds.), *Readings in Distance Learning and Instruction*. University Park, PA: American Center for the Study of Distance Education.

Connolly, T. M., Boyle, E. A., MacArthur, E., Hainey, T., & Boyle, J. M. (2012). A systematic literature review of empirical evidence on computer games and serious games. *Computers & Education*, *59*(2),661 - 686.

Cook, L. K., & Mayer, R. E. (1988). Teaching readers about the structure of scientific text. *Journal of Educational Psychology*, *80*(4),448 - 456.

De Koning, B. B., Tabbers, H. K., Rikers, R. M. J. P., & Paas, F. (2007). Attention cueing as a means to enhance learning from an animation. *Applied Cognitive Psychology*, *21*(6),731 - 746.

De Koning, B. B., Tabbers, H. K., Rikers, R. M. J. P., & Paas, F. (2010a). Improved effectiveness of cueing by self-explanations when learning from a complex animation. *Applied Cognitive Psychology*, *25*(2),183 - 194.

De Koning, B. B., Tabbers, H. K., Rikers, R. M. J. P., &Paas, F. (2010b). Attention guidance in learning from a complex animation: Seeing is understanding? *Learning and Instruction*, *20*(2),111 - 122.

De Koning, B. B., Tabbers, H. K., Rikers, R. M. J. P., & Paas, F. (2010c). Learning by generating vs. receiving instructional explanations: Two approaches to enhance attention cueing in animations. *Computers & Education*, *55*(2),681 - 691.

De Koning, B. B., Tabbers, H. K., Rikers, R. M. J. P., & Paas, F. (2011). Attention cueing in an instructional animation: The role of presentation speed. *Computers in Human Behavior*, *27*(1),41 - 45.

Dunsworth, Q., & Atkinson, R. K. (2007). Fostering multimedia learning of science: Exploring the role of an animated agent's image. *Computers & Education*, *49*(3),677 - 690.

Halsne, A. & Gatta, L. (2002). Online versus traditionally-delivered instruction: A descriptive study of learner characteristics in a community college setting. *Online Journal of Distance Learning Administration*, *5*(1). Retrieved from http://www. westga. edu/~distance/ojdla/spring51/halsne51. html

Hegarty, M. (2004). Dynamic visualizations and learning: Getting to the difficult questions. *Learning and Instruction*, *14*(3),343 – 351.

Lin, L. , & Atkinson, R. K. (2011). Using animations and visual cueing to support learning of scientific concepts and processes. *Computers & Education*, *56*(3),650 – 658.

Lusk, M. M. , & Atkinson, R. K. (2007). Animated pedagogical agents: Does their degree of embodiment impact learning from static or animated work examples? *Applied Cognitive Psychology*, *21*(6),747 – 764.

Mayer, R. E. (1996). Learning strategies for making sense of expository text: The SOI model for guiding three cognitive processes in knowledge construction. *Educational Psychology Review*, *8*(4),357 – 371.

Mayer, R. E. (2005). Cognitive theory of multimedia learning. In R. E. Mayer (Ed.), *The Cambridge Handbook of Multimedia Learning* (pp. 31 – 48). New York, NY: Cambridge University Press.

Mayer, R. E. (2011). Multimedia learning and games. In S. Tobias & J. D. Fletcher (Eds.), *Computer Games and Instruction* (pp. 281 – 305). Charlotte, NC: Information Age.

Mayer, R. E. , & Anderson, R. B. (1991). Animations need narrations: An experimental test of the dual-coding hypothesis. *Journal of Educational Psychology*, *83*(4),484 – 490.

Mayer, R. E. , & Anderson, R. B. (1992). The instructive animation: Helping students build connections between words and pictures in multimedia learning. *Journal of Educational Psychology*, *84*(4),444 – 452.

Mayer, R. E. , Hegarty, M. , Mayer, S. , & Campbell, J. (2005). When static media promote active learning: Annotated illustrations versus narrated animations in multimedia instruction. *Journal of Experimental Psychology: Applied*, *11*(4),256 – 265.

Mayer, R. E. , Steinhoff, K. , Bower, G. , & Mars, R. (1995). A generative theory of textbook design: Using annotated illustrations to foster meaningful learning of science text. *Educational Technology Research and Development*, *43*(1),31 – 43.

Miller, G. A. (1956). The magic number seven, plus or minus two: Some limits on our capacity for processing information. *Psychological Review*, *63*(2),81 – 97.

Moreno, R. , Mayer, R. E. , Spires, H. A. , & Lester, J. C. (2001). The case for social agency in computer-based teaching: Do students learn more deeply when they interact with animated pedagogical agents? *Cognition and Instruction*, *19*(2),177 – 213.

Paas, F. G. W. C. & van Merriënboer, J. J. G. (1994). Instructional control of cognitive load in the training of complex cognitive tasks. *Educational Psychology Review*, *6*(4),351 – 371.

Paivio, A. (1971). *Imagery and Verbal Processes*. New York, NY: Holt, Rinehart, & Winston.

Paivio, A. (1986). *Mental Representations: A Dual Coding Approach*. New York, NY: Oxford University Press.

Rieber, L. P. (1990). Using computer animated graphics with science instruction with children. *Journal of Educational Psychology*, *82*(1),135 – 140.

Rieber, L. P. (1991). Animation, incidental learning, and continuing motivation. *Journal of Educational Psychology*, *83*(3),318 – 328.

Schnotz, W. , & Kürschner, C. (2007). A reconsideration of cognitive load theory. *Educational Psychology Review*, *19*(4),469 – 508.

Sweller, J. (1988). Cognitive load during problem solving: Effects on learning. *Cognitive Science*, *12*(2),257 – 285.

Sweller, J. (1994). Cognitive load theory, learning difficulty, and instructional design. *Learning and Instruction*, *4*(4),295 – 312.

Sweller, J. , van Merriënboer, J. J. G. , & Paas, F. G. W. C. (1998). Cognitive architecture and instructional design. *Educational Psychology Review*, *10*(3),251 – 296.

Thompson, G. (1984). The cognitive style of field independence as an explanatory construct in distance education drop-out. *Distance Education*, *5*(2),286 – 293.

Trollip, S. R. , & Alessi, S. M. (2001). *Multimedia for Learning: Methods and Development* (3rd Ed.). New York, NY: Allyn & Bacon.

Tversky, B. , Morrison, J. B. , & Betrancourt, M. (2002). Animation: Can it facilitate? *International Journal of Human-Computer Studies*, *57*(4),247 – 262.

Wouters, P. , van Nimwegen, C. , van Oostendorp, H. , & van der Spek, E. D. (2013). A Meta-Analysis of the Cognitive and Motivational Effects of Serious Games. *Journal of Educational Psychology*, *105*(2),249 – 265.

15　教师心理

连　榕

【内容简介】

　　教师的成长心理已成为教育心理学研究的一个重要领域,当前研究的理论基础和方法都有了新的变化。近十几年来,从认知心理学视角进行的教师教学专长发展心理的研究,以及从职业心理学视角进行的教师心理特征与心理健康的研究已取得很多有价值的成果。本章对这些研究成果进行评述,并分析了有中国特色的教师心理研究,同时为进一步推进我国教师心理研究提出了几点建议。

【内容提纲】

15.1　教师心理研究的理论基础和方法 / 317

　　15.1.1　理论基础的变革 / 317

　　15.1.2　研究方法的多样性 / 317

15.2　认知心理学视角的教师教学专长发展心理 / 319

　　15.2.1　教师专业发展的认知研究 / 319

　　15.2.2　教师教学专长发展的"新手—专家"研究 / 319

　　15.2.3　教师教学专长发展的情境观研究 / 323

15.3　职业心理学视角的教师心理特征与心理健康 / 324

　　15.3.1　教师的职业心理特征 / 324

　　15.3.2　教师职业心理健康 / 327

15.4　中国特色的教师心理 / 329

　　15.4.1　中华文化背景下的教师成长心理 / 329

　　15.4.2　重视教师人格与品德的形成与发展 / 331

15.5　总结与展望 / 332

　　教师是学生学习的组织者、管理者、引领者,教师的心理状态和特征是影响学生学习的重要因素,了解并促进教师的心理成长已成为教育心理学研究的一个重要领域。

21世纪以来,从专长发展心理和职业发展心理角度研究教师的成长,是这十多年来教师心理研究的两条主要路径,国内外的研究成果基本集中于这两方面。

15.1 教师心理研究的理论基础和方法

15.1.1 理论基础的变革

教师心理研究的理论基础与教育心理学的发展脉络是一致的,经历了从行为观到认知观,再到情境观的发展。

行为观

从20世纪50年代到70年代的研究主要是以行为主义的"过程—结果"理论为框架的。"过程—结果"的研究强调教师对学习的有效管理的重要性,教学被认为是教师个人引导活动流程以使全体学生高效、有序地参与的活动。

认知观

从20世纪70年代中期开始,由于意识到"过程—结果"研究的不足,研究者转而关注教师的教学认知心理,教师被看成是诊断者、决策者、反思实践者。建立在这一理论基础上的研究探讨了教师的知识、策略、决策、问题解决、教学反思、课堂管理等问题。

情境观

从20世纪90年代开始,在大量有关教师的个人知识和信念如何共同发展和如何作用于实践的研究中,研究者们发现,或者说重新发现了情境认知的重要性,以找到有效途径来填补理论和实践的鸿沟。这表现在从社会建构主义的角度强调教师对他们的工作情境以及学生的生活情境的反思的重要性,探讨为不同文化和语言背景下的学习者而教的有效性。

15.1.2 研究方法的多样性

研究方法上,在坚持实验研究客观性的同时,近些年出现了重视质性研究、强调自然观察法、采用纵向研究设计的特点。

重视质性研究

在理论建构上重视质性研究,其中采用田野研究、个案分析、深度访谈等方法的研究取得了一些有价值的成果。例如,Stolpe和Björklund(2012)对2个生态学专家进行个案研究,用音像记录下他们在一次远足中对12名职前教师的野外授课情况,并在之后对其分别进行深度访谈,最后总结概括出专家型教师在教学策略上的特征。

强调自然观察法

在教师职业心理研究中采用自然观察法逐渐成为主要趋向。纯粹的自然观察法毕竟有它的缺陷,因此,更多的研究者是在自然观察法的基础上结合访谈及问卷调查,探索自然环境下师生间的课堂互动、教师教学策略、教学行为对学生发展的影响等教学实践问题。如 Swinson 和 Knight(2007)对 20 个教师、303 个八年级学生进行为期一周的课堂观察、访谈,以此探究教师对具有挑战性行为的中学生的反应与此类学生行为的关系;Doherty-Sneddona 和 Phelps (2007)研究了教师对学生目光注视的回应;Clunies-Ross、Little 和 Kienhuis(2008)探讨了教师自我报告及采用的班级管理策略会在多大程度上应用于实际行动;Malmberg、Hagger、Burn、Mutton 和 Colls (2010)研究了教师在专业实践头两年内的改变、个人因素及环境因素对班级质量的影响;Graves 和 Howes(2011)探讨了班级质量和教师因素对托儿班学生社交能力的影响;Hayes、Hindle 和 Withington(2007)对教师采用积极行为管理策略的结果和态度展开研究;McAuliffe、Hubbard 和 Romano(2009)探讨了教师认知和行为对学生同伴关系的影响,等等,都反映了这一趋势。

采用纵向研究设计

在系统了解教师心理发展的连续性和规律方面,纵向研究设计受到重视。目前最常采用纵向研究设计探索教师心理的领域是关于教师期望效应问题的研究。de Boer、Bosker 和 van der Werf(2010)从 2005 年开始,对荷兰 112 所中学的 11040 名学生进行了长达五年的观察,以探究随时间变化,教师期望偏差产生的作用是消退、增加还是保持不变。结果发现教师期望偏差效应在最初的两年会部分消退,但在以后的时间里,这种影响会趋于稳定。Hinnant、O'Brien 和 Ghazarian(2009)为探索早期教育中教师期望与学生学习成就之间的关系,对近 1000 名学生进行了从出生到小学的追踪研究。结果发现,学生的特征,特别是学生的性别和社交能力,与早期教育中教师对学生的成就期望有关,那些在班级中被忽视或被排斥的学生最容易受教师期望的影响。除了教师期望效应问题,Crosnoe 等人(2010)还利用 Hinnant 等人(2009)纵向研究的数据探索了小组教学、师生关系与数学成就的关系。Byrne 等人(2007)在一项国际纵向双胞胎研究(international longitudinal twin stydy, ILTS)中,通过比较从幼儿园至小学一年级,同一个班级双胞胎间和非同一个班级双胞胎间的早期阅读水平的相关,分析不同教师对学生的影响。Friedel、Kai、Turner 和 Midgley (2007)经过两年的追踪研究,探索从小学向中学过渡期间,教师目标导向(goal emphasis)的变化对学生数学效能感的影响。

15.2 认知心理学视角的教师教学专长发展心理

15.2.1 教师专业发展的认知研究

教师专业发展是提高教育质量的核心问题,教师心理研究可以从认知心理角度来理解和促进教师专业发展。Evans(2002)提出教师专业发展最基本的是态度和功能上的发展;Day(1999)综合众多学者的观点,提出了一个颇具包容性的界定:教师专业发展包含所有自然的学习经验和有意识组织的各种活动。Palmer、Stough、Burdenski 和 Gonzales(2005)在分析前人研究的基础上,确定专家型教师的界定标准主要有四点:(1)教学时间;(2)社会认可度;(3)拥有职业证明书;(4)基于表现的标准。Hattie(2003)从五个维度概括了专家型教师的具体特征,分别为:(1)能确定学科的基本表征;(2)能指导课堂互动学习;(3)能监控学习进程并提供学习反馈;(3)能对职业投入情感;(5)能影响学生学习成绩。这五大维度又可分为 16 种特性,其中挑战性、深度表征、监控和反馈能力是成为专家型教师的关键因素。

15.2.2 教师教学专长发展的"新手—专家"研究

20 世纪 90 年代以来,从专长发展心理的角度揭示教师的专业成长,分析优秀教师的心理特征,探讨从新手型教师成长为专家型教师的规律,以促进更多的教师成长为专家型教师,成为一种新的教师专业发展观(连榕,2004)。国内外许多学者采用"新手—专家"的范式对教师成长心理进行了大量的深入研究,为教师培养和培训提供了心理学的实证基础。

国外新手—专家型教师的比较研究

从近些年的研究来看,行为主义视角下关于教师自我效能感的比较研究,认为专家型教师在教学策略和对课堂管理效率方面的自我效能感高于新手型教师。认知主义理论主要从图式、记忆提取、心理表现差异等方面来解释新手型教师和专家型教师的区别,如 Hogan 和 Rabinowitz(2009)对教师教学问题表征的系统研究,显示专家型教师倾向于对问题的深层结构进行分析。在建构主义视角下,从经验知识角度开展的相关研究表明,专家型教师能掌握复杂的经验知识,并能在教学中对其加以利用,如 Junqueira 和 Kim(2013)在对教师的反馈实践的研究中发现,专家型教师在师生互动中会运用多种类型的反馈方式。

一些学者对前人的研究成果进行了系统总结。Tsui(2003)从教学前和教学中两个时间点对新手型教师和专家型教师进行比较,考察教学前的计划和教学中的思考与决策,认为差别主要体现在:(1)专家型教师的教学计划具有高效率性;(2)专家型教师的信息处理具有高灵活性。Findell(2009)在总结了 40 年来的教学资料的基础上,认为专家型教师相较于其他教师对学科和学生的了解更深入,他们可以运用多种方法帮助学生理解复杂的概念。Smith(2005)对新手型教师和专家型教师就"如何看待好老师所应具有的特征"这一问题展开调查,总结出专家型教师的 6 个特征:(1)教学行为的表达及元认知能力较强;(2)能把握较深层次的知识结构体系;(3)具有"举一反三"的技能;(4)能适应不同年龄段学生采用灵活多变的授课方式;(5)对教学系统有全面的理解;(6)具有成熟的职业管理规划能力。此外,从信息加工视角研究新手型和专家型教师差别的成果也一直在增加。近些年的研究是在斯腾伯格(R. J. 斯腾伯格,J. A. 霍瓦斯,1997)的专家型教师教学专长原型观、Pressley(Pressley & Woloshyn, 1995)的自我管理模型和 Agne(1992)的教师自我信念系统模型的基础上,调查比较了专家型教师的专业知识的概念化体系,为预测和控制专家型教师的实际信息加工过程提供了丰富资料。Stolpe 和 Björklund(2012)运用双记忆加工系统模型探讨了专家型教师在观察能力上与其他教师的差异。结果显示,专家型教师的模式识别能力受内隐记忆系统控制,他们会采取整体识别模式对自然物进行识别;而在教学策略的选择上,他们倾向于选择与外显记忆系统相关的教学策略。还有的研究对教师的交流方式差异、课堂表现及课堂风格进行了相关分析,结果表明,专家型教师指导过的学生比其他学生的知识整合能力更强,对抽象概念的理解更好,新手型教师和专家型教师与学生交流方式的差异会对学生的知识回忆产生影响。Hattie(2003)对 326 个教师进行研究,发现专家型教师对校园间接欺负行为的觉察程度高于新手型教师。

在影响教师教学专长发展的因素方面,Wilson (2013)指出有效的教学专长发展具有以下五个特征:(1)聚焦专业学科知识;(2)主动学习;(3)参与集体合作;(4)与其他学校教师进行合作与交流;(5)有足够时间和强度的持续性交流。他还提出影响教师教学专长发展有效性的五点意见:(1)专长发展活动应联系实践;(2)要考虑参与者的生理和心理的舒适度;(3)使教师在探究式教学中获得体验;(4)培养培训材料的选择要有教育意义;(5)教师能得到直接指导。教学专长培训不是某一方面作用的结果,而是学校、社区、学生、家长、教师、教材及其他资源协同作用的结果。所以,对教师教学专长发展的培训应有整体性思维。教师参与专业发展培训的动机和教师对专业发展项目的信任程度有高相关(Grove, Dixon, & Pop, 2009);而且为了获得好的专业发展培训效果,教师必须具有个人职业发展的意愿(Loucks-Horsely, Love, Stiles, Mundry, & Hewson, 2003)。

国内新手—专家型教师的比较

近十年来,国内研究者采用"新手—专家"的比较范式研究了教师的课堂信息加工、教师的思维和知识结构、教学策略和教学行为、教师的工作动机和人格特征以及教师教学专长发展阶段等问题。

在课堂信息加工方面,教师需要实时监控和加工课堂中的各种信息,以此来调整教学和管理课堂。教师对课堂中各种信息的加工能力不仅是教师教学专长发展的重要内容,也是教师从事教学活动所应具备的一种特殊认知能力。张学民、申继亮、林崇德(2002,2005)及张学民、申继亮、宋艳、宋青云(2010)先后对小学教师的课堂信息加工策略和加工能力进行研究,发现教学经验对课堂信息加工具有重要的影响作用,随着教师教学专长的发展,教师对各类课堂情境信息的组织和加工速度、准确性、选择注意加工、表征能力以及重要课堂信息的加工能力等都逐步提高。王福兴、申继亮、田宏杰和周宗奎(2010)比较了新手型和专家型教师在静态课堂教学场景中的知觉差异,专家型教师表现出了比较明显的知觉策略:对非教学场景采取的是每次注视时间短但注视次数多的策略,体现的是快速扫描的注视模式;而对教学场景采取的是注视次数少但每次注视时间长的注视策略,体现的是认真观看的注视模式。王福兴、芦咏莉、段朝辉和周宗奎(2013)进一步比较了新手—熟手—专家型教师对学生课堂行为的加工,发现教学经验会影响教师对课堂教学场景中学生特定行为的注视和注意分配,专家型教师能够根据自身经验加工和提取课堂教学场景中的有用信息。

在教师的思维和知识结构方面,主要围绕教学反思、决策和问题解决等问题进行。教学反思是教师凭借自身努力成为更优秀、更熟练、更有思想的专业人员的途径(申继亮,张彩云,张志祯,2006)。有关教学反思的研究均显示专家型教师的反思策略和水平都要优于新手型教师和熟手型教师(孟迎芳,连榕,郭春彦,2004;孙晓林,2006)。专家型教师更注重对课堂成败原因的思考,即他们善于通过对教学的反思来提高自己的教学能力,专家型教师的反思往往会因以学生为中心而较为深刻。伍志鹏、吴庆麟、罗玉花(2011)发现在对教学问题和课堂管理问题的解决方式上,专家型教师在课堂中遇到管理问题时,教学优先,能看到问题的本质,解决方法更全面。一部分研究者通过对具体学科的新手型和专家型教师在知识的量、质、结构上的差异进行比较,认为专家型教师在知识的质和结构上有明显优势,体现在他们更多提取与学生学习有关的概念性知识,而新手型教师更多提取的是一般性知识。在知识的结构上,专家型教师拥有相互联系、相互作用的知识整体,而新手型教师则还未形成完整的知识框架体系(杨翠蓉,胡谊,吴庆麟,2005;杨翠蓉,周成军,吴庆麟,2007)。

在教学策略和教学行为方面,孟迎芳、连榕和郭春彦(2004)对新手—熟手—专家型教师的教学策略进行了比较,专家型教师更多地表现出灵活性、创造性,体现了教学机智;杨翠蓉、李同吉、吴庆麟(2009)及杨翠蓉、吴庆麟、周成军(2012)进行了教学计划过程中知识提取的比较研究,专家型教师的教学计划过程更周密、审慎,表现出更精致、联系性更强的教学专长。专家型教师的无效教学决策显著少于新手型教师,更多地表现为促进学习的有效教学决策。唐卫海、韩维莹、仝文(2010)的比较研究发现,专家型教师的师生课堂语言结构、课堂提问策略水平、重难点训练和讲解技能、课前导入和课后小结优于新手型教师。情绪也是互动的一部分,缪芙蓉(2011)的研究表明,与新手型教师相比,专家型教师的课堂表情的丰富性及恰当性显著优于新手型教师。

在教师的工作动机和人格特征方面,动机是驱动个体行为的动力,教师高度的工作积极性和责任感要求教师拥有内在的、强烈和持久的教学动机(林崇德,1996)。潘贤权、连榕、李亚真(2005)研究发现不同类型教师的教学动机表现不同,新手型教师的教学动机具有强烈而表层的特点,专家型教师的教学动机水平高且其内部动机水平显著高于熟手型教师。连榕、孟迎芳、廖美玲(2003)比较了不同类型教师的成就目标定向与人格特征,发现新手型教师的任务目标水平显著低于熟手型教师,熟手型教师与专家型教师在成就目标定向上不存在显著性差异;在人格特征方面,新手型教师的精神质水平非常显著地低于熟手型教师,熟手型教师的情绪调节能力显著低于专家型教师。

在教师教学专长发展阶段方面,Brody和Hadar(2011)在学科内容专业发展实践研究基础上,运用定性分析方法揭示了教师个人发展四阶段模型理论,即参与/好奇、退出、有意识和寻求改变。连榕(2004)认为,教师的教学专长发展需要有一个经验积累以及内化的过程。新手—熟手—专家型教师的比较研究(见表15.1)可以揭示从新手到熟手、从熟手到专家的教师成长的心理历程。从新手到熟手,教学专长的发展水平主要表现为常规水平的胜任教学;从熟手到专家,教学专长的发展水平主要表现为创新水平的胜任教学。这个过程由七个成长的亚阶段构成(见图15.1)。

表15.1　新手—熟手—专家型教师的心理特征

	新手型教师	熟手型教师	专家型教师
教学策略	以课前准备为中心	课中教学操作熟练	以课前的计划、课中的灵活、课后的反思为核心
人格特征	活泼、热情、外向	随和、能关心他人、乐群、宽容	情绪稳定、善于自我调节、理智、重实际、自信和批判性强
工作动机	以绩效目标为主	开始以任务目标为主	内部动机强烈且稳定
职业承诺和职业倦怠	承诺低而倦怠较高	承诺低而倦怠较高	职业的情感投入程度高,师生互动好,职业的义务感、责任感、成就感强
情境心理	能感受到支持,有满意感,心理契约和主观幸福感较高	支持感和满意感不高,心理契约和主观幸福感较低	支持感和满意感强,心理契约和主观幸福感高

(来源:连榕,2004)

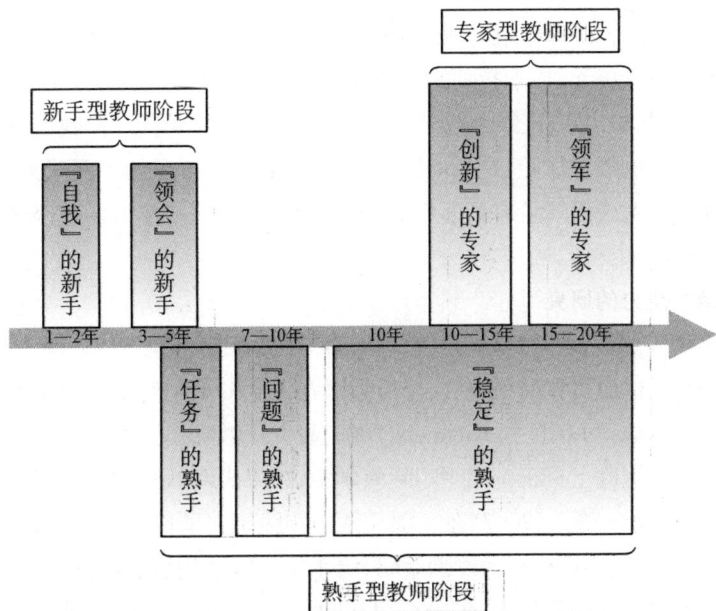

图 15.1 新手—熟手—专家型教师成长的心理阶段(连榕,2004)

15.2.3 教师教学专长发展的情境观研究

在情境观的影响下,教师心理研究根据社会建构模式把物理和社会背景当作完整认知过程中必不可少的部分的观点,强调教师成长的情境作用,强调情境性知识的重要性。从关注教师个体转向关注把互动系统作为一个分析单位,突出了教师心理发展的情境性,重视教师同他人的合作学习,关注教师在班级环境下的成长及对学生的影响。

教师的教学知识的研究

Shulman(1986)将对教师的教学知识系统分为三大块,即:(1)学科知识;(2)学科教学知识;(3)一般教学知识。Hogan 和 Rabinowitz(2009)将这三大块知识细分为课程设计,课堂指导(包括教学常规、课堂示范、反馈、教学内容、对课堂活动的察觉和反应),课堂管理(课堂活动的回忆和反应、交流、课堂环境)。Mutton、Hagger 和 Burn(2011)探究了专长发展中教学计划的实践。

教师的教学能力的研究

对于教师的教学能力的研究,以往多从教师对学生的直接影响出发,但近年来研究者发现班级是教师成长的重要环境,对学生学业、情感、性格等都有重要作用

(Hamre & Pianta, 2005；Pianta, 1992；Raver 等，2008；Rimm-Kaufman, LaParo, Downer, & Pianta, 2005）。由于强调课堂情境对学生的作用，因此近年来的研究多以班级为基本研究单元，探索教师的教学能力对班级及学生的影响。Brown、Jones、Larusso 和 Aber（2010）以班级为基础探究教师社会情感的特点（自我报告的情感能力及与工作相关的倦怠体验）是如何影响学生的情感、教学和组织质量的，发现教师知觉情感的能力对班级质量有正面影响，教师的高情感认知能力为班级学生提供了更好的课堂组织和支持。

教学操作能力的研究

此类研究探讨了教师教学策略、管理策略在课堂自然环境下的应用，以及课堂中教师对学生行为的应对和情绪反应，分析教师在课堂情境中对学生产生影响的教学线索。Clunies-Ross、Little 和 Kienhuis（2008）研究了教师自我报告的将采用的班级管理策略在多大程度上真正应用于实际教学中，结果表明教师的自我报告与实际行动是一致的。Hayes 等人（2007）在一项长期的实践研究项目中，让教师学会改变自己的行为方式，多采用积极行为管理策略，给予学生特定的积极反馈，结果发现教师在培训后更能习惯采用积极管理策略。Leflot、van Lier、Onghena 和 Colpin（2010）在一个班级水平的防御性干预研究中，探索教师行为管理策略对学生课堂破坏性行为（过度活跃和对抗性的活动）的影响，结果表明教师减少消极干预可增加学生参与学习的行为以及减少课堂说闲话的行为。Swinson 和 Knight（2007）探讨了教师对问题学生的言语反馈与此类学生行为的关系，结果显示教师的积极反馈与问题学生的学习投入呈正相关。此外，Doherty-Sneddona 和 Phelps（2007）研究了教师对学生目光注视的回应，结果表明教师在实际课堂教学中很少受到学生"目光注视"和"目光转移"的影响，没有充分利用学生这一非语言线索。在教师对学生的情绪应对上，Frenzel、Goetz、Lüdtke、Pekrun 和 Sutton（2009）探索了课堂上师生间愉悦情绪的关系，结果表明教师与学生之间的愉悦体验呈正相关。

15.3　职业心理学视角的教师心理特征与心理健康

从职业心理发展的角度来探讨教师的职业提升，分析教师的职业心理特征，维护教师的心理健康，以提高教师的职业胜任力和幸福感。

15.3.1　教师的职业心理特征

教师的职业心理特征是指从事教师这个职业所应具备的心理特征，有助于了解教师职业成长心理，为教师教育提供实证基础。

教师职业的角色适应

研究者探讨了不同类型教师的应对方式、主观幸福感和心理健康等。李良(2005)的研究显示中小学的新手型教师整体上在入职阶段适应情况较好。葛玲霞(2007)研究了新手—专家型教师的情绪调节及应付方式的差异,新手型教师比专家型教师较多地感受到兴趣、快乐、厌恶和恐惧等情绪;新手型教师较多采用退避、自责、求助的应付方式,专家型教师往往更多地运用积极的调节方式。李亚真、潘贤权、连榕(2010)探讨了中学教师的主观幸福感和教学动机,结果表明内部教学动机是影响主观幸福感的有效变量。

教师信念

教师信念与教学情境和教师经验密切相关,不同教学情境或背景通过驱动特定信念来影响教师的教学理念和行为。近些年来,越来越多的实验结果表明了教师信念在教师思维过程中的重要作用。

有关教师信念的研究主要体现在教师的自我效能感方面。教师的自我效能感反映了教师当前的信念、经验和行为,能很好地预测教师的教学行为。自我效能感对教师倦怠、工作压力和工作满意度都有积极作用,对学生的学习效果也有极大的促进作用(Brouwers & Tomic, 2000; Caprara, Barbaranelli, Borgogni, & Steca, 2003; Klassen & Chiu, 2010; Moè, Pazzaglia, & Ronconi, 2010; Skaalvik & Skaalvik, 2007)。教师的自我效能感能预测教师对教学的目标导向。有研究表明,具有高自我效能感的教师倾向于保持更高的掌握目标,即使学校强调表现目标时也是如此;而具有低自我效能感的教师倾向于被学校的目标形式所同化(Cho & Shim, 2013)。教师的自我效能感也可以作为衡量教师能否胜任全纳教育教学的指标(Sharma, Loreman, & Forlin, 2012)。Høigaard、Giske 和 Sundsli(2012)发现教师的自我效能感和工作满意度呈正相关,与工作倦怠和辞职意向呈负相关。高自我效能感教师更不易产生倦怠和辞职意向,而且拥有更高的工作满意度(Skaalvik & Skaalvik, 2010)。教师自我效能感可以有效地促进教师的职业认同感(professional identity),可以作为教师职业认同感高低的有效指标之一(Canrinus, Helms-Lorenz, Beijaard, Buitink, & Hofman, 2011)。高职业认同感的教师会更加意识到自己肩负的责任,更加热爱自己的本职工作,努力提高自己的教学能力。可以通过提高教师对人际关系的满意度来提升教师的自我效能感,从而提升教师的职业认同感(Canrinus, Helms-Lorenz, Beijaard, Buitink, & Hofman, 2012)。

教师的自我效能感的提高对学生身心和学业发展都有积极的促进作用。研究表明,教师的自我效能感和学生学业是互惠的关系,即教师的高自我效能感有助于学生学业的提高,学生学业的提高反过来又提升了教师的自我效能感(Caprara,

Barbaranlli, Steca, & Malone, 2006)。

（1）全校性积极行为支持(schoolwide positive behavior support, SWPBS)。全校性积极行为支持是一项在学校开展的致力于改善学校氛围的有效的活动项目(Sugai & Horner, 2009)。该项目通过促进学生和教师之间的互动交流,营造一个积极的学校氛围,以此促进教学和学习活动的顺利开展(Horner, Sugai, Todd, & Lewis-Palmer, 2005)。Kelm 和 Mcintosh (2012)研究了 SWPBS 对教师自我效能感的影响,结果表明,实行 SWPBS 学校的教师的平均自我效能感水平比未实行 SWPBS 学校的教师高,SWPBS 与教师的主观幸福感相关高(Ross, Romer, & Horner, 2012)。

（2）社会情绪学习(social and emotional learning, SEL)。社会情绪学习课程主要是为了提高学生和教师的社交能力、情绪控制能力、问题解决和人际关系处理能力。已有很多研究发现,SEL 课程可以极大地提高学生的幸福感、学业成绩,并引发积极的社交行为(Durlak, Weissberg, Dymnicki, Taylor, & Schellinger, 2011),反过来又可以提升教师的自我效能感(Collie, Shapka, & Perry, 2012)。

（3）教师冥想训练(meditation training)。一些研究者对冥想的功能开展了大量研究,发现冥想不但可以显著降低个体的焦虑水平(Goldin, Ramel, & Gross, 2009),减缓个体的压力(Oman, Shapiro, Thoresen, Plante, & Flinders, 2008),同时还能有效改善个体的抑郁症状(Butler 等,2008)。调查发现,当教师进行冥想训练后,教师的自我效能感和主观幸福感普遍提升了。

（4）集体反思(collective reflection)。集体反思能提升信任感,产生积极的心理和生理状态,从而有助于提高教师的自我效能感(Kennedy & Smith, 2013)。

自我效能感的研究结果是否具有跨国适用性? 对于这个疑问,Ho 和 Hau(2004)比较了澳大利亚和中国香港在职教师对教学方法、纪律、领导和对客观因素的信念差异,对比他们的自我效能感结构。结果发现,这两组教师的自我效能感有相似的因子结构。2013 年有一项研究也验证了这个结果,研究调查了 23 个国家 73100 名教师的自我效能感,发现他们的自我效能感具有相似的因子结构,而且都和工作满意度正相关。此外,从国家层面进行分析,由于个人主义和集体主义文化差异的影响,教师的自我效能感会有所不同(Vieluf, Kunter, & van de Vijver, 2013)。

教师期望效应

20 世纪 70—80 年代,研究者对教师期望效应的研究已从验证这种自我实现预言是否存在,深入到对教师期望过程的研究和理论构建,这是教师期望效应研究的繁荣发展时期。到 90 年代,对教师期望效应研究的热度有所下降。进入 21 世纪后,研究者集中探讨教师期望的相关社会认知因素以及学生在教师期望中的作用。特别是近五年来,对教师期望效应的研究主要集中于两个方面:一是对教师期望效应的持续作用的研究;二是研究者从关注教师对学生个体的期望转向重视教师对学生群体的期望。

新近研究表明,教师不仅会对学生个体产生期望,也会对班级有一个整体的期望,这种期望是指向班级所有学生的。Rubie-Davies、Flint 和 McDonald(2012)的研究结果表明,教师确实拥有对全班水平的期望,即他们的期望是指向全班学生的。他们在进一步研究中使用 Marsh 编制的自我描述问卷的分量表(Self Description Questionnaire, SDQ-Ⅰ)对学生的自我知觉进行测量,结果发现高期望教师所带班级学生的数学和阅读的自我知觉水平在学年内得到提高,而那些由低期望教师所带班级学生的自我知觉水平严重下降。Rubie-Davies 等人对不同类型教师的教学理念和教学实践活动进行教师自我表述、实际观察及访谈研究,结果发现不同类型教师的教学理念和教学实践活动有很大差异。高期望教师会让学生在能力各异的团队(mixed-ability group)里学习,培养学生自主学习的能力,耐心讲解新概念,给学生提供清晰的反馈,积极应对学生行为,并在提问学生时较多采用开放式提问。而低期望教师倾向于维持班级内的能力分组,指导学生学习经验性知识,经常进行程序性教学,消极应对学生的不正当行为,且提问通常为封闭式提问。Rubie-Davies 等人还比较了高期望教师和低期望教师对学生个性特质的评价,结果表明二者有显著性差异。高期望教师的期望与学生的特质之间呈显著正相关,而低期望教师的期望与学生特质之间呈显著负相关。

教师的人际互动

教师职业需要与许多群体进行社会互动,包括学生、家长、校长及其他教师群体等。教师心理成长是一个长期主动的过程,是教师在特定情境下通过与其他同事、家长和社会团体的合作并结合自己的实践反思而发展的。随着对教师合作学习的关注,专家也提出教师培训中人际关系培训的必要性。但是教师应当如何在教学环境中保持和谐的人际关系,有关具体操作的研究相对较少。与以往的研究不同,新的研究从关注教师与学生个体交互作用时的成长,转为重视教师在班集体水平上的发展,提出了教师处理人际关系的理论模型。Stemler、Elliott、Grigorenko 和 Sternberg(2006)认为教师在发展实践技能前需要建立关于社会互动的成套系统性的知识,然后再将其与处理教学实践问题的策略联系起来,最后应因情境的不同而选择合适的行动方案。Webb(2009)详细描述了教师在课堂合作学习中的角色作用,这其中包括为学生准备合作性任务、形成小组、组织小组活动、通过与小组和班级的交流进行课堂互动等。

15.3.2 教师职业心理健康

自 20 世纪 90 年代以来,有关教师职业心理健康的研究日益受到关注,特别是教师职业倦怠得到了大量的研究。

教师职业倦怠是指教师在长期工作压力下所产生的一种消极情绪体验反应,是一种非正常的心理和行为。Maslach、Schaufeli 和 Leiter(2001)认为教师职业倦怠主要有三种表现形式:情绪耗竭(emotional exhaustion)、去人性化(depersonalization)、个人成就感(personal accomplishment)低。情绪耗竭是教师由于持续的努力没有得到回报,能量枯竭而产生的疲惫感觉。由于教师经历了情绪耗竭,因此他们对学生失去了积极的情感,于是进入第二阶段:去人性化。教师为避免承受压力体验,以冷漠或消极的态度对待学生。此外,无数的没有回报的努力经历可能导致个人成就感低,这个阶段的教师沉溺于失望的情绪中,不愿再为学生的进步而努力(Maslach 等,2001)。

学者们普遍认为教师职业倦怠是影响教师心理健康的最严重的问题。教师是最有压力的职业之一(Johnson, Berg, & Donaldson, 2005)。据统计,在世界范围内,被调查的教师中约有三分之一的教师认同这个观点(Borg & Riding, 1991)。教师的压力或源自学生,包括学生的不正当行为、纪律问题、低学习动机;或源自工作条件,包括时间压力、低薪资、低社会地位、高工作负荷、班级规模过大;或源自教学工作本身,包括教师角色冲突和角色模糊以及教学的情绪性要求,还包括与领导、同事和学生家长的人际关系等(Brotheridge & Grandey, 2002; Chan, 1998; Travers & Cooper, 1996; Carlson & Thompson, 1995; Burke & Greenglass, 1994; Dunham, 1992; Litt & Turk, 1985; Turk, Meeks, & Turk, 1982; Kyriacou & Sutcliffe, 1978)。高压力导致更高的职业倦怠(Mearns & Cain, 2003)。女教师相对于男教师,在与学生、同事关系,工作量及学生学习成就上体验到更多的职业压力(Antoniou, Polychroni, & Vlachakis, 2006)。

当教师面对巨大压力,得不到外界支持,自身又无法调节时,就会产生挫败、焦虑、过敏等感受,直至出现情绪耗竭、身心抑郁症状,即教师职业倦怠(Chan, 2006)。职业倦怠不仅会降低教师的幸福感,也会严重影响课堂教学效果(Palomera, Fernández-Berrocal, & Brackett, 2008);不仅会影响教师的动机、健康和工作满意度,而且会直接影响学生的学习和行为(Montgomery & Rupp, 2005);会使教师的体现表现目标的教学行为增加,从而对学生学业产生消极影响(Retelsdorf, Butler, Streblow, & Schiefele, 2010)。职业倦怠的教师会用冷漠的态度应对学生、家长和同事(即去人性化),而且渐渐觉得自己是一个没有用的人,即缺乏个人成就感(Jennings & Greenberg, 2009)。此外,他们较少对学生表现出同情和关怀,对工作缺乏奉献精神(Farber & Miller, 1981)。在加拿大,尤其是魁北克,12%—20%的教师报告至少每周就会有一次倦怠症状(Fernet, 2003)。尽管几乎所有教师都会面临各种各样的压力,但并不是所有教师都会有职业倦怠症状,其中有些教师可以很好地应对这些压力,在心理上极富弹性(Milstein & Farkas, 1988)。是什么原因造成这种区别? 除年龄、性别、教龄、能力、家庭等人口学因素(Borg & Riding, 1991; Kyriacou, 1987)和教师的人格特征(Kokkinos, 2007; Zellars, Perrewé, & Hochwarter, 2000)外,学校经济条件差,学生流动大、行为问题多也会直接影响教师的职业倦怠(Pas, Bradshaw, & Hershfeldt, 2012)。工作环境中的各方面因素都可能引起教师职业倦怠,学校提供的工作资源不同,对教师职业倦怠的影响也不同(Pyhältö, Pietarinen, & Salmela-Aro, 2011)。越来越多的研究从自我效能感入手研究职业倦怠,如 Fernet、Guay、Senécal 和 Austin(2012)基于自我决定理论建立了自我效能感和职业倦怠的作用模型,即教师对学生破坏行为的看法和对学校领导的评价变化会导致其自我效能感的变化,从而影响职业倦怠。教师的自我效能感和职业倦怠随着时间发展而增强,职业倦怠增强的速度比自我效能感快。无论经验和先前培训多还是少,教师班级管理能力的提高和有效教学方法的掌握,都有助于提高教师的自我效能感和降低职业倦怠。教师的归属感来自学校的支持,与同事之间的良好关系对教师的自我效能感和职业倦怠有积极影响。

给教师减压,帮助教师学会处理好学生的行为问题,学会与学生家长之间进行建设性的交流等有助于减少教师的职业倦怠(Cinamon, Rich, & Westman, 2007)。Pishghadam 和 Sahebjam(2012)研究了人格类型和情绪智力对教师职业倦怠的影响,发现人格类型和情绪智力能有效预测教师职业倦怠,高情绪智力的教师更不易产生情绪耗竭和去人性化,高神经质和低外倾性最能预测高职业倦怠。职业倦怠与教师的情绪调节能力也有极大关系(Chang, 2009),情绪调节能力高的教师能在情绪事件中更好地接收健康的信息,选择恰当的行为倾向,这些信息的利用使得他们可以更好地应对压力和引导适应性行为,提高应对压力的适应性(Greenberg, 2006)。

15.4　中国特色的教师心理

15.4.1　中华文化背景下的教师成长心理

我国教育部 2012 年颁布了《小学教师专业标准(试行)》和《中学教师专业标准(试行)》,强调教师要以学生为本、师德为先、能力为重、终身学习,通过不断的研修学习和实践探索提高自身的专业能力。

注重探讨学校情境、社会文化等因素对教师成长的重要作用

在尊师重教的中华文化背景下,经过几十年的教师培养培训实践,我们形成了有特色的促进教师成长的培养培训制度: 免费师范生→新教师培训→骨干教师培训→名师→特级教师。

免费师范生

我国从 2007 年开始实施师范生免费教育政策,旨在鼓励和引导师范院校毕业生长期从教、终身从教,鼓励和支持免费师范生到农村学校任教服务(付义朝,杨小玉,2012;王乃一,王峰涛,何颖,2013;赵宏玉,兰彦婷,张晓辉,张燕,2012)。

王乃一、王峰涛、何颖(2013)的研究结果显示,免费师范生的总体从教态度积极,对待未来从教怀有正向的情感倾向。赵宏玉、兰彦婷、张晓辉、张燕(2012)编制了"免费师范生教师职业认同量表"并进行了结果检验,发现免费师范生的教师职业认同包括内在价值认同、外在价值认同、意志行为认同。职业认同感影响免费师范生的成长,王鑫强、张大均、薛中华和齐晓栋(2012)采用"师范生职业认同感量表"和"生命态度剖面图"(life attitude profile, LAP)对免费师范生的职业认同感与生命意义的关系进行了问卷调查,结果表明免费师范生的职业认同感及其各因子与生命意义及其各因子呈显著正相关。马红宇、魏祥迁、刘三明(2013)对免费师范生的职业认同感和职业成熟度进行调查,结果表明免费师范生的职业成熟度的发展处于中等偏上水平,教师职业认同对职业成熟度有显著影响。

教师的教研培训

在我国教师成长过程中,不管是对于新教师的成长,还是骨干教师的发展,教研活动培训都起着重要作用。教研活动培训的成效直接影响教师教学质量的提高和教师的专业化发展(胡军哲,2010)。问题是教研活动的核心,在研究过程中,通过研究问题、设定问题价值及参与研究活动对参加教研活动的教师产生影响(王富英,朱远平,2012)。从对广大教师的影响来看,学校教研活动是最基本的形式。教师在教研活动中进行交流、备课、批改作业、讨论问题、传递信息、交流思想,"名师工作室"、"名师沙龙"、"教师发展学校"等均是教研文化的不同形式。随着教研活动的不断丰富,教研文化的不断深化,有效教研成为当前教研活动中值得探索的问题。

名师

教学名师制度自 2003 年以后逐渐形成,这一制度致力于甄选出一批优秀的教学名师,以此激励教师向各学科名师学习。"名师"是最受学生喜爱、最让家长放心、最让同行佩服、最受社会尊重的教师。研究认为,名师包含五种共性特质和五种个性特质。名师所具备的共性特质包括:(1)把握不同经济文化背景下教育本质的能力;(2)以人文素养和科学素养为基本内涵的丰富知识;(3)对教育原理进行实践解读与应用的能力;(4)把文化判断力与信息整合力相结合的教育能力;(5)跨越"高原期"的可持续发展能力。五种个性特质包括:(1)区域风貌(经济、文化、自然风景)与教育教学的结合能力;(2)对不同学生群体的个性化认知与亲和能力;(3)对教材等教学资源的个性化解读与应用能力;(4)掌控课堂教学的个性化组织与交流能力;(5)用独特的人格气质感染并影响学生的能力(樊小杰,张红霞,2009;邓光明,冉泊涯,2010;童富勇,程其云,2010)。

童富勇和程其云(2010)开展了关于名师专业成长影响因素的调查研究,发现影响名师专业成长的内部因素有专业发展愿景、自我效能感、实践磨砺、研究反思、专业引领、关键事件、同伴互助等。此外,中小学名师的专业成长还受到文化因素的影响。张华和王亚军(2013)对中小学教学名师培养人选(即准名师)进行了专业发展现状的调查研究,结果显示,(1)准名师正处于专业发展的两极:突破期和高原期,其专业发展是内在努力和外在支持的结果;(2)就准名师自身而言,他们的职业认同度高,热爱教育工作并充满激情,抗压能力强,自我发展愿望强烈;(3)就外部支持而言,准名师的专业发展离不开学校、教研组的大力支持,教师培训对其影响显著;(4)教学任务繁重,责任压力大,学校激励机制、评价机制不完善,专业支持不足等,是影响和制约准名师进一步发展的核心因素。

特级教师

该领域的研究大致经过了20世纪80年代的起步、90年代的拓展和21世纪初的多元化等阶段,研究成果日益丰富多样。鲁林岳和张寿松(2010)对特级教师和普通教师专业发展的几个关键期进行了比较,研究结果显示,(1)教师专业发展的快速成长时段有两个:一是从教后1—5年,二是从教后6—10年;(2)近半数教师专业发展的喜好时段是从教后的1—5年;(3)近五分之一教师专业发展的厌倦时段是从教后的1—5年,约三分之一教师的厌倦时段发生在从教后10年;(4)良好的教师专业发展大多有个良好的开端,且需要一个持续的后劲发展。张寿松(2009)的研究显示,特级教师的自我教学能力评价明显好于普通教师;在后进生转化能力这一维度上,各类教师之间存在显著差异,特级教师对后进生的转化比普通教师更有办法。何小忠(2012)对特级教师的发展特征作了总结:特级教师入选人数逐渐增加,不同学段和学科教师的入选比例很不均衡,特级教师群体的学历层次越来越高,大多出自城市中小学名校,性别趋于平衡,中青年入选比例提高,呈现年轻化趋势等。

15.4.2 重视教师人格与品德的形成与发展

社会文化心理发展角度的教师职业人格

我国历代教育家提出的"学高为师,身正为范","为人师表","以身作则","循循善诱","诲人不倦"和"躬行实践"等都是理想教师人格、师德规范的体现。

谢珊珊(2009)从教师的实际情境出发考察教师职业人格,认为教学实践是教师职业人格形成并发展的关键因素。在对393名教师职业人格的实证研究基础上,提出教师职业人格的核心特质是专业自我。现实的自我、客我的教师职业人格是新手型教师的职业发展的特点;理想的自我、主我的教师职业人格是熟手型教师的职业发展的特点;实现的自我、社会取向的教师职业人格是专家型教师的职业发展特点。教师职业人格充分体现了教师人格的职业情境性,张焰、黄希庭、阮昆良(2005)使用人格特质形容词考察青少年学生对教师人格特质的评价,大致分为七个方面:高尚/进取、慈爱/公正、客观/求真、外向/开朗、退缩/粗暴、内向/怪异、损人/利己。前四个维度是学生们喜欢的,后三个维度是学生们不喜欢的。

中华文化背景下的教师品德心理

我国历来重视教师的品德,通过实施包括认知领悟、榜样示范、同伴支持等多种有效的制度性措施来促进教师良好品德的形成与发展。孔子是中国教育史上第一个提出身教重于言教、以身作则的教育原则的人,认为通过道德修养,教师才能达到"君子儒"的目的。

具有中国文化特色的教师品德心理的研究主要反映在师德的探讨中。近年来我国师德研究内涵由教师个体走向教师群体,当前大多数研究中普遍采用的说法为师德即教师职业道德,更看重教师群体的道德(刘万海,张明明,2014)。林崇德(2014)认为,中华民族的师德观基于中华民族的优秀文化,其基础是中华民族的传统美德。强调师德的重要性是对中华民族传统师德观的继承和发扬,中华民族文化的师德内容十分广泛,主要表现为教师的爱岗敬业(师业)、关爱学生(师爱)、严谨治学(师能)和为人师表(师风)四个方面。

15.5 总结与展望

教师心理的研究在这十多年里取得了很多有价值的成果,这些成果构成了"教师心理学"的主要内容,对推进教师教育的实践发展有着重要意义。已有研究从专长发展心理和职业发展心理两个主要途径较全面地分析了教师的成长心理,建构起了教师心理研究的基本框架,为满足全面提高教师素质、造就更多优秀教师的时代要求作出了教育心理学的贡献。通过梳理这些研究,我们发现今后可以从多个方面去提高教师心理研究的品质:(1)进行教师专长发展心理和职业发展心理的整合性研究。教师是专门化的职业,要了解教师心理的全貌,特别是根源特征,仅仅进行某一方面或某一问题的探讨是很不够的。整合性的研究视角可以为我们提供更有意义的问题,可以获得更有应用价值的成果。(2)进行更具教学实景的生态化研究。教师是实践性很强的职业,对促进教师心理成长有价值的研究往往是基于具体教学情境的,这样的成果在教师的培养培训中才用得上、用得好。从目前国外重视质性、自然观察、纵向设计的研究来看,我国教师心理的长期追踪研究还很不够,主要还是横断研究,因而关于教师心理的发展性研究成果不多。(3)进行认知神经科学的研究。与教育心理学研究的其他领域相比,教师心理研究缺乏认知神经科学的成果,针对教师教学专长心理的脑神经机制的研究还处于起步阶段,今后应加强这方面的研究。(4)进行中华文化背景下的教师成长心理的实证研究。我们的文化非常重视教师的作用,我们的中小学教师支撑着全世界规模最大的基础教育,我们对教师的培养培训有一套很有效的实践性措施,而我们对免费师范生、新教师培训、骨干教师培训、名师、特级教师的研究基本上是经验性、描述性的,难以拿出有自己特色的实证成果,提炼不出真正反映本质的教师心理成长理论。推进这方面的研究,为培养更多优秀教师的教师教育实践服务,是中国教育心理学的天职。

参考文献

R.J.斯腾伯格,J.A.霍瓦斯.(1997).专家型教师教学的原型观.高民,张春莉,译.华东师范大学学报(教育科学版),1,27—37.

蔡永红,申晓月.(2014).教师的教学专长——研究缘起、争议与整合.北京师范大学学报(社会科学版),2(2),15—23.

陈秀敏.(2010).教师情绪表现与效能感的相关研究.中国健康心理学杂志,18(6),672—674.

邓光明,冉泊涯.(2010).新时期名师特质及其成长途径初探.中国教育学刊,(6),66—68.

樊小杰,张红霞.(2009).国家级教学名师的成因条件分析.大学(研究与评价),(6),44—49.

范丽恒.(2006).国外教师期望研究综述.心理科学,29(3),646—648.

范丽恒,金盛华.(2008).教师期望对初中生心理特点的影响.心理发展与教育,24(3),48—52.

范丽恒,李婕,金盛华.(2008).学生知觉的教师行为在教师期望效应中的作用.中国临床心理学杂志,16(4),364—367.

付义朝,杨小玉.(2012).促进免费师范生投身基础教育的有效策略——基于全国6所部属师范大学免费师范毕业生的调查与思考.云南师范大学学报(哲学社会科学版),1,97—104.

高峰强,王鹏,刘玉,李世海.(2006).学生班级集体效能、考试焦虑和学业成绩的SEM研究.心理科学,29(5),1132—1136.

高萍,张宁.(2009).中小学教师职业压力、社会支持与教学效能感的关系研究.中国健康心理学杂志,17(6),680—682.

葛玲霞.(2007).教师情绪调节及应付方式的差异性研究——基于新手—专家型教师的比较.集美大学学报,8(3),33—37.

何小忠.(2012).特级教师群体的结构分析和发展反思——以江西省六次评选的702名特级教师为例.当代教师教育,5(2),22—28.

胡军哲.(2010).让教研成为一线教师生存常态.中国教育学刊,(3),58—60.

贾挚,陶磊,于国妮.(2012).免费师范生学习动机与学习情况调查研究.教师教育研究,24(2),69—74.

李红惠.(2010).中小学特级教师的教学情况调查研究.上海教育科研,2,48—49.

李良.(2005).中小学新手教师适应问题研究(博士论文).山东师范大学,济南.

李亚真,潘贤权,连榕.(2010).新手—熟手—专家型教师主观幸福感与教学动机的研究.心理科学,3,705—707.

李永鑫,杨瑄,申继亮.(2007).教师教学效能感和工作倦怠的关系.心理科学,30(4),952—954.

李志鸿,任旭明,林琳,时勘.(2008).教学效能感与教师工作压力及工作倦怠的关系.心理科学,31(1),218—221.

连榕.(2004).新手—熟手—专家型教师心理特征的比较.心理学报,36(1),44—52.

连榕.(2007).教师专业发展.北京:高等教育出版社.

连榕.(2007).专长发展观的教师成长心理研究.教育探究,4,5—11.

连榕.(2008).教师教学专长发展的心理历程.教育研究,2,15—20.

连榕.(2012).教师职业生涯发展的心理历程.教育探究,3,1—6.

连榕,孟迎芳,廖美玲.(2003).专家—熟手—新手型教师教学策略与成就目标、人格特征的关系研究.心理科学,26(1),28—31.

廖美玲,连榕.(2002).新手—熟手—专家型教师成就目标定向与人格特征的研究.应用心理学,8(4),41—46.

林崇德.(1996).对教师教学能力的思考.思想政治课教学,(5),21—22.

林崇德.(2014).基于中华民族文化的师德观.西南大学学报(社会科学版),40(1),1—9.

林崇德,申继亮,辛涛.(1996).教师素质的构成及其培养途径.中国教育学刊,6,16—22.

刘红云,孟庆茂,张雷.(2004).教师集体效能和自我效能对工作压力影响作用的调节——多水平分析研究.心理科学,27(5),1073—1076.

刘红云,孟庆茂,张雷.(2005).班主任教师班级管理效能感对学生学习态度及其与学业效能间关系的影响.心理发展与教育,21(2),62—67.

刘红云,张雷,孟庆茂.(2005).小学教师集体效能及其对自我效能功能的调节.心理学报,37(1),79—86.
刘万海,张明明.(2014).师德研究的主题、特征与趋向.课程·教材·教法,34(2),127—127.
刘晓明.(2004).职业压力、教学效能感与中小学教师职业倦怠的关系.心理发展与教育,20(2),56—61.
刘毅,吴宇驹,邢强.(2009).教师压力影响职业倦怠:教学效能感的调节作用.心理发展与教育,25(1),108—113.
鲁林岳.(2011).特级教师成长历程与成功因素调查:分析与思考.中小学管理,5,8—12.
鲁林岳,张寿松.(2010).教师专业发展过程中的几个关键时段的调查研究.教师教育研究,1,67—70.
罗茜,李洪玉,何一粟.(2012).高校教师人格特质、工作特征与工作满意度的关系研究.心理与行为研究,10(3),215—219.
马红宇,魏祥迁,刘三明.(2013).免费师范生职业成熟度的特点及影响因素研究.教育研究与实验,(1),82—86.
孟迎芳,连榕,郭春彦.(2004).专家—熟手—新手型教师教学策略的比较研究.心理发展与教育,20(4),70—73.
孟勇.(2008).中学教师应对方式、教学效能感与职业倦怠关系研究.心理科学,31(3),738—740.
缪芙蓉.(2011).中学新手—专家型教师课堂情绪工作的比较研究(博士论文).温州大学,温州.
潘贤权,连榕,李亚真.(2005).新手—熟手—专家型教师教学动机特点研究.教学与管理(理论版),6,23—24.
申继亮,张彩云,张志祯.(2006).专业引领下的教师反思能力发展——以一位小学教师的反思日记为例.中国教育学刊,(6),74—77.
沈之菲.(2005).新课程背景下上海市中小学教师职业角色认同的研究.心理科学,28(3),723—726.
石雷山.(2006).教师集体效能理论及其应用.心理科学进展,14(3),389—393.
石雷山,高峰强,沈永江.(2011).班级集体效能对初中生学业自我效能与学习倦怠的调节作用.心理发展与教育,27(3),289—296.
宋广文,魏淑华.(2006).影响教师职业认同的相关因素分析.心理发展与教育,22(1),80—86.
孙晓林.(2006).高中新手—熟手型物理教师课堂教学行为差异研究(硕士论文).苏州大学,苏州.
唐卫海,韩维莹,仝文.(2010).专家教师与新手教师教学行为的比较.天津师范大学学报(社会科学版),1,77—80.
童富勇,程其云.(2010).中小学名师专业成长的影响因素分析——基于浙江省 221 位名师的调查.教育发展研究,(2),64—68.
王福兴,芦咏莉,段朝辉,周宗奎.(2013).不同经验教师对学生课堂行为加工的眼动研究.心理发展与教育,29(4),391—399.
王福兴,申继亮,田宏杰,周宗奎.(2010).专家与新手教师对静态课堂教学场景的知觉差异.心理发展与教育,26(6),612—617.
王富英,朱远平.(2012).中小学教研要素与有效教研分析.中国教育学刊,(11),81—84.
王乃一,王峰涛,何颖.(2013).免费师范生从教态度实证研究.上海教育科研,(5),35—39.
王鹏,高峰强,隋美荣.(2004).集体效能:一种团体研究的主体性视角.心理科学进展,12(6),916—923.
王鑫强,张大均,薛中华,齐晓栋.(2012).免费师范生职业认同感与生命意义的关系.心理学探新,32(3),277—281.
魏淑华.(2008).教师职业认同研究(博士论文).西南大学,重庆.
吴光勇,黄希庭.(2003).当代中学生喜爱的教师人格特征研究.教育研究与实验,4,43—47.
伍志鹏,吴庆麟,罗玉花.(2011).小学数学教师隐喻与问题解决的研究.江苏第二师范学院学报,(2),45—49.
谢珊珊.(2009).中学教师职业人格与职业倦怠的现状及其关系研究(硕士论文).福建师范大学,福州.
徐富明,申继亮.(2003).教师的职业压力应对策略与教学效能感的关系研究.心理科学,26(4),745—746.
杨翠蓉,胡谊,吴庆麟.(2005).教师知识的研究综述.心理科学,28(5),1167—1169.
杨翠蓉,李同吉,吴庆麟.(2009).教学计划过程中教学专长的专家—新手比较研究.心理科学,32(2),462—465.
杨翠蓉,吴庆麟,周成军.(2012).教学决策的专家—新手比较研究.中国特殊教育,9,88—93.
杨翠蓉,周成军,吴庆麟.(2007).教学实施过程中教师知识的专家—新手比较研究.第十一届全国心理学学术会议论文摘要集,22.
杨丽珠,张华.(2012).小学教师期望对学生人格的影响:学生知觉的中介作用.心理与行为研究,10(3),161—166.
张华,王亚军.(2013).中小学教学名师专业发展现状的调查与分析——以四川省"名师培养人选"为例.四川师范大学学报(社会科学版),40(5),86—93.
张寿松.(2009).特级教师与普通教师的教学能力提升及其困惑的比较研究.上海教育科研,6,47—49.
张学民,林崇德,申继亮.(2007).论教师教学专长的发展与教师教育.中国教育学刊,5,69—74.
张学民,鲁志鲲,申继亮,林崇德.(2004).小学教师课堂信息表征对知觉加工能力影响的研究.心理发展与教育,20(3),42—46.
张学民,申继亮,林崇德.(2002).小学教师选择注意与洞察力对课堂信息知觉的影响.心理发展与教育,18(3),57—62.
张学民,申继亮,林崇德.(2005).小学教师课堂信息加工能力的研究.心理发展与教育,21(4),56—60.
张学民,申继亮,宋艳,朱青云.(2010).小学教师课堂信息加工的特点和规律.北京师范大学学报(社会科学版),1,51—56.
张焰,黄希庭,阮昆良.(2005).从青少年学生的评价看教师的人格结构.心理科学,28(3),663—667.
张燕,赵宏玉,齐婷婷,张晓辉.(2011).免费师范生的教师职业认同与学习动机及学业成就的关系研究.心理发展与教育,27(6),633—640.
赵宏玉,兰彦婷,张晓辉,张燕.(2012).免费师范生教师职业认同量表的编制.心理与行为研究,10(2),143—148.
赵守盈,杨建原,臧运洪.(2012).基于多层面模型的教学效能感量表.心理科学,35(6),1484—1490.
郑海燕.(2005).教师期望的改变对初中生自我价值感及动机信念影响的实验研究.心理发展与教育,21(1),43—47.
郑海燕,刘晓明,莫雷.(2004).初二学生知觉到的教师期望、自我价值感与目标取向的关系研究.心理发展与教育,20(3),

16—22.

Agne, K.J. (1992). Caring: The expert teacher's edge. *Educational Horizons*, 70(3),120 - 124.

Antoniou, A.-S., Polychroni, F., & Vlachakis, A.-N. (2006). Gender and age differences in occupational stress and professional burnout between primary and high-school teachers in Greece. *Journal of Managerial Psychology*, 21(7), 682 - 690.

Borg, M.G., & Riding, R.J. (1991). Occupational stress and satisfaction in teaching. *British Educational Research Journal*, 17(3),263 - 281.

Brener, N.D., McManus, T., Wechsler, H., & Kann, L. (2013). Trends in professional development for and collaboration by health education teachers—41 states, 2000 - 2010. *Journal of School Health*, 83(10),734 - 742.

Brody, D., & Hadar, L. (2011). "I speak prose and I now know it." Personal development trajectories among teacher educators in a professional development community. *Teaching and Teacher Education*, 27(8),1223 - 1234.

Brotheridge, C.M., & Grandey, A.A. (2002). Emotional labor and burnout: Comparing two perspectives of "people work". *Journal of Vocational Behavior*, 60(1),17 - 39.

Brouwers, A., & Tomic, W. (2000). A longitudinal study of teacher burnout and perceived self-efficacy in classroom management. *Teaching and Teacher Education*, 16(2),239 - 253.

Brown, J.L., Jones, S.M., Larusso, M.D., & Aber, J.L. (2010). Improving classroom quality: Teacher influences and experimental impacts of the 4rs program. *Journal of Educational Psychology*, 102(1),153 - 167.

Burke, R., & Greenglass, E. (1994). Towards an understanding of work satisfactions and emotional well-being of school-based educators. *Stress and Health*, 10(3),177 - 184.

Butler, L.D., Waelde, L.C., Hastings, T.A., Chen, X.H., Symons, B., Marshall, J., ... & Spiegel, D. (2008). Meditation with yoga, group therapy with hypnosis, and psychoeducation for long-term depressed mood: A randomized pilot trial. *Journal of Clinical Psychology*, 64(7),806 - 820.

Byrne, B., Samuelsson, S., Wadsworth, S., Hulslander, J., Corley, R., ... & Olson, R.K. (2007). Longitudinal twin study of early literacy development: Preschool through Grade 1. *Reading and Writing*, 20(1), 77 - 102.

Canrinus, E.T., Helms-Lorenz, M., Beijaard, D., Buitink, J., & Hofman, A. (2011). Profiling teachers' sense of professional identity. *Educational Studies*, 37(5),593 - 608.

Canrinus, E.T., Helms-Lorenz, M., Beijaard, D., Buitink, J., & Hofman, A. (2012). Self-efficacy, job satisfaction, motivation and commitment: Exploring the relationships between indicators of teachers' professional identity. *European Journal of Psychology of Education*, 27(1),115 - 132.

Caprara, G.V., Barbaranelli, C., Borgogni, L., & Steca, P. (2003). Efficacy beliefs as determinants of teachers' job satisfaction. *Journal of Educational Psychology*, 95(4),821 - 832.

Caprara, G.V., Barbaranelli, C., Steca, P., & Malone, P. (2006). Teachers' self-efficacy beliefs as determinants of job satisfaction and students' academic achievement: A study at the school level. *Journal of School Psychology*, 44(6),473 - 490.

Carlson, B.C., & Thompson, J.A. (1995). Job burnout and job leaving in public school teachers: Implications for stress management. *International journal of stress management*, 2(1),15 - 29.

Castillo, R., Fernández-Berrocal, P., & Brackett, M.A. (2013). Enhancing teacher effectiveness in Spain: A pilot study of the RULER approach to social and emotional learning. *Journal of Education and Training Studies*, 1(2), 264 - 272.

Chan, D.W. (1998). Stress, coping strategies, and psychological distress among secondary school teachers in Hong Kong. *American Educational Research Journal*, 35(1),145 - 163.

Chan, D.W. (2006). Emotional intelligence and components of burnout among Chinese secondary school teachers in Hong Kong. *Teaching and Teacher Education*, 22(8),1042 - 1054.

Chang, M.L. (2009). An appraisal perspective of teacher burnout: Examining the emotional work of teachers. *Educational psychology review*, 21(3),193 - 218.

Chikasanda, V.K.M, Otrel-Cass, K., Williams, J., & Jones, A. (2012). Enhancing teachers' technological pedagogical knowledge and practices: A professional development model for technology teachers in Malawi. *International Journal of Technology and Design Education*, 23(3),597 - 622.

Cho, Y.J., Shim, S.S. (2013). Predicting teachers' achievement goals for teaching: The role of perceived school goal structure and teachers' sense of efficacy. *Teaching and Teacher Education*, 32,12 - 21.

Cinamon, R.G., Rich, Y., & Westman, M. (2007). Teachers' occupation-specific work-family conflict. *The Career Development Quarterly*, 55(3),249 - 261.

Clunies-Ross, P., Little, E., & Kienhuis, M. (2008). Self-reported and actual use of proactive and reactive classroom management strategies and their relationship with teacher stress and student behaviour. *Educational Psychology*, 28(6),693 - 710.

Collie, R.J., Shapka, J.D., & Perry, N.E. (2012). School climate and Social-emotional Learning: Predicting teacher stress, job satisfaction, and teaching efficacy. *Journal of Educational Psychology*, 104(4),1189 - 1204.

Crosnoe, R., Morrison, F., Burchinal, M., Pianta, R., Keating, D., & Friedman, S.L., et al. (2010). Instruction, teacher-student relations, and math achievement trajectories in elementary school. *Journal of Educational Psychology*, 102(2),407 - 417.

Day, C. (1999). *Developing Teachers: The Challenges of Lifelong Learning*. London, Philadelphia: Falmer Press.

de Boer, H. , Bosker, R. J. , & van der Werf, M. P. C. (2010). Sustainability of teacher expectation bias effects on long-term student performance. *Journal of Educational Psychology*, 102(1),168 - 179.

Dedousis-Wallace, A. , Shute, R. , Varlow, M. , Murrihy, R. , & Kidman, T. (2014). Predictors of teacher intervention in indirect bullying at school and outcome of a professional development presentation for teachers. *Educational Psychology*, 34(7),862 - 875.

Dellinger, A. B. , Bobbett, J. J. , Olivier, D. F. , & Ellett, C. D. (2008). Measuring teachers' self-efficacy beliefs: Development and use of the TEBS-Self. *Teaching and Teacher Education*, 24(3),751 - 766.

Doherty-Sneddon, G. , & Phelps, F. G. (2007). Teachers' responses to children's eye gaze. *Educational Psychology*, 27 (1),93 - 109.

Dunham, J. (1992). *Stress in Teaching*. London: Routledge.

Durlak, J. A. , Weissberg, R. P. , Dymnicki, A. B. , Taylor, R. D. , & Schellinger, K. B. (2011). The impact of enhancing students' social and emotional learning: A meta-analysis of school-based universal interventions. *Child Development*, 82(1),405 - 432.

Endedijk, M. D. , Vermunt, J. D. , Verloop, N. , & Brekelmans, M. (2012). The nature of student teachers' regulation of learning in teacher education. *British Journal of Educational Psychology*, 82(3),469 - 491.

Evans, L. (2002). What is teacher development? *Oxford Review of Education*, 28(1),123 - 137.

Farber, B. A. , & Miller, J. (1981). Teacher Burnout: A Psychoeducational Perspective. *Teachers College Record*, 83 (2),235 - 243.

Fernet, C. (2003). Profile of occupational health in teachers. Unpublished manuscript, Université Laval, Canada.

Fernet, C. , Guay, F. , Senécal, C. , & Austin, S. (2012). Predicting intraindividual changes in teacher burnout: The role of perceived school environment and motivational factors. *Teaching and Teacher Education*, 28(4),514 - 525.

Findell, C. R. (2009). What differentiates expert teachers from others? *Journal of Education*, 188(2),11 - 23.

Flum, H. , & Cinamon, R. G. (2012). An interdisciplinary view of social constructionist vocational psychology. In P. McIlveen & D. E. Schultheiss (Eds.), *Social Constructionism in Vocational Psychology and Career Development*. Rotterdam: Sense Publishers.

Frenzel, A. C. , Goetz, T. , Lüdtke, O. , Pekrun, R. , & Sutton, R. E. (2009). Emotional transmission in the classroom: Exploring the relationship between teacher and student enjoyment. *Journal of Educational Psychology*, 101(2009),705 - 716.

Friedel, J. M. , Kai, S. C. , Turner, J. C. , & Midgley, C. (2007). Achievement goals, efficacy beliefs and coping strategies in mathematics: The roles of perceived parent and teacher goal emphases. *Contemporary Educational Psychology*, 32(3),434 - 458.

Goldin, P. , Ramel, W. , & Gross, J. (2009). Mindfulness meditation training and self-referential processing in social anxiety disorder: Behavioral and neural effects. *Journal of Cognitive Psychotherapy*, 23(3),242 - 257.

Graves, S. L. , Jr. , & Howes, C. (2011). Ethnic differences in social-emotional development in preschool: the impact of teacher child relationships and classroom quality. *School Psychology Quarterly*, 26(3),202 - 214.

Greenberg, L. (2006). Emotion-focused therapy: A synopsis. *Journal of Contemporary Psychotherapy*, 36(2),87 - 93.

Grigg, J. , Kelly, K. A. , Gamoran, A. , & Borman G. D. (2013). Effects of two scientific inquiry professional development interventions on teaching. *Educational Evaluation and Policy Analysis*, 35(1),38 - 56.

Grove, C. M. , Dixon, P. J. , & Pop, M. M. (2009). Research experiences for teachers: Influences related to expectancy and value of changes to practice in the american classroom. *Professional Development in Education*, 35 (2), 247 - 260.

Hakanen, J. J. , Bakker, A. B. , & Schaufeli, W. B. (2006). Burnout and work engagement among teachers. *Journal of School Psychology*, 43(6),495 - 513.

Hamre, B. K. , & Pianta, R. C. (2005). Can instructional and emotional support in the first-grade classroom make a difference for children at risk of school failure? *Child Development*, 76(5),949 - 967.

Hattie J. (2003). Teachers make a difference: What is the research evidence? Camberwell: Australian Council for Educational Research.

Hayes, B. , Hindle, S. , & Withington, P. (2007). Strategies for developing positive behaviour management. Teacher behaviour outcomes and attitudes to the change process. *Educational Psychology in Practice*, 23(2),161 - 175.

Heikkila, A. , Lonka, K. , Nieminen, J. , Niemivirta, M. (2012). Relations between teacher students' approaches to learning, cognitive and attributional strategies, well-being, and study success. *Higher Education*, 64(4),455 - 471.

Hinnant, J. B. , O'Brien, M. , & Ghazarian, S. R. (2009). The longitudinal relations of teacher expectations to achievement in the early school years. *Journal of Educational Psychology*, 101(3),662 - 670.

Ho, I. T. & Hau, K. T. (2004). Australian and Chinese teacher efficacy: Similarities and differences in personal instruction, discipline, guidance efficacy and beliefs in external determinants. *Teaching and Teacher Education*, 20 (3),313 - 323.

Hogan, T. , & Rabinowitz, M. (2009). Teacher expertise and the development of a problem representation. *Educational Psychology*, 29(2),153 - 169.

Horn, J. E. , Taris, T. W. , Schaufeli, W. B. , & Schreurs, P. J. (2004). The structure of occupational well-being: A study among Dutch teachers. *Journal of Occupational and Organizational Psychology*, 77(3),365 – 375.

Horner, R. H., Sugai, G., Todd, A. W., & Lewis-Palmer, T. (2005). Schoolwide positive behavior support. In L. Bambara & L. Kern (Eds.), *Individualized Supports for Students with Problem Behaviors: Designing Positive Behavior Plans* (pp. 359 – 390). New York, NY: Guilford Press.

Høigaard, R., Giske, R., & Sundsli, K. (2012). Newly qualified teachers' work engagement and teacher efficacy influences on job satisfaction, burnout and the intention to quit. *European Journal of Teacher Education*, 35(3),347 – 357.

İnandi, Y. (2009). The barriers to career advancement of female teachers in Turkey and their levels of burnout. *Social Behavior and Personality*, 37(8),1143 – 1152.

Jennings, P. A., & Greenberg, M. T. (2009). The prosocial classroom: Teacher social and emotional competence in relation to student and classroom outcomes. *Review of Educational Research*, 79(1),491 – 525.

Jepson, E., & Forrest, S. (2006). Individual contributory factors in teacher stress: The role of achievement striving and occupational commitment. *British Journal of Educational Psychology*, 76(1),183 – 197.

Johnson, S. M., Berg, J. H., & Donaldson, M. L. (2005). *Who Stays in Teaching and Why: A Review of the Literature on Teacher Retention*. Cambridge, MA: Harvard Graduate School of Education.

Joseph, J., & Joseph, M. I. (2013). Emotional competency and happiness among teacher trainees. *Guru Journal of Behavioral and Social Sciences*, 1(2),85 – 90.

Junqueira, L., & Kim, Y. L. (2013). Exploring the relationship between training, beliefs, and teachers' corrective feedback practices: A case study of a novice and an experienced ESL teacher. *Canadian Modern Language Review*, 69(2),181 – 206.

Kaut, D. S., & Kaur, R. (2013). A study of emotional intelligence and teacher stress among B. Ed teachers. *International Journal of Research in Education Methodology*, 3(2),248 – 254.

Kelm, J. L., & Mcintosh, K. (2012). Effects of school-wide positive behavior support on teacher self-efficacy. *Psychology in the Schools*, 49(2),137 – 147.

Kennedy, S. Y., & Smith, J. B. (2013). The relationship between school collective reflective practice and teacher psychological efficacy sources. *Teaching and Teacher Education*, 29,132 – 143.

Kiuru, N., Poikkeus, A. M., Lerkkanen, M. K., Pakarinen, E., Siekkinen, M., Ahonen, T., & Nurmi, J. E. (2012). Teacher-perceived supportive classroom climate protects against detrimental impact of reading disability risk on peer rejection. *Learning and Instruction*, 22(5),331 – 339.

Klassen, R. M., & Chiu, M. M. (2010). Effects on teachers' self-efficacy and job satisfaction: Teacher gender, years of experience, and job stress. *Journal of Educational Psychology*, 102(3),741 – 756.

Kokkinos, C. M. (2007). Job stressors, personality and burnout in primary school teachers. *British Journal of Educational Psychology*, 77(1),229 – 243.

Komarraju, M. (2013). Ideal teacher behaviors: Student motivation and self-efficacy predict preferences. *Teaching of Psychology*, 40(2),105 – 110.

Kyriacou, C. (1987). Teacher stress and burnout: An international review. *Educational research*, 29(2),146 – 152.

Kyriacou, C., & Sutcliffe, J. (1978). Teacher stress: Prevalence, sources, and symptoms. *British Journal of Educational Psychology*, 48(2),159 – 167.

Leflot, G., van Lier, P. A., Onghena, P., & Colpin, H. (2010). The role of teacher behavior management in the development of disruptive behaviors: an intervention study with the good behavior game. *Journal of Abnormal Child Psychology*, 38(6), 869 – 882.

Leung, D. Y. P., & Lee, W. W. S. (2006). Predicting intention to quit among Chinese teachers: Differential predictability of the components of burnout. *Anxiety, Stress & Coping*, 19(2),129 – 141.

Litt, M. D., & Turk, D. C. (1985). Sources of stress and dissatisfaction in experienced high school teachers. *The Journal of Educational Research*, 78(3),178 – 185.

Loucks-Horsley, S., Love, N., Stiles, K. E., Mundry, S., & Hewson, P. W. (2003). *Designing Professional Development for Teachers of Science and Mathematics*. Thousand Oaks, CA: Corwin Press.

Lyon, G. R., & Weiser, B. (2009). Teacher knowledge, instructional expertise, and the development of reading proficiency. *Journal of Learning Disabilities*, 42(5),475 – 480.

MacFarlane, K., & Woolfson, L. M. (2013). Teacher attitudes and behavior toward the inclusion of children with social, emotional and behavioral difficulties in mainstream schools: An application of the theory of planned behavior. *Teaching and Teacher Education*, 29,46 – 52.

Malmberg, L. E., Hagger, H., Burn, K., Mutton, T., & Colls, H. (2010). Observed classroom quality during teacher education and two years of professional practice. *Journal of Educational Psychology*, 102(4),916 – 932.

Martin, N. K., Sass, D. A., & Schmitt, T. A. (2012). Teacher efficacy in student engagement, instructional management, student stressors, and burnout: A theoretical model using in-class variables to predict teachers' intent-to-leave. *Teaching and Teacher Education*, 28(4),546 – 559.

Maslach, C., Schaufeli, W. B., & Leiter, M. P. (2001). Job burnout. *Annual Review of Psychology*, 52(1),397 – 422.

Mau, W. C. J., Ellsworth, R., Hawley, D. (2008). Job satisfaction and career persistence of beginning teachers. *International Journal of Educational Management*, 22(1),48 – 61.

McAuliffe, M. D., Hubbard, J. A., & Romano, L. J. (2009). The role of teacher cognition and behavior in children's peer relations. *Journal of Abnormal Child Psychology*, 37(5),665 – 677.

Mearns, J. , & Cain, J. E. (2003). Relationships between teachers' occupational stress and their burnout and distress: Roles of coping and negative mood regulation expectancies. *Anxiety, Stress & Coping*, 16(1),71 - 82.

Meyer, H. (2004). Novice and expert teachers' conceptions of learners' prior knowledge. *Science Education*, 88(6),970 - 983.

Milstein, M. , & Farkas, J. (1988). The over-stated case of educator stress. *Journal of Educational Administration*, 26 (2),232 - 249.

Moè, A. , Pazzaglia, F. , & Ronconi, L. (2010). When being able is not enough. The combined value of positive affect and self-efficacy for job satisfaction in teaching. *Teaching and Teacher Education*, 26(5),1145 - 1153.

Montgomery, C. , & Rupp, A. A. (2005). A meta-analysis for exploring the diverse causes and effects of stress in teachers. *Canadian Journal of Education / Revue canadienne de l'éducation*, 28(3)458 - 486.

Mutton, T. , Hagger, H. , & Burn, K. (2011). Learning to plan, planning to learn: The developing expertise of beginning teachers. *Teachers and Teaching*, 17(4),399 - 416.

Oman, D. , Shapiro, S. L. , Thoresen, C. E. , Plante, T. G. , & Flinders, T. (2008). Meditation lowers stress and supports forgiveness among college students: A randomized controlled trial. *Journal of American College Health*, 56 (5),569 - 578.

Palmer, D. J. , Stough, L. M. , Burdenski, T. K. , Jr. , & Gonzales, J. M. (2005). Identifying teacher expertise: An examination of researchers' decision making. *Educational Psychologist*, 40(1),13 - 25.

Palomera, R. , Fernández-Berrocal, P. , & Brackett, M. A. (2008). Emotional intelligence as a basic competency in pre-service teacher training: Some evidence. *Electronic Journal of Research in Educational Psychology*, 6(2),437 - 454.

Pas, E. T. , Bradshaw, C. P. , Hershfeldt P. A. (2012). Teacher- and school-level predictors of teacher efficacy and burnout: Identifying potential areas for support. *Journal of School Psychology*, 50(1),129 - 145.

Perrachione, B. A. , Rosser, V. J. , & Petersen, G. J. (2008). Why do they stay? Elementary teachers' perceptions of job satisfaction and retention. *Professional Educator*, 32(2),25 - 41.

Pianta, R. C. (1992). Conceptual and methodological issues in research on relationships between children and nonparental adults. *New Directions for Child & Adolescent Development*, 57,121 - 129.

Pillay, H. K. , Goddard, R. , & Wilss, L. A. (2005). Well-being, burnout and competence: Implications for teachers. *Australian Journal of Teacher Education*, 30(2),22 - 33.

Pishghadam, R. , & Sahebjam, S. (2012). Personality and emotional intelligence in teacher burnout. *The Spanish Journal of Psychology*, 15(1),227 - 236.

Pressley, M. , & Woloshyn, V. (1995). *Cognitive Strategy Instruction that Really Improves Children's Academic Performance* (2nd Ed.). Cambridge, MA: Brookline.

Pyhältö, K. , Pietarinen, J. , & Salmela-Aro, K. (2011). Teacher-working-environment fit as a framework for burnout experienced by Finnish teachers. *Teaching and Teacher Education*, 27(7),1101 - 1110.

Raver, C. C. , Jones, S. M. , Li-Grining, C. P. , Metzger, M. , Smallwood, K. , & Sardin, L. (2008). Improving preschool classroom processes: Preliminary findings from a randomized trial implemented in head start settings. *Early Childhood Research Quarterly*, 23(1),10 - 26.

Retelsdorf, J. , Butler, R. , Streblow, L. , & Schiefele, U. (2010). Teachers' goal orientations for teaching: Associations with instructional practices, interest in teaching, and burnout. *Learning and Instruction*, 20(1), 30 -46.

Rimm-Kaufman, S. E. , La Paro, K. M. , Downer, J. T. , & Pianta, R. C. (2005). The contribution of classroom setting and quality of instruction to children's behavior in kindergarten classrooms. *The Elementary School Journal*, 105(4), 377 - 394.

Roeser, R. W. , Skinner, E. , Beers, J. , & Jennings, P. A. (2012). Mindfulness training and teachers' professional development: An emerging area of research and practice. *Child Development Perspectives*, 6(2),167 - 173.

Ross, S. W. , Romer, N. , & Horner, R. H. (2012). Teacher well-being and the implementation of school-wide positive behavior interventions and supports. *Journal of Positive Behavior Interventions*, 14(2),118 - 128.

Rubie-Davies, C. M. , Flint, A. , & McDonald, L. G. (2012). Teacher beliefs, teacher characteristics, and school contextual factors: What are the relationships? *British Journal of Educational Psychology*, 82(2),270 - 288.

Schroeder, R. M. , Akotia, C. S. , & Apekey, A. K. (2001). Stress and coping among Ghanaian school teachers. *IFE PsychologIA*, 9(1),89 - 98.

Sharma, U. , Loreman, T. , & Forlin C. (2012). Measuring teacher efficacy to implement inclusive practices. *Journal of Research in Special Educational Needs*, 12(1),12 - 21.

Shulman, L. S. (1986). Those who understand: A conception of teacher knowledge. *American Educator*, 10(1),9 - 15, 43 - 44.

Skaalvik, E. M. , & Skaalvik, S. (2007). Dimensions of teacher self-efficacy and relations with strain factors, perceived collective teacher efficacy, and teacher burnout. *Journal of Educational Psychology*, 99(3),611 - 625.

Skaalvik, E. M. , & Skaalvik, S. (2010). Teacher self-efficacy and teacher burnout: A study of relations. *Teaching and Teacher Education*, 26(4),1059 - 1069.

Smith, K. (2005). Teacher educators' expertise: What do novice teachers and teacher educators say? *Teaching and Teacher Education*, 21(2),177 - 192.

Smith, T. M. , & Ingersoll, R. M. (2004). What are the effects of induction and mentoring on beginning teacher turnover? *American Educational Research Journal*, *41*(3),681 - 714.

Speck, M. & Knipe, C. (2001). *Why Can't We Get It Right? Professional Development in Our Schools*. Thousand Oaks, CA: Corwin Press.

Stemler, S. E. , Elliott, J. G. , Grigorenko, E. L. , & Sternberg, R. J. (2006). There's more to teaching than instruction: Seven strategies for dealing with the practical side of teaching. *Educational Studies*, *32*(1),101 - 118.

Stolpe, K. , & Björklund, L. (2012). Seeing the wood for the trees: Applying the dual-memory system model to investigate expert teachers' observational skills in natural ecological learning environments. *International Journal of Science Education*, *34*(1),101 - 125.

Sugai, G. , & Horner, R. H. (2009). Defining and describing schoolwide positive behavior support. In W. Sailor, G. Dunlap, G. Sugai, & R. H. Horner (Eds.), *Handbook of Positive Behavior Support* (pp. 307 - 326). New York, NY: Springer.

Sum, R. K. W. , Dimmock, C. (2013). The career trajectory of physical education teachers in Hong Kong. *European Physical Education Review*, *19*(1),62 - 75.

Swinson, J. , & Knight, R. (2007). Teacher verbal feedback directed towards secondary pupils with challenging behaviour and its relationship to their behaviour. *Educational Psychology in Practice*, *23*(3),241 - 255.

Thomson, M. M. , & Turner, J. (2015). Teaching motivations, characteristics and professional growth: Results from the Great Expectations (GE) programme in the United States. *Educational Psychology*, *35*(5),578 - 597.

Travers, C. J. , & Cooper, C. L. (1996). Teachers Under Pressure: Stress in the Teaching Profession. Psychology Press.

Tschannen-Moran, M. , & Hoy, A. W. (2007). The differential antecedents of self-efficacy beliefs of novice and experienced teachers. *Teaching and Teacher Education*, *23*(6),944 - 956.

Tsui, A. B. M. (2003). Characteristics of expert and novice teachers. In M. H. Long & J. C. Richards (Eds.), *Understanding Expertise in Teaching: Case Studies in ESL Teaching* (pp. 22 - 41). United Kingdom: Cambridge University Press.

Turk, D. C. , Meeks, S. , & Turk, L. M. (1982). Factors contributing to teacher stress: Implications for research, prevention, and remediation. *Behavioral Counseling Quarterly*, *2*(1),3 - 25.

Vieluf, S. , Kunter, M. , & van de Vijver, F. J. R. (2013). Teacher self-efficacy in cross-national perspective. *Teaching and Teacher Education*, *35*,92 - 103.

Wasik, B. A. , & Hindman, A. H. (2011). Improving vocabulary and pre-Literacy skills of at-risk preschoolers through teacher professional development. *Journal of Educational Psychology*, *103*(2),455 - 469.

Webb, N. M. (2009). The teacher's role in promoting collaborative dialogue in the classroom. *British Journal of Educational Psychology*, *79*(1),1 - 28.

Webster, C. A. (2010). Relating student recall to expert and novice teachers' instructional communication: An investigation using receiver selectivity theory. *Physical Education and Sport Pedagogy*, *15*(4),419 - 433.

Wilson, S. M. (2013). Professional development for science teachers. *Science*, *340*(6130),310 - 313.

Wolpin, J. , Burke, R. J. , & Greenglass, E. R. (1994). A longitudinal study of psychological burnout and its effect on psychosomatic symptoms. *Journal of Health and Human Resources Administration*, *16*(3),286 - 303.

Zellars, K. L. , Perrewé, P. L. , & Hochwarter, W. A. (2000). Burnout in health care: The role of the five factors of personality. *Journal of Applied Social Psychology*, *30*(8),1570 - 1598.

作者简介

宋　蓓　现于华东师范大学心理学博士后流动站进行研究工作（2015—2018 年）。哈尔滨音乐学院教授，硕士生导师，教育部公派英国伦敦大学教育研究院（Institute of Education，University of London）访问学者（2013—2014 年）。黑龙江省领军人才梯队后备带头人，中国音乐教育学学会理事，中国教育学会脑科学与教育研究分会理事，中国教育学会学校文化研究分会理事，国际心智、脑 与 教 育 学 会（International Mind，Brain and Education Society，IMBES）会员，国际音乐教育学会（International Society of Music Education，ISME）会员，中国音乐心理学学会会员。

吴庆麟　华东师范大学心理与认知科学学院发展与教育心理学研究所教授、博士生导师。曾任教育部高等学校心理学教学指导委员会委员、上海市心理学会副理事长、中国心理学会教育心理学专业委员会副主任委员。出版著作十余部，发表论文七十余篇。所出版著作获得国家图书奖、国家优秀教材奖、上海市优秀教材奖等奖项十余项。所承担"教育心理学"课程被评为"国家精品课程"和"上海市精品课程"。先后获国家级教学成果奖二等奖 2 项（2005 年、2014 年）、上海市级教学成果奖 3 项。获得"上海高等学校教学名师奖"，并担任华东师范大学"心理学国家级教学团队"负责人。Email：qlwu@psy.ecnu.edu.cn。

潘亚峰　华东师范大学心理与认知科学学院博士生，现作为联合培养博士生，于比利时法语布鲁塞尔自由大学从事神经心理学研究。主要关注的研究主题为人类学习与记忆及其相关神经机制，包括超常记忆、社会互动学习、睡眠与记忆等。曾获博士研究生国家奖学金、国家建设高水平大学公派研究生项目奖学金、校优秀博士论文培育计划项目奖学金、校智慧奖学金等。在 *Human Brain Mapping*、*Brain and Cognition* 等国际学术期刊上发表过多篇论文。

胡　谊　现任华东师范大学心理与认知科学学院教授、博士生导师。20 世纪 90 年代初就读于华东师范大学心理学系,获硕士学位,后留校任教,其间攻读本校发展与教育心理学专业博士研究生,于 2004 年获得博士学位。2008 年作为国家公派访问学者赴美国加州大学圣地亚哥分校从事心理学研究。长期关注优秀人才心理学(如超常记忆、领域专长、创新与创业等),人—人互动中的高级思维活动(如合作、决策)等主题,主持国家自然科学基金、国家社会科学基金、上海市哲学社会科学规划课题等多项课题。在 *Journal of Experimental Psychology*:*LMC*、*Cognitive Psychology* 和 *Human Brain Mapping* 等国际学术期刊上发表过多篇论文。E-mail:yhu@psy.ecnu.edu.cn。

张振新 博士,浙江师范大学教授,中国心理学会心理学教学工作委员会委员,浙江省心理学会理事。近几年来,在 Nelson 提出的元认知的理论框架下开展对学习判断、元理解等领域的研究,在 *Social Development*、《心理学报》、《心理科学》等学术期刊上发表论文 20 余篇,出版专著《学习判断与元理解的实证研究》。同时,注重元认知理论在课堂教学中的应用,致力于把元认知的基本理论和原则与当前的中小学教学改革相对接,提出了以元认知理论为指导的生本课堂的教学模式,被部分中小学采用。Email:zzx@zjnu.cn。

李先春 博士、副教授。2005 年毕业于华东师范大学,之后在美国约翰·霍普金斯大学从事博士后研究,2009 年 9 月起任职于华东师范大学。2011 年入选"上海市浦江人才计划"。主要研究方向为结合行为学和神经科学等多模态研究方法,重点探讨:(1)高级社会认知活动(如合作、师生互动等)的跨脑机制;(2)工作记忆与跨期决策等的交互作用的机制探讨。主持或参与 3 项国家/省部级课题,在 *Proceedings of the National Academy of Sciences of the United States of America*(PNAS)、*Human Brain Mapping*、*Journal of Cognitive Neuroscience* 以及《心理学报》等学术期刊上发表论文 20 余篇。

朱晓红 南京师范大学心理学院副教授。主要从事学习动机、中小学生学习心理研究。为心理学本科生主讲"心理统计学"和"教育心理学"等课程,为心理学研究生主讲"人类动机:理论与实践"及"中小学生学习辅导"等课程。主持完成江苏省教育科学规划课题"儿童学习动机类型与创造力关系的研究"、合作主持完成教育部重大招标课题的子课题"国民艺术素养现状调查研究"等。合作出版教材、译著、著作多部;发表论文十余篇,其中,论文《儿童学习动机类型与创造力倾向关系的研究》和《回眸与前瞻:学习动机缺失研究》等被人大复印资料《心理学》全文转载。Email:zhuxiaohong@njnu.edu.cn。

刘啸莳 湖南师范大学心理学硕士，上海师范大学心理学在读博士。主要研究方向是：儿童品德与社会性发展、儿童的早期记忆发展。先后在《心理科学》、《心理科学进展》等期刊上发表论文。参加国家社会科学基金、教育部人文社会科学研究项目和上海市哲学社会科学规划课题等。

李　丹 博士，上海师范大学心理学系教授、主任，博士生导师。上海师范大学儿童发展与研究中心主任。兼任《心理科学》编委，中国心理学会发展心理学分会理事，上海市心理学会常务理事和德育心理学专业委员会主任等。主要研究方向是：儿童品德与社会性发展、心理健康教育。先后在《心理学报》、《心理科学》、*Child Development* 及 *Development and Psychopathology* 等国内外核心期刊上发表论文 80 余篇，出版著作、教材和译著 10 余部，主持国家社会科学基金、教育部人文社会科学研究项目和上海市哲学社会科学规划课题等课题 20 余项。曾荣获上海市哲学社会科学优秀成果奖等。Email：lidan501@163. com。

戴　耘 现任纽约州立大学阿尔巴尼分校教育与咨询心理学系教授，博士生导师，持终身教职，华东师范大学心理与认知科学学院兼职教授。20 世纪 80 年代就读于华东师范大学中文系，获学士和硕士学位。90 年代初赴美国普渡大学攻读心理学，获硕士和博士学位，毕业后在美国人才培养国家研究中心（NRC/GT）从事博士后研究，师从美国研究"英才教育"的著名学者兰祖利（J. S. Renzuli）。现任 *Gifted Children Quarterly*、*Journal for the Education of the Gifted*、*Roeper Review*、*PsycCritique*：*APA Book Reviews* 等学术期刊编委，出版了有关一般心理学、教育心理学和人才培养的专著和主编文集八种，发表逾百篇研究报告、论文、书章等，并在日本、印度、中国香港、中国大陆、澳大利亚、德国、突尼斯、葡萄牙等国家和地区举办的国际学术会议上作主旨发言或邀请发言。长期从事人才的个体和社会发生以及教育对策和模式方面的研究，于 2006 年和 2017 年被"美国英才教育协会"（National Association for Gifted Children）授予"学者新秀"（Early Scholar）和"杰出学者"（Distinguished Scholar）的称号，分别于 2008—2009 年和 2015—2016 年作为福布莱特学者（Fulbright scholar）赴中国和德国讲学。作为华东师大紫江讲座讲授（2012—2015 年），戴耘博士参与中国普通高中阶段拔尖创新人才培养的理论和实践探索，以及有关心理学和教育学的基础理论研究和讲学。Email：ydai@albany. edu。

沈烈敏 华东师范大学心理与认知科学学院副教授。长期从事教育心理学、学业不良心理学、学校心理学领域的研究工作。主要研究成果有：独立专著《人类学习论》、《学业不良心理学研究》;合译著冯特《动物与人类心理学论稿》(获"第十二届中国图书奖");合编著《差生心理与教育》。相关研究报告与论文:《关于假设—验证和范畴化认知方式与学业不良的相关研究》、《学习中投机与懈怠心理对学业不良的影响研究》、《关于学生自我妨碍策略与学业不良的相关研究》、《关于初中学业不良者学业求助特征及相关研究》、《学业不良的相对性涵义及测定的实证研究》、《学业不良学生的心理弹性研究初论》。Email:lmshen@psy. ecnu. edu. cn。

张春莉　教育心理学博士,北京师范大学教育学部课程与教学研究院副院长、教授、博士生导师。中国教育学会小学数学教学专业委员会常务理事、副秘书长。研究方向为:教学心理与评价、数学课程与教学。主持过的课题有:全国教育科学"十五"规划教育部重点课题"新课程小学数学、语文学科能力评价研究",北京市教育科学"十五"规划青年专项课题"突出数学学习过程性的课程教学设计研究",全国教育科学"十一五"规划教育部重点课题"读懂中小学生数学学习过程的方法研究",北京市教育科学"十二五"规划重点课题"专家型教师原型观下课堂教学执行力的提升"。主要代表作有《从建构主义观点论课堂教学评价》、《小学生数学能力评价框架的建构》、《师生人际关系对教师教学反馈及学生行为的影响研究》等。著作包括《学会思维》、《教育心理学》(译著)、《数学教育评价》、《小学数学互动式教学》、《数学学习与教学设计》等。Email:97070@bnu. edu. cn。

李同吉　同济大学职业技术教育学院副教授。博士毕业于华东师范大学心理学系(现为心理与认知科学学院)发展与教育心理学专业,曾两度赴荷兰鹿特丹伊拉斯谟大学心理学系做访问学者。从事职业教育心理学的研究和教育,研究方向为职业专长。曾任教育部全国教师教育课程资源专家委员会专家。主持国家级和省部级课题各一项,发表学术论文数十篇,出版专著一部。承担职业技术教育学院硕士研究生"教育心理学"、本科生"职业教育心理学"等课程的教学任务。Email:litj@tongji. edu. cn。

杨翠蓉　博士,苏州科技大学心理学系系主任、教授、硕士生导师。江苏高校"青蓝工程"优秀青年骨干教师。研究方向为:教学专长研究、学习与教学心理。具体研究成果多聚焦于数学教学专长研究、数学样例研究等领域。在相关领域主持省级课题 2 项;市级课题 2 项;已出版个人专著 2 本,与他人合著书籍 2 本;编写教材 4 本;发表论文 32 篇,其中 C 刊 5 篇,北图 6 篇,人大复印全文转载 2 篇。E-mail:zq55822@163. com。

张　奇　博士,现任辽宁师范大学心理学院教授、博士生导师。中国心理学会第十届、十一届理事,中国心理学会教育心理学专业委员会副主任,中国教育学会学校教育心理学分会常务理事。主要研究方向是规则学习与教学。

郝　宁　心理学博士,华东师范大学心理与认知科学学院教授、博士生导师,院党委副书记兼副院长。上海市"曙光学者",中国教育学会学校教育心理学分会理事,上海市心理学会理事。主要从事创造力、专长等主题的研究。近期研究利用行为实验及 EEG、fMRI、tDCS、fNIRS 等技术手段,探讨创造性思维的认知和神经机制。主持国家自然科学基金项目、教育部人文社会科学研究项目、上海市哲学社会科学规划课题等国家和省部级课题 5 项,以第一/通讯作者身份发表 SCI/SSCI/CSSCI 等期刊论文近 40 篇。Email：nhao@psy. ecnu. edu. cn。

韩建涛　安徽巢湖学院心理学专业教师,华东师范大学发展与教育心理学专业在读博士。主要研究领域为学习和教学心理,曾主持教育部人文社科研究项目 1 项,参与国家社科基金、安徽省高等教育振兴计划专业改造与新专业建设项目和安徽省教育厅人文社科项目等多项课题。已在《心理与行为研究》、《外国教育研究》、*Creativity Research Journal* 等国内外核心期刊上发表学术论文 10 余篇。

庞维国　华东师范大学心理与认知科学学院副院长、教授、博士生导师,校教学委员会委员,上海市立德树人心理学重点研究基地主任。主要学术兼职有：教育部中小学心理健康教育专家指导委员会委员,中国心理学会理事,上海市心理学会副理事长兼秘书长,《心理科学》、*International Journal of Creativity and Problem Solving* 等杂志编委。主要研究领域为学习心理学、教学心理学和教学设计。先后承担教育部人文社会科学研究项目、上海市哲学社会科学规划课题、国家社会科学基金等多项研究项目,在国内外著名学术期刊上发表论文近百篇,出版专著、译著近 20 部。曾获高等教育国家级优秀教学成果奖、上海市哲学社会科学优秀成果奖、上海市教育科学优秀成果奖、全国教育硕士优秀教师奖。2009 年入选"上海市浦江人才计划",2012 年入选教育部"新世纪优秀人才支持计划"。E-mail：wgpang@psy. ecnu. edu. cn。

林立甲　华东师范大学心理与认知科学学院副教授,发展与教育心理学研究所副所长。主要研究方向包括多媒体学习、混合学习、样例学习、基于游戏的学习等。研究成果已广泛地发表于 *Computers & Education*，*Journal of Educational Computing Research*，*Interactive Learning Environments*，*Journal of Experimental Education*，*Educational Technology Research &*

Development 等学术期刊。目前担任十种国际期刊的论文匿名评审，包括 *Learning and Instruction*，*Computers & Education*，*Journal of Computing in Higher Education*，*Computers in Human Behavior*，*Cognitive*，*Affective*，*& Behavioral Neuroscience* 等。自 2011 年起担任美国教育研究协会（AERA）年会论文评审，多次在美国教育研究协会年会等国际会议上做学术报告，并受邀担任分会场报告的主持人和点评人。2007 年毕业于东华大学教育技术专业；2011 年毕业于美国亚利桑那州立大学（Arizona State University）教育技术专业，获得哲学博士学位。Email：ljlin@psy. ecnu. edu. cn。

连　榕　福建师范大学心理学院教授、博士生导师、院长，享受国务院政府特殊津贴，福建省哲学社会科学领军人才。中国心理学会理事、中国心理学会教育心理学专业委员会副主任、福建省心理学会理事长。主要从事教师心理与学习心理的研究，主持研究了 10 多项国家和省部级课题，已出版著作、教材 20 多部，发表学术论文 150 多篇。获高等学校科学研究优秀成果奖 2 项，全国教育科学研究优秀成果奖 2 项，福建省社会科学优秀成果奖 9 项，福建省教学成果奖 3 项。Email：lianrong1122@126. com。

索 引

A

Atkinson, J. W. 81

奥苏伯尔 285

B

拔尖创新人才 147

本质主义 132

表现—回避 88

表现—接近 88

表现目标 87

博物馆学习 295

布鲁纳 285

C

Csikszenkmihalyi, M. 86

Cleary, T. J. 89

长时工作记忆理论 211

超常记忆 20

超前(加速)学习 141

陈述性知识 187

成就价值 82

成就目标 87

成就目标理论 87

程序性知识 184

创新学习 292

创造力 255

创造力的双通道理论 260

创造力发展 146

D

Deci, E. L. 85

Dweck, C. S. 84

代价 82

道德领域的事件 108

道德情绪 109

道德人格 107

道德认知 107

道德推脱 109

道德行为 111

道德自我 107

第二语言学习 68

动机干预 84

动机整合理论 86

独创性 257

杜威 285

对分课堂 289

顿悟说 200

多感觉学习 60

多感觉学习训练 66

多感觉整合 61

多媒体学习 302

多媒体原理 306

E

Eccles, J. S.　81

Elliot, A. J.　88

F

"非智力"因素　134

发散性思维　255

发现学习　285

发展性计算障碍　240

翻转课堂　281

反应定势　204

范式更替　149

非指导性教学模式　285

弗洛伊德　109

服务学习　294

G

Graham, S.　81

格式塔流派　198

个别性研究　145

个体类模式　283

工作记忆　266

工作记忆的两个基本功能　266

工作记忆容量　266

工作记忆训练　67

功能固着　204

估计　241

广度加工优先策略　212

广义的教学　281

归因理论　90

过程模型　235

H

合作学习　294

J

Joyce, B.　281

"进步主义教育"运动　285

基于博物馆学习的教学　295

基于创新学习的教学　292

基于服务学习的教学　294

基于合作学习的教学　294

基于体验式学习的教学　290

基于网络的学习　309

基于问题的教学　284

基于研究性学习的教学　292

基于移动学习的教学　297

基于游戏的学习　311

基于自主学习的教学　290

记忆　19

记忆策略　33

记忆术　20

记忆术训练　31

价值　81

价值肯定法　83

建构主义　6, 286

讲解式教学　288

教师的教学动机　322

教师的教学能力　323

教师的教学知识　323

教师的人际互动　327

教师的职业心理特征　324

教师的自我效能感　325

教师教学专长发展　319

教师品德心理　332

教师期望效应　326

教师信念　325

教师职业的角色适应　325

教师职业倦怠　328

教师职业人格　331

教师职业心理健康　327

教学操作能力　324

教学策略　321

教学反思　321

教学方式　281

教学心理学　180

教学行为　321

进取型问题解决观　219

经颅磁刺激(TMS)　66

经验主义　4

精致性　257

具体学科　49

聚合性思维　255

K

开始学习年龄　70

科尔伯格　107

可控性　91

可塑性　58

刻意训练理论　219

课堂信息加工　321

空间规律　62

控制性动机　262

L

Lewin, K.　81

类比法　202

联合动机　265

联结主义　5,198

两个世界的观点　217

灵活性　257

流畅性　257

M

麦格克效应　61

名师　330

模板理论　211

模拟教学　284

慕课　281

N

Nisbett, R. E.　85

脑　57

内生效应　9

内在动机/内部动机　85,261

内在价值　82

能力内隐理论　84

能力信念　82

能力增长观　84

逆向反推法　201

P

Pintrich, P. R.　96

PISA 测试　298

爬山法　201

抛锚式教学　284

皮亚杰　107

品德　106

品德心理　106

Q

期望　81

期望价值理论　81

迁移　3

亲社会行为　115

情境学习论　286

情绪归因　110

区分化教学 141
权力动机 265

R

Rotter, J. 81
"人才发展"范式 139
人才识别 141
人才搜索计划 142
人为定向内在动机 93
认同调节 86
认知策略 136
认知负荷 304
认知科学 198
认知效率 135
任务参照标准 89

S

少年天才 137
社会类模式 283
摄入调节 86
深度加工优先策略 212
胜任 88
时间规律 62
使用价值 82
事件情境模型 235
试误说 200
视觉线索 307
适应性策略选择模型 228
手段—目的分析法 201
熟练记忆理论 211
熟手型教师 321
数感 241
数学低能 240
数学失能 240

数学问题表征的"情境模型" 235
数学问题表征的"问题模型" 235
数学学习困难 240
数学运算 227

T

他人参照标准 89
讨论式教学 284
特级教师 331
体验式教学 284
体验式学习 290
条件图式 205
通则研究 145
同伴提名法 83
图式表征 234
图象表征 234

W

Weiner, B. 81,91
外生效应 9
外在调节 86
外在动机/外部动机 85,262
微创新 293
稳定性 91
无动机 85
物为定向内在动机 93

X

"小值"策略 241
狭义的教学 281
先学后教 289
向上调整策略 232
向下调整策略 232
心理数字线 240

心流　86

心算　228

新手—熟手—专家型教师的比较　322

新手—专家型教师的比较　319

新手型教师　319

信息加工类模式　283

行为系统类模式　283

行为主义　4

学习　3

学习不良　39

学习代理人　308

学习动机　81

学习方式　281

学习共同体取向　282

学习心理学　3

寻求帮助　90

Y

研究性学习　292

演示式教学　288

移动学习　297

以教师为中心取向　282

以学生为中心取向　282

应试教育　148

英才教育　140

有意义接受学习　285

元认知　40

原因源　91

阅读障碍　64

酝酿效应　204

Z

Zimmerman, B. J.　89

责任动机　265

责任推断　100

掌握—回避　88

掌握—接近　88

掌握目标　87

整合调节　86

知识打包理论　216

知识集合理论　212

直接教学　284

智商　128

智障人才　137

中间水平效应　216

专家型教师　319

转化　40

资优教育　140

资优学生　128

自利性归因偏差　98

自我参照标准　89

自我调节　89

自我调节学习　8, 89

自我效能理论　83

自主性动机　262

自主学习　290

组块理论　211

当代中国心理科学文库

总主编:杨玉芳

1. 郭永玉:人格研究
2. 傅小兰:情绪心理学
3. 王瑞明、杨　静、李　利:第二语言学习
4. 乐国安、李　安、杨　群:法律心理学
5. 李　纾:决策心理:齐当别之道
6. 王晓田、陆静怡:进化的智慧与决策的理性
7. 蒋存梅:音乐心理学
8. 葛列众:工程心理学
9. 白学军:阅读心理学
10. 周宗奎:网络心理学
11. 吴庆麟:教育心理学
12. 罗　非:心理学与健康
13. 张清芳:语言产生
14. 韩布新:老年心理学:毕生发展视角
15. 樊富珉:咨询心理学:理论基础与实践
16. 苏彦捷:生物心理学:理解行为的生物学基础
17. 余嘉元:心理软计算
18. 张亚林、赵旭东:心理治疗
19. 郭本禹:理论心理学
20. 张文新:应用发展科学
21. 张积家:民族心理学
22. 许　燕:社会心理问题的研究
23. 张力为:运动与锻炼心理学研究手册

24. 罗跃嘉:社会认知的脑机制研究进展

25. 左西年:人脑功能连接组学与心脑关联

26. 苗丹民:军事心理学

27. 董　奇、陶　沙:发展认知神经科学

28. 施建农:创造力心理学

29. 王重鸣:管理心理学

注:以上书单,只列出各书主要负责作者,最终书名可能会有变更,最终出版序号以作者来稿先后排列。
具体请关注华东师范大学出版社网站:www.ecnupress.com.cn;或者关注新浪微博"华师教心"。

图书在版编目(CIP)数据

教育心理学/吴庆麟,胡谊主编. —上海:华东师范大学出版社,
2017
　(当代中国心理科学文库)
　ISBN 978 - 7 - 5675 - 6717 - 7

　Ⅰ.①教…　Ⅱ.①吴…②胡…　Ⅲ.①教育心理学　Ⅳ.①G44

中国版本图书馆 CIP 数据核字(2017)第 185397 号

当代中国心理科学文库
教育心理学

主　　编　吴庆麟　胡　谊
策划编辑　彭呈军
审读编辑　白锋宇
责任校对　林文君
装帧设计　倪志强　陈军荣

出版发行　华东师范大学出版社
社　　址　上海市中山北路 3663 号　邮编 200062
网　　址　www.ecnupress.com.cn
电　　话　021 - 60821666　行政传真 021 - 62572105
客服电话　021 - 62865537　门市(邮购)电话 021 - 62869887
地　　址　上海市中山北路 3663 号华东师范大学校内先锋路口
网　　店　http://hdsdcbs.tmall.com

印 刷 者　常熟市文化印刷有限公司
开　　本　787×1092　16 开
印　　张　23
字　　数　501 千字
版　　次　2018 年 4 月第 1 版
印　　次　2019 年 5 月第 2 次
书　　号　ISBN 978 - 7 - 5675 - 6717 - 7/B · 1086
定　　价　56.00 元

出 版 人　王　焰

(如发现本版图书有印订质量问题,请寄回本社客服中心调换或电话 021 - 62865537 联系)